2026版

U0659822

法律硕士考试主观题组合突破

600题

（非法学、法学）

白文桥 编著

中国教育出版传媒集团

高等教育出版社·北京

图书在版编目（CIP）数据

法律硕士考试主观题组合突破 600 题：非法学、法学 /
白文桥编著 . -- 北京：高等教育出版社，2024.10.（2025.7 重印）
ISBN 978-7-04-063051-0

Ⅰ. D9-44

中国国家版本馆 CIP 数据核字第 2024KS1897 号

法律硕士考试主观题组合突破600题（非法学、法学）
FALÜ SHUOSHI KAOSHI ZHUGUANTI ZUHE TUPO 600 TI (FEIFAXUE、FAXUE)

策划编辑	王 蓉	责任编辑	王 蓉	封面设计	贺雅馨	版式设计	李彩丽
责任校对	刘娟娟	责任印制	赵义民				

出版发行	高等教育出版社	网　　址	http://www.hep.edu.cn
社　　址	北京市西城区德外大街 4 号		http://www.hep.com.cn
邮政编码	100120	网上订购	http://www.hepmall.com.cn
印　　刷	北京印刷集团有限责任公司		http://www.hepmall.com
开　　本	787mm×1092mm　1/16		http://www.hepmall.cn
印　　张	30.25		
字　　数	610千字	版　　次	2024 年 10 月第 1 版
购书热线	010-58581118	印　　次	2025 年 7 月第 2 次印刷
咨询电话	400-810-0598	定　　价	90.00元

物 料 号　63051-A0

前言

　　法律硕士研究生入学考试十分注重主观题的考查，在专业课试卷总分值 300 分中，客观题占 120 分（含单项选择题 80 分和多项选择题 40 分），而主观题占 180 分，占试卷总分值的 60%，因此，复习好主观题十分重要。专业基础课主观题考查的题型包括简答题（4 题，共 40 分）、法条分析题（2 题，共 20 分）、案例分析题（2 题，共 30 分）、论述题（2 题，共 30 分）。专业综合课主观题考查的题型包括简答题（3 题，共 30 分）、分析题（3 题，共 30 分）、论述题（2 题，共 30 分）。法学方向主观题分值占比则更高（220 分），约占试卷总分值的 73%。在专业基础课中，简答题注重考查基础知识和对各学科概念、特征、构成要件、法律规定等的理解和掌握程度；法条分析题注重考查综合运用能力，包括对刑法和民法典条文中有关术语或者构成要素的理解程度、运用法学原理分析法律规定的能力，以及对条文的立法精神、与条文相关的立法、司法解释的掌握程度等；案例分析题着重考查考生运用刑法学和民法学原理，分析、评价有关案件，解决实际问题的能力。在专业综合课中，简答题注重考查基础知识和对各考查学科概念、特征、内容等的理解和掌握程度；分析题着重考查考生结合社会生活背景或特定的法律现象，以及有关法律的历史材料，分析、评价有关事件，找出运用法律知识解决实际问题的方法的能力；论述题注重对法律原理、规定等的论证能力，要求论据有据、条理清晰、符合逻辑，文字表达通顺，通过对论述内容的掌握，树立全面依法治国、建设社会主义法治国家的信念。

　　基于主观题的重要性，本书以《考试大纲》和《考试分析》为基础，以拟定题目的方式选编了大约 600 道主观题，题型涉及专业基础课法条分析题和案例分析题（含法学方向专业基础课论述题），专业综合课分析题和论述题。由于简答题答案基本固定且题量巨大，知识点分散，无法做到对简答题知识点的全面涵盖，而且选编简答题会让本书变得很厚，无法做到主观题精准训练。且简答题的答案一般能在《考试分析》一书中找到答案，因此不再单独选编简答题。由于法硕考试中考查的内容越来越灵活，仅掌握《考试分析》的内容还不足以应付主观题。再者，就法条分析题而言，从知识的整体认识的角度出发，《刑法》和《民法典》条文，除了技术性规定外，都可以考查法条分析题，因此将条文完全列出供大家一一复习是不现实的。本书通过试题带动知识点的方式，协助考生掌握专业基础课法条分析题、案例分析题、专业综合课分析题和论述题的命题方向及重要知识点，使考生能够在短时间内掌握解题要点及相应复习技巧，实现对考试中主观题要点的精准记忆和复习技巧的灵活运用，提高知识的综合运用能力、知识贯通能力和临场发挥能力。本书选编的主观题是作者多年来辅导教学和编写辅导书籍的经验总结，选编的主观题紧跟考试热点、重点、难点。以刑法学案例分析题为例，有关犯罪构成、故意犯罪的停止形态、共同犯罪、自首、立功、累犯、缓刑、假释等知识，往往结合侵犯公民人身权利、民主权利罪，侵犯财产罪，以及贪污贿赂罪等知识出题。在刑法分则中，交通肇事罪，信用卡诈骗罪，故意杀人罪，故意伤害罪，非法拘禁罪，绑架罪，拐卖妇女、儿童罪，抢劫罪，盗窃罪，诈骗罪，抢夺罪，侵占罪，贪污罪，职务侵占罪，挪用公款罪，以及受贿罪等，不仅考试常考且这些相关罪名之间极难区分。本书的刑法学案例分析题将考题中可能出现的各种极难区分罪名的情况，与刑法总则知识一起融入案例分析题中。再如，法理学中的依法治国与社会治理，中国宪法学中的合宪性审查等，都会在本书选编的主观题中有所反映。又如，专业综合课论述题中比较注重将法理学与中国宪法学、中国法制史相结合命题，本书选编的论述题也会考虑这种命题趋势。法律硕士法学方向考试中独有的题目，如专业基础课论述题，本书作为附录部分供法学方向的考生复习使用。需要注意的是，可以通过简答题形式考查的内容，如概念、特征、构成要件、法律后果、概念（含罪名、具体制度）之间的区别（如刑法中一般缓刑和战时缓刑的区别，民法中免责的债务承担和并存的债务承担的区别）等，也会以法条分析题或论述题的形式考查。考虑到这类内容主要以简答题形式考查，如果类似题目再以法条分析题或论述题的形式出现，将过于冗余，对考生复习不利，因此，本书拟定的法条分析题或论述题，除少数试题外，以简答题形式考查的内容不会在法条分析题或论述题中重复拟定题目。此外，对于 2004 年之后法律硕士考试中曾以简答题、法条分析题或论述题考查过的题目，如刑法学考查过犯罪中止、交通肇事罪等的法条分析题，民法学考查过的不当得利、无因管理、共同侵权行为等的法条分析题（但还有重复考查的可能），法理学考查过的法的局限性、法律监督的现实意义等，本书不再拟定法条分析题或论述题。

本书配备了主观题突破的相关课程，更多备考视频可关注公众号"白文桥法硕"后输入关键字"课程"获取，考生在学习过程中还可以通过白文桥老师的微信、微博等方式和白文桥老师沟通，切实解决主观题复习过程中的疑难问题，关于课程的相关疑问还可加答疑 QQ 群 834608210。

　　由于编者学识有限，本书会存在不足，希望考生在复习过程中提出意见和建议，以便及时改正。本书专门开设了答疑通道，帮助考生解决复习主观题过程中遇到的疑难问题。

编者

目录

第二部分　综合课　263

第一部分

专业基础课

法条分析题与案例分析题解题技巧与方法

一、法条分析题解题技巧与方法

刑法学和民法学的法条分析题每年各考一道题，每道题 10 分，共 20 分，主要考查考生对重要法条及法学理论的理解能力和法条的实际应用能力，考题时难时易，难易程度取决于考生对条文的把握程度。熟悉《刑法》《民法典》规定的精神及相关司法解释（刑法还包括相关立法解释）是答好法条分析题的前提，特别是当年施行的司法解释要引起考生足够的重视，平日复习时间充裕的考生要养成查阅法律法规的好习惯，增加对法律条文的熟悉程度。考试中，一道法条分析题一般会设置两个或者三个问题，要求考生结合刑法、民法理论和规定回答问题。由于近年来法条分析题考查偏难，因此本书涉及的专项试题（包括案例分析题、综合课分析题）并不囿于考试中一道法条分析题所设置的两个或者三个问题的限制，而是从全面统筹重点知识、提高综合训练等多个角度设置问题，使考生从多角度掌握重点、难点和热点，提高解答案例分析题的能力。

从刑法学的命题规律看，刑法总则和分则都会考查法条分析题，但是分则考查的频率稍高。考查的内容包括制度概念、术语内涵、立法宗旨（理由）、制度价值、构成要件、法律后果、特征、犯罪形态、罪数形态、适用情形、认定等，同时兼考其他方面的知识。其中，条文术语（关键词汇、重点词组、短段落）以及术语的适用是法条分析题的考查重点之一，答案主要来源于《考试分析》或者相关立法解释及司法解释。考题中也会考查《考试分析》没有阐述甚至立法解释或司法解释没有规定的内容，考生不能仅依靠背诵《考试分析》解决法条分析题备考问题。近几年，刑法学法条分析题命题有跨章节考查知识点或者将刑法总则与刑法分则知识结合命题的趋势，这也要求考生具有高水平的知识储备、知识运用能力和临场发挥能力。

从民法学的命题规律看，法条分析题的材料来源是《民法典》，但答案不仅来源于《民法典》，还来源于《考试分析》、司法解释等。考试中一般给出一个《民法典》规定的条文，要求考生解答条文涉及的制度的概念、相关术语的含义、适用范围、特征、构成要件、法律后果、立法宗旨，以及特定条文所具有的特定知识等，综合性较强，考查角度多元，内容涉及总则、物权、合同、婚姻家庭和侵权责任等方面。与刑法学相同，条文术语以及术语的适用是民法学法条分析题的考查重点之一，答案主要来源于《考试分析》或者相关司法解释。有些《民法典》条文不会考法条分析题，但会在相关《民法典》条文中考查与该法律条文密切相关的其他法律条文。考题中也会考查《考试分析》没有阐述、司法解释中没有规定的内容，甚至难度较大的、理论较深的知识点，也有可能会出现在民法学法条分析题中。如《民法典》第 406 条规定，抵押人可以在抵押期间转让抵押财产。据此，问题是：当事人约定禁止转让抵押财产，抵押人违反约定转让抵押财产的，如何认定转让合同的效力？答案是肯定的，转让合同有效。答案虽然简单，但考生如果没有较深的法学功底和较强的知识运用能力，这种问题还是比较难回答的。因此，考生不能仅依靠背诵《考试分析》备考法条分析题。

法条分析题考查内容和考查方式比较广泛，下面举几例说明以条文术语（关键词汇、重点词组、短段落）及类似简答题方式考查的法条分析题的解题技巧与方法：

例1（2022年真题55问题2）《刑法》第111条规定："为境外的机构、组织、人员窃取、刺探、收买、非法提供国家秘密或者情报的，处五年以上十年以下有期徒刑；情节特别严重的，处十年以上有期徒刑或者无期徒刑；情节较轻的，处五年以下有期徒刑、拘役、管制或者剥夺政治权利。"

请分析：本罪中的国家秘密和情报应如何认定？

【答案】国家秘密是指关系国家安全和利益，依照法定程序确定，在一定时间内只限于一定范围内的人员知悉的事项；情报是指关系国家安全和利益，尚未公开或者依照有关规定不应公开的事项。

例2（2022年真题56问题2）《民法典》第170条规定："执行法人或者非法人组织工作任务的人员，就其职权范围内的事项，以法人或者非法人组织的名义实施的民事法律行为，对法人或者非法人组织发生效力。

法人或者非法人组织对执行其工作任务的人员职权范围的限制，不得对抗善意相对人。"

请分析："不得对抗善意第三人"如何理解？

【答案】对于不知情的相对人，法人或者非法人组织仍需承担工作人员越权代理实施行为的法律后果。

例3《民法典》第496条第2款规定："采用格式条款订立合同的，提供格式条款的一方应当遵循公平原则确定当事人之间的权利和义务，并采取合理的方式提示对方注意免除或者减轻其责任等与对方有重大利害关系的条款，按照对方的要求，对该条款予以说明。提供格式条款的一方未履行提示或者说明义务，致使对方没有注意或者理解与其有重大利害关系的条款的，对方可以主张该条款不成为合同的内容。"

请分析：如何认定条文中规定的"提示义务"？

【答案】提供格式条款的一方在合同订立时采用通常足以引起对方注意的文字、符号、字体等明显标识，提示对方注意免除或者减轻其责任、排除或者限制对方权利等与对方有重大利害关系的异常条款的，可以认定其已经履行提示义务。

上述题目的提问方式是法条分析题比较常见的考查方式。考生要特别注意相关立法解释和司法解释（主要是司法解释）中对条文术语（关键词汇、重点词组、短段落）以及术语的适用的规定。如例 3 中"提示义务"答案出自《最高人民法院关于适用〈中华人民共和国民法典〉合同编通则若干问题的解释》第 10 条第 1 款。考生在复习时要特别注重条文中相关术语的具体含义，注重背诵和理解法条中的这些术语。

例 4（2010 年真题 29 问题 1）《刑法》第 26 条第 1 款规定："组织、领导犯罪集团进行犯罪活动的或者在共同犯罪中起主要作用的，是主犯。"

试说明犯罪集团的成立要件。

【答案】成立要件有：人数较多，3 人以上，重要成员固定或基本固定；经常纠集在一起进行一种或数种严重的刑事犯罪活动；有明显的首要分子；有预谋地实施犯罪活动；不论作案次数多少，对社会造成的危害或其具有的危险性都很严重。

例 5（2021 年真题 56 问题 1）《民法典》第 396 条规定："企业、个体工商户、农业生产经营者可以将现有的以及将有的生产设备、原材料、半成品、产品抵押，债务人不履行到期债务或者发生当事人约定的实现抵押权的情形，债权人有权就抵押财产确定时的动产优先受偿。"

请分析：该条规定的是何种类型的抵押？其特征有哪些？

【答案】动产浮动抵押。特征有：抵押人限于企业、个体工商户、农业生产经营者；抵押财产包括抵押人现有的和将来所有的动产；抵押期间抵押财产处于变动之中，待法定或者约定事由发生，抵押财产才得以确定。

上述题目实际上和简答题的考查方式一致，这类题目考查的内容包括概念、特征、构成要件、法律后果（效力）等。与简答题不同的是，简答题对要点要作简略陈述，而法条分析题仅要求列出要点。对于这类题目，基本上按照《考试分析》陈述的内容回答即可。这类题目比较容易解答，但法条分析题拿满分并不容易，需要平时多下功夫。

二、案例分析题解题技巧与方法

毋庸讳言，案例分析题十分重要，要取得优异成绩，考生应当掌握一些解题思路和实用技巧。刑法学和民法学案例分析题每年各考一道题，每道题 15 分，共 30 分，难易程度取决于考生对刑法、民法理论和《刑法》《民法典》等规定的掌握程度和综合运用能力。

从命题规律看，案例分析题重复考查的内容较多且具有多元化特点，近几年，考查内容的覆盖面也越来越广。一般而言，刑法学中的事实认识错误、共同犯罪的认定、种类及处罚原则、量刑情节（特别是法定情节）、累犯、自首、立功、坦白、数罪并罚、缓刑、假释，以及刑法分则中重点罪名的认定是每年考查的重点内容，特别是刑法分则中的第十七章侵犯公民人身权利、民主权利罪、第十八章侵犯财产罪、第二十章贪污贿赂罪，出题频率非常高。民法学中《民法典》物权编、合同编考查频率最高，而且物权编与合同编往往结合出题，仅次于物权编和合同编的考查内容是民法总则编，同时兼考婚姻家庭编、继承编与侵权责任编。从具体考点的考查频次分析，民事法律行为的效力（含合同的效力）、物权的变动、不动产登记、担保（含担保物权和保证）、合同的成立、合同的效力、合同的转让、合同的履行、买卖合同等，考查频次都比较高。最近几年，刑法学和民法学案例分析题综合性比较强，难度也在增加，因此，考生平日应当加强案例分析题的训练。

一般而言，回答案例分析题应当根据试题的要求作答，首先表明观点，然后说明理由。但命题模式不同，答题方法也有一些差异。案例分析题的命题模式有一问一答式和综合解答式。一问一答式的命题模式先描述案件事实和情节，然后根据案件涉及的知识，有针对性地提出具体问题。一般来说，针对一个事实会提出一个具体的问题。这种模式的案例分析题问题集中、考点明确、方向清楚、范围确定，考生只需要将所问问题予以逐一回答即可。综合解答式的命题模式在全面描述复杂案例之后，要求考生根据所学法律知识对案例进行全面分析、评价。这种模式要求考生发现案件中隐藏的法律问题，按照系统的法律知识逐步分析案件事实，既要注意对案件行为的正确定性，还要注意回答的全面性。遗漏部分考点是这种模式最容易犯的错误，这就要求考生在理解具体知识点的同时，还需要将知识体系化，注重体系的构建。

就刑法学案例分析题而言，案例分析题会表现为若干独立的案件事实的组合，但有的情节会相互关联。在分析行为人的犯罪和刑事责任时，有以下两种答题思路：一是以犯罪行为为线索，即分析每个犯罪行为涉及的法律问题。典型论述方式为："对于甲、乙实施的某某行为，甲、乙二人成立某罪共犯，甲成立 A 罪既遂，乙成立 B 罪既遂。由于甲自动投案、如实供述自己的罪行，具有自首情节，可以从轻或者减轻处罚。"二是以行为人为线索，依次分析各犯罪人的各种犯罪行为。典型论述方式为："对于甲的犯罪和刑事责任，分析如下：首先，甲实施 A 行为，符合 A 罪的构成要件，成立 A 罪既遂，同时触犯 B 罪，属于想象竞合犯；其次，甲实施 C 行为，成立 C 罪，与 A 罪应当数罪并罚；最后，甲的 D 行为属于立功，可以从轻或者减轻处罚。"无论采取哪一种答题思路，在分析完案件事实之后，建议以行为人为线索对触犯的罪名和处罚原则做简明扼要的总结。

下面总结一些刑法学案例分析题中常考的知识点的答题模式：

（1）犯罪预备、未遂、中止形态。甲实施了 ×× 行为，该行为属于为 A 犯罪制造工具／准备条件，但因为 ×× 而停止，因此甲的 A 罪属于犯罪预备，可以比照既遂犯从轻、减轻处罚或者免除处罚。甲实施了 ×× 行为，已经进入着手阶段，但是因为 ×× 而停止，因此甲的 ×× 罪属于犯罪未遂，可以比照既遂犯从轻或者减轻处罚。甲实施了 ×× 行为，但是在犯罪过程中自动放弃犯罪并且没有发生犯罪结果/有效阻止了犯罪结果的发生，因此甲的××罪属于犯罪中止，并且没有造成损害，依法应当免除处罚/但是已经导致××，属于已经造成损害的中止犯，依法应当减轻处罚。

（2）共同犯罪。甲在该共同犯罪中属于犯罪集团的首要分子/起主要作用，应当按照集团所犯的全部罪行处罚/属于主犯；乙仅仅实施了A行为，在该共同犯罪中起的是次要、辅助的作用，属于从犯，依法应当从轻、减轻处罚或者免除处罚；丙是因为受到乙的胁迫才参加该共同犯罪，属于胁从犯，应当按照其犯罪情节减轻处罚或者免除处罚。

（3）罪数形态。甲同时触犯了A罪和B罪，应当数罪并罚。甲的一个行为同时触犯了A罪和B罪，属于想象竞合，应当择一重罪论处。甲同时触犯了A罪和B罪，但是A罪和B罪之间存在着手段和目的的牵连关系，因此A罪和B罪属于牵连犯，应当择一重罪论处，按B罪论处。甲的后行为××虽然触犯了B罪的构成要件，但是因为该行为欠缺期待可能性，因此属于不可罚的事后行为，仅以A罪论处。

（4）信用卡诈骗罪。甲构成信用卡诈骗罪。从客观上看，甲通过病毒软件窃取了乙的信用卡信息，并且在手机终端使用，窃取了乙信用卡中的财物；从主观上看，甲具有非法占有目的，因此，甲构成信用卡诈骗罪。

（5）抢劫致人死亡。甲构成抢劫罪，属于抢劫罪致人死亡的结果加重犯。从客观上看，甲为了劫取乙的财物而对乙使用暴力，属于抢劫罪中的暴力方法，该行为导致乙为了逃跑被车撞死，乙的死亡结果与甲的暴力行为之间存在因果关系；从主观上看，甲对于抢劫行为具有故意，对死亡结果具有过失。因此，甲构成抢劫罪致人死亡的结果加重犯，应当适用升格的法定刑。

（6）贪污罪。甲构成贪污罪。从客观上看，甲作为国有企业高管，属于国家工作人员，甲利用财务总监的职务侵占公司财物，属于利用职务便利侵占公共财物；从主观上看，甲具有非法占有目的。因此，甲构成贪污罪。

就民法学案例分析题而言，若有必要引用法律条文来作答案例分析题时，表述为根据"《民法典》的规定"即可，不必列出条文序号。在分析民法学案例分析题时，首先，熟悉案情。判断是什么类型的案例，存在哪些纠纷和民事法律关系，当事人有哪些，要求回答的题目有哪些，这样才能对案情有一个基本认识和完整的印象。其次，确定民事法律关系的类型。如物权关系、债权关系、婚姻关系、继承关系、侵权关系等。确定民事法律关系的类型的前提是考生要有一个民法学体系的总体框架，并且能做到学以致用，这需要考生平日刻苦学习和有针对性地做一些典型案例题才能掌握。再次，明确要求回答的问题和案件事实有什么关系。考生要把案件事实的逻辑关系弄清楚，排除一些与要求回答的问题没有关系的事实和情节，提炼出与要求回答的问题相关的事实，使案件事实简单化、条理化、清晰化。最后，确定适用的法律。针对要求回答的问题，运用已知的条件以及相关理论和法律规定，分析、归纳、总结，得出答案。

下面总结一些民法学案例分析题中常考的知识点的答题模式：

（1）物权的变动。①基于法律行为的不动产所有权变动。就 A 所有的房屋，当事人签订了有效的买卖（赠与）合同，并按照《民法典》规定办理了登记，B 依法取得房屋所有权。就 C 所有的房屋，双方虽然签订了有效的买卖合同／虽然办理了登记手续，但并未按照《民法典》规定办理登记／因签订的买卖合同无效／双方签订合同的真实意思是设定抵押，无转让所有权的意思，故 D 无法取得房屋所有权。②基于法律行为的动产所有权的变动。就 A 所有的古画，双方签订了有效的买卖合同，并按照《民法典》规定完成交付，B 取得古画所有权。就 C 所有的电脑，双方虽然签订了有效的买卖合同，但并未按照《民法典》规定完成交付／虽完成交付／并完成交付但 C 保留了电脑所有权，故 D 不能取得所有权。③机动车、船舶、航空器等特殊动产的交付。就 A 所有的轿车，双方签订了有效的买卖合同，并按照《民法典》规定完成交付，B 取得所有权，但未经登记不得对抗善意第三人。就 C 所有的游艇，双方虽然签订了有效的买卖合同，且办理了登记手续，但因未按照《民法典》规定完成交付，D 未取得所有权，C 依然是所有权人。

（2）善意取得。A 无权处分其占有的电脑／登记在其名下的房屋，善意的受让人 B 基于合理的价格有偿受让，且按照《民法典》规定完成交付／办理登记，B 依法善意取得所有权。原所有权人无权请求 B 返还电脑／房屋。根据《民法典》的规定，遗失物手机不适用善意取得，因此即使善意的受让人 C 基于合理的价格有偿受让，并完成交付，C 也无法取得遗失物手机的所有权。所有权人有权请求 C 返还手机。

（3）抵押权。①不动产抵押权。就 A 所有的房屋，双方签订了有效的抵押合同，并按照《民法典》规定办理了抵押登记，B 取得房屋抵押权。就 C 所有的房屋，双方虽签订了有效的抵押合同，但并未按照《民法典》规定办理抵押登记，房屋抵押权未设立，D 不能取得房屋抵押权。②动产抵押权。根据《民法典》规定，就 A 所有的古画，双方签订了有效的抵押合同，抵押权自合同生效时设立，但未经登记不得对抗善意第三人。

（4）合同的效力。A 拒绝签订本合同不构成违约。因为当事人 A、B 之间未就将来订立本约的意思表示达成一致，只是就将来达成某一交易进行磋商，本合同并未成立，因此 A 不构成违约。行为人 A 虽为无权代理，但相对人 B 有理由相信其有代理权，构成表见代理，由被代理人 C 承担责任。行为人 A 对隐瞒了所售新车为二手车的事实，构成欺诈，因欺诈而订立的合同是可撤销合同，受欺诈方 B 有权撤销该合同。A、B 之间成立的合同为当事人真实意思表示，且不违反法律行政法规的强制性规定，也不违背公序良俗，不存在合同无效情形，应当认定为合法有效。

（5）合同中的抗辩权。①同时履行抗辩权。A、B 双方基于有效的买卖合同互负义务，且未约定履行先后顺序，一方未履行的，另一方有权行使同时履行抗辩权，拒绝相对方相应的履行请求。②先履行抗辩权。A、B双方基于有效的买卖合同互负义务，且约定履行先后顺序，先履行一方 A 未按照约定履行的，后履行一方 B 有权行使先履行抗辩权，拒绝其相应的履行请求。③不安抗辩权。双方基于有效的买卖合同互负义务，且约定履行先后顺序，先履行一方 YY 有证据证明后履行一方 CC 有可能丧失履行债务能力的，先履行一方 YY 有权行使不安抗辩权，中止履行合同。④其他抗辩权。例如，根据《民法典》规定，即使主债务人 B 放弃诉讼时效经过的抗辩，保证人 A 仍有权向债权人 C 主张诉讼时效经过的抗辩权，拒绝承担保证责任/履行债务。

无论是刑法学，还是民法学，在回答案例分析题时，要完整、全面，不能遗漏评价，也不能重复评价。理由部分不能简单复述案件事实，也不能简单抄写法条，而要做到事实和法条的融合。为便于考生复习，本书中有些案例分析题的参考答案对《刑法》或《民法典》的相关规定进行了必要的援引。

第一章 刑 法 学

第一节 法条分析题

一、历年真题考查内容

具体命题情况见表 1-1：

表 1-1 刑法学法条分析题 2004—2024 年真题考查内容

出题年份	条文	考查内容
2004 年	《刑法》第 133 条（交通肇事罪）	条文规定的罪名、罪状的描述类型；交通肇事罪的构成特征；条文中"交通肇事后逃逸"和"因逃逸致人死亡"的含义。
2005 年	《刑法》第 266 条（诈骗罪）	诈骗罪的犯罪构成；条文中"并处或者单处罚金"和"本法另有规定的，依照规定"的含义。
2006 年	《刑法》第 239 条（绑架罪）	"以勒索财物为目的绑架他人"和"绑架他人作为人质"的含义。
2007 年	《刑法》第 234 条（故意伤害罪）	"伤害"在程度上的要求；故意伤害"致人死亡"与故意杀人罪、过失致人死亡罪的区别；举例说明第 2 款中"本法另有规定，依照规定"的含义。
2008 年	《刑法》第 263 条（抢劫罪）	对条文中"其他方法""入户抢劫""抢劫致人重伤、死亡""持枪抢劫"的理解。
2009 年	《刑法》第 213 条（假冒注册商标罪）	条文规定的罪名、罪状的描述类型；与他人注册商标"相同的商标"的含义；以本条规定的方法生产、销售伪劣产品的行为的处理。
2010 年	《刑法》第 26 条（主犯）	犯罪集团的概念及其成立条件；主犯与首要分子之间的关系；主犯承担刑事责任的范围。
2011 年	《刑法》第 384 条（挪用公款罪）	条文中"国家工作人员"的范围；条文中"挪用公款归个人使用"的情形；条文中"不退还"的含义。
2012 年	《刑法》第 264 条（盗窃罪）	条文中"财物"的外延；"多次盗窃"和"携带凶器盗窃"的含义。

出题年份	条文	考查内容
2013 年	《刑法》第 24 条（犯罪中止）	条文中"犯罪过程"和"自动有效地防止犯罪结果发生"的含义；如果行为人将被害人砍成重伤后，放弃杀人意图并将被害人送往医院救治，避免了死亡结果的发生，应当认定行为人的行为属于犯罪中止，应当按照故意杀人罪的规定减轻处罚。
2014 年	《刑法》第 395 条（巨额财产来源不明罪）	条文中"不能说明"的情形；条文中"非法所得"的计算。
2015 年	《刑法》第 397 条（滥用职权罪、玩忽职守罪）	条文中"滥用职权""玩忽职守"和"本法另有规定，依照规定"的含义。
2016 年	《刑法》第 29 条（教唆犯）	条文中"教唆他人犯罪的"含义；教唆犯的成立条件；教唆犯的刑事责任。
2017 年	《刑法》第 133 条（交通肇事罪）	条文中"交通运输肇事后逃逸"和"因逃逸致人死亡"的含义。
2018 年	《刑法》第 16 条（无罪过事件）	条文中"不能抗拒"和"不能预见"的含义。
2019 年	《刑法》第 30 条（单位犯罪）	条文中"公司、企业、事业单位"的范围的认定；对单位实施刑法未规定追究单位刑事责任的严重危害社会行为的处理。
2020 年	《刑法》第 385 条（受贿罪）	条款中"利用职务上的便利""为他人谋取利益"的含义；条款中"财物"的范围。
2021 年	《刑法》28 条（胁从犯）	条文中"被胁迫参加犯罪""减轻处罚"和"免除处罚"的含义。
2022 年	《刑法》第 111 条（为境外窃取、刺探、收买、非法提供国家秘密、情报罪）	为境外窃取、刺探、收买、非法提供国家秘密、情报罪的既遂的认定；行为人将国家秘密通过互联网发布，情节严重的定性。
2023 年	《刑法》第 134 条（重大责任事故罪；强令、组织他人违章冒险作业罪）	重大责任事故罪的犯罪主体的范围；规定强令、组织他人违章冒险作业罪的立法理由。
2024 年	《刑法》第 449 条（战时缓刑）	战时缓刑与一般缓刑成立条件、法律后果的区别。

二、专项突破习题

1. 《刑法》第 3 条规定："法律明文规定为犯罪行为的，依照法律定罪处刑；法律没有明文规定为犯罪行为的，不得定罪处刑。"

请回答：

（1）条文中的"法律"应如何理解？

（2）条文中的"明文规定"应如何理解？

（3）"法律明文规定"的要求有哪些？

2. 《刑法》第 5 条规定："刑罚的轻重，应当与犯罪分子所犯罪行和承担的刑事责任相适应。"

请回答：

（1）如何根据本条规定的原则决定刑罚的轻重？

（2）条文中"刑罚"应如何理解？

（3）条文中"刑事责任"应如何理解？

3. 《刑法》第 12 条规定："中华人民共和国成立以后本法施行以前的行为，如果当时的法律不认为是犯罪的，适用当时的法律；如果当时的法律认为是犯罪的，依照本法总则第四章第八节的规定应当追诉的，按照当时的法律追究刑事责任，但是如果本法不认为是犯罪或者处刑较轻的，适用本法。

本法施行以前，依照当时的法律已经作出的生效判决，继续有效。"

请回答：

（1）条文规定体现的是何种法律制度？如何理解该制度的适用对象？

（2）条文中"当时的法律"应如何理解？

（3）条文中"处刑较轻"应如何理解？

4. 《刑法》第 13 条规定："一切危害国家主权、领土完整和安全，分裂国家、颠覆人民民主专政的政权和推翻社会主义制度，破坏社会秩序和经济秩序，侵犯国有财产或者劳动群众集体所有的财产，侵犯公民私人所有的财产，侵犯公民的人身权利、民主权利和其他权利，以及其他危害社会的行为，依照法律应当受刑罚处罚的，都是犯罪，但是情节显著轻微危害不大的，不认为是犯罪。"

请回答：

（1）如何理解本条规定的"危害社会的行为"？

（2）本条规定的犯罪具有哪些基本特征？

（3）本条关于犯罪定义和"但书"的规定的意义是什么？

5. 《刑法》第 14 条规定："明知自己的行为会发生危害社会的结果，并且希望或者放任这种结果发生，因而构成犯罪的，是故意犯罪。

故意犯罪，应当负刑事责任。"

请回答：

（1）条文中"明知"的范围应如何认定？

（2）条文中"希望或者放任这种结果发生"应如何理解？

（3）条文中"刑事责任"应如何理解？

（4）甲意图杀死乙，便趁乙当晚值班时放火烧毁值班室，不料将顶替乙值班的同事丙烧死。甲对丙死亡所持的心理态度是什么？属于何种认识错误？

6. 《刑法》第15条规定："应当预见自己的行为可能发生危害社会的结果，因为疏忽大意而没有预见，或者已经预见而轻信能够避免，以致发生这种结果的，是过失犯罪。

过失犯罪，法律有规定的才负刑事责任。"

请回答：

（1）条文中"疏忽大意而没有预见"应如何理解？

（2）条文中"轻信能够避免"应如何理解？

（3）对第2款规定应如何理解？

7. 《刑法》第21条规定："为了使国家、公共利益、本人或者他人的人身、财产和其他权利免受正在发生的危险，不得已采取的紧急避险行为，造成损害的，不负刑事责任。

紧急避险超过必要限度造成不应有的损害的，应当负刑事责任，但是应当减轻或者免除处罚。

第一款中关于避免本人危险的规定，不适用于职务上、业务上负有特定责任的人。"

请回答：

（1）条文中"正在发生的危险"应如何理解？

（2）条文中"不得已"应如何理解？

（3）条文中"免除处罚"的含义及适用条件如何？

（4）条文中"必要限度"应如何理解？

8. 《刑法》第22条规定："为了犯罪，准备工具、制造条件的，是犯罪预备。

对于预备犯，可以比照既遂犯从轻、减轻处罚或者免除处罚。"

请回答：

（1）条文中"准备工具"应如何理解？

（2）条文中"制造条件"应如何理解？

（3）本条规定的"预备犯"和实行犯在行为上的实质区别是什么？

（4）条文中"既遂犯"应如何理解？

（5）条文中"从轻处罚""减轻处罚"应如何理解？

9. 《刑法》第23条规定："已经着手实行犯罪，由于犯罪分子意志以外的原因而未得逞的，是犯罪未遂。

对于未遂犯，可以比照既遂犯从轻或者减轻处罚。"

请回答：

（1）条文中"已经着手实行犯罪"应如何理解？

（2）条文中"犯罪分子意志以外的原因"应如何理解？

（3）犯罪未得逞应如何理解？

10.《刑法》第25条规定："共同犯罪是指二人以上共同故意犯罪。

二人以上共同过失犯罪，不以共同犯罪论处；应当负刑事责任的，按照他们所犯的罪分别处罚。"

请回答：

（1）第1款规定的"故意"应如何理解？

（2）第2款规定的"过失"应如何理解？

（3）第1款规定的"共同犯罪"属于何种犯罪构成形态？

（4）第1款规定的共同犯罪行为的类型是什么？

（5）第2款规定的共同过失构成共犯的情形是什么？

（6）不属于本条规定的共同犯罪的主要情形有哪些？

11.《刑法》第31条规定："单位犯罪的，对单位判处罚金，并对其直接负责的主管人员和其他直接责任人员判处刑罚。本法分则和其他法律另有规定的，依照规定。"

请回答：

（1）条文中"直接负责的主管人员和其他直接责任人员"应如何认定？

（2）条文中"本法分则和其他法律另有规定的，依照规定"应如何理解？

（3）直接负责的主管人员和其他直接责任人员代表单位实施共同犯罪的，应如何区分主犯和从犯？具体应如何处理？

12.《刑法》第37条规定："对于犯罪情节轻微不需要判处刑罚的，可以免予刑事处罚，但是可以根据案件的不同情况，予以训诫或者责令具结悔过、赔礼道歉、赔偿损失，或者由主管部门予以行政处罚或者行政处分。"

请回答：

（1）本条规定体现的是何种法律制度？其基本含义应如何理解？

（2）本条规定的"免于刑事处罚"应如何理解？其体现的是何种刑事责任的解决方式？

13.《刑法》第37条之一第1款规定："因利用职业便利实施犯罪，或者实施违背职业要求的特定义务的犯罪被判处刑罚的，人民法院可以根据犯罪情况和预防再犯罪的需要，禁止其自刑罚执行完毕之日或者假释之日起从事相关职业，期限为三年至五年。"

请回答：

（1）本条规定的从业禁止应如何理解？

（2）从业禁止的适用条件有哪些？

（3）从业禁止的决定机关和执行机关是什么？

（4）违反从业禁止规定的法律后果是什么？

14.《刑法》第48条规定："死刑只适用于罪行极其严重的犯罪分子。对于应当判处死刑的犯罪分子，如果不是必须立即执行的，可以判处死刑同时宣告缓期二年执行。

死刑除依法由最高人民法院判决的以外，都应当报请最高人民法院核准。死刑缓期执行的，可以由高级人民法院判决或者核准。"

请回答：

（1）第1款规定的"罪行极其严重"应如何理解？

（2）第1款规定的"判处死刑同时宣告缓期二年执行"的适用条件有哪些？

（3）如何认定死缓的适用结局？

（4）人民法院根据犯罪情节等情况可以同时决定对死缓犯限制减刑，死缓限制减刑适用对象有哪些？

15.《刑法》第50条规定："判处死刑缓期执行的，在死刑缓期执行期间，如果没有故意犯罪，二年期满以后，减为无期徒刑；如果确有重大立功表现，二年期满以后，减为二十五年有期徒刑；如果故意犯罪，情节恶劣的，报请最高人民法院核准后执行死刑；对于故意犯罪未执行死刑的，死刑缓期执行的期间重新计算，并报最高人民法院备案。

对被判处死刑缓期执行的累犯以及因故意杀人、强奸、抢劫、绑架、放火、爆炸、投放危险物质或者有组织的暴力性犯罪被判处死刑缓期执行的犯罪分子，人民法院根据犯罪情节等情况可以同时决定对其限制减刑。"

请回答：

（1）第1款中"重大立功"的情形有哪些？

（2）第1款中"情节恶劣"应如何认定？

（3）在死缓期间，死缓犯在劳改期间引发重大责任事故，死缓期满后应如何处理？

（4）第2款规定的"累犯"应如何理解？

（5）死缓期间应如何起算？

16.《刑法》第52条规定："判处罚金，应当根据犯罪情节决定罚金数额。"

请回答：

（1）本条规定的"根据犯罪情节决定罚金数额"应如何理解？

（2）罚金的执行方式有哪些？

（3）延期、酌情减免缴纳罚金的条件有哪些？

（4）对"承担民事赔偿责任的犯罪分子，同时被判处罚金，其财产不足以全部支付"

的，应如何处理？

17. 《刑法》第59条规定："没收财产是没收犯罪分子个人所有财产的一部或者全部。没收全部财产的，应当对犯罪分子个人及其扶养的家属保留必需的生活费用。

在判处没收财产的时候，不得没收属于犯罪分子家属所有或者应有的财产。"

请回答：

（1）如何认定没收财产适用范围？

（2）没收财产的适用方式有哪些？

（3）没收财产的执行机关是什么？

（4）以没收的财产偿还债务的条件有哪些？

（5）数罪分别被判处罚金与没收全部财产时，应如何执行？

18. 《刑法》第63条规定："犯罪分子具有本法规定的减轻处罚情节的，应当在法定刑以下判处刑罚；本法规定有数个量刑幅度的，应当在法定量刑幅度的下一个量刑幅度内判处刑罚。

犯罪分子虽然不具有本法规定的减轻处罚情节，但是根据案件的特殊情况，经最高人民法院核准，也可以在法定刑以下判处刑罚。"

请回答：

（1）条文规定的"减轻处罚"应如何理解？

（2）条文规定的"以下"是否包括本数？理由是什么？

（3）条文规定的"法定刑以下"应如何理解？

（4）第2款规定的酌定减轻处罚在适用上须符合哪些条件？

19. 《刑法》第65条规定："被判处有期徒刑以上刑罚的犯罪分子，刑罚执行完毕或者赦免以后，在五年以内再犯应当判处有期徒刑以上刑罚之罪的，是累犯，应当从重处罚，但是过失犯罪和不满十八周岁的人犯罪的除外。

前款规定的期限，对于被假释的犯罪分子，从假释期满之日起计算。"

请回答：

（1）第1款规定的"刑罚执行完毕"应如何理解？

（2）第1款规定的"赦免"应如何理解？

（3）第2款规定的"假释"应如何理解？

（4）被宣告缓刑的犯罪分子，缓刑考验期限内或者考验期满后犯新罪，是否构成累犯？理由是什么？

20. 《刑法》第66条规定："危害国家安全犯罪、恐怖活动犯罪、黑社会性质的组织犯罪的犯罪分子，在刑罚执行完毕或者赦免以后，在任何时候再犯上述任一类罪的，都以累犯论处。"

请回答：

（1）特别累犯的成立条件有哪些？

（2）依据本条规定，前罪是危害国家安全犯罪，后罪是恐怖活动犯罪的，是否成立特别累犯？

（3）根据本条规定，在所犯前后两罪中，如果前罪免于刑罚处罚，是否成立特别累犯？

（4）特别累犯的刑罚处罚后果有哪些？

21.《刑法》第70条规定："判决宣告以后，刑罚执行完毕以前，发现被判刑的犯罪分子在判决宣告以前还有其他罪没有判决的，应当对新发现的罪作出判决，把前后两个判决所判处的刑罚，依照本法第六十九条的规定，决定执行的刑罚。已经执行的刑期，应当计算在新判决决定的刑期以内。"

请回答：

（1）本条规定的适用数罪并罚的情况是什么？

（2）本条规定的"判决宣告以后"应如何理解？

（3）在刑罚执行中，依法对罪犯减刑后又发现罪犯还有其他犯罪未判决的，应如何计算刑期？

22.《刑法》第71条规定："判决宣告以后，刑罚执行完毕以前，被判刑的犯罪分子又犯罪的，应当对新犯的罪作出判决，把前罪没有执行的刑罚和后罪所判处的刑罚，依照本法第六十九条的规定，决定执行的刑罚。"

请回答：

（1）本条规定的适用数罪并罚的情况是什么？

（2）本条规定的"判决宣告以后"应如何理解？

（3）刑罚执行期间既发现漏罪又犯新罪时，如何并罚？

23.《刑法》第76条规定："对宣告缓刑的犯罪分子，在缓刑考验期限内，依法实行社区矫正，如果没有本法第七十七条规定的情形，缓刑考验期满，原判的刑罚就不再执行，并公开予以宣告。"

请回答：

（1）条文中"缓刑"应如何理解？

（2）缓刑的考察机关是什么？

（3）如何理解本条规定的"原判的刑罚就不再执行"？

（4）缓刑考验期满，哪些情形会使缓刑犯的原判刑罚不再执行？

24.《刑法》第77条规定："被宣告缓刑的犯罪分子，在缓刑考验期限内犯新罪或者发现判决宣告以前还有其他罪没有判决的，应当撤销缓刑，对新犯的罪或者新发现的罪作出判决，把前罪和后罪所判处的刑罚，依照本法第六十九条的规定，决定执行的刑罚。

被宣告缓刑的犯罪分子，在缓刑考验期限内，违反法律、行政法规或者国务院有关部门关于缓刑的监督管理规定，或者违反人民法院判决中的禁止令，情节严重的，应当撤销缓刑，执行原判刑罚。"

请回答：

（1）缓刑考验期限内犯新罪，该新罪超过了追诉时效的，应如何处理？

（2）在缓刑考验期满后才发现判决宣告以前还有其他罪没有判决的，是否撤销缓刑？应如何处理？

（3）第2款规定中的禁止令的适用对象有哪些？

（4）缓刑考验期满后再犯新罪，是否构成累犯？为什么？

25.《刑法》第89条规定："追诉期限从犯罪之日起计算；犯罪行为有连续或者继续状态的，从犯罪行为终了之日起计算。

在追诉期限以内又犯罪的，前罪追诉的期限从犯后罪之日起计算。"

请回答：

（1）第1款规定的"犯罪之日"对于不同的罪数形态，应如何确定起算时间？

（2）第2款规定的法律制度及其含义是什么？

（3）在共同犯罪中，共犯人追诉期限的中断应如何认定？

26.《刑法》第103条规定："组织、策划、实施分裂国家、破坏国家统一的，对首要分子或者罪行重大的，处无期徒刑或者十年以上有期徒刑；对积极参加的，处三年以上十年以下有期徒刑；对其他参加的，处三年以下有期徒刑、拘役、管制或者剥夺政治权利。

煽动分裂国家、破坏国家统一的，处五年以下有期徒刑、拘役、管制或者剥夺政治权利；首要分子或者罪行重大的，处五年以上有期徒刑。"

请回答：

（1）第1款规定的"首要分子"应如何理解？

（2）第1款规定的"其他参加的"人适用剥夺政治权利的期限应如何确定？

（3）如何认定第1款规定之罪的既遂形态？

（4）如何认定第2款规定之罪的既遂形态？

（5）第2款规定的"首要分子"犯本罪的，如何认定其追诉期限？

27.《刑法》第120条之六规定："明知是宣扬恐怖主义、极端主义的图书、音频视频资料或者其他物品而非法持有，情节严重的，处三年以下有期徒刑、拘役或者管制，并处或者单处罚金。"

请回答：

（1）本条规定的犯罪和罪状类型是什么？

（2）条文中"恐怖主义"应如何理解？

（3）条文中"极端主义"应如何理解？

（4）如何理解条文中"并处或者单处罚金"的适用方式？

28.《刑法》第121条规定："以暴力、胁迫或者其他方法劫持航空器的，处十年以上有期徒刑或者无期徒刑；致人重伤、死亡或者使航空器遭受严重破坏的，处死刑。"

请回答：

（1）本罪的行为对象应如何认定？

（2）本罪犯罪形态应如何理解？本罪的着手、既遂和未遂应如何认定？

（3）对本条规定的"致人重伤、死亡或者使航空器遭受严重破坏的"的犯罪形态、主观罪过形态和法定刑类型是什么？

29.《刑法》第144条规定："在生产、销售的食品中掺入有毒、有害的非食品原料的，或者销售明知掺有有毒、有害的非食品原料的食品的，处五年以下有期徒刑，并处罚金；对人体健康造成严重危害或者有其他严重情节的，处五年以上十年以下有期徒刑，并处罚金；致人死亡或者有其他特别严重情节的，依照本法第一百四十一条的规定处罚。"

请回答：

（1）如何理解本条规定之罪的罪名和罪状类型？

（2）本条规定的"有毒、有害的非食品原料"应如何理解？

（3）如何理解本罪的犯罪形态？构成本罪并对人体健康造成严重危害的，应如何理解其犯罪形态？

（4）生产、销售被污染、变质或者过量而产生毒性的食品，是否构成本罪？请说明理由。

（5）本条规定的"致人死亡或者有其他特别严重情节的，依照本法第一百四十一条的规定处罚"，应如何理解其法定刑的具体规定方式？

30.《刑法》第176条规定："非法吸收公众存款或者变相吸收公众存款，扰乱金融秩序的，处三年以下有期徒刑或者拘役，并处或者单处罚金；数额巨大或者有其他严重情节的，处三年以上十年以下有期徒刑，并处罚金；数额特别巨大或者有其他特别严重情节的，处十年以上有期徒刑，并处罚金。

单位犯前款罪的，对单位判处罚金，并对其直接负责的主管人员和其他直接责任人员，依照前款的规定处罚。

有前两款行为，在提起公诉前积极退赃退赔，减少损害结果发生的，可以从轻或者减轻处罚。"

请回答：

（1）本条规定的"非法吸收"应如何理解？

（2）本条规定的"变相吸收"应如何理解？

（3）构成"非法吸收公众存款或者变相吸收公众存款"，须同时符合哪些条件？

31.《刑法》第224条之一规定："组织、领导以推销商品、提供服务等经营活动为名，要求参加者以缴纳费用或者购买商品、服务等方式获得加入资格，并按照一定顺序组成层级，直接或者间接以发展人员的数量作为计酬或者返利依据，引诱、胁迫参加者继续发展他人参加，骗取财物，扰乱经济社会秩序的传销活动的，处五年以下有期徒刑或者拘役，并处罚金；情节严重的，处五年以上有期徒刑，并处罚金。"

请回答：

（1）本条规定的"传销"应如何理解？

（2）刑法对本罪的处罚对象如何限定？

（3）本条规定的"骗取财物"应如何理解？

（4）构成组织、领导传销活动罪，同时触犯集资诈骗罪的，应如何处理？

32.《刑法》第233条规定："过失致人死亡的，处三年以上七年以下有期徒刑；情节较轻的，处三年以下有期徒刑。本法另有规定的，依照规定。"

请回答：

（1）本条规定的"过失"应如何理解？

（2）本条规定的"致人死亡"应如何理解？

（3）疏忽大意致人死亡与意外事件的区别应如何理解？

（4）本条规定的"本法另有规定的，依照规定"应如何理解？

33.《刑法》第236条之一第1款规定："对已满十四周岁不满十六周岁的未成年女性负有监护、收养、看护、教育、医疗等特殊职责的人员，与该未成年女性发生性关系的，处三年以下有期徒刑；情节恶劣的，处三年以上十年以下有期徒刑。"

请回答：

（1）本条规定的罪名、罪状类型是什么？

（2）15岁的甲女在某武术学校习武期间，武术教练经甲女同意与其发生性关系的，是否构成本罪？

（3）14岁的乙女的继父迫使乙女就范，强行与乙女发生性关系的，应如何定罪？

34.《刑法》第243条规定："捏造事实诬告陷害他人，意图使他人受刑事追究，情节严重的，处三年以下有期徒刑、拘役或者管制；造成严重后果的，处三年以上十年以下有期徒刑。

国家机关工作人员犯前款罪的，从重处罚。

不是有意诬陷，而是错告，或者检举失实的，不适用前两款的规定。"

请回答：

（1）本条规定的"捏造事实"应如何理解？

（2）诬告陷害罪是否属于身份犯？为什么？

（3）如何认定本罪的预备、着手和既遂？

（4）诬告与错告、检举失实的区别是什么？

35.《刑法》第246条第1、2款规定："以暴力或者其他方法公然侮辱他人或者捏造事实诽谤他人，情节严重的，处三年以下有期徒刑、拘役、管制或者剥夺政治权利。

前款罪，告诉的才处理，但是严重危害社会秩序和国家利益的除外。"

请回答：

（1）本条第1款规定的"公然侮辱他人"应如何理解？

（2）本条第1款规定的"捏造事实诽谤他人"应如何理解？

（3）本条规定的剥夺政治权利的适用方式和期限应如何理解？

（4）本条规定的"告诉的才处理"应如何理解？刑法规定的"告诉才处理"的犯罪有哪些？

36.《刑法》第256条规定："在选举各级人民代表大会代表和国家机关领导人员时，以暴力、威胁、欺骗、贿赂、伪造选举文件、虚报选举票数等手段破坏选举或者妨害选民和代表自由行使选举权和被选举权，情节严重的，处三年以下有期徒刑、拘役或者剥夺政治权利。"

请回答：

（1）本条规定的"伪造选举文件""虚报选举票数"应如何理解？

（2）在进行村委会选举时，采取威胁、贿赂手段破坏选举的，是否构成本罪？为什么？

（3）以伪造选举文件等公文、证件为手段破坏选举活动的行为构成犯罪的，应如何处理？

（4）以暴力手段破坏选举，致人轻伤、重伤或者死亡的，应如何处理？

37.《刑法》第260条规定："虐待家庭成员，情节恶劣的，处二年以下有期徒刑、拘役或者管制。

犯前款罪，致使被害人重伤、死亡的，处二年以上七年以下有期徒刑。

第一款罪，告诉的才处理，但被害人没有能力告诉，或者因受到强制、威吓无法告诉的除外。"

（1）本条规定的"虐待"应如何理解？"虐待"有哪些特点？

（2）本条规定的"家庭成员"应如何界定？

（3）本条规定的"致使被害人重伤、死亡"应如何理解？

38.《刑法》第261条规定："对于年老、年幼、患病或者其他没有独立生活能力的人，负有扶养义务而拒绝扶养，情节恶劣的，处五年以下有期徒刑、拘役或者管制。"

请回答：

（1）本条规定之罪属于何种类型的不作为犯罪？

（2）遗弃行为致使被遗弃人死亡的，应如何认定其罪数形态？

39.《刑法》第262条规定："拐骗不满十四周岁的未成年人，脱离家庭或者监护人的，处五年以下有期徒刑或者拘役。"

请回答：

（1）本条规定的罪名是什么？其客体要件是什么？

（2）拐骗儿童后又出卖的，应如何定罪？

（3）本罪的追诉期限如何确定？

（4）本条规定的立法宗旨是什么？

40.《刑法》第264条规定："盗窃公私财物，数额较大的，或者多次盗窃、入户盗窃、携带凶器盗窃、扒窃的，处三年以下有期徒刑、拘役或者管制，并处或者单处罚金；数额巨大或者有其他严重情节的，处三年以上十年以下有期徒刑，并处罚金；数额特别巨大或者有其他特别严重情节的，处十年以上有期徒刑或者无期徒刑，并处罚金或者没收财产。"

请回答：

（1）本条规定的"多次盗窃"应如何理解？

（2）本条规定的"入户盗窃"应如何理解？

（3）本条规定的"携带凶器盗窃"应如何理解？

（4）本条规定的"扒窃"应如何理解？

（5）如何认定盗窃罪的着手和既遂？

（6）单位组织、指使盗窃构成犯罪的，应当如何处理？

41.《刑法》第267条规定："抢夺公私财物，数额较大的，或者多次抢夺的，处三年以下有期徒刑、拘役或者管制，并处或者单处罚金；数额巨大或者有其他严重情节的，处三年以上十年以下有期徒刑，并处罚金；数额特别巨大或者有其他特别严重情节的，处十年以上有期徒刑或者无期徒刑，并处罚金或者没收财产。

携带凶器抢夺的，依照本法第二百六十三条的规定定罪处罚。"

请回答：

（1）本条规定的"抢夺"应如何理解？

（2）本条第2款规定的"携带凶器抢夺"应如何理解？

（3）对于携带凶器盗窃的行为，应如何处理？

（4）驾驶机动车、非机动车夺取他人财物应以抢劫罪定罪处罚的主要情形有哪些？

42.《刑法》第269条规定："犯盗窃、诈骗、抢夺罪，为窝藏赃物、抗拒抓捕或者毁灭罪证而当场使用暴力或者以暴力相威胁的，依照本法第二百六十三条的规定定罪处罚。"

请回答：

（1）本条规定的"窝藏赃物""抗拒抓捕""毁灭罪证"应如何理解？

（2）本条规定的"当场"应如何理解？

（3）本条规定的"使用暴力或者以暴力相威胁"应如何理解？

（4）行为人实施盗窃、诈骗、抢夺后又出于报复、灭口等动机伤害、杀害被害人的，应如何处理？

43.《刑法》第270条规定："将代为保管的他人财物非法占为己有，数额较大，拒不退还的，处二年以下有期徒刑、拘役或者罚金；数额巨大或者有其他严重情节的，处二年以上五年以下有期徒刑，并处罚金。

将他人的遗忘物或者埋藏物非法占为己有，数额较大，拒不交出的，依照前款的规定处罚。

本条罪，告诉的才处理。"

请回答：

（1）条文中"代为保管的他人财物"应如何理解？

（2）条文中"拒不退还"应如何理解？

（3）条文中"他人的遗忘物"应如何理解？

（4）条文中"埋藏物"应如何理解？

（5）条文中"拒不交出"应如何理解？

44.《刑法》第271条规定："公司、企业或者其他单位的工作人员，利用职务上的便利，将本单位财物非法占为己有，数额较大的，处三年以下有期徒刑或者拘役，并处罚金；数额巨大的，处三年以上十年以下有期徒刑，并处罚金；数额特别巨大的，处十年以上有期徒刑或者无期徒刑，并处罚金。

国有公司、企业或者其他国有单位中从事公务的人员和国有公司、企业或者其他国有单位委派到非国有公司、企业以及其他单位从事公务的人员有前款行为的，依照本法第三百八十二条、第三百八十三条的规定定罪处罚。"

请回答：

（1）本条第1款规定的"其他单位"应如何理解？

（2）本条第1款规定的"利用职务上的便利"应如何理解？

（3）本条第1款规定的"将本单位财物非法占为己有"应如何理解？

（4）国有公司中从事公务的人员将本单位财物非法据为己有的，应如何处理？

45.《刑法》第274条规定："敲诈勒索公私财物，数额较大或者多次敲诈勒索的，处三年以下有期徒刑、拘役或者管制，并处或者单处罚金；数额巨大或者有其他严重情节的，处三年以上十年以下有期徒刑，并处罚金；数额特别巨大或者有其他特别严重情节的，处十年以上有期徒刑，并处罚金。"

请回答：

（1）条文中"敲诈勒索"应如何理解？

（2）条文中"多次敲诈勒索"应如何理解？

（3）如何认定敲诈勒索罪的未遂和既遂？

（4）明知他人实施敲诈勒索犯罪而为其提供网络技术支持等帮助的，应如何处理？

46.《刑法》第277条第5款规定："暴力袭击正在依法执行职务的人民警察的，处三年以下有期徒刑、拘役或者管制；使用枪支、管制刀具，或者以驾驶机动车撞击等手段，严重危及其人身安全的，处三年以上七年以下有期徒刑。"

请回答：

（1）该款规定的犯罪的客观表现有哪些情形？

（2）以威胁方法阻碍人民警察依法执行职务构成犯罪的，应如何处理？

（3）暴力袭击正在依法执行职务的人民警察，造成重伤、死亡的，应如何处理？

（4）以高速驾驶机动车撞击正在依法执行职务的人民警察和周围其他人构成犯罪的，应如何处理？

（5）醉酒后非法持有枪支使用暴力袭击正在依法执行职务的人民警察构成犯罪的，应如何处理？

47.《刑法》第282条第1款规定："以窃取、刺探、收买方法，非法获取国家秘密的，处三年以下有期徒刑、拘役、管制或者剥夺政治权利；情节严重的，处三年以上七年以下有期徒刑。"

请回答：

（1）条文中的"非法获取"应如何理解？

（2）条文中的"国家秘密"应如何理解？

（3）犯本罪情节严重的，其追诉期限如何确定？

48.《刑法》第292条规定："聚众斗殴的，对首要分子和其他积极参加的，处三年以下有期徒刑、拘役或者管制；有下列情形之一的，对首要分子和其他积极参加的，处三年以上十年以下有期徒刑：（一）多次聚众斗殴的；（二）聚众斗殴人数多，规模大，社会影响恶劣的；（三）在公共场所或者交通要道聚众斗殴，造成社会秩序严重混乱的；（四）持械聚众斗殴的。

聚众斗殴，致人重伤、死亡的，依照本法第二百三十四条、第二百三十二条的规定定罪处罚。"

请回答：

（1）本条规定的"斗殴"应如何理解？

（2）本条规定的"首要分子"应如何理解？

（3）第1项规定的"多次"应如何理解？

（4）第4项规定的"持械聚众斗殴"应如何认定？

（5）聚众斗殴致人重伤、死亡的，应如何处理？

49.《刑法》第294条第1款规定："组织、领导黑社会性质的组织的，处七年以上有期徒刑，并处没收财产；积极参加的，处三年以上七年以下有期徒刑，可以并处罚金或者没收财产；其他参加的，处三年以下有期徒刑、拘役、管制或者剥夺政治权利，可以并处罚金。"

请回答：

（1）条文中"黑社会性质的组织"应如何理解？

（2）犯本款之罪又有其他犯罪行为的应如何处理？

（3）黑社会性质的组织应当同时具备哪些特征？

（4）对本款规定的组织者、领导者、参加者如何处罚？

50.《刑法》第303条规定："以营利为目的，聚众赌博或者以赌博为业的，处三年以下有期徒刑、拘役或者管制，并处罚金。

开设赌场的，处五年以下有期徒刑、拘役或者管制，并处罚金；情节严重的，处五年以上十年以下有期徒刑，并处罚金。

组织中华人民共和国公民参与国（境）外赌博，数额巨大或者有其他严重情节的，依照前款的规定处罚。"

请回答：

（1）第1款规定的是何罪？"聚众赌博"和"以赌博为业"应如何理解？

（2）第2款规定的是何罪？"开设赌场"应如何理解？

（3）第3款规定的是何罪？行为人组织三名以上的中国公民参与（国）境外赌博并且从参赌人员中获取费用或者其他利益构成犯罪的，应如何处理？

（4）组织参与国（境）外赌博，同时组织参与赌博者偷越国（边）境构成犯罪的，应如何处理？

51.《刑法》第305条规定："在刑事诉讼中，证人、鉴定人、记录人、翻译人对与案件有重要关系的情节，故意作虚假证明、鉴定、记录、翻译，意图陷害他人或者隐匿罪证的，处三年以下有期徒刑或者拘役；情节严重的，处三年以上七年以下有期徒刑。"

请回答：

（1）条文中"在刑事诉讼中"应如何理解？

（2）条文中"与案件有重要关系的情节"应如何理解？

（3）条文中"故意"的含义是什么？

（4）犯本罪"情节严重"的，其追诉期限应如何认定？

52. 《刑法》第 307 条第 1 款规定："以暴力、威胁、贿买等方法阻止证人作证或者指使他人作伪证的，处三年以下有期徒刑或者拘役；情节严重的，处三年以上七年以下有期徒刑。"

请回答：

（1）本条规定的罪名和罪状类型是什么？

（2）第 1 款规定的"阻止证人作证"的表现有哪些？

（3）第 1 款规定的"指使他人作伪证"应如何理解？

（4）为阻止证人作证，故意杀害、伤害、非法拘禁证人的，应如何处理？

53. 《刑法》第 310 条规定："明知是犯罪的人而为其提供隐藏处所、财物，帮助其逃匿或者作假证明包庇的，处三年以下有期徒刑、拘役或者管制；情节严重的，处三年以上十年以下有期徒刑。

犯前款罪，事前通谋的，以共同犯罪论处。"

请回答：

（1）条文中"窝藏"应如何理解？

（2）条文中"作假证明包庇"应如何理解？

（3）如何理解适用本条第 2 款规定？

54. 《刑法》第 312 条规定："明知是犯罪所得及其产生的收益而予以窝藏、转移、收购、代为销售或者以其他方法掩饰、隐瞒的，处三年以下有期徒刑、拘役或者管制，并处或者单处罚金；情节严重的，处三年以上七年以下有期徒刑，并处罚金。

单位犯前款罪的，对单位判处罚金，并对其直接负责的主管人员和其他直接责任人员，依照前款的规定处罚。"

请回答：

（1）如何理解本条规定的"明知"的含义？

（2）如何认定本条规定的"直接负责的主管人员和其他直接责任人员"？

（3）行为人事前与盗窃、抢劫、诈骗、抢夺等犯罪分子通谋，掩饰、隐瞒犯罪所得及其产生的收益的，应如何处理？

（4）明知是犯罪所得及其产生的收益而予以掩饰、隐瞒，同时构成其他犯罪的，应如何处理？

55. 《刑法》第 313 条规定："对人民法院的判决、裁定有能力执行而拒不执行，情节严重的，处三年以下有期徒刑、拘役或者罚金；情节特别严重的，处三年以上七年以下有期徒刑，并处罚金。

单位犯前款罪的，对单位判处罚金，并对其直接负责的主管人员和其他直接责任人员，依照前款的规定处罚。"

请回答：

（1）条文中"人民法院的判决、裁定"应如何理解？

（2）条文中"有能力执行"应如何理解？

（3）条文中"拒不执行"应如何理解？

（4）国家机关工作人员收受贿赂或者滥用职权，与被担保人、担保人、协助执行义务人通谋，利用国家机关工作人员的职权妨害执行，致使判决、裁定无法执行的，应如何处理？

56.《刑法》第316条第1款规定："依法被关押的罪犯、被告人、犯罪嫌疑人脱逃的，处五年以下有期徒刑或者拘役。"

请分析：

（1）何为"脱逃"？

（2）行为人犯脱逃罪，应如何与判决宣告前所犯之罪进行数罪并罚？

（3）在行为人脱逃过程中使用暴力致人重伤、死亡的，如何认定罪数形态及处罚？

57.《刑法》第318条第1款规定："组织他人偷越国（边）境的，处二年以上七年以下有期徒刑，并处罚金；有下列情形之一的，处七年以上有期徒刑或者无期徒刑，并处罚金或者没收财产：（一）组织他人偷越国（边）境集团的首要分子；（二）多次组织他人偷越国（边）境或者组织他人偷越国（边）境人数众多的；（三）造成被组织人重伤、死亡的；（四）剥夺或者限制被组织人人身自由的；（五）以暴力、威胁方法抗拒检查的；（六）违法所得数额巨大的；（七）有其他特别严重情节的。"

请回答：

（1）本款第1项规定的"组织他人偷越国（边）境集团的首要分子"应如何理解？

（2）本款第2项规定的"组织他人偷越国（边）境人数众多的"应如何理解？

（3）本款第3项规定的"造成被组织人重伤、死亡的"属于何种罪数形态？

（4）犯本款规定之罪，对被组织人有杀害、伤害、强奸、拐卖等犯罪行为，或者对检查人员有杀害、伤害等犯罪行为的，应如何处理？

58.《刑法》第335条规定："医务人员由于严重不负责任，造成就诊人死亡或者严重损害就诊人身体健康的，处三年以下有期徒刑或者拘役。"

请回答：

（1）本条规定之罪的构成要件如何？

（2）本条规定的"严重不负责任"应如何理解？

（3）本条规定的"严重损害就诊人身体健康"应如何理解？

59.《刑法》第336条第1款规定："未取得医生执业资格的人非法行医，情节严重的，处三年以下有期徒刑、拘役或者管制，并处或者单处罚金；严重损害就诊人身体健康的，处三年以上十年以下有期徒刑，并处罚金；造成就诊人死亡的，处十年以上有期徒刑，并处罚金。"

请回答：

（1）本条规定的"严重损害就诊人身体健康"的情形有哪些？

（2）本条规定的"造成就诊人死亡的"属于何种罪数形态？其法定最长追诉时效期限应如何确定？

（3）取得了以上执业资格者在没有医疗机构许可证的医院或诊所过失造成病人重伤或死亡的，应如何处理？

60. 《刑法》第 347 条第 1 款规定："走私、贩卖、运输、制造毒品，无论数量多少，都应当追究刑事责任，予以刑事处罚。"

请回答：

（1）本条规定的"毒品"应如何理解？

（2）因实施其他毒品犯罪而持有毒品的，应如何处理？

（3）盗窃、抢夺、抢劫毒品的，应如何定罪处罚？盗窃、抢夺、抢劫毒品后又实施其他毒品犯罪的，应如何定罪处罚？

（4）如何认定本条规定之罪的既遂？

61. 《刑法》第 356 条规定："因走私、贩卖、运输、制造、非法持有毒品罪被判过刑，又犯本节规定之罪的，从重处罚。"

请回答：

（1）本条规定的制度及其构成特点应如何理解？

（2）因走私、贩卖、运输、制造、非法持有毒品罪被判刑的犯罪分子，在缓刑、假释期间又犯涉毒品犯罪的，应如何处理？

（3）对同时构成累犯和毒品再犯的犯罪分子，应如何处罚？

62. 《刑法》第 358 条第 1 款规定："组织、强迫他人卖淫的，处五年以上十年以下有期徒刑，并处罚金；情节严重的，处十年以上有期徒刑或者无期徒刑，并处罚金或者没收财产。"

请回答：

（1）本款规定的"组织他人卖淫"应如何理解？

（2）本款规定的"强迫他人卖淫"应如何理解？

（3）犯本款规定的犯罪，并有杀害、伤害、强奸、绑架等犯罪行为的，应如何处理？

（4）为组织卖淫的人招募、运送人员或者有其他协助组织他人卖淫行为的，是否构成组织卖淫行为的帮助犯？应如何认定？

63. 《刑法》第 360 条规定："明知自己患有梅毒、淋病等严重性病卖淫、嫖娼的，处五年以下有期徒刑、拘役或者管制，并处罚金。"

请回答：

（1）如何认定构成本条规定之罪中的"明知"自己患有梅毒、淋病等严重性病？

（2）明知自己感染艾滋病病毒而卖淫、嫖娼，致使他人感染艾滋病病毒的，应如何论处？

64.《刑法》第363条第1款规定："以牟利为目的，制作、复制、出版、贩卖、传播淫秽物品的，处三年以下有期徒刑、拘役或者管制，并处罚金；情节严重的，处三年以上十年以下有期徒刑，并处罚金；情节特别严重的，处十年以上有期徒刑或者无期徒刑，并处罚金或者没收财产。"

请回答：

（1）本款规定的"淫秽物品"应如何理解？

（2）如何认定本款规定之罪的主观构成要素？

（3）行为人直接从走私分子手上购买淫秽物品加以贩卖的，应如何认定？

65.《刑法》第382条规定："国家工作人员利用职务上的便利，侵吞、窃取、骗取或者以其他手段非法占有公共财物的，是贪污罪。

受国家机关、国有公司、企业、事业单位、人民团体委托管理、经营国有财产的人员，利用职务上的便利，侵吞、窃取、骗取或者以其他手段非法占有国有财物的，以贪污论。

与前两款所列人员勾结，伙同贪污的，以共犯论处。"

请回答：

（1）本条规定的"国家工作人员"的范围应如何认定？

（2）第1款规定的"利用职务上的便利"应如何理解？

（3）第1款规定的"公共财物"的范围应如何界定？

（4）如何理解第2款规定的"委托管理、经营国有财产"？

（5）对于贪污罪的既遂和未遂，应如何认定？

（6）犯贪污罪被判处死缓的犯罪分子，人民法院如何适用终身监禁？

（7）犯贪污罪的死缓犯，没有故意犯罪，2年期满后，应如何处理？

66.《刑法》第388条规定："国家工作人员利用本人职权或者地位形成的便利条件，通过其他国家工作人员职务上的行为，为请托人谋取不正当利益，索取请托人财物或者收受请托人财物的，以受贿论处。"

请回答：

（1）本条规定的是何种法律制度？其含义是什么？

（2）如何理解本条规定的"利用本人职权或者地位形成的便利条件"？

（3）如何理解本条规定的"为请托人谋取不正当利益"中的"不正当"？

（4）为请托人谋取正当利益的，是否构成斡旋受贿？

67.《刑法》第389条规定："为谋取不正当利益，给予国家工作人员以财物的，是行贿罪。

在经济往来中，违反国家规定，给予国家工作人员以财物，数额较大的，或者违反国家规定，给予国家工作人员以各种名义的回扣、手续费的，以行贿论处。

因被勒索给予国家工作人员以财物，没有获得不正当利益的，不是行贿。"

请回答：

（1）如何理解本条规定的"行贿"？

（2）条文中"谋取不正当利益"应如何理解？

（3）条文中"违反国家规定"应如何理解？

（4）如何理解本条第3款规定？

（5）因行贿人在被追诉前主动交代行贿行为而破获相关受贿案件的，对行贿人是否适用立功的规定？应如何处理？

（6）行贿人揭发受贿人与其行贿行为无关的其他犯罪行为的，是否属于立功？如何处罚？

68.《刑法》第399条第1款规定："司法工作人员徇私枉法、徇情枉法，对明知是无罪的人而使他受追诉、对明知是有罪的人而故意包庇不使他受追诉，或者在刑事审判活动中故意违背事实和法律作枉法裁判的，处五年以下有期徒刑或者拘役；情节严重的，处五年以上十年以下有期徒刑；情节特别严重的，处十年以上有期徒刑。"

请回答：

（1）本款规定的"司法工作人员"应如何理解？非司法工作人员与司法工作人员勾结，共同实施徇私枉法行为的，应如何处理？

（2）本款规定的"徇私枉法""徇情枉法"应如何理解？

（3）本款规定的"对明知是无罪的人而使他受追诉""对明知是有罪的人而故意包庇不使他受追诉"和"枉法裁判"应如何理解？

（4）司法工作人员因受贿而徇私枉法的，应如何处理？

（5）司法工作人员徇私枉法情节特别严重的，其追诉期限应如何确定？

69.《刑法》第399条第2款规定："在民事、行政审判活动中故意违背事实和法律作枉法裁判，情节严重的，处五年以下有期徒刑或者拘役；情节特别严重的，处五年以上十年以下有期徒刑。"

请回答：

（1）本款规定的罪名和罪状类型是什么？

（2）本款规定之罪的主体范围应如何确定？

（3）行为人犯本款规定之罪，又在枉法行为过程中收受他人财物，构成犯罪的，应如何处理？

70.《刑法》第416条第1款规定："对被拐卖、绑架的妇女、儿童负有解救职责的国家机关工作人员，接到被拐卖、绑架的妇女、儿童及其家属的解救要求或者接到其他人的举报，而对被拐卖、绑架的妇女、儿童不进行解救，造成严重后果的，处五年以下有期徒刑或者拘役。"

请回答：

（1）如何理解本款规定之罪的行为方式？

（2）如何理解本款规定的"解救要求"？

（3）如何理解本款规定的"举报"？

三、参考答案

1.（1）"法律"是指全国人大及其常委会制定的法律，而且是行为当时有效的法律。

（2）"明文规定"是指对于犯罪以及犯罪所产生的法律后果，都用文字表述清楚的具体规定。

（3）根据法定化和明确性的要求，禁止采用习惯法、类推解释、行为后的重法（对被告不利的法律）、不明确的罪状、不确定的刑罚等。

2.（1）罪责刑相适应原则要求按照犯罪行为对社会造成的实际危害程度决定刑罚轻重，刑罚的轻重应与犯罪人主观恶性的深浅、再次犯罪的危险性的大小相适应。

（2）刑罚是指刑法明文规定的由国家审判机关依法对犯罪人所适用的限制或剥夺其某种权益的最严厉的法律制裁方法。

（3）刑事责任是指行为人因其犯罪行为所应承受的、代表国家的司法机关根据刑事法律对该行为所作的否定评价和对行为人进行谴责的责任。

3.（1）条文体现的是我国刑法溯及力上的从旧兼从轻原则。该原则适用于未决犯，而不适用于已决犯，但是，按照审判监督程序重新审判的案件，适用行为时的法律。

（2）当时的法律是指行为当时的法律和行为时的法律之后、裁判时的法律之前施行的法律。

（3）处刑较轻是指刑法对某种犯罪规定的刑罚即法定刑比修订前刑法规定的要轻。

4.（1）危害社会的行为即危害行为，是指行为人在意识支配下实施的危害社会并被刑法禁止的身体活动。

（2）犯罪的基本特征有：犯罪具有严重的社会危害性、刑事违法性和应受刑罚惩罚性。

（3）犯罪定义是对各种具体犯罪共同特征的高度概括，是形式特征与实质特征相统一的定义。该定义既含定性要求又含定量要求，对于合理认定犯罪及处罚犯罪具有重要意义。规定但书的意义在于：可以缩小犯罪或刑事处罚的范围，避免给一些轻微的危害行为打上犯罪的标记，有利于行为人改过自新，可以合理地配置司法资源，集中力量惩罚严重的犯罪行为。

5. （1）明知的范围包括对行为、结果以及它们之间的因果关系等客观事实的明确认识；对行为及其结果具有的社会危害性的认识。

（2）希望这种结果的发生是指行为人对危害结果的积极追求，把它作为自己行为的目的，并采取积极的行动为达到这个目的而努力；放任这种结果的发生是指听其自然，纵容危害结果的发生，对危害结果的发生虽然不积极追求但也不设法避免。

（3）刑事责任是指行为人因其犯罪行为所应承受的、代表国家的司法机关根据刑事法律对该行为所作的否定性评价和对行为人进行谴责的责任。

（4）甲对丙的死亡所持心理态度为直接故意，其行为属于事实认识错误中的对象错误。

6. （1）疏忽大意而没有预见是指按照行为人行为时的认识能力和客观条件本该预见到，由于马虎大意，缺乏责任心而未能预见，以致造成危害结果的发生。

（2）轻信能够避免是指一方面行为人希望和相信能够避免危害结果发生；另一方面行为人没有确实可靠的客观根据而轻率相信可以避免。

（3）只有当法律条文明示该条规定之罪的罪过形式是过失或者包括过失时，过失才能构成犯罪，承担刑事责任。

7. （1）正在发生的危险是指客观存在的危险正在发生且尚未消除，而且十分紧迫。

（2）不得已是指采取紧急避险是唯一的途径，别无选择。

（3）免除处罚是指对犯罪分子作有罪宣告，但免除其刑罚处罚。适用条件有：行为人的行为已经构成犯罪；犯罪情节轻微；因犯罪情节轻微不需要判处刑罚。

（4）必要限度是指避险行为所造成的损害必须小于所保护的权益，而不能等于或大于所保护的权益。

8. （1）准备工具是指准备实行犯罪使用的各种物品。

（2）制造条件是指为实行犯罪制造机会或创造条件。

（3）实质区别是行为能否直接侵害犯罪客体。

（4）犯罪人的行为完整地实现了刑法分则条文所规定的全部构成要件事实的，是既遂犯。

（5）从轻处罚是指在法定刑幅度内选择判处比没有该情节的类似犯罪相对较轻的刑种或刑期。减轻处罚是指在法定刑以下判处刑罚；刑法规定有数个量刑幅度的，应当在法定量刑幅度的下一个量刑幅度内判处刑罚。

9. （1）已经着手实行犯罪是指犯罪分子已经开始实行刑法分则条文所规定的某种犯罪的基本构成要件的行为。

（2）犯罪分子意志以外的原因是指违背犯罪分子本意的原因。

（3）犯罪未得逞是指犯罪行为尚未完整地满足刑法分则规定的全部犯罪构成事实。

10.（1）故意是指明知自己的行为会发生危害社会的结果，并且希望或者放任这种结果发生的心理态度。

（2）过失是指行为人应当预见自己的行为可能发生危害社会的结果，因为疏忽大意而没有预见或者已经预见而轻信能够避免的心理态度。

（3）修正的犯罪构成形态。

（4）共同犯罪行为包括：实行行为；帮助行为；组织行为；教唆行为；共谋行为。

（5）交通肇事后，单位主管人员、机动车辆所有人、承包人或者乘车人指使肇事人逃逸，致使被害人因得不到救助而死亡的，以交通肇事罪的共犯论处，此为"过失共犯"。

（6）不构成共同犯罪的主要情形有共同过失犯罪、间接正犯、同时犯、过限行为、事前无通谋行为、片面共犯。

11.（1）直接负责的主管人员，是在单位实施的犯罪中起决定、批准、授意、纵容、指挥等作用的人员，一般是单位的主管负责人，包括法定代表人。其他直接责任人员，是在单位犯罪中具体实施犯罪并起较大作用的人员。

（2）对单位犯罪一般采取"两罚制"，但刑法分则和其他法律特别规定采取"单罚制"的，依照规定。

（3）直接负责的主管人员和其他直接责任人员代表单位实施故意犯罪，可以成立共同犯罪，他们对于单位犯罪所起的作用有主要作用和次要作用之分，可以有主犯、从犯之分。但在个案中，不是当然的主、从犯关系，主管人员与直接责任人员在实施犯罪行为的主从关系不明显的，可不分；可以分清，且不分清主、从犯，在同一法定刑档次、幅度内无法做到罪刑相适应的，应分清主、从犯，依法处罚。

12.（1）本条规定的是非刑罚处理方法。非刑罚处理方法是指人民法院对犯罪分子适用的刑罚以外的处理方法。

（2）免于刑事处罚是指对犯罪情节轻微不需要判处刑罚的行为作有罪宣告，但对行为人不给予刑罚处罚，其体现的刑事责任解决方式是定罪免责方式。

13.（1）从业禁止是指人民法院对因利用职业便利实施犯罪，或者实施违背职业要求的特定义务的犯罪被判处刑罚的人，根据其犯罪情况和预防犯罪的需要，禁止其在一定时期内从事相关职业。

（2）条件有：行为人利用职业便利实施了犯罪，或者实施了违背职业要求的特定义务的犯罪；行为人被判处了刑罚；根据犯罪情况和预防再犯罪的需要，有必要禁止行为人从事相关职业。

（3）从业禁止的决定机关是人民法院，执行机关是公安机关。

（4）被判处从业禁止的人违反该禁止决定的，由公安机关予以行政处罚；情节严重的，构成拒不执行判决、裁定罪。

14.（1）罪行极其严重是指犯罪的性质极其严重、犯罪的情节极其恶劣和犯罪分子的人身危险性极其严重。罪行极其严重的犯罪分子所实施的犯罪行为对国家和人民利益危害特别巨大，社会危害性也极为巨大。

（2）死缓的适用条件有：应当判处死刑；不是必须立即执行。

（3）死缓的适用结局有：判处死刑缓期执行的，在死刑缓期执行期间，如果没有故意犯罪，2年期满以后，减为无期徒刑；如果确有重大立功表现，2年期满以后，减为25年有期徒刑；如果故意犯罪，情节恶劣，报请最高人民法院核准后执行死刑。

（4）适用对象有：对被判处死刑缓期执行的累犯以及因故意杀人、强奸、抢劫、绑架、放火、爆炸、投放危险物质或者有组织的暴力性犯罪被判处死刑缓期执行的犯罪分子，人民法院根据犯罪情节等情况可以同时决定对其限制减刑。

15.（1）重大立功的情形有：阻止他人重大犯罪活动；检举监狱内外重大犯罪活动，经查证属实；有发明创造或者重大技术革新；在日常生产、生活中舍己救人；在抗御自然灾害或者排除重大事故中，有突出表现；对国家和社会有其他重大贡献。

（2）情节恶劣是指故意犯罪的性质严重、手段残忍或者动机特别卑劣。

（3）死缓期满后，减为无期徒刑。

（4）累犯是指因犯罪而受过一定的刑罚处罚，在刑罚执行完毕或者赦免以后，于法定期限内又犯一定之罪的罪犯。

（5）死刑缓期执行的期间，从判决确定之日起计算。死刑缓期执行减为有期徒刑的刑期，从死刑缓期执行期满之日起计算。

16.（1）根据犯罪情节决定罚金数额是指，一般来说，非法获利的数额较大、情节严重的，罚金数额应当多些；反之，则应当少些。还要考虑犯罪分子的实际经济负担能力。

（2）罚金的执行方式有一次缴纳、分期缴纳、强制缴纳、随时追缴和延期缴纳、酌情减免缴纳。

（3）延期、酌情减免缴纳罚金的条件有：①遭遇不能抗拒的灾祸等；②缴纳确实有困难；③经人民法院裁定。

（4）应当先承担对被害人的民事赔偿责任。

17.（1）没收财产是没收犯罪分子个人所有财产的一部分或者全部；没收全部财产的，应当对犯罪分子个人及其扶养的家属保留必需的生活费用；在判处没收财产时，不得没收属于犯罪分子家属所有或者应有的财产。

（2）适用方式有：并处没收财产；可以并处没收财产；并处罚金或者没收财产。

（3）没收财产由人民法院执行；在必要的时候，可以会同公安机关执行。

（4）条件有：须为没收财产前犯罪分子所欠债务；须为正当的债务；须经债权人请求。

（5）数罪分别被判处罚金与没收全部财产时，应分别执行。

18.（1）减轻处罚是指在法定刑以下判处刑罚；刑法规定了数个量刑幅度的，应当在法定刑幅度的下一个量刑幅度内判处刑罚。

（2）"以下"不包括本数，因为减轻处罚不能判处法定最低刑，只能在法定最低刑之下判处刑罚。

（3）法定刑以下即法定最低刑以下，也就是减轻处罚"应低于法定刑幅度中的最低刑"。

（4）酌定减轻处罚在适用上须符合下列条件：①犯罪分子不具有法定减轻处罚情节；②案件具有特殊情况；③须经最高人民法院核准。

19.（1）刑罚执行完毕是指主刑执行完毕，不包括附加刑在内。主刑执行完毕后5年内又犯罪，即使附加刑未执行完毕，仍构成累犯。

（2）赦免即国家对于犯罪分子宣告免于追诉或者免除执行刑罚的全部或者部分的法律制度。

（3）假释是对被判处有期徒刑、无期徒刑的犯罪分子，在执行一定刑期之后，因其认真遵守监规，接受教育改造，确有悔改表现，没有再犯罪的危险，而附条件地将其予以提前释放的制度。

（4）缓刑考验期限内或考验期满后犯新罪的，都不构成累犯。因为缓刑是有条件地不执行所判处的刑罚，缓刑考验并非刑罚执行，缓刑考验期限内或考验期满后犯新罪，不符合累犯成立的条件。

20.（1）特别累犯的成立条件有：前罪与后罪为危害国家安全犯罪、恐怖活动犯罪、黑社会性质的组织犯罪的任一类犯罪；前罪被判处的刑罚和后罪应判处的刑罚的种类及其轻重不受限制；因危害国家安全犯罪、恐怖活动犯罪、黑社会性质的组织犯罪的任一类犯罪被判处刑罚，在刑罚执行完毕或者赦免以后的任何时候，再犯上述犯罪的任一类犯罪。

（2）成立特别累犯。

（3）不成立特别累犯。

（4）对于特别累犯，应当从重处罚，不得缓刑，不得假释。

21.（1）本条规定的是对漏罪的"先并后减"。

（2）"判决宣告以后"是指判决已经宣告并发生法律效力之后。

（3）先将原判刑期与后罪所判刑期按照限制加重原则并罚，然后减去已经执行的刑期和减刑刑期，从而确定罪犯还须服刑的刑期。

22.（1）本条规定的是对新罪的"先减后并"。

（2）"判决宣告以后"是指判决已经宣告并发生法律效力之后。

（3）应先对新发现的漏罪作出判决，与原判刑罚按照限制加重原则，确定应执行的刑罚，再减去已经执行的刑期（"先并后减"）；然后对新犯之罪作出判决，再与前两个判决所确定的刑罚中尚未执行的刑罚并罚，决定应执行的刑罚（"先减后并"）。

23．（1）缓刑是指人民法院对于被判处拘役、3年以下有期徒刑的犯罪分子，根据其犯罪情节和悔罪表现，认为暂缓执行原判刑罚，没有再犯罪的危险，且宣告缓刑不会对所居住的社区产生重大的不良影响的，规定一定的考验期，暂缓其刑罚的执行，若犯罪分子在考验期内没有发生法定撤销缓刑的情形，原判刑罚就不再执行的制度。

（2）缓刑的考察机关是社区矫正机关。

（3）"原判刑罚不再执行"是指原判决的有罪宣告仍然有效，原判的刑罚也没有错误，但由于犯罪分子在考验期内符合法定条件，原判决所宣告的刑罚不再执行。

（4）缓刑犯在考察期限内遵守各项缓刑考察事项，既没有犯新罪，又没有被发现漏罪，也没有违反缓刑监督管理规定，没有严重违反人民法院判决中的禁止令的，缓刑考验期满，原判刑罚不再执行。

24．（1）缓刑考验期限内犯新罪，即使该新罪超过了追诉时效，也应撤销缓刑，执行原判刑罚，但新罪不再追诉。

（2）不撤销缓刑，因为只有在缓刑考验期限内发现判决宣告以前还有其他罪没有判决，才能撤销缓刑；既然在缓刑考验期限内没有发现判决宣告以前还有其他罪没有判决，就不能撤销缓刑。应作如下处理：对新发现的罪作出判决并执行。

（3）禁止令适用于被判处管制、宣告缓刑的犯罪分子。

（4）不构成累犯。因为缓刑是有条件地不执行所判决的刑罚，即犯罪分子在缓刑考验期限内没有发生法定撤销缓刑的情况，原所判决的刑罚就不再实际交付执行。缓刑考验并非刑罚执行。由于累犯的成立以前罪"刑罚执行完毕或者赦免以后"5年内再犯罪为条件，故被宣告缓刑的犯罪分子在缓刑考验期满后再犯新罪的，不成立累犯。

25．（1）犯罪之日是指犯罪成立之日。具体而言，对于行为犯，应从犯罪行为完成之日起计算；对于举动犯，应从犯罪行为实施之日起计算；对结果犯，应从犯罪结果发生之日起计算；对于结果加重犯，应从加重结果发生之日起计算；对于预备犯、未遂犯、中止犯，应分别从犯罪预备、犯罪未遂、犯罪中止成立之日起计算。连续犯和继续犯，其追诉期限从犯罪行为终了之日起计算。

（2）时效的中断是指在追诉期限内，因发生法定事由而使已经过了的时效期间归于无效，法定事由消失后重新计算追诉期限的制度。

（3）在共同犯罪中，在追诉期限以内又犯罪的共犯人，其前罪追诉的期限从犯后罪之日起计算；在追诉期限内没有再犯罪的共犯人，其犯罪的追诉期限并不中断。

26．（1）首要分子是指在犯罪集团或者聚众犯罪中起组织、策划、指挥作用的犯罪分子。

（2）独立适用剥夺政治权利或者主刑是有期徒刑、拘役附加剥夺政治权利的，期限为 1 年以上 5 年以下；判处管制附加剥夺政治权利的，期限与管制的期限相等。

（3）分裂国家罪是行为犯，只要有组织、策划、实施分裂国家、破坏国家统一的行为，就构成既遂，不要求客观上发生了分裂国家的结果。

（4）本罪属于行为犯，只要实施煽动分裂国家、破坏国家统一的行为，就构成既遂，不要求被煽动人客观上接受煽动，更不要求客观上发生分裂国家的结果。

（5）15 年。

27.（1）非法持有宣扬恐怖主义、极端主义物品罪。叙明罪状。

（2）恐怖主义是指通过暴力、破坏、恐吓等手段，制造社会恐慌、危害公共安全、侵犯人身财产，或者胁迫国家机关、国际组织，以实现其政治、意识形态等目的的主张和行为。

（3）极端主义，是指歪曲宗教教义和宣扬宗教极端，以及其他崇尚暴力、仇视社会、反对人类等极端的思想、言论和行为。

（4）并处或者单处罚金，即罚金既可以附加适用，也可以作为一种与有关主刑并列的刑种供选择适用。

28.（1）本罪的行为对象是航空器，航空器仅限于可载人的航空器，包括民用航空器和军用航空器，且航空器属于正在使用中的航空器。

（2）本罪属于行为犯。行为人开始实施劫持行为是本罪的着手。本罪行为的完成或实施达到一定的程度，即实施劫持行为达到控制航空器的程度构成本罪的既遂。由于意志以外的原因使劫持行为未得逞的，是本罪的未遂。

（3）犯本条规定之罪，致人重伤、死亡或者使航空器遭受严重破坏的，构成本罪的结果加重犯。主观罪过形态既包括故意，也包括过失。根据刑罚幅度的确定程度，其所规定的法定刑属于绝对确定的法定刑。

29.（1）本条规定的是生产、销售有毒、有害食品罪，罪状类型为叙明罪状。

（2）有毒、有害的非食品原料是指含有毒性元素或者对人体有害的成分而不能作为食品配料或者食品添加剂的物质。

（3）本罪属于行为犯，只要在生产、销售的食品中掺入有毒、有害的非食品原料，或者明知是掺有有毒、有害的非食品原料的食品而销售，就构成本罪。构成本罪并对人体健康造成严重危害的，属于本罪的结果加重犯。

（4）不构成本罪。食品中必须掺有不能食用的非食品原料，且该原料必然产生毒素，才构成本罪。只是由于被污染、变质或者过量而产生毒性的食品，不构成本罪，可构成生产、销售不符合安全标准的食品罪。

（5）援引法定刑。

30.（1）非法吸收是指未经中国人民银行批准，向社会不特定对象吸收资金，出具凭证，承诺在一定期限内还本付息的活动。

（2）变相吸收是指未经中国人民银行批准，不以吸收公众存款的名义，向社会不特定对象吸收资金，但承诺履行的义务与吸收公众存款性质相同的活动。

（3）非法吸收公众存款或者变相吸收公众存款须同时符合以下条件：未经有关部门依法批准或者借用合法经营的形式吸收资金；通过媒体、推介会、传单、手机短信等途径向社会公开宣传；承诺在一定期限内以货币、实物、股权等方式还本付息或者给付回报；向社会公众即社会不特定对象吸收资金。未向社会公开宣传，在亲友或者单位内部针对特定对象吸收资金的，不属于非法吸收或者变相吸收公众存款。

31.（1）传销是指以销售商品的数量作为计酬或返利的依据，但并没有真实的商品销售或服务的行为。

（2）刑法仅将"拉人头"、收取入门费，进而骗取他人财物的"诈骗型传销"作为处罚对象。

（3）骗取财物是指传销活动的组织者、领导者采取变造、歪曲国家政策，虚构、夸大经营、投资、服务项目及盈利前景，掩饰计酬、返利真实来源或者其他欺诈手段，非法获利的行为。

（4）属于想象竞合犯，从一重罪处断。

32.（1）过失是指行为人应当预见自己的行为可能发生危害社会的结果，因为疏忽大意而没有预见或者已经预见而轻信能够避免的心理态度。

（2）致人死亡是指行为人的过失行为与被害人的死亡结果之间存在因果关系。

（3）疏忽大意致人死亡与意外事件的区别是行为人对死亡结果的发生是否应当预见不同。在意外事件中，行为人对死亡结果的发生是不可预见的；在疏忽大意致人死亡中，行为人对死亡结果的发生是应当预见并且是能够预见的，只是由于疏忽大意而没有预见。

（4）这是指刑法规定以他人死亡作为法定犯罪构成要件或者要件之一的其他过失犯罪，如失火罪、爆炸罪、过失投放危险物质罪、交通肇事罪、重大责任事故罪等过失犯罪中存在致人死亡的情形。在前述情形中，应依据法条竞合处理原则，即特别法优先于普通法适用的原则，分别依照有关规定处罚，不再定过失致人死亡罪。

33.（1）本条规定的是负有照护职责人员性侵罪，罪状类型为叙明罪状。

（2）15 岁的甲女在某武术学校习武期间，武术教练经甲女同意与其发生性关系的，构成负有照护职责人员性侵罪。

（3）14 岁的乙女的继父迫使乙女就范，强行与乙女发生性关系的，同时构成负有照护职责人员性侵罪和强奸罪，应当依照处罚较重的罪名即强奸罪定罪处罚。

34.（1）捏造事实即捏造根本不存在的犯罪事实，也就是违背客观事实，无中生有。

（2）诬告陷害罪的犯罪主体是一般主体，因而不是身份犯，而是不真正身份犯，即国家机关工作人员犯诬告陷害罪的，从重处罚（量刑身份）。

（3）行为人仅将诬告陷害的材料转送、邮寄司法机关等单位，并未实际处理该材料的，是本罪的预备。行为人将诬告陷害的材料送达司法机关或有关单位，后者因此而准备启动相应追究程序的，为诬告陷害罪的着手。有关机关根据诬告陷害的材料启动追诉程序并限制了被害人的人身自由的，是诬告陷害罪的既遂。

（4）诬告陷害是违反客观事实而作虚伪的告诉，对虚伪的客观事实有确定性认识，具有诬告陷害的故意；而错告、检举失实对客观事实有错误的认识，不具有诬告陷害他人的故意。

35.（1）公然侮辱他人是指当着不特定或者多数人的面，或者采用能够使不特定人或者多数人感知的方式贬低、损害他人的人格、名誉。

（2）捏造事实诽谤他人是指无中生有、凭空制造虚假事实并加以散布，以败坏他人名誉。

（3）剥夺政治权利的适用方式为独立适用剥夺政治权利，期限为1年以上5年以下。

（4）告诉的才处理是指被害人告诉才处理。被害人因受强制、威吓无法告诉的，人民检察院和被害人的近亲属也可以告诉。刑法规定的告诉才处理的犯罪有侮辱罪、诽谤罪、虐待罪、暴力干涉婚姻自由罪和侵占罪。

36.（1）伪造选举文件是指采用伪造选民证、选票、选民名单、候选人名单、代表资格报告等选举文件的方法破坏选举。虚报选举票数是指选举工作人员对于统计出来的选票数、赞成和反对票数等进行虚假报告的行为。

（2）在进行村委会选举时，采取威胁、贿赂手段破坏选举的，不构成破坏选举罪。因为破坏选举罪只能发生在各级国家权力机构——人民代表大会的代表以及各级国家机关的领导人的选举过程中，在村委会选举过程中实施破坏选举行为的，不构成破坏选举罪。

（3）以伪造选举文件等公文、证件为手段破坏选举活动的行为，构成破坏选举罪和伪造国家机关公文、证件、印章罪，属于牵连犯，应当择一重罪处罚。

（4）以暴力手段破坏选举，致人轻伤的，仍以破坏选举罪论处；致人重伤、死亡的，应以故意伤害罪、故意杀人罪论处。

37.（1）虐待是指从肉体上进行摧残迫害或者从精神上进行折磨，情节恶劣的行为。虐待具有经常性、一贯性的特点。

（2）家庭成员是指基于婚姻、血缘、收养等关系生活在一个家庭中的人，他们相互之间存在着父母（包括继父母、养父母）、子女（包括继子女、养子女）、兄弟姐妹亲属关系或扶养关系。

（3）致使被害人重伤、死亡是指过失致使被害人重伤或死亡，即犯罪人主观上不具有侵害被害人健康或者剥夺被害人生命的故意，而是出于追求被害人肉体和精神上的痛苦，长期或者多次实施虐待行为，逐渐造成被害人身体损害，过失导致被害人重伤或者死亡，或者致使被害人不堪忍受虐待而自残、自杀，导致重伤或者死亡。

38.（1）遗弃罪为纯正不作为犯，其作为义务的来源有法律的明文规定，因合同产生的义务和因职业产生的义务。

（2）遗弃行为致人死亡的，构成遗弃罪和过失致人死亡罪的想象竞合，从一重罪处罚。

39.（1）拐骗儿童罪。侵犯客体是儿童的人身自由、安全及家长的监护权。

（2）构成拐卖儿童罪。

（3）10年。

（4）儿童身心发育未成熟，对周围事物缺乏判断能力，因此应当予以特殊保护；拐骗儿童的行为严重损害儿童身心健康，刑法须作出规定进行严惩。

40.（1）多次盗窃是指2年内盗窃3次以上。

（2）入户盗窃是指非法进入供他人家庭生活，与外界相对隔离的住所盗窃。

（3）携带凶器盗窃是指携带枪支、爆炸物、管制刀具等国家禁止个人携带的器械盗窃，或为了实施违法犯罪携带其他足以危害他人人身安全的器械盗窃。

（4）扒窃是指在公共场所或者公共交通工具上盗窃他人随身携带的财物。

（5）行为人开始实施盗窃行为，使他人的财物面临紧迫危险时，是盗窃罪的着手。盗窃罪的既遂有两项标准：一是失控说，即财物的所有人、持有人失去对财物的控制，行为人实现对财物的控制时，就构成盗窃罪的既遂。二是控制说，即盗窃无形财产，行为人实际控制财物时，就构成盗窃罪既遂。

（6）单位组织、指使盗窃的，以盗窃罪追究组织者、指使者、直接实施者的刑事责任。

41.（1）抢夺是指行为人没有使用暴力或以暴力相威胁而公然夺取公私财物的行为。

（2）携带凶器抢夺指携带枪支、爆炸物、管制刀具等国家禁止个人携带的器械进行抢夺或者为了实施犯罪而携带其他器械进行抢夺的行为。

（3）携带凶器盗窃的，以盗窃罪定罪处罚。

（4）驾驶机动车、非机动车夺取他人财物，有下列情形之一的，以抢劫罪论处：驾驶车辆，逼挤、撞击或强行逼倒他人以排除他人反抗，乘机夺取财物的；驾驶车辆强抢财物时，因被害人不放手而采取强拉硬扯方法劫取财物的；行为人明知其驾驶车辆强行夺取他人财物的手段会造成他人伤亡的后果，仍然强行夺取并放任造成财物持有人轻伤以上后果的。

42.（1）窝藏赃物是为了保护已经到手的赃物不被追回；抗拒抓捕是指抗拒公安机关的逮捕或者任何公民的扭送；毁灭罪证是指消灭自己遗留在作案现场的痕迹、物品和其他证据。

（2）当场是指犯罪分子实施盗窃、诈骗、抢夺罪的现场，或者虽然离开了现场，但还处于被追捕的过程中。

（3）使用暴力或者以暴力相威胁是指犯罪分子对抓捕者或者阻止其窝藏赃物、毁灭罪证的人使用暴力或者以暴力相威胁，并达到足以压制他人反抗的程度，但不要求事实上已经压制他人的反抗。

（4）行为人实施盗窃、诈骗、抢夺后又出于报复、灭口等动机伤害、杀害被害人的，应对伤害、杀人行为单独以故意伤害罪或者故意杀人罪定罪量刑，然后与盗窃罪、诈骗罪或者抢夺罪实行数罪并罚。

43.（1）代为保管的他人财物是指基于他人的委托保管他人财物或者根据事实上的管理而被认为是合法持有的财物。

（2）拒不退还是指行为人将财物非法占有后，当财物所有人发现并要求其退还时，仍不退还。

（3）他人的遗忘物是指所有人或持有人因一时疏忽遗忘于某特定地点或场所但知道所遗忘的地点或场所的财物。

（4）埋藏物是指个人埋藏于某一地点的财物或者所有人不明的埋藏于某一地点的财物。

（5）拒不交出是指行为人将财物非法占有后，当财物的所有人发现并要求其交出时，仍不交出。

44.（1）其他单位是指除公司、企业以外的一切其他单位，包括国家机关，国有、集体或者民办事业单位以及各类团体。

（2）利用职务上的便利是指利用自己在职务上所具有的主管、管理或者经手本单位财物的方便条件。

（3）将本单位财物非法占为己有是指行为人采取侵吞、窃取、骗取等手段将本单位财物据为己有。

（4）国有公司中从事公务的人员将本单位财物非法据为己有的，应当以贪污罪定罪处罚。

45.（1）敲诈勒索是指以非法占有为目的，对公私财物的所有人、管理人实施威胁或者要挟，强行索取数额较大公私财物的行为。

（2）多次敲诈勒索是指2年内敲诈勒索3次以上。

（3）行为人通过敲诈取得财物的，构成敲诈勒索罪的既遂。

（4）以敲诈勒索罪共犯论处。

46.（1）袭警罪的客观表现有：以暴力袭击正在依法执行职务的人民警察；使用枪支、管制刀具，或者以驾驶机动车撞击等手段，严重危及人民警察的人身安全。

（2）以威胁方法阻碍人民警察依法执行职务构成犯罪的，以妨害公务罪定罪处罚。

（3）暴力袭击正在依法执行职务的人民警察，造成该人民警察重伤、死亡的，构成袭警罪与故意伤害罪、故意杀人罪的想象竞合犯，从一重罪处罚。

（4）以高速驾驶机动车撞击正在依法执行职务的人民警察和周围其他人的，构成袭警罪和以危险方法危害公共安全罪的想象竞合犯，从一重罪处罚。

（5）醉酒后非法持有枪支使用暴力袭击正在依法执行职务的人民警察构成犯罪的，以袭警罪、危险驾驶罪和非法持有枪支罪实行数罪并罚。

47.（1）非法获取是指依法不应知悉某项国家秘密的人从知悉某项国家秘密的人那里知悉国家秘密，或者可以知悉某项国家秘密的人未经合法手续知悉国家秘密。

（2）国家秘密是指关系国家安全和利益，依照法定程序确定，在一定时间内只限一定范围的人员知悉的事项。

（3）10年。

48.（1）斗殴是指双方相互进行暴力攻击或者殴斗。

（2）首要分子是指在聚众斗殴中起组织、策划、指挥作用的犯罪分子。

（3）多次是指3次以上。

（4）持械是指使用凶器斗殴，而不是指单纯的携带。

（5）聚众斗殴致人重伤、死亡的，以故意伤害罪、故意杀人罪定罪处罚。

49.（1）黑社会性质的组织是指以暴力、威胁或者其他手段，有组织地进行违法犯罪活动，称霸一方，为非作恶，欺压、残害群众，严重破坏经济、社会生活秩序的犯罪组织。

（2）犯本款之罪又有其他犯罪行为的，依照数罪并罚的规定处罚。

（3）形成较稳定的犯罪组织，人数较多，有明确的组织者、领导者，骨干成员基本固定；有组织地通过违法犯罪活动或者其他手段获取经济利益，具有一定的经济实力，以支持该组织的活动；以暴力、威胁或者其他手段，有组织地多次进行违法犯罪活动，为非作恶，欺压、残害群众；通过实施违法犯罪活动，或者利用国家工作人员的包庇或者纵容，称霸一方，在一定区域或者行业内，形成非法控制或者重大影响，严重破坏经济、社会生活秩序。

（4）对于黑社会性质组织的组织者、领导者，按照其所组织、领导的黑社会性质组织所犯的全部罪行处罚；对于黑社会性质组织的参加者，应当按照其所参与的犯罪处罚。

50.（1）第1款规定的是赌博罪。聚众赌博是指以营利为目的，有下列情形之一的行为：组织3人以上赌博，抽头渔利数额累计达到5 000元以上的；组织3人以上赌博，赌资数额累计达到5万元以上的；组织3人以上赌博，参赌人数累计达到20人以上的；组织中华人民共和国公民10人以上赴境外赌博，从中收取回扣、介绍费的。以赌博为业是指反复参与赌博活动，将赌博作为职业或者兼职。

（2）第2款规定的是开设赌场罪。开设赌场是指为赌博提供场所，设定赌博方式，提供赌具、筹码、资金等行为。

（3）第3款规定的是组织参与国（境）外赌博罪。行为人组织三名以上的中国公民参与（国）境外赌博并且从参赌人员中获取费用或者其他利益构成犯罪的，属于一行为触犯数罪名，构成想象竞合犯，应择一重罪处断。

（4）组织参与国（境）外赌博，同时组织参与赌博者偷越国（边）境构成犯罪的，应以组织参与国（境）外赌博罪和组织他人偷越国（边）境罪实行数罪并罚。

51．（1）在刑事诉讼中是指在立案、侦查、起诉、审判的整个过程中。

（2）与案件有重要关系的情节是指足以使无罪的人受到刑事处罚或者使轻罪重罚的情节，或者使犯罪分子逃避刑事处罚或者重罪轻判的情节。

（3）故意是指明知自己的行为会发生危害社会的结果，并且希望或放任危害结果发生的心理态度。

（4）10年。

52．（1）妨害作证罪；叙明罪状。

（2）阻止证人作证表现为阻止证人接受公安、检察、法院等司法机关的调查、询问，以及阻止证人出庭作证。

（3）指使他人作伪证是指要求、命令、请求他人对与案件有关的情节作违背事实的虚假陈述。

（4）为阻止证人作证，故意杀害、伤害、非法拘禁证人的，构成妨害作证罪与上述犯罪的想象竞合犯，应择一重罪处罚。

53．（1）窝藏是指明知是犯罪的人而为其提供隐藏处所、财物，帮助其逃匿的行为。

（2）作假证明包庇是指行为人向司法机关作虚假证明，即以非证人的身份向司法机关提供虚假的证明材料为犯罪分子掩盖罪行或减轻罪责。

（3）如果行为人事前予以窝藏、包庇，说明行为人有共同犯罪的故意，对行为人应以事前通谋的共同犯罪论处，而不能认定为窝藏、包庇罪。

54．（1）明知是指行为人对自己的行为、结果以及它们之间的因果关系和社会危害性具有明确的认识。

（2）直接负责的主管人员是在单位实施的犯罪中起决定、批准、授意、纵容、指挥等作用的人员。其他直接责任人员是指在单位犯罪中具体实施犯罪并起较大作用的人员。

（3）行为人事前与盗窃、抢劫、诈骗、抢夺等犯罪分子通谋，掩饰、隐瞒犯罪所得及其产生的收益的，以盗窃、抢劫、诈骗、抢夺等犯罪的共犯论处。

（4）明知是犯罪所得及其产生的收益而予以掩饰、隐瞒，同时构成其他犯罪的，依照处罚较重的规定定罪处罚。

55．（1）判决、裁定是指人民法院依法作出的具有执行内容并已发生法律效力的判决、裁定。人民法院为依法执行支付令、生效的调解书、仲裁裁决、公证债权文书等所作的裁定属于人民法院的判决、裁定。

（2）有能力执行，是指有证据证明负有执行人民法院判决、裁定义务的人有可供执行的财产或者具有履行特定义务的能力。

（3）拒不履行，是指行为人采取各种手段拒绝履行人民法院判决、裁定确定的义务。

（4）应当以受贿罪或者滥用职权罪和拒不执行判决、裁定罪，依照处罚较重的规定定罪处罚（从一重罪处罚）。

56.（1）脱逃是指行为人逃离司法机关的监管场所的行为。

（2）判决宣告前所犯之罪为死刑、无期徒刑的，数罪并罚采取吸收原则，只执行一个死刑或者无期徒刑；判决宣告前所犯之罪为有期徒刑的，采取限制加重原则决定执行的刑期；行为人所犯之罪为新罪的，按照"先减后并"规则实行数罪并罚。

（3）行为人脱逃过程中使用暴力致人重伤、死亡的，是牵连犯，应当以故意伤害罪、故意杀人罪定罪处罚。

57.（1）组织他人偷越国（边）境集团的首要分子是指在组织他人偷越国（边）境的集团犯罪中起组织、策划、指挥作用的犯罪分子。

（2）"组织他人偷越国（边）境人数众多的"是指组织他人偷越国（边）境人数在10人以上的情况。

（3）"造成被组织人重伤、死亡的"属于组织他人偷越国（边）境罪的结果加重犯。

（4）犯本款规定之罪，对被组织人有杀害、伤害、强奸、拐卖等犯罪行为，或者对检查人员有杀害、伤害等犯罪行为的，依照数罪并罚的规定定罪处罚。

58.（1）客体是国家对医疗工作的管理秩序和就诊人的生命、健康权利和医疗单位的正常活动；客观方面表现为对医疗诊疗护理工作严重不负责任，致使就诊人死亡或者健康受到严重损害的行为；犯罪主体是特殊主体，主要是医务人员；主观方面表现为过失。

（2）严重不负责任是指医务人员违背了国家有关医务工作的法律、法规、医疗部门的规章制度、诊疗护理常规，不履行或者不正确履行诊疗护理职责，粗心大意，马虎草率。

（3）严重损害就诊人身体健康是指使人肢体残疾、容貌毁损、听觉丧失、视觉丧失、其他器官功能丧失或者受到其他人体重大伤害。

59.（1）严重损害就诊人身体健康的情形有：造成就诊人中度以上残疾、器官组织损伤导致严重功能障碍的；造成3名以上就诊人轻度残疾、器官组织损伤导致一般功能障碍的。

（2）造成就诊人死亡属于非法行医罪的结果加重犯，其法定最长追诉期限为15年。

（3）取得了以上执业资格者在没有医疗机构许可证的医院或诊所过失造成病人重伤或死亡的，应当按照医疗事故罪处理，而不能认定为非法行医罪。

60.（1）毒品是指鸦片、海洛因、甲基苯丙胺（冰毒）、吗啡、大麻、可卡因以及国家管制的其他能够使人形成瘾癖的麻醉药品和精神药品。

（2）因实施其他毒品犯罪而持有毒品的行为，按照所实施其他毒品犯罪定罪处罚，其持有行为不再单独定罪。

（3）盗窃、抢夺、抢劫毒品的，应当分别以盗窃罪、抢夺罪或者抢劫罪定罪，但不计犯罪数额，根据情节轻重予以定罪量刑。盗窃、抢夺、抢劫毒品后又实施其他毒品犯罪的，对盗窃罪、抢夺罪、抢劫罪和所犯的具体毒品犯罪分别定罪，依法数罪并罚。走私毒品，又走私其他物品构成犯罪的，以走私毒品罪和其所犯的其他走私罪分别定罪，依法数罪并罚。

（4）走私毒品的，应以将毒品运输、携带、邮寄出境或入境为既遂标准；贩卖毒品的，应以毒品实际上已经转移给买方为既遂标准；运输毒品的，应以毒品到达目的地为既遂标准；制造毒品的，则以毒品实际制成为既遂标准，已经制造出粗毒品或者半成品的，以制造毒品罪的既遂论处。

61.（1）本条规定的是毒品再犯制度。它的构成特点是：前罪限制严格，必须是走私、贩卖、运输、制造、非法持有毒品罪，而且被判刑；后罪限制较宽，只要是刑法分则妨害社会管理秩序罪一章走私、贩卖、运输、制造、毒品罪一节规定的犯罪即可，没有刑种刑期的限制；前后两罪之间没有时间限制；前后两罪没有刑度限制；对犯罪分子从重处罚。

（2）因走私、贩卖、运输、制造、非法持有毒品罪被判刑的犯罪分子，在缓刑、假释期间又犯涉毒犯罪的，应当在对其所犯新的毒品犯罪适用本条从重处罚的规定确定刑罚后，再依法数罪并罚。

（3）对同时构成累犯和毒品再犯的被告人，应当同时引用刑法关于累犯和毒品再犯的条款从重处罚，但在量刑时不得重复予以从重处罚。

62.（1）组织他人卖淫是指通过招募、雇用、引诱、容留等手段，管理或者控制他人卖淫，卖淫人员在3人以上的行为。

（2）强迫他人卖淫是指以暴力、胁迫或者其他方法，强行逼迫他人进行性交易的行为。

（3）依照数罪并罚的规定处罚。

（4）不构成组织卖淫罪的帮助犯，应当按照协助组织卖淫罪处理。

63.（1）明知就是已经知道或者应当知道。下列情形应认定为"明知"自己患有梅毒、淋病等严重性病：有证据证明曾到医院就医，被诊断为患有严重性病的；根据本人的知识和经验，能够知道自己患有严重性病的；通过其他方法能够证明行为人是"明知"的。

（2）构成传播性病罪与故意伤害罪（致人重伤）的想象竞合犯，从一重罪处断，即以故意伤害罪论处。

64.（1）淫秽物品，是指具体描绘性行为或者露骨宣扬色情的诲淫性的书刊、影片、录像带、录音带、图片及其他物品。

（2）本罪主观方面表现为故意，除了主观故意外，还要求行为人具有牟利的目的。

（3）行为人直接从走私分子手上购买淫秽物品加以贩卖的，应以走私淫秽物品罪定罪处罚。

65.（1）国家工作人员具体包括：在国家机关中从事公务的人员；在国有公司、企业、事业单位、人民团体中从事公务的人员；国家机关、国有公司、企业、事业单位委派到非国有公司、企业、事业单位、社会团体从事公务的人员；其他依照法律规定从事公务的人员。

（2）利用职务上的便利是指行为人利用本人职务范围内的权力和地位形成的有利条件，具体表现为利用主管、管理或经手等便利条件。

（3）公共财物是指下列财产：①国有财产；②劳动群众集体所有的财产；③用于扶贫和其他公益事业的社会捐助或者专项基金的财产。国家机关、国有公司、企业、集体企业和人民团体管理、使用或者运输中的私人财产，以公共财产论。

（4）委托管理、经营国有财产是指因承包、租赁、临时聘用等管理、经营国有财产。

（5）贪污罪以是否实际控制财物作为区分既遂与未遂的标准：行为人实际控制公共财物的，属于既遂；行为人已经着手实行贪污行为，但因意志以外的原因未能实际控制财物的，属于未遂。对于行为人利用职务上的便利，实施了虚假平账等贪污行为，但公共财物尚未实际转移，或者尚未被行为人控制就被查获的，应当认定为贪污未遂。行为人控制公共财物后，是否将财物据为己有，不影响贪污罪既遂的认定。

（6）人民法院根据犯罪情节等情况可以同时决定在其死刑缓期执行二年期满依法减为无期徒刑后，终身监禁，不得减刑、假释。

（7）犯贪污罪的死缓犯，2年期满后，减为无期徒刑；如果确有重大立功表现，2年期满以后，减为25年有期徒刑。

66.（1）斡旋受贿，是指国家工作人员利用本人职权或者地位形成的便利条件，通过其他国家工作人员职务上的行为，为请托人谋取不正当利益，索取请托人财物或者收受请托人财物的行为。

（2）利用本人职权或者地位形成的便利条件，是指国家工作人员利用本人的职权和地位产生的影响和一定的工作联系而形成的影响和制约关系，包括上下级关系、同级同事关系等。

（3）为请托人谋取的利益须为不正当利益，行为人只要认识到请托人的事项不正当，客观上许诺为请托人谋取该不正当利益即可构成斡旋受贿，而无需主观上有谋利意图，也无需谋取到了不正当利益。

（4）不构成斡旋受贿。

67.（1）行贿是指请托人为谋取不正当利益，给予国家工作人员财物的行为。

（2）谋取不正当利益是指行贿人谋取违反法律、法规、规章或者政策规定的利益，或者要求对方违反法律、法规、规章、政策、行业规范的规定提供帮助或者方便条件。在招标投标、政府采购等商业活动中，违背公平、公正原则，在经济、组织人事管理活动中，谋取竞争优势的，属于"谋取不正当利益"。

（3）违反国家规定是指违反国家法律、行政法规关于经济往来中给予国家工作人员礼物、回扣、手续费，只能在账内公开给予，而不得在账外暗中给予的规定。

（4）行贿行为只限于主动行为，被勒索而给予国家工作人员以财物，没有获得不正当利益的，不构成犯罪。

（5）不属于立功。对行贿人可以减轻或者免除处罚。

（6）属于立功。对行贿人可以从轻、减轻或者免除处罚。

68．（1）司法工作人员是指负有侦查、检察、审判、监管职责的工作人员。非司法工作人员与司法工作人员勾结，共同实施徇私枉法行为的，以徇私枉法罪共犯论处。

（2）徇私枉法是指为了谋取个人利益或者小团体的利益而枉法；徇情枉法是指出于个人情谊而枉法。

（3）"对明知是无罪的人而使他受追诉"是指对明知是无罪的人而故意予以立案、侦查，用刑事强制措施限制其人身自由，提起公诉、进行审判等。"对明知是有罪的人而故意包庇不使他受追诉"是指对有确凿事实证明其实施犯罪的人，采取伪造、隐匿、毁灭证据或其他隐瞒事实、违背法律的手段，故意包庇使其不受侦查、起诉或审判。枉法裁判是指行为人故意对有罪的人作出无罪判决，对无罪者作出有罪判决，或者重罪轻判、轻罪重判。

（4）司法工作人员因受贿而徇私枉法的，应当择一重罪处断，不实行数罪并罚。

（5）司法工作人员徇私枉法情节特别严重的，追诉期限为15年。

69．（1）本款规定的是民事、行政枉法裁判罪；其罪状为叙明罪状。

（2）犯罪主体为司法工作人员，限于在民事、行政诉讼中负有审判职责的人员。

（3）司法工作人员贪赃枉法，犯民事、行政枉法裁判罪和受贿罪的，应从一重罪处罚，不实行数罪并罚。

70．（1）不作为犯。

（2）"解救要求"是指被拐卖、绑架的妇女、儿童及其家属在自己或其家属被拐卖、绑架后，向有关部门及其工作人员提出的救助请求。

（3）"举报"是指被拐卖、绑架的妇女、儿童及其亲属以外的其他公民就妇女、儿童被拐卖、绑架事实，向国家机关及其工作人员进行检举和报告。

第二节　案例分析题

一、历年真题考查内容

具体命题情况见表1-2：

表 1-2　刑法学案例分析题 2004—2024 年真题考查内容

出题年份	考查内容
2004 年	伪造国家机关公文罪、合同诈骗罪及其牵连，贪污罪，特别自首及其处罚。
2005 年	放火罪及共犯、既遂、中止，保险诈骗罪及共犯、既遂、中止，未满 18 周岁的人犯罪应当从轻或减轻处罚的规定，从犯，贪污罪自首。
2006 年	强奸罪及结果加重犯、教唆犯、实行犯，对象错误，怀孕妇女不适用死刑（包括死缓）的规定，累犯，自首及处罚。
2007 年	非法拘禁罪，刑讯逼供罪，结果加重犯，因果关系，贪污罪，主犯，自首及处罚，数罪并罚。
2008 年	合同诈骗罪及共犯，假释，一般立功及处罚，帮助犯、从犯及处罚。
2009 年	故意杀人罪预备及处罚，迷信犯，（疏忽大意）过失致人死亡罪，数罪并罚，自首及处罚。
2010 年	拐卖妇女、儿童罪及加重处罚情节（情节加重犯、结果加重犯），行贿罪，特别自首及其处罚，徇私枉法罪和受贿罪及从一重罪处断。
2011 年	集资诈骗罪，复制淫秽物品牟利罪，自然人犯罪和单位犯罪，重大立功及处罚，保险诈骗罪，自首及处罚。
2012 年	绑架（杀人）罪，抢劫罪，已满 14 周岁不满 16 周岁的人犯抢劫罪，自首及处罚，不满 18 周岁的人犯罪应当从轻或者减轻处罚的规定，从犯及处罚。
2013 年	盗窃罪，自首及处罚，立功及处罚。
2014 年	抢劫罪和以危险方法危害公共安全罪及共犯，免刑。
2015 年	拐卖儿童罪及加重处罚情节，不满 18 周岁的人犯罪应当从轻或者减轻处罚的规定，不作为的故意杀人罪，共同犯罪。
2016 年	绑架罪和抢劫罪，非法拘禁罪，实行过限行为，共同犯罪。
2017 年	贪污罪、受贿罪、行贿罪、敲诈勒索罪。
2018 年	非法拘禁罪及共同犯罪，累犯，主犯及处罚，从犯及处罚。
2019 年	以危险方法危害公共安全罪，累犯，自首及处罚，立功及处罚。
2020 年	交通肇事罪，因果关系，拒不执行判决、裁定罪，数罪并罚。
2021 年	正当防卫，防卫过当及处罚，假想防卫，（疏忽大意）过失致人重伤罪。
2022 年	生产、销售伪劣产品罪，假冒注册商标罪，共同犯罪，牵连犯，主犯，自首，立功。
2023 年	抢劫罪（既遂）及加重的抢劫罪、共同犯罪的主犯、故意杀人罪、数罪并罚、盗窃罪、累犯
2024 年	先前行为、因果关系、犯罪中止与犯罪既遂的认定、故意杀人罪、自首。

二、专项突破习题

1. 2012 年 1 月，王某因犯盗窃罪被人民法院依法判处有期徒刑 10 年，服刑 6 年后被假释。2019 年 6 月某日晚，王某意图杀死仇人张某，便来到张某家院门外，从门缝看见院内有人影晃动，以为是张某，忙瞅准将飞刀扔过去。王某次日得知砍死的是张某家的一头牛犊，但当时未案发。2023 年 1 月，王某指使文某（15 周岁）绑架陈某（女），文某便伺机将陈某关押至市郊的一个仓库里，要求陈某以交通事故受伤为由给其丈夫打电话要钱，不准陈某告诉丈夫其被绑架的事实。陈某的丈夫得知陈某发生交通事故，因担忧陈某的生命安危，当即用银行卡给陈某转了 10 万元。王某得知钱到手后让文某放了陈某，但文某因有事忘记释放陈某，致使陈某被冻成重伤。2023 年 5 月，文某在其父陪同下向公安机关投案，如实陈述了与王某一起绑架陈某的事实，公安机关在文某的协助下将王某抓获归案。王某归案后，如实供述了公安机关还没有掌握的其意图杀死张某的事实。

根据上述案情回答下列问题并说明理由：

（1）王某、文某的行为应如何定罪？

（2）对王某是否应撤销假释？

（3）王某、文某有哪些量刑情节？

2. 甲、乙（15 周岁）为了牟取暴利，合谋从事拐卖妇女、儿童的活动。一日，甲、乙以外出介绍工作为名将本村妇女丙和其 2 岁的外甥小明骗出，甲、乙将丙和小明带到某小区内废弃的库房内。甲、乙谋划，由甲带丙外出寻找买主，乙在库房内看管小明。甲在拐卖丙过程中，见丙年轻漂亮，对丙实施了奸淫。在与买主交涉后，由于双方没有对价格达成一致，于是甲继续寻找买主。为了谋取更多的利润，甲将丙卖给一实施强迫妇女卖淫的犯罪团伙。该卖淫团伙多次强迫丙实施卖淫活动。在甲带丙外出期间，小明的母亲在他人指引下找到关押小明的库房，乙试图带小明逃出库房，被小明的母亲拦住，乙将小明的母亲刺成重伤后逃脱。

请根据上述案情回答下列问题并说明理由：

（1）甲的行为如何定罪？

（2）乙的行为如何定罪？

（3）甲、乙是否构成共同犯罪？

3. 甲与刘某（女）曾谈过恋爱，后刘某与李某恋爱，甲心怀恨意，图谋报复。2023 年 8 月 12 日，甲找到朋友乙、丙，谋划向刘某、李某索要恋爱期间的费用支出和精神损失费 7 万元，丙为此准备了汽车、刀、尼龙绳、胶带等作案工具。在甲的指挥下，甲、乙、丙将在一起共进晚餐的刘某、李某捆绑至出租屋内索要 7 万元，甲、乙对李某进行了暴力殴打，声称将李某随身携带的手机和现金 1 万元"没收"，以冲抵债务。甲、乙还威胁李某，让其父亲支付 6 万元还债。甲让李某的父亲将装有 4 万元的现金放至指定地点，并派丙去取，丙取到后通知了甲。甲、乙二人把李某放走后，甲出去和丙碰头，把刘某交给乙继续索债，乙发现无法联系刘某的父母，索债不成，便将刘某以 3 万元的价格卖给了人贩子，事后向甲谎称从刘某处索取了 2 万元债务，二人将钱平分。

不久，人贩子被抓获，将乙供出而案发。经查，甲曾因袭警罪被判处有期徒刑 1 年，2021 年 10 月 20 日刑满释放，乙在 2022 年 3 月 10 日因寻衅滋事罪被判处有期徒刑 3 年，缓刑 4 年。

请根据上述材料，分析对甲、乙、丙如何定罪处罚。

4. 甲与张某有仇，甲出资 5 万元，雇用乙伤害张某，乙同意。为防止将张某打死，乙准备了一根用厚胶布缠好的木棒。乙找来丙（15 周岁）帮忙，商量好一起伤害张某，答应事成之后给丙 1 万元。乙还找来以前的同伙丁，骗丁说与丙一起去张某家抢劫，让丁帮助其望风。丁起初不答应，乙就恐吓说，不随他一起去抢劫，便杀死丁全家，丁被迫同意。第二天晚上，乙、丙一起进入张某家，丁在外面放风。乙见床上躺着一人睡觉，以为是张某，便用木棒朝该人身上一通乱捶，将其打得动弹不得。丙暗想不如砸死算了，就操起一个板凳，朝该人头上猛砸几下。乙先行离开，临走时发现床头有一部价值 1 万元的手机，临时起意拿走，丙看见后并没有制止。后二人将房屋烧毁，火势蔓延，多家房屋被烧毁。二人发现门外没有丁的踪影。原来，丁见乙、丙入户之后，越想越害怕，不一会儿就逃回家中。事后查明，当天张某因事出差，睡在床上的是张某的妻子。张某的妻子因遭受殴打（尸检证明身体伤情为轻伤、头部伤情为重伤）引发心脏病当场身亡，并非死于火灾。案发之后，乙感到罪行严重，到公安机关投案，如实供述犯罪事实，但隐瞒了找丙、丁帮忙，乙带领公安人员在半路上将甲抓获，查明甲此时正前往公安机关投案。

请回答下列问题并说明理由：

（1）如何认定甲、乙、丙、丁的行为性质？

（2）如何认定甲、乙、丙、丁的共犯种类？有哪些量刑情节？

5. 事实一：2017 年 5 月，王某因犯非法持有毒品罪被判处有期徒刑 5 年。2023 年 6 月 1 日王某犯了毒瘾，为吸毒想搞点儿钱花花，便与另一吸毒者郑某（15 周岁）将张某（女）骗至旁有较深水沟的某公共绿地。王某将郑某随身携带的镇静剂放入 AD 钙奶中，骗张某饮用。张某服用后神志不清，王某趁机将张某背包中 1 万余元现金拿走，遂遭到张某反抗，王某、郑某对其进行殴打，郑某压制住张某，王某趁机又抢走一对黄金耳环。6 月 2 日上午，张某的尸体在该绿地旁边的水沟里被发现。经鉴定，张某系窒息死亡，且没有证据证明是王某、郑某将张某推入水沟或其他人将张某抛入水沟，亦有可能是张某神志不清自己跌入水沟。

事实二：6 月 3 日晚，王某购买冰毒后，因吸毒出现被警察逮捕的幻觉，便闯入一公司仓库，手持一把西瓜刀劫持了仓库管理员李某（女），将卷闸门锁上，企图"躲避警察追捕"，并恐吓李某不要报警。公司负责人陈某到场后询问王某有无要求，王某要求让陈某开车护送其与李某到市郊区，试图"索车逃离现场"以"躲避追捕"，遭到陈某拒绝。当日夜晚，民警到达现场与王某谈判，一直用刀劫持、殴打李某的王某与民警陷入对峙。6月4日1时，陈某寻机将卷帘门打开，民警立即冲入仓库将王某制服并抓获归案，解救出李某。案发后经鉴定，王某作案时患"精神活性物质（冰毒）所致精神障碍"。

事实三：王某归案后，如实供述了司法机关尚未掌握的与郑某一起劫掠张某的犯罪事实。法院经审理，针对事实一，判处王某死刑，缓期2年执行。针对事实二，判处王某有期徒刑6年。郑某的父亲报警后到公安机关替其投案，后公安机关人员赶来，在郑某的家中将郑某抓获归案。郑某归案后，如实供述了自己的罪行。

根据上述案情回答下列问题并说明理由：

（1）事实一中，王某、郑某的行为构成何种犯罪？是何种罪数形态？

（2）事实二中，王某的行为构成何种犯罪？

（3）王某应如何适用刑罚？王某、郑某有哪些量刑情节？

6. 季某，男，2007年6月5日出生。在2021年6月份之前季某盗窃各类财物总计约4万余元。2021年6月5日，季某被几个朋友邀请到一酒店吃饭，席间季某等大声喧哗导致邻座几位客人（也是年轻人）不满，双方争吵，季某一怒之下掏出随身携带的匕首向对方为首的一个小青年猛刺两刀，对方倒在血泊之中并当场死亡。季某见此情景，顿生外逃的念头。在回家拿取财物的途中，季某看到一大款模样的人手提皮包，一边走一边打手机，心想该人肯定有钱，随即掏出匕首将持包人刺伤，把包和手机抢走，包内有现金一万余元。季某到乡下外婆家躲避了一年多。2022年10月的一天，季某出门游逛，见路边停着一辆桑塔纳轿车，即设法打开车门，将车开走。行驶途中，季某因操作生疏，将路边一摆水果摊的老头撞死并把买水果的顾客撞伤。季某不仅未停车，反而加大油门逃走。当日下午，季某将该车以5万元的价格低价卖出。2023年7月29日季某被抓捕，随后主动向司法机关交代了上述行为，并交代在半年前，其到某地游玩时，曾受朋友之托捎带两包毒品，得劳务费5 000元。

根据上述案情回答下列问题并说明理由：

（1）请分析季某的行为能否构成犯罪并承担刑事责任？

（2）季某的行为应如何处理？

7. 沈某，2007年7月11日出生。2019年至2021年6月，沈某伙同他人多次盗窃，累计盗窃各类财物约10万余元。2021年7月11日晚，沈某被几个朋友邀请到一酒店吃饭，当晚10时许，因沈某等大声喧哗导致邻座几个客人不满，双方发生争吵，沈某一怒之下掏出随身携带的匕首将对方的赵某刺倒，致其当场死亡。沈某见状，立即外逃。当晚11时许，在外逃途中，沈某看到路上一人臂下夹着手包，一边走一边打手机，心想该人肯定有钱，想到其外逃不知何时是个终点，需要钱，随即掏出匕首将持包人刺伤，把包和手机抢走，包内有现金 1 万余元和其他物品。沈某到乡下亲戚家躲避 1 年多。2022 年 10 月 11 日，沈某外出闲逛，见路边停着一辆轿车未锁车门，将车开走准备卖掉。行驶途中，因操作生疏，轿车撞到一棵大树上，沈某弃车逃跑。事后查明，轿车的司机当时正在 5 米外的烟摊买烟，认为很快就会回来，没有锁车。2023 年 7 月 12 日 0 时 5 分，沈某在一车站抢夺一女子挎包未果，被当场抓获。挎包内有钱包、手机等物品，总价值约 1 万余元。沈某被抓获后，有悔罪表现，交代了上述全部行为。经法院审理，沈某被判处有期徒刑 6 个月。

根据上述材料回答下列问题并说明理由：

（1）如何认定沈某的行为性质？

（2）沈某有哪些量刑情节？

（3）沈某是否应当宣告缓刑？

8. 事实一：甲因诈骗罪被判处有期徒刑 3 年，缓刑 5 年。在缓刑考验期内，甲仍然为非作歹，其妻乙屡劝不改。2023 年 5 月 17 日上午，甲携带塑料绳、胶带纸、棉花团等作案工具至小孩丙家中，乘丙一人在家做作业之机，用绳子捆绑住其手脚，用胶带纸、棉花团封住其嘴巴，并将其从一楼绑至二楼衣橱内。而后，甲在外面用公用电话通知丙的父亲回家看看，并将事先写好的"你的儿子在我的手里，现在你到银行存 6 万元钱至我指定的银行卡"等内容的一封信置于丙家门口。之后，甲离开丙家。同日下午，丙挣扎着从衣橱出来，被邻居发现解救并报警。

事实二：甲因绑丙一事与乙发生争吵，乙说自己真没脸活下去。甲闻言就拿来绳子、板凳，对乙说："你没脸活下去就去死，绳子、板凳都给你准备好了，你有胆吗？给你十个胆你也不敢，像你这样的人活在世上真没意思。"乙被激得拿起绳子悬梁自缢。甲站在一边没有制止，也没解救。不一会儿，甲见乙停止挣扎，才喊人解救，但为时已晚，乙已死亡。

事实三：法院经审理，认定甲构成数罪，数罪并罚后决定判处甲有期徒刑 12 年。

根据上述案情回答下列问题并说明理由：

（1）事实一中，甲的行为构成何罪？

（2）事实二中，如何认定甲的行为性质及主观心态？

（3）对甲是否应撤销缓刑？如何并罚？

9. 事实一：王某在自由市场卖猪肉，见邻摊有一卖菜的妇女与两名顾客争吵，便右手拿着剔骨刀走过去看热闹。往回走时，杨某与王某闹着玩，将王某抱住。王某对杨某说："别闹，我手里有刀，别扎着你。"王某边说边把右手的剔骨刀尖由原来的向下转为向右，以防刺伤杨某。但杨某仍用双手搂住王某的双肩往后推，王某站立不稳向后倒去，恰好赵某站在王某身旁，王某手中的剔骨刀刺入赵某的腹部，造成赵某腰部开放性外伤，脾刺伤。

事实二：当晚，王某一家三口人睡后，忽听见有人在其房屋外喊叫其妻的名字。王某便到外屋查看，见一人已将外屋窗户的塑料布扯掉一角，正从玻璃缺口处伸进手开门闩。王某即用拳头打那人的手一下，该人急抽回手并逃走。王某出屋追赶未及，亦未认出是何人，即回屋带上一把自制的木柄尖刀，与其妻一道，锁上门后（此时其十岁的儿子仍在屋里睡觉），同去村书记吴某家告知此事，随后又到镇派出所电话报警。当王某与其妻报警后急忙返回自家院内时，发现自家窗前处有俩人影，此二人系本村村民何某、齐某来王家串门，见房门上锁正欲离去。王某未能认出何、齐二人，而误以为是刚才欲非法侵入其住宅之人，又见二人向其走来，以为要袭击他，随即用手中的木柄尖刀刺向走在前面的齐某的胸部，致齐某因失血性休克当场死亡。何某见状上前抱住王某，并说："我是何某！"王某闻声停住，方知出错。

请回答下列问题：

（1）事实一中，如何认定王某、杨某的行为性质？

（2）事实二中，如何认定王某的行为性质？

10. 瓜农王某在自家田地里种了 5 亩西瓜。因在西瓜成熟季节经常被盗，王某便在全村喊话："西瓜打了农药（其实没有打药），偷吃西瓜出了人命我不负责。"但此后西瓜仍然被盗。于是，王某果真在西瓜上打了农药，并用注射器将农药注入瓜田中较大的 5 个西瓜内，并在西瓜地里插上写有"瓜内有毒，请勿食用"的白旗。邻村李某路过瓜地，虽然看见了白旗，但以为是吓唬人的，仍然摘了一大一小两个西瓜，其中大的西瓜是注入了农药的。回家后，李某先把小的西瓜吃了，然后出门干活。当天，正好家里来了 3 位客人，李某的妻子赵某见桌子上放着一个大西瓜，以为是李某买的，就用来招待客人，结果导致 2 人死亡，1 人重伤。

请回答下列问题：

（1）王某的行为构成犯罪还是属于正当防卫？为什么？

（2）李某的行为触犯了哪些罪名？是否构成数罪？应如何处理？为什么？

（3）赵某的行为是否构成犯罪？为什么？

11. 张某与杨某长期通奸，为达到结合为夫妻的目的，二人预谋要杀害杨某的丈夫王某。他们共同商定由张某设法搞来毒药，由杨某伺机下毒。张某找到在医院工作的钱某索要砒霜。钱某问张某干什么，张某讲出真情，钱某拒绝。张某便以揭发钱某隐私相要挟，钱某无奈，给张某一包硫酸铜（一种会引起呕吐而不会致命的药物），张某将药交给了杨某。某日，杨某在王某的饮食中下了药，王某吃后呕吐不止，十分痛苦。杨某观察了一段时间，见王某仍在痛苦之中，便后悔，遂将王某送到医院抢救，王某很快恢复了健康。

请分析张某、杨某、钱某的行为性质及处罚，并说明理由。

12. 2013 年 3 月，张某因抢劫罪被判处 9 年有期徒刑，刑罚执行 5 年后被假释回到其所在原籍，在其舅舅所开的宾馆内当服务员。2023 年 3 月某日晚，张某见到本地女旅客安某正独自在房间内熟睡，遂产生歹意，张某先对安某进行猥亵，然后对她实施奸淫。在此期间，安某曾一度被惊醒，但又误认为张某是住在同一家宾馆的她的男朋友，因此就没有反抗。张某事后匆忙离开现场，引起了安某的怀疑，安某马上向公安机关报案，张某被抓获。张某被抓获后，主动交代了公安机关没有掌握的其在 2021 年 3 月盗伐李某承包经营管理的森林 30 立方米的事实，经查证属实。

请分析：

（1）张某的行为构成哪些犯罪？为什么？

（2）对张某应如何处罚？为什么？

13. 宋某因犯参加黑社会性质组织罪被判处拘役 6 个月，同时宣告缓刑，附加剥夺政治权利。在缓刑考验期内，宋某获知其朋友唐某系 A 国情报人员后，向唐某表示愿意为其情报机关工作，唐某即将该情况向 A 国间谍组织的间谍范某报告。范某在 A 国某地约见宋某，向宋某表明其间谍身份及所在部门为情报部门，并要求宋某为其搜集反映我国南方某省的政治、经济情况的报纸、杂志、地图等资料，并发给宋某活动经费 2 万美元。宋某答应后便带着搜集情报的任务潜入我国南方某省省会，搜集了反映该省的政治、经济动态的报刊、地图等资料并交给唐某。宋某还指使其身为国家保密局工作人员的朋友贾某将其掌握的国家秘密提供给 A 国的某外资企业，事后宋某按照事前承诺给予贾某 10 万美元。

根据上述案情回答下列问题并说明理由：

（1）如何确定宋某缓刑的考验期限和附加剥夺政治权利的期限？

（2）宋某、范某的行为应如何定罪？

（3）宋某的行为应如何处理？

（4）宋某的行为是否构成特别累犯？

14. 某日晚，何某在回家的路上看到一名行踪诡秘的男子吕某在其家属院内四处闲逛，便联想起了近日院内经常发生丢车事件，于是怀疑吕某就是偷车贼。何某当即对吕某进行呵斥并上前理论，吕某以为对方要攻击自己，便顺手拿起楼道旁的扫帚与何某厮打起来。随后，体力不支的何某返回家中拿了一把菜刀，不由分说朝吕某的肚子猛砍一刀，吕某捂着肚子逃走。次日早上，何某的哥哥焦急地把何某拉到屋外的花坛旁，见到地上趴着一个男子，旁边血迹斑斑，该男子正是吕某。两人立即将该男子送往医院，可由于失血过多，人早已经断气。后何某潜逃外地。因手头缺钱，何某于某日晚蒙面翻墙进入某家具厂旁的住房内，欲盗窃该厂厂长付某家中财物，但见付家有人，无法下手，遂在该厂车间点燃木料后大喊救火，趁付某救火之际潜入付家，盗窃人民币 1 万余元。由于当日风大，该车间连同附近厂房被点燃，损失 200 余万元。后何某因走投无路，自动投案，如实供述了全部犯罪事实。

根据上述材料回答下列问题并说明理由：

（1）何某的行为构成何罪？

（2）何某有哪些量刑情节？

15. 2022年，王某受雇于余某从事私车驾驶工作。王某利用驾驶私家车的便利给吸毒人员运输海洛因，由于自己吸食毒品需要资金，便着手贩卖毒品，以贩养吸。王某雇请廖某（13周岁）、陈某（14周岁）多次帮其贩卖毒品给吸毒人员，累计贩卖毒品40克。王某在余某家工作三个月后，余某为王某办理了一份价值10万元的家政保险，保险受益人可以是王某的家人，也可以是余某一家。但王某拒绝，认为自己干活出了事，而雇主余某却获得理赔，故与余某吵了一架。一个月后，王某将余某买给他看的彩电（放置在王某的房间）邮寄回农村老家。几天后王某在余家泼洒酒精后用打火机点燃，并用箱子装走余某的三台笔记本电脑和金银首饰等其他财物后开余某的私家车离开，王某的上述行为致余某家发生火灾，将家具等财物烧毁，后邻居报警灭火。王某被抓获后，认罪态度诚恳，对公安机关指控的其在余家所为的犯罪事实供认不讳，同时供认公安机关还未掌握的其毒品犯罪的事实。经查，王某曾在2018年因制造摇头丸被判处有期徒刑3年。

根据上述材料回答下列问题并说明理由：

（1）王某的行为构成何罪？

（2）王某、廖某、陈某的行为是否构成共同犯罪？

（3）王某的行为有哪些量刑情节？

16. 甲与乙是一起长大的朋友，甲曾做过驾校教练员，乙是A公司的车库保管员。乙想学车，便找到甲，甲答应和乙一起练车，于是乙唆使甲乘乙值班之机窃取A公司汽车进行训练，在甲潜入车库行窃时，值班的乙佯装熟睡，甲顺利将车偷走。起初两人在空地上练车，后来乙认为自己的技术已经很熟练了，便自作主张开到了公路上，结果不慎将路人丙撞倒。乙踩刹车将车停住，甲见状说："现在无人，快跑。"乙听闻后，未下车便驾车逃跑，致使丙因救助不及时而重伤残疾。乙将甲送回其单位后，迫于种种压力到交警大队投案，除了隐瞒甲劝其逃跑的事实外，如实供述了其他犯罪事实。

请根据上述材料，回答下列问题并说明理由：

（1）甲、乙的行为构成何罪？是否构成共同犯罪？

（2）乙的行为是否构成自首？

17. 甲曾是服装厂的职工，因工作表现不佳对厂长乙怀恨在心，认为"乙不给我活路，乙也别想好活"，故决定与乙同归于尽。甲于某日来到长途客运站，将自制的爆炸物连接在一起，捆绑于腰间，然后将自己的手放在皮夹克上衣右下兜内。当他见到服装厂厂长乙出现时，趁其不注意，在靠近乙两米左右时将炸药包引信引燃，由于炸药包受潮，没有爆炸，乙见状后冲上去用一把匕首刺向甲，将甲刺成重伤。附近群众立即将甲送往医院抢救，不料途中遇到丙（17周岁）驾驶大货车闯红灯，将救护车撞翻，甲被当场撞死，车上其他人受伤。交通事故发生后，丙将车停在路边，保护现场，抢救伤者，并向公安机关作了报告。

请根据上述材料，回答下列问题并说明理由：

（1）甲的行为构成何罪？

（2）乙的行为是否属于正当防卫？

（3）甲的死亡与乙的行为之间是否存在刑法上的因果关系？

（4）丙存在哪些量刑情节？

18. 事实一：张某为了赚钱，想去偷路边的交通标志牌。2023 年 4 月某日凌晨，他带着扳手、铁锤等工具窜到了某高速公路入口处，费尽功夫，将一块写有中英文"前方车道变窄"、价值 1 万元的交通牌拆下，后经拆卸将其中一部分运到了废品收购站，卖得 500 元。得了便宜后，他多次盗窃交通标志牌，销赃所得 3 000 余元。

事实二：张某觉得开销大，钱仍然不够花，就想干一票大的。2023 年 5 月某日晚，张某在一茶楼内见到孙某，孙某两年前在此打牌，曾因"出老千"赢了张某数万元，此次主动上门，张某欲讨回非法赌资。张某遂电话联系吴某（15 周岁），要求吴某找来另外三人（另案处理），向吴某谎称孙某欠债不还，张某、吴某等人将孙某带走并关押在地下停车场里一个夜晚，孙某被迫拿出现金 1 万余元，同时打下欠条 2 万元，张某告诉吴某看好孙某，他先将 1 万余元钱存入银行卡，在张某离开之际，吴某以孙某不配合为由将孙某打成重伤，后张某潜逃。

事实三：公安机关接到报案后，打电话给吴某让其接受调查讯问。吴某在其父亲陪同下主动投案，如实供述了与张某共同作案的事实，认罪态度诚恳，明确表示悔罪，积极赔偿孙某及其家属 10 万元，并按照公安机关的安排，通过发微信将张某约至指定地点，使公安机关顺利将张某抓获。张某被抓获后，如实供述了司法机关还未掌握的多次盗窃交通标志牌的犯罪事实。

根据上述材料回答下列问题并说明理由：

（1）事实一中，张某的行为构成何罪？

（2）事实二中，张某、吴某是否构成共同犯罪？

（3）事实三中，张某、吴某有哪些量刑情节？

19. 2016 年年初，王某和李某一起赌博，李某共计欠王某赌债 1 万元。王某数次向李某索要，李某总是借故不还。王某见状，就产生了将李某劫持强行索债的念头。2016 年 11 月 2 日，王某将李某劫持到郊区外废弃的厂房里，向李某索要 1 万元赌债。李某开始并不答应，说："要钱没有，要命一条。"王某便将李某一直关押在厂房里，直到 2016 年 12 月 10 日李某答应还钱为止（王某依法应处 3 年以下有期徒刑、拘役、管制或者剥夺政治权利）。2021 年 11 月 30 日中午，王某与几个朋友在一餐馆吃饭，并喝了一杯白酒。餐后，王某驾驶一辆宝马轿车以 46 km/h~50 km/h 的速度行驶。下午，王某驾车将横过马路的行人付某撞倒，事发后，王某拨打了120急救电话和110报警电话（电话中未说明自己是肇事司机）。付某经120救护车送至医院抢救无效死亡。在120救护车将付某送走后，王某弃车离开了肇事现场，后来王某得知被害人死亡，直至次日14时许才到公安部门投案，如实供述了自己交通肇事的犯罪事实。经交警认定，王某承担此次交通事故的主要责任，付某承担次要责任（王某依法应处3年以上7年以下有期徒刑）。

根据上述案情回答下列问题并说明理由：

（1）王某的行为构成何罪？

（2）王某的行为是否构成自首？

（3）如何认定王某行为的追诉时效？

20. 田某、向某、陈某系牛肉商贩，为了收购廉价的死牛并出售牛肉以获取非法利益，三人共谋将农户家牛毒死后售卖牛肉，三人多次白天到附近喂有耕牛的农户家踩点。结果到约定的时间，陈某由于受妻子劝阻没有去，田某、向某二人晚上潜入农户牛圈，先后30次将剧毒农药"毒鼠强"投入本乡30户村民的牛草里或直接喂入牛嘴里，共毒死30头耕牛，价值人民币5万元，给当地农业生产带来严重影响。其中有15头被毒死的耕牛被田某、向某以低价收购后在市场上出售，所售牛肉卖出后未发现食物中毒事故。田某、向某二人共非法获利1万元，二人共同分赃。

根据上述案情回答下列问题并说明理由：

（1）田某、向某的行为构成何罪？

（2）陈某的行为是何种犯罪形态（既遂、预备、未遂、中止）？

21. 事实一：2006年，王某因对离婚、财产分割等诸事不满，于是买了易燃品并带上打火机登上开往A市的长途远郊公交车，准备去法院威胁判决自己离婚的法官。在车上坐了一段时间后，王某突然将随身携带易燃品的背包点燃，造成公交车剧烈燃烧，部分乘客在逃离公交车时受伤、部分乘客的随身财物被大火焚毁，公交车遇焚损失30万元。王某因此被判处有期徒刑12年。

事实二：2019年，王某因犯非法持有毒品罪被判处有期徒刑2年。2022年6月中旬，王某知道周某（已判刑）认识A市的毒品上家，故介绍周某与伍某认识，伍某、王某、周某随即共谋至A市购买毒品运至B市贩卖。三人商定由周某先前往A市联系毒品货源，而后通知王某赶至A市，与周某共同购买毒品后运输至B市，毒资由伍某提供。周某随后赶往A市联系毒品货源。同年6月底，王某因吸毒受到公安机关审查，即打电话通知了伍某。因王某无法赶往A市，伍某就指使徐某乘飞机赶往A市，从毒贩处购得海洛因250克、冰毒300克。周某等人携带毒品乘长途汽车回到B市途中，在某高速公路检查站被公安机关查获。

根据上述案情回答下列问题：

（1）事实一中，王某的行为构成何罪？

（2）事实二中，王某、伍某的行为应如何定罪处罚？

22. 甲明知载有宣扬恐怖主义的服饰、标志 50 余件而非法持有，被判处 3 年有期徒刑，刑满释放后，甲组织极端恐怖活动并宣传"圣战"，建立了暴力恐怖训练基地，将招募的数十名暴力恐怖分子送往暴力恐怖训练基地进行秘密训练，制作了组织旗帜，制定了组织纲领和纪律，安排暴力恐怖训练基地的物资供应，为开展暴力恐怖活动做准备。甲还组织策划了两次军事演习，并杀害了当地平民 6 人。在此期间，甲指使恐怖训练基地成员乙、丙实施劫机行动，乙、丙购得 A 市至 B 市的机票，携带早已准备的火药包及引燃线和自制手枪，登上飞机。飞机起飞不久，丙即以引爆火药包相威胁，胁迫机组人员将飞机飞往 S 国，为证实自己话语的真实性，丙枪杀了一名妇女丁。因此，机长决定飞往 S 国。乙胁持机长后，对妇女戊实施了强暴行为。

根据上述材料回答下列问题并说明理由：

（1）甲的行为如何定罪处罚？

（2）乙、丙的行为如何定罪处罚？

23. 甲通过不法手段获得了一批盗版影像制品。甲游说朋友乙和他一起贩卖这些影像制品，说是"能赚大钱"。乙自己出资开了一家影像制品店，注册登记为法人，准备长期从事盗版影像制品的营销活动。盗版影像制品店雇用了店员丙、丁帮助销售盗版影像制品，甲是供货商，影像制品鱼龙混杂，不乏低俗、淫秽内容。三个月下来，影像制品店的销售额达 500 万元。丙、丁渐渐发现了其中的猫腻。原来有不少客人反映，该店所售影像制品画质低劣、声音嘈杂，存在显著的质量问题。丙良心发现，劝丁一起离开影像制品店，建议向有关部门举报并报案。而丁则出于自己的私利考虑，不理会丙的意见，甚至将丙的看法告诉了老板乙。乙见事情可能败露，于是对丙进行了人身威胁。丙迫于无奈，不敢告发，只得继续留在店内帮助两位老板销售盗版影像制品。此后，经消费者举报及报案，乙的盗版影像制品店遭到了查封。甲、乙、丙、丁被拘留。

根据上述案情回答下列问题并说明理由：

（1）本案构成何罪？是否构成单位犯罪？

（2）本案是何种共同犯罪的组织形态？

（3）如何认定犯罪人在犯罪组织形态中的行为性质及作用？

24. 2023 年 1 月，郑某同田某等人在 A 市 B 区域结成团伙，采取殴打、恐吓、威胁向司法机关举报、告发等方式，敲诈在 B 区域从事违法犯罪活动的人员，要求收取一半的违法所得，作为实施违法犯罪人员的保护费。

9 月某日，刘某以其女友周某爱上别的男人为名，将周某关在地下室里索要分手费和精神损失费 1 万元，周某不给，刘某便拳打脚踢，用皮带抽打周某头部，周某熬不过刘某折磨，以购物为名让父亲给她卡里存1万元，刘某得到1万元的分手费和精神损失费后放了周某。郑某、田某得知此事后，强行要求刘某请客喝酒吃饭，并将其带至饭店。酒足饭饱后，郑某、田某以收保护费为名将1万元要走。

当晚，刘某在酒后且无驾驶证的情况下驾驶汽车回家，因酒后注意力不集中，将被害人李某撞伤。为毁灭证据、逃避责任，刘某将李某放在后备厢中，运至某人迹罕至的树林，后驾车逃逸。几天后李某的尸体被行人发现，刘某因此被抓获。

刘某被抓获后，如实供述了向周某索要分手费、精神损失费和郑某、田某将其1万元要走的事实。

根据上述案情回答下列问题并说明理由：

（1）郑某、田某的行为构成何罪？

（2）刘某的行为构成何罪？如何处罚？

25. 2018年3月1日，甲因开设赌场罪被判处有期徒刑6年，2021年3月1日被假释。2018年6月1日，乙因赌博罪被判处有期徒刑3年，缓刑4年。2022年3月1日，甲、乙一起在A市M区赌博，至次日凌晨，甲、乙均赌输了1万元。甲、乙怀疑观赌人员丙在配合其他参赌人员出千作假，就要求丙退钱，丙不承认自己出千。甲、乙一起将丙强行带走，试图将丙带至S区一宾馆内索要输掉的钱。甲、乙将丙绑在车后排座位上，由乙看管，甲驾驶汽车去S区宾馆，途中与行人丁发生碰撞，丁经抢救无效于次日凌晨死亡。交通事故发生后，甲遂停车走出车外，在二三十米外遥望事故现场，未发现有人被撞倒，即驾车驶离现场。到达宾馆后，甲、乙殴打丙，逼迫丙退钱，在丙退出2万元后将丙释放。经法医鉴定，丙为轻伤。次日，交警部门在侦查交通事故过程中，通过现场监控辨认出车牌号，认为甲有重大嫌疑，遂打电话通知甲需到交警部门接受讯问。经传唤讯问，甲如实供述了肇事经过，并交代了在宾馆索要输掉的钱的事实，但并未提及乙。2022年6月2日，乙被公安机关抓获，如实供述了犯罪事实。

根据上述案情回答下列问题并说明理由：

（1）甲、乙的行为构成何罪？

（2）甲、乙有哪些量刑情节？

（3）甲、乙如实供述犯罪事实的行为是否构成自首？

26. 2023年4月22日，丁某驾驶出租车，沿一座小拱桥下坡时，由于小拱桥桥面的自然拱起遮挡视线，加之天黑，丁某未发现醉倒在拱桥另一侧下坡桥面的李某，将李某碾压于车下。事后，丁某下车查看，发现有一人躺在其车下，想将被害人从车底下拉出来，但没有拉动，丁某即用车上的千斤顶将车顶起，将被害人从车底拉出来丢弃在旁边，驾车逃离现场。李某后被他人送至医院，经抢救无效于当日死亡。经交警大队对事故现场进行勘察认定：死者李某趴在桥下坡约5米处偏右位置，经开车实验，该位置在汽车上桥是不能被发现的，而且汽车是从桥顶下坡，如果是夜里，就较难发现，即便能够发现也是近距离的，根本来不及采取措施。

请分析：

（1）丁某的行为是否属于交通肇事后逃逸？为什么？

（2）如何认定丁某逃逸致人死亡的行为性质？为什么？

27. 庄某通过买卖食用油"特定商品进口登记证明"和许可证进口棕榈油、豆油、菜油等食用油。庄某采取少报多进、伪报品名、不报直接卸货等手段，走私食用油 80 万吨入境，偷逃应缴税额数十亿元。陈某在明知庄某走私的情况下，仍然为其提供了专门用于走私货物的银行卡，并将原投资于庄某处的剩余款 60 万元提供给庄某用于走私货款支付，但陈某并未参与境外货源组织、入境清关、卸运销售等环节。为了顺利完成走私活动和防止被查处，庄某送给了海关工作人员吕某 500 万元。庄某事后还找到在国有银行工作的温某，指使温某将其走私所得通过跨境转移方式汇往境外，事成之后庄某给了温某 100 余万元。

请根据上述材料，分析对庄某、陈某、吕某、温某应如何定罪处罚。

28. 甲因犯伪造货币罪被判处无期徒刑，并处没收财产 10 万元（已执行完毕），剥夺政治权利终身。2022 年 8 月 1 日被假释，在假释考验期限内，甲与赵氏调味品公司达成加盟合作协议，加入了赵氏调味品公司。甲加盟后，明知伪劣的"一滴香"调味品含有有害非法添加剂，但因该产品畅销，便在"一滴香"上贴上赵氏调味品的注册商标私自出卖，前后共卖出 5 万多元的"一滴香"。乙到加盟店欲批发 1 万元调味品，见甲态度不好表示不买了。甲对乙拳打脚踢，并说"涨价 3 000 元，不付款休想走"。乙无奈付款 1.3 万元买下调味品。

甲两年内经常性地向不特定的个人和单位发放贷款，很快赚到 100 万元。随后，甲四处散发传单，声称为加盟店筹资，承诺 3 个月后还款并支付银行定期存款 2 倍的利息。甲从社会上筹得资金 1 000 万元，高利贷出，赚取息差。甲资金链断裂无法归还借款，但仍继续扩大宣传，又吸纳社会资金 2 000 万元，以后期借款归还前期借款。后因亏空巨大，甲将 500 万元交给其子后，逃往外地。在外逃期间，甲乘夜偷袭丙将其打昏并捆绑，搜出丙的手机和现金 1 万元据为己有，后发现丙家富有，遂继续暴力控制丙，以杀害丙相威胁向丙家人索要赎金 50 万元。

后因走投无路，甲向司法机关自动投案，如实供述了自己的罪行。法院经审理，对甲所犯之罪分别判处：①有期徒刑 2 年，并处罚金 5 000 元；②有期徒刑 9 年，并处罚金 2 万元；③拘役 6 个月，并处罚金 1 000 元；④有期徒刑 3 年，没收个人财产 10 万元；⑤有期徒刑 4 年，并处罚金 1 万元；⑥有期徒刑 8 年，没收个人财产 8 万元；⑦有期徒刑 6 年，并处罚金 2 万元；⑧有期徒刑 12 年，没收个人全部财产。撤销了对甲的假释，并依法实行数罪并罚。

根据上述材料回答下列问题：

（1）甲实际执行多长刑期才能被假释？如何确定甲的假释考验期限？

（2）甲的行为构成哪些犯罪？为什么？

（3）如何对甲所犯新罪实行数罪并罚，决定执行的刑期？

（4）撤销假释后，对甲应如何决定执行的刑期？

29. 秦某经营一家数码公司，由于经营不善，公司处于亏本状态，于是企图申领信用卡以供其公司投资、经营和个人消费支出。为达到目的，秦某以不同名字做了3套申领信用卡必需的身份证、工作证明、资信证明等资料，申领了3张信用卡。某日晚，秦某在一台ATM机用其申领的一张信用卡取款时，ATM机提示机器故障不能取款，秦某便换另一台ATM机取款，发现该ATM机中有一张吴某遗忘在ATM机中的信用卡（无密码），可以直接取款，秦某发现卡里有7万元存款，便擅自输入取款数额、发出取款指令，在分两次取走该银行卡中1万元后，ATM机提示钱已取空，不能继续取款。于是，秦某将吴某的信用卡取走。次日，秦某告诉同事齐某自己拾得一张无密码设置的信用卡，让齐某到ATM机上把卡内6万元现金取出，秦某分给齐某2万元。三日后，秦某、齐某被抓获，如实交代了取走吴某信用卡里现金的犯罪事实，确有悔改表现，且将全部赃款退还给吴某。秦某还如实供述司法机关尚未掌握的非法申领信用卡并试图取款的犯罪事实。

根据上述案情回答下列问题并说明理由：

（1）秦某的行为构成何罪？

（2）秦某、齐某是否构成共同犯罪？

（3）秦某、齐某有哪些量刑情节？

30. 甲、乙合谋在银行取款机上加装磁卡数据采集器，用于盗窃银行卡的磁条信息，甲、乙用盗取的磁条信息伪造复制了A、B、C三张信用卡，甲将A卡交给赵某，声称A卡系自己所有，委托赵某代为取款3万元，取款后，甲给赵某1 000元劳务费。甲将B卡交给钱某，向钱某声称B卡是偷来的，让钱某取款4万元，取款后甲给钱某1万元。甲、乙合谋用伪造复制的C卡去自动取款机取款8万元，二人平分赃款，当晚，C卡被孙某偷走，孙某使用C卡从自动取款机上取走2万元，不久，孙某将C卡丢失，被李某拾得，李某使用C卡将剩余的2万元存款取走。甲被抓获后，如实供述与乙一起实施的全部犯罪事实，并积极退还全部赃款，认罪态度良好，在甲的帮助下公安机关将同案犯乙抓获，但甲对李某支取的2万元的事实拒不承认系本人所为。李某由于害怕事情败露而向公安机关投案，如实供述了取走2万元的事实。

请根据上述材料，分析：甲、乙、赵某、钱某、孙某、李某是否构成犯罪？构成哪些犯罪？是否构成共同犯罪？有哪些量刑情节？

31. 王某、刘某、孙某在"境飞"（另案处理）的指挥下，在国外招揽人员入境从事组织他人出卖活体肾脏的活动。"境飞"承诺赚到钱后与王某、刘某、孙某分成。王某主要负责联系将肾脏卖出，刘某主要负责在国外利用互联网发布收购肾源广告以招揽供体，孙某主要负责收取供体的手机和身份证、管理供体、为供体提供食宿、安排供体体检及抽取配型血样等。在安排好供体集合地点、食宿、肾脏移植手术医院后，王某、刘某组织六名偷渡人员（供体）偷越国（边）境进入中国境内，随后登上王某驾驶的汽车前往住宿地，途中遇上正在巡逻的公安民警，上述人员被当场抓获，但孙某在逃。案发时，六名偷渡人员尚未实施肾脏移植手术。王某归案后，在侦查、审查起诉阶段如实供述自己的罪行，但在开庭审理时拒不供认主要犯罪事实，并当庭翻供。刘某如实交代了自己的犯罪事实，有悔罪表现。孙某在A市被公安人员盘查时主动供述了犯罪事实。公安部门出具的情况证明证实，孙某首先交代假名，在审查时交代了真名，并说在A市犯过事。民警将真名进行了公安网上追逃对比时，查出孙某系网上逃犯，希望孙某如实交代罪行，孙某遂交代了犯罪事实。

根据上述案情回答下列问题并说明理由：

（1）王某、刘某、孙某的行为如何定罪？存在何种犯罪形态（既遂、预备、未遂、中止）？

（2）王某、刘某、孙某是否有自首、坦白等情节？

32. 何某（女）在某市某矿山打工期间，与任某关系暧昧，并多次发生性关系。2022年年底，宋甲、宋乙预谋骗取任某钱财，主动和任某联系，问任某是否有仇人，称可以找人替任某收拾仇人，条件是让任某出点钱，任某称等等再说。2023年3月，宋甲找到任某再提此事，任某授意宋甲找人收拾何某丈夫兰某。2023年4月，任某将通过何某了解到其夫兰某在某厂上班、住宿的情况电话告知宋甲，宋甲、宋乙到某厂查看兰某的住宿情况，因人多二人感到无法下手，宋乙便提出用汽油倒在兰某住室的门上烧兰某。2023年4月30日凌晨，宋甲、宋乙购买汽油后到兰某所在厂，将汽油泼到兰某住室的门上，点燃后逃离。兰某见房门着火后呼救，同院住宿的董某等人将火扑灭，兰某被烧伤。经法医鉴定，兰某的损伤程度属轻微伤，但三间房舍因着火都有所损坏。次日，宋甲告诉任某事已办成，并向任某索要人民币5万元。之后，任某得知兰某并未受到大的伤害，即电话告诉宋甲，宋甲答应再找人收拾兰某。2023年11月下旬、12月上旬，宋甲又纠集宋乙、陈某、喻某数次预谋伤害兰某，甚至到兰某回家路上拦截，但因未找到兰某而未能得逞，后被公安机关抓获。

请分析任某、何某、宋甲、宋乙的行为性质及刑事责任。

33. 2017年，甲因犯强制猥亵、侮辱罪被判处有期徒刑2年，刑满释放后，甲与人贩子乙（女）同居。2023年2月1日，乙将拐骗来的大一女学生小慧带到家里居住后出去办事，甲不知拐骗事实，欲奸淫小慧，遭到小慧反抗，此时乙从外面归来。在乙的协助下，甲将小慧奸淫。次日，在甲的撮合下，小慧被乙以5万元的价格卖给了丙做老婆，丙多次与小慧发生性关系后，又将小慧卖给了丁。后由于小慧苦苦哀求，丁将小慧放走，并到公安机关投案，如实供述自己罪行，在其协助下，公安机关将甲、乙、丙抓获归案。经查，甲于2022 年 8 月 1 日指使其表弟戊（17 周岁）强奸怀孕妇女。戊欲强奸该怀孕妇女时，怀孕妇女苦苦哀求，加之戊看到其已怀孕在身，未对其实施奸淫。

根据上述案情回答下列问题并说明理由：

（1）甲、乙、丙、丁、戊的行为如何定罪？

（2）甲、乙、丁、戊的行为有哪些量刑情节？

34. 甲因犯虐待罪被判处 3 年有期徒刑。甲的朋友乙因犯负有照护职责人员性侵罪被判处 8 年有期徒刑，刑罚执行 6 年后被假释。甲刑满释放后不久某日晚，甲驾驶汽车出去揽活，车经一路口时，遇到一个从外地来该市探亲的青年妇女李某，甲停车问李某去哪儿，李某说到该市某单位找丈夫，甲遂以带路为名将李某骗上车，后将车开到偏僻处停住，在车内强行将李某奸污，李某奋力反抗中，将甲的嘴唇咬伤。此时恰逢乙经过此地，甲让乙过来帮忙，乙便将李某摁住，甲将李某奸淫。甲担心李某咬伤嘴唇会留下罪证，决意杀人灭口。甲用双手掐住李某的脖子，又用凶器朝李某头部猛击数下，李某昏迷过去。甲以为李某已经死亡，将李某扔在路旁，此时发现李某身上的背包，内有现金和手机等物品，便顺便将包拿走，带着乙驾车逃离。乙在车上感觉右眼一直跳，预感不妙，便找借口下车后返回现场，将李某送往医院，李某经抢救脱险，但头顶颅骨骨折，造成重伤。

根据上述案情回答下列问题并说明理由：

（1）甲、乙的行为如何定罪？

（2）甲、乙的行为如何处罚？

35. 甲于 2019 年因犯妨害作证罪被判处有期徒刑 3 年，缓刑 3 年。2021 年 10 月，甲又起意欲强奸厂里的同龄女青年乙，并同其姘妇丙商量，由丙以请乙帮助修理缝纫机为名，将乙诱至丙家中。晚饭时，甲、丙二人设法用酒将乙灌醉，丙故意离家去别处。甲欲行奸时，乙惊醒，大喊救命。甲唯恐被邻居发现，用手扣住乙的嘴，被乙狠咬一口。甲又用手扼住乙的颈部，致乙窒息死亡。此时丙回家，发现乙已死，十分惊恐。甲说，害怕乙叫喊惊醒邻居，不得已才杀了乙。丙无奈，答应为甲掩盖罪行，并在案发后向司法机关提供了甲无罪的证明。当晚，甲、丙二人将乙的尸体装入麻袋运送到郊外，投进了江里。

根据上述案情，请回答以下问题并说明理由：

（1）对甲、丙的行为应如何定罪？

（2）对甲、丙依法应如何处罚？

36. 甲拖欠乙和丙 2 万元劳动报酬一直不付。乙和丙商定后，将甲的 15 岁的女儿丁骗到外地扣留，以迫使甲支付报酬。乙、丙用了一个月时间给甲打电话要求甲支付报酬，但甲仍以种种理由拒不支付。乙、丙遂决定将丁卖给他人。在乙外出寻找买主期间，丙将丁奸淫。乙找到买主戊后，乙、丙二人以 1 万元的价格将丁卖给了戊。戊想要与丁成为夫妻，遭到丁的拒绝。戊为了防止丁逃走，便将丁反锁在房间里一个月有余。戊后来觉得丁年纪小，太可怜，便放丁回家。戊找到乙要求退回1万元，遭到乙拒绝，戊一气之下便于深夜将乙的一辆价值5 000元的摩托车骑走。

请根据上述案情分析乙、丙、戊的行为性质及量刑情节。

37. 甲登记注册成立一家"娱乐会所"，自己出任总经理。甲要求乙向娱乐会所物色三名"女服务员"。乙以外出吃饭为名，将在一家酒吧做陪侍的女孩杨某、陈某和吴某三人骗至娱乐会所，以每名5 000元的价格卖给甲。因杨某拒绝从事卖淫活动，为迫使杨某卖淫，甲指使服务员丙（15周岁）将杨某奸淫，之后，甲组织杨某等三人多次从事卖淫活动。后乙因涉嫌拐卖妇女被逮捕，乙在被羁押期间，对拐卖妇女的事实供认不讳，认罪态度好，并供出甲与其谋划及甲组织卖淫等事实，公安机关在乙协助下将甲抓捕归案。

根据上述案情回答下列问题并说明理由：

（1）本案是否成立单位犯罪？

（2）甲、乙、丙的行为构成何罪？

（3）甲、乙、丙有哪些量刑情节？

38. 事实一：2020年2月20日，甲（15周岁）到B省S市打工。因收入微薄，缺钱花的甲决定到储蓄所干一票大的。3月25日下午，甲蒙着面拿了把玩具手枪到了储蓄所，进门后，甲看到只有两位女营业员上班，没有其他顾客，他便到一个营业员的柜台前，称要存款，营业员便让他填写存款凭证。甲即在存款凭证上写了"把钱拿出来，不听大家都得死"的字后，将凭证递给营业员，随即拿出玩具枪隔着柜台的玻璃指向营业员，营业员看到凭证上的字后，心里一惊，抬头发现称要存款的男子竟用一只手枪指着自己，便迅速按响报警器。甲听见报警声后，转身逃之夭夭。在逃跑过程中，甲被抓获。2020年9月15日，法院经审理，判处甲有期徒刑3年，缓刑4年，并处罚金800元。

事实二：2023年5月10日，甲的女友乙在丙家做保姆，并照顾孩子。其间，丙与乙发生了性关系，丙许诺与同居女友丁分手后娶乙为妻。丁怀疑二人有不正当关系，便以丙的名义将乙解雇。乙心存不满，找甲商议对策，并向甲谎称丙强奸了她，于是甲提出向丙索要"补偿费"。乙于当年7月20日将丙的儿子从学校骗出，带至甲住处，后打电话以丙的儿子的安全相要挟索要"补偿费"2万元，后丙报警，在甲、乙到约定的地点取钱时被公安人员抓获归案。

根据上述案情回答下列问题并说明理由：

（1）事实一中，甲的行为如何定罪？

（2）事实二中，甲、乙的行为共同构成绑架罪还是非法拘禁罪？

（3）事实一和事实二中，甲的行为有哪些量刑情节？

39. 2023年5月5日，方某、魏某共谋到方某工作的单位盗窃职工工资。同年6月4

日，二人在一饭店内再次预谋盗窃事宜。6月5日零时，方某骑摩托车带魏某窜至A建筑公司盗窃。魏某在方某的帮助下翻墙入院，进入职工家属楼窃取王某、文某人民币1 000余元，后翻墙出院，与在外等候把风的方某会合。方某认为偷的钱太少，就让魏某再次入室盗窃，途中方某将一把匕首交给魏某。魏某再次翻墙入院，在进入另一职工家属楼盗窃时，惊醒了睡觉的陶某。魏某被陶某抓住后为逃脱抓捕，遂用匕首朝陶某胸腹部连刺数刀，随后魏某翻墙逃跑。陶某因心脏、脾脏、肝脏被刺，失血性休克而死亡。8月15日，方某向公安机关投案，如实供述所实施的行为，公安机关在方某的协助下，将魏某抓获归案。

请结合案情分析下列问题，并说明理由：

（1）如何认定方某、魏某的行为性质？

（2）魏某、方某有哪些量刑情节？

40. 李某曾因犯妨害信用卡管理罪于2022年8月1日被判处有期徒刑2年，缓刑2年，并处罚金1万元（判决前先行羁押2个月）。2023年5月1日，李某与王某有经济纠纷，对方欠李某施工款10万元。某日，李某在王某妻子陈某下班途中将其从所在B市绑架到A市。王某打电话告诉李某，陈某有高血压和心脏病，不要难为陈某，李某答应王某的请求，但必须"归还"50万元，最后王某被迫交出了30万元，李某最终答应放人。次日，李某开车将陈某送至B市陈某所在单位附近。到指定地点后，陈某下车迟缓，李某不耐烦地推了陈某一把，陈某站立不稳摔下车，倒地死亡。经鉴定，陈某因受外力作用导致机体应激反应，促发有病变的心脏骤停而死亡。2023年9月1日，李某被逮捕，羁押3个月后，2023年12月1日，法院依法作出终审判决，判处李某有期徒刑15年，并处没收财产10万元。

根据上述案情回答下列问题并说明理由：

（1）李某的行为如何定罪？

（2）对李某应如何量刑？

41. 丁欠甲2万元债务不归还，于是甲教唆乙、丙（15岁）一起，让二人将丁关押至郊区的移动破旧厂房内索债。乙在关押丁的过程中，将丁随身携带的手机和钱款强行据为己有。后来，丙认出丁曾经偷过自己的电动自行车，便打了丁两耳光，并将其推倒在地，然后将丁单独关在一个房间里。第二天早上，乙、丙发现丁已死亡。经鉴定，丁是被丙打耳光导致耳膜穿孔诱发心脏病而死亡。甲知道丁死亡后，十分害怕，便自动向公安机关投案，如实供述了自己的罪行。在甲的协助下，公安人员将乙、丙抓获归案。乙被采取强制措施后，如实供述司法机关尚未掌握的容留他人吸毒的犯罪事实，经查证属实。

根据上述材料回答下列问题并说明理由：

（1）如何认定甲、乙、丙的行为性质？

（2）本案有哪些量刑情节？

42. 张某曾因强制猥亵罪被判处有期徒刑 5 年，刑罚执行 3 年后被假释。在假释考验期内，张某欲强奸公司的同事王某，于是同其熟人李某（女）商量，由李某以请王某到家里做客吃晚饭为幌子，将王某引诱到李某家中，并用玩"掷骰子"赌喝酒的方法，意图灌醉王某后与其发生性关系。至半夜，二人意图仍然不能得逞，便又以送王某回市区为名，驾驶汽车将王某骗至 M 市郊区桥底。这个时候，李某借口身体不适，故意离开到别处去。张某即上前搂抱王某并将其按倒在地，强行将王某奸污，王某不从、反抗并大声喊救命。张某即对王某进行殴打，张某抠住王某的嘴，被王某狠咬一口，手指被咬伤。事毕，张某因嘴和手指受伤而恼火，于是用手猛扼王某的颈部，致王某窒息昏迷，张某以为王某已死。李某回到现场发现王某"死亡"，惊恐之余，答应为张某掩盖罪行。当天晚上，张某和李某二人将王某的"尸体"投入河中后开车逃离现场，王某溺水身亡。案发后，李某向司法机关出具了张某不在案发现场的假证明。

请根据上述案情回答下列问题：

（1）如何认定张某、李某的行为性质及处罚？为什么？

（2）张某在假释考验期内犯新罪，若被判处死刑，如何决定执行的刑罚？

43. 甲、乙二人相约去某个体户商店盗窃，并约定由乙望风，甲进入店内盗窃。甲在盗窃过程中，发现只有妇女丙一人在店内睡觉，于是临时起意意图强奸丙。丙被惊醒，极力反抗，甲未能得逞。甲担心以后被丙认出自己，便决定杀人灭口。甲掏出随身携带的刀子，扎向丙胸部致其重伤昏迷（丙后被其归来的丈夫救起），随后甲顺手拿走店内现金 1 万元和 10 条中华香烟。甲在店外分给乙香烟 5 条，二人在离开之际，被联防队员丁发现，便分开逃跑。丁追赶乙，乙见丁穷追不舍，就拿出随身携带的匕首进行威胁，后被赶来的警察抓获，而甲乘机得以逃脱。乙被抓后，如实交代了自己和甲的盗窃事实以及 1 年前抢劫 5 000 元的犯罪事实（后经查证属实），并告发甲在 2 年前实施了一起绑架行为，后经查证纯属捏造。

请根据上述材料回下下列问题并说明理由：

（1）如何认定甲、乙二人的行为性质？

（2）甲、乙有哪些量刑情节？

44. 魏某与丙有仇，便撺掇甲（17 周岁）、乙到丙家行窃，并让甲、乙"吓一吓"丙，承诺事成之后将两件宋代紫砂壶分别赠给甲、乙。甲、乙本就想偷钱花，便答应魏某。某日深夜，甲、乙潜入丙宅开始行窃，被丙发现，于是甲顺手拿起丙宅厨房的菜刀逼迫丙交出现金，丙无奈将家中仅有的 1 万元交给甲。当甲、乙二人转身要走时，甲为了不留后患突然举起菜刀将丙砍死，乙则始料未及，目瞪口呆。后乙到公安机关自动投案，如实供述了自己和甲的罪行，并将甲告发。

阅读分析上述案例后，请回答以下问题并说明理由：

（1）如何认定魏某、甲、乙的行为性质？

（2）对魏某、甲、乙应如何处罚？

45. 甲破解了本单位网上银行的账户密码，将单位账户内的 8 万元资金转至其女友乙的银行卡内。之后，甲将实情告知乙，并让乙将卡内的存款提现，乙提取了 8 万元后将钱全部交给甲。三个月后，甲再次让乙帮忙，说准备一周后将单位资金转到乙的卡内，乙劝甲罢手，甲表示做完这一次就收手，乙才答应帮助他。一周后，甲将 10 万元资金转到乙的卡内，乙如约提取了 10 万元。年底，甲所在单位与银行核对账目，发现 18 万元资金下落不明，于是向公安机关报案。公安机关侦查发现乙是犯罪嫌疑人，将其拘留。甲发现事情即将败露，遂向公安机关交代了罪行。

根据上述案情回答下列问题并说明理由：

（1）甲、乙行为的性质应如何认定？

（2）对甲、乙量刑时需要考虑哪些法定量刑情节？

46. 某市银行分行会计申某，多次找到高某商议盗窃申某与另一出纳共同管理的保险柜内的现金。高某同意作案后，申某为高某准备了作案工具，并将高某带至某市分行熟悉地形，并暗示了存放现金的保险柜和开启保险柜的另一把钥匙的存放地点。7 月 27 日，申某找到高某，告知其近日将提款 80 万元存放保险柜的情况，并详细告诉高某作案的时间、步骤、开启保险柜的方法及进出路线等。7 月 30 日，申某将高某带进该行，乘出纳不注意将高某带至业务部套间，藏在大壁柜内。申某趁其他工作人员外出吃饭离开办公室之际，告知高某人都走了，自己也要离开去吃饭。高某撬开出纳员办公桌抽屉，取出钥匙，打开保险柜将 50 万元人民币装入旅行袋里，然后从后窗翻出办公室逃离现场。8 月 1 日，申某将作案经过告诉了其妻付某，让付某通知高某带款在本市青年旅社等候。8 月 2 日，付某找到了高某，讲了申某的要求。当日下午，高某依申某的要求到青年旅社。8 月 3 日见面后，二人一同来到高某家，高某拿出旅行袋说钱都在里面。申某要求高某一起逃走，高某不同意。申某即给高某留下 5 万元，然后在付某的帮助下，携带其余赃款潜逃。申某在外逃期间，因为逃避缴纳停车费用被行政拘留，在行政拘留期间主动交代司法机关尚未掌握的其携带 45 万元赃款潜逃的事实。破案后，高某如实交代自己的罪行，积极退赃，认罪态度较好，有悔罪表现。

根据上述案情分析申某、高某、付某的行为性质及量刑情节。

47. 甲与丙、丁素有恩怨，甲曾被丙、丁打伤，花去医药费 3 000 元。某日，甲接到其妻子的电话称，丙、丁在其妻子经营的饭店酒后滋事。甲遂打电话给乙，叫乙纠集若干人（其他人另案处理）赶到该饭店，对在此滋事的丙、丁进行殴打，后又将丙、丁强行带至近郊区的一个树林里。到该树林后，乙等人对丙、丁进行威胁、殴打并索要滋扰饭店导致损失的赔偿金5万元，之后又将丙、丁带至远郊区某汽车修理厂内，继续对其威胁、殴打并索要钱财。其间，丁答应赔偿2万元，乙给甲打电话问是否接钱，甲考虑后决定放弃索要钱财，并将丙、丁放走。次日，甲觉得憋屈，又给乙打电话，让其带人将丙、丁找到并带至一招待所房内，要求丙、丁赔偿医疗费3000元。因丁身上没钱，丙银行卡里只有500元，乙等人即对丙、丁进行殴打（经鉴定为轻微伤），丙被迫打电话向同事借了3000元，丙的同事将钱打入丙的银行卡，乙押着丙、丁将银行卡中的3500元钱取走，甲才让乙将丙、丁放走。几日后，甲、乙向警方投案，并如实供述了所作所为。最终，甲、乙二人均被判刑。

请根据上述案情分析甲、乙的行为性质及处罚，并说明理由。

48. 甲（男，2004年3月5日生）平时游手好闲，贪图享乐，为了让经商的父亲多给一些零花钱而费尽心机。2021年7月3日，甲让乙（男，2005年8月4日生）给自己的父亲打电话，谎称自己被警察抓走了，乙问："为什么要撒谎？"甲说："这不用你管！"乙虽然不乐意但还是打了电话。甲于当日半夜将自己的左手小指剁下半截。第二天清晨，甲让丙（男，2004年6月9日生）将装有半截手指的信封送到自家门前。中午，丙按甲的旨意给甲的父亲丁打电话："你的儿子已被我们绑架了，限你在三天拿出20万元赎人，否则杀死甲。"丁立即报案，后公安机关将甲、乙、丙抓获。甲在被羁押期间，主动交代了司法机关尚未掌握的另一起事实：甲于2020年2月15日，在马某家盗窃了8000元现金，为毁灭罪证而实施了危害公共安全的放火行为。在预审讯问期间，乙主动交代了自己于2021年4月15日参与一起绑架案的经过，并分得赎金3000元。丙在被拘留期间，检举揭发了韩某的抢劫行为，并带侦查人员在韩某的暂住地将其抓获归案，后韩某被法院判处有期徒刑5年。上述行为经查证属实。

请分析：

（1）甲、乙、丙的行为性质并说明理由。

（2）甲、乙、丙是否存在共同犯罪？为什么？

（3）甲、丙有哪些量刑情节？

49. 事实一：2014年8月4日，甲因犯拐卖儿童罪被判处有期徒刑9年，2019年9月5日被假释，假释考验期至2021年5月2日止。

事实二：2020年6月，甲指使乙入室盗窃，给了乙一把匕首并对乙说："万一被发现，就来硬的。"乙乘夜进入孙某家行窃，被孙某发现，乙掏出匕首将孙某刺昏（轻伤），乙劫得手机一部和现金2万余元。

事实三：2023年4月，甲同乙合谋盗窃，二人共同驾驶三轮车，携带鱼叉、线网等工具来到邻市作案。在通过入户盗窃、携带凶器盗窃等方式窃得一些财物后，转而寻找新的盗窃目标，路遇巡逻民警。民警见其形迹可疑，遂进行盘查。为逃避盘查，甲、乙驾车逃离，民警遂紧追抓捕。在逃跑途中，甲、乙驾驶的三轮车不慎翻倒，甲、乙弃车徒步而逃。民警和随后赶来的村民继续追赶。甲、乙为逃跑方便，先是趁正在路边休息的村民丙不备，夺下其自行车一辆，后又分别采用暴力手段先后夺取了前来追赶他们的民警和村民的摩托车四辆，并将公安人员打成轻伤，甲被当场抓获，乙驾驶其中的一辆摩托车逃离。

结合上述案情回答下列问题并说明理由：

（1）事实二中，如何认定甲、乙的行为性质？

（2）事实三中，甲、乙"逃避盘查抓捕"和夺取自行车的行为是否构成转化型抢劫罪？甲、乙为抗拒抓捕夺取摩托车的行为是否构成牵连犯？

（3）事实三中，对甲、乙将公安人员打伤的行为应如何定性？

（4）对甲在2020年6月后实施犯罪的是否应撤销假释并构成累犯？

50. 乙曾与2015年4月因犯故意伤害罪被判处有期徒刑3年，并处罚金人民币6 000元，2018年4月刑满释放。2021年4月，甲纠集乙预谋实施抢劫，携带作案工具，骗取某女丙驾驶的小轿车。途经甲示意，乙用事先预备的橡胶锤猛击丙头部数下，甲猛掐丙的颈部，致丙昏迷。二人抢得丙的汽车及其他财物共计价值人民币42 000元。甲与乙见丙昏迷不醒，遂谋划活埋丙灭口。实际上丙是佯装昏迷，趁甲寻找挖掘工具离开之际，哀求乙放其逃走。乙同意掩埋时挖浅坑、少埋土，并告知掩埋时将丙的脸朝下。甲拿把铁锹返回，乙向甲称其一人挖坑掩埋即可，让甲到车上休息。乙挖了一个浅坑，并按与丙的约定方式将丙掩埋。甲、乙离开后，丙爬出土坑获救。后乙自动投案，如实供述了其抢劫杀人全过程。经鉴定，丙所受损伤为轻伤。

分析上述案情后，请回答：

（1）对甲、乙应如何定罪？为什么？

（2）甲、乙具有哪些法定量刑情节？

51. 甲因为张三欠其工程款约4万元，让乙帮助拘禁张三要回债款。经过谋划，甲、乙找上丙、丁，在公路上拦截张三乘坐的汽车，将张三拽到租来的汽车上，对张三进行殴打并用胶带纸堵住嘴、捆住双手。四人将张三劫持到郊区一废弃养殖场内，给张三戴上手铐进行看押。第二天，甲到张三被关押处与张三商谈归还欠款之事未果，即离开。在张三被拘禁期间，乙伙同丙给张三家人打电话，索要现款30万元，后又降至20万元，并以"不拿钱，就别想见人了"的语言相威胁。乙还逼迫张三写了一张20万元的欠条。第四日凌晨，丁曾给张三20元钱让张三逃跑，被乙发现未成。当天，张三被劫持到丙的住处继续被看押。案发后，丁主动揭发了甲、乙、丙的犯罪行为，并提供了侦破所居住市一走私团伙从事走私活动的重要线索。

对甲、乙、丙、丁应当如何定罪处罚？请说明理由。

52. 2023 年 10 月 15 日，甲见路边一辆面包车没有上锁，即将车开走，前往 A 市。行驶途中，行人乙拦车要求搭乘，甲同意。甲见乙提包内有巨额现金，遂起意谋财。行驶到某偏僻处时，甲谎称车辆发生故障，请乙下车帮助推车。乙将手提包放在面包车座位上，然后下车。甲乘机发动面包车欲逃。乙察觉出甲的意图后，紧抓住车门不放，被面包车拖行 10 余米。甲见乙仍不松手并跟着车跑，便加速疾驶，使乙摔倒在地，造成重伤。乙报警后，公安机关根据汽车号牌将甲查获。

讯问过程中，虽有乙的指认并查获赃物，但甲拒不交代。侦查人员丙、丁对此十分气愤，对甲进行殴打，造成甲轻伤。在这种情况下，甲供述了以上犯罪事实，同时还交代了其在 B 市所犯的以下罪行：2023 年 6 月某日，甲于某小学放学之际，在校门前拦截了一名一年级男生，将其骗走，随即带该男生到某个体商店，向商店老板购买价值 1 万余元的高档烟酒。在交款时，甲声称未带够钱，将男生留在商店，回去拿钱交款后再将男生带走。商店老板以为男生是甲的儿子便同意了。甲携带烟酒逃之夭夭。

本案移送检察机关审查起诉后，上述事实经查证属实。

请根据上述案情分析甲、丙、丁的行为性质及处罚。

53. 2013 年 2 月，无业游民钟某因诈骗罪被判处有期徒刑 8 年，2018 年 2 月，钟某被假释，同年 4 月，钟某将自己的好友、人贩子陈某藏在自己家中，三天后帮助陈某逃往外地。2019 年 8 月，钟某将女青年马某迷昏后，将马某捆绑抬到车上准备卖往外地，在中转途中，钟某隐瞒拐卖马某的事实，指使司机宋某将马某奸淫，钟某最终将马某卖给了在外地活动的陈某。2023 年 4 月，钟某来到某国际商务会馆，点了炸牛排和啤酒。吃饱喝足，钟某做了足疗、刮痧和其他保健项目 6 次。其间又点了中华牌香烟，消费额达到一万余元，仍无离开的意思。会馆要求他先付款再继续消费，钟某将工作人员打发出自己的房间。当晚 11 时许，钟某下楼要走，正好被经理撞见，钟某称自己没钱付款，会馆立即报警。当警方赶来盘问时，钟某暴力袭击警察，造成两名警察轻伤，情节十分恶劣。钟某被警察制服后，承认自己无业没钱，想能赖账就赖账走人。被采取强制措施后，钟某主动交代了窝藏人贩子陈某的事实。

根据上述案情回答下列问题并说明理由：

（1）如何认定钟某、宋某的行为性质？

（2）对钟某应如何处罚？

54. 事实一：某小区五楼刘某家的抽油烟机发生故障，王某与李某上门检测后，决定拆下搬回维修站修理。刘某同意。王某与李某搬运抽油烟机至四楼时，王某发现其中藏有一包金饰，遂暗自将之塞入衣兜。王某与李某将抽油烟机搬走后，刘某想起自己此前曾将金饰藏于其中，追赶前来，见王某神情可疑，便要其返还金饰。王某为洗清嫌疑，趁乱将金饰转交李某，李某心领神会，接过金饰藏于裤兜中。刘某确定王某身上没有金饰后，转身再找李某索要。李某突然一拳击倒刘某，致其倒地重伤。李某与王某随即逃走。

事实二：后王某建议李某将金饰出售，得款二人平分，李某同意。李某明知金饰价值1万元，却向亲戚郭某谎称金饰为朋友委托其出售的限量版，售价5万元。郭某信以为真，花5万元买下金饰。拿到钱后，李某心生贪念，对王某称金饰仅卖得1万元，分给王某5 000元。

事实三：王某因犯罪屡教不改，其妻谢某坚决要求离婚，随即两人去办理离婚手续，因婚生子女抚养问题未协商好而离婚未果。回家经过一鱼塘时，二人发生抓扯，被路过的陈某劝开。当王某朝回家的方向走约80余米时，谢某一气之下跳入鱼塘，陈某大声呼喊王某救人，王某回答："是她自己跳的水，我又没有推她，不关我事。"又继续往回家的方向走去。因陈某不会游泳，等陈某喊来其他人将谢某救起时，谢某已死亡。

根据上述案情回答下列问题并说明理由：

（1）事实一和事实二中，王某、李某的行为构成哪些犯罪？

（2）事实三中，如何认定王某的行为性质和罪过形态？

55. 甲终日无所事事，便决定搞点儿钱花。2018年2月1日，甲到商场"购物"，将商场向顾客收款的二维码暗中调换（覆盖）为自己的二维码，获取顾客支付给商场的巨额购物款。2018年4月1日，甲、乙二人经共谋盗窃后入室行窃，正在客厅翻找钱物时，户主丁（女）外出回家。甲怕丁叫，立即捂住丁的嘴将其摁倒在地，乙从地上捡起一个酒瓶朝丁头上砸了一下，见酒瓶破碎后，又从厨房拿了一把菜刀，用菜刀朝丁的背部连砍两下，致使丁当场昏迷。在乙接着翻找钱物时，甲将丁拖到卧室，对丁实施了强奸。尔后，二人携带物品及现金人民币1 050元仓皇逃走。被害人丁花去医疗费、护理费、营养费6 400元，经法医鉴定构成轻伤。甲曾在2012年5月1日因犯盗窃罪，数额巨大，被判处8年有期徒刑（法定刑为3年以上10年以下有期徒刑，并处罚金），2017年5月1日被假释。2018年8月1日，甲归案后，主动交代了司法机关尚未掌握的曾经在2008年3月1日抢夺他人数额巨大的财物的犯罪事实（法定刑为3年以上10年以下有期徒刑，并处罚金），经查证属实。

请根据案情回答下列问题：

（1）分析甲、乙的行为性质并说明理由。

（2）如何认定甲的诈骗行为的追诉时效？

（3）如何认定甲的假释考验期限？甲的行为是否构成累犯？

（4）甲有哪些量刑情节？假释撤销后应如何执行？为什么？

56. 事实一：2022年9月初，甲、乙因经济紧张，预谋到偏僻地段对单身女性行人实施抢劫，并购买了尖刀、透明胶等作案工具。9月6日至9日，甲、乙在科技园区附近寻找作案目标，因未找到合适的作案对象而未果。9月9日晚，甲、乙在伺机作案时提出先抢后奸。9月11日晚，甲、乙邀请丙参与，丙表示只同意参与抢劫，但不参与之后的强奸。9月12日晚，甲、乙、丙抢劫了丁（女），但没有收获，丙遂离开，因丁苦苦哀求，甲、乙没有强奸丁。

事实二：甲、乙虽然没有强奸丁，但觉得将丁出卖更为有利可图，于是共谋将丁出卖。在乙外出寻找买主的过程中，甲与丁产生感情，之后，丁表示愿意和甲共同生活，甲将此事告诉乙并表示不再出卖丁，乙愤然离去。数月后，由于甲、丁没有生活来源，于是二人合谋，由甲假意将丁出卖给戊为妻，得款 15 000 元。在丁与戊结婚当夜，丁按照甲的计划先在戊的水杯中投放了安眠药，趁戊睡死之际，翻出戊的钱财 2 万元与守候在外面的甲双双逃走。

根据上述案情回答下列问题并说明理由：

（1）事实一中，如何认定甲、乙、丙行为的犯罪形态（预备、未遂、中止）？如何处罚？

（2）事实二中，如何认定甲、乙、丁的行为性质？

57. 陈某因没有收入来源，以虚假身份证明骗领了一张信用卡，使用该卡从商场购物 10 余次，金额达 3 万余元，从未还款。陈某为求职，要求制作假证的李某为其定制一份本科文凭。双方因价格发生争执，陈某恼羞成怒，长时间勒住李某脖子，致其窒息身亡。陈某将李某尸体拖入树林，准备逃跑时忽然想到李某身有财物，遂拿走李某手机、现金等物，价值 1 万余元。陈某在手机中查到李某丈夫赵某手机号，以李某被绑架为名，发短信要求赵某交 20 万元"安全费"。由于赵某及时报案，陈某未得逞。陈某逃至外地。几日后，陈某走投无路向公安机关投案，如实交代了犯罪事实。陈某在检察机关审查起诉阶段，将自己担任警察期间查办犯罪活动时掌握的刘某抢劫财物的犯罪线索告诉检察人员，经查证属实。

根据上述案情回答下列问题并说明理由：

（1）陈某的行为应如何定罪？

（2）陈某的行为是否成立自首和立功？

58. 李某因盗窃罪被判处有期徒刑 3 年，缓刑 4 年。在缓刑考验期内，李某在汽车租赁公司将张某的轿车以每天 350 元的价格租走，后在从亲戚家开车返回的路上，将车停在电脑店旁抽烟，见有电脑店旁有一辆大货车在卸货，遂起占有电脑之念，又见店里没有电脑相关配件，就问店主"你店里没有相关配件？"店主说："这里暂时没有，你要什么我就去拿。"李某便说："你快点儿去拿吧，我要办事去呢。"店主在李某的催促下，离开了电脑店，临走时对李某讲："我去取配件，你帮我看下店，我八九分钟就回来。"店主带着员工离开去搬配件后，李某把店里的几台电脑放在汽车后备厢后开车溜走。在路上李某不慎将该车撞坏。为逃避赔付责任，李某与朋友辛某一起将该车开到外地 A 市，途中李某将该车的音响及备胎卖掉，后在 A 市将轿车以 5 000 元的价格卖掉。不久，李某接到公安机关传票，通知其在指定的时间自行到指定的地点接受讯问。

请分析李某的行为性质及处罚。

59. 卢某，2020年3月1日因犯盗窃罪被判处有期徒刑3年，并宣告缓刑；赵某，系A合资公司主管物流工作的副总经理（非国家工作人员）；林某，系国有公司委派到A公司的财务主管。三人系同乡。

事实一：2021年2月，卢某以虚假的身份证、驾驶证到某服装公司应聘驾驶员，应聘后上班第一天，卢某接受公司指派，驾驶公司的小轿车送公司办事员外出，即借机将该车开走，占为己有，其后的3月至5月间，卢某采取同样的手段又非法占有了3家公司的3部小轿车，价值总计50万元。

事实二：卢某见A公司对施工现场的建筑材料使用情况审核松懈，管理不严，即产生窃取贩卖牟利的念头，并与赵某商量，赵某同意提供帮助。2021年6月至7月期间，卢某利用赵某值班的便利条件，于深夜将公司施工现场存放的建筑材料盗出，然后以低价卖给他人，得价款4万元，二人各得赃款2万元。

事实三：2021年8月，赵某与林某共谋将A公司物流货款占为己有，赵某利用职务便利，通过微信收款方式收取物流货款8万元，在上报林某后，林某通过虚假平账方式将这笔公款截留，二人均摊8万元物流货款。

根据上述案情回答下列问题并说明理由：

（1）事实一中，卢某的行为构成何罪？属于何种罪数形态？

（2）事实二中，如何认定卢某、赵某的行为性质？

（3）事实三中，如何认定赵某、林某的行为性质？

（4）结合事实一、二，如何认定卢某的缓刑考验期限？对卢某应如何处理？

60. 甲于2015年因故意伤害罪被判处有期徒刑3年，2018年刑满释放。甲服刑前曾借给乙1万元钱。刑满出狱后，甲多次找乙索要，但乙以种种借口不予归还。2021年某日，甲再次到乙家索要欠款，乙不仅拒绝还款，并对甲进行辱骂。甲恼怒之下冲上去与乙撕扯在一起，厮打中，乙被甲绊倒，头部撞在桌角上，当即休克。甲见此情景后慌忙离开乙家，但想到自己1万元钱未讨回，于是又返回乙家，从乙家床头柜中翻出2万元现金后携款离去。乙妻回家后，见乙已死亡且家中凌乱，即以抢劫罪报案。后甲被抓获。甲在被采取刑事强制措施期间，还提供司法机关尚未掌握的从事贩毒的丙的联络方式、藏匿地址等信息，使得司法机关得以迅速侦破丙的贩毒案。

请分析甲的行为性质及处罚。

61. 甲（2001年5月3日生）、乙（1999年6月5日生）是朋友，2018年4月，甲因犯非法持有毒品罪被判处有期徒刑3年。

事实一：2023年9月29日晚，甲从公安部门偷到一套警服、1万元钱和一包海洛因

100克。此后，甲的朋友乙提出和甲一起去弄点儿钱花。甲便拿出偷来的海洛因让乙去卖钱，乙照办。此后不久，甲又让乙穿上自己偷来的警服扮成警察到洗浴中心、发廊等场所以进行治安检查为由收取罚款，乙又照办，乙向有关场所收取罚款1万多元。

事实二：同年10月6日晚，甲指使乙前来"教训"其仇人丙，乙携带尖刀伙同丁（另案处理）来到丙务工的公司门口与甲会合，此时丙正从门口经过，经甲指认，乙上前责问并殴打丙，其间，乙持尖刀朝丙的胸部、大腿等处连刺3刀，致丙左肺破裂，左股动静脉离断急性失血性休克死亡。

事实三：后乙被公安机关抓获，在讯问期间向公安机关交代，他是受甲的指使才导致公安机关所指控的丙死亡的犯罪事实，并如实交代了公安机关尚未掌握的贩卖海洛因和收取罚款的犯罪事实，但辩解称是受甲的指使才不得不做的。

根据上述案情回答下列问题，并说明理由：

（1）事实一中，如何认定甲、乙的行为性质？

（2）事实二中，甲、乙对丙的死亡具有何种主观心态？构成何罪？

（3）结合事实一、二、三，甲、乙有哪些量刑情节？

62. 李某驾驶大卡车由某乡向市里超载送货。李某驾驶车辆超速行驶，当开到某乡政府前的十字路口时，将前方同方向骑车的季某撞成重伤（后季某因抢救不及时，在被他人送往医院途中死亡）。李某撞人后，为了逃避罪责，非但不停车抢救被害人，保护肇事现场，听候处理，反而继续加速行驶逃跑。一出租车司机看到此情景后，驾车追赶，并示意立即停车，但李某对此根本不予理会。当跑出大约3公里到市郊一农贸市场附近时，路上的人很多。李某为摆脱该出租车，只顾逃跑，撞上路边一骑车带着小孩的母女俩，小孩当即死亡，妇女被撞成重伤，同时把路边赶集的两位老人撞成重伤。公安机关接到群众报案后，在路边设置路障堵截，示意李某减速停车，但李某仍不接受公安人员的停车指令，驾车虽未直接冲向机动车道的路障与交警，但紧打方向盘强行从北侧非机动车道穿越，径直撞向站在路上执行堵截任务的交警毛某，毛某当场死亡。后李某被公安机关抓获。经法院审理，李某被法院判处无期徒刑，剥夺政治权利终身。在刑罚执行期间，李某认真遵守监规，接受教育改造，确有悔改表现。李某在罪犯组织越狱、暴力冲监事件中，不顾生命危险，敢于与冲监犯人搏斗，在受伤的情况下，奋力抱住持有铁棒的冲监罪犯，且在被罪犯连击几棒的情况下将其抓获，随后又积极将受伤的干警送往医院抢救。

根据上述案情回答下列问题并说明理由：

（1）如何认定李某的行为性质？

（2）李某是否符合减刑的条件？如何认定减刑后实际执行的最低刑期？

63. 某日中午，甲、乙、丙共谋晚上抢劫一路边商店，在去踩点途中遇到丁，邀丁一起，丁拒绝，甲说不干算了，现在就陪我们一起去看看。在查看该路边商店时，丁告诫甲、乙：

商店在路边，进去时行动要快，路边有公用电话，要防止店主报警，还随手扯断了电话线，而后四人离去。当晚，甲、乙在店外会合，丙未来。甲、乙持匕首闯入商店。店主一家三人正睡觉（该店在白天营业时作店铺，晚上打烊后作卧室），店主被惊醒后拿出床下私藏的猎枪（无持枪许可证）朝甲、乙射击，导致甲死亡、乙重伤昏迷，店主以为乙装死，但发现猎枪已无子弹，便顺手抄起手边的匕首，将乙刺死。

根据案情回答下列问题并说明理由：

（1）对甲、乙、丙、丁如何定罪处罚？

（2）如何认定店主的行为性质？

64. 吴某和邵某在互联网上遇到其网友李某。吴某、李某二人约定到 A 市"贵族休闲会所"一房间见面。邵某得知情况后，遂打电话将荣某（17 岁）、胡某（15 岁）约至某网吧，邵某、吴某向荣某、胡某谎称，李某欠债 5 万元不还，四人一起向李某索要，并承诺事成之后分别给荣某和胡某各 5 000 元作为酬劳。当日晚，四人将李某骗至房间后共同将李某扣押，荣某、胡某对李某进行拳打脚踢，强迫李某还钱，李某无奈给妻子打电话，声称做成一笔买卖需要现金 5 万元，让妻子派人把钱带到会所周围一树林处，交给荣某。荣某按照邵某和吴某的安排到树林中取钱 5 万元，回到会所房间后发现李某已经死亡。事后查明，在荣某取钱之时，李某试图逃跑，被胡某用钝器击中脑部当场死亡。邵某、吴某见状，仓皇逃跑。三日后，荣某到公安机关投案，如实交代了犯罪事实，并在其协助下将胡某抓获。吴某则在其母亲的陪同下，向公安机关投案，如实陈述了犯罪事实。邵某的父母揣测邵某不愿意投案，在报案后，趁邵某酒醉之际强行捆绑并押送归案。

根据上述案情回答下列问题并说明理由：

（1）如何认定各犯罪人的行为性质？

（2）犯罪人是否成立自首？犯罪人还有哪些量刑情节？

（3）若对荣某判处有期徒刑 3 年，是否可以适用缓刑？

65. 2022 年年底，余某与胡某合伙贩卖假冒伪劣卷烟。2023 年 2 月份以来，余某在未取得许可证的情况下从事香烟的批发销售，将假冒中华、红双喜等卷烟 250 条以共计 1 万元的价格卖给宋某，将假冒芙蓉王卷烟 100 多条以 1 000 元的价格卖给蔡某，将假冒红双喜卷烟 300 多条以共计 9 000 元的价格卖给王某。2023 年 3 月 14 日，某市烟草专卖局执法人员从余某管理的多处仓库共查获中华、红双喜等假冒伪劣卷烟两万多条，价值共计 500 万元。后余某被逮捕，在被采取刑事强制措施期间，余某还交代了在 2020 年 2 月至 2021 年 3 月间，余某从废品收购站购买大量高档白酒的空酒瓶、包装盒、包装袋等材料，然后将低档次白酒灌装到空酒瓶中并包装成高档白酒对外销售，销售金额为 7 万余元，违法所得为 4 万余元，经查证属实。余某还主动揭发同案犯胡某生产、销售有毒、有害食品的事实，使得胡某的生产、销售有毒、有害食品案件得以迅速侦破。

根据案情回答下列问题并说明理由：

（1）余某被逮捕前贩卖假冒伪劣卷烟的行为构成哪些犯罪？

（2）余某被逮捕后经查证属实的行为构成哪些犯罪？

（3）余某有哪些量刑情节？

66. 甲认为妻子与其离婚，是妻子的姐姐丙从中挑拨所致，遂产生杀死丙及其家人后劫持飞机逃往国外之念，并得到了朋友乙的赞同。之后，甲、乙二人购买催泪枪一支，并将催泪枪分解伪装，进行了两次劫机试验。同时又准备了毒药"赤血盐"，用于杀害丙及其家人。甲、乙二人决定于某年 11 月 6 日晚，杀死丙及其家人后乘 A 市至 B 市的班机，再将飞机劫持到 S 国。11 月 3 日，由甲出资，乙去 A 市购买了 11 月 7 日 A 市至 B 市的机票两张。后来，乙感到害怕，独自一人到公安机关报案。公安机关接到报案后，将甲抓获，阻止了事态的进一步发展。

根据案情回答下列问题：

（1）甲构成何罪？应当如何处罚（有何法定量刑情节）？

（2）乙构成何罪？应当如何处罚（有何法定量刑情节）？

67. 2018 年 5 月，陈某因犯抢夺罪而锒铛入狱，2023 年 3 月刑满释放不久，陈某曾因揭发他人违法行为，被两名加害人报复砍伤。陈某逃跑过程中，两名加害人仍不肯罢休，追赶陈某。途中，陈某多次拦车欲乘车逃跑，均遭出租车司机拒载。当两加害人即将赶上时，适逢一中年妇女丁某骑摩托车（价值 1 万元）缓速行驶，陈某当即哀求丁某将自己带走，但也遭拒绝。眼见两加害人已经逼近，情急之下，陈某一手抓住摩托车，一手将丁某推下摩托车（丁某倒地，但未受伤），骑车逃走。陈某骑车至安全地方，停歇一会儿后，才想到摩托车怎么处理。陈某将摩托车尾部工具箱的锁撬开，发现内有现金 1 万元和一张未到期的定期存单（面额 2 万元）。陈某顿生贪念，将 1 万元现金和存单据为己有，并将摩托车推至山下摔坏。几日后，陈某使用伪造的身份证在存单到期之前将其中的 2 万元取出，此后逃往外地。陈某被抓获归案后，还主动交代了司法机关尚未掌握的其拾得李某的一张信用卡并在 ATM 机上支取 1 万元现金的事实，经查证属实。

请根据案情回答下列问题：

（1）如何认定陈某的行为性质？为什么？

（2）陈某有哪些量刑情节？为什么？

68. 事实一：赵某利用担任某村村委会主任的职务便利，与该村委会书记张某商议后，在协助人民政府从事土地征用补偿费用管理时虚构补偿项目和多报土地面积，套取 200 万元补偿款，张某分得 50 万元，赵某将余款 150 万元据为己有。

事实二：赵某为了违规流转土地以从中牟利，将套取的补偿款 150 万元送给了国家工作人员朱某，让朱某能帮助其在违规流转土地方面谋取不正当利益。朱某利用职务上的便利，为吴某收购 A 市公寓项目提供融资帮助，吴某在成功收购该项目后，将该项目中一套价值 150 万元的房产过户至朱某实际控制的公司名下并代缴了买方应缴税款。因该公司的年检等手续均由吴某代办，后吴某在经营资金周转困难时，将该房产抵押以获取贷款供自己经营使用，案发后吴某已还清上述贷款并解除该房产的抵押。

事实三：刘某得知金某是朱某的妻子后，请金某让朱某向相关人员打招呼，帮助自己承接土石方工程。金某应要求让朱某为刘某承接土石方工程向相关人员打招呼。之后刘某送给金某价值 20 万元的金条，金某将金条带回家后告知朱某，朱某担心刘某不可靠，遂让金某退还该金条，但金某并未退还，此后朱某发现金某未退还金条，未再继续要求金某退还。

根据上述案情回答下列问题并说明理由：

（1）事实一中，如何对赵某、张某定罪处罚？

（2）事实二中，赵某、朱某、吴某的行为构成何罪？是何种犯罪形态（既遂、预备、未遂、中止）？

（3）事实三中，对于金某收受金条的行为，朱某是否构成犯罪？构成何种犯罪？若朱某对金某收受金条的行为不知情，如何认定朱某、金某的行为性质？

69. 甲欲强奸在偏僻的小路上行走的乙（女，28 岁），上前抓住乙的手不放，乙为摆脱甲的纠缠，只好编造说自己"有性病"。甲于是说："那就算了，我害怕传染。"但甲并未离去，仍然尾随在乙身后，甲突生抢劫财物的歹念而对乙实施暴力，但是乙强烈反抗。甲无奈只得请求站在不远处的丙（11 周岁）帮忙按住乙的脚，由于丙的积极协助，甲顺利抢走了乙的财物并将乙打成重伤。不久，甲的好朋友丁路过现场，得知甲要抢劫乙的财物，便与甲一起将乙的钱包（内有 1 万余元）和其他财物拿走。二人分赃后，觉得抢的钱不够多，甲、丁共谋逼迫乙向其父亲打电话，向其父亲索要财物 5 万元，乙担心其父亲心脏病发作，隐瞒了被甲、丁控制的事实，谎称因交车辆保险费让其父亲将 5 万元钱送到甲、丁指定的地点。二人得款后，丁待甲离开后，自己回到刚才的犯罪现场，见乙因为受惊吓、伤害等原因，还躺在地上不能动弹，就心生怜悯之情，将乙送到医院。乙经治疗后，身体渐渐康复。

请根据上述案情分析甲、丙、丁的行为性质及处罚情节。

70. 郭某是 A 快递公司快递装卸工。2022 年 5 月，郭某利用当班经手装卸旅客托运行李、包裹的便利，将电脑、电磁炉等据为己有，价值共计 6 万元。案发后，郭某被 A 快递公司辞退，由郑某接替郭某的工作。2022 年 11 月，郭某因此被判处有期徒刑 2 年，缓刑 4 年。2023 年 7 月，郭某认为其被判刑和被公司辞退是郑某告发和从中作梗所致，遂对郑某怀恨在心，决意报复。同年 7 月，郭某携带菜刀一把，来到 A 快递公司附近路口等候。当郑某驾驶摩托车上班途经该路口时，郭某上前质问郑某并向其索要"赔偿款" 2 万元遭拒，郭某遂持刀将郑某的头部和手臂砍成轻伤。郑某被砍伤后弃车逃进 A 快递公司，郭某持刀追赶了"一小段路"，但随即放弃追赶，回到砍伤现场将郑某价值 1 万元的摩托车骑走，后以 2 000 元卖掉。案发后，郭某被采取刑事强制措施，郭某如实供述了在 2021 年 8 月入户盗窃 3 万元的犯罪事实，经查证属实。

根据上述案情回答下列问题并说明理由：

（1）郭某的行为构成何罪？

（2）郭某应如何处罚？

71. 2014 年 1 月，王某因犯参加恐怖组织罪被判处剥夺政治权利 3 年。自 2018 年至 2023 年的 5 年时间里，王某依靠经商积累，与当地政府、司法机关的某些官员有了特殊的交情，还笼络了 12 名社会闲散人员成为骨干，成立了 A 实业有限公司，并制定了不成文的"帮规"。12 名组织成员对王某绝对服从，因张某对王某不忠，王某便指使手下成员将张某杀死并焚尸灭迹。2019 年 4 月，徐某欲卖掉其合法经营的矿产，王某见有利可图，欲低价收购，由于压价太低，徐某不同意转让矿产，王某便指使下属威胁徐某，并以 300 万元的低价强行将矿产买下，且在支付 200 万元后不再支付余款。几个月后，王某便以 800 万元的高价强迫杨某购买此矿产，非法获得 500 万元。为继续扩充势力，王某在 2021 年纠集一批刑满释放人员开设地下赌场，并在 2021—2023 年间多次组织参赌人员到澳门赌博，大肆非法敛财。

根据上述案情回答下列问题并说明理由：

（1）王某的行为构成哪些犯罪？

（2）王某的行为有哪些量刑情节？

72. 张三因犯伪造货币罪被判处有期徒刑 5 年，执行 3 年后，张三从监狱逃回某市，找到其老朋友郭四，告诉了自己的处境，并要求在郭四家暂住些日子，郭四于是把他留下。某日晚，张、郭二人潜入某商店，窃得香烟 300 条，电脑 6 台，手机 5 部。他们正要离开时被值班员发现，拦住去路。张三冲过去将值班员脖子卡住，郭四用地下捡来的砖块猛击值班员头部，将值班员打倒在一边后二人逃走。他们直接到朋友王五家中，存放窃来的香烟、电脑和手机。第二天，张三、郭四在兑换 1 000 欧元过程中结识了马某，第三天，张三约马某到二人指定的库房兑换 1 万欧元，张三、郭四将马某请入库房接过 1 万欧元并装入袋子里时，一阵大风将房门吹得反锁，张三、郭四见状不顾马某反对拿走财物，二人乘出租车逃走。第四天，张三、郭四、王五三人一道去集市将香烟和电脑卖掉，得款 7 万元，张三、郭四二人各分 3 万元，给王五 1 万元。几日后，郭四因涉嫌犯罪被公安机关传唤，在传唤过程中，郭四如实供述了与同案犯共同犯罪的事实，提供了公安机关还未掌握的张三的联络方式、藏匿地址，并协助公安机关将张三抓获。同时向公安机关提供本市重大贩毒案的犯罪嫌疑人陈某的联络方式、藏匿地址等重大信息，使陈某被抓获归案。

根据上述案情回答下列问题：

（1）如何认定张三、李四、王五的行为性质？

（2）郭四是否成立自首、立功？

（3）若张三所犯新罪经数罪并罚后决定执行有期徒刑12年，前罪和新罪并罚后如何决定执行的刑期？

73. 王某注册成立以其一人为股东的A公司，王某系法定代表人。2014年10月，A公司利用虚假的房产证作为抵押担保，骗取B公司借款400万元，该400万元中有200万元用于A公司经营，其余用于走私活动。2017年3月，A公司和C公司在不具备高额贷款和提供担保的条件，无保证还贷能力的情况下，为获取银行高额贷款，指使C公司财务负责人徐某（另案处理）采取变造、虚构A公司营业执照、财务报表等贷款证明文件的手段，将A公司的注册资金由人民币30万元变造为人民币330万元，并将财务报表的数据做大，以A公司为借款人，以C公司为保证人，从D银行获取贷款1 000万元。该笔贷款800万元用于弥补亏空、归还债务，剩余贷款用于生产运动鞋，并为此向税务机关缴纳了80万元的税款。A公司出口了50万双鞋，却虚报了200万双，共从税务机关骗取了出口退税款160万元。2017年案发后，王某被判处无期徒刑，其在服刑期间，于2021年12月被裁定减刑为有期徒刑20年。其在刑罚执行期间，于2024年2月又被发现还有2014年所涉的犯罪没有判决。

根据上述案情回答下列问题并说明理由：

（1）本案是否存在单位犯罪？

（2）本案应如何定罪？

（3）对王某被判处无期徒刑减刑后发现漏罪如何并罚？

74. 贾某因犯盗窃罪被判处有期徒刑5年，刑满释放后不久，贾某来到李某家中，与李某商量准备用其房屋做"淫窝"组织他人卖淫嫖娼，并希望李某一起干，李某表示同意，主动要求承担管钱管物的工作，并负责把门望风。其后的一个月内，贾某先后组织20多人次进行卖淫嫖娼活动，李某获得房租和其他酬劳1万余元。卖淫者吕某因不服管教，贾某便将其出卖给谭某为妻，获赃款1万元，谭某将吕某带回家，当晚同居时发现吕某有生理缺陷，是"两性人"，谭某将吕某"退货"给贾某，贾某不得已将吕某送回居住地。在组织卖淫期间，贾某诱骗外地女青年周某到李某住处，并告知李某当天晚上让其接客。当晚，周某拒不卖淫，李某遂将其强行奸淫，对周某说："你已经不是黄花姑娘了，不挣点钱，就别想走。"周某被迫开始卖淫。案发后，贾某拒不认罪并毁灭罪证，但李某认罪态度较好，如实交代了犯罪事实。

请根据上述案情回答下列问题并说明理由：

（1）贾某构成何罪？有哪些量刑情节？

（2）李某构成何罪？有哪些量刑情节？

75. 事实一：某市 A 公司总经理辛某决定开发房地产，因缺少动迁资金，便找到 B 国有银行支行会计主管季某帮助解决资金。季某于 2019 年 5 月 10 日擅自将本单位 60 万元转至市动迁办账户上，供 A 公司作为动迁费使用。季某告诉辛某此款是其向朋友借的。同年 5 月 27 日，A 公司存入市动迁办账户 60 万元，季某将此款归还 B 银行。季某收受辛某送的现金 3 万元，又向辛某索要现金 1 万元。

事实二：2019 年 6 月 1 日，A 公司变更为一人有限公司，辛某担任总经理。因其开发房地产缺少资金，便又找到季某帮助解决资金，并向季某许诺送给季某一套商品房。季某利用职务之便，于同年 6 月 16 日，擅自将本单位 50 万元转至辛某提供的供开发房地产使用的账户上。至案发时，辛某没有送给季某商品房。

事实三：2019 年 11 月末，辛某个人为购买服装厂房，找到季某。季某提出其管理的资金有一部分账外款，可以挪用。辛某许诺，购买服装厂房后，如能卖掉盈利，便与季某平分款项，如能继续经营，则算季某一个股份。2019 年 12 月 2 日，季某利用职务之便，擅自挪用银行账外资金 160 万元，转至辛某提供的个人账户，供辛某购买服装厂房使用。2020 年 1 月，辛某因季某提供资金，送给季某 3 万元现金。2020 年年末，季某找到辛某，以挪用的 160 万元需要利息为借口，向辛某索要现金 5 万元，辛某明知季某实质是向其索要好处费，仍付给季某现金 5 万元。

事实四：季某收受辛某的现金后全部挥霍一空。案发后，季某主动交代犯罪事实，认罪态度较好，并积极退赃 12 万元。辛某则辩解称，他不知道银行的账外资金是国有资金，因而对此不构成犯罪。

根据上述案情回答下列问题并说明理由：

（1）事实一中，如何认定辛某、季某的行为性质？是否构成共同犯罪？

（2）事实二中，如何认定辛某、季某的行为性质（包括是否构成犯罪，构成何种犯罪，既遂、预备、未遂、中止等何种犯罪形态）？是否构成共同犯罪？

（3）事实三中，如何认定辛某、季某的行为性质？是否构成共同犯罪？

（4）结合事实一、二、三、四，季某、辛某有哪些量刑情节？

76. 事实一：某地政府为村民发放扶贫补贴，由各村村委会主任审核本村申请材料并分发补贴款。某村村委会主任王某、会计刘某以及村民陈某合谋伪造申请材料，企图每人套取 5 万元补贴款。王某任期届满，周某继任村委会主任后，政府才将补贴款拨到村委会。周某在分发补贴款时，发现了王某、刘某和陈某的企图，便只发给三人各 3 万元，将剩余 6 万元据为己有。三人心知肚明，但不敢声张。

事实二：后周某又想私自非法获取土地征收款，欲找县国土资源局局长张某帮忙，遂送给县市场监督管理局局长李某 10 万元，托其找张某说情。李某与张某不熟，遂送 5 万元给县财政局局长胡某，让胡某找张某。胡某找到张某后，张某碍于情面，违心答应，但并未付诸行动。

事实三：周某为感谢胡某，从村委会账户取款 160 万元购买文物，并指使会计刘某将账做平。周某将玉器送给胡某时，被胡某拒绝。周某只好将文物退还商家，并让刘某对 160 万元再次平账。周某获得赃款后用于走私文物的活动。案发后，周某抗拒抓捕且拒不认罪，因获赃数额特别巨大，给国家和人民利益造成特别重大损失，法院最终判处周某死刑，缓期 2 年执行。

请回答下列问题并说明理由：

（1）根据事实一分析王某、刘某、陈某、周某的行为性质。

（2）根据事实二分析周某、李某、胡某的行为性质。

（3）根据事实三分析周某、刘某的行为性质。

（4）周某被判处死缓，对周某可以适用的刑罚还有哪些？人民法院可否适用终身监禁？如何适用？

77. 2022 年 3 月，乙以做生意为由劝诱某国有公司经理甲出借公款，并与甲共同策划了挪用的方式，乙为此送给甲好处费 10 万元。甲未经董事会决定就将资金 200 万元借给乙。乙得到巨款以后，告知银行职员丙该款的真实来源，希望丙帮助隐瞒资金来源和走向，丙为乙提供资金账户，存入 150 万元，乙随时提款用于贩毒，丙还帮助将余款用于"投资"经营木业，并使乙获取相应股份。在甲的催促下，2023 年 5 月，乙归还了 70 万元，后来就拒绝和甲见面。甲见追回剩余款项无望，便携带乙归还的 70 万元潜逃。2023 年 11 月，甲将 70 万元挥霍一空后，因走投无路向司法机关投案，并交代了借款给乙、接受乙好处费 10 万元和携款潜逃的事实，并提供线索协助司法机关将乙捉拿归案。乙归案后主动交代了给甲好处费和贩毒的事实。

根据上述案情回答下列问题并说明理由：

（1）分析甲的行为性质及处罚。

（2）分析乙的行为性质及处罚。

（3）分析丙的行为性质。

78. 2015 年，徐某因信用卡诈骗罪被判处有期徒刑 5 年，2020 年刑满释放。2022 年 10 月，徐某与 A 市农业银行分行会计国家工作人员王某相互勾结，合谋进行犯罪活动，王某通过窃取电脑密码，将本单位另一会计李某保管的 30 万元现金划转到徐某账户上。徐某于 2023 年 1 月起受聘于某国有事业单位任出纳员。2023 年 4 月，徐某利用其管理、经手公款的便利，先后多次挪用公款总计人民币 100 万元，徐某将公款借给陈某进行营利活动，其中 60 万元返还给单位。徐某因无法追回剩余 40 万元欠款，遂于 2024 年 1 月制造被抢劫假象后，向市某公安分局谎称，其在为本单位去银行取款途中遭两名歹徒暴力抢劫，被劫公款计 40 万元，企图达到不归还公款的目的。2024 年 3 月，公安机关开始对本案立案侦查，王某担心彻查后遭无期徒刑的牢狱之苦，遂到公安机关投案，供述了将本单位会计李某保管的 30 万元现金划转到徐某账户上的犯罪事实，并在司法机关提起公诉前积极退赃，95% 的赃款被追回，从而减少了损害结果的发生。在王某的协助下，公安机关将徐某抓获归案。

根据上述案情回答下列问题并说明理由：

（1）如何认定王某、徐某的行为性质？

（2）王某、徐某有哪些量刑情节？

79. 2011 年 2 月，贾某因犯为境外窃取国家秘密罪被判处有期徒刑 5 年，2016 年刑满释放后，想继续干一番"大事业"。2021 年 3 月，贾某成立了一个黑社会性质组织，带领一帮"兄弟"进行犯罪活动，自称"老大"，并制定了"可从事杀人之外的一切活动"的帮规。2023 年 4 月，贾某手下的头目甲擅自领一帮人在外面杀死了自己的一个仇人，贾某听到消息后很生气，认为甲"无组织无纪律"，就对甲进行了处罚，砍掉了他的一只手。同年 5 月，贾某指使乙、丙偷盗婴幼儿并出卖以牟利，并告知如被发现"可以来点儿硬的"。乙、丙踩点后，由乙在门外呼应，丙进入黄某家偷盗婴儿，户主黄某发现丙后呼救，为制服黄某并抢走婴儿，丙用匕首捅刺黄某，致黄某当场失血性休克死亡。二人抢走婴儿后，以 5 万元的价格卖掉，但向贾某隐瞒了黄某死亡的事实。同年 6 月，贾某指示头目丁、戊从国外走私多种物品以牟利，并安排武装人员掩护押运。丁、戊按照贾某的指示走私废旧电器进境销售，由丁提供运输工具、资金、组织货源，并负责武装掩护押运。戊负责召集船员、管理运输过程中一切事务，丁、戊驾船从外国走私废旧电器入境时被海关缉私部门追缉，丁命武装人员使用武器重伤一名缉私人员。海关缉私部门从丁、戊所驾驶的船只中查获 12 个装满废旧电器等固体废物的集装箱，另有 2 个集装箱的废旧电器里混杂了全新电器等一批普通货物 5 吨，偷逃税款达 400 万元。同年 7 月，甲主动投案，如实供述自己罪行，并协助公安机关将贾某抓获，贾某对犯罪事实供认不讳，并向司法机关提供了乙、丙的藏匿地址以及被拐卖儿童的去向，使得贾某从事的收买儿童案件和其他收买儿童案件得以顺利侦破，乙、丙也被抓捕归案，但贾某拒不承认自己实施了杀人行为。

根据上述案情回答下列问题并说明理由：

（1）对甲应如何定罪处罚？

（2）对乙、丙应如何定罪处罚？

（3）对丁、戊应如何定罪处罚？

（4）对贾某应如何定罪处罚？

80. 2023 年 3 月 3 日，甲找到在某国有公司担任会计的朋友乙，提出向该公司借款 3 万元用于购置假金品，通过以假换真的手段弄点儿钱花，并许诺获利后给乙好处费。乙便擅自从自己管理的公司款项中借给甲6万元。甲拿到钱后，购得签字笔、假金项链、假金戒指、假手镯、涂改液等物品。同年4月至9月，甲在A金店以挑选金项链为名，乘售货员不备，用自己的假项链调换了真的金项链。尔后，甲用同样手段，通过以假换真获得真的金戒指等纯金装饰品，销赃后获得赃款9万元。同年10月3日，甲将6万元归还给乙，并给乙好处费5 000元，乙将4万元归还给公司，剩余2万元进行了虚假平账。同年12月3日，丙提出去搞一辆汽车，甲表示同意。后丙去寻找目标，甲在某加油站等候。当晚，丙租用丁驾驶的出租车到加油站载上甲一同到市内宾馆，并请丁下车帮忙将甲携带的物品抬到后备厢，丙趁丁下车未关门之际，将出租车开走。丁欲追赶，甲则以丙用其车去找人会回来还车等理由稳住丁。后甲又以去找丙为由，叫丁在原地等候，自己趁机逃跑。2024年1月，甲在销售出租车时被公安机关抓获，甲如实交代了与同案犯通过以假乱真的方式获得钱财的行为，但未能如实说明购买假金品的6万元现金的真实来源。在甲的协助下，丙被抓获归案。乙得知甲被抓后，担心受刑罚处罚，便携带2万元公款潜逃外地，后被司法机关抓获归案。

根据上述案情回答下列问题并说明理由：

（1）如何认定犯罪人的行为性质？

（2）甲的行为是否构成自首和立功？

81. 2010年，赵某因抢劫罪被判处有期徒刑12年，2022年刑满释放后，赵某与钱某合伙做生意（双方没有债权债务关系）。2023年5月23日，赵某通过技术手段，将钱某银行存折上的9万元存款划转到自己的账户上（没有取出现金）。钱某向银行查询知道真相后，让赵某还给自己9万元。同年6月26日，赵某将钱某约至某大桥西侧泵房后，二人发生争执。赵某顿生杀意，突然勒钱某的颈部、捂钱某的口鼻，致钱某昏迷。赵某以为钱某已死亡，便将钱某"尸体"缚重扔入河中。6月28日凌晨，赵某将恐吓信置于钱某家门口，谎称钱某被绑架，让钱某之妻孙某拿20万元到某大桥赎人，如报警将杀死钱某。孙某不敢报警，急忙将20万元送至某大桥处。赵某蒙面接收20万元后，声称2小时后孙某即可见到丈夫。28日下午，钱某的尸体被人发现（经鉴定，钱某系溺水死亡）。赵某觉得罪行迟早会败露，于29日向公安机关投案，如实交代了上述全部犯罪事实，并将勒索的20万元交给公安人员，公安人员将20万元退还孙某。公安人员李某听了赵某的交代后随口说了一句"你罪行不轻啊"，赵某担心被判死刑，逃跑至外地。在被通缉的过程中，赵某身患重病无钱治疗，向当地公安机关投案，再次如实交代了自己的全部罪行。赵某最终被判处死刑缓期2年执行。

根据上述案情回答下列问题并说明理由：

（1）如何认定赵某的行为性质？

（2）赵某有哪些量刑情节？

82. 甲持假身份证应聘到 A 公司，负责电脑网页制作。某日，甲向公司经理提出借公司笔记本电脑回家看影碟，经理同意。当晚甲用电脑看了几张影碟，感觉该机性能很好，遂起意占有。次日，甲给公司打电话谎称自己出了车祸不能上班，公司多次打电话与甲联系，甲始终不给公司回电话，后带着电脑逃跑。在逃期间，甲与余某有了一面之交，知其孤身一人。某日凌晨，甲携匕首到余家盗窃，翻找一段时间后，未发现可盗窃的财物。此时，熟睡中的余某偶然大动作翻身，且口中念念有词。甲怕被余某认出，用匕首刺死余某，仓皇逃离。逃跑中，因身上有血迹，甲被便衣警察程某盘查。程某上前揪住甲的衣领，试图将其带走。甲怀疑遇上劫匪，与程某扭打。甲的朋友乙开黑车经过此地，见状停车，和甲一起殴打程某。程某边退边说："你们不要乱来，我是警察。"甲对乙说："别听他的，假警察该打。"程某被打成轻伤。出租车司机谢某路过现场，看见甲、乙打人后驾车逃离，便对二人紧追不舍。甲让乙提高车速并走"蛇形"，以防谢某超车。汽车开出 2 公里后，乙慌乱中操作不当，车辆失控撞向路中间的水泥隔离墩。谢某刹车不及撞上乙车，谢某受重伤，赶来的警察将甲、乙抓获。

请根据上述案情分析甲、乙的行为性质。

83. 事实一：某日晚 8 时，全某等人在家吃饭，其女友娇娇突然接到前男友余某的电话，让娇娇给他送钱。全某得知后，在电话中与余某发生口角，双方随即相约在市内某广场谈判。当晚，全某找来占某、王某、陈某持刀到该广场；随后，他怀疑余某也叫来了很多人，又叫王某邀约十余人前来，但这十余人有的没有前来，还有的来了之后并没有动手。谈判中，双方发生争执，进而引发打斗；其间，王某、陈某对余某拳脚相加，全某、占某则持刀向余某捅刺，致余某外伤性肝脏破裂导致急性大出血，休克而亡。

事实二：甲方、乙方均为当地的黑恶势力。甲方因一个成员曾遭乙方的欺负，遂纠集多人持械报复，到处寻找对方人员。后甲方在某舞厅找到对方的两名成员，大打出手，乙方二人被迫抵抗，双方互殴，造成一人轻伤、一人轻微伤的后果。

事实三：姜某与毛某平日素有恩怨，某日姜某遭到毛某一伙人欺负。钟某知悉此事后，打算为其"哥们儿"姜某出头，遂与姜某伙同余某等多人各处寻找毛某，伺机报复。毛某闻讯后，也纠集张某（被害人）、冯某等多人对付钟某一方。双方在某宾馆门前相遇并发生械斗。混斗中，钟某朝张某的头部砍了一刀，导致张某重伤不治而亡。

根据上述事实回答下列问题并说明理由：

（1）事实一中，如何认定全某、占某、王某、陈某等人的行为性质及处罚？

（2）事实二中，如何认定甲方、乙方的行为性质？

（3）事实三中，如何认定姜某、钟某、余某、毛某、张某等人的刑事责任？

84. 某村村委会主任韩某因儿子欠债，急需一笔钱，遂产生了绑架勒索财物的犯意。韩某向其朋友沈某（曾因职务侵占罪被判处 5 年有期徒刑，刚刑满释放不久）谎称，陈某将其借给他使用的汽车出售，一直没有归还 10 万元赔偿款，并答应事成之后给沈某 2 万元。某日上午，沈某将陈某在学校上学的儿子陈迪（7 岁）骗出，将其带到一家洗浴中心，用胶带将陈迪反绑于储藏室内关押，沈某电话呼叫其表弟孙某，告诉孙某，因陈某欠赔偿款 10 万元不归还，现已将其子关押，让孙某看管陈迪，自己外出向陈某讨要赔偿款。孙某看管陈迪期间，沈某外出给陈某打电话，要求陈某当晚归还赔偿款，陈某担心陈迪安危，没多想便答应在洗浴中心附近指定的公园给钱。孙某看管陈迪期间，因陈迪哭闹，孙某便用药物将陈迪麻醉，因用药过量导致陈迪死亡。韩某、沈某得知陈迪死亡，便携款逃跑。孙某出于恐惧待在现场报案，但没有表明自己是作案人，当司法机关向其询问时，孙某主动交代了全部罪行，并根据自己的推断向司法机关提供了韩某、沈某当前可能藏匿的地点，司法机关按照孙某的推断将韩某、陈某抓获归案。韩某被采取刑事强制措施后，主动向公安机关交代，他在担任村委会主任期间，还有以下行为，后经查证属实：村里因 12 亩土地被国家征用，获得国家征用土地补偿款 100 万元。韩某在负责发放这笔款项时，谎称为了催要这笔款项，花费了 10 万元用于"疏通关系"，遂用假发票在土地征用补偿款中报销 10 万元"招待费"归自己所有。

根据上述案情回答下列问题并说明理由：

（1）对韩某、沈某、孙某应如何定罪？

（2）对韩某、沈某、孙某应如何处罚？

85. 任某是某国有银行支行的行长。某日，王某在该支行用信用卡取走一部分存款后，将信用卡放入包中，由于王某忘记将拉锁拉上，信用卡被当时值班的任某拿走。拿到卡后，任某趁同事们不注意查了这张信用卡的有关信息，发现该卡没有设置密码，有 10 万元存款，遂使用银行业务系统，重新设置了这张卡的密码。次日，任某先后在三处 ATM 机上取出 2 万元，并得知这张卡还没有挂失，于是他又赶紧在另外两家储蓄所各取出 2 万元。为防止事情泄露，任某拿到钱后将信用卡扔进了附近的垃圾桶。任某想炒股，觉得取得的 10 万元资金不足，便找到在周某开办的 A 公司工作的吴某，二人商议由吴某利用出入周某办公室的工作便利，将周某笔记本电脑（价值 4 万元）取出交给自己。吴某把电脑交给任某后，任某给周某打电话进行联系，要求周某将 3 万元钱汇入指定账户才能归还电脑，否则将泄露隐私和让周某遭受经济损失。周某考虑配置电脑的价格远高于任某勒索的现金数额，且电脑涉及个人隐私，为了减少停工损失，被迫按照任某的要求，将 3 万元汇入指定账户，到账后，任某即电告周某藏匿电脑的位置，周某将电脑找回。任某给吴某 1 万元"辛苦费"后，将非法获得的 12 万元钱用于炒股，但因不断补仓，导致资金不足，任某便未经集体研究，将银行 100 万元储户存款取出，其中 50 万元用于炒股，剩余 50 万元以个人名义借给吴某应急，吴某为表示感谢，送 5 万元给任某作为"过节费"，任某接受。案发后，公安机关发布针对吴某的通缉令，但任某并不在通缉令发布范围内。吴某归案后，如实供述了与任某谋划获取周某电脑的犯罪事实，并在吴某的协助下，将任某抓获归案。任某归案后，如实供述司法机关还未掌握的取得王某信用卡中 10 万元和将银行 100 万元储户存款取出用来炒股的犯罪事实。

根据上述案情回答下列问题并说明理由：

（1）任某、吴某的行为应如何定罪？

（2）任某、吴某的行为是否构成自首？还有哪些量刑情节？

86. 2023 年 2 月 1 日，杜某来到 A 市某医院妇产科住院部，趁护工熟睡之际，偷走一名女婴，试图将女婴运至 B 市高价贩卖给联系好的买家。同年 3 月 15 日，杜某向黄某谎称，有一批货物从 A 市运往 B 市加工，该批货物实际上是冰毒、咖啡因和女婴（杜某事前用药使其酣睡），黄某将货物运至 B 市后，得运费款 2 000 元后离开，杜某打开后备厢发现女婴因用药过量已经死亡。同年 6 月 15 日，彭某接受杜某的雇请，同意从 A 市运送冰毒和咖啡因至 B 市制作摇头丸，并收取了 2 万元报酬。杜某将摇头丸卖给吸毒人员。之后，彭某租来一辆轿车，将 6 包冰毒和 13 袋咖啡因藏入车尾箱内，开车至 B 市。同年 6 月 20 日，当彭某等人驾车行驶至 S 省 C 市某收费站时，被公安民警拦截检查，当场从汽车后备厢内查获冰毒和咖啡因。彭某在被采取刑事强制措施期间主动向公安机关交代了自己走私毒品的犯罪事实，并检举了同案人谢某。

根据上述案情回答下列问题并说明理由：

（1）如何认定杜某、黄某、彭某的行为性质？

（2）彭某的行为是否构成自首和立功？

87. 事实一：陈某因帮助朱某起诉与王某之间的民间借贷纠纷而与朱某相识，后陈某提出帮助朱某办理开户存折以接受王某还款。2019 年 6 月 9 日，陈某帮助朱某在办理开户存折过程中，未征得朱某同意，私自在朱某账户上挂靠一张银行卡。为防止被发觉，陈某将存折上的"有卡"标志刮掉后交于朱某，并向其隐瞒了在其账户上挂靠银行卡的事实。同年 6 月 11 日、15 日，朱某获得转账 2 万元。同月 16 日，陈某利用其偷开的银行卡在自动取款机上将朱某账户上的 2 万元取出占为己有。

事实二：2022 年 3 月下旬至 4 月期间，陈某策划，由孟某制作木马文件，由李某随机联系淘宝卖家，以交易为名将伪装成图片的木马病毒给对方，致使对方接收并安装该木马病毒，用以截获并转移对方手机短信。陈某等人使用截获的验证码等手机短信对淘宝卖家的支付宝账户密码进行重新设置后，通过信用卡还款、转账、手机充值、QQ 币充值等方式窃取账户及关联银行卡内的资金。此外，孟某还为陈某有偿提供两张银行卡用于转移赃款。李某为上述犯罪活动提供租房、购买作案工具以及饮食、日常生活所需等各项后勤保障工作。至案发，陈某等人使用同种手段作案数起，涉案金额达 50 万元。

事实三：陈某因制作木马文件获取卖家账户余额案发后，被公安机关采取强制措施，陈某如实供述了司法机关还未掌握的将朱某账户上的 2 万元资金占为己有的事实，并揭发检举了同案人孟某、李某，协助公安机关将孟某、李某抓获归案。

根据上述案情回答下列问题并说明理由：

（1）事实一中，陈某的行为构成何罪？

（2）事实二中，如何认定陈某、孟某、李某的行为性质？

（3）事实三中，陈某的行为是否成立自首和立功？

88. 甲系某国有公司经理。生意人乙见甲掌管巨额资金，就以小恩小惠拉拢甲。后乙以做生意需要资金为由，劝诱甲出借公款，并与甲共同策划了挪用的方式，还送给甲好处费 5 万元。甲未经公司董事会决定就将 100 万元资金借给乙。乙得到巨款以后，告知银行职员丙该款的真实来源，丙为乙提供资金账户，乙可随时提款用于贩卖毒品。在甲的催促下，一年后，乙归还 30 万元，后来就拒绝和甲见面。甲见追回剩余 70 万元无望，就携带乙归还的 30 万元潜逃。甲半年内将 30 万元挥霍一空，走投无路后向司法机关投案，并交代了借公款给乙、接受乙贿赂和携款潜逃的事实，并提供线索协助司法机关将乙捉拿归案。乙归案后主动交代了行贿和司法机关尚未掌握的贩卖毒品的犯罪事实。

请分析：

（1）如何认定甲的行为性质？为什么？

（2）如何认定乙的行为性质？为什么？

（3）甲、乙有哪些量刑情节？为什么？

（4）丙构成何罪？为什么？

89. 陆某系某县卫生局副局长兼新农合医疗办主任，其于 2018 年至 2020 年间与该县妇幼保健院院长金某、县和平医院院长甘某等人串通，利用职务之便，指使其他相关人员万某、项某通过开具虚假住院证明、虚假转院证明等手段报销医疗费用，套取国家新农合医疗巨额资金 500 余万元；陆某还在购买医疗器械过程中数次收受供货商给予的现金与礼品共计 50 多万元。此外，陆某的家庭财产中尚有 300 万元说不清楚来源。

案发后，陆某在被司法机关调查期间，如实供认犯罪事实，退回了 400 万元赃款，认罪态度好，并交代了司法机关尚未掌握的其他贪污的犯罪事实，提供了市国税局工作人员廖某涉嫌职务犯罪的重要线索，并经查证属实。

分析上述案情后，请回答：

（1）对陆某、金某、甘某、万某、项某的行为应如何定性？

（2）陆某、金某、甘某、万某、项某有哪些量刑情节？

90. 2017 年 3 月 1 日，甲因犯负有照护职责人员性侵罪被判处有期徒刑 3 年，缓刑 5 年。2018 年 1 月 1 日，乙因犯侵犯公民个人信息罪被判处 7 年有期徒刑，2022 年 1 月 1 日被假释。2022 年 2 月 5 日晚，甲、乙商量在 A 市绑架妇女卖到外地赚钱，二人将妇女丙锁定为目标，乘夜将在河边漫步的丙迷昏，二人开车将丙带去 B 市。途中，丙得知去外地，进行反抗。甲、乙对丙进行殴打并抢走手机和钱财，为防止丙呼救，甲、乙将手机扔入途中经过的河中，将 1 万元钱平分。其间，甲、乙分别对丙进行奸淫。后甲、乙认为无法制服丙，便决定让丙的男朋友拿赎金 5 万元赎人。在甲、乙带着丙到指定地点取钱时，被埋伏在指定地点附近的公安人员抓获。甲的父亲丁得知甲被抓后，找到丙并绑至自己家中关了起来，允诺给丙 10 万元，强迫丙按照他事先请人写好的伪证材料抄写一份，并在材料上面亲笔签名，证明甲与丙系恋爱中自愿发生男女关系，丙拒绝。丁亲自找到公安部门预审科员戊，给戊 10 万元，要求戊对甲案予以关照，戊收下钱后采取伪造证据的方式，结果没有立案。一周后，公安人员将丙从丁家救出。丁归案后，如实交代了多次向国家工作人员行贿的事实，经查证属实。

根据上述案情回答下列问题并说明理由：

（1）如何认定甲、乙的行为性质？

（2）如何认定丁的行为性质？

（3）如何认定戊的行为性质？

（4）对甲、乙、丁、戊应如何处罚？

三、参考答案

1. （1）王某构成故意杀人罪（未遂）、绑架罪，文某构成抢劫罪。王某意图杀死张某，但砍死的是一头牛犊，而非张某，王某在故意犯罪过程中发生认识错误，但既没有造成预期的犯罪结果，也未能造成预期之外的犯罪结果，属于不能犯，王某的行为成立故意杀人罪（未遂）。王某唆使文某绑架陈某，具有绑架的故意，构成绑架罪。但文某并没有利用陈某亲属的担忧勒索赎金，而是当场劫财 10 万元，文某的行为符合抢劫罪的犯罪构成，构成抢劫罪，文某基于过失导致陈某身受重伤，构成加重的抢劫罪。王某教唆文某实施绑架行为，而文某实施的不是王某教唆的绑架行为，而是抢劫行为，王某的行为属于教唆（本身）未遂，王某和文某不构成绑架罪或抢劫罪的共同犯罪。

（2）应当撤销假释。王某服刑 6 年后被假释，依据刑法的规定，有期徒刑假释的考验期限为没有执行完毕的刑期（4 年）。据此，王某的假释考验期限为 2018 年 1 月至 2022 年 1 月。王某在假释考验期限内犯故意杀人罪（未遂），对王某应当撤销假释，依照"先减后并"规则实行数罪并罚。然后，应当对绑架罪作出判决，把新罪（绑架罪）所判处的刑罚和前罪所判处的刑罚依照"先减后并"的规则再实行数罪并罚。

（3）王某指使文某绑架陈某，文某没有实施绑架行为，王某的行为属于教唆（本身）未遂，对于教唆犯王某，可以从轻或者减轻处罚。王某故意杀死张某，但属于犯罪未遂，对王某可以比照既遂犯从轻或者减轻处罚。王某归案后，如实供述了公安机关还没有掌握的其意图杀死张某的事实，其供述符合特别自首的成立条件，构成自首，可以从轻或者减轻处罚。文某抢劫陈某并致陈某重伤，构成加重的抢劫罪。文某犯罪的时候不满18周岁，对文某应当从轻或者减轻处罚。文某在其父陪同下向公安机关投案（陪首），如实陈述了与王某一起绑架陈某的事实，符合自首的条件，构成自首，可以从轻或者减轻处罚。文某协助司法机关将王某抓获，成立立功，可以从轻或者减轻处罚。

2.（1）甲的行为构成拐卖妇女、儿童罪。甲已满16周岁，具有完全刑事责任能力。甲以出卖为目的，通过拐骗手段将妇女丙及其外甥置于自己的控制之下。甲的行为符合拐卖妇女、儿童罪的犯罪构成，构成拐卖妇女、儿童罪。甲在拐卖过程中，奸淫被拐卖的妇女丙，诱骗、强迫丙卖淫或者将丙卖给他人迫使丙卖淫，以及在拐卖过程中过失造成被拐卖儿童小明的母亲重伤，都属于拐卖妇女、儿童罪加重处罚的情形。

（2）乙的行为构成故意伤害罪（重伤）。乙未满16周岁，对拐卖妇女、儿童罪不承担刑事责任。乙在拐卖儿童小明过程中，将小明的母亲刺成重伤，主观上具有直接故意，乙的行为构成故意伤害罪。

（3）甲、乙不构成共同犯罪。乙未满16周岁，对拐卖妇女、儿童罪不负刑事责任，因此二人不构成拐卖妇女、儿童罪的共同犯罪。对于小明母亲的重伤，甲为过失，乙为故意，二人不构成共同故意，因而不成立共同犯罪。

3.（1）甲、乙、丙共谋以向李某、刘某索要"债务"（并非真正的债务）为名将李某、刘某非法拘禁并向李某的父亲勒索赎金，构成绑架罪的共同犯罪。甲、乙、丙还以冲抵"债务"为名采取暴力手段将李某随身携带的手机和现金1万元当场"没收"，构成抢劫罪的共同犯罪。甲、乙、丙的行为同时触犯绑架罪和抢劫罪，属于想象竞合犯，从一重罪处罚，即按照绑架罪定罪处罚。甲、乙、丙的行为成立共同犯罪，其中，甲、乙起主要作用，是主犯，丙仅起到次要或辅助的作用，是从犯。乙因勒索刘某未成，便另起犯意将刘某出卖，构成拐卖妇女罪，乙在客观上实施了两个行为，因而成立数罪，对乙应以绑架罪和拐卖妇女罪实行数罪并罚。

（2）甲因犯袭警罪被判处1年有期徒刑，刑罚执行完毕后故意再犯应当判处有期徒刑以上刑罚之罪的，是累犯，应当从重处罚。乙在缓刑考验期限内又犯罪，对乙应撤销缓刑，依据刑法关于数罪并罚的规定决定执行的刑罚。丙在共同犯罪中是从犯，对丙应当从轻、减轻处罚或者免除处罚。

4.（1）其一，甲教唆乙伤害张某，乙在甲的教唆下实施了伤害行为，甲构成故意伤害罪（致人死亡）。乙原本故意伤害张某，却伤害了张某的妻子，发生对象错误，但没有超出故意伤害罪的同一犯罪构成，乙构成故意伤害罪（致人死亡）。甲原本伤害张某，但因乙发生对象错误而误伤了张某的妻子，发生行为偏差，但没有超出故意伤害罪的同一犯罪构成，甲成立故意伤害罪（致人死亡）。乙、丙实施的共同行为与被害人特殊体质结合，导致被害人张某的妻子死亡的结果，乙、丙的共同行为与被害人的死亡结果之间存在因果关系，乙主观上仅有伤害的故意，但导致死亡结果，成立故意伤害罪（致人死亡）；丙主观上具有杀人故意，构成故意杀人罪（既遂）。其二，乙临时起意拿走手机的行为，属于以秘密窃取方式将他人财物非法据为己有，符合盗窃罪的构成要件，构成盗窃罪。但对丙而言，乙的盗窃行为属于实行过限行为，丙没有制止义务，且丙未满16周岁，对盗窃行为不负刑事责任。其三，乙、丙烧毁房屋，危及公共安全，构成放火罪的共同犯罪。其四，乙欺骗丁入户抢劫，丁在外面放风，丁具有抢劫的故意。但乙并没有实施抢劫行为，而实施了故意伤害行为和（入户）盗窃行为，乙、丁不成立抢劫罪的共同犯罪，但在盗窃罪和故意伤害罪的范围内成立共同犯罪。丙没有实施抢劫行为，但实施了故意杀人行为，丙与丁在故意杀人罪的范围内成立共同犯罪。丁在共同实行犯乙、丙实行之后逃离，没有切断因果关系，仍需对共同实行犯乙、丙造成的结果承担责任，系犯罪既遂。

（2）对于故意伤害罪（致人死亡），甲是教唆犯、主犯；乙是实行犯、主犯；丁是被胁迫参加犯罪的，应当按照丁的犯罪情节减轻处罚或者免除处罚；丁在外面放风，在犯罪中起到辅助作用，是从犯中的帮助犯，对丁应当从轻、减轻处罚或者免除处罚。对于盗窃罪，乙是主犯、实行犯，丁是帮助犯、胁从犯。对于故意杀人罪，丙是主犯、实行犯，丁是胁从犯、帮助犯。甲正前往公安机关投案，具有自动性，成立自首，可以从轻或者减轻处罚。乙未交代同案犯不成立自首。乙协助司法机关抓捕同案犯，成立立功，可以从轻或者减轻处罚。丙在犯罪的时候不满18周岁，应当从轻或者减轻处罚。

5.（1）王某、郑某构成抢劫罪（结果加重犯）的共同犯罪。王某具有完全刑事责任能力，郑某已满14周岁，对抢劫行为应当负刑事责任。王某伙同郑某，以非法占有为目的，采取暴力和投放镇静药物等手段，当场劫取张某财物，其行为构成抢劫罪。案发现场是旁有较深水沟的某公共绿地（遭遇恶劣条件），王某、郑某实施的基本犯罪行为导致张某生命产生了较明显的威胁，由于无法证实是王某、郑某还是其他人将张某推入水沟，所以应当合理推定介入因素是张某自己失足跌入水沟，考虑到被害人张某当时神志不清并遭受暴力殴打，这种情况跌入水沟不算异常，王某、郑某的先前行为与张某的死亡结果之间存在因果关系，因此，王某、郑某的共同犯罪行为属于抢劫致人死亡，成立结果加重犯。

（2）王某的行为构成非法拘禁罪。王某吸毒致幻系原因自由行为，王某应当承担刑事责任。王某挟持李某并将李某囚禁、控制在仓库中的行为符合"非法拘禁他人或者非法剥夺他人人身自由"的规定，王某主观上虽然是为了"躲避警察追捕"而持刀挟持人质，欲"索车逃离现场"，但该主观故意中包含非法拘禁的内容，即王某具有非法剥夺他人人身自由的故意，符合非法拘禁罪的构成要件，构成非法拘禁罪（王某的行为不构成绑架罪，因为绑架罪是目的犯，这里的"目的"是真实的目的，而王某挟持人质的目的是"躲避警察追捕"）。

（3）王某因犯非法持有毒品罪被判处有期徒刑5年，在刑罚执行完毕后5年内故意再犯应当判处有期徒刑以上刑罚之罪的，是累犯，应当从重处罚。王某构成抢劫罪的结果加重犯，应当按照抢劫罪的加重情节适用刑罚。王某被判处死缓，应当剥夺政治权利终身，并处没收个人全部财产。王某犯抢劫罪，是被判处死缓的累犯，人民法院根据犯罪情节等情况可以同时决定对其限制减刑。郑某犯罪时不满18周岁，对郑某不适用死刑，且应当从轻或者减轻处罚。郑某虽然没有亲自投案，但公安机关将其抓获与其家属代替投案行为之间具有紧密联系，可以视为自动投案。在投案后，郑某亦能如实供述自己的罪行，符合自首的条件，成立自首，可以从轻或者减轻处罚。

6.（1）依据刑法规定，已满14周岁不满16周岁的人，犯故意杀人、故意伤害致人重伤或者死亡、强奸、抢劫、贩卖毒品、放火、爆炸、投放危险物质罪的，应当负刑事责任。已满12周岁不满14周岁的人，犯故意杀人、故意伤害罪，致人死亡或者以特别残忍手段致人重伤造成严重残疾，情节恶劣，经最高人民检察院核准追诉的，应当负刑事责任。不满12周岁的人，不负刑事责任。据此，季某对14周岁以前即2021年6月之前的多起盗窃行为不负刑事责任。季某对2021年6月5日即14岁生日的当日在酒店吃饭时的故意杀人行为不负刑事责任，因为已满14周岁应从过14周岁生日第二天起计算，生日当天不计算在内。季某的故意杀人行为在主观上也未构成情节恶劣，不必报经最高人民检察院核准追诉。季某对2021年6月5日在酒店吃饭后回家的路上持刀抢劫的行为不负刑事责任，因为此时季某仍不满14周岁而不负刑事责任。季某对2022年10月偷开汽车并肇事的行为不负刑事责任，因为此时季某尚不满16周岁，对交通肇事行为不负刑事责任。季某对偷开机动车辆变卖的行为不负刑事责任，因为该盗窃行为是在不满16周岁时实施的。季某对其为他人捎带毒品获取酬金的行为也不负刑事责任，因为该行为属于运输毒品行为，不属于法定的应当负刑事责任的犯罪。

（2）对季某应当责令其父母或者其他监护人加以管教；在必要的时候，依法进行专门矫治教育。

7.（1）沈某于2019年至2021年6月间实施盗窃行为时，不满14周岁，不负刑事责任。沈某于2021年7月11日晚实施的杀人和抢劫行为，是在其生日当天实施的，当时不满14周岁，且杀人行为不属于情节恶劣，因此对其杀人和抢劫行为都不负刑事责任。对于沈某2022年10月11日盗窃机动车并致机动车撞毁的行为，因当时不满16周岁，因此不负刑事责任。2023年7月12日0时5分抢夺挎包的行为，尽管刚过16周岁生日，已满16周岁，应当追究其抢夺罪的刑事责任，但因抢夺未果，属于犯罪未遂。

（2）沈某被抓获后交代的抢夺行为已为司法机关掌握，可以成立坦白，可以从轻处罚。沈某未满18周岁，对其所犯抢夺罪，应当从轻或者减轻处罚。沈某构成抢夺罪的犯罪未遂，对此可以比照既遂犯从轻或者减轻处罚。

（3）沈某应当宣告缓刑。依据刑法规定，对于被判处拘役、3年以下有期徒刑的犯罪分子，同时符合下列条件的，可以宣告缓刑，对其中不满18周岁的人，应当宣告缓刑：

①犯罪情节较轻；②有悔罪表现；③没有再犯罪的危险；④宣告缓刑对所居住社区没有重大不良影响。据此，沈某犯抢夺罪时不满18周岁，被判处有期徒刑6个月，所犯抢夺罪是未遂犯罪，犯罪情节较轻且有悔罪表现，应当宣告缓刑。

8.（1）甲的行为构成敲诈勒索罪（未遂）。甲用绳子捆绑住丙的手脚，用胶带纸、棉花团封住其嘴巴，将其从一楼绑至二楼衣橱内，之后离开丙家。甲已离开，并未直接控制丙，丙的人身安危未达到人质的生命安危程度。因甲行为未导致丙的人身自由遭受严重侵害，不构成绑架罪。甲以非法占有钱财（"恐吓信"中索要6万元人民币）为目的，以诈（以丙去向不明而谎称"你的儿子在我的手里"，此时，甲早已离开丙家）使丙父相信其子丙的生命安全遭受威胁，企图造成丙父心理上的恐惧并被迫交付财物。甲行为过程的主观心态和客观行为完全符合敲诈勒索罪的构成要件。甲以非法占有为目的，使用了要挟的手段强行索要财物，数额较大，其行为应定敲诈勒索罪，但由于意志以外的原因未得逞，属于敲诈勒索罪的未遂形态。

（2）甲的行为构成（不作为）故意杀人罪，主观心态为间接故意。甲的刺激性语言导致乙悬梁自杀，刺激性语言并非一定会造成被害人乙自杀，但不阻止乙自杀是导致死亡后果的直接原因。甲的刺激言行导致甲对后面发生的乙自杀行为负有救助义务，甲不救助，构成不作为。甲对于乙的死亡采取不管不顾的态度，放任危害结果发生，因而主观心态是间接故意。甲负有救助乙的义务，但甲没有救助，乙的死亡与甲的不救助的不作为之间存在因果关系，甲构成故意杀人罪。

（3）对甲应撤销缓刑，并依据数罪并罚规则进行并罚。法院经审理，认定甲构成数罪（敲诈勒索罪、故意杀人罪），数罪并罚后决定判处甲有期徒刑12年。甲在缓刑考验期限内犯新罪，对甲应撤销缓刑，并按照刑法的规定实行数罪并罚，即把前罪所判处的刑罚（3年）和后罪所判处的刑罚（12年），依照限制加重原则，决定执行的刑期，即应当在总和刑期以下（15年）数刑中最高刑以上（12年），酌情决定执行的刑期。

9.（1）王某将赵某刺伤系不可抗力；杨某构成过失致人重伤罪。王某在杨某和他开玩笑时，已经预见到自己手中拿的刀子可能会伤及他人，便多次警告杨某不要如此开玩笑，客观上也采取了一定的措施，防止刀将人刺伤。但是由于杨某的推动，王某站立不稳向后倒去，当时王某完全丧失意志自由而将身后的赵某刺伤，对王某来讲属于不能抗拒的原因所致，属于刑法上的不可抗力事件，不负刑事责任。过于自信的过失是指行为人已经预见到自己的行为会发生危害社会的结果，但轻信能够避免，以致发生危害结果的心理态度。杨某明知王某手拿剔骨刀可能会伤及他人，且在王某一再提醒下，仍然搂住王某向后推，在主观上符合已经预见到自己的行为可能会发生危害社会的结果，因轻信能够避免而实际却发生了危害社会结果的过于自信过失的特征，构成过失致人重伤罪。

（2）王某的行为不是正当防卫，而是假想防卫。成立正当防卫须有不法侵害行为发生，本案不存在不法侵害，王某误以为存在不法侵害，而对被害人实施防卫反击，因此王某的行为不成立正当防卫。王某家位置较偏僻，由于夜间确有人欲非法侵入其住宅的前因发生，王某是在极其恐惧的心态下携刀在身，以防不测的。因此，当王某返家时，看见齐某等人又在自家院内窗前，基于前因的惊恐及对室内孩子安危的担心，加之案发当晚夜色浓、风沙大，无法认人，即误认为系不法侵害者，又见二人向其走来，以为要袭击他，疑惧中王某实施的"防卫"行为，完全符合假想防卫的特征，应认定为假想防卫。王某应当预见自己的行为可能发生危害社会的后果，因为疏忽大意而没有预见，以致发生危害结果，成立过失致人死亡罪。

10.（1）王某的行为构成投放危险物质罪而不是正当防卫，因为构成正当防卫要求不法侵害正在发生，行为人只能对正在进行的不法侵害进行防卫，而瓜农王某是在不法侵害发生之前采取了防卫措施，不符合正当防卫成立的时间条件，应属于不法的事前防卫。王某在西瓜中注射农药，危及了公共安全，其行为构成投放危险物质罪。

（2）李某的行为分别触犯了过失致人死亡罪和过失致人重伤罪，但不构成数罪，属于想象竞合犯。因为李某只实施了一个行为，该行为导致了一人重伤两人死亡的结果，属于一行为触犯数罪，构成想象竞合，应从一重罪处断，即按照过失致人死亡罪论处。

（3）赵某的行为不构成犯罪，其行为属于意外事件。赵某对于"家里放着的西瓜"被注入了农药的事实无法预见，从一般人的认知来说，家里放着的食物可以推定是安全的。因此对于该事实，赵某无法预见，赵某的行为应属于意外事件。

11.（1）张某、杨某构成故意杀人罪的共同犯罪。张某、杨某具有共同杀人的故意，共同实施了投毒杀人的行为，构成故意杀人罪的共同犯罪。

（2）钱某在得知张某杀人意图后，不仅未积极提供帮助，反而予以拒绝，后虽然在张某揭发隐私的要挟下提供药物，但提供的是不能置人于死地的硫酸铜，这说明钱某不具有与张某、杨某共同杀人的故意，也未实施杀人行为，不构成犯罪。

（3）杨某投毒杀人的行为已经实施完毕，虽未发生行为人所预期的死亡结果，但这是行为人所采取的手段是投放不能置人于死地的硫酸铜所致，而非行为人所采取的送医院抢救措施所致。杨某尽管主观上彻底放弃了犯罪意图，客观上也做了积极努力，但这种努力并不能有效地避免预期危害结果的发生，即这种努力在主观上是自动的，在客观上却是无效的。杨某在犯罪中止后不复存在犯罪未遂，因此对杨某应以故意杀人罪的未遂论处。

（4）杨某构成故意杀人罪未遂，张某也构成故意杀人罪未遂。对未遂犯可以比照既遂犯从轻或者减轻处罚。

12.（1）张某的行为构成强奸罪和盗伐林木罪。张某在2021年3月盗伐李某承包经营管理的森林，数额巨大，构成盗伐林木罪。张某在2023年3月乘安某熟睡之机奸淫安某，安某惊醒后误以为是其男友，这属于违背安某的意志，利用被害人安某不知反抗和不能反抗的状态，将安某奸淫，张某构成强奸罪。

（2）首先，张某于 2013 年 3 月 1 日因抢劫罪被判处 9 年有期徒刑，刑罚执行 5 年后（2018 年 3 月）被假释，依据刑法规定，有期徒刑假释的考验期为没有执行完毕的刑期，据此，张某假释的考验期为 4 年，自 2018 年 3 月至 2022 年 3 月。2021 年 3 月，张某在假释考验期限内犯盗伐林木罪，依据刑法规定，在假释考验期限内犯新罪，无论是在假释考验期满前被发现，还是在假释考验期满后被发现，只要没有超过追诉时效，都应当撤销假释，把前罪（抢劫罪）没有执行的刑罚（有期徒刑 4 年）和后罪所判处的刑罚（盗伐林木罪所判处的刑罚），依照对新罪的"先减后并"规则，决定执行的刑罚。其次，张某被抓获后，主动交代公安机关还没有掌握的其盗伐林木的犯罪事实，该犯罪事实与公安机关所掌握的强奸罪的犯罪事实属于不同种罪行，张某的行为符合特别自首的条件，构成自首，对张某可以从轻或者减轻处罚。最后，张某在刑罚执行期间犯新罪（盗伐林木罪），被撤销假释执行刑罚，张某所犯强奸罪属于在刑罚执行期间又犯罪，不构成累犯。

13.（1）宋某的缓刑考验期限为 6 个月以上 1 年以下，附加剥夺政治权利的期限为 1 年以上 5 年以下。

（2）宋某构成间谍罪和为境外非法提供国家秘密罪；贾某构成受贿罪和为境外非法提供国家秘密罪。宋某、贾某都已满 16 周岁，具有刑事责任能力。宋某接受外国间谍组织的任务搜集我国情报，搜集的情报系有关政治、经济情况的情报，危害了国家安全，构成间谍罪。宋某指使国家机关工作人员贾某将国家秘密提供给 A 国某外资企业，构成为境外非法提供国家秘密罪的共同犯罪，宋某是教唆犯，贾某是实行犯。对宋某应以间谍罪和为境外非法提供国家秘密罪实行数罪并罚。贾某身为国家工作人员，利用职务便利将国家秘密泄露给境外组织，收受宋某给予的贿赂款 10 万元，构成受贿罪，对贾某应以为境外非法提供国家秘密罪和受贿罪实行数罪并罚。

（3）对宋某应撤销缓刑。宋某在缓刑考验期限内犯新罪，对宋某应撤销缓刑，对新犯的罪作出判决，把前罪和后罪所判处的刑罚，依照数罪并罚的规定，决定执行的刑罚。

（4）宋某不构成特别累犯。构成特别累犯的时间条件是前罪所犯的危害国家安全犯罪、恐怖活动犯罪、黑社会性质的组织犯罪的刑罚执行完毕或者赦免以后的任何时候再犯危害国家安全犯罪、恐怖活动犯罪、黑社会性质的组织犯罪。宋某缓刑考验期内犯间谍罪、为境外非法提供国家秘密罪，但宋某并没有实际执行实刑，而是附条件地不执行刑罚，不具备刑罚执行完毕或者赦免的时间条件，因此不构成特别累犯。

14.（1）何某构成过失致人死亡罪、放火罪。何某在没有确定被害人吕某身份的情况下便怀疑对方系偷车贼，与吕某发生争执，持刀将吕某砍伤，致人死亡，属于对行为性质认识错误。由于其实施砍人行为时没有犯罪故意，因此不构成故意伤害罪。但是，被告人在主观上存在过失，故构成过失致人死亡罪。何某为盗窃而故意点燃家具厂木料，造成了200余万元的经济损失，危害了公共安全，构成放火罪。何某趁旁人救火之际，入户盗窃人民币1万元，数额较大，构成盗窃罪。何某为盗窃财物而放火，盗窃的目的行为触犯了作为手段行为的放火罪，为牵连犯，应择一重罪处罚，即按照放火罪处罚。

（2）何某有自首情节。何某自动投案，如实供述自己的罪行，构成自首，可以从轻或者减轻处罚。

15.（1）王某构成运输、贩卖毒品罪、盗窃罪、放火罪。王某利用驾驶私家车的便利给吸毒人员运输海洛因，构成运输毒品罪；王某以贩养吸，构成贩卖毒品罪；王某故意放火焚烧余某的财产，并危及同住楼的邻居的安全，危及公共安全，构成放火罪。王某在离开雇主余某家之前，以非法占有为目的，秘密地将余某的财产窃走，数额巨大，构成盗窃罪。上述犯罪都具有独立的构成要件，不存在牵连、吸收等关系，因而应当数罪并罚。

（2）王某与陈某构成贩卖毒品罪的共同犯罪，但与廖某不构成共同犯罪。陈某多次帮助王某贩卖毒品，王某、陈某构成贩卖毒品罪的共同犯罪，其中，王某是主犯，陈某是从犯中的帮助犯。廖某帮助王某贩卖毒品，但廖某未满13周岁，未到刑事责任年龄，廖某实际上是被王某当作犯罪工具利用，王某属于间接正犯，因而不构成共同犯罪。

（3）王某利用、教唆未成年人贩卖、运输毒品，应从重处罚。王某认罪态度诚恳，对公安机关指控的其在余某家所为的犯罪事实供认不讳，可以构成坦白，可以从轻处罚。王某供认公安机关还未掌握的其毒品犯罪的事实，构成特别自首，可以从轻或者减轻处罚。王某曾在2018年因制造摇头丸被判处有期徒刑3年，刑罚执行完毕后在5年内再犯应当判处有期徒刑以上刑罚之罪，构成累犯，应当从重处罚。王某因制造毒品罪被判过刑，又犯运输、贩卖毒品罪，构成毒品再犯，从重处罚。王某同时构成累犯和毒品再犯，量刑时不得重复予以从重处罚。

16.（1）甲、乙的行为构成职务侵占罪的共同犯罪，乙单独构成交通肇事罪。首先，甲、乙以非法占有为目的，合谋窃取汽车，二人具有共同的犯罪故意。二人共同实施了犯罪行为，甲的行为方式是作为，乙的行为方式是不作为，二者行为结合完成共同犯罪。另外，有特殊身份的人与不具有特殊身份的人共同实施犯罪，利用了有特殊身份的人的职务便利等条件的，应以特殊身份者所犯罪的性质确定共同犯罪的性质。据此，乙唆使甲利用乙作为A公司车库保管员的职务便利，窃取本单位汽车据为己有，应以特殊身份者乙认定犯罪，甲、乙应当构成职务侵占罪的共同犯罪。其次，乙初学驾车，已经预见到可能撞到他人或车辆，但由于自信技术过硬，能够避免危害结果发生，主观上存在过于自信过失，结果发生交通事故，致使行人丙身受重伤，乙则在肇事后为逃避法律追究而逃跑，乙的行为属于交通肇事后逃逸，构成交通肇事罪。虽然甲指使乙在交通肇事后逃跑，但被害人丙并未因得不到救助而死亡，因此不成立交通肇事罪的共同犯罪，乙单独构成交通肇事罪。

（2）乙的行为具有自首情节。乙在交通肇事后逃逸，但迫于种种压力到交警大队投案，如实供述了利用职务便利与甲共同侵占公司财产的事实，以及交通肇事逃逸的事实成立自首，可以从轻或者减轻处罚。虽然乙隐瞒了甲劝其逃跑的事实，但不影响自首的认定。

17.（1）甲构成爆炸罪和故意杀人罪（未遂）。甲在公共场所引爆炸药，目的是与乙同归于尽，危及了公共安全，构成爆炸罪。甲采用爆炸手段试图炸死乙，构成故意杀人罪，但没有炸死乙，属于犯罪未遂。甲实施了一个行为同时触犯了爆炸罪和故意杀人罪两个罪名，系爆炸罪与故意杀人罪（未遂）的想象竞合，应择一重罪处罚，不实行数罪并罚，故甲构成爆炸罪。

（2）乙的行为不属于正当防卫。成立正当防卫，要求不法侵害正在进行，而甲点燃炸药包后，因爆炸物受潮不能爆炸，危险已经结束，乙对已经结束的不法侵害进行"防卫"，属于事后防卫，不是正当防卫。乙具有伤害甲的故意，实施了伤害甲的行为，造成甲重伤，构成故意伤害罪。

（3）甲的死亡与乙的行为之间不存在因果关系。乙将甲打成重伤，甲的重伤与乙的行为之间存在因果关系。在甲被送往医院的途中，丙交通肇事将甲撞死，甲的死亡结果系丙的肇事行为所致，丙的肇事行为的介入导致因果关系中断，因此甲的死亡与乙的行为之间没有因果关系。

（4）丙存在自首情节。根据司法解释规定，交通肇事后保护现场、抢救伤者，并向公安机关报告的，应当认定为自首。丙在交通肇事后没有逃逸，而将车停在路边，保护现场，抢救伤者，并向公安机关作了报告，符合自首的条件，成立自首。丙在犯罪的时候不满18周岁，应当从轻或者减轻处罚。

18.（1）张某为了赚钱偷走交通标志牌，具有盗窃的直接故意，构成盗窃罪。张某偷走交通标志牌，交通标志牌是交通设施，交通标志牌的缺失容易引发交通事故，危及公共安全。张某主观上对交通事故的发生持间接故意的放任态度，构成破坏交通设施罪。张某仅实施一个行为，同时构成盗窃罪和破坏交通设施罪，是想象竞合犯，按照从一重罪处罚的原则处理，即构成破坏交通设施罪。

（2）张某构成抢劫罪，吴某构成故意伤害罪，二人不构成共同犯罪。张某以非法占有为目的，当场劫取孙某的财物，符合抢劫罪的构成要件，构成抢劫罪。吴某在非法拘禁孙某期间将孙某打成重伤，主观上存在伤害孙某的直接故意，构成故意伤害罪。张某向吴某谎称孙某欠债不还，张某、吴某没有抢劫的共同故意，二人不构成抢劫罪的共同犯罪，吴某未满16周岁，对非法拘禁孙某的行为不负刑事责任，但吴某具有伤害孙某的故意，并实施了伤害行为，构成故意伤害罪（并非转化犯）。

（3）张某归案后，如实供述了司法机关还未掌握的多次盗窃交通标志牌的犯罪事实，其行为符合特别自首的条件，成立自首，可以从轻或者减轻处罚。张某教唆未成年人犯罪，应当从重处罚。公安机关打电话让吴某接受调查讯问，吴某在其父亲陪同下主动投案，如实供述了与张某共同作案的事实，且认罪态度诚恳，并明确表示悔罪，同时积极赔偿孙某及其家属 10 万元，吴某的行为符合一般自首的条件，成立自首，可以从轻或者减轻处罚。吴某按照公安机关的安排，通过发微信将张某约至指定地点，使公安机关顺利将张某抓获，吴某的行为属于协助司法机关抓捕同案犯的行为，符合立功的情形，构成立功，可以从轻或者减轻处罚。

19.（1）王某的行为构成非法拘禁罪、交通肇事罪，且属于交通肇事后逃逸。王某为索取赌债，将李某非法拘禁，限制李某的人身自由，构成非法拘禁罪。王某酒后驾车将行人付某撞伤，其行为符合交通肇事罪的构成要件，构成交通肇事罪，且在肇事后未履行法律规定的驾驶员应尽的义务，不等待交警到达接受处理即弃车离开了现场，王某离开现场后，未及时到公安机关接受处理，特别是在得知被害人死亡后，仍未立即投案，一直到事故发生 24 小时后才到公安机关投案，且投案时未如实供述酒后驾车的事实，主观上害怕承担酒后驾车的责任，因此，王某在交通肇事后弃车离开现场，属于为了逃避法律追究而逃跑的行为，应当认定为"交通肇事后逃逸"。

（2）王某的行为构成自首。王某犯罪后主动到公安机关投案，如实供述交通肇事的犯罪事实，就交通肇事的犯罪事实构成自首，可以从轻或者减轻处罚。

（3）王某的行为没有超过追诉时效。依据刑法规定，法定最高刑为不满 5 年有期徒刑的，经过 5 年不再追诉。追诉时效从犯罪之日起计算；犯罪行为有连续或者继续状态的，从犯罪行为终了之日起计算。据此，王某的行为构成非法拘禁罪，其追诉时效期限为 5 年。但是非法拘禁罪是继续犯，犯罪行为存在继续状态，所以王某的非法拘禁行为追诉时效的起算点是从犯罪行为终了之日即从 2016 年 12 月 10 日起计算，截至 2021 年 12 月 10 日。到 2021 年 11 月 30 日王某犯交通肇事罪时，非法拘禁行为并没有超过追诉期限。依据刑法规定，法定最高刑为 5 年以上不满 10 年有期徒刑的，经过 10 年不再追诉。在追诉期限以内又犯罪的，前罪追诉的期限从犯后罪之日起计算。据此，王某非法拘禁罪的追诉期限从犯交通肇事罪之日起计算，其追诉期限截至 2026 年 11 月 30 日。王某犯交通肇事罪的追诉期限为 10 年，截至 2031 年 11 月 30 日。

20.（1）田某、向某的行为构成破坏生产经营罪和生产、销售不符合安全标准的食品罪，应择一重罪处罚。破坏生产经营罪是指基于泄愤报复或者其他个人目的，毁坏机器设备、残害耕畜或者以其他方法破坏生产经营的行为。本案中，田某、向某出于贪利目的，共谋将农户家牛毒死后售卖牛肉，给当地农业生产带来严重影响，其行为符合破坏生产经营罪的构成要件，构成破坏生产经营罪。被毒死的耕牛的肉属于不符合食品安全标准的食品，足以造成严重食物中毒事故或者其他严重食源性疾病，因此，田某、向某共同毒死耕牛并出售其肉的行为构成销售不符合安全标准的食品罪。田某、向某二人主观上只有收购廉价的死牛并出售牛肉获取暴利一个犯罪目的，因此毒死 30 头耕牛的行为和出售被毒死耕牛的肉的行为之间具有牵连关系，构成牵连犯，应择一重罪处罚。田某、向某二人出售死牛肉并未对人体健康造成严重危害，因此应以重罪即破坏生产经营罪定罪处罚。田某、向某属于共同犯罪，二人都是主犯、实行犯。

（2）陈某的行为属于犯罪既遂。陈某共同参与田某、向某犯罪行为的共谋，与田某、向某构成共同犯罪。因为实行犯田某、向某构成破坏生产经营罪，完成了破坏生产经营罪的所有要件，属于犯罪既遂。根据共同犯罪中"一人既遂，整体既遂"的处理原则，田某、向某成立犯罪既遂，则陈某也是犯罪既遂，而不是犯罪未遂。陈某虽然受妻子劝阻未前往作案地点，但也未阻止破坏生产经营罪的犯罪结果的发生，缺乏成立犯罪中止的客观有效性，因而不是犯罪中止。

21.（1）王某的行为构成破坏交通工具罪。王某已满16周岁，具有刑事责任能力。王某出于泄愤的动机，使用放火的方法将正在使用中的公交车点燃，致使不特定多数人的健康、财产遭受损害，并造成公交车损坏严重，危及了公共安全，符合破坏交通工具罪的构成要件，构成破坏交通工具罪。

（2）王某、伍某的行为构成贩卖、运输毒品罪。王某虽然由于意志以外的原因未能购买、运输毒品，但王某介绍伍某与周某相识，又参与共谋毒品犯罪，其行为与贩卖、运输毒品之间的因果关系并未被有效切断，王某与伍某构成贩卖、运输毒品罪的共犯，且构成贩卖、运输毒品罪的犯罪既遂。在共同犯罪中，伍某出资且系主谋，在王某因意志以外的原因不能去购买毒品后又指使徐某去购买毒品，系主犯，而王某所起的作用则是辅助性的，因而是从犯，依法应当从轻、减轻处罚或者免除处罚。王某于2006年犯破坏交通工具罪被判处有期徒刑12年，刑满释放后于2019年又犯非法持有毒品罪被判处有期徒刑2年，王某在刑罚执行完毕后5年又犯被判处有期徒刑以上刑罚，符合累犯的构成要件，构成累犯，应当从重处罚。王某刑满释放后又于2022年犯贩卖、运输毒品罪，王某系因非法持有毒品罪被判过刑，又犯贩卖、运输毒品罪，构成毒品再犯，应从重处罚；王某刑满释放后5年内又犯被判处有期徒刑以上刑罚，构成累犯，应从重处罚，但在从重处罚上不能重复评价。

22.（1）甲构成非法持有宣扬恐怖主义物品罪，组织、领导恐怖组织罪，故意杀人罪，劫持航空器罪。甲明知载有宣扬恐怖主义的服饰、标志50余件而非法持有，构成非法持有宣扬恐怖主义物品罪。甲刑满释放后组织恐怖活动，宣扬"圣战"，组建暴力恐怖训练基地，训练恐怖分子，制作了组织旗帜，制定了组织纲领和纪律，并策划两次军事演习，构成组织、领导恐怖组织罪。甲组织杀害了当地平民6人，构成故意杀人罪。甲指使乙、丙劫持航空器，构成劫持航空器罪。对甲应以组织、领导恐怖组织罪、故意杀人罪和劫持航空器罪实行数罪并罚。甲因恐怖活动犯罪被判刑，刑罚执行完毕后在任何时候又犯恐怖活动犯罪，构成特别累犯，应当从重处罚。甲是组织、领导恐怖活动的首要分子，对其应按照集团所犯的组织、领导恐怖组织罪、故意杀人罪和劫持航空器罪的全部罪行处罚。

（2）乙、丙的行为构成劫持航空器罪的共同犯罪。乙、丙以事前准备好的火药包相威胁，胁迫飞机飞往S国，并实际控制了该飞机，危及乘客和机组人员的生命安全，且乙、丙具有劫持航空器的故意。乙、丙的行为符合劫持航空器罪的构成要件，构成劫持航空器罪。丙对妇女丁的行为不构成单独的故意杀人罪，属于劫持航空器罪的结果加重犯。乙对妇女戊的行为构成强奸罪，因为强奸行为是在实际控制航空器以后发生的，应单独定罪，与劫持航空器罪实行数罪并罚。乙、丙是犯罪集团的主犯，应当按照其所参与的或者组织、指挥的全部犯罪处罚。

23. （1）本案构成销售侵权复制品罪和制作、复制、出版、贩卖、传播淫秽物品牟利罪，不构成单位犯罪。甲、乙、丙、丁四人销售盗版影像制品，销售数额巨大，构成销售侵权复制品罪。销售的盗版影像制品中，存在低俗、淫秽内容，牟利数额巨大，构成制作、复制、出版、贩卖、传播淫秽物品牟利罪。构成单位犯罪须该单位为合法的单位，个人为进行违法犯罪活动而设立的公司、企业实施犯罪的，或者公司、企业依法设立后，以实施犯罪为主要活动的，不以单位犯罪论处。据此，乙以销售盗版影像制品为目的出资开了一家影像制品店，不能认定为单位犯罪，应当按照自然人犯罪论处。

（2）本案是犯罪集团形态。本案中，甲、乙、丙、丁共同参与了犯罪行为，且均已达到法定刑事责任年龄并具有完全的刑事责任能力。依据我国《刑法》规定，三人以上为共同实施犯罪而组成较为固定的犯罪组织，是犯罪集团，乙是首要分子。甲、乙、丙、丁四人长期纠集在一起从事盗版影像制品的营销活动，首要分子明显，骨干及成员基本固定，社会危害性严重，符合犯罪集团的构成条件，因而甲、乙、丙、丁形成的共犯形态是犯罪集团。

（3）甲是教唆犯；乙是犯罪集团的首要分子，是主犯；丙是胁从犯；丁是从犯。甲游说朋友乙和他一起贩卖这些影像制品，主观上具有教唆他人犯罪的故意，还为乙开办的盗版影像制品店供货，客观上实施了教唆的行为，符合教唆犯的成立条件，是教唆犯。对于教唆犯，应当按照他在共同犯罪中所起的作用处罚。甲在犯罪集团中属于"在共同犯罪中起次要或辅助作用"的犯罪嫌疑人，是从犯，应当依法从轻、减轻处罚或者免于处罚。乙作为老板和犯罪集团的组织者、领导者，在共同犯罪中起主要作用，乙是犯罪集团的首要分子、主犯，对于乙，应当按照犯罪集团所犯的全部罪行处罚。丙、丁明知影像制品是盗版仍然协助销售，并从中非法牟利，但丙良心发现想要退出，却遭到威胁。丙的情况属于"被胁迫参加犯罪"，因此，丙是胁从犯。对于犯罪集团中的胁从犯，应当按照他的犯罪情节减轻处罚或者免除处罚。丁非但没有良心发现，反而为了私人利益帮助销售违法物品，并且出卖了丙。但丁只是"在共同犯罪中起次要或辅助作用"的犯罪嫌疑人，是从犯，应当从轻、减轻处罚或者免除处罚。

24. （1）郑某、田某的行为构成敲诈勒索罪的共同犯罪。郑某、田某已满16周岁，具有刑事责任能力。郑某、田某以非法占有为目的，采取威胁、要挟的方法强行取得刘某的1万元财物，该行为并非通过暴力方法直接夺取财物，而是先行采取的以殴打、威胁的方法收取"保护费"的延伸，而刘某基于恐惧不得不让郑某、田某把1万元拿走，郑某、田某的行为符合敲诈勒索罪的构成特征，因此应以敲诈勒索罪定罪。

（2）刘某的行为构成抢劫罪、故意杀人罪。刘某以索要分手费和精神损失费为名，将周某非法拘禁，采取暴力方法当场劫走周某1万元，其行为符合抢劫罪的构成要件，构成抢劫罪。刘某在交通肇事后为掩盖罪行、毁灭证据、逃避法律追究，在客观上，将被害人李某带离事故现场后遗弃，致使李某因无法得到救助而死亡；在主观上，对李某的死亡持希望或者放任的态度，其行为符合故意杀人罪的构成要件，构成故意杀人罪。刘某被抓获后，如实供述了向周某索要分手费、精神损失费的司法机关尚未掌握的犯罪事实，与刘某交通肇事后故意杀人行为属于不同种罪行，符合特别自首的构成要件，构成自首，可以从轻或者减轻处罚。刘某揭发了郑某、田某将其1万元非法据为己有的事实，构成立功，可以从轻或者减轻处罚。

25.（1）甲、乙的行为构成抢劫罪的共同犯罪，甲构成交通肇事罪。甲、乙与丙之间没有债务关系，在明知被害人丙不欠钱的情况下，以索要债务为借口，实质上是以非法占有他人财物为目的，采用暴力手段强行获取丙的财物，非法拘禁丙的手段行为与非法占有财物的目的行为之间存在牵连关系，构成牵连犯，应从一重罪处断，甲、乙的行为构成抢劫罪的共同犯罪。甲在驾驶途中，与行人丁发生碰撞，致使丁因抢救无效而死亡，其行为符合交通肇事罪的构成要件，构成交通肇事罪，但甲在没有认识到交通肇事发生的情况下驾车驶离现场的行为，不属于交通肇事后逃逸。

（2）甲于2018年3月1日被判处有期徒刑6年，2021年3月1日被假释，有期徒刑假释的考验期限为没有执行完毕的刑期，甲的假释考验期限为2021年3月1日至2024年2月29日。甲于2022年3月1日犯抢劫罪、交通肇事罪，属于在假释考验期内又犯罪，对甲应当撤销假释，依照"先减后并"规则实行数罪并罚。2018年6月1日，乙因赌博罪被判处有期徒刑3年，缓刑4年，乙的缓刑考验期从2018年6月1日起至2022年5月31日。乙于2022年3月1日犯抢劫罪，属于在缓刑考验期内又犯罪，对乙应当撤销缓刑，依据刑法有关数罪并罚的规定决定执行的刑期。

（3）甲、乙如实供述犯罪事实的行为不构成自首。甲的交通肇事行为已经被交警部门发现，并在认为甲有重大嫌疑的情况下才打电话要求其到交警部门接受讯问，显然交警部门已经掌握了甲的罪行，且甲是在被交警部门传讯之后才承认自己的行为，并非主动投案，因此甲的行为不成立自首。乙是被动归案后如实供述自己罪行的，因而也不成立自首。

26.（1）丁某的行为属于意外事件，不构成交通肇事后逃逸。丁某主观上不可能预见桥下坡处躺着一个人，而且客观上也不可能看见李某，事故的发生纯属意外事件，因而丁某的行为不构成交通肇事罪。认定交通肇事后逃逸的前提是构成交通肇事罪，丁某的行为不构成交通肇事罪，因而更无所谓"交通肇事后逃逸"。

（2）李某的死亡是丁某的不救助所致，构成故意杀人罪。在事故发生后，丁某负有保护现场、救助伤者、通知公安机关等义务，但是丁某在有能力救助的情况下将李某丢弃在路边，导致李某因延误救治而死亡，李某的死亡与丁某的不作为之间存在因果关系。丁某明知自己的行为会导致李某死亡，仍放任李某的死亡，系间接故意，符合故意杀人罪的构成要件，应当按照故意杀人罪论处。

27.（1）庄某在进口食用油过程中，采取少报多进、伪报品名、不报直接卸货等手段，走私食用油，偷逃应缴税额巨大，构成走私普通货物罪。为了顺利完成走私活动和防止被查处，庄某送给了海关工作人员吕某500万元，庄某的行为构成行贿罪。在主观上，庄某向海关工作人员行贿，目的就是顺利走私货物并逃避查处，两个独立的犯罪行为具有同一个犯罪目的；在客观上，向海关工作人员行贿的行为和将货物走私入境的行为之间存在手段和目的的牵连关系，因此，应以牵连犯罪论处，择一重罪定罪，不实行数罪并罚。庄某指使温某将走私所得通过跨境转移资产的方式汇往境外，构成洗钱罪（自洗钱）。对庄某应以走私普通货物罪、行贿罪（从一重罪处断）和洗钱罪实行数罪并罚。

（2）陈某明知庄某从事走私活动，仍然提供资金、账号给庄某使用，对陈某应以走私普通货物罪的共犯论处，庄某在共同犯罪中起主要作用，是主犯，陈某仅为庄某的走私活动提供资金、账户，并未参与境外货源组织、入境清关、卸运销售等环节，因此在共同犯罪中起到次要作用或者辅助作用，是从犯，应当从轻、减轻处罚或者免除处罚。

（3）国家工作人员吕某为庄某谋取不正当利益，收受贿赂500万元，其行为符合受贿罪的构成要件，构成受贿罪。

（4）在庄某的指使下，温某通过跨境转移资产的方式协助庄某将走私所得汇往境外，符合洗钱罪的构成要件，构成洗钱罪。温某协助庄某洗钱，并在事后收取庄某给予的财物，构成受贿罪。对温某应以洗钱罪和受贿罪实行数罪并罚。

28.（1）甲被判处无期徒刑，实际执行13年以上才能被假释。甲的假释考验期限为10年，从假释之日起计算。

（2）甲的行为构成假冒注册商标罪、销售伪劣产品罪和销售有毒、有害食品罪的想象竞合，以及强迫交易罪、非法经营罪、非法吸收公众存款罪、集资诈骗罪、抢劫罪和绑架罪。甲在"一滴香"上擅自贴上赵氏调味品的注册商标，属于未经注册商标人许可，在同一种调味品上使用与注册商标相同的商标，构成假冒注册商标罪。甲所售"一滴香"含有有害人体的添加剂这种非食品原料，构成销售伪劣产品罪和销售有毒、有害食品罪的法条竞合，依照处罚较重的规定定罪处罚。甲以暴力手段迫使乙购买调味品，其向乙索要的价款超出正常交易价格的20%，这与合理价钱、费用相差较大，构成强迫交易罪。甲两年内经常性地向不特定的个人和单位发放贷款，非法获利100万元，构成非法经营罪。甲未经有关机关批准，虚构事实吸收公众存款，构成非法吸收公众存款罪。甲以非法占有为目的，非法吸纳资金，非法集资 2 000 万元，构成集资诈骗罪。甲使用暴力当场抢劫丙的财物，构成抢劫罪，然后又以暴力手段控制丙，向丙的家属索要赎金 50 万元，构成绑架罪，对甲应以抢劫罪和绑架罪实行数罪并罚。

（3）甲在假释考验期内犯数个新罪，数罪所判刑罚为有期徒刑和拘役，根据吸收原则，仅执行有期徒刑。对于数个有期徒刑，采取限制加重原则，应当在总和刑期以下（2+9+3+4+8+6+12=44 年），数刑中最高刑（12 年）以上，酌情决定执行的刑期，但总和刑期在 35 年以上的，最高不能超过 25 年。据此，对甲应在 12 年以上 25 年以下决定执行的刑期。甲所犯数罪中所判处的附加刑包括罚金和没收财产，附加刑种类相同的，合并执行，种类不同的，分别执行。对甲所判处的罚金刑应合并执行（0.5 万元 +2 万元 +0.1万元 +1 万元 +2 万元 =5.6 万元）。判处的没收财产中，既有判处没收个人部分财产的，也有判处没收个人全部财产的，采取吸收原则，只执行没收个人全部财产。

（4）撤销假释后，对甲执行无期徒刑，并处罚金 5.6 万元和没收个人全部财产，剥夺政治权利终身。依据刑法规定，被假释的犯罪分子，在假释考验期限内犯新罪，应当撤销假释，依照《刑法》第 71 条的规定实行数罪并罚，由于甲前罪所判处的刑罚为无期徒刑。数刑中最高刑为无期徒刑的，采取吸收原则，执行无期徒刑，因此，撤销假释后，对甲执行无期徒刑。数刑中有附加刑的，附加刑仍需执行。据此，对甲执行无期徒刑，并处罚金5.6 万元和没收个人全部财产，剥夺政治权利终身。

29.（1）秦某的行为构成伪造身份证件罪、妨害信用卡管理罪和信用卡诈骗罪（未遂）的牵连犯，还构成信用卡诈骗罪和盗窃罪。秦某伪造居民身份证的行为构成伪造身份证件罪，秦某使用伪造居民身份证申领信用卡，属于使用虚假的身份证明骗领信用卡的行为，构成妨害信用卡管理罪。伪造身份证件罪与妨害信用卡管理罪形成牵连关系，择一重罪处罚，即对秦某仍以妨害信用卡管理罪论处。秦某使用虚假的身份证明骗领的信用卡，构成信用卡诈骗罪，但因机器故障未能将钱款取出，这属于意志以外的原因导致犯罪未得逞，因而构成信用卡诈骗罪的犯罪未遂。秦某的行为构成妨害信用卡管理罪与信用卡诈骗罪的牵连犯，择一重罪处罚，故应当认定为信用卡诈骗罪（未遂）。秦某利用吴某遗留在 ATM 机中的信用卡取款 1 万元，擅自输入取款数额、发出取款指令，其实质就是冒名顶替使用（即冒用）他人信用卡的诈骗行为，构成信用卡诈骗罪。秦某将吴某的信用卡从ATM 机中取走，吴某遗留在取款机插口内的信用卡，在其离开取款机之后，已置于取款机设置者的占有之下（银行合法占有之下），秦某私下拿走是一种窃取他人占有物的行为，因此，应认定为"盗窃信用卡"。秦某盗窃信用卡后，声称"拾得"信用卡，并指使齐某用"拾得"的信用卡到 ATM 机取款 6 万元，秦某的行为属于盗窃信用卡并使用，构成盗窃罪。

（2）秦某、齐某构成信用卡诈骗罪的共同犯罪。秦某指使齐某用其盗窃的信用卡取款，秦某构成盗窃罪，齐某没有盗窃的故意，但齐某取款 6 万元的行为属于冒用他人信用卡并使用，构成信用卡诈骗罪。秦某、齐某在冒用信用卡行为具有共同的犯罪故意和行为，可以在信用卡诈骗罪犯罪内成立共同犯罪。秦某在共同犯罪中对信用卡被使用以及所有者吴某遭受财产损失具有决定性的作用，因此是主犯，齐某起到次要作用，且分赃相对较少，是从犯。

（3）秦某、齐某被抓获后，如实交代了取走吴某信用卡里现金的犯罪事实，确有悔改表现，构成坦白，因秦某、齐某如实供述自己罪行，积极退赃，避免特别严重后果的发生，可以减轻处罚。秦某因机器故障未能将钱款取出，构成信用卡诈骗罪的犯罪未遂，对此可以比照既遂犯从轻或者减轻处罚。秦某归案后，如实供述司法机关还未掌握的非法申领信用卡并试图取款的犯罪事实（信用卡诈骗罪未遂），因该犯罪事实与齐某共同实施的信用卡诈骗行为的犯罪事实属于同种罪行，因而不成立自首，但可成立坦白，对秦某可以从轻处罚。齐某在共同犯罪中是从犯，对齐某应当从轻、减轻处罚或者免除处罚。

30.（1）甲、乙共谋伪造复制信用卡，这是伪造信用卡的行为，甲、乙成立伪造金融票证罪的共同犯罪。甲、乙合谋用伪造复制的 C 卡去自动取款机取款 8 万元，二人平分赃款，这是甲、乙使用伪造的信用卡的行为，甲、乙构成伪造金融票证罪和信用卡诈骗罪的牵连犯，从一重罪处罚，即以信用卡诈骗罪定罪处罚。甲、乙构成信用卡诈骗罪的共同犯罪，二人都是主犯、实行犯。

（2）甲将 A 卡交给赵某，委托赵某代为取款 3 万元，这是甲将伪造的信用卡交给他人使用的行为，属于使用伪造的信用卡的行为，甲构成信用卡诈骗罪。甲向赵某隐瞒了信用卡系伪造的事实，赵某没有犯罪故意，赵某不构成犯罪，因此甲、赵某不构成信用卡诈骗罪的共同犯罪，甲系信用卡诈骗罪的间接正犯。

（3）甲将 B 卡交给钱某，向钱某声称 B 卡是偷来的，让钱某取款 4 万元，甲通过钱某取款的行为实现了使用伪造信用卡的行为，甲构成信用卡诈骗罪。甲向钱某声称信用卡是盗窃而来，但实际上信用卡不是盗窃的，而是伪造的，但不论是盗窃还是伪造信用卡，钱某都没有盗窃或者伪造的实行行为，只有使用伪造信用卡的实行行为，因此不构成盗窃罪（构成盗窃罪须有"盗窃行为"和"使用行为"的复合才能认定为盗窃罪），而应成立信用卡诈骗罪。甲、钱某成立信用卡诈骗罪的共同犯罪，其中，甲是主犯、教唆犯，钱某是从犯。

（4）C 卡被孙某偷走，孙某偷走伪造的 C 卡并使用的行为不构成盗窃罪（因为盗窃信用卡并使用，若要构成盗窃罪，信用卡须为真实、有效的信用卡），孙某的行为是冒用他人信用卡的行为，应构成信用卡诈骗罪。

（5）李某拾得伪造的信用卡并使用，是冒用他人信用卡的行为，李某构成信用卡诈骗罪。

（6）甲、钱某构成信用卡诈骗罪共同犯罪，钱某是从犯，对于钱某应当从轻、减轻处罚或者免除处罚。甲被抓获后，如实供述全部犯罪事实，积极退还全部赃款，认罪态度良好，避免了特别严重后果的发生，成立坦白，可以减轻处罚。甲帮助司法机关抓捕同案犯乙，甲成立立功，可以从轻或者减轻处罚。李某自动投案，如实供述自己的罪行，成立自首，可以从轻或者减轻处罚。

31.（1）在"境飞"的指挥下，王某、孙某、刘某在国外招揽人员入境的活动，构成组织他人偷越国（边）境罪的共同犯罪。王某、刘某和偷越国（边）境的偷渡人员在入境后往住宿地途中被抓获，王某、刘某在组织他人偷越国（边）境过程中被查获，虽然偷越国（边）境行为已经完成，但是整体的偷越行为并未结束，王某、刘某和偷渡人员仍然处于管控的国（边）境区域内，因此王某、刘某、孙某的行为成立组织他人偷越国（边）境罪的犯罪未遂。王某、刘某、孙某在"境飞"的指挥下，在国外组织供体人员入境出卖活体肾脏的活动，构成组织出卖人体器官罪的共同犯罪。组织出卖人体器官罪是行为犯，只要实施了组织他人出卖人体器官的行为就构成犯罪既遂，而不以损害结果（摘取器官）的发生作为既遂的标准。

（2）王某被动归案，不具有成立自首的自动性，不构成自首。王某在侦查、审查起诉阶段如实供述自己的罪行，但在开庭审理时拒不供认主要犯罪事实，且当庭翻供，不具有悔罪表现，依法不构成坦白。刘某如实交代了自己的犯罪事实，有悔罪表现，可以成立坦白。孙某被公安机关盘查时，公安机关并不了解孙某的真实姓名，如果孙某不交代真实姓名，公安机关无法将孙某与组织偷越行为和组织出卖人体器官行为联系在一起。因此，孙某经教育主动交代真实姓名，并进而主动供述犯罪事实，符合自首的条件，应认定为自首，对孙某可以从轻或者减轻处罚。

32.（1）任某教唆宋甲等人采取暴力手段故意伤害兰某，但被教唆人宋甲、宋乙所实施的行为只造成兰某轻微伤，被教唆人的行为尚未构成故意伤害罪，也就是说，被教唆人没有犯被教唆的罪，因而属于教唆（本身）未遂，对任某可以从轻或者减轻处罚。

（2）何某在知道任某将找人对兰某不利时，仍告诉其兰某的住宿、上班情况，客观上帮助了任某实施犯罪，其行为已构成共同犯罪，但作用较小，系从犯，应当从轻、减轻处罚或者免除处罚。

（3）宋甲、宋乙等人实施的伤害行为仅导致兰某轻微伤，但宋甲、宋乙焚烧宿舍，造成三间宿舍损毁，构成放火罪的共同犯罪。该放火行为超出任某教唆范围，对此放火行为，任某不承担刑事责任，只能由宋甲、宋乙共同承担放火罪的刑事责任。

（4）任某再次怂恿宋甲、宋乙伤害兰某，但因意志以外的原因，宋甲、宋乙没有伤到兰某，宋甲、宋乙的行为属于故意伤害罪预备，任某则属于犯罪未遂。对此，对宋甲、宋乙可以比照既遂犯从轻、减轻处罚或者免除处罚。对任某可以比照既遂犯从轻或者减轻处罚。

33.（1）①乙构成拐卖妇女罪。乙通过拐骗手段，以出卖为目的将妇女小慧置于自己的控制之下，其行为符合拐卖妇女罪的构成要件，构成拐卖妇女罪。②甲构成强奸罪和拐卖妇女罪。甲通过暴力手段，违背妇女小慧意志将其奸淫，其行为符合强奸罪的犯罪构成，构成强奸罪。乙不能成为强奸罪的实行犯，但乙帮助甲强奸妇女，成立强奸罪的共同实行犯，成立拐卖妇女罪的加重情节。甲强奸妇女既遂后，还参与实施拐卖妇女的行为，成立拐卖妇女罪承继的共同犯罪，对甲应以强奸罪和拐卖妇女罪实行数罪并罚。在甲、乙拐卖妇女罪的共同犯罪中，乙在共同犯罪中起主要作用，是主犯，甲在拐卖妇女行为中从中撮合，仅起到次要作用，是从犯。③戊已满16周岁，具有刑事责任能力，甲教唆其表弟戊强奸怀孕妇女，甲、戊构成强奸罪的共同犯罪，甲是教唆犯，戊是实行犯。但因妇女苦苦哀求，加之妇女怀孕，戊自动放弃强奸行为，戊成立强奸罪的犯罪中止，甲属于因意志以外的原因未得逞，成立强奸罪未遂。④丙构成强奸罪和拐卖妇女罪。丙收买被拐卖的妇女，构成收买被拐卖的妇女罪。丙收买被拐卖的妇女小慧后，将小慧强奸，构成强奸罪。丙收买被拐卖的妇女小慧后又出卖，构成拐卖妇女罪，不再定收买被拐卖的妇女罪。对丙应以强奸罪和拐卖妇女罪实行数罪并罚。⑤丁收买被拐卖的妇女，构成收买被拐卖的妇女罪。

（2）①甲在刑罚执行完毕5年内再犯被判处有期徒刑以上刑罚，构成累犯，应当从重处罚。在甲、乙拐卖妇女罪的共同犯罪中，乙是主犯，应当按照其所参与的或者组织、指挥的全部犯罪处罚。甲是从犯，应当从轻、减轻处罚或者免除处罚。②戊犯罪时不满18周岁，应当从轻或者减轻处罚。在甲、戊强奸罪的共同犯罪中，戊属于强奸罪犯罪中止，且没有造成损害，应当免除处罚。甲教唆不满18周岁的人犯罪，应当从重处罚。甲属于强奸罪未遂，可以比照既遂犯从轻或者减轻处罚。③丁到公安机关投案，如实供述自己罪行，成立自首，可以从轻或者减轻处罚。丁将被害妇女小慧放走，可以从轻或者减轻处罚。在丁的协助下，公安机关将甲、乙、丙抓获归案，成立重大立功（乙有拐卖妇女罪的加重情节，可能被判处无期徒刑或死刑），可以减轻或者免除处罚。

34.（1）甲、乙构成强奸罪、故意杀人罪、盗窃罪的共同犯罪，应当数罪并罚。甲违背妇女李某的意志，以暴力手段强行奸淫李某，主观上存在强奸的故意，构成强奸罪。甲在强奸李某后，另起犯意故意杀死李某，构成故意杀人罪，但因意志以外的原因没有得逞（李某被救并脱离生命危险），甲成立故意杀人罪的犯罪未遂。甲以非法占有为目的，趁李某昏迷之际，以秘密窃取的方式故意将李某财物据为己有，构成盗窃罪。甲实施强奸行为过程中，乙以共同犯罪的意思为甲的强奸行为提供帮助，乙是在甲着手实行强奸犯罪之后加入犯罪的，乙是事中共犯（承继共犯），是起辅助作用的帮助犯，乙也应与甲就故意杀人行为、盗窃行为承担故意罪责。但乙将被害人李某救起，使李某脱离生命危险，没有造成死亡结果，属于自动放弃犯罪，且有效地阻止了犯罪结果的发生，成立故意杀人罪的犯罪中止。

（2）甲、乙构成共同犯罪，甲在共同犯罪中起主要作用，应当按照其所参与的或者组织、指挥的全部犯罪处罚，乙起次要作用，是从犯，应当从轻、减轻处罚或者免除处罚。甲就故意杀人罪成立犯罪未遂，可以比照既遂犯从轻或者减轻处罚，乙成立犯罪中止，应当减轻处罚。甲在刑满释放后不久又犯强奸罪、故意杀人罪、盗窃罪，这是在刑罚执行完毕后5年再犯应判有期徒刑以上刑罚之罪，构成累犯，应当从重处罚。乙在假释考验期内又犯强奸罪、盗窃罪、故意杀人罪等新罪，应当撤销假释，依照刑法有关"先减后并"的规定实行数罪并罚。

35.（1）甲构成强奸罪（未遂）和故意杀人罪；丙构成强奸罪（未遂）和包庇罪。甲违背被害人乙的意志，采取了暴力、威胁以外的其他方法（用酒灌醉）使被害人乙失去反抗能力，强行与乙发生性关系，甲已经着手实行强奸行为，只因乙被惊醒后反抗而没有得逞，属于因意志以外的原因未得逞，构成强奸罪未遂。甲强奸未得逞，由于害怕邻居发现，便另起犯意杀人灭口，其行为构成故意杀人罪。甲、丙构成强奸罪（未遂）的共同犯罪，丙虽不能成为强奸罪的实行犯，但属于帮助犯，应以强奸罪共犯论处。丙不构成故意杀人罪，因为丙没有杀人的故意，但丙明知甲实施故意杀人行为之后，又为甲掩盖罪行，帮助甲逃避法律追究，并为此向司法机关提供甲无罪的证明，丙的包庇行为吸收帮助毁灭证据行为，构成包庇罪。

（2）甲和丙构成强奸罪共犯，其中，甲是主犯，丙是从犯，对于丙所犯强奸罪，可以从轻、减轻或者免除处罚。对丙应以强奸罪（未遂）和包庇罪实行数罪并罚。甲所犯强奸罪和故意杀人罪发生在妨害作证罪缓刑的考验期限内，故应撤销缓刑，把妨害作证罪所判处的3年有期徒刑与强奸罪（未遂）、故意杀人罪两罪实行数罪并罚后所判处的刑罚，依据数罪并罚的规定，决定执行的刑期。

36.（1）乙、丙的行为构成非法拘禁罪的共同犯罪。乙、丙为了索债而将丁扣押，非法限制丁的人身自由，乙、丙具有非法拘禁丁的共同故意，符合非法拘禁罪的构成要件，构成非法拘禁罪。

（2）乙、丙的行为构成拐卖妇女罪的共同犯罪。乙、丙以出卖为目的将丁卖给戊，具有共同出卖丁的故意，构成拐卖妇女罪。

（3）乙、丙的行为构成非法拘禁罪、拐卖妇女罪的共同犯罪。乙、丙在非法拘禁丁后，又另起犯意将丁出卖，应当成立数罪，对乙、丙应以非法拘禁罪和拐卖妇女罪实行数罪并罚。

（4）丙在乙外出寻找买主时将丁奸淫，其行为不单独构成强奸罪，而应按照拐卖妇女罪的加重情节处理；丙实施的奸淫行为超出了共同犯罪的故意，应由丙单独承担拐卖妇女罪的加重情节，对乙应以拐卖妇女罪的基础法定刑量刑。

（5）戊的行为构成收买被拐卖的妇女罪、非法拘禁罪、盗窃罪。戊不以出卖为目的，收买被拐卖的妇女丁，构成收买被拐卖的妇女罪。戊将丁反锁在房间里一个月有余，非法剥夺丁的人身自由，构成非法拘禁罪。戊放丁回家，这表明戊没有阻碍丁返回原居住地，对戊可以从轻或者减轻处罚。戊以非法占有为目的，将乙的一辆价值5000元的摩托车骑走，这是以秘密窃取的方式获取他人财产，其行为符合盗窃罪的构成要件，构成盗窃罪。对戊应以收买被拐卖的妇女罪、非法拘禁罪和盗窃罪实行数罪并罚。

37.（1）本案不成立单位犯罪。成立单位犯罪，要求该单位须为合法的单位，而娱乐会所专门从事卖淫犯罪活动，因而不成立单位犯罪，对甲应当按照自然人犯罪处理。

（2）甲、乙的行为构成拐卖妇女罪的共同犯罪；甲的行为构成拐卖妇女罪（共犯）和组织卖淫罪，择一重罪处罚；丙的行为构成强奸罪。甲、乙共谋拐卖妇女，乙以出卖为目的，通过拐骗的手段，将杨某等三名妇女出卖给娱乐会所，甲、乙成立拐卖妇女罪的共同犯罪（注意：假如甲、乙未就拐卖妇女事前通谋，则甲的行为只构成收买被拐卖的妇女罪。）甲故意用金钱收买被拐卖的妇女杨某等三人，甲的行为构成收买被拐卖的妇女罪，甲既有收买行为，又有出卖行为（共犯），对甲只认定构成拐卖妇女罪一罪，不实行数罪并罚。甲指使丙强奸杨某，甲、丙构成强奸罪的共同犯罪，其中，甲是强奸行为的教唆犯，丙是实行犯。甲指使丙强奸杨某的目的是强迫其卖淫，甲的行为成立拐卖妇女罪的加重处罚的情形，不单独评价强奸行为。甲组织杨某等三人在娱乐会所卖淫，构成组织卖淫罪。对甲应以拐卖妇女罪和组织卖淫罪择一重罪处罚。

（3）甲在拐卖妇女罪中起到主要作用，是主犯，应当按照其所参与的或者组织、指挥的全部犯罪处罚。甲教唆不满18周岁的人犯罪，应当从重处罚。甲拐卖妇女过程中奸淫被拐卖的妇女，构成拐卖妇女罪的加重处罚情节。乙多次从事拐卖妇女的犯罪活动，对乙酌情从重处罚。乙被动归案后，对所犯之罪供认不讳，可以成立坦白，可以从轻或者减轻处罚。乙协助公安机关将同案犯甲抓获，构成重大立功（甲拐卖妇女罪可能判处无期徒刑或死刑）。丙犯罪时不满18周岁，应当从轻或者减轻处罚。

38.（1）甲的行为构成抢劫罪。甲以非法占有为目的，持假枪抢劫储蓄所，符合抢劫罪的构成要件，因甲已满14周岁，对抢劫行为应当负刑事责任，甲的行为构成抢劫罪。但甲并没有将财物劫取到手，法定的实害结果并没有发生，抢劫没有得逞，属于抢劫罪（未遂）。

（2）甲、乙的行为构成绑架罪的共同犯罪。甲、乙以勒索财物为目的将丙的儿子扣为人质，并向丙勒索赎金，甲、乙的行为符合绑架罪的构成要件，成立绑架罪，绑架罪以实际控制人质作为既遂的标准，未勒索到赎金不影响绑架罪既遂的认定。乙、丙发生性关系后，根本不存在补偿的问题，"补偿费"并非丙所欠债务，因而不成立非法拘禁罪。

（3）甲的行为构成抢劫罪的犯罪未遂，对甲可以比照既遂犯从轻或者减轻处罚。甲犯抢劫罪时未满18周岁，应当从轻或者减轻处罚。甲抢劫金融机构，属于抢劫罪的加重处罚情节，对甲应以加重的抢劫罪论处。甲在缓刑考察期内犯绑架罪，对甲应当撤销缓刑，依据刑法的规定实行数罪并罚并决定执行的刑期，罚金刑仍需执行。

39.（1）方某与魏某共谋盗窃，从职工家属楼里窃得人民币1000余元，属于入户盗窃，二人构成盗窃罪的共同犯罪。魏某再次携带匕首盗窃，属于携带凶器盗窃，被发现后，魏某为抗拒抓捕而使用暴力致使被害人陶某死亡，其入室盗窃和携带凶器盗窃的盗窃行为转化为抢劫罪，因暴力行为发生在户内，因此属于转化型的入户抢劫。在实施第二次盗窃前，方某为魏某提供凶器匕首，其意图在于一旦盗窃被发现时使用匕首拒捕或劫取财物，表明其已考虑到在盗窃时可能被发现，需使用暴力或暴力威胁的方法抗拒抓捕，主观上至少对持匕首实施暴力导致他人伤亡存在放任心态，因此，方某主观上存在转化型抢劫的间接故意，魏某具有转化型抢劫的直接故意。二人具有共同故意的认识和共同的抢劫行为，魏某实施的抢劫行为没有超出方某主观故意的范畴，不属于实行过限，方某、魏某构成抢劫罪的共同犯罪。对方某和魏某，都应以盗窃罪和抢劫罪实行数罪并罚。

（2）魏某是主犯，应当按照其所参与的或者组织、指挥的全部犯罪处罚。方某为魏某抢劫提供帮助（匕首），是从犯，应当从轻、减轻处罚或者免除处罚（适合从轻处罚）。方某自动投案，如实供述自己罪行，构成自首。方某协助公安机关抓捕同案犯，构成立功，可以从轻或者减轻处罚。

40.（1）李某的行为构成非法拘禁罪、绑架罪的想象竞合和过失致人死亡罪。李某为索取10万元债务而将王某的妻子陈某绑架，构成非法拘禁罪。李某索要50万元"债务"，其数额明显超出认定非法拘禁罪的10万元数额。因此，对于超出非法拘禁罪数额的40万元，应当认定为勒索赎金的数额，构成绑架罪。李某的行为构成非法拘禁罪和绑架罪的想象竞合，应当从一重罪处罚，即李某的行为构成绑架罪。李某将被害人陈某送回其所在单位过程中，因李某的推搡导致陈某死亡，李某对陈某的死亡没有伤害的故意，也没有杀人的故意，但李某在扣押陈某期间，陈某的丈夫王某曾告诉李某，陈某有高血压和心脏病，不要难为陈某，李某答应王某的请求，因此对损害结果的发生有预见义务，但由于疏忽大意而没有预见，在陈某存在特殊体质情形下推了陈某一把，导致陈某死亡，其主观上为疏忽大意过失，李某的行为与陈某的死亡之间存在因果关系，李某构成过失致人死亡罪。对李某应以非法拘禁罪、绑架罪（想象竞合）和过失致人死亡罪实行数罪并罚。

（2）李某在缓刑考验期内又犯新罪，对李某应当撤销缓刑，将尚未执行刑期（2年）与新罪判处的刑期（15年）依照刑法规定的数罪并罚规则并罚，即在15年以上17年以下决定执行的刑期，此刑期即李某应当继续执行的刑罚。前罪缓刑判决前的2个月羁押期间和新罪判决之前的3个月的羁押期间，共计5个月的羁押期间，应当折抵刑期。罚金1万元、没收财产10万元继续分别执行。

41.（1）甲为索债，教唆乙、丙将丁非法关押，甲、乙成立非法拘禁罪的共同犯罪，甲、乙都是主犯，甲是教唆犯，乙是实行犯。丙未满16周岁，对非法拘禁行为不负刑事责任。乙以非法占有为目的，将丁随身携带的手机和钱款强行据为己有，乙构成抢劫罪。丙在非法拘禁丁的过程中，打了丁两个耳光，导致丁因耳膜穿孔诱发心脏病而死亡，丙的行为与丁的死亡结果之间有直接的因果关系，丙构成故意杀人罪。乙的抢劫行为和丙的故意杀人行为超出了甲教唆非法拘禁行为的故意，属于实行过限，甲对乙的抢劫行为、对丙的故意杀人行为不负刑事责任。

注意：本案不属于非法拘禁行为本身包含的危险现实化致人损害的情况，不符合非法拘禁致人死亡结果加重犯的客观构成，且甲对丁的死亡结果也很难预见，故甲的行为仅成立非法拘禁罪，而不能认定为甲构成非法拘禁罪的结果加重犯；同理，乙的行为仅成立抢劫罪，而不属于抢劫致人死亡。

（2）甲教唆不满18周岁的丙犯罪，对甲应从重处罚。丙在犯罪的时候不满18周岁，应当从轻或者减轻处罚。甲自动投案，如实供述了自己的罪行，成立自首，对甲可以从轻或者减轻处罚。甲协助司法机关将同案犯乙、丙抓获归案，构成立功，对甲可以从轻或者减轻处罚。乙被采取强制措施后，如实供述了司法机关尚未掌握的容留他人吸毒的犯罪事实，构成特别自首，对乙应当从轻或者减轻处罚。

42. （1）张某强奸王某，李某提供帮助，二人形成了共同的强奸故意，共同构成强奸罪，其中，张某是主犯，李某是从犯，对于李某，应当从轻、减轻处罚或者免除处罚。张某在构成强奸罪后，又另起杀死王某的犯意，但因认识错误，王某并没有死，这属于张某意志以外的原因未得逞，构成故意杀人罪（未遂）。张某误以为王某死亡，将王某投入河中，使王某溺亡，王某溺亡的结果与张某的"抛尸"行为之间存在因果关系，张某构成故意杀人罪（既遂）。李某并未参与张某的故意杀人行为，也没有杀人的故意，不构成故意杀人罪。但李某明知张某故意实施杀人行为后，又为张某掩盖罪行，伙同张某将王某"尸体"投入河中，企图掩盖罪证，并在案发后向司法机关出具了张某不在案发现场的假证明，符合包庇罪的构成特征，构成包庇罪。

（2）张某在假释考验期内犯新罪，且被判处死刑，应当撤销假释，依照刑法"先减后并"的规则实行数罪并罚，由于前、后所判处的刑罚中有死刑，应采取吸收原则，只执行死刑，并应当剥夺政治权利终身。

43. （1）甲、乙共谋盗窃，具有共同盗窃的故意，且在共同故意支配下实施盗窃行为，构成盗窃罪的共同犯罪。甲在盗窃过程中另起犯意将丙强奸，甲构成强奸罪（未遂），甲的强奸行为超出了甲、乙共同盗窃故意的范围，为实行过限行为，对甲的强奸行为，由甲单独承担刑事责任，乙不负刑事责任。甲担心罪行败露，欲杀人灭口，甲构成故意杀人罪（未遂），对甲的故意杀人行为，由甲单独承担刑事责任，乙不负刑事责任。乙为抗拒抓捕当场对丁使用暴力，其行为转化为抢劫，对乙应以转化型抢劫罪定罪处罚，但乙的转化型抢劫行为已超出甲、乙共谋盗窃故意的范围，甲对转化型抢劫行为不负刑事责任。乙归案后，故意捏造甲实施绑架行为，并向司法机关告发，意图使甲受到刑事追究，乙的行为符合诬告陷害罪的构成要件，乙构成诬告陷害罪。

（2）甲强奸丙，但由于意志以外的原因未得逞，甲构成强奸罪未遂，甲杀害丙，但由于意志以外的原因未得逞，甲构成故意杀人罪未遂，对甲可以比照既遂犯从轻或者减轻处罚。甲、乙构成盗窃罪共同犯罪，甲是主犯、实行犯，乙是从犯、帮助犯，对乙应当从轻、减轻处罚或者免除处罚。乙归案后，主动交代了自己与甲的共同犯罪事实，属于坦白，对乙可以从轻处罚。乙归案后交代自己1年前抢劫的犯罪事实，该犯罪事实与司法机关掌握的盗窃罪属于不同种罪行，成立自首，对乙可以从轻或者减轻处罚。

44.（1）魏某、甲、乙构成盗窃罪的共同犯罪，甲、乙构成抢劫罪的共同犯罪，甲还构成故意杀人罪。魏某教唆甲、乙到丙家行窃，魏某、甲、乙构成盗窃罪的共同犯罪，但在魏某教唆甲、乙行窃之前，被教唆者甲、乙已有盗窃的意思，故魏某的行为构成教唆（本身）未遂。甲、乙深夜潜入丙家行窃，属于"入户盗窃"，对甲、乙应以盗窃罪的共犯论处。二人行窃时尚未偷到财物即被发现，临时由盗窃的犯意转化为抢劫的犯意，并实施了抢劫1万元的行为，甲、乙的行为构成抢劫罪共犯。甲抢劫后突生杀人故意并杀死丙，乙对此始料未及，乙无杀人的共同故意也无杀人的行为，甲单独构成故意杀人罪，乙对甲的故意杀人行为不负刑事责任。对甲按照抢劫罪和故意杀人罪实行数罪并罚，对乙以抢劫罪定罪处罚。魏某教唆甲、乙到丙家行窃，但也仅表示"吓一吓"丙，并没有抢劫和杀人的故意，因此，魏某对抢劫和杀人行为都不负刑事责任。对甲按照抢劫罪和故意杀人罪实行数罪并罚，对乙以抢劫罪定罪处罚。

（2）魏某的行为构成教唆（本身）未遂，对魏某可以从轻或者减轻处罚，但魏某教唆不满18周岁的人犯罪，应当从重处罚。甲、乙构成抢劫罪的共犯，甲是主犯，对甲应当按照其所参与的或者组织、指挥的全部犯罪处罚，但甲未满18周岁，对甲应当从轻或者减轻处罚；乙是从犯，对乙应当从轻、减轻处罚或者免除处罚。乙自动投案，如实供述自己和甲的罪行，乙成立自首，对乙可以从轻或减轻处罚。乙检举甲的故意杀人行为，有立功表现，对乙可以从轻或者减轻处罚。

45.（1）甲与乙的行为构成盗窃罪的共同犯罪，乙还构成掩饰、隐瞒犯罪所得罪。甲以盗窃的故意，破解单位网银密码，转走单位公款两次共计18万元，符合盗窃罪的犯罪构成，甲的行为构成盗窃罪。甲将单位账户内8万元资金转至乙的卡内，乙帮助甲存款并将钱取出交给甲，乙在甲第一次盗窃时，没有与甲形成盗窃的共同故意，属于事后帮助转移赃款的行为，不与甲构成共同犯罪。但乙明知银行卡上的8万元款项是甲盗窃所得仍为其提现，该行为构成掩饰、隐瞒犯罪所得罪。甲第二次将10万元资金转到乙的卡内，乙与甲对该次盗窃形成了事前通谋，乙帮助其提现，乙就该次盗窃的10万元，与甲构成盗窃罪的共同犯罪。

（2）甲向公安机关交代自己盗窃的事实，是主动投案并如实供述自己罪行的行为，符合自首的成立条件，应当认定为自首；甲在盗窃案中起主要作用，是主犯，乙在本案中起次要作用，是从犯，对乙应当从轻、减轻处罚或者免除处罚。

46.（1）申某、高某的行为构成盗窃罪的共同犯罪。申某、高某以非法占有某银行分行的现金为目的，秘密窃取资金50万元，二者的行为符合盗窃罪的构成要件，构成盗窃罪的共同犯罪。其中，高某在盗窃行为中起主要作用，是盗窃罪的主犯、实行犯，对高某应当按照其所参与的盗窃罪处罚。高某盗窃行为是申某教唆的结果，申某是盗窃罪的教唆犯，对申某应当按照他在共同犯罪中所起的作用处罚。申某虽然为业务部出纳，也掌管另一把保险柜钥匙，其利用职务便利为高某实施盗窃的实行行为提供和创造条件，但申某仅利用职务便利还不足以与高某共同侵吞巨额公款，因此申某在盗窃罪的共同犯罪仅起到辅助作用，是帮助犯、从犯，对申某应当从轻、减轻或者免除处罚（注意：答案依据条文规定即可，不必具体到适用"从轻""减轻""免除"，结合案情，本案当然不能免除处罚。此外，有的观点认为，申某构成贪污罪的间接正犯和盗窃罪的教唆犯及帮助犯，是想象竞合犯，从一重罪处罚，但《考试分析》不认同这种观点）。

（2）付某的行为构成窝藏罪。付某帮助犯罪嫌疑人高某、申某联系隐藏处所会面，并帮助申某逃跑，付某的行为符合窝藏罪的构成要件，构成窝藏罪。

（3）申某在外逃期间，因为逃避缴纳停车费用被行政拘留，在行政拘留期间，主动交代公安机关尚未掌握的罪行，相当于自动投案，应视为自首，对申某可以从轻或者减轻处罚。破案后，高某如实交代自己的罪行，积极退赃，认罪态度较好，有悔罪表现，高某的行为构成坦白，可以从轻处罚。

47. 甲、乙的行为构成敲诈勒索罪、非法拘禁罪的共同犯罪。甲、乙以非法占有为目的，伙同他人故意采取暴力及威胁的手段对丙、丁等人强行索要钱财5万元，甲、乙的行为构成敲诈勒索罪。甲、乙在敲诈勒索过程中，自动放弃犯罪，共同成立敲诈勒索罪的犯罪中止，由于在敲诈勒索过程中导致丙、丁轻微伤，有损害结果发生，因此依法应当对甲、乙减轻处罚。甲、乙为索取医药费3 000元而将丙、丁非法拘禁，并具有殴打情节，甲、乙的行为构成非法拘禁罪的共同犯罪，最终从丙的银行卡中取走3 500元，因该数额与索取的债务数额3 000元相差不大，应当认定构成非法拘禁罪（注意：不是绑架罪）。在敲诈勒索罪和非法拘禁罪中，甲起主要作用，是主犯，应当按照其所参与的全部犯罪处罚；乙起次要作用，是从犯，应当依法对其从轻、减轻或者免除处罚。甲、乙犯罪后主动投案，如实供述了自己的罪行，成立自首，可以从轻或者减轻处罚。

48.（1）甲的行为构成敲诈勒索罪、放火罪。甲以非法占有为目的，通过乙、丙采取威胁的方法，强行索取财物，数额巨大，其行为构成敲诈勒索罪。甲在马某家盗窃现金，为毁灭罪证而实施了危害公共安全的放火行为，其行为构成放火罪，但其盗窃行为发生在未满16周岁时，甲对盗窃行为不负刑事责任。乙在甲的指使下实施的敲诈勒索行为，是在其未满16周岁时实施的，因而乙对敲诈勒索行为不负刑事责任，甲是敲诈勒索罪的间接正犯。丙在甲的指使下实施的敲诈勒索行为，是在其已满16周岁时实施的，因此应当对其敲诈勒索行为负刑事责任。

（2）甲、丙的行为构成共同犯罪，但甲、乙不构成共同犯罪。甲伙同丙，以非法占有为目的，向甲的父亲实施敲诈勒索（甲并未被绑架），甲、丙构成敲诈勒索罪的共同犯罪。乙帮助甲打电话，但并不知道甲让自己打电话的真实目的，因此没有敲诈勒索的犯罪故意，且乙当时未满16周岁，不构成犯罪。

（3）在敲诈勒索的共同犯罪中，甲起着策划、组织的作用，是主犯，对甲应当按照其所参与的或者组织、指挥的全部犯罪处罚；丙起次要作用，是从犯，对丙应当从轻、减轻处罚或者免除处罚。甲在敲诈勒索和放火时都不满18周岁，对甲应当从轻或者减轻处罚；丙在实施敲诈勒索时不满18周岁，应当从轻或者减轻处罚。甲教唆不满18周岁的丙犯罪，对甲应当从重处罚。甲被采取强制措施期间，如实供述司法机关还未掌握的本人其他罪行（放火罪），构成自首，对甲可以从轻或者减轻处罚。丙在被拘留期间检举揭发韩某的抢劫行为，带侦查人员将韩某抓获归案，并经查证属实，具有立功情节，对其可以从轻或减轻处罚。

49.（1）甲指使乙入户盗窃，乙入户盗窃时被户主孙某发现，乙对孙某实施暴力，将孙某打成轻伤，取得财物。乙的盗窃行为转化为抢劫罪。甲在乙入户并携带凶器盗窃前，对乙说"万一被发现，就来硬的"，表明甲对乙的转化型抢劫行为有认识，并且对乙的抢劫行为持放任态度，因此，甲、乙构成抢劫罪的共同犯罪，甲是教唆犯，乙是实行犯。

（2）第一，甲、乙的行为不构成转化型抢劫罪。构成转化型抢劫罪须行为人当场使用暴力或者以暴力相威胁，即窝藏赃物、抗拒抓捕或者毁灭罪证行为须发生在现场。甲、乙已经离开盗窃现场，且公安机关不是在盗窃现场发现甲、乙而进行抓捕的，不具有当场性，甲、乙不具备转化抢劫的时间条件，故甲、乙"逃避盘查抓捕"的行为不能认定为盗窃转化为抢劫。第二，构成抢夺罪要求行为人主观上具有非法占有目的。甲、乙因害怕被公安人员抓获，而在逃跑途中，趁村民不备顺手牵羊地将自行车夺下，在二人驾驶的三轮车都弃之不顾的情况下，不可能临时起意顿生劫财之念，甲、乙对自行车不具有非法占有目的，只是予以暂时支配使用，甲、乙不成立抢夺罪，因而也不能成立转化型抢劫罪。第三，构成牵连犯的前提是行为成立数罪，一罪不能成立牵连犯。甲、乙夺取摩托车的目的是抗拒抓捕，并非以非法占有为目的，不构成抢劫罪，更谈不上目的行为和手段行为的牵连。因此，甲、乙的行为不成立牵连犯。

（3）甲、乙的行为构成袭警罪。甲、乙二人盗窃财物后，因形迹可疑被民警发觉，不但拒不接受民警的盘查，反而使用暴力将民警打成轻伤，夺取多辆摩托车，二人的行为构成袭警罪和故意伤害罪（轻伤）的想象竞合，即构成袭警罪。

（4）甲于2020年犯抢劫罪，这是甲在假释考验期内犯新罪，不构成累犯，对此应撤销假释，将前罪（拐卖儿童罪）没有执行完毕的刑罚和后罪（抢劫罪）所判处的刑罚，依据"先减后并"的规则实行数罪并罚。甲于2023年犯盗窃罪和袭警罪，这是甲在假释考验期满后犯新罪，构成累犯，应当从重处罚。

50.（1）甲、乙构成抢劫罪和故意杀人罪的共同犯罪，甲成立故意杀人罪（未遂），乙成立故意杀人罪中止。甲、乙以非法占有为目的，以暴力方法劫财，构成抢劫罪的共同犯罪。甲、乙劫财后为了杀人灭口而故意杀害丙，构成故意杀人罪的共同犯罪。甲、乙都是实行犯，但甲是主犯，乙是从犯。甲、乙在共同实施杀人的过程中，甲因为意志以外原因未得逞，成立故意杀人罪的犯罪未遂；乙自动放弃犯罪，并且有效地阻止了犯罪结果（丙的死亡结果）的发生，具备客观有效性，成立故意杀人罪的犯罪中止。

（2）甲是主犯，对甲应当按照其所参与的全部犯罪处罚；乙是从犯，对乙应当从轻、减轻处罚或者免除处罚。甲因成立故意杀人罪的犯罪未遂，对甲可以比照既遂犯从轻或者减轻处罚；乙因成立故意杀人罪的犯罪中止，对乙应当减轻处罚。乙于2015年4月因故意伤害罪被判处有期徒刑3年，2018年4月刑满释放后5年内又犯被判处有期徒刑以上刑罚之罪，构成累犯，对其应当从重处罚。乙自动投案，如实供述自己罪行，成立自首，对乙可以从轻或者减轻处罚。

51.（1）甲的行为构成非法拘禁罪。甲为索取4万元工程款伙同乙、丙、丁将张三扣押，非法限制张三的人身自由，符合非法拘禁罪的构成要件，构成非法拘禁罪。在非法拘禁罪中，甲起主要作用，是主犯、教唆犯，对甲应当按照其所参与的全部犯罪处罚。

（2）乙的行为构成绑架罪、抢劫罪，应择一重罪处罚。乙伙同丙给张三家人打电话索要20万元现款，其数额明显超出甲非法拘禁张三时索要工程欠款的数额，乙的行为构成绑架罪；乙同时还逼迫张三当场写下一张20万元的欠条，乙的行为符合抢劫罪的构成要件，构成抢劫罪。乙的行为系绑架罪和抢劫罪的想象竞合，对乙应以绑架罪和抢劫罪择一重罪处罚。在绑架罪和抢劫罪中，乙起主要作用，是主犯，对乙应当按照其所参与的或者组织、指挥的全部犯罪处罚。

（3）丙伙同乙绑架张三，丙的行为构成绑架罪，但丙在绑架罪中起次要作用，属于从犯，对丙应当从轻、减轻处罚或者免除处罚。

（4）丁构成非法拘禁罪。对于乙、丙实施的绑架和抢劫行为，丁并未参与绑架罪的实行，也没有绑架罪的故意，曾给张三20元钱让张三逃跑，对丁只能以非法拘禁罪定罪处罚。案发后，丁揭发他人犯罪行为，并提供侦破走私案件的重要线索，应当认定为有立功表现，对丁可以从轻或者减轻处罚。

52. （1）甲见路边一辆面包车没有上锁，即将车开走前往A市，是以非法占有为目的，采用秘密窃取的方式窃取他人财物的行为，构成盗窃罪。对乙的手提包，甲原本打算实施抢夺行为，但在乙抓住车门不放时，甲加速行驶的行为已经属于暴力行为，因而应直接认定为抢劫罪，而且属于抢劫罪的结果加重犯。甲将上小学的一名一年级男学生拐骗，使该男学生脱离家庭，构成拐骗儿童罪。甲以非法占有为目的，通过欺骗手段将商店老板的香烟骗走，符合诈骗罪的犯罪构成，甲的行为构成诈骗罪。

（2）丙、丁对甲的行为构成刑讯逼供罪。丙、丁作为司法工作人员，为了逼取口供而对犯罪嫌疑人甲进行殴打致其轻伤，符合刑讯逼供罪的构成要件，构成刑讯逼供罪。

（3）甲在讯问过程中交代在B市所犯罪行的行为构成特别自首。甲被采取强制措施后如实交代司法机关尚未掌握的本人其他罪行，构成特别自首，对甲供述的拐骗儿童和诈骗的事实，可以从轻或者减轻处罚。

53. （1）钟某在假释考验期限内将犯罪分子陈某藏于家中，帮助其逃匿，符合窝藏罪的构成特征，构成窝藏罪。钟某以出卖为目的，将马某拐卖给人贩子陈某，钟某构成拐卖妇女罪。钟某教唆宋某强奸马某，钟某、宋某在强奸罪的范围内成立共同犯罪，钟某是教唆犯，宋某是实行犯，但钟某教唆强奸马某的事实被其拐卖妇女的事实包容，钟某最终构成拐卖妇女罪，强奸行为不再独立评价。钟某分文不带到会馆消费，主观上具有非法占有的目的，客观上隐瞒真相，诈骗会馆消费，属于"白吃白住"的骗财行为，数额较大，构成诈骗罪。钟某在警察盘问时，采取暴力方式袭击人民警察，造成两名警察轻伤，构成袭警罪和故意伤害罪的想象竞合犯，应择一重罪处罚。

（2）钟某在假释考验期限内犯新罪（窝藏罪、拐卖妇女罪），应撤销假释，依照刑法规定的"先减后并"规则对钟某实行数罪并罚。假释考验期满后，钟某在5年内又犯袭警罪和故意伤害罪（想象竞合），构成累犯，应当从重处罚。钟某被采取强制措施后，如实供述司法机关还未掌握的窝藏犯罪分子的事实，构成特别自首，可以从轻或者减轻处罚。

54. （1）王某的行为构成盗窃罪；李某构成掩饰、隐瞒犯罪所得罪、故意伤害罪和诈骗罪。王某以非法占有为目的，暗自将藏于抽油烟机中的金饰取走，使金饰的物主刘某脱离了对金饰的占有，其行为符合盗窃罪的构成要件，构成盗窃罪。李某明知王某擅自取得金饰却仍然进行转移、窝藏，这有碍对案件真相的发现，李某的行为符合掩饰、隐瞒犯罪所得罪的构成要件，构成掩饰、隐瞒犯罪所得罪。李某将刘某打成重伤，具有伤害他人的故意，构成故意伤害罪。李某明知金饰价值1万元，却向郭某谎称价值5万元，致使郭某信以为真，交付了5万元，从而使其遭受了4万元的财产损失，符合诈骗罪的犯罪构成，李某的行为构成诈骗罪。

（2）王某的行为构成不作为的故意杀人罪，主观罪过心态为间接故意。根据《民法典》规定，夫妻之间有相互帮助和扶养的义务。该规定的内容涵盖夫妻间有相互救助的义务，王某对其妻的自杀行为负有救助义务，但王某明知自己的行为（不救助自己的妻子）会发生危害结果，并且放任这种危害结果发生，其主观罪过心态为间接故意。

55.（1）甲以非法占有为目的，通过暗中将自己的二维码替换商场收款二维码，使顾客误认为该二维码是商场收款二维码，将自己的财物支付（处分）到甲的账户，甲因此得到顾客的财物，数额较大，甲的行为符合诈骗罪的构成要件，因而构成诈骗罪。甲、乙二人入室行窃，甲、乙的行为构成盗窃罪（入户盗窃）的共同犯罪。甲、乙在室内将丁打伤，甲、乙的行为由入户盗窃转化为入户抢劫，构成抢劫罪。甲对丁实施奸淫，甲构成强奸罪，但甲的强奸行为超出甲、乙二人共谋的范围，乙没有强奸的故意和行为，因此乙对甲的强奸行为不负刑事责任。甲以非法占有为目的，诈骗他人数额巨大，甲的行为构成诈骗罪。对甲应以诈骗罪、抢劫罪和强奸罪实行数罪并罚；对乙应以抢劫罪定罪处罚。

（2）甲于2008年3月1日犯抢夺罪，数额巨大，法定最高刑为10年有期徒刑，则甲所犯抢夺罪的追诉期限为15年，截至2023年3月1日。2012年5月1日甲犯盗窃罪，法定最高刑为10年有期徒刑，追诉期限为15年，截至2027年5月1日。甲在抢夺罪的追诉期限内于2012年5月1日又犯盗窃罪，抢夺罪的追诉时效应从犯盗窃罪之日起计算。2018年2月1日，甲又犯诈骗罪，追诉期限为15年，截至2033年2月1日。甲在盗窃罪的追诉期限内又犯诈骗罪，盗窃罪的追诉时效从犯诈骗罪之日起计算。2018年4月1日，甲、乙构成加重的抢劫罪，法定最高刑为死刑，追诉时效为20年，截至2038年4月1日。甲在诈骗罪的追诉期限内又犯抢劫罪，则诈骗罪的追诉时效从犯抢劫罪之日起计算。

（3）甲的假释考验期限为没有执行完毕的刑期，甲于2017年5月1日被假释，没有执行完毕的刑期为3年有期徒刑，则假释考验期限为3年，自假释之日起计算，截至2020年5月1日。甲于2018年又犯诈骗罪、抢劫罪和强奸罪，这是在假释考验期内又犯罪（新罪），因刑罚没有执行完毕，不构成累犯。

（4）甲于2008年3月1日犯抢夺罪，该罪是甲在假释考验期内发现的，属于漏罪，对此应当撤销假释，依照刑法规定的"先并后减"规则对甲实行数罪并罚。甲于2018年又犯诈骗罪、抢劫罪和强奸罪，这是甲在假释考验期内又犯罪，对此应当撤销假释，依照刑法规定的"先减后并"规则对甲实行数罪并罚。甲在假释考验期内既有漏罪，又犯新罪，应当在撤销假释后，根据刑法规定的"先并后减"的方法进行并罚；再将新罪的刑罚与前一并罚后的刑罚还没有执行的刑期，根据刑法规定的"先减后并"的方法进行并罚。甲归案后，主动交代了曾经在2008年3月1日抢夺他人数额巨大财物的犯罪事实，该抢夺罪属于判决宣告前漏罪，对于该漏罪，司法机关尚未掌握，且该漏罪没有超过追诉期限，甲的行为构成特别自首，对甲可以从轻或者减轻处罚。

56.（1）2022年9月6日至9日，甲、乙以非法占有为目的，经事先预谋并准备工具，制造条件，预备采用暴力手段劫取他人财物，但由于意志以外的原因而未能着手进入抢劫罪的实行阶段，其行为均已构成抢劫罪的犯罪预备。对甲、乙可以比照既遂犯从轻、减轻处罚或者免除处罚。9月12日晚，甲、乙、丙抢劫丁（女），但没有收获，这属于意志以外的原因抢劫未得逞，甲、乙、丙构成抢劫罪的犯罪未遂。对甲、乙、丙可以比照既遂犯从轻或者减轻处罚。在丁苦苦哀求下，甲、乙自动放弃强奸行为，甲、乙成立强奸罪的犯罪中止。对甲、乙应当免除处罚，丙没有参与强奸，丙不负刑事责任。

（2）甲、乙以出卖为目的将丁拐卖，甲、乙的行为构成拐卖妇女罪的共同犯罪。甲、乙已经着手实行拐卖妇女并控制了被害妇女丁，拐卖妇女的行为既遂，至于出卖目的是否实现，乙在犯罪后撤出，这并不影响拐卖妇女罪既遂的认定。甲、丁以非法占有为目的，二人合谋，将丁"卖给"戊为妻，丁得款后溜之大吉，甲与丁的行为构成诈骗罪的共同犯罪。丁在戊熟睡之际将2万元偷走，丁的行为构成盗窃罪。

57.（1）陈某以虚假的身份证明骗领信用卡，构成妨害信用卡管理罪。陈某使用以虚假的身份证明骗领的信用卡，金额达到3万余元，数额较大，构成信用卡诈骗罪。妨害信用卡管理罪和信用卡诈骗罪之间存在手段行为与目的行为的牵连关系，从一重罪论处，应当认定为信用卡诈骗罪。陈某长时间勒住被害人李某的脖子，导致李某死亡，陈某的行为构成故意杀人罪。陈某在杀死被害人后，另起犯意将财物窃走，符合盗窃罪的构成要件，构成盗窃罪。陈某对赵某实施威胁，以"绑架"李某为名，意图索取财物未果，构成敲诈勒索罪（未遂）。

（2）陈某在走投无路的情况下投案，且如实供述故意杀人和敲诈勒索的犯罪事实，成立自首。陈某提供的线索虽然属实，但线索是其通过查办犯罪等职务行为获取的，对于如实交代以前查办犯罪活动中掌握的线索的行为，不能认定为立功。

58.（1）李某以非法占有为目的，将其租用代为保管的他人车辆变卖，侵犯了公民的财产所有权，且数额较大，符合侵占罪的构成要件，构成侵占罪。电脑店店主虽然暂时离开，但电脑仍处于店主占有之下，李某以秘密窃取的方式将店中几台电脑搬走，符合盗窃罪的构成要件，构成盗窃罪。

（2）李某在缓刑考验期内犯新罪（侵占罪、盗窃罪），应当撤销缓刑，对新犯的罪作出判决，然后以盗窃罪和所犯新罪（侵占罪和盗窃罪）依照刑法规定的数罪并罚规则实行数罪并罚。李某接到公安机关传票，通知其在指定的时间自行到指定的地点接受讯问，不具有强制性，且不属于刑事诉讼强制措施，李某接到传唤后，未选择逃离而是归案，可以认定为自动投案，成立自首。

59.（1）卢某的行为构成职务侵占罪，其罪数形态为连续犯。卢某通过应聘成为服装公司的驾驶员，其以非法占有为目的，利用担任驾驶员的职务便利，将公司的小轿车据为己有，数额较大，符合职务侵占罪的构成要件，构成职务侵占罪。之后，卢某又连续通过应聘成为3家公司驾驶员，利用职务便利连续将3家公司的小轿车据为己有，符合连续犯的特征，其罪数形态为连续犯。

（2）卢某、赵某的行为构成职务侵占罪的共同犯罪。根据司法解释相关规定，行为人与公司、企业或者其他单位的人员勾结，利用公司、企业或者其他单位人员的职务便利，共同将单位财物非法占为己有，数额较大的，以职务侵占罪的共犯论处。卢某是一般主体，赵某是公司的工作人员，卢某、赵某以非法占有为目的，利用赵某职务上的便利，将公司财物平分，二人的行为符合职务侵占罪的构成要件，构成职务侵占罪的共犯。

（3）赵某、林某的行为构成贪污罪共犯。首先，若单独考虑二人定罪，赵某作为公司的工作人员，其利用职务便利将公司财物占为己有，构成职务侵占罪；林某系国有公司委派到非国有单位从事公务的人员，属于国家工作人员，其利用职务便利将公司财物据为己有，构成贪污罪。其次，根据司法解释的相关规定，公司、企业或者其他单位中，不具有国家工作人员身份的人与国家工作人员勾结，分别利用各自的职务便利，共同将本单位财物非法占为己有的，按照主犯的犯罪性质定罪。本案无法分清谁是主犯、谁是从犯。但是在一般社会观念上，国家工作人员的身份高于非国家工作人员的身份。根据《刑法》规定，与国家工作人员勾结，伙同贪污的，以共犯论处。据此，赵某、林某的行为构成贪污罪共犯。

（4）根据刑法规定，缓刑的考验期限为原判刑期以上 5 年以下，但是不能少于 1 年。据此，卢某的缓刑考验期限为 3 年以上 5 年以下，法院应当在该期限内宣告缓刑。卢某在缓刑考验期限内犯新罪（职务侵占罪），应当撤销缓刑，把前罪所判处的刑罚与后罪决定执行的刑罚，依照刑法规定的数罪并罚规则，决定执行的刑罚。

60.（1）甲构成故意杀人罪和盗窃罪。甲仅因讨债之事与乙撕扯扭打，意外造成乙休克，这是甲不能预见的，甲在主观上既无故意也无过失，属于意外事件，甲对乙休克的结果不承担刑事责任。但乙倒地休克的结果是甲的先行行为引起的，甲的先行行为使乙的生命权利处于危险状态，其负有救助的作为义务。不履行救助作为义务，导致乙死亡的，属于不作为的间接故意杀人，甲的行为成立故意杀人罪。而且甲在乙死亡后，趁机到乙家中翻走现金 2 万元，甲主观上具有故意并非法占有目的，行为方式为秘密窃取，符合盗窃罪的构成要件，甲的行为构成盗窃罪。对甲应以故意杀人罪和盗窃罪实行数罪并罚。

（2）甲于 2015 年因故意伤害罪被判处有期徒刑 3 年，2018 年刑满释放，2021 年甲犯故意杀人罪和盗窃罪，在刑罚执行完毕 5 年内又犯应判处有期徒刑以上刑罚之罪，符合累犯的构成条件，构成累犯，对甲应当从重处罚。甲在被采取刑事强制措施期间提供司法机关尚未掌握的从事贩毒的丙的联络方式、藏匿地址等信息，构成立功，对甲可以从轻或者减轻处罚。

61.（1）甲以非法占有为目的，从公安部门窃取财物，其行为符合盗窃罪的构成要件，构成盗窃罪。甲让乙出卖海洛因的行为与乙构成贩卖毒品罪的共同犯罪，其中，甲是教唆犯，乙是实行犯。甲让乙冒充警察以治安检查为由收取罚款，二人的行为符合招摇撞骗罪的构成要件，构成招摇撞骗罪的共同犯罪，其中，甲为教唆犯，乙为实行犯，二人都是主犯。

（2）甲教唆乙"教训"丙，教唆的内容包容伤害，不能包容杀害。乙在甲的教唆下对被害人丙连刺3刀，其中，左胸部、左大腿的两处创伤均为致命伤，足以证明乙对丙的死亡持放任心态，乙构成故意杀人罪。甲、乙在故意伤害的范围内成立共同犯罪，甲是故意伤害的教唆犯、乙是实行犯，二人都是主犯。虽然甲对丙的死亡结果没有故意，但具有过失，其事实上虽未预见到丙死亡的结果，但教唆他人对丙实施伤害，一般公众都能预见到伤害可能致死。甲对死亡结果虽未预见，但有预见义务，具有过失，甲的行为可认定为故意伤害罪（致人死亡）。总之，甲构成故意伤害罪（致人死亡），乙构成故意杀人罪。

（3）甲于2018年4月犯非法持有毒品罪被判处有期徒刑3年，当时甲未满18周岁，刑罚执行完毕5年内再犯被判处有期徒刑以上刑罚（其中贩卖毒品罪应当判处有期徒刑以上刑罚），但因犯前罪时不满18周岁，不符合累犯的成立条件，不构成累犯，但成立毒品再犯，应当从重处罚。甲、乙冒充人民警察招摇撞骗，应当从重处罚。乙被公安机关抓获，如实交代了公安机关指控的犯罪事实，可以成立坦白，可以从轻处罚。乙如实交代了公安机关尚未掌握的贩卖海洛因和收取罚款的犯罪事实，符合特别自首的成立条件，构成自首，可以从轻或者减轻处罚，其辩解不影响自首的认定。

62.（1）李某超速、超载、事故后逃逸、造成一人重伤，符合交通肇事罪的特征，构成交通肇事罪，且李某将季某撞成重伤后，为逃避法律追究而逃跑，构成交通肇事后逃逸。李某在交通肇事后继续高速驾车，又把路边骑车带小孩的妇女撞成重伤，撞死小孩，同时还撞伤两位老人，说明李某对持续发生的危害结果持放任态度，具有危害公共安全的主观故意，应以以危险方法危害公共安全罪论处。李某未直接冲向机动车的路障与交警，表明其行为并没有直接针对公共安全；而且其紧打方向盘强行从北侧非机动车道穿越、最终撞向在路边执行堵截任务的交警毛某，表明其行为针对的是具体、明确的个人，毛某死亡对于李某而言属于间接故意，构成故意杀人罪。对李某应以交通肇事罪、以危险方法危害公共安全罪和故意杀人罪，实行数罪并罚。

（2）李某符合减刑的条件，应当减刑。李某在刑罚执行期间，认真遵守监规，接受教育改造，确有悔改表现，且有阻止他人重大犯罪活动的重大立功表现，应当减刑。根据刑法规定，减刑后实际执行的刑期，被判处无期徒刑的，不能少于13年。据此，李某减刑后，实际执行的最低刑期为13年。

63.（1）甲、乙、丙、丁的行为构成抢劫罪的共同犯罪。甲、乙、丙、丁以非法占有为目的，使用暴力强行劫取他人财物，构成抢劫罪的共同犯罪，其中，甲、乙、丙共谋抢劫，甲、乙是主犯、实行犯，对甲、乙应当按照其所参与的全部犯罪处罚；丙虽未实行具体行为，但参与共谋，属于共同实行犯，但毕竟没有参与实际行动，应当认定为起次要作用的从犯，对丙应当从轻、减轻或者免除处罚；丁并未参与抢劫罪的实行行为，但是丁为甲、乙抢劫提供了实质性的帮助，其仅在抢劫罪的共同犯罪中起到辅助作用，因而是从犯、帮助犯，对丁应当从轻、减轻或者免除处罚。本案中，商店晚上打烊后作为卧室使用，属于"户"，甲、乙、丙、丁的行为属于入户抢劫，应当适用抢劫罪的加重处罚情节。甲、乙入户抢劫，但因意志以外的原因没有得逞，甲、乙成立抢劫罪的犯罪未遂，丙、丁也成立抢劫罪的犯罪未遂，对甲、乙、丙、丁可以比照既遂犯从轻或者减轻处罚。

（2）店主无持枪许可证而非法私藏猎枪，构成非法持有枪支罪。甲、乙持匕首入户抢劫，属于暴力性犯罪，店主遭到这种人身安全受到严重威胁的暴力犯罪，开枪射击导致甲死亡、乙重伤，不属于防卫过当，而是行使无限防卫权的行为，应当认定为正当防卫，不负刑事责任。乙重伤昏迷后，对店主已不构成人身危险，但店主仍然将乙刺死，因正当防卫的时间条件不复存在，其行为在性质上属于事后防卫，店主具有明显杀害他人的故意，其行为符合故意杀人罪的犯罪构成，构成故意杀人罪。

64.（1）吴某、邵某以非法占有为目的，当场劫取李某的财物，其行为符合抢劫罪的构成要件，构成抢劫罪的共同犯罪，二人都是主犯、共同实行犯。吴某、邵某向荣某、胡某谎称李某欠债5万元，荣某、胡某没有抢劫的故意，不构成抢劫罪。荣某、胡某在吴某、邵某的指使下，将李某非法拘禁，其行为符合非法拘禁罪的构成要件，但胡某未满16周岁，对非法拘禁行为不负刑事责任，只有荣某单独构成非法拘禁罪。胡某因未满16周岁，被吴某、邵某当成犯罪工具加以利用，针对胡某的行为而言，吴某、邵某是间接正犯。依据部分犯罪共同说，吴某、邵某与荣某在非法拘禁的范围内成立共同犯罪，其中，吴某、邵某是教唆犯，荣某是实行犯。荣某在取钱之际，李某被胡某打死，因胡某已满14周岁，对其杀人行为具有刑事责任能力，胡某的行为构成故意杀人罪（注意：不是非法拘禁转化为故意杀人罪）。胡某的故意杀人行为超出了吴某、邵某抢劫罪故意的范围（实行过限），也超出了荣某非法拘禁罪的故意范围（实行过限），因此，吴某、邵某、荣某对胡某的故意杀人行为不负刑事责任，但是吴某、邵某对李某死亡存在过失，因此吴某、邵某的行为属于抢劫致人死亡。荣某的行为属于非法拘禁致人死亡。

（2）荣某主动到公安机关投案，如实供述自己的罪行，符合自首的成立条件，构成自首，对荣某可以从轻或者减轻处罚，在荣某协助下，将胡某抓获，其行为符合立功的条件，成立立功，对荣某可以从轻或者减轻处罚。吴某在其母亲的陪同下（陪首），向公安机关投案，如实供述了犯罪事实，吴某的行为符合自首的条件，成立自首。邵某在其酒醉之际被强行捆绑归案，缺乏成立自首的自动性，因而不成立自首。吴某、邵某教唆不满18周岁的人犯罪，应当从重处罚。荣某、胡某犯罪时不满18周岁，应当从轻或者减轻处罚。吴某、邵某的行为属于抢劫致人死亡，应当按照加重的抢劫罪适用刑罚。

（3）荣某犯罪时不满18周岁，且犯罪以后自动投案自首，如实供述自己的罪行，被判处有期徒刑3年，若符合缓刑的条件，应当宣告缓刑。

65.（1）余某的行为构成销售伪劣产品罪、非法经营罪和销售假冒注册商标的商品罪。余某为了牟利，伙同胡某销售假冒伪劣卷烟，销售金额为2万余元，尚未销售的货值金额为500万元，远远超过15万元的数额要求，余某的行为构成销售伪劣产品罪（未遂）。余某的犯罪行为属于未经许可经营香烟，构成非法经营罪，将销售的假烟冒充中华、红双喜等香烟出售，构成销售假冒注册商标的商品罪，应择一重罪处罚。

（2）余某的行为构成生产、销售伪劣产品罪和假冒注册商标罪。余某利用回收的包装灌装低档酒冒充高档酒对外销售，属于"以次充好"行为，构成生产、销售伪劣产品罪。余某购买回收的空酒瓶，包装盒上均含有相应品牌白酒注册商标的图样，且独立于白酒本身，因此属于注册商标标识。余某在同一种商品上使用与他人注册商标相同的商标，并未获得权利人的许可。回收的包装"与被假冒的注册商标完全相同"，因此余某构成假冒注册商标罪。余某的行为构成生产、销售伪劣产品罪与假冒注册商标罪，应择一重罪处罚。

（3）余某的行为构成销售伪劣产品罪（未遂），可对余某比照既遂犯从轻或者减轻处罚。余某在被采取刑事强制措施期间主动交代生产、销售假酒的事实，因与司法机关掌握的生产、销售香烟属于同种罪行，属于坦白，对此可以从轻处罚；余某在被采取刑事强制措施期间主动交代司法机关还未掌握的假冒注册商标罪的罪行，构成特别自首，对此可以从轻或者减轻处罚。余某还交代同案犯胡某生产、销售有毒、有害食品的事实，从而使该案得以迅速侦破，余某的行为属于立功，对此可以从轻或者减轻处罚。

66.（1）甲为了故意杀人和劫持航空器而准备工具、制造条件，构成故意杀人罪和劫持航空器罪，因为意志以外的原因未能着手实行犯罪，因此所犯故意杀人罪和劫持航空器罪都属于犯罪预备。甲在该犯罪预备的过程中起主要作用，是共同预备犯罪的主犯，对甲应以故意杀人罪（预备）和劫持航空器（预备）实行数罪并罚，但可以比照既遂犯从轻、减轻处罚或者免除处罚。

（2）乙与甲共同进行了故意杀人罪和劫持航空器罪的准备活动，也构成故意杀人罪和劫持航空器罪。鉴于乙在犯罪准备过程中，自动放弃了犯罪预备活动，并且自动有效地阻止了犯罪的着手实行，成立（预备阶段的）犯罪中止，且其犯罪中止没有造成损害结果，对乙所犯故意杀人罪和劫持航空器罪，应当免除处罚。此外，乙属于从犯，应当从轻、减轻或者免除处罚。乙还具有自首情节，对乙可以从轻或者减轻处罚。如果协助抓获同案犯甲，乙还构成立功，对乙也可以从轻或者减轻处罚。

67.（1）首先，陈某构成紧急避险。陈某因揭发他人的违法行为，被两名加害人报复砍伤，在逃跑过程中迫不得已为了使本人的人身权利免遭正在发生的危险，夺取了丁某的摩托车。陈某的行为虽然损害了丁某的合法权益，但保全了较大的合法利益，而且该损害并没有超过必要限度给丁某造成不应有的损害，符合紧急避险的条件，构成紧急避险。其次，陈某构成盗窃罪。陈某擅自将摩托车尾部的工具箱撬开，将工具箱内1万元和定期存单据为己有，这是以秘密窃取的方式将他人财产据为己有的行为，符合盗窃罪的构成特征，构成盗窃罪。再次，陈某使用伪造的身份证将定期存单2万元取出，其伪造身份证应为实施诈骗行为的手段，属于牵连犯，应从一重罪处罚，即对陈某按照诈骗罪定罪处罚。再次，陈某构成故意毁坏财物罪。陈某故意将丁某的摩托车推下山崖，毁坏了丁某的财物，构成故意毁坏财物罪。最后，陈某构成信用卡诈骗罪。陈某拾得李某的一张信用卡并在ATM机上支取1万元现金，属于冒用他人信用卡的行为，构成信用卡诈骗罪。对陈某应以盗窃罪、诈骗罪、故意毁坏财物罪和信用卡诈骗罪实行数罪并罚。

（2）陈某犯抢夺罪入狱，刑罚执行完毕后在5年内又犯被判处有期徒刑以上刑罚之罪，构成累犯，应当从重处罚。陈某被抓获归案后，主动交代了司法机关尚未掌握的信用卡诈骗罪的事实，符合特别自首的成立条件，构成自首，对陈某可以从轻或者减轻处罚。

68.（1）赵某、张某构成贪污罪的共同犯罪。贪污罪的犯罪主体是国家工作人员。赵某、张某属于基层群众性自治组织中经手、管理财物的人员，不是国家工作人员。但是，根据规定，作为基层群众性自治组织人员协助人民政府从事土地征用补偿费用的管理的，以国家工作人员论。因此，赵某、张某在协助人民政府从事土地征用补偿费用管理时虚构补偿项目和多报土地面积，套取200万元补偿款并据为己有的行为，符合贪污罪的构成要件，构成贪污罪的共同犯罪。在共同犯罪中，赵某起主要作用，系主犯；张某起辅助作用，系从犯，对张某应当从轻、减轻处罚或者免除处罚。

（2）赵某为谋取在违规流转土地方面的不正当利益，向国家工作人员朱某行贿，数额巨大，其行为构成行贿罪。行为人已经将财物实际给予国家工作人员的，构成既遂。本案中，赵某已经将150万元实际交给了朱某，构成行贿罪的犯罪既遂。朱某作为国家工作人员为赵某谋取利益，收受赵某给付的150万元，构成受贿罪。受贿罪在受贿人实际取得行贿人给付的财物、实际受领财产性利益时，即成立犯罪既遂。本案中，朱某已经实际取得赵某给付的150万元，构成受贿罪的犯罪既遂。吴某为谋取不正当利益，向国家工作人员朱某行贿，其行为已构成行贿罪，吴某已经将房产过户到朱某名下，已构成行贿罪既遂。朱某通过吴某将房产转移至自己实际控制的公司名下，受贿罪已经既遂。

（3）朱某对其妻金某收受的金条成立受贿罪。根据相关司法解释规定，特定关系人索取、收受他人财物，国家工作人员知道后未退还或者上交的，应当认定为国家工作人员具有受贿故意，因此，朱某的行为构成受贿罪。若朱某对金某收受金条的行为不知情，金某作为朱某的近亲属，利用朱某职权和地位形成的便利条件，通过其丈夫朱某职务上的行为，为请托人刘某谋取不正当利益（承接土石方工程），收受请托人刘某金条，其行为符合利用影响力受贿罪的构成要件，构成利用影响力受贿罪。若朱某对金某收受金条一事并不知情，则朱某因欠缺犯罪故意而不成立受贿罪。

69.（1）甲违背妇女乙的意志，以暴力手段强奸乙，其行为符合强奸罪的构成特征，构成强奸罪。但在乙说自己"有性病"之后，甲停止了强奸行为，属于自动放弃犯罪，符合犯罪中止的特征，构成强奸罪的犯罪中止，因强奸行为未造成损害结果，对甲应当免除处罚。甲放弃强奸行为后，使用暴力当场将乙的钱包抢走，构成抢劫罪，且在抢劫过程中将乙打成重伤，构成加重的抢劫罪。在抢劫过程中，甲教唆未成年人丙帮助抢劫，属于间接正犯，对甲应当从重处罚。

（2）丙不满12周岁，是无刑事责任能力人，对抢劫行为和故意伤害行为都不负刑事责任。丙积极协助甲的抢劫行为，虽不予刑事处罚，但可责令其父母或者其他监护人加以管教；在必要的时候，依法进行专门矫治教育。

（3）丁在甲抢劫过程中加入抢劫，属于抢劫罪的事中共犯（事前无通谋的共同犯罪），且为抢劫罪的共同实行犯，丁的行为构成抢劫罪，与甲构成抢劫罪的共同犯罪。但丁是在甲将乙打成重伤后加入抢劫的，因此对抢劫罪致人重伤的后果不承担刑事责任，丁的行为只构成一般的抢劫罪。甲、丁抢劫后，又另起犯意共谋绑架，甲、丁已将乙实际控制，并逼迫乙向其父亲打电话索要赎金，构成绑架罪的共同犯罪。

（4）丁将乙送往医院，不影响其抢劫罪和绑架罪既遂的成立（既遂之后不复成立犯罪未遂或中止），但属于有悔罪表现，在量刑时应予考虑。

70.（1）郭某构成职务侵占罪、故意伤害罪和抢夺罪。郭某身为快递公司快递装卸工，利用职务上的便利，非法占有本单位的财物，数额较大，其行为符合职务侵占罪的构成要件，构成职务侵占罪。郭某持刀故意伤害郑某，致郑某轻伤，其行为符合故意伤害罪的构成要件，构成故意伤害罪。郭某伤害郑某后，因郑某逃跑，伤害行为中断，郭某追了一段路后折返现场，临时起意将摩托车开走，其行为符合抢夺罪的犯罪构成，构成抢夺罪。

（2）郭某被采取刑事强制措施期间，如实供述了司法机关还未掌握的入户盗窃数额较大财物的犯罪事实，其行为符合特别自首的成立条件，构成自首。郭某如实供述的入户盗窃的犯罪事实，是在缓刑考验期内发现的判决宣告以前的漏罪，应当撤销缓刑，对漏罪作出判决，把前罪所判处的刑罚和漏罪所判处的刑罚，依照数罪并罚的规定决定执行的刑期。郭某在缓刑考验期限内又犯故意伤害罪和抢夺罪，对郭某应撤销缓刑，对新犯的罪作出判决，将新犯的罪与前一并罚后的刑罚，依照刑法的规定实行数罪并罚，决定执行的刑期。

71.（1）王某在长达5年时间内形成了较稳定的犯罪组织，有明确的组织者、领导者和骨干成员，人数较多，有组织地通过违法犯罪手段获取经济利益，具有一定的经济实力；以暴力、威胁等手段多次进行违法犯罪活动，为非作恶，欺压残害群众，其行为符合组织、领导黑社会性质组织罪的构成特征，构成组织、领导黑社会性质组织罪。王某在组织、领导黑社会性质组织过程中，指示手下杀死张某，其行为符合故意杀人罪的构成要件，构成故意杀人罪。王某通过强买强卖手段将徐某的矿产经营权买下，后又强行转卖杨某，其行为符合强迫交易罪的构成要件，构成强迫交易罪。王某纠集一批刑满释放人员开设地下赌场，构成开设赌场罪。王某多次组织参赌人员到澳门赌博，大肆非法敛财，构成组织参与国（境）外赌博罪。对王某应以组织、领导黑社会性质组织罪、故意杀人罪、强迫交易罪、开设赌场罪和组织参与国（境）外赌博罪实行数罪并罚。

（2）根据刑法规定，危害国家安全犯罪、恐怖活动犯罪、黑社会性质的组织犯罪的犯罪分子，在刑罚执行完毕或者赦免以后，在任何时候再犯上述任一类罪的，都以累犯论处。据此，王某因犯参加恐怖组织罪被判处剥夺政治权利3年，刑罚执行完毕后又犯黑社会性质的组织犯罪，构成特别累犯，应当从重处罚。王某是组织、领导黑社会性质组织罪的首要分子，对王某应当按照集团所犯的全部罪行处罚。

72.（1）张三在服刑期间从监狱中逃走，脱离了羁押和监管，其行为符合脱逃罪的犯罪构成，构成脱逃罪。郭四明知张三是犯罪之人，仍为张三提供隐藏处所，其行为符合窝藏罪的构成要件，构成窝藏罪。张三、郭四共同实施盗窃行为，构成盗窃罪的共同犯罪，二人为抗拒抓捕而对值班员使用暴力，其盗窃行为转化为抢劫行为，构成抢劫罪的共同犯罪，二人都是主犯、实行犯。王五明知香烟、电脑和手机是张三和郭四偷窃而来，仍然为其掩饰、隐瞒，其行为符合掩饰、隐瞒犯罪所得罪的构成要件，构成掩饰、隐瞒犯罪所得罪。张三、郭四趁大风将房门反锁之际，临时起意不顾马某反对将财物拿走，二人利用马某自陷困境之际夺取财物，其行为符合抢夺罪的构成要件，构成抢夺罪的共同犯罪，二人都是主犯、实行犯。

（2）郭四在被公安机关传唤过程中如实供述与同案犯共同犯罪的事实，其行为符合自首的成立条件，构成自首。根据相关司法解释规定，提供司法机关尚未掌握的其他案件犯罪嫌疑人的联络方式、藏匿地址，协助抓捕同案犯的，可构成立功。据此，郭四向公安机关提供本市重大贩毒案的犯罪嫌疑人陈某的联络方式、藏匿地址等重大信息，使陈某被抓获归案的行为构成立功。另外，根据相关司法解释规定，提供犯罪前、犯罪中掌握、使用的同案犯联络方式、藏匿地址，司法机关据此抓捕同案犯的，不构成立功。据此，郭四提供了公安机关还未掌握的张三的联络方式、藏匿地址，并协助公安机关将张三抓获，因张三是同案犯，张三的藏匿地址、联络方式也是犯罪中掌握、使用的，因此不构成立功。

（3）张三在刑罚执行期间犯新罪，应当依据刑法规定的"先减后并"规则实行数罪并罚，即张三前罪（伪造货币罪）被判处有期徒刑5年，已经实际执行的刑罚为有期徒刑3年，首先应从前罪判决决定执行的刑罚中减去已经执行的有期徒刑3年，然后将前罪未执行的刑罚（有期徒刑2年）与后罪所判处的刑罚（有期徒刑12年），按照限制加重原则决定执行的刑罚，即总和刑期以下（14年）数刑中最高刑期以上（12年），即在12年以上14年以下决定执行的刑期。

73.（1）本案存在单位犯罪。但A公司依法成立，具有独立人格，作为公司唯一股东和法定代表人的王某，为了公司的利益实施犯罪行为，其行为完全可以评价为公司意志的体现，故属于单位犯罪。

（2）A公司以非法占有为目的，利用虚假的房产证作为抵押担保，骗取B公司借款，B公司陷入错误认识而履行借款合同，其行为属于以虚假的产权证明作担保的合同诈骗行为，构成合同诈骗罪。A公司以非法占有为目的，冒用他人名义，利用虚假的贷款证明文件签订借款合同，为A公司的利益而骗取银行贷款，属于贷款诈骗行为。但是，单位不能成为贷款诈骗罪的犯罪主体。根据立法解释规定，对于单位实施的贷款诈骗行为，只能对单位中具体组织、策划、实施该贷款诈骗行为的自然人以贷款诈骗罪追究刑事责任。王某具体组织、策划、实施贷款诈骗行为，对王某应以贷款诈骗罪追究刑事责任。依据刑法规定，纳税人缴纳税款后，采取前款规定的欺骗方法，骗取所缴纳的税款的，构成逃税罪；骗取税款超过所缴纳的税款部分，构成骗取出口退税罪。A公司向税务机关缴纳了80万元税款，之后又虚报200万元，骗取出口退税款160万元，在这160万元退税款中，80万元属于逃税款，构成逃税罪；剩余80万元为骗取出口退税款，构成骗取出口退税罪。对A公司应以逃税罪和骗取出口退税罪实行数罪并罚（注意：实质为想象竞合犯，但刑法明确规定为数罪）。构成单位犯罪的，对单位判处罚金，对王某按照自然人犯罪处罚。

（3）王某曾因犯贷款诈骗罪、逃税罪、骗取出口退税罪被判处无期徒刑，刑罚执行期间又发现还有合同诈骗罪没有判决（漏罪），应对王某所犯合同诈骗罪（漏罪）作出判决，将漏罪所判处的刑罚与前罪原判刑罚（无期徒刑），依据"先并后减"的规则实行数罪并罚，先并后减的结果仍为无期徒刑（注意：这可能有些不公平，可以在以后得以减刑时考虑这一因素）。

74.（1）贾某先后组织20多人从事卖淫活动，其行为符合组织卖淫罪的构成要件，构成组织卖淫罪。贾某以出卖为目的，将吕某卖给谭某，但因吕某存在生理缺陷，贾某对此并不知情，仍将其视为妇女出卖，属于事实认识错误中的对象错误，构成对象不能犯未遂，由于拐卖行为仍然具有社会危害性，对贾某应以拐卖妇女罪未遂论处。对贾某应以组织卖淫罪和拐卖妇女罪（未遂）实行数罪并罚。因拐卖妇女罪属于犯罪未遂，对贾某可以比照既遂犯从轻或者减轻处罚。贾某刑罚执行完毕后5年内又犯判处有期徒刑以上刑罚之罪，构成累犯，应当从重处罚。案发后，贾某拒不认罪并毁灭罪证，可酌情从重处罚。

（2）李某明知贾某组织他人进行卖淫活动，仍然积极参与，并为卖淫活动管钱管物，把门望风，其行为符合协助组织卖淫罪的构成要件，构成协助组织卖淫罪。李某逼迫周某卖淫，其行为符合强迫卖淫罪的构成要件，构成强迫卖淫罪。李某为迫使周某卖淫，违背周某意志，将周某奸淫，李某的行为符合强奸罪的构成要件，构成强奸罪。对李某应以协助组织卖淫罪、强迫卖淫罪和强奸罪实行数罪并罚。案发后，李某如实交代犯罪事实，且认罪态度较好，可以成立坦白，可以从轻处罚。

75.（1）季某作为国家工作人员，利用职务之便，擅自将银行资金60万元挪用给A

公司使用，季某的行为符合挪用公款罪的犯罪构成，构成挪用公款罪。季某向辛某声称60万元款是其向朋友借的，因此辛某没有挪用的故意，也未实施教唆、策划、帮助、参与挪用的行为，因而不构成挪用公款罪的共同犯罪。季某收受辛某的贿赂款4万元（含索贿1万元），为辛某谋取不正当利益，其行为符合受贿罪的构成要件，构成受贿罪。辛某为谋取不正当利益，给予国家工作人员季某现金3万元，构成行贿罪。

（2）季某利用职务之便，为他人谋取利益，擅自将本单位50万元资金转至辛某供开发房地产使用的账户上，用于营利活动，其行为符合挪用公款罪的构成要件，构成挪用公款罪。季某挪用公款是为了获取商品房，这属于为了犯罪而制造条件的行为，因而构成受贿罪的犯罪预备。辛某并没有实施挪用公款行为，其行为仅限于使用挪用的公款，因而不构成挪用公款罪的共同犯罪。虽然辛某许诺送给季某商品房，但辛某并没有实施行贿行为，也没有行贿的故意，故不构成行贿罪。

（3）季某利用职务之便，为他人谋取利益，擅自将银行账外资金160万元挪用给辛某购买服装厂房，其行为符合挪用公款罪的构成要件，构成挪用公款罪。辛某在季某挪用行为之前，已知晓资金系银行账外资金，对挪用有策划教唆，有共同故意、共同行为，二人构成挪用公款罪的共同犯罪，其中，二人都是主犯，季某是实行犯、辛某是教唆犯。季某收受辛某贿赂，为辛某谋取利益，辛某为谋取不正当利益，给季某财物，二人的行为系权钱交易，对此二人都知情，季某构成受贿罪，辛某构成行贿罪。

（4）季某为了获取商品房而挪用50万元公款给辛某，构成受贿罪的犯罪预备，对季某可以比照既遂犯从轻、减轻处罚或者免除处罚。季某主动交代犯罪事实，认罪态度较好，并积极退赃12万元，可以成立坦白，可以从轻处罚。银行账外资金属于国家资金，是违法性认识的问题，对于事实没有认识错误，不影响辛某故意的成立。因一般人均能认识到银行账外资金属于银行所有，属于国家资金，故辛某的违法性认识具有认识的可能性，对此可以酌情减轻处罚但不能免除处罚。

76.（1）王某、刘某、陈某、周某的行为构成贪污罪。村民委员会等村基层组织人员协助人民政府从事扶贫、救灾、土地征收等工作的，属于"其他依照法律从事公务的人员"，即国家工作人员。作为国家工作人员，王某、周某利用职务上的便利，伪造申请材料，骗取政府的扶贫补贴，其行为符合贪污罪的构成要件，构成贪污罪。至于王某何时取得扶贫款，不影响贪污罪的成立。因此，即便王某在拿到补贴款时已经离任，但其在伪造材料进行补贴款申请时利用了职务上的便利，故其也构成贪污罪。刘某与王某等人构成贪污罪的共同犯罪。陈某虽为普通公民，但其参与王某的贪污犯罪，应当以贪污罪的共犯论处。后上任的村委会主任周某明知王某等人不符合获取扶贫补贴的条件，不应对其发放15万元补贴，但周某仍然利用管理发放补贴的职务便利，发放补贴款，致使公共财物遭受损失，其行为构成贪污罪。

（2）周某的行为构成行贿罪。周某为非法获取土地征收款，向国家工作人员行贿，构成行贿罪。李某为了完成周某的请托事项，送5万元给县财政局局长胡某，让胡某找张某，符合行贿罪的犯罪构成，李某构成行贿罪；李某收受了请托人周某的10万元，其行为属于斡旋受贿，构成受贿罪。胡某收受李某财物进行斡旋，属于斡旋受贿，构成受贿罪。

（3）周某的行为构成贪污罪。周某从村委会账户取款20万元时，指使会计刘某将账做平，这表明周某主观上具有非法占有的目的，并不打算归还20万元，故周某的行为构成贪污罪。刘某的行为构成贪污罪共犯，刘某帮周某将账面做平，属于帮助周某贪污，与周某构成贪污罪的共同犯罪。周某获得160万元赃款后用于走私文物的行为，构成走私文物罪。

（4）周某因犯贪污罪被判处死刑缓期2年执行，并处没收全部财产，剥夺政治权利终身。因周某抗拒抓捕且拒不认罪，没有悔罪表现，犯罪情节恶劣，人民法院可以同时决定在周某死缓期满依法减为无期徒刑后适用终身监禁，不得减刑、假释。

77.（1）甲将公款200万元借给乙做生意使用，属于挪用公款归个人使用，进行营利活动，甲构成挪用公款罪；甲为国家工作人员，携带70万元挥霍一空，属于利用职务便利非法占有国家财物的行为，构成贪污罪；甲作为国家工作人员，利用职务便利，收受乙好处费10万元，为乙谋取利益，构成受贿罪。甲在走投无路的情况下被迫投案，交代了借款给乙、收受贿赂和携款潜逃的事实，这属于如实供述自己罪行的行为，构成自首，对甲可以从轻或减轻处罚；甲提供线索致使乙被抓获，构成立功，对甲可以从轻或减轻处罚。甲构成挪用公款罪、贪污罪和受贿罪，应当数罪并罚。

（2）乙将挪用的公款用于贩毒，属于挪用公款进行非法活动，乙虽然不是国家工作人员，但乙与甲共谋，对乙应以挪用公款罪的共犯论处。乙请求丙帮助其掩饰、隐瞒犯罪所得的来源与性质，与丙构成洗钱罪和掩饰、隐瞒犯罪所得罪的共同犯罪。乙为了达到利用国家工作人员的职务便利挪用公款的非法目的，送给甲10万元好处费，构成行贿罪。乙将挪用的公款用于贩毒，构成贩卖毒品罪。乙归案后如实供述了贩卖毒品的犯罪事实，成立自首，可以从轻或减轻处罚。乙归案后交代了行贿的事实，但该行贿事实已被司法机关掌握，乙交代行贿的事实构成坦白，可以从轻处罚。乙构成挪用公款罪、洗钱罪和掩饰、隐瞒犯罪所得罪（依照处罚较重的规定定罪处罚）、行贿罪和贩卖毒品罪，实行数罪并罚。

（3）丙明知乙提供的款项属于挪用公款仍然为乙提供资金账户，掩饰、隐瞒犯罪所得的性质及来源，其行为符合洗钱罪的构成要件，构成洗钱罪。丙帮助乙将余款以经营木业为名用于"投资"经营木业，并使乙获取相应股份，丙的行为符合掩饰、隐瞒犯罪所得罪的构成要件，构成掩饰、隐瞒犯罪所得罪。对丙应以洗钱罪和掩饰、隐瞒犯罪所得罪依照处罚较重的规定处罚。

78.（1）王某和徐某相互勾结，以非法占有为目的，盗取李某保管的30万元现金，王某虽然具有国家工作人员身份,但王某并没有利用职务上的便利窃取银行30万元现金,因此不构成贪污罪,二人通过秘密窃取方式将30万元现金据为己有,符合盗窃罪的构成要件,构成盗窃罪的共同犯罪,其中,徐某和王某都是主犯、实行犯。徐某利用职务便利,挪用公款60万元给陈某进行营利活动,因徐某系受聘于某国有事业单位,不具有国家工作人员身份,徐某的行为不构成挪用公款罪,但作为事业单位委托经营、管理国有资产的人员,徐某利用职务上的便利挪用资金归个人使用,数额较大,其行为符合挪用资金罪的构成要件,构成挪用资金罪。徐某作为委托经营、管理国有资产的人员,可以成为贪污罪的犯罪主体,徐某利用职务上的便利挪用公款100万元,其中40万元具有非法占有目的,不打算归还该公款,其行为符合贪污罪的构成要件,构成贪污罪。

(2)徐某因信用卡诈骗罪被判处有期徒刑5年,刑满释放后5年内再犯有期徒刑以上刑罚之罪,构成累犯,对徐某应当从重处罚。王某自动投案,如实供述司法机关尚未掌握的与徐某共同盗窃的犯罪事实,构成自首,对王某可以从轻或者减轻处罚。王某在提起公诉前如实供述自己罪行、积极退赃,减少损害结果的发生,王某的行为构成坦白,对王某可以从轻处罚。在王某的协助下,公安机关将徐某抓获归案,王某的行为构成立功,对王某可以从轻或者减轻处罚。

79.(1)甲领导、参加由贾某创立的黑社会性质组织,甲的行为构成领导、参加黑社会性质组织罪。甲将自己的仇人故意杀死,其行为构成故意杀人罪。对甲应以领导、参加黑社会性质组织罪和故意杀人罪实行数罪并罚。甲自动投案,如实供述自己的罪行,成立自首,对甲可以从轻或者减轻处罚。甲协助公安机关抓捕贾某,成立立功,对甲可以从轻或者减轻处罚。

(2)乙、丙参加由贾某创立的黑社会性质组织,构成参加黑社会性质组织罪。乙、丙在甲的指示下,为了牟利,以出卖为目的偷盗婴幼儿,乙、丙构成拐卖儿童罪的共同犯罪,其中,丙起到主要作用,是主犯、实行犯,对丙应当按照其所参与的全部犯罪处罚;乙起到辅助作用,是从犯、帮助犯,对乙应当从轻、减轻处罚或者免除处罚。丙使用暴力强抢儿童,持刀捅刺黄某,致黄某当场失血性休克死亡,丙构成故意杀人罪。但是乙并没有与丙共谋杀人,乙没有杀人的故意,也没有杀人的行为,因此乙对丙的故意杀人行为不负刑事责任。但贾某制定了"可从事杀人之外的一切活动"的帮规,且贾某告知如被发现"可以来点儿硬的",说明乙对黄某的死亡存在过失,乙的行为属于拐卖儿童罪中"造成被拐卖的儿童的近亲属死亡"的加重情节,对乙应以拐卖儿童罪的加重情节处罚。对乙应以参加黑社会性质组织罪和拐卖儿童罪实行数罪并罚;对丙应以参加黑社会性质组织罪、拐卖儿童罪和故意杀人罪实行数罪并罚。

(3)丁、戊领导、参加由贾某创立的黑社会性质组织,构成领导、参加黑社会性质组织罪。丁、戊在贾某的指示下,为逃避海关监管,故意将境外废物走私进境,构成走私废物罪的共同犯罪。贾某指示头目丁、戊从国外走私多种物品，在走私废物中，丁、戊故意在集装箱中混杂全新电器，偷逃关税数额巨大，构成走私普通货物、物品罪的共同犯罪。丁、戊通过武装掩护走私，应当从重处罚。丁、戊以暴力方法抗拒缉私，重伤一名缉私人员，丁、戊的行为构成故意伤害罪和妨害公务罪的想象竞合犯，从一重罪处罚，即以故意伤害罪（共犯）定罪处罚。对丁、戊应以走私废物罪，走私普通货物、物品罪，以及故意伤害罪实行数罪并罚，二人都是主犯、实行犯。

（4）贾某成立了一个黑社会性质组织，并组织、领导黑社会组织从事犯罪活动，贾某的行为构成组织、领导黑社会性质组织罪。贾某是黑社会性质组织的犯罪集团的首要分子，对贾某应当按照集团所犯的全部罪行处罚。但是，贾某不构成故意杀人罪，因为黑社会集团的帮规排斥杀人行为，甲的杀人行为不在犯罪集团组织或指挥的范围之内，属于实行过限行为，贾某对甲的杀人行为不承担刑事责任。贾某指使乙、丙从事拐卖儿童的犯罪活动，贾某构成拐卖儿童罪，由于杀人行为不在犯罪集团组织或指挥的范围之内，因此对丙的杀人行为，贾某不承担刑事责任，但对黄某的死亡，贾某承担过失罪责，因此贾某的行为属于拐卖儿童致被拐卖儿童的近亲属死亡，构成拐卖儿童罪的加重处罚情节。贾某指使丁、戊走私，在走私过程中导致缉私人员重伤，贾某的行为构成走私废物罪，走私普通货物、物品罪，以及故意伤害罪，应当并罚。根据刑法规定，危害国家安全犯罪、恐怖活动犯罪、黑社会性质的组织犯罪的犯罪分子，在刑罚执行完毕或者赦免以后，在任何时候再犯上述任一类罪的，构成特别累犯。据此，贾某因犯为境外窃取国家秘密罪被判处有期徒刑5年，刑罚执行完毕后又犯黑社会性质的组织犯罪，其行为符合特别累犯的构成要件，构成特别累犯，应当从重处罚。贾某对犯罪事实供认不讳，可以成立坦白，可以从轻处罚。贾某向司法机关提供了乙、丙的藏匿地址以及收买被拐卖的儿童的去向，使得案件顺利侦破，并协助司法机关将同案犯抓捕归案，贾某的行为构成立功，可以从轻或者减轻处罚。

80.（1）国家工作人员乙受甲指使，利用职务上的便利，挪用公款给甲进行非法活动，数额较大，甲、乙构成挪用公款罪的共同犯罪，其中，乙是实行犯，甲是教唆犯。甲将6万元归还给乙后，乙仅归还4万元，乙就该4万元构成挪用公款罪；乙另起犯意，通过虚假平账方式将2万元公款据为己有，后又携带该2万元潜逃，乙就该2万元构成贪污罪，对乙应以挪用公款罪和贪污罪实行数罪并罚。甲利用挪用的公款购置犯罪物品，这属于为犯罪准备工具、制造条件的行为，属于盗窃罪的犯罪预备。甲以非法占有为目的，伪装购买金品，在挑选时乘售货员不备，连续多次"暗中调包"，即暗中以假换真，商店售货员实际上不知道，因而甲的取财行为具有秘密性，符合盗窃罪的构成要件，构成盗窃罪。甲基于同一犯罪故意，连续多次实施盗窃行为，属于连续犯。甲、丙共谋犯罪，丙乘丁不备将出租车开走，甲则以丙用其车去找人会回来还车等理由稳住丁，甲虚构事实，并与丁待在一起，没有逃跑，丁完全有理由相信甲所言的真实性。因此，丁实际上默认了丙对出租车的占有。丁丧失出租车的占有，是因上当受骗而"自愿"交出，因而，甲、丙构成诈骗罪（不是抢夺罪）的共同犯罪，二人都是主犯、实行犯。

（2）甲如实交代了通过以假乱真获得钱财的行为，这属于甲被采取刑事强制措施后，如实供述司法机关还未掌握的本人其他罪行的行为，符合特别自首的条件，甲就此构成自首，对甲可以从轻或者减轻处罚。但共同犯罪成立自首，须如实供述与同案犯共同犯罪的事实，否则不构成自首。甲未能交代购买假金品的现金来源，这表明甲并未供出挪用公款罪的同案犯，甲就挪用公款罪不能成立自首。在甲的协助下，丙被抓获归案，属于协助司法机关抓捕同案犯，构成立功，可以从轻或者减轻处罚。

81.（1）赵某通过技术手段，将钱某银行存折上的9万元存款划转到自己的账户上，虽然没有取出现金，但已经通过秘密窃取的手段使得该笔钱款脱离了钱某的占有，符合盗窃罪的构成要件，因此赵某的行为构成盗窃罪。赵某以为钱某已死亡，便将钱某"尸体"缚重扔入河中，实际上钱某系溺水而亡，因此赵某的行为存在因果关系认识错误。但因果关系认识错误不影响行为的定性，赵某致钱某死亡属于故意杀人既遂，应当承担故意杀人的罪责。赵某编造绑架事实向被害人家属勒索20万元财物，具有胁迫被害人家属使其产生恐惧心理的性质，符合敲诈勒索罪的构成要件，赵某的行为成立敲诈勒索罪。

（2）赵某在刑罚执行完毕后5年内又犯被判处有期徒刑以上刑罚之罪，构成累犯，应当从重处罚。赵某自动投案后又逃跑的，不能认定为自首，但这是针对后来不再投案自首，若后来又自动投案的，应当认定为自首。本案中，虽然可以否认赵某的前一次投案成立自首，但不能否认后一次自动投案与如实交代成立自首。赵某是被判处死刑缓期执行的累犯，且属于因故意杀人罪被判处死刑缓期执行的犯罪分子，人民法院根据犯罪情节等可以同时决定对其限制减刑。

82.（1）甲从单位借的电脑，甲基于合法的民事借用关系合法占有该电脑，后又产生了非法所有的意图继而非法所有的，甲的行为构成侵占罪。

（2）甲携带凶器入户盗窃，成立盗窃罪。在盗窃过程中，被害人余某未发现甲的盗窃行为，并未反抗；甲既未采取压制被害人反抗的手段，也未在杀害被害人余某后再取得财物，对甲的行为应当认定为故意杀人罪。对甲应以盗窃罪和故意杀人罪定罪处罚。

（3）本来没有正在进行的不法侵害，误以为存在不法侵害而进行反击的，是假想防卫，假想防卫视情形认定为过失犯罪或者意外事件。甲、乙在程某明确告诉其是警察的情况下，仍然对被害人使用暴力，其性质是假想防卫，甲、乙将程某打成轻伤，主观上存在过失，但是，过失行为只有在造成重伤结果的场合，才构成犯罪，甲、乙的行为应当认定为意外事件，均应当认定为无罪。

（4）在甲、乙二人高速驾车走"蛇形"和谢某重伤之间，介入谢某的过失行为（如对车速的控制不当）。谢某的重伤与甲、乙的行为之间，仅有条件关系而没有刑法上的因果关系。从规范判断的角度看，危害结果是谢某自己驾驶的汽车对乙车追尾造成的，该结果不应当由甲、乙负责。

83.（1）全某纠集多人斗殴，全某、占某、王某、陈某构成聚众斗殴罪，全某是犯意的发动者和作案人员的纠集者，属于首要分子，应当按照其所参与的或者组织、指挥的全部犯罪处罚。占某、王某、陈某则是聚众斗殴的积极参加者，4人均构成聚众斗殴罪。全某、占某持刀向余某捅刺，导致被害人死亡，其行为性质已发生转化，应以故意杀人罪论处。王某、陈某拳脚相加的行为，同被害人的死亡没有直接因果关系，应以聚众斗殴罪追究刑事责任。至于后来邀约的十余人，有的没有前来，还有的来了之后并没有动手。在现场围观助阵的人，属于一般参加者，不追究刑事责任。

（2）甲方纠集多人对乙方人员实施攻击行为，主观上为报仇泄恨，其行为符合聚众斗殴罪的构成要件，构成聚众斗殴罪。但乙方两名成员并未实施聚众斗殴行为，其实施的暴力行为是为了脱身，故不能以聚众斗殴罪论处。

（3）姜某、钟某、余某等人与毛某、张某、冯某等人聚众斗殴。其中，钟某是首要分子，又是直接实施致人死亡的行为人，故应承担转化的故意杀人罪的刑事责任，其他人员并没有造成他人重伤或死亡的后果，同时也没有事前的故意杀人通谋行为，其主观故意只是聚众斗殴的犯意，因而只能承担聚众斗殴罪的刑事责任。

84.（1）韩某以勒索财物为目的，绑架他人，韩某的行为符合绑架罪的构成要件，构成绑架罪。沈某在韩某谎称扣押人质而索要赔偿款的认识支配下，非法拘禁儿童，符合非法拘禁罪的构成要件，已构成非法拘禁罪。沈某实施的非法拘禁罪已控制住人身，成立非法拘禁罪既遂，孙某事后加入，成立非法拘禁罪的承继共犯。韩某、沈某、孙某在非法拘禁的范围内成立共同犯罪，但孙某只对加入非法拘禁行为之后的与自己行为有因果关系的结果承担责任。孙某看管非法拘禁的儿童陈迪期间，因过失导致陈迪死亡，孙某的行为属于非法拘禁致人死亡，孙某成立非法拘禁罪的结果加重犯。沈某也应对陈迪的死亡承担过失罪责，也成立非法拘禁罪的结果加重犯。韩某对陈迪的死亡也承担过失罪责，其行为属于绑架罪和过失致人死亡罪的想象竞合犯，从一重罪处罚，即依照绑架罪定罪处罚。韩某是村委会委员，不属于国家工作人员，但负责土地征用补偿款的发放工作属于协助人民政府从事行政管理工作，以国家工作人员论，韩某以非法占有为目的，通过做假发票的方式将征用土地补偿款骗取并据为己有，符合贪污罪的构成条件，构成贪污罪。

（2）韩某在非法拘禁罪的共同犯罪中起主要作用，是主犯，对韩某应当按照其所参与的或者组织、指挥的全部犯罪处罚；沈某、孙某是从犯，对于沈某、孙某，应当从轻、减轻处罚或者免除处罚。沈某在有期徒刑的刑罚执行完毕后5年内再犯应当判处有期徒刑以上刑罚之罪的，是累犯，应当从重处罚。韩某被采取刑事强制措施后，主动交代司法机关没有掌握的贪污罪行，符合特别自首的成立条件，构成自首，可以从轻或者减轻处罚。

孙某在犯罪后主动报案,虽未表明自己是作案人,但没有逃离现场,在司法机关询问时交代了自己的罪行,构成一般自首,对孙某可以从轻或者减轻处罚。孙某根据自己的推断向司法机关提供了韩某、沈某当前可能藏匿的地点,司法机关按照孙某的推断将韩某、陈某抓获归案,成立立功,对孙某可以从轻或者减轻处罚。

85.(1)任某盗窃王某的信用卡并使用,任某的行为构成盗窃罪。任某和吴某共谋盗窃周某的电脑,且实施了盗窃行为,二人构成盗窃罪的共同犯罪,任某和吴某事后将电脑退回不影响盗窃罪既遂的认定,二人是盗窃罪的主犯、共同实行犯。任某和吴某窃得电脑后,以揭发隐私和造成经济损失相要挟,勒索钱财,任某和吴某的行为构成敲诈勒索罪。盗窃行为是手段行为,勒索钱财是目的行为,分别触犯了盗窃罪和敲诈勒索罪两个不同罪名。被告人实施盗窃行为是为实施敲诈勒索行为创造条件,盗窃行为和敲诈勒索行为都是围绕一个最终犯罪目的,因而手段行为和目的行为之间具有牵连关系,而且被告人对两个犯罪行为之间的牵连关系有明确的认知,因此成立牵连犯,对任某和吴某应择一重罪处罚,即应以盗窃罪定罪处罚。任某挪用100万元公款,其中50万元用于炒股,剩余50万元挪用给吴某应急使用,二者都是挪用公款行为,构成挪用公款罪。任某利用职务便利为吴某谋取利益,收受吴某给予的5万元贿赂款,构成受贿罪。对任某应以挪用公款罪和受贿罪实行数罪并罚。吴某为谋取个人利益,向国家工作人员任某行贿,构成行贿罪。

(2)根据刑法规定,行为人如实供述司法机关还未掌握的本人其他罪行的,成立特别自首。根据相关司法解释的规定,如果罪行已被通缉,一般应依据该如实供述的其他罪行是否在司法机关通缉令发布范围内作出判断,不在通缉令发布的范围内的,应认定为还未掌握,在通缉令发布范围内的,应视为已掌握。据此,案发后,公安机关发布吴某所犯罪行的通缉令,应当认定司法机关已掌握吴某所犯盗窃罪和行贿罪的犯罪事实。因此,吴某归案后,如实供述了与任某谋划获取周某电脑的犯罪事实的行为,不能成立特别自首,但可以成立坦白,对吴某可以从轻处罚。司法机关在吴某的协助下将同案犯任某抓获,构成立功,对吴某可以从轻或者减轻处罚。任某归案后,如实供述司法机关还未掌握的犯罪事实,其中,任某如实供述的司法机关还未掌握的取得王某信用卡中10万元的犯罪事实,构成盗窃罪,与司法机关已经掌握的与吴某共犯的盗窃罪属于同种罪行,因此不成立特别自首,但可以成立坦白,可以从轻处罚;任某如实供述司法机关还未掌握的将银行100万元储户存款取出炒股的犯罪事实,成立自首,对此可以从轻或者减轻处罚。

86.(1)杜某以出卖为目的的偷盗婴儿,使婴儿脱离家庭,其行为符合拐卖儿童罪的构成要件,构成拐卖儿童罪。在拐卖儿童过程中,杜某的行为致被拐卖的儿童死亡,构成拐卖儿童罪的结果加重犯。杜某向黄某谎称运送的是普通货物,实际上运送的是被拐卖的儿童和毒品,黄某对运送的儿童和毒品不知情,是杜某犯罪的工具,没有犯罪故意,因而不构成犯罪。杜某利用黄某运输毒品,杜某构成运输毒品罪的间接正犯。杜某指使彭某运输毒品，杜某、彭某构成运输毒品罪的共同犯罪，因《刑法》已将运输毒品行为单独规定为实行行为，没有证据证明其以贩卖为目的而运输毒品的，对彭某只能认定为运输毒品罪，而不能认定为贩卖毒品罪的共同犯罪。杜某既有运输毒品的行为，又有贩卖毒品的行为，杜某构成运输、贩卖毒品罪。

（2）彭某的行为不构成自首，因为彭某被采取刑事强制措施后，主动向公安机关交代了自己走私毒品的犯罪事实，该走私毒品的犯罪事实虽然并未为司法机关掌握，但因与运输毒品的犯罪事实属于选择性罪名的同种罪行，因而不成立自首。彭某的行为不构成立功，因为彭某只是检举同案犯，但并没有协助公安机关抓捕同案犯，因而不成立立功。

87.（1）陈某的行为构成信用卡诈骗罪。陈某通过隐瞒真相的欺骗方法取得银行卡，属于骗取他人信用卡并使用的情形，符合信用卡诈骗罪的构成要件，构成信用卡诈骗罪。

（2）陈某、孟某、李某非法获取他人手机验证码并修改他人支付宝等第三方支付平台账号密码，使用他人账户内的钱款，是违背他人意思非法获取他人财物的行为。因为不是使用他人信用卡信息，而是使用截获的"手机验证码、篡改的密码"非法使用他人支付宝等第三方支付平台账户的财物或绑定的银行卡，其行为本质上是通过秘密窃取的方式获取他人财产，符合盗窃罪的构成要件（注意：不构成信用卡诈骗罪），陈某、孟某、李某构成盗窃罪的共同犯罪。陈某、孟某、李某违反国家规定，侵入计算机、网络设备等计算机信息系统，构成非法获取计算机信息系统数据罪的共同犯罪。孟某制作木马文件有偿提供给他人的行为触犯提供侵入、非法控制计算机信息系统程序、工具罪，与其盗窃行为有牵连关系，应择一重罪处罚，即以盗窃罪定罪处罚。

（3）陈某被公安机关采取刑事强制措施，如实供述了司法机关还未掌握的将朱某账户上的2万元资金占为己有的犯罪事实，该犯罪事实与司法机关已经掌握的盗窃罪的犯罪事实不是同种罪行，因此陈某的行为符合特别自首的成立条件，构成自首，对陈某可以从轻或者减轻处罚。陈某揭发检举了同案人孟某、李某，并协助公安机关将同案犯孟某、李某抓获归案，成立立功，对陈某可以从轻或者减轻处罚。

88.（1）甲的行为构成挪用公款罪、受贿罪和贪污罪，实行数罪并罚。乙以做生意需要资金为由，劝诱国家工作人员甲出借公款，甲挪用公款给乙进行营利活动，符合挪用公款罪的构成要件，构成挪用公款罪，是挪用公款罪的实行犯。甲为乙谋取利益，收受乙给的"好处费"5万元，这是以公权换取私利，其行为符合受贿罪的犯罪构成，构成受贿罪。甲利用职务之便，携带挪用的30万元公款潜逃，其行为由挪作私用转换为非法占有，符合贪污罪的犯罪构成，构成贪污罪。

（2）乙的行为构成挪用公款罪（共犯）、行贿罪、贩卖毒品罪和洗钱罪，实行数罪并罚。乙劝诱甲挪用公款，甲、乙共谋将公款挪用，乙利用该挪用的公款进行了违法行为，构成挪用公款罪的共犯，是挪用公款罪的教唆犯。乙挪用公款进行贩毒，构成贩卖毒品罪，挪用公款进行非法活动构成其他犯罪的，依照数罪并罚的规定处罚，对乙应以挪用公款罪和贩卖毒品罪实行数罪并罚。乙为谋取不正当利益，给甲"好处费"5万元，其行为属于行贿行为，构成行贿罪。乙指使丙为其犯罪所得予以掩饰、隐瞒，其行为符合洗钱罪的构成特征，属于自洗钱的行为，构成洗钱罪。

（3）甲在走投无路的情况下投案，并交代了借公款给乙、接受乙贿赂和携款潜逃的事实，这些事实是甲如实供述自己罪行的行为，成立一般自首，对甲可以从轻或者减轻处罚。甲提供线索协助司法机关将乙捉拿归案，属于立功，对甲可以从轻或者减轻处罚。乙归案后主动交代司法机关尚未掌握的其贩卖毒品的罪行，成立特别自首，对乙可以从轻或者减轻处罚。

（4）丙构成洗钱罪。丙在得知挪用公款的事实后，仍为乙提供资金账户，挪用公款罪是洗钱罪的上游犯罪，丙为挪用的公款提供资金账户的行为构成洗钱罪。

89.（1）陆某的行为构成贪污罪、受贿罪和巨额财产来源不明罪。陆某系国家工作人员，利用职务之便骗取巨额资金500余万元，其行为符合贪污罪的构成特征，构成贪污罪；陆某在购买医疗器械过程中数次收受供货商给予的现金与礼品共计50多万元，这实质是利用职务之便为他人谋取利益而行受贿之实，构成受贿罪；陆某的家庭财产中有300万元无法说清其来源，构成巨额财产来源不明罪。金某、甘某利用职务之便，与陆某串通骗取巨额资金，构成贪污罪的共同犯罪。万某、项某虽为其他相关人员，但受指使套取巨额现金，构成贪污罪的共同犯罪。

（2）陆某、金某、甘某构成贪污罪的共同犯罪，三人串通骗取巨额资金，因而都是主犯，对于陆某应以组织、指挥的全部贪污罪的事实处罚，对于金某、甘某应当按照其所参与的全部贪污罪的事实处罚。万某、项某受指使骗取巨额资金，系从犯，对于万某、项某应当从轻、减轻或者免除处罚。陆某在被司法机关调查期间，如实供认犯罪事实，退回了400万元赃款，认罪态度好，具有悔罪情节，并交代了司法机关尚未掌握的其他贪污的犯罪事实，因陆某犯贪污罪，其所供述的其他贪污犯罪事实系同种罪行，不成立特别自首，但可以成立坦白，依法可以从轻处罚。陆某提供了市国税局工作人员廖某涉嫌职务犯罪的重要线索，并经查证属实，成立立功，对陆某可以从轻或者减轻处罚。

90.（1）甲、乙以出卖为目的绑架妇女丙，甲、乙构成拐卖妇女罪（既遂）的共同犯罪，在拐卖妇女过程中，甲、乙违背丙的意志将丙强奸，该强奸行为（轮奸属于强奸行为的加重处罚情节）应视为拐卖妇女情节严重，不再单独定强奸罪。甲、乙将丙的手机扔入河中，属于故意毁坏他人财物的行为，数额较大，构成故意毁坏财物罪的共同犯罪。甲、乙以非法占有为目的，以暴力手段当场劫取丙的钱财，符合抢劫罪的构成要件，构成抢劫罪的共同犯罪。甲、乙原本拐卖妇女丙，拐卖过程中发生犯意转化，转而以勒索赎金为目的向丙的男友勒索钱财，其行为符合绑架罪的构成要件，构成绑架罪。对甲、乙应以拐卖妇女罪、故意毁坏财物罪、抢劫罪和绑架罪实行数罪并罚（注意：本案并非绑架罪和抢劫罪的想象竞合犯，因为并非发生在绑架过程中的抢劫行为，而是抢劫既遂后又有了绑架的故意）。

（2）丁唆使被害人丙出具假证明包庇犯罪分子甲，丁构成包庇罪的教唆犯，丙拒绝了丁的教唆，丁独自构成包庇罪。甲将丙拘禁起来，非法剥夺丙的人身自由，构成非法拘禁罪。包庇是目的行为，非法拘禁是手段行为，两者之间具有牵连关系，属于牵连犯，择一重罪处罚。非法拘禁罪的法定刑重于包庇罪的法定刑，对甲应以非法拘禁罪定罪处罚。甲为了给乙开脱罪责，向国家工作人员丁行贿，其行为符合行贿罪的构成要件，构成行贿罪。

（3）戊作为司法工作人员，收受甲的贿赂10万元，为甲谋取不正当利益，其行为符合受贿罪的构成要件，构成受贿罪。戊采取伪造证据的方式，认定甲、丙系自愿发生男女关系，系对明知有罪的人故意包庇使其不受追诉，其行为符合徇私枉法罪的构成要件，构成徇私枉法罪。丁的行为构成徇私枉法罪和受贿罪，应依照处罚较重的规定定罪处罚。

（4）甲、乙是拐卖妇女罪、故意毁坏财物罪、抢劫罪和绑架罪的主犯、共同实行犯，应当按照其所参与的全部犯罪处罚。甲在缓刑考验期限内又犯罪，对甲应撤销缓刑，依照刑法规定将所犯新罪与负有照护职责人员性侵罪实行数罪并罚。乙在假释考验期限内又犯罪，对乙应撤销假释，将所犯新罪与侵犯公民个人信息罪依照"先减后并"规则实行数罪并罚。丙拒绝了丁有关包庇行为的教唆，丁的行为属于教唆（本身）未遂，对于丁可以从轻或者减轻处罚。丁主动向司法工作人员行贿，应当从重处罚。丁归案后，主动交代多次向国家工作人员行贿，对丁应当从重处罚。丁主动交代的行贿行为与司法机关已经在掌握的行贿行为属于同种罪行，不能成立特别自首，但可以成立坦白，对丁可以从轻处罚。丁在被追诉前主动交代行贿行为，可以从轻或者减轻处罚。

第二章 民 法 学

第一节 法条分析题

一、历年真题考查内容

具体命题情况见表 2-1：

表 2-1　民法学法条分析题 2004—2024 年真题考查内容

出题年份	条文	考查内容
2004 年	《民法通则》第 130 条（共同侵权）	共同侵权的概念、构成要件和法律效力。
2005 年	《合同法》第 49 条（表见代理）	表见代理的概念、构成要件和制度价值。
2006 年	《民法通则》第 93 条（无因管理）	无因管理的概念、构成要件、法律效力和制度价值。
2007 年	《合同法》第 42 条（缔约过失责任）	缔约过失责任的概念、构成要件和法律效力。
2008 年	《民法通则》第 92 条（不当得利）	不当得利的概念、构成要件和法律效力。
2009 年	《合同法》第 73 条（代位权）	代位权的概念、行使条件和行使方式。
2010 年	《担保法》第 6 条（保证）	保证的特征、设定条件和效力。
2011 年	《物权法》第 15 条（合同效力和物权变动的区分）	不动产物权登记效力与合同效力的区分（区分原则）；不动产物权变动与合同效力的关系。
2012 年	《侵权责任法》第 6 条（过错责任原则）	过错责任原则的概念及适用范围；过错推定责任原则的概念及适用范围。
2013 年	《物权法》第 5 条（物权法定原则）	物权法定原则的概念、内容和法定中"法律"的表现形式。
2014 年	《物权法》第 70 条（建筑物区分所有权）	建筑物区分所有权及特征；"专有部分"的认定。
2015 年	《婚姻法》第 11 条（可撤销婚姻）	可撤销婚姻；"胁迫"的含义；申请撤销权主体及 1 年的除斥期间。
2016 年	《合同法》第 39 条第 1 款（格式条款）	格式条款的含义；提供格式条款一方的法定义务；"采用合理方式"的含义。
2017 年	《民法通则》第 93 条（无因管理）	无因管理的构成要件；无因管理中"必要费用"的范围。
2018 年	《物权法》第 20 条（预告登记）	预告登记中对"处分该不动产的"行为的理解；预告登记的效力中"债权消灭"的情形。

出题年份	条文	考查内容
2019 年	《合同法》第 286 条（建设工程合同承包人的优先受偿权）	建设工程合同中承包人工程价款的优先受偿权、建设工程价款的范围、优先受偿权的行使期限和起算。
2020 年	《民法总则》第 145 条（限制民事行为能力人实施的民事法律行为）	效力未定的民事法律行为中限制民事行为能力人实施的民事法律行为的效力；撤销权行使的条件；善意相对人的认定。
2021 年	《民法典》第 396 条（动产浮动抵押）	动产浮动抵押权的特征、公示方法及公示效力。
2022 年	《民法典》第 170 条（职务代理）	职务代理；对"不得对抗善意相对人"的理解；行为人超越职权范围实施代理行为的法律后果。
2023 年	《民法典》第 304 条（共有物的分割）	共有物的分割方式、共有物分割的立法价值导向。
2024 年	《民法典》第 289 条（相邻关系的处理依据）	习惯作为处理相邻关系依据的理由；习惯的认定标准和适用条件。

二、专项突破习题

1.《民法典》第 16 条规定："涉及遗产继承、接受赠与等胎儿利益保护的，胎儿视为具有民事权利能力。但是，胎儿娩出时为死体的，其民事权利能力自始不存在。"

请回答：

（1）胎儿是否具有民事权利能力？

（2）应当为胎儿保留的遗产份额没有保留的，应如何处理？

（3）胎儿娩出时为死体的，为胎儿保留的遗产份额应如何处理？

2.《民法典》第 40 条规定："自然人下落不明满二年的，利害关系人可以向人民法院申请宣告该自然人为失踪人。"

请回答：

（1）宣告失踪的条件有哪些？

（2）如何计算本条规定的"下落不明"的时间？

（3）本条规定的"利害关系人"有哪些？

3.《民法典》第 147 条规定："基于重大误解实施的民事法律行为，行为人有权请求人民法院或者仲裁机构予以撤销。"

请分析：

（1）什么是"基于重大误解实施的民事法律行为"？

（2）如何认定"重大误解"？

（3）本条规定的"撤销"的权利，属于何种性质的权利？其行使方式应如何理解？

（4）本条规定的"撤销"的权利的行使期限应如何理解？

4.《民法典》第148条规定："一方以欺诈手段，使对方在违背真实意思的情况下实施的民事法律行为，受欺诈方有权请求人民法院或者仲裁机构予以撤销。"

请分析：

（1）何为"欺诈"？

（2）如何认定"欺诈"？

（3）受欺诈方行使撤销权的法定期间应如何理解？

5.《民法典》第149条规定："第三人实施欺诈行为，使一方在违背真实意思的情况下实施的民事法律行为，对方知道或者应当知道该欺诈行为的，受欺诈方有权请求人民法院或者仲裁机构予以撤销。"

请分析：

（1）何为"第三人欺诈"？

（2）第三人欺诈构成可撤销民事法律行为的主观条件是什么？

（3）如何确定受欺诈方行使撤销权的期间？

6.《民法典》第150条规定："一方或者第三人以胁迫手段，使对方在违背真实意思的情况下实施的民事法律行为，受胁迫方有权请求人民法院或者仲裁机构予以撤销。"

请分析：

（1）如何理解本条规定中"胁迫"的含义？

（2）司法实践中如何认定"胁迫"？

（3）导致受胁迫方撤销权消灭的法定事由是什么？

7.《民法典》第151条规定："一方利用对方处于危困状态、缺乏判断能力等情形，致使民事法律行为成立时显失公平的，受损害方有权请求人民法院或者仲裁机构予以撤销。"

请分析：

（1）如何理解"危困状态"？

（2）如何认定构成"缺乏判断能力"？

（3）如何理解"显示公平"？其具有哪些特点？

8.《民法典》第169条规定："代理人需要转委托第三人代理的，应当取得被代理人的同意或者追认。

转委托代理经被代理人同意或者追认的，被代理人可以就代理事务直接指示转委托的第三人，代理人仅就第三人的选任以及对第三人的指示承担责任。

转委托代理未经被代理人同意或者追认的，代理人应当对转委托的第三人的行为承担责任；但是，在紧急情况下代理人为了维护被代理人的利益需要转委托第三人代理的除外。"

请分析：

（1）被代理人允许复代理的情形有哪些？

（2）如何认定"紧急情况"？

（3）转委托未经被代理人同意或者追认而选任复代理人时，如何认定复代理人实施的代理行为的性质？

9. 《民法典》第 208 条规定："不动产物权的设立、变更、转让和消灭，应当依照法律规定登记。动产物权的设立和转让，应当依照法律规定交付。"

请回答：

（1）本条规定体现的是物权的何种基本原则？其适用范围如何？

（2）本条规定的原则的法律效力如何？

（3）规定本条的立法宗旨是什么？

10. 《民法典》第 209 条规定："不动产物权的设立、变更、转让和消灭，经依法登记，发生效力；未经登记，不发生效力，但是法律另有规定的除外。

依法属于国家所有的自然资源，所有权可以不登记。"

请分析：

（1）第 1 款规定体现了何种物权基本原则？

（2）不动产物权的变动，应当登记的，何时发生效力？

（3）"经依法登记，发生效力"的不动产物权变动的主要情形有哪些？

（4）如何理解第 1 款规定的"法律另有规定的除外"？

11. 《民法典》第 224 条规定："动产物权的设立和转让，自交付时发生效力，但是法律另有规定的除外。"

请分析：

（1）"动产物权的设立和转让，自交付时发生效力"的情形有哪些？

（2）"法律另有规定的除外"主要指哪些情形？

12. 《民法典》第 225 条规定："船舶、航空器和机动车等的物权的设立、变更、转让和消灭，未经登记，不得对抗善意第三人。"

请回答：

（1）船舶、航空器和机动车等所有权转移何时发生效力？

（2）如何认定本条规定中"登记"的效力？

（3）何为"善意第三人"？如何认定"善意第三人"？"善意第三人"是否包括转让人的普通债权人？

13. 《民法典》第 272 条规定："业主对其建筑物专有部分享有占有、使用、收益和处分的权利。业主行使权利不得危及建筑物的安全，不得损害其他业主的合法权益。"

请分析：

（1）哪些情形应当认定为本条规定中的"业主"？

（2）何为"专有部分"？构成本条规定的专有部分应当具备哪些条件？

14. 《民法典》第 273 条规定："业主对建筑物专有部分以外的共有部分，享有权利，承担义务；不得以放弃权利为由不履行义务。

业主转让建筑物内的住宅、经营性用房，其对共有部分享有的共有和共同管理的权利一并转让。"

请回答：

（1）何为"共有部分"？

（2）如何界定共有部分？

（3）何为"共同管理的权利"？

（4）如何确定对于"共有部分"的费用分摊、收益分配等事项？

（5）对于使用、筹集的建筑物及其附属设施的维修资金，应如何进行表决和通过？

15. 《民法典》第 305 条规定："按份共有人可以转让其享有的共有的不动产或者动产份额。其他共有人在同等条件下享有优先购买的权利。"

请回答：

（1）如何确定是否属于行使优先购买权中的"同等条件"？

（2）按份共有人在转让其份额时应当履行什么义务？

（3）按份共有人不得主张优先购买权的主要情形有哪些？

（4）两个以上其他共有人主张行使优先购买权的，应如何处理？

16. 《民法典》第 312 条规定："所有权人或者其他权利人有权追回遗失物。该遗失物通过转让被他人占有的，权利人有权向无处分权人请求损害赔偿，或者自知道或者应当知道受让人之日起二年内向受让人请求返还原物；但是，受让人通过拍卖或者向具有经营资格的经营者购得该遗失物的，权利人请求返还原物时应当支付受让人所付的费用。权利人向受让人支付所付费用后，有权向无处分权人追偿。"

请回答：

（1）何为"遗失物"？如何认定遗失物的所有权？

（2）"所有权人或者其他权利人有权追回遗失物"的规定体现的是物权的何种效力？

（3）遗失物转让给第三人的，所有权人如何进行权利救济？

（4）遗失物适用善意取得的条件有哪些？

（5）本条规定中的"2 年"属于何种性质的期间？

17.《民法典》第 331 条规定："土地承包经营权人依法对其承包经营的耕地、林地、草地等享有占有、使用和收益的权利，有权从事种植业、林业、畜牧业等农业生产。"

请分析：

（1）何为"土地承包经营权"？

（2）土地承包经营权如何设立？

（3）土地承包经营权的流转方式有哪些？如何理解流转方式的公示效力？

18.《民法典》第 340 条规定："土地经营权人有权在合同约定的期限内占有农村土地，自主开展农业生产经营并取得收益。"

请分析：

（1）何为"土地经营权"？其主体、客体是什么？

（2）如何取得土地经营权？土地经营权如何设立和登记？

（3）土地经营权的流转方式有哪些？

（4）本条规定体现了何种立法价值取向？

19.《民法典》第 344 条规定："建设用地使用权人依法对国家所有的土地享有占有、使用和收益的权利，有权利用该土地建造建筑物、构筑物及其附属设施。"

请分析：

（1）何为"建设用地使用权"？

（2）国有土地建设用地使用权的取得方式有哪些？

（3）如何理解设立国有土地建设用地使用权的公示方式？

（4）建设用地使用权抵押后，抵押权对新增建筑物的效力如何？

（5）建设用地使用权的流转方式有哪些？

20.《民法典》第 366 条规定："居住权人有权按照合同约定，对他人的住宅享有占有、使用的用益物权，以满足生活居住的需要。"

请分析：

（1）何为"居住权"？其具有哪些特征？

（2）如何理解居住权设立的物权变动模式？

（3）如何理解本条规定的意义？

21.《民法典》第 374 条规定："地役权自地役权合同生效时设立。当事人要求登记的，可以向登记机构申请地役权登记；未经登记，不得对抗善意第三人。"

请分析：

（1）何为"地役权"？

（2）如何理解地役权合同与地役权登记的关系？

（3）如何理解"善意第三人"？

22.《民法典》第401条规定："抵押权人在债务履行期限届满前，与抵押人约定债务人不履行到期债务时抵押财产归债权人所有的，只能依法就抵押财产优先受偿。"

请回答：

（1）当事人之间订立流押条款时，流押条款效力如何？债权人是否享有担保权益？

（2）当事人之间订立流押条款，抵押权人如何就抵押财产实现优先受偿？

23.《民法典》第403条规定："以动产抵押的，抵押权自抵押合同生效时设立；未经登记，不得对抗善意第三人。"

请分析：

（1）以动产抵押的，债权人何时取得抵押权？

（2）何为"善意第三人"？如何理解"不得对抗善意第三人"的主要情形？

（3）以动产抵押的，抵押财产的买受人可以对抗抵押权人追及的条件有哪些？

24.《民法典》第405条规定："抵押权设立前，抵押财产已经出租并转移占有的，原租赁关系不受该抵押权的影响。"

请回答：

（1）抵押权设立后，原租赁关系不受影响的条件是什么？

（2）抵押权设立后抵押财产出租并移转占有的，应如何处理抵押权和租赁权的效力关系？

25.《民法典》第416条规定："动产抵押担保的主债权是抵押物的价款，标的物交付后十日内办理抵押登记的，该抵押权人优先于抵押物买受人的其他担保物权人受偿，但是留置权人除外。"

请回答：

（1）本条规定的是何种抵押权？其含义是什么？

（2）本条规定的抵押权何时设立？如何理解其登记的效力？

（3）同一动产上存在多个本条规定的抵押权的，抵押权实现时如何确定清偿顺序？

（4）本条规定的立法宗旨是什么？

26.《民法典》第420条规定："为担保债务的履行，债务人或者第三人对一定期间内将要连续发生的债权提供担保财产的，债务人不履行到期债务或者发生当事人约定的实现抵押权的情形，抵押权人有权在最高债权额限度内就该担保财产优先受偿。

最高额抵押权设立前已经存在的债权，经当事人同意，可以转入最高额抵押担保的债权范围。"

请回答：

（1）最高额抵押权的特征有哪些？

（2）抵押担保的债权有哪些特点？

（3）抵押担保的债权能否转让？

（4）债权确定前，当事人协议变更债权确定的期间、范围、最高债权额的条件有哪些？

（5）本条规定的立法意义是什么？

27. 《民法典》第447条规定："债务人不履行到期债务，债权人可以留置已经合法占有的债务人的动产，并有权就该动产优先受偿。

前款规定的债权人为留置权人，占有的动产为留置财产。"

请回答：

（1）同一动产上已经设立抵押权或者质权，该动产又被留置的，何人优先受偿？

（2）留置权的实现程序和实现方式如何？

（3）留置权消灭的特殊原因有哪些？

28. 《民法典》第462条规定："占有的不动产或者动产被侵占的，占有人有权请求返还原物；对妨害占有的行为，占有人有权请求排除妨害或者消除危险；因侵占或者妨害造成损害的，占有人有权依法请求损害赔偿。

占有人返还原物的请求权，自侵占发生之日起一年内未行使的，该请求权消灭。"

请分析：

（1）占有人享有的占有请求权有哪些？

（2）第2款规定的"一年"是何种性质的期间？

29. 《民法典》第465条规定："依法成立的合同，受法律保护。

依法成立的合同，仅对当事人具有法律约束力，但是法律另有规定的除外。"

请回答：

（1）第1款规定有何意义？

（2）第2款规定确立了何种合同基本原则？该基本原则的含义是什么？

（3）如何理解第2款规定中"但是法律另有规定的除外"？例外规定主要有哪些表现？

30. 《民法典》第495条规定："当事人约定在将来一定期限内订立合同的认购书、订购书、预订书等，构成预约合同。

当事人一方不履行预约合同约定的订立合同义务的，对方可以请求其承担预约合同的违约责任。"

请分析：

（1）何为"预约合同"？

（2）预约合同与本合同有何关系？

（3）认购书、订购书、预订书等构成预约合同的条件是什么？

（4）如何认定"当事人一方不履行预约合同约定的订立合同义务"？

31.《民法典》第499条规定："悬赏人以公开方式声明对完成特定行为的人支付报酬的，

完成该行为的人可以请求其支付。"

请回答：

（1）何为"悬赏广告"？

（2）构成悬赏广告需要哪些条件？

（3）悬赏广告的效力如何？

32.《民法典》第501条规定："当事人在订立合同过程中知悉的商业秘密或者其他应当保密的信息，无论合同是否成立，不得泄露或者不正当地使用；泄露、不正当地使用该商业秘密或者信息，造成对方损失的，应当承担赔偿责任。"

请分析：

（1）何为"商业秘密"？其构成要件有哪些？

（2）当事人在订立合同过程中侵犯商业秘密行为的表现有哪些？

（3）本条规定的赔偿责任是因何种性质的责任产生的？赔偿范围如何确定？

33.《民法典》第504条规定："法人的法定代表人或者非法人组织的负责人超越权限订立的合同，除相对人知道或者应当知道其超越权限外，该代表行为有效，订立的合同对法人或者非法人组织发生效力。"

请回答：

（1）如何认定法人的法定代表人或者非法人组织的负责人是否"超越权限"？

（2）如何认定法人、非法人组织超越经营范围订立的合同的效力？

（3）本条规定的立法意义是什么？

34.《民法典》第510条规定："合同生效后，当事人就质量、价款或者报酬、履行地点等内容没有约定或者约定不明确的，可以协议补充；不能达成补充协议的，按照合同相关条款或者交易习惯确定。"

请回答：

（1）当事人对合同内容达成补充协议的前提是什么？

（2）可以认定为"交易习惯"的情形有哪些？

35.《民法典》第522条规定："当事人约定由债务人向第三人履行债务，债务人未向第三人履行债务或者履行债务不符合约定的，应当向债权人承担违约责任。

法律规定或者当事人约定第三人可以直接请求债务人向其履行债务，第三人未在合理期限内明确拒绝，债务人未向第三人履行债务或者履行债务不符合约定的，第三人可以请求债务人承担违约责任；债务人对债权人的抗辩，可以向第三人主张。"

请回答：

（1）第1款规定的是何种涉他合同？该合同中的第三人是否具有合同当事人的地位？

（2）第2款规定的是何种涉他合同？该合同中的第三人享有哪些合同权利？

36.《民法典》第523条规定："当事人约定由第三人向债权人履行债务，第三人不履行债务或者履行债务不符合约定的，债务人应当向债权人承担违约责任。"

请回答：

（1）本条规定的是何种涉他合同？第三人是不是该合同的当事人？

（2）第三人不承担违约责任体现了合同的何种原则？

37.《民法典》第524条规定："债务人不履行债务，第三人对履行该债务具有合法利益的，第三人有权向债权人代为履行；但是，根据债务性质、按照当事人约定或者依照法律规定只能由债务人履行的除外。

债权人接受第三人履行后，其对债务人的债权转让给第三人，但是债务人和第三人另有约定的除外。"

请回答：

（1）本条规定的是何种涉他合同？

（2）哪些民事主体可以成为对履行债务具有合法利益的第三人？

（3）债务只能由债务人本人履行，而不得由第三人代为履行的情形有哪些？

（4）具有合法利益的第三人代为履行的法律后果如何？

38.《民法典》第525条规定："当事人互负债务，没有先后履行顺序的，应当同时履行。一方在对方履行之前有权拒绝其履行请求。一方在对方履行债务不符合约定时，有权拒绝其相应的履行请求。"

请回答：

（1）本条规定的是何种制度？其含义如何？

（2）本条规定的制度的构成要件（适用条件）如何？

（3）本条规定的制度的效力如何？

39.《民法典》第533条规定："合同成立后，合同的基础条件发生了当事人在订立合同时无法预见的、不属于商业风险的重大变化，继续履行合同对于当事人一方明显不公平的，受不利影响的当事人可以与对方重新协商；在合理期限内协商不成的，当事人可以请求人民法院或者仲裁机构变更或者解除合同。

人民法院或者仲裁机构应当结合案件的实际情况，根据公平原则变更或者解除合同。"

请回答：

（1）本条规定的是何种法律制度？其含义是什么？

（2）适用本条规定须具备哪些条件？

（3）如何认定本条规定的"重大变化"？

（4）本条规定的制度与商业风险有何区别？

40.《民法典》第538条规定："债务人以放弃其债权、放弃债权担保、无偿转让财产等方式无偿处分财产权益，或者恶意延长其到期债权的履行期限，影响债权人的债权实现的，债权人可以请求人民法院撤销债务人的行为。"

请回答：

（1）债务人无偿处分财产情形下撤销权的成立条件有哪些？

（2）如何认定撤销权的行使范围、必要费用承担和行使期限？

41. 《民法典》第 539 条规定："债务人以明显不合理的低价转让财产、以明显不合理的高价受让他人财产或者为他人的债务提供担保，影响债权人的债权实现，债务人的相对人知道或者应当知道该情形的，债权人可以请求人民法院撤销债务人的行为。"

请回答：

（1）债权人撤销债务人有偿行为的主观条件是什么？

（2）如何认定"明显不合理的低价"和"明显不合理的高价"？

（3）债务人的行为被撤销的法律后果是什么？

42. 《民法典》第 545 条规定："债权人可以将债权的全部或者部分转让给第三人，但是有下列情形之一的除外：（一）根据债权性质不得转让；（二）按照当事人约定不得转让；（三）依照法律规定不得转让。当事人约定非金钱债权不得转让的，不得对抗善意第三人。当事人约定金钱债权不得转让的，不得对抗第三人。"

请分析：

（1）何为债权让与？合同债权让与须具备哪些条件？

（2）根据债权性质不得转让的债权主要有哪些？

（3）合同债权让与对债务人发生效力的条件是什么？

（4）债权让与，受让人能否取得与该债权有关的从权利？抵押权没有办理登记的，抵押权是否随债权的转让而转移？

（5）债权让与后，债务人可以向受让人主张抵销的情形有哪些？

（6）因债权让与增加的履行费用由谁承担？

（7）债权转让的，保证人继续承担保证责任的条件是什么？

43. 《民法典》第 551 条规定："债务人将债务的全部或者部分转移给第三人的，应当经债权人同意。

债务人或者第三人可以催告债权人在合理期限内予以同意，债权人未作表示的，视为不同意。"

请回答：

（1）本条规定的是何种法律制度？其含义和构成要件如何？

（2）债务人转移债务，原债务人对债权人享有债权的，新债务人是否可以向债权人主张抵销？

（3）债权人允许债务人转移全部或者部分债务的，保证人是否继续承担保证责任？

44. 《民法典》第552条规定："第三人与债务人约定加入债务并通知债权人，或者第三人向债权人表示愿意加入债务，债权人未在合理期限内明确拒绝的，债权人可以请求第三人在其愿意承担的债务范围内和债务人承担连带债务。"

请回答：

（1）第三人与债务人约定加入债务对债权人生效的条件是什么？效力如何？

（2）第三人加入债务后，原债务人的保证人是否应当继续承担保证责任？

（3）第三人加入债务但并未与债务人约定追偿权的，第三人请求债务人向其履行债务的依据和条件是什么？

45. 《民法典》第560条规定："债务人对同一债权人负担的数项债务种类相同，债务人的给付不足以清偿全部债务的，除当事人另有约定外，由债务人在清偿时指定其履行的债务。

债务人未作指定的，应当优先履行已经到期的债务；数项债务均到期的，优先履行对债权人缺乏担保或者担保最少的债务；均无担保或者担保相等的，优先履行债务人负担较重的债务；负担相同的，按照债务到期的先后顺序履行；到期时间相同的，按照债务比例履行。"

请回答：

（1）第1款规定的数项债务清偿抵充的条件有哪些？

（2）确定清偿抵充顺序的基本原则是什么？

（3）债务人在履行主债务之外还有利息和有关费用的，如何确定清偿抵充顺序？

46. 《民法典》第562条规定："当事人协商一致，可以解除合同。

当事人可以约定一方解除合同的事由。解除合同的事由发生时，解除权人可以解除合同。"

请回答：

（1）第1款和第2款分别规定的是何种合同的解除？两种解除的区别是什么？

（2）法律没有规定或当事人没有约定解除权行使期限的，如何确定解除权的行使期限？

（3）合同因违约被解除的，解除权人是否有权请求违约方承担违约责任？

（4）主合同解除后，担保人是否继续承担担保责任？

47. 《民法典》第568条规定："当事人互负债务，该债务的标的物种类、品质相同的，任何一方可以将自己的债务与对方的到期债务抵销；但是，根据债务性质、按照当事人约定或者依照法律规定不得抵销的除外。

当事人主张抵销的，应当通知对方。通知自到达对方时生效。抵销不得附条件或者附期限。"

请回答：

（1）本条规定的是何种类型的抵销？其构成要件有哪些？

（2）因故意侵害他人财产权益产生的损害赔偿债务，作为债务人的侵权人能否主张抵销？

（3）当事人互负债务但都超过诉讼时效的，可否主张抵销？

（4）主债务人对债权人享有抵销权的，保证人可否对债权人行使相应的抵销权而免除保证责任？

48.《民法典》第570条规定："有下列情形之一，难以履行债务的，债务人可以将标的物提存：（一）债权人无正当理由拒绝受领；（二）债权人下落不明；（三）债权人死亡未确定继承人、遗产管理人，或者丧失民事行为能力未确定监护人；（四）法律规定的其他情形。

标的物不适于提存或者提存费用过高的，债务人依法可以拍卖或者变卖标的物，提存所得的价款。"

请回答：

（1）如何认定提存成立？提存成立对债务人的效力是什么？

（2）标的物提存后，毁损灭失的风险和提存费用由谁承担？

（3）标的物提存后，债务人行使提存物取回权的具体条件有哪些？

49.《民法典》第577条规定："当事人一方不履行合同义务或者履行合同义务不符合约定的，应当承担继续履行、采取补救措施或者赔偿损失等违约责任。"

请回答：

（1）违约责任的归责原则是什么？违约责任的救济原则是什么？

（2）本条规定的"继续履行"对金钱债务和非金钱债务有何不同要求？不能请求继续履行的非金钱债务的情形有哪些？

（3）对于根据性质不得强制履行的债务，债权人享有何种内容的请求权？

（4）本条规定的"采取补救措施"的具体形式有哪些？

（5）承担本条规定的"赔偿损失"责任的条件有哪些？

50.《民法典》第584条规定："当事人一方不履行合同义务或者履行合同义务不符合约定，造成对方损失的，损失赔偿额应当相当于因违约所造成的损失，包括合同履行后可以获得的利益；但是，不得超过违约一方订立合同时预见到或者应当预见到的因违约可能造成的损失。"

请回答：

（1）本条规定的"因违约所造成的损失"包括哪些类型？何为"可以获得的利益"？

（2）如何对违约赔偿数额进行限制？

（3）当事人一方违约后，债权人负有防止减损义务的内容是什么？违反减损义务的后果是什么？

（4）合同当事人双方违约且均有过错的，应如何处理？

51. 《民法典》第634条规定："分期付款的买受人未支付到期价款的数额达到全部价款的1/5，经催告后在合理期限内仍未支付到期价款的，出卖人可以请求买受人支付全部价款或者解除合同。

出卖人解除合同的，可以向买受人请求支付该标的物的使用费。"

请回答：

（1）何为"分期付款"？

（2）如何确定分期付款买卖合同标的物所有权和风险的转移时间？

（3）当事人对标的物的使用费没有约定的，如何确定第2款规定的"标的物的使用费"？

52. 《民法典》第635条规定："凭样品买卖的当事人应当封存样品，并可以对样品质量予以说明。出卖人交付的标的物应当与样品及其说明的质量相同。"

请分析：

（1）如何理解本条规定的"凭样品买卖"？

（2）买受人不知道样品有隐蔽瑕疵的，出卖人对交付的样品负有什么义务？

（3）出卖人明知样品有隐蔽瑕疵而故意隐瞒的，如何认定该样品买卖合同的效力？为什么？

53. 《民法典》第641条规定："当事人可以在买卖合同中约定买受人未履行支付价款或者其他义务的，标的物的所有权属于出卖人。

出卖人对标的物保留的所有权，未经登记，不得对抗善意第三人。"

请回答：

（1）当事人约定不动产保留所有权的，该约定是否有效？为什么？

（2）本条规定的"善意第三人"包括哪些？

（3）买受人已经支付总价款达到多大比例，出卖人不享有标的物取回权？第三人善意取得标的物所有权的，出卖人能否行使取回权？如果能，说明理由；如果不能，说明如何救济。

（4）当买受人造成出卖人损害时，出卖人取回标的物的条件有哪些？

（5）出卖人取回标的物后，买受人行使标的物回赎权的条件有哪些？

54. 《民法典》第686条规定："保证的方式包括一般保证和连带责任保证。

当事人在保证合同中对保证方式没有约定或者约定不明确的，按照一般保证承担保证责任。"

请回答：

（1）何为"一般保证"？何为"连带责任保证"？二者的关键区别是什么？

（2）当事人在保证合同中约定了保证人在债务人不能履行债务或者无力偿还债务时才承担保证责任等类似内容的，如何认定该内容的保证方式？

（3）当事人在保证合同中约定了保证人在债务人不履行债务或者未偿还债务时即承担保证责任、无条件承担保证责任等类似内容的，如何认定该内容的保证方式？

（4）如何认定一般保证和连带责任保证的保证期间？

（5）如何开始计算一般保证债务和连带责任保证债务的诉讼时效？

55.《民法典》第 726 条第 1 款规定："出租人出卖租赁房屋的，应当在出卖之前的合理期限内通知承租人，承租人享有以同等条件优先购买的权利；但是，房屋按份共有人行使优先购买权或者出租人将房屋出卖给近亲属的除外。"

请回答：

（1）承租人优先购买权的行使条件有哪些？

（2）如何认定"同等条件"？

（3）出租人通知承租人其要出卖租赁的房屋，如何确定承租人行使优先购买权的法定期限？

（4）出租人妨害承租人行使优先购买权的法律后果是什么？

（5）房屋在出租前已设立抵押权，因抵押权人实现抵押权发生所有权变动的，承租人是否享有优先购买权？

56.《民法典》第 996 条规定："因当事人一方的违约行为，损害对方人格权并造成严重精神损害，受损害方选择请求其承担违约责任的，不影响受损害方请求精神损害赔偿。"

请分析：

（1）本条规定的是何种制度？该制度的适用条件有哪些？

（2）如何理解本条规定的"精神损害赔偿"？如何认定精神损害赔偿的主体和范围？

（3）确认精神损害赔偿数额应当考虑的因素有哪些？

57.《民法典》第 1018 条第 1 款规定："自然人享有肖像权，有权依法制作、使用、公开或者许可他人使用自己的肖像。"

请回答：

（1）何为"肖像"？何为"肖像权"？

（2）侵害肖像权的法定行为方式有哪些？

58.《民法典》第 1024 条第 1 款规定："民事主体享有名誉权。任何组织或者个人不得以侮辱、诽谤等方式侵害他人的名誉权。"

请分析：

（1）何为"名誉"？何为"名誉权"？

（2）判定行为人是否构成名誉侵权应当考虑哪些因素？

59.《民法典》第1025条规定："行为人为公共利益实施新闻报道、舆论监督等行为，影响他人名誉的，不承担民事责任，但是有下列情形之一的除外：（一）捏造、歪曲事实；（二）对他人提供的严重失实内容未尽到合理核实义务；（三）使用侮辱性言辞等贬损他人名誉。"

请回答：

（1）何为"新闻报道"？何为"舆论监督"？

（2）认定行为人是否尽到"合理的核实义务"，应当考虑的因素有哪些？

（3）有证据证明媒体报道内容失实侵害名誉权的，名誉权人如何补救？

60.《民法典》第1032条第1款规定："自然人享有隐私权。任何组织或者个人不得以刺探、侵扰、泄露、公开等方式侵害他人的隐私权。"

请回答：

（1）何为"隐私"？何为"隐私权"？

（2）禁止从事的侵害他人隐私权的主要行为有哪些？

61.《民法典》第1034条第1款规定："自然人的个人信息受法律保护。"

请回答：

（1）何为"个人信息"？

（2）个人信息和隐私有哪些区别？对于个人信息中的私密信息，如何适用个人信息和权利保护的规定？

（3）处理个人信息应遵循的原则和符合的条件是什么？

（4）处理个人信息可以免责的法定情形有哪些？

62.《民法典》第1060条规定："夫妻一方因家庭日常生活需要而实施的民事法律行为，对夫妻双方发生效力，但是夫妻一方与相对人另有约定的除外。

夫妻之间对一方可以实施的民事法律行为范围的限制，不得对抗善意相对人。"

请回答：

（1）本条规定的是何种法律制度？其基本含义是什么？

（2）如何理解"善意第三人"？

（3）夫妻一方为家庭日常生活需要以个人名义所负的债务是夫妻一方的个人债务还是夫妻共同债务？为什么？

（4）本条规定的法律效力如何？

63.《民法典》第1064条规定："夫妻双方共同签名或者夫妻一方事后追认等共同

意思表示所负的债务，以及夫妻一方在婚姻关系存续期间以个人名义为家庭日常生活需要所负的债务，属于夫妻共同债务。

夫妻一方在婚姻关系存续期间以个人名义超出家庭日常生活需要所负的债务，不属于夫妻共同债务；但是，债权人能够证明该债务用于夫妻共同生活、共同生产经营或者基于夫妻双方共同意思表示的除外。"

请分析：

（1）本条规定的夫妻共同债务的类型有哪些？

（2）债权人就一方婚前所负个人债务向债务人的配偶主张权利的，能否得到支持？

（3）夫妻一方与第三人串通，虚构债务，第三人主张该债务为夫妻共同债务的，能否得到支持？

（4）夫妻一方在从事赌博、吸毒等违法犯罪活动中所负债务，第三人主张该债务为夫妻共同债务的，能否得到支持？

64.《民法典》第 1067 条规定："父母不履行抚养义务的，未成年子女或者不能独立生活的成年子女，有要求父母给付抚养费的权利。

成年子女不履行赡养义务的，缺乏劳动能力或者生活困难的父母，有要求成年子女给付赡养费的权利。"

请回答：

（1）如何认定"不能独立生活的成年子女"？

（2）如何认定抚养费的范围？

（3）如何确定未成年子女抚养费的给付期限？

65.《民法典》第 1087 条规定："离婚时，夫妻的共同财产由双方协议处理；协议不成的，由人民法院根据财产的具体情况，按照照顾子女、女方和无过错方权益的原则判决。

对夫或者妻在家庭土地承包经营中享有的权益等，应当依法予以保护。"

请回答：

（1）人民法院分割夫妻共同财产应遵循的原则是什么？

（2）夫妻一方实施哪些法定违法行为，分割夫妻共同财产时可以少分或者不分？

（3）离婚时夫妻共同债务清偿的基本原则是什么？

66.《民法典》第 1091 条规定："有下列情形之一，导致离婚的，无过错方有权请求损害赔偿：（一）重婚；（二）与他人同居；（三）实施家庭暴力；（四）虐待、遗弃家庭成员；（五）有其他重大过错。"

请回答：

（1）如何理解"与他人同居"？

（2）如何认定离婚损害赔偿的范围？

（3）在婚姻关系存续期间，当事人不起诉离婚而单独依据本条提起损害赔偿请求的，人民法院应否受理？

（4）承担离婚损害赔偿责任的主体是谁？

（5）夫妻双方均有本条规定的过错情形，一方或者双方向对方提出离婚损害赔偿请求的，人民法院应否支持？

67.《民法典》第1161条规定："继承人以所得遗产实际价值为限清偿被继承人依法应当缴纳的税款和债务。超过遗产实际价值部分，继承人自愿偿还的不在此限。

继承人放弃继承的，对被继承人依法应当缴纳的税款和债务可以不负清偿责任。"

请分析：

（1）本条规定的是何种遗产债务的清偿原则？适用该原则的例外情形是什么？

（2）继承人对遗产债务不负清偿责任的情形是什么？

（3）法定继承人、遗嘱继承人或受遗赠人没有放弃继承或受遗赠的，继承人和受遗赠人之间如何清偿税款和遗产债务？

68.《民法典》第1166条规定："行为人造成他人民事权益损害，不论行为人有无过错，法律规定应当承担侵权责任的，依照其规定。"

请回答：

（1）本条规定的是何种归责原则？其基本含义是什么？

（2）无过错责任主要适用于哪些侵权行为？

（3）如何理解无过错责任原则的适用方法？

（4）适用无过错责任原则的侵权责任的构成要件有哪些？

69.《民法典》第1186条规定："受害人和行为人对损害的发生都没有过错的，依照法律的规定由双方分担损失。"

请回答：

（1）本条规定的是侵权损害赔偿的何种规则？适用该规则应符合哪些条件？

（2）如何确定损失分担？

（3）本条规定体现了何种立法价值取向？有何立法意义？

70.《民法典》第1229条规定："因污染环境、破坏生态造成他人损害的，侵权人应当承担侵权责任。"

请分析：

（1）本条规定的责任的归责原则是什么？

（2）本条规定的责任的构成要件有哪些？

（3）如何理解本条规定的因果关系的举证责任方式和承担举证责任的情形？

（4）因第三人过错污染环境、破坏生态的，责任如何承担？

三、参考答案

1. （1）胎儿不具有民事权利能力，但涉及遗产继承、接受赠与等胎儿利益保护的，胎儿视为具有民事权利能力。

（2）应当为胎儿保留的遗产份额没有保留的，应从继承人所继承的遗产中扣回。

（3）为胎儿保留的遗产份额，如胎儿出生后死亡的，由其继承人继承；如胎儿娩出时是死体的，由被继承人的继承人继承。

2. （1）宣告失踪的条件有：须有自然人下落不明满2年的事实；须由利害关系人向法院提出申请；须由人民法院依照法定程序宣告。

（2）自然人下落不明的时间自其失去音讯之日起计算。战争期间下落不明的，下落不明的时间自战争结束之日或者有关机关确定的下落不明之日起计算。

（3）利害关系人包括被申请人的近亲属，对被申请人有继承权的亲属，债权人、债务人、合伙人等与被申请人有民事权利义务关系的民事主体，但是不申请宣告失踪不影响其权利行使、义务履行的除外。

3. （1）基于重大误解实施的民事法律行为是指行为人对于民事行为产生错误的理解，并基于这种错误的理解而实施的民事法律行为。

（2）行为人对行为的性质、对方当事人或者标的物的品种、质量、规格、价格、数量等产生错误认识，按照通常理解如果不发生该错误认识行为人就不会作出相应意思表示的，可以认定为重大误解。

（3）撤销权在性质上属于形成权，撤销权应当采取诉讼或仲裁的方式行使。

（4）重大误解的当事人自知道或者应当知道撤销事由之日起90日内没有行使撤销权，或者自民事法律行为发生之日起5年内没有行使撤销权的，撤销权消灭。

4. （1）欺诈是指行为人故意实施的，以引起、强化或维持他人的错误认识并使其基于此错误认识而作出意思表示为目的的欺骗行为。

（2）故意告知虚假情况，或者负有告知义务的人故意隐瞒真实情况，致使当事人基于错误认识作出意思表示的，可以认定为欺诈。

（3）当事人自知道或者应当知道受欺诈事由之日起1年内没有行使撤销权的，撤销权消灭。当事人自受欺诈的民事法律行为发生之日起5年内没有行使撤销权的，撤销权消灭。

5. （1）第三人欺诈是指民事法律行为当事人以外的第三人故意实施的，以引起、强化或维持他人的错误认识并使其基于此错误认识而作出意思表示为目的的欺骗行为。

（2）第三人实施欺诈的主观条件是，对方知道或者应当知道第三人实施欺诈行为。

（3）因第三人实施欺诈行为的，当事人自知道或者应当知道受欺诈事由之日起1年内行使撤销权。当事人自民事法律行为发生之日起5年内行使撤销权，否则撤销权消灭。

6.（1）胁迫是指一方当事人或第三人向对方或其亲属预告危害，使其发生恐惧心理，并基于这种恐惧心理而作出的违背其真实意思的行为。

（2）以给自然人及其近亲属等的人身权利、财产权利以及其他合法权益造成损害或者以给法人、非法人组织的名誉、荣誉、财产权益等造成损害为要挟，迫使其基于恐惧心理作出意思表示的，可以认定为胁迫。

（3）当事人受胁迫，自胁迫行为终止之日起1年内没有行使撤销权，或者自民事法律行为发生之日起5年内没有行使撤销权的，撤销权消灭。

7.（1）危困状态是指因陷入某种暂时性的急迫困境而对于金钱、物的需求极为迫切等情况。

（2）当事人一方是自然人，根据该当事人的年龄、智力、知识、经验并结合交易的复杂程度，能够认定其对合同的性质、合同订立的法律后果或者交易中存在的特定风险缺乏应有的认知能力的，可以认定该情形构成"缺乏判断能力"。

（3）显示公平是指双方在民事法律行为中的权利义务明显失衡、显著不相称。特点有：一方利用对方危困状态、缺乏判断能力等情形；行为结果对一方当事人有重大不利，而另一方则获得显然超过了正常情况下所能获得的利益；不利一方当事人所为民事法律行为并非其本意，而是由于处于危困状态、缺乏判断能力等原因；这种不公平是法律所不允许的，或者是当时社会所公认的不公平。

8.（1）被代理人允许复代理的情形，一是被代理人允许复代理，包括事先同意和事后追认；二是在紧急情况下代理人为了维护被代理人的利益需要，可以转委托第三人代理。

（2）由于急病、通信联络中断、疫情防控等特殊原因，委托代理人自己不能办理代理事项，又不能与被代理人及时取得联系，如不及时转委托第三人代理，会给被代理人的利益造成损失或者扩大损失的，应当认定为紧急情况。

（3）复代理人实施的代理行为构成无权代理。

9.（1）本条规定的是物权公示原则。其适用于依法律行为引起物权变动的情形。

（2）物权公示产生物权变动的公信力。物权变动依法经公示的，即发生法律效力，即使公示所表现的物权状态与真实的物权状态不相符合，也不影响物权变动的效力。

（3）公示可使物权公示方法法定化和类型化，有利于明确物权的归属，保护物权人的权利，维护第三人合法权益，保证交易效率和安全。

10.（1）体现的是物权公示的基本原则。

（2）不动产物权的变动，应当登记的，自记载于不动产登记簿时发生效力。

（3）情形主要有：因买卖、赠与、互易等行为发生的不动产所有权变动；建设用地使用权和居住权的设立；不动产抵押权的设立等。

（4）"法律另有规定的除外"，是指法律规定不动产物权不以登记作为生效要件的情形，包括：依法属于国家所有的自然资源，所有权可以不登记；非依法律行为引起的不动产物权变动；土地承包经营权的互换、转让，地役权的设立。

11. （1）"动产物权的设立和转让，自交付时发生效力"包括通过合同约定转让动产所有权和设立动产质权两种情况。

（2）"法律另有规定的除外"主要指的是：动产物权交付的特殊情况，包括简易交付、指示交付和占有改定；非依法律行为引起的动产物权的变动；动产抵押权和留置权的变动。

12. （1）船舶、航空器和机动车等所有权转移自交付时发生效力。

（2）本条规定中的"登记"并非物权变动的生效要件，而是物权变动的对抗要件，即未经登记不得对抗善意第三人。

（3）本条规定中的"善意第三人"主要是指对该动产享有物权之人，如动产抵押权人。不包括转让人的普通债权人，法律另有规定的除外。

13. （1）依法登记取得或者依据人民法院、仲裁机构的法律文书或者人民政府的征收决定等，或者继承、合法建造、拆除房屋等事实行为取得建筑物专有部分所有权的人，应当认定为业主。基于与建设单位之间的商品房买卖民事法律行为，已经合法占有建筑物专有部分，但尚未依法办理所有权登记的人，可以认定为业主。

（2）专有部分是指在构造上能够明确区分，具有排他性且可独立使用的建筑物部分。构成专有部分须具备三个条件：一是具有构造上的独立性，能够明确区分；二是具有利用上的独立性，可以排他使用；三是能够登记为特定业主所有权的客体。

14. （1）共有部分是指建筑物专有部分之外的其他部分，还包括建筑物的附属建筑物和附属设施等部分。

（2）除法律、行政法规规定的共有部分外，建筑区划内的以下部分，应当认定为共有部分：一是建筑物的基础、承重结构、外墙、屋顶等基本结构部分，通道、楼梯、大堂等公共通行部分，消防、公共照明等附属设施、设备，避难层、设备层或者设备间等结构部分；二是其他不属于业主专有部分，也不属于市政公用部分或者其他权利人所有的场所及设施等。

（3）共同管理的权利即管理权，是指业主基于一栋建筑物的构造、权利归属及使用上的密切关系而形成的、作为建筑物管理团体之成员所享有的共同管理的权利。

（4）建筑物及其附属设施的费用分摊、收益分配等事项，有约定的，按照约定；没有约定或者约定不明确的，按照业主专有部分面积所占比例确定。

（5）使用建筑物及其附属设施的维修资金的，应当由专有部分面积占比2/3以上的业主且人数占比2/3以上的业主参与表决。筹集建筑物及其附属设施的维修资金的，应当经参与表决专有部分面积 3/4 以上的业主且参与表决人数 3/4 以上的业主同意。对于使用、等集建筑物及其附属设施的维修资金事项，应当经参与表决专有部分面积过半数的业主且参与表决人数过半数的业主同意。

15.（1）"同等条件"应当综合共有份额的转让价格、价款履行方式及期限等因素确定。

（2）按份共有人转让其享有的共有的不动产或者动产份额的，应当将转让条件及时通知其他共有人。

（3）按份共有人不得主张优先购买权的主要情形有：①未在规定的期限内主张优先购买，或者虽主张优先购买，但提出减少转让价款、增加转让人负担等实质性变更要求；②以其优先购买权受到侵害为由，仅请求撤销共有份额转让合同或者认定该合同无效。

（4）两个以上其他共有人主张行使优先购买权的，协商确定各自的购买比例；协商不成的，按照转让时各自的共有份额比例行使优先购买权。

16.（1）"遗失物"是他人不慎丧失占有的动产。遗失物的所有权属于失主。

（2）"所有权人或者其他权利人有权追回遗失物"的规定体现了物权的追及效力。

（3）遗失物转让给第三人的，遗失物所有权人有选择权：向无处分权人请求损害赔偿；在知道或者应当知道受让人之日起 2 年内向受让人请求返还原物。

（4）遗失物适用善意取得的条件：遗失物已经转让给第三人，且符合善意取得的一般条件；所有权人自知道或者应当知道受让人之日起 2 年内未向受让人请求返还原物。

（5）"2 年"属于除斥期间。

17.（1）土地承包经营权是指自然人或社会组织依据承包合同对于农民集体所有或者国家所有由农民集体使用的土地享有的占有、使用和收益的权利。

（2）土地承包经营权自土地承包经营权合同生效时设立。

（3）土地承包经营权人依照法律规定，有权将土地承包经营权互换、转让。土地承包经营权互换、转让的，当事人可以向登记机构申请登记；未经登记，不得对抗善意第三人。

18.（1）土地经营权是受让方根据流转合同的约定对承包方承包的农村土地依法占有，利用其开展农业生产经营并取得收益的权利。主体是根据土地经营权流转合同取得土地经营权的自然人或者组织。客体是农村土地。

（2）取得土地经营权须承包方与受让方签订土地经营权流转合同。流转期限为 5 年以上的土地经营权，自流转合同生效时设立。当事人可以向登记机构申请土地经营权登记；未经登记，不得对抗善意第三人。

（3）土地承包经营权人可以自主决定依法采取出租、入股或者其他方式向他人流转土地经营权；通过招标、拍卖、公开协商等方式承包农村土地，经依法登记取得权属证书的，可以依法采取出租、入股、抵押或者其他方式流转土地经营权。

（4）本条规定是对"三权分置"改革的具体落实，有利于明晰土地产权关系，更好地维护农民集体、承包农户、经营主体的权益；有利于促进土地资源合理利用，构建新型农业经营体系，发展多种形式适度规模经营，提高土地产出率、劳动生产率和资源利用率，推动现代农业发展。

19. （1）建设用地使用权是指自然人、社会组织对国家或者集体所有的土地依法享有的利用该土地建造及保有建筑物、构筑物及其附属设施的权利。

（2）国有土地建设用地使用权可以采取出让和划拨方式取得。

（3）设立建设用地使用权的，应当向登记机构申请建设用地使用权登记。建设用地使用权自登记时设立。登记是建设用地使用权的公示方式。

（4）建设用地使用权抵押后，该土地上新增的建筑物不属于抵押财产。该建设用地使用权实现抵押权时，应当将该土地上新增的建筑物与建设用地使用权一并处分。但是，对于新增建筑物所得的价款，抵押权人无权优先受偿。

（5）建设用地使用权的流转方式包括建设用地使用权的转让、互换、出资、赠与或者抵押，但是法律另有规定的除外。

20. （1）居住权是指自然人为满足生活居住的需要，按照合同约定，对他人的住宅享有的占有、使用的用益物权。居住权的特征有：主体限于自然人；内容是占有、使用他人的住宅；客体是他人的住宅；设立目的是满足权利人生活居住的需要；原则上是无偿的，当事人另有约定的除外；具有专属性，依附于特定人的身份而存在，故不得转让、继承，并因居住权人死亡而消灭；是有期限的物权。

（2）居住权的设立采取登记生效的物权变动模式，设立居住权应当向登记机构申请居住权登记，居住权自登记时设立。

（3）规定居住权，是加快建立多主体供给、多渠道保障、租购并举的住房制度的需要，是住房商品化和市场化发展的反映，是房屋在居民财产体系中地位提高的体现，是更好地满足住宅所有权人意思自由的需求。

21. （1）地役权是指不动产的权利人，如所有权人或使用权人，为自己使用不动产的便利或提高自己不动产的效益而利用他人不动产的权利。

（2）地役权自地役权合同生效时设立，地役权通过合同方式，而不是通过登记方式设立，但地役权未登记，不得对抗善意第三人。

（3）"善意第三人"是指不知道或者不应当知道供役地上存在地役权，主要是指供役地的善意受让人。

22. （1）流押条款不发生效力，抵押财产不能直接归债权人所有；债权人仍然享有担保权益，可就抵押财产优先受偿。

（2）抵押权人可就抵押财产折价或者以拍卖、变卖该抵押财产所得的价款优先受偿，抵押财产折价或者拍卖、变卖后，其价款超过债权数额的部分归抵押人所有，不足部分由债务人清偿。

23.（1）债权人自抵押合同生效时取得抵押权。

（2）善意第三人是指不知道财产已被抵押事实的人。"不得对抗善意第三人"主要是指：一是合同签订后，如果抵押人将抵押财产转让，对于善意取得该财产的第三人，抵押权人无权追偿，抵押权人将失去该财产上的抵押权，只能要求抵押人重新提供新的担保，或者要求债务人及时偿还债务；二是抵押合同签订后，如果抵押人以该财产再次设定抵押或者质押，后位抵押权人或者后位质权人可以优先于前位未进行抵押登记的抵押权人受偿。

（3）条件有：一是买受人在正常经营活动中买受了抵押财产；二是买受人已经支付了合理价款；三是买受人已经取得抵押财产，即抵押财产已经交付转让给买受人。

24.（1）条件是：抵押权设立前，抵押财产已经出租并移转占有租赁物给承租人。

（2）抵押权设立后，将办理登记的抵押财产出租的，实现抵押权后，原租赁关系解除，承租人不能要求继续承租抵押财产；将没有办理登记的抵押财产出租并移转占有的，则不得对抗善意承租人。

25.（1）本条规定的是价款债权抵押权（或者称为"买卖价款抵押权"）。价款债权抵押权是指为了担保债务人买入动产时对出卖人或者贷款人支付价款的债务的履行，在买入的该动产上为出卖人或者贷款人设定的，经依法登记取得法律规定的优先受偿权的抵押权。

（2）本条规定的抵押权为动产抵押权，自抵押合同生效时设立，在登记效力上采取对抗主义，未经登记不得对抗善意第三人。但在动产交付后 10 日内办理抵押登记的，买卖价款抵押权人具有优先于债务人在该动产上的除留置权人以外的其他担保物权人受偿的效力。

（3）同一动产上存在多个价款优先权的，抵押权实现时应当按照登记的时间先后确定清偿顺序。

（4）立法宗旨是，保障提供融资的出卖人或者贷款人的债权，特别是平衡该类债权人与债务人的其他担保物权人之间的优先受偿顺位，以增加生产、促进资金融通和经济发展。

26.（1）最高额抵押权的特征有：所担保的债权的不确定性；适用范围的限定性；非从属性。

（2）抵押担保的债权是将来发生的债权，是实际发生额不确定的债权，是一定时期内连续发生的债权。

（3）最高额抵押所担保的债权确定前，部分债权转让的，最高额抵押权不得转让，但是当事人另有约定的除外；最高额抵押所担保的债权确定后，债权转让的，最高额抵押权一并转让。

（4）条件有：当事人协商一致；变更的内容不得对其他抵押权人产生不利影响。

（5）立法意义在于，节约交易成本，加速资金融通，促进社会主义市场经济的发展。

27．（1）同一动产上已经设立抵押权或者质权，该动产又被留置的，留置权人优先受偿。

（2）留置权人与债务人应当约定留置财产后的债务履行期限；没有约定或者约定不明确的，留置权人应当给债务人60日以上履行债务的期限，但是鲜活易腐等不易保管的动产除外。债务人逾期未履行的，留置权人可以与债务人协议以留置财产折价，也可以就拍卖、变卖留置财产所得的价款优先受偿。

（3）留置权人对留置财产丧失占有或者留置权人接受债务人另行提供担保的，留置权消灭。

28．（1）占有人享有的请求权包括占有物返还请求权、妨害排除和消除危险请求权、损害赔偿请求权。

（2）除斥期间。

29．（1）依法成立的合同受法律保护，该款规定有利于维护契约精神、鼓励交易，是加强市场经济法律制度建设的重要内容，是使市场在资源配置中起决定性作用的需要。

（2）第2款规定确立了合同相对性原则。合同相对性原则是指合同项下的权利和义务只由合同当事人享有或者承担，合同仅对当事人具有法律约束力，对合同当事人之外的第三人不具有法律约束力。

（3）"但是法律另有规定的除外"指的是合同相对性原则的例外，主要表现有合同的保全、真正的利益第三人合同、当事人之外的第三人对履行债务具有合法利益情形时的代为履行制度和"买卖不破租赁"制度。

30．（1）预约合同是指要约人与受要约人约定将来订立一定合同的合同。

（2）预约合同的目的在于订立本约合同，本约合同就是履行预约合同而订立的合同。预约合同当事人的义务就是在一定期限内订立本约合同，订立本约合同是预约合同得到履行的结果。

（3）条件是当事人就将来一定期限内订立本约合同达成合意。

（4）预约合同生效后，当事人一方拒绝订立本约合同或者在磋商订立本约合同时违背诚信原则导致未能订立本约合同的，应当认定该当事人不履行预约合同约定的订立合同的义务。

31．（1）悬赏广告是指当事人以发布广告的形式，对完成广告中所要求的特定行为的人，给付广告中所声明的报酬的意思表示。

（2）构成悬赏广告的条件有：一是以公开的方式作出声明；二是悬赏人在声明中明确提出要求，即完成特定行为；三是悬赏人具有支付报酬的意思表示，即对完成特定行为的人给付一定的报酬。

（3）悬赏广告一旦生效，悬赏人就负有对任何完成悬赏广告所声明的行为的人给付报酬的义务，完成特定行为的相对人享有报酬请求权。

32.（1）商业秘密是指不为公众所知悉、具有商业价值并经权利人采取相应保密措施的技术信息、经营信息等商业信息。商业秘密具有以下构成要件：一是非公知性；二是具有商业价值；三是保密性。

（2）表现有：一是泄露商业秘密或者其他信息；二是不正当地使用商业秘密或者其他信息。

（3）赔偿责任是因承担缔约过失责任而产生的，赔偿范围是信赖利益的损失，一般包括缔约费用、准备履行合同所支出费用、丧失与第三人另订合同的机会所造成的损失。

33.（1）合同所涉事项未超越法律、行政法规规定的法定代表人或者负责人的代表权限，但是超越法人、非法人组织的章程或者权力机构等对代表权的限制，属于超越权限。但是，法人、非法人组织能够证明相对人知道或者应当知道该限制的除外。

（2）法人、非法人组织超越经营范围订立的合同的效力应当按照民事法律行为的效力判断，而不能以超越经营范围为由确认合同无效。

（3）本条规定的意义是，保护善意合同相对人的利益，维护交易安全，防止法人或者非法人组织逃避责任、谋取不当利益。

34.（1）达成补充协议的前提是合同成立并生效。

（2）下列情形，不违反法律、行政法规的强制性规定且不违背公序良俗的，可以认定为"交易习惯"：一是当事人之间在交易活动中的惯常做法；二是在交易行为当地或者某一领域、某一行业通常采用并为交易对方订立合同时所知道或者应当知道的做法。

35.（1）第1款规定的是不真正的利益第三人合同。第三人不具有合同当事人的地位。

（2）第2款规定的是真正的利益第三人合同（或者称为"为第三人利益订立的合同"）。第三人享有合同履行请求权、利益拒绝权和违约责任请求权。

36.（1）本条规定的是由第三人履行的合同（或者称为"第三人负担的合同"）。第三人不是合同当事人。

（2）第三人不承担违约责任体现了合同的相对性原则。

37.（1）本条规定的是具有合法利益的第三人代为履行的合同。

（2）下列民事主体可以成为对履行债务具有合法利益的第三人：保证人或者提供物的担保的第三人；担保财产的受让人、用益物权人、合法占有人；担保财产上的后顺位担保权人；对债务人的财产享有合法权益且该权益将因财产被强制执行而丧失的第三人；债务人为法人或者非法人组织的，其出资人或者设立人；债务人为自然人的，其近亲属；其他对履行债务具有合法利益的第三人。

（3）第三人不得代为履行的情形有：一是依据债务性质不能由第三人代为履行；二

是按照当事人约定不得由第三人代为履行；三是依照法律规定不得由第三人代为履行。

（4）具有合法利益的第三人代为履行的，债权人的债权得以实现，债权人与债务人之间的债权债务关系消灭。债权人接受债务人的履行后，其对第三人的债权转让给第三人，但是债务人和第三人另有约定的除外。第三人在其已经代为履行的范围内取得对债务人的债权，但是不得损害债权人的利益。

38.（1）本条规定的是同时履行抗辩权。同时履行抗辩权是指双务合同的当事人在没有约定履行顺序或约定应同时履行的情况下，一方当事人在对方对待给付之前，得拒绝履行自己债务的权利。

（2）同时履行抗辩权的构成要件有：一是须当事人就同一双务合同互负债务；二是须双方互负的债务均届至清偿期；三是须对方未履行债务或履行债务不符合约定；四是须对方的对待给付是可能履行的。

（3）同时履行抗辩权的效力主要在于，对方未履行或履行债务不符合约定时，有拒绝履行自己债务的权利（拒绝履行请求或拒绝相应的履行请求）。如果对方履行了债务，该权利即消灭。

39.（1）本条规定的是情事变更规则。情事变更规则是指合同依法成立以后，非归因于当事人双方的原因，作为合同赖以成立的基础或环境的客观事实发生变更，使得继续维持合同的效力显失公平或者不能实现合同目的的，遭受不利影响的一方当事人可以请求法院或仲裁机关予以变更或解除的规则。

（2）情事变更规则的适用条件有：须有情事变更的事实；情事变更发生在合同成立生效以后，履行终止以前；情事变更非当事人所能预见；情事变更不可归责于双方当事人，即双方当事人没有过错；因情事变更而使原合同的履行显失公平。

（3）合同成立后，因政策调整或者市场供求关系异常变动等原因导致价格发生当事人在订立合同时无法预见的、不属于商业风险的涨跌，继续履行合同对于当事人一方明显不公平的，应当认定合同的基础条件发生了"重大变化"。但是，合同涉及市场属性活跃、长期以来价格波动较大的大宗商品以及股票、期货等风险投资型金融产品的除外。

（4）正常的价格变动是商业风险，但因政策变动或者供求关系的异常变动导致价格发生当事人在订立合同时无法预见的涨跌，按照原定价格履行合同将带来显失公平的结果的，应当认定发生了情事变更。情事变更的事实是当事人无法预见的，且不可归责于双方当事人，固有的商业风险是当事人能够预见的，且商业风险带来的损失可归责于当事人。

40.（1）成立条件有：债务人实施了无偿处分财产的行为；债务人的处分行为已发生法律效力；债务人的行为影响债权人债权的实现；

（2）撤销权的行使范围以债权人的债权为限。债权人行使撤销权的必要费用，由债务人负担。撤销权自债权人知道或者应当知道撤销事由之日起1年内行使。自债务人的行为发生之日起 5 年内没有行使撤销权的，该撤销权消灭。

41.（1）主观条件是相对人主观上存在恶意，即债务人实施影响债权人的债权实现的行为时，债务人的相对人知道或者应当知道该情形。

（2）转让价格未达到交易时交易地的市场交易价或者指导价 70% 的，一般可以认定为"明显不合理的低价"；受让价格高于交易时交易地的市场交易价或者指导价 30% 的，一般可以认定为"明显不合理的高价"。债务人与相对人存在亲属关系、关联关系的，不受 70%、30% 的限制。

（3）债务人影响债权人债权实现的行为被撤销的，债务人的行为自始没有法律约束力。

42.（1）债权让与是指在不改变债的内容的前提下，债权人与第三人订立合同将其债权转给第三人享有。合同债权让与的条件有：存在有效的债权；让与人即原债权人与第三人达成合意且不违反法律规定；债权具有可让与性。

（2）根据债权性质不得转让的债权主要是基于当事人之间的特定身份关系或者信赖关系发生的债权等。

（3）债权人转让债权的，应当通知债务人；没有通知债务人的，债权转让对债务人不发生效力。

（4）债权人转让债权的，受让人取得与债权有关的从权利，但是该从权利专属于债权人自身的除外。受让人取得从权利不因该从权利未办理转移登记手续或者未转移占有而受到影响。因此，抵押权作为从权利也随之转移，即使没有办理抵押权登记手续，受让人也能取得该抵押权。

（5）有下列情形之一的，债务人可以向受让人主张抵销：债务人接到债权转让通知时，债务人对让与人享有债权，且债务人的债权先于转让的债权到期或者同时到期；债务人的债权与转让的债权基于同一合同产生。

（6）因债权转让增加的履行费用，由让与人负担。

（7）债权人转让的，须通知保证人；未通知保证人的，该转让对保证人不发生效力。保证人与债权人约定禁止债权转让，债权人未经保证人书面同意转让债权的，保证人对受让人不再承担保证责任。

43.（1）本条规定的是免责的债务移转（承担）。免责的债务移转是指在不改变债的内容的前提下将债务人的全部或部分债务移转给第三人承受。免责的债务移转的条件有：须存在有效的债务；须有以债务移转为内容的协议；须债务具有可移转性；须经债权人同意。

（2）债务人转移债务，原债务人对债权人享有债权的，新债务人不得向债权人主张抵销。

（3）债权人未经保证人书面同意，允许债务人转移全部或者部分债务的，保证人对未经其同意转移的债务不再承担保证责任，但是债权人和保证人另有约定的除外。

44．（1）第三人与债务人约定加入债务对债权人生效的条件是须通知债权人。效力表现在，第三人在其愿意承担的债务范围内和债务人对债权人承担连带债务。

（2）第三人加入债务的，原债务人应当继续承担保证责任，但仅对原债务人发生担保效力。

（3）第三人加入债务但并未与债务人约定追偿权的，第三人有权请求债务人向其履行债务，依据是债务人所获取的利益属于不当得利。第三人请求债务人向其履行债务的条件是：一是在第三人已经向债权人履行债务的范围内请求债务人向其履行；二是第三人加入债务不会损害债务人利益，即第三人知道或者应当知道加入债务不会损害债务人利益。

45．（1）数项债务清偿抵充的条件有：首先要求债务人对同一债权人负担数项债务；其次要求债务人负担的数项债务的种类相同；最后要求债务人的给付不足以清偿全部债务。

（2）确定清偿抵充顺序的基本原则是：有约定从约定，无约定从指定，无指定从法定。

（3）除当事人另有约定外，应当按照下列顺序履行：实现债权的有关费用；利息；主债务。

46．（1）第1款规定的是协议解除；第2款规定的是约定解除。二者的区别表现在：一是协议解除是达成解除原合同的协议；而约定解除是约定将来发生某种情况时，一方或者双方解除合同。二是协议解除的对象是现存合同关系；而约定解除本身不能导致合同解除，只有在约定的解除事由发生时，通过行使解除权使合同归于消灭。

（2）法律没有规定或者当事人没有约定解除权行使期限，自解除权人知道或者应当知道解除事由之日起1年内不行使，或者经对方催告后在合理期限内不行使的，该权利消灭。

（3）合同因违约解除的，解除权人可以请求违约方承担违约责任，但是当事人另有约定的除外。

（4）主合同解除后，担保人对债务人应当承担的民事责任仍应当承担担保责任，但是担保合同另有约定的除外。

47．（1）本条规定的是法定抵销。其构成要件有：须双方当事人互负债务、互享债权；须主动债权已届清偿期；须双方债务的标的物种类、品质相同；须不存在根据债务性质、按照当事人约定或者依照法律规定不得抵销的情形。

（2）侵权人不得主张抵销。

（3）当事人互负债务，诉讼时效期间已经届满的债权方不能主张抵销，但对方可以主张抵销。

（4）主债务人对债权人享有抵销权的，保证人享有债务人对债权人的抵销权，可以在相应的范围内免除保证责任。

48．（1）债务人将标的物或者将标的物依法拍卖、变卖所得价款交付提存部门时，提存成立。对债务人的效力表现在：提存成立的，视为债务人在其提存范围内已经交付标的物。

（2）标的物提存后，毁损、灭失的风险由债权人承担，提存费用由债权人负担。

（3）具体条件：一是债权人未履行对债务人的到期债务，债务人取回提存物；二是债权人向提存部门书面表示放弃领取提存物的权利。只要具备一个条件即可。

49.（1）违约责任采取无过错责任原则，但法律另有规定的除外。违约责任采取以继续履行为主，赔偿损失为辅的救济原则。

（2）金钱债务应当继续履行；非金钱债务能够履行的，如果当事人不履行或者履行不符合约定，守约方可以请求违约方继续履行。不能请求继续履行的情形有：法律上或者事实上不能履行；债务的标的不适于强制履行或者履行费用过高；债权人在合理期限内未请求履行。

（3）根据性质不得强制履行的债务，债权人享有请求债务人负担由第三人替代履行的费用的权利。

（4）采取补救措施的具体形式包括恢复原状、修理、重作、更换以及退货、减少价款或者报酬。

（5）承担赔偿损失责任的条件有：有违约行为；违约行为造成对方损失；行为与损失之间有因果关系；无免责事由。

50.（1）因违约所造成的损失包括实际损失（积极损失）和可得利益的损失（消极损失）。可以获得的利益就是受损方在合同履行后本可以获得的，但因违约而无法获得的利益，是未来的、期待的利益。

（2）违约赔偿数额不得超过违约一方订立合同时预见到或者应当预见到的因违约可能造成的损失。

（3）当事人一方违约后，对方应当采取适当措施防止损失的扩大；没有采取适当措施致使损失扩大的，不得就扩大的损失请求赔偿。当事人因防止损失扩大而支出的合理费用，由违约方负担。

（4）当事人都违反合同的，应当各自承担相应的责任。当事人一方违约造成对方损失，对方对损失的发生有过错的，可以减少相应的损失赔偿额。

51.（1）分期付款是指买受人将应付的总价款在一定期间内至少分三次向出卖人支付。

（2）当事人可以约定分期付款买卖合同标的物所有权和风险转移的时间，没有约定的，所有权和风险转移时间为标的物交付之日。

（3）当事人对标的物的使用费没有约定的，人民法院可以参照当地同类标的物的租金标准确定。

52.（1）凭样品买卖是指当事人双方约定一定的样品，出卖人交付的货物必须与样品具有相同品质的买卖。

（2）出卖人对交付的样品负有担保标的物没有隐蔽瑕疵的义务，即出卖人交付的标的物的质量仍然应当符合同种物的通常标准。

（3）样品买卖合同为可撤销合同，因为出卖人隐瞒样品隐蔽瑕疵，构成欺诈，因欺诈而签订的合同是可撤销的民事法律行为，故买受人有权撤销该合同。

53.（1）约定无效。因为不动产物权变动需要进行变更登记，且房屋买卖可以通过设定抵押权来保障债权人利益，没有不动产所有权保留的必要。

（2）善意第三人包括善意受让人和善意取得他物权人。

（3）买受人已经支付标的物总价款的75%以上，出卖人不享有标的物取回权。第三人善意取得标的物所有权的，出卖人不能行使取回权，出卖人只能请求买受人赔偿损失。

（4）条件有：未按照约定支付价款，经催告后在合理期限内仍未支付；未按照约定完成特定条件；将标的物出卖、出质或者作出其他不当处分。

（5）出卖人取回标的物后，买受人在合理的回赎期内按照约定支付价款、完成特定条件或者消除不当处分标的物的情形后，买受人可以请求赎回标的物。

54.（1）当事人在保证合同中约定，债务人不能履行债务时，由保证人承担保证责任的，为一般保证。当事人在保证合同中约定保证人和债务人对债务承担连带责任的，为连带责任保证。二者关键区别是一般保证人享有先诉抗辩权，而连带责任保证人不享有先诉抗辩权。

（2）一般保证。

（3）连带责任保证。

（4）债权人与保证人可以约定保证期间，但是约定的保证期间早于主债务履行期限或者与主债务履行期限同时届满的，视为没有约定；没有约定或者约定不明确的，保证期间为主债务履行期限届满之日起6个月。

（5）一般保证的债权人在保证期间届满前对债务人提起诉讼或者申请仲裁的，从保证人拒绝承担保证责任的权利消灭之日起，开始计算保证债务的诉讼时效。连带责任保证的债权人在保证期间届满前请求保证人承担保证责任的，从债权人请求保证人承担保证责任之日起，开始计算保证债务的诉讼时效。

55.（1）承租人优先购买权的行使条件有：存在合法有效的房屋租赁合同关系；在同等条件下行使；必须在一定期限内行使。

（2）同等条件是指承租人与其他购买人在买卖条件上等同，要综合考虑价格的多少、付款期限的长短、一次性付清还是分期付款、有无担保等因素。

（3）出租人履行通知义务后，承租人应在15日内明确表示购买，否则视为放弃优先购买权。

（4）出租人未通知承租人或者有其他妨害承租人行使优先购买权情形的，承租人可以请求出租人承担赔偿责任。但是，出租人与第三人订立的房屋买卖合同的效力不受影响。

（5）承租人不享有优先购买权。

56．（1）本条规定的是损害人格权责任竞合下的精神损害赔偿。适用条件有：发生了损害人格权的违约责任与侵权责任的竞合；当事人一方的违约行为损害对方自然人的人格权并造成严重精神损害；受损害方选择请求违约方承担违约责任。

（2）精神损害赔偿是指法律对被侵权人的精神损害所采取的以金钱赔偿为内容的一种救济措施。精神损害赔偿的主体是自然人；范围是遭受侵害的人身权益。

（3）确认精神损害的赔偿数额应当考虑侵权人的过错程度，侵权行为的目的、方式、场合等具体情节和所造成的后果，侵权人的获利情况和承担责任的经济能力，以及受理诉讼法院所在地的平均生活水平。

57．（1）肖像是通过影像、雕塑、绘画等方式在一定载体上所反映的特定自然人可以被识别的外部形象。肖像权是指自然人依法制作、使用、公开或者许可他人使用自己的肖像，借此享受一定利益并排除他人非法侵害的权利。

（2）侵害他人肖像权的情形有：以丑化、污损，或者利用信息技术手段伪造等方式侵害他人的肖像权；未经肖像权人同意，制作、使用、公开肖像权人的肖像，但是法律另有规定的除外；未经肖像权人同意，肖像作品权利人以发表、复制、发行、出租、展览等方式使用或者公开肖像权人的肖像。

58．（1）名誉是对民事主体的品德、声望、才能、信用等的社会评价。名誉权是指自然人依法享有的维护其名誉，享受名誉给自己带来的利益并排除他人非法侵害的权利。

（2）判定行为人是否构成名誉侵权应当考虑受害人的评价是否降低，是否采取了侮辱、诽谤的方式，侵权人是否有过错等，还应当考虑行为人和受害人的职业、影响范围、过错程度，以及行为的目的、方式、后果等因素。

59．（1）新闻报道是指报纸、刊物、广播、电视等大众传媒及时将新闻事实予以公开和传播的行为。舆论监督是指社会公众运用各种传播媒介对社会运行过程中出现的现象表达信念、意见和态度，对各种违法违纪行为所进行的揭露、报道、评论或抨击的行为。

（2）认定行为人是否尽到合理核实义务，应当考虑的因素有：内容来源的可信度；对明显可能引发争议的内容是否进行了必要的调查；内容的时限性；内容与公序良俗的关联性；受害人名誉受贬损的可能性；核实能力和核实成本。

（3）有证据证明媒体报道内容失实侵害名誉权的，名誉权人有权请求该媒体及时采取更正或者删除等必要措施。

60．（1）隐私是自然人的私人生活安宁和不愿为他人知晓的私密空间、私密活动、私密信息。隐私权是指自然人享有的对自己的个人隐私进行支配并排除他人非法干涉的权利。

（2）除法律另有规定或者权利人明确同意外，任何组织或者个人不得实施下列行为：以电话、短信、即时通信工具、电子邮件、传单等方式侵扰他人的私人生活安宁；进入、拍摄、窥视他人的住宅、宾馆房间等私密空间；拍摄、窥视、窃听、公开他人的私密活动；拍摄、窥视他人身体的私密部位；处理他人的私密信息；以其他方式侵害他人的隐私权。

61.（1）个人信息是以电子或者其他方式记录的能够单独或者与其他信息结合识别特定自然人的各种信息，包括自然人的姓名、出生日期、身份证件号码、生物识别信息、住址、电话号码、电子邮箱、健康信息、行踪信息等。

（2）个人信息不同于隐私：一是构成要件不同，隐私强调私密性，个人信息强调识别性；二是范围和目的不同，个人信息不仅包括隐私信息，还包括非隐私信息；对于个人信息权益的保护兼顾自然人个人信息权益和信息资源有效利用的双重目的，而隐私的保护注重自然人的人格利益；三是权利内容不同，隐私权多表现为消极被动和防御性特点，一般不具有财产利益，个人信息权益则是积极主动的请求权；四是保护程度不同，对隐私权的保护程度高于对个人信息的保护程度。

（3）处理个人信息的，应当遵循合法、正当、必要原则，不得过度处理，并符合下列条件：征得该自然人或者其监护人同意，但是法律、行政法规另有规定的除外；公开处理信息的规则；明示处理信息的目的、方式和范围；不违反法律、行政法规的规定和双方的约定。

（4）处理个人信息，有下列情形之一的，行为人不承担民事责任：在该自然人或者其监护人同意的范围内合理实施的行为；合理处理该自然人自行公开的或者其他已经合法公开的信息，但是该自然人明确拒绝或者处理该信息侵害其重大利益的除外；为维护公共利益或者该自然人合法权益，合理实施的其他行为。

62.（1）本条规定的是夫妻日常家事代理权。夫妻日常家事代理权是指夫妻一方因日常生活需要而与第三人为一定民事法律行为时互为代理的权利。

（2）善意第三人是指不知道或者不应当知道夫妻之间对一方可以实施民事法律行为限制的相对人。

（3）属于夫妻共同债务。

（4）夫妻任何一方行使夫妻日常家事代理权所实施的民事法律行为，对夫妻双方都发生法律效力，即该民事法律行为所产生的法律效果归属于夫妻双方，取得的权利由夫妻双方共同享有，产生的义务由夫妻双方共同承担。但是，如果夫妻一方在行使夫妻日常家事代理权的同时，与相对人就该民事法律行为另有约定，则依照该约定。

63.（1）夫妻共同债务包括基于共同意思表示所负的共同债务，为家庭日常生活需要所负的夫妻共同债务，以及债权人能够证明的夫妻共同债务。

（2）债权人就一方婚前所负个人债务向债务人的配偶主张权利的，不予支持，但债权人能够证明所负债务用于婚后家庭共同生活的除外。

（3）不予支持。

（4）不予支持。

64.（1）尚在校接受高中及其以下学历教育，或者基于丧失、部分丧失劳动能力等非因主观原因而无法维持正常生活的成年子女，可以认定为"不能独立生活的成年子女"。

（2）抚养费包括子女生活费、教育费和医疗费等费用。

（3）抚养费的给付期限，一般至子女18周岁为止。对于16周岁以上不满18周岁，以其劳动收入为主要生活来源，并能维持当地一般生活水平的子女，父母可以停止给付抚养费。

65.（1）分割夫妻共同财产坚持协议优先原则，没有协议或者协议不成的，人民法院应根据财产的具体情况，按照照顾子女、女方和无过错方权益的原则分割夫妻共同财产。

（2）夫妻一方实施隐藏、转移、变卖、毁损、挥霍夫妻共同财产，或者伪造夫妻共同债务企图侵占另一方财产的违法行为的，在离婚分割夫妻共同财产时，对该方可以少分或者不分。

（3）离婚时夫妻共同债务清偿的基本原则是共同债务由夫妻共同清偿。

66.（1）与他人同居是指有配偶者与婚外异性，不以夫妻名义，持续、稳定地共同居住。

（2）损害赔偿包括物质损害赔偿和精神损害赔偿。

（3）人民法院不予受理。

（4）承担损害赔偿责任的主体，为离婚诉讼当事人中无过错方的配偶。

（5）不予支持。

67.（1）限定继承原则。适用该原则的例外情形是：超过遗产实际价值部分的债务，继承人自愿偿还的不在此限。

（2）继承人放弃继承的，就无需对遗产债务承担清偿责任。

（3）既有法定继承又有遗嘱继承、遗赠的，由法定继承人清偿被继承人依法应当缴纳的税款和债务；超过法定继承遗产实际价值部分，由遗嘱继承人和受遗赠人按比例以所得遗产清偿。

68.（1）无过错责任原则，是指不论行为人有无过错，只要行为人损害他人民事权益，就应依法承担民事责任的原则。

（2）无过错责任原则主要适用于以下侵权行为：产品质量不合格致人损害；机动车交通事故中机动车一方致非机动车或行人的损害；环境污染、破坏生态致人损害；高度危险作业致人损害；饲养的动物致人损害；用人者的雇员在工作中致人损害；被监护人致人损害。

（3）适用无过错责任原则无需考虑侵权人有无过错，从而免除了被侵权人对侵权人过错的举证和证明责任，侵权人也不得以自己没有过错而主张免责。

（4）构成要件包括有侵权行为、有损害后果，侵权行为与损害后果之间存在因果关系。

69．（1）本条规定的是法定分担损失规则。法定分担损失规则应符合下列条件：当事人双方对损害的发生均无过错；损害不属于适用无过错责任原则的情形；分担损失不是必须平均分担。

（2）确定损失分担，需要综合考虑受害人的损害，双方当事人的财产状况及其他相关情况等因素。

（3）法定分担损失规则体现的是公平观念，是公平原则在损害赔偿制度中的运用。该规则的运用能够及时化解矛盾，妥善解决纠纷，有利于和谐的人际关系的建立，是建设社会主义精神文明的需要。

70．（1）无过错责任原则。

（2）构成要件有：有污染环境、破坏生态的行为；发生损害；污染环境、破坏生态行为与损害之间存在因果关系。

（3）环境污染和破坏生态责任的因果关系实行举证责任倒置。承担举证责任的情形有两种情况，即因污染环境、破坏生态发生纠纷，行为人应当就法律规定的不承担责任或者减轻责任的情形及其行为与损害之间不存在因果关系承担举证责任。

（4）因第三人的过错污染环境、破坏生态的，被侵权人可以向侵权人请求赔偿，也可以向第三人请求赔偿。侵权人赔偿后，有权向第三人追偿。

第二节　案例分析题

一、历年真题考查内容

具体命题情况见表2-2：

表2-2　民法学案例分析题2004—2024年真题考查内容

出题年份	考查内容
2004年	法定继承、遗嘱继承、遗嘱的效力、限定继承原则、遗产债务的清偿（继承人对遗产债务的清偿顺位）、遗产的分割。
2005年	代理、买卖合同、委托合同、效力待定合同（限制民事行为能力人订立的合同的效力）、追认权的行使。
2006年	民事法律行为有效的条件（合同有效的条件）、区分原则（不动产物权登记的效力与合同效力的区分）、不动产物权的变动（登记）、"一房二卖"与违约责任。

出题年份	考查内容
2007 年	合同债权转让、债权人的代位权。
2008 年	不动产抵押权的登记、权利质权（以专利权出质）、担保物权的物上代位性。
2009 年	建筑物、构筑物或者其他设施致人损害责任；推定过错责任原则；不可抗力。
2010 年	承租人的优先购买权。
2011 年	悬赏广告、拾得遗失物、遗失物回复请求权。
2012 年	非基于法律行为产生的物权变动（因合法建造房屋等事实行为产生的物权变动）、保证责任与债权转让、混合（共同）担保。
2013 年	合同解除（单方解除）、拾得遗失物、悬赏广告、合同相对性。
2014 年	合同的成立；全面履行原则；标的物毁损、灭失风险的负担。
2015 年	自然人之间借款合同的成立、一般保证、一般保证与主合同变更、债权转让。
2016 年	抛弃所有权、赠与（合同）的撤销、动产物权的变动（占有改定）。
2017 年	民事法律行为的有效条件（合同的有效条件）、动产抵押权的设立、合同的解除（法定解除）。
2018 年	分期付款买卖合同、合同的解除、用人者责任（劳务派遣责任）。
2019 年	自书遗嘱的撤销、不动产物权的变动、虚假表示、不动产的善意取得、诉讼时效。
2020 年	租赁合同：承租人对租赁物进行改善或增设他物、房屋承租人死亡的租赁关系的处理；合伙债务与个人债务的区分。
2021 年	买卖合同的成立、要约与承诺、缔约过失责任。
2022 年	打印遗嘱的效力、因继承引起的物权变动、居住权。
2023 年	要约、承诺、合同的成立，因重大误解、显失公平而可撤销的民事法律行为。
2024 年	承租人的优先购买权、无权代理、保证责任。

二、专项突破习题

1. 安某是某中学学生，15 周岁。一天，在放学回家的路上，安某看到商场正在进行有奖销售，每消费 20 元可领取奖券一张，最高奖金为 1 万元，便买了一瓶 20 元的洗发水，领到一张奖券。几天后，抽奖结果公布，安某所持奖券中了最高奖，安某非常高兴，将中奖的消息告诉母亲肖某，母子二人马上去商场兑了奖，肖某把这 1 万元钱放到家里的柜子中。第二天，安某与肖某发生争执，安某一气之下便偷偷将柜子中的 1 万元钱拿出，到商场中购物消气，其见到商场正在促销钻戒，便花了 4 800 元买了一只钻戒，剩余的钱放回箱子中。几天后，肖某要购买股票，却发现钱少了，只好用剩余的钱买了股票，并质问安某，安某在质问之下说出真相。但安某认为钱是自己中奖所得，自己想买什么就买什么。肖某则认为安某还小，钱应当由自己和安某的父亲支配，于是马上拉着安某到商场，说安某购买钻戒未征得父母同意，要求退货，售货员拒绝退货。

根据上述案情回答下列问题并说明理由：

（1）安某购买洗发水的行为的效力如何？1万元奖金究竟归谁？安某购买钻戒的行为的效力如何？肖某是否有权请求退货？

（2）肖某是否有权用中奖奖金购置股票？肖某是否应对购买股票的行为承担法律责任？

（3）假设安某没有告诉肖某中奖之事，而是直接到商场领奖，商场能否以安某是未成年人为由拒绝兑奖？

2. 李强和许玲系夫妻，二人有一子李峰（8周岁）。婚前许玲患有精神分裂症，婚后经常训斥甚至打骂李强。两年后，法院判决二人离婚，李峰判给李强，夫妻共同财产判给许玲。

事实一：法院指定许玲的父亲许义作为许玲的监护人，许义年老体弱，常年卧病在床，因此拒绝监护。许玲的哥哥许海和姐姐许梦都表示愿意担任监护人，二人发生争执，于是法院指定许海担任监护人。

事实二：许海动用许玲婚后获得的财产5万元做生意，而且由于经营不善已经赔掉大半。许梦立刻提出，许玲的钱是用来保障其生活的，不得挪作他用，并要求取代许海担任许玲的监护人。许海辩称，自己做生意所挣的钱也是用来扶养许玲的。许梦诉至法院，请求许海赔偿许玲损失并请求法院指定许梦为监护人。

事实三：李强在征得其子李峰的同意后，将李峰的3万元存款赠给其朋友孙某看病。孙某病愈后，给了李峰手机一部，以示感谢。

事实四：李峰在光远小学上手工劳动课期间，授课老师的孩子突然生病，不得不赶紧送孩子去医院。李峰与同桌小明打闹玩耍时，不小心用做手工的剪刀刺伤了小明的眼睛，花费医疗费数万元。小明的父母要求李峰负担医疗费。李峰则认为，是光远小学管理不善导致了损害的发生，应由学校承担责任。

事实五：李峰放学回家的路上，用弹弓打路过的猫，未击中猫，石子触路面反弹，将同学小伟面颊击伤，血流不止，花去医药费1 000余元。小伟的父母请求李强支付医疗费，李强以自己困难为由拒绝赔偿，小伟的父母则请求以李峰的3万元存款支付医药费，遭到拒绝。

根据上述案情回答下列问题并说明理由：

（1）事实一中，许义拒绝监护的理由是否成立？人民法院指定许海作为监护人是否于法有据？

（2）事实二中，许海是否有权动用许玲的财产做生意？是否应赔偿损失？法院是否应变更监护人？

（3）事实三中，李强代其子所为赠与行为是否有效？李峰接受手机的行为是否有效？

（4）事实四中，学校是否应承担责任？李强是否应承担责任？

（5）事实五中，应由谁承担小伟遭受损害的赔偿责任？如何赔偿小伟的医疗费？

3. 李某和丁某为夫妻，有一女李娟（1周岁）。2014年4月，李某向朋友张某借款20万元（借期为2年）到外地经商，下落不明。2017年4月，张某向人民法院宣告李某失踪，但丁某坚决反对。人民法院宣告李某失踪，但在财产代管人的选择问题上，丁某与李某母亲王某发生争执。经查，在李某下落不明期间，丁某暗中将家中财物转移到姘夫郭某家中。

李某留有一份自书遗嘱，指定妹妹李佳作为其个人财产的继承人。李佳得知遗嘱一事后于2019年4月向法院申请李某死亡。同时，李某的单位也准备向法院申请李某死亡，以便将李某除名。但丁某坚决反对宣告李某死亡。最后，法院宣告李某死亡。2021年4月，丁某和郭某结婚，但因为郭某不愿意带孩子，丁某只好忍痛将李娟依法送养给吕某夫妇。2022年4月，郭某遭遇车祸身亡。

根据上述案情回答下列问题并说明理由：

（1）张某是否有权申请李某失踪？

（2）法院在丁某反对的情况下宣告李某失踪，是否合法？

（3）法院应指定谁为李某的财产代管人？

（4）李某所立书面遗嘱的效力如何？

（5）法院是否应当宣告李某死亡？

（6）李某的单位是否有权申请李某死亡？

（7）若李某于2023年返家，并向法院申请恢复和丁某的婚姻关系，解除收养关系和返还通过继承取得的财产，这些请求能否得到支持？

4. 甲、乙、丙拟成立A公司从事法律职业资格考试培训。在设立登记前，甲以A公司名义与B商厦订立租赁合同，未付租金。

请分析：

（1）若两个月后，A公司完成注册登记，B商厦应当请求谁支付租金？为什么？

（2）若两个月后，甲、乙、丙基于市场状况考虑放弃注册公司，B商厦应当请求谁支付租金？为什么？

（3）若在设立登记前，甲并非以A公司名义，而是以自己的名义与B商厦订立租赁合同，未付租金，则A公司成立后，B商厦应当请求谁支付租金？为什么？

5. 事实一：2022年2月，甲公司和乙公司决定共同发起设立丙公司。甲、乙公司签订了发起人协议，协议就投资、权利和义务等作出了约定。此后，双方制定了公司章程，选举了董事会，但丙公司迟迟不开展业务，也没有办理登记注册手续。甲公司多次催促，乙公司就是不按照协议约定办理登记注册手续。2023年5月，甲公司请求乙公司退回投资款，乙公司不同意，甲公司诉至法院，请求乙公司返还投资款50万元。

事实二：2022年3月，甲公司下设的A分公司经理叶某持分公司营业执照和合同文本与B公司签订一份总价款为20万元的买卖合同，由A分公司向B公司提供一批皮鞋。合同订立后，B公司依约支付了定金。一个星期后，A分公司按合同约定的期限交货，但经B公司检验，该批皮鞋质量不符合约定，于是B公司当即提出质量异议且请求双倍返还定金并按约支付违约金。而A公司坚持要求B公司付款。B公司将甲公司和A分公司诉至法院。经查，A分公司交付的皮鞋属于伪劣产品。

事实三：2022年6月，乙公司在完成一幢大楼的装修工作后，董事长陈某将剩余的木地板、厨卫用具等卖给C公司。在合同订立之后履行之前，乙公司找到出价更高的买家，因此以自己公司营业执照上的核准经营范围并无销售木地板、厨卫用具等业务为由主张合同无效，而C公司坚持要求乙公司履行合同。乙公司拒绝履行合同，C公司诉至法院。乙公司辩称，公司规章规定："凡是签订价值超过10万元的合同，须经董事会讨论决定。"

事实四：2022年8月，乙公司派销售员李某和D公司工程负责人鲁某签订一份建材买卖合同，约定由鲁某于2023年2月前付清货款。签订合同后，D公司仅支付了5万元，余款10万元由鲁某给乙公司出具欠条一张。同年8月，D公司与鲁某签订协议，约定：鲁某负责偿还一切工程款，与D公司无关。乙公司多次交涉，D公司还是久拖不还。乙公司诉至法院，请求鲁某与D公司承担连带责任。D公司辩称：第一，该合同是鲁某以自己的名义和乙公司签订的，没有加盖D公司公章；第二，自己和鲁某之间有约在先，鲁某负责偿还一切工程款，因此乙所欠债务与公司无关。

根据上述案情回答下列问题并说明理由：

（1）事实一中，丙公司是否成立？甲公司是否有权解除发起人协议？甲公司是否有权请求乙公司返还50万元投资款？

（2）事实二中，应由谁向B公司承担皮鞋质量不合格的违约责任？B公司能否要求违约方返还定金并支付违约金？

（3）事实三中，乙公司在C公司起诉前后的辩解能否成立？

（4）事实四中，D公司能否以没有加盖公章为由拒绝付清货款？D公司和鲁某签订的协议能否对抗乙公司？

6. 甲、乙仅为商业上的伙伴，二人各出资5万元成立合伙企业，共同购买了一台大型机床。二人约定，该机床放在乙处，由乙负责日常的保养，但对该机床的处分，须经二人一致同意，否则，另一方有权追回该机床。不久，乙因出现债务危机，自行将该机床以9万元的价格出卖给不知情的丙，并已交付。甲得知后，向丙交涉，并以甲、乙之间有约定为由，要求丙退还机床。后来，丁作为有限合伙人加入该合伙企业，丁未经授权便持授权委托书以合伙企业的名义与戊公司购买 5 吨稻米，后合伙企业拒绝付款。

根据上述案情回答下列问题并说明理由：

（1）甲、乙就该机床成立何种共有关系？

（2）丙能否取得该机床的所有权？

（3）甲能否以甲、乙之间的约定为由，请求丙返还该机床？

（4）若甲、乙约定合伙企业所欠债务由甲一人承担，则合伙企业欠 A 公司的 10 万元债务，A 公司是否有权请求合伙企业或甲、乙承担责任？

（5）丁与戊公司签订的买卖合同是否有效？

（6）甲、乙、丁如何对戊公司承担责任？

7. 甲有 A、B 两套房屋，A 房是夫妻共同财产，B 房是甲个人财产。

甲经妻子丙同意，将价值为 600 万元的 A 房卖给乙，为了避税，甲、乙签署了两份房屋买卖合同，第一份约定为 600 万元，交易价以此份房屋买卖合同为准；第二份合同为网络备案合同，约定为 350 万元。甲为了攒私房钱，向妻子丙谎称，为了防止房价下跌，甲将 A 房屋以 350 万元的价格出售，并向丙出示了第二份网络备案合同，丙信以为真。甲与丙离婚后，丙才得知实情。

甲为了逃避所欠 1 000 万元外债，与丁秘密约定，B 房所有权属于甲，甲假装将 B 房赠给丁，并将房屋登记于丁的名下。丁将房屋抵押给不知情的戊，并办理了抵押登记。

根据上述案情回答下列问题并说明理由：

（1）甲、乙订立的两份 A 房买卖合同的效力如何？

（2）丙与甲离婚并得知实情后，应如何维护自己的权益？

（3）甲、丁之间房屋赠与行为的效力如何？

（4）戊能否取得房屋抵押权？

8. 甲将祖传名贵玉石误认为普通山石，于 1 月 30 日以 800 元的价格出售给乙，约定乙于 2 月 10 日付款。2 月 2 日，甲将价金债权赠与丙。2 月 3 日，甲通知乙其将该价金债权赠与其好友丙，嘱咐乙向丙支付 800 元即可。2 月 4 日，甲获知玉石价值连城，找乙协商撤销玉石买卖合同，乙未答应。甲一气之下诉至法院，请求撤销与乙之间的买卖合同，丙也向法院起诉请求撤销玉石买卖合同。

根据上述案情回答下列问题并说明理由：

（1）甲将价金债权赠给丙属于何种性质的民事法律行为？该民事法律行为何时对乙生效？为什么？

（2）如何认定甲、乙之间签订的玉石买卖合同的效力？为什么？

（3）甲、丙是否有权撤销玉石买卖合同？若不享有撤销权，请说明理由；若享有撤销权，请说明撤销权行使期限。

9. 甲公司欲向乙公司订购一批专门从新西兰进口的奶粉，乙公司在订立合同时谎称奶粉为新西兰进口奶粉。合同订立后，甲公司得知实情。恰逢国产奶粉畅销，甲公司有意继续履行合同，乙公司则希望将这批货物以更高的价格售与他人。

若下列情形均发生于合同订立之日起1年内，请回答下列问题并说明理由：

（1）甲公司与乙公司订立的合同效力如何？

（2）如果甲公司向乙公司催告交货，那么合同效力如何？

（3）如果甲公司向乙公司预付货款，那么合同效力如何？

（4）如果乙公司与丙公司另行订立合同，将该批奶粉售给丙公司。甲公司要求乙公司交付该批奶粉，遭到乙公司拒绝。甲公司是否有权请求丙公司返还奶粉并请求乙公司承担违约责任？

10. 事实一：2022年某日，李某计划给女友张某买一部市价为1万元的手机作为生日礼物。某日李某去手机店购买手机，无意中发现该手机店1万元的手机仅售1 000元，大喜过望，交款前李某心存疑虑地问售货员甲价格是否属实，甲作了肯定性回答，李某于是放心将手机买下。第二天，甲经同事提醒，发现手机价格标签为10 000元，甲误写成1 000元。甲找到李某，请求其返还手机或者补足价款。李某声称手机已经送给张某，因张某的父亲给张某买了一款更昂贵的手机，张某已将手机以9 000元价格卖给了于某。李某拒绝补足价款，于某也拒绝返还手机，手机店于是将李某和于某诉至法院。

事实二：因李某女友张某将手机送给他人，李某再购买电脑一台赠给张某，发票上写明是美国产的原装货，李某没有拆开包装盒，后来，李某才知道女朋友张某的母亲给张某买了一台性能更加优越的电脑。2022年8月，李某只好将电脑转卖给王某，王某回家拆开包装盒后发现电脑是南方某工厂组装的，但王某觉得价格不贵，也就没有追究。2023年1月，王某发现电脑频频出现故障，于是找到李某，要求其退还货款，李某不同意，于是王某诉至法院，请求法院撤销该合同并返还货款。

事实三：因李某时常给女友买礼物，手头比较拮据，便欲以高价将自己的三台比较破旧的二手摩托车卖给老实巴交的赵某，要求赵某买下三台摩托车，不买就给赵某放血。赵某无奈买下三台摩托车。李某出价较高，赵某一时拿不出钱，只交了一台摩托车的钱，于是李某便让赵某打了欠条，要求赵某一个月付清余款，赵某因恐惧被迫写下欠条，李某还威胁赵某说："不得起诉告我，告也不退你钱。"赵某应允。后李某多次索要钱款无果，将赵某诉至法院，而赵某则申请法院撤销合同。

事实四：2023年4月，李某发现孙某有祖传的古董花瓶一对，多次找到孙某表示要高价收买，均被孙某拒绝。后孙某父亲因病情突然恶化住院，急需大笔医疗费用。李某认为机会来了，就找到孙某，表示愿以2万元的价格购买这对市价10万元的花瓶。孙某急需用钱而仓促之间又找不到合适且懂行的买主，只好答应这笔买卖。双方货款两清。后孙某的父亲终因病情恶化去世。2023年10月，孙某架不住妻子的催促，不得不找到李某，要求李某补足价款或者返还花瓶，李某拒绝。孙某将李某诉至法院，请求撤销买卖合同。

根据上述案情回答下列问题并说明理由：

（1）事实一中，李某与手机店之间的买卖合同效力如何？手机店的请求能否成立？

（2）事实二中，李某的行为是否构成欺诈？如何认定李某与王某订立的买卖合同的性质及效力？王某能否请求撤销买卖合同？

（3）事实三中，如何认定李某和赵某之间买卖合同的效力？赵某是否有权撤销合同？李某和赵某"不得起诉"的约定是否有效？法院应如何处理？

（4）事实四中，如何认定李某和孙某之间买卖合同的效力？孙某是否有权撤销合同？

11. A市甲商场业务员张某到乙公司采购空调，张某见到乙公司生产的浴室防水暖风机小巧实用，遂自行决定购买一批该公司生产的暖风机。货运到后，甲商场即对外销售该暖风机。后因A市提前供应暖气，暖风机销量大减。甲商场遂认为，甲商场并没有授权张某购买暖风机，因而拒绝支付货物款项。

根据上述案情回答下列问题：

（1）如何认定张某和乙公司签订的合同的效力？为什么？

（2）甲商场是否应支付货款？为什么？

12. 事实一：丙受甲公司委托去郊区预订民宿，正值当地人参成熟时节，丙想顺便购入一批人参转卖赚取差价，遂以甲公司名义，以团购价与乙公司订购了一批人参。丙用自己的钱付了款，却错把收货地址写成了甲公司地址，人参直接送到了甲公司。甲公司了解情况后，将这批人参当作员工福利进行了发放。

事实二：丙受甲公司委托到香港出差购置一批化妆品，到香港后，丙邀请朋友丁和其一道购置化妆品，但购货不足。途中，丁提出自己曾直播带货化妆品，现在手头上还剩下一点儿货，可以极低的价格出售给丙，丙则可以从中赚取差价，而且能补足供货。丙经考虑后应允。丙将化妆品交给公司后，公司予以销售，后有消费者出现红肿、刺痛等症状，经专业人士鉴定，有些化妆品是假货，而假货正是丁出售给丙的化妆品。经逼问，丙说出事情。甲公司为此将丙、丁诉至法院，要求两人共同赔偿公司的损失。

根据上述案情回答下列问题并说明理由：

（1）事实一中，如何认定丙与乙公司之间订立的合同效力？

（2）事实一中，丙是否有权请求甲公司返还钱款？

（3）事实二中，如何理解丙、丁的行为性质？甲公司的请求能否成立？为什么？

13. 李某是著名书法家，其书法作品具有较高的审美、艺术、文化和历史价值。

事实一：2022年8月，某咖啡厅请李某为其写字5幅，11月底以前交付，笔墨纸张均由咖啡厅提供，且咖啡厅先行支付李某全部报酬1万元。李某忙于其他事务，无暇为咖啡厅写字。10月中旬，李某应邀到外地上课，临走前嘱咐学生郑某，要他立即按照咖啡厅的要求写字5幅，并在11月底前交付，郑某照办。咖啡厅拿到字后，并未发现异常。后咖啡厅屡听有人怀疑这些字并非出自李某之手，便起了疑心，将字拿到专业机构鉴定，发现果真是赝品。于是咖啡厅将李某诉至法院，要求其承担违约责任。

事实二：2023年5月，甲公司委托李某作为代理人到异地的乙公司购买特等笔墨纸砚等书法用具，甲公司给李某开具加盖公司印章的空白介绍信。李某与乙公司签订买卖合同后，乙公司才想到要求李某出具甲公司的授权文件，但李某将文件遗失。乙公司于是向甲公司催告，要求甲公司在1个月内对李某的身份予以确认，甲公司未作任何答复，乙公司害怕笔墨纸砚价格波动，便将存货全部卖给丙公司，并通知甲公司撤销与李某签订的买卖合同。15日后，甲公司通知乙公司，确认李某是甲公司的代理人，并将文件遗失情况告知乙公司。由于乙公司已无特等笔墨纸砚存货，因而无法交货。甲公司认为乙公司违约。

事实三：2023年8月，李某辞去书法协会委员会委员职务，书法协会并未及时收回李某随身携带的协会公章、空白合同书以及介绍信等相关证明文件。李某凭借协会公章和空白合同书等以书法协会的名义与丙公司签订了20万元的书法器皿等配套用具，并约定交货一个月后一次性付清全部价款。丙公司与李某有常年业务往来，对李某的代理人身份并未怀疑。丙公司交货一个月后，多次催告李某付款，但李某已经出国旅游。于是丙公司向书法协会催账，书法协会以李某已经辞职为由拒绝付款。丙公司将书法协会诉至法院。书法协会辩称不知道李某对外签约一事，自己无过失，因此拒绝付款。

请分析：

（1）事实一中，李某嘱咐郑某为咖啡厅写字的行为是否有效？为什么？

（2）事实一中，咖啡厅为了维护合法权益，可以提出哪些诉讼请求？

（3）事实二中，如何认定李某和乙公司签订的买卖合同效力？为什么？

（4）事实二中，乙公司是否违约？为什么？

（5）事实三中，李某和丙公司之间的合同效力如何？

（6）对于事实三，应如何处理？为什么？

14. 齐某为某瓷器厂的业务员，因故于2022年5月被辞退。2023年4月，齐某以瓷器厂的名义与甲公司签订了一份合同，约定由瓷器厂于年底前向甲公司供应瓷器1 000件，价款为10万元。甲公司同时向齐某支付定金3万元，并约定如果任何一方违约，违约方应向对方支付3万元违约金。合同同时约定了瓷器的规格、送货方式、交货日期等有关事宜。之后，甲公司由于合同到期后未见货到，便派人前去催货。该瓷器厂此时才知道齐某是以瓷器厂的名义与甲公司签订的合同。由于合同约定的瓷器单价较高，瓷器厂遂以检修为名，要求宽限5个月交货，双方达成了延期交货的协议。宽限期满后甲公司仍不见对方交货，便再次派员到瓷器厂催货，要求对方供货并支付逾期供货的违约金。瓷器厂由于不能交货，就以齐某已被辞退，其订立的合同对瓷器厂没有约束力为由拒绝供货，甲公司遂向法院起诉。

请分析：

（1）如何认定齐某与甲公司订立的合同的效力？为什么？

（2）合同订立后，瓷器厂是否有权拒绝交货？为什么？

（3）瓷器厂是否有权要求齐某将定金交付给瓷器厂？为什么？

（4）瓷器厂拒绝交货后，如果甲公司引用定金条款和违约金条款，甲公司获得的最大利益是多少？为什么？

15. 甲公司与乙公司签订的合作开发协议约定，合作开发的 A 区房屋归甲公司、B 区房屋归乙公司。乙公司与丙公司签订委托书，委托丙公司对外销售房屋。委托书中委托人签字盖章处有乙公司盖章和法定代表人王某签字，王某同时也是甲公司法定代表人。

购房者张某查看合作开发协议和委托书后，与丙公司签订房屋预订合同，约定："张某向丙公司预付房款 50 万元，购买 A 区房屋一套。待取得房屋预售许可证后，双方签订正式合同。"丙公司将房款用于项目投资，全部亏损。后来王某向张某出具《承诺函》：如张某不闹事，将协调甲公司卖房给张某。但甲公司取得房屋预售许可证后，将 A 区房屋全部卖与他人。张某要求甲公司、乙公司和丙公司退回房款。

张某与李某签订债权转让协议，将该债权转让给李某，通知了甲、乙、丙三公司。

请根据上述材料，回答下列问题并说明理由：

（1）乙公司和丙公司签订的委托书是否有效？

（2）对于甲公司而言，张某能否善意取得 A 区房屋所有权？

（3）《承诺函》是否具有法律效力？

（4）对于乙公司而言，张某能否基于表见代理主张房屋预订合同具有法律效力？

（5）张某预付的 50 万元房款如何处理？

16. 茶商甲委托乙销售一箱茉莉花茶，购买一箱绿茶。

事实一：乙经甲同意将茉莉花茶销售事宜转托给丙。丙以自己名义与文某签订买卖合同，约定将茉莉花茶以高于市场价的 5% 的价格卖给文某，并赠给茶具一套。丙因此与李某签订茶具买卖合同。丙依约向文某交付茉莉花茶一箱，但因李某不能向丙交付茶具，导致丙无法向文某交付茶具。文某拒绝向丙支付茶叶款。

事实二：乙经甲同意将绿茶购买事宜转托给丁，乙将购茶款 1 万元放在信封里交给丁，丁在当晚回家途中，1 万元被抢，抢劫案未侦破。乙将购茶款被抢一事告知甲，为此引起纠纷。甲将乙和丁诉至法院，要求乙、丁对购茶款的损失承担连带责任。

根据上述案情回答下列问题并说明理由：

（1）事实一中，如何使文某履行支付茶叶款的义务？

（2）事实一中，文某是否有权请求甲或丙履行交付茶具的义务？

（3）事实二中，乙、丁对甲的损失有无赔偿义务？甲的损失应由谁承担？

17. 事实一：2016年9月1日，乙从朋友甲处借款2万元，双方约定按照同期存款利率计算利息，但是未约定还款期限。2017年6月1日，甲急需用钱，要求乙在一个月内还款。乙置之不理。甲无奈，只好从别处借款解了燃眉之急，因为面子问题也就没有再向乙催要。2020年8月1日，甲再次向乙索要借款，乙称手头紧一时还不起，于是双方达成还款协议：乙在两个月内还清借款，甲放弃对利息的请求权。两个月后，乙仍未还款，甲于是将乙诉至法院。乙辩称，甲的还款请求权已过诉讼时效期间，乙不必还款。

事实二：2019年5月10日，甲答应将一块名贵手表卖给丙，作价1万元，于当天交付手表，并约定交付手表后一个月内付钱。但两个月过去了，丙仍未付款。2022年5月20日，甲外出期间遭遇车祸，成为植物人。甲的家人就谁担任监护人发生严重争执，直到2022年6月20日才确定由甲的长兄丁担任甲的监护人。2022年8月，丁在清理甲的财产时，发现尚有丙的欠款没有追回，遂要求丙支付购表款。丙则以债务已超过诉讼时效为由拒绝支付购表款。

根据上述案情回答下列问题并说明理由：

（1）事实一中，甲的还款请求权是否已超过诉讼时效？乙是否应当归还借款和利息？

（2）事实二中，甲对丙的付款请求权的诉讼时效从哪天开始计算？该付款请求权是否超过诉讼时效？

18. 甲有一台电视机，在借给乙使用期间，4月1日，二人达成转让协议，乙以1 600元价格购买该电视机。5月1日，乙因为要调往外地工作，欲将家里的财产变卖，乙的朋友丙知道后同乙商量，要求乙把电视机卖给他。双方协商的价格是1 500元。6月1日，丙将钱交给乙。之后，丙将电视机装上车欲拉走。乙想起自己还有一个月才走，就问丙能否借用1个月，丙同意。7月1日，丙将电视机拉回家，到家后，他接通电源，电视机不显示图像，丙认为电视机在卖给他之前就已毁坏，就把电视机给乙送回去，要求乙把钱退给他。乙请来修理电视机的技术人员检查，经查是丙搬运不当导致显像管毁坏。丙坚决不要电视机，要求乙退钱。如果乙一定要将电视机卖给他，那就退给他500元电视机修理费。

根据案情回答下列问题并说明理由：

（1）甲交付电视机采用的是哪种交付方式？电视机的所有权何时发生转移？

（2）乙交付电视机采用的是哪种交付方式？电视机的所有权何时发生转移？

（3）乙是否应当承担电视机的修理费用或者收回电视？

19. 某年7月1日，甲、乙签订房屋买卖合同，将甲所有的一套房屋以200万元的价格出售于乙。双方约定，合同订立时乙先支付150万元，其余50万元每个月10万元分五次付清。乙支付首期款 3 日后双方于 7 月 5 日办理了过户登记，但是特别约定乙付清全部价款之日才取得所有权。8 月 1 日，乙因交通事故死亡。其子丙为乙唯一的继承人，于 9 月 1 日与不知情的丁签订房屋买卖合同，丙将房屋交付给丁。甲见乙未如期支付分期款，方知原委。10 月 1 日，丙将未支付的分期房款支付给甲。

根据上述案情回答下列问题并说明理由：

（1）甲、乙约定房屋所有权保留条款是否有效？

（2）乙何时取得房屋所有权？

（3）丙能否取得房屋所有权？何时取得房屋所有权？

（4）丁能否取得房屋所有权？

20. 甲房地产公司对该公司新开发的在建商品房进行预售。某年 4 月 2 日，甲公司将一套房屋预售给张某，并与其订立了商品房预售合同，约定价款为 200 万元以及分期付款的具体方式，合同约定在第二年年底交房。同年 5 月 29 日，甲公司又将同一房屋以 230 万元的价格预售给赵某，赵某当即付清房款，约定房屋建成后办理登记过户手续。6 月 5 日，赵某对商品房预售合同进行了预告登记。8 月 31 日，商品房建成封顶并办理完毕初始登记。第二年年初，甲公司又将该房屋以 250 万元价格卖给于某，于某在订立合同之日便交付了房款并办理了过户登记。

根据上述案情回答下列问题并说明理由：

（1）张某与甲公司订立的买卖合同是否有效？

（2）张某、赵某、于某三人谁能取得房屋所有权？

（3）张某、赵某是否有权请求甲公司承担违约责任？

21. 甲继承了一套房屋，在办理登记过户前将房屋出卖并交付给乙，甲在办理登记过户后又将该房屋出卖给丙并办理了所有权转移登记，丁受丙胁迫被迫购买该房屋，并完成了变更登记，丁旋即将房屋以市价出卖给戊并办理了过户登记。

请分析：

（1）甲继承房屋后办理产权登记前能否取得房屋所有权？为什么？

（2）甲、乙订立的房屋买卖合同是否有效？乙能否取得房屋所有权？为什么？

（3）丙、丁订立的房屋买卖合同效力如何？为什么？

（4）戊能否取得房屋所有权？为什么？

22. 2021 年 3 月，甲继承了一套房屋，在办理产权登记前与乙签订房屋买卖合同，买受人乙付款后居住该房屋，但未办理登记过户手续。2022 年 3 月，该房屋增值 10 万元。现甲提出补给乙 10 万元收回该房，乙不同意，并请求甲协助办理登记过户手续。2022 年 4 月，甲将房屋登记在自己名下后，又将房屋卖给了不知情的丙，并办理了房屋过户登记手续。2022 年 7 月，丙购房不久身患重病，无钱支付医疗费，丁趁机要求丙以极低的价格出售房屋，并完成了房屋转移登记。2023年1月，甲将购房款退给乙，并要求乙搬出该房。同年3月，乙诉至法院，请求确认房屋所有权归其所有，或由甲赔偿损失。

请分析：

（1）甲继承房屋后何时取得房屋所有权？为什么？

（2）乙是否可以向法院请求甲履行登记过户手续？乙能否取得房屋所有权？为什么？

（3）丙能否取得房屋所有权？为什么？

（4）丙将房屋转移给丁并办理登记时，丁能否取得房屋所有权？为什么？

（5）乙请求办理登记过户手续是否超过诉讼时效？为什么？

（6）乙占有房屋期间，房屋的升值10万元的利益应当归谁？为什么？

23. 甲将房屋出售给乙，乙按照当地的市价购置了该房产，已办理登记过户手续。乙为了购置汽车，遂将该购得的房屋抵押给银行，乙和银行于4月3日签订了房屋抵押合同，并于4月5日办理了房屋抵押登记。后因乙到期不能清偿银行的借款，银行欲拍卖该房屋。此时丙到法院起诉，声称甲的房屋为其所有，经查明，该房屋确系丙所有，只不过因登记机关的过错使得该房屋被登记在甲的名义下，对此，乙并不知情。

请根据案情回答下列问题：

（1）在银行拍卖房屋之前，该房屋的所有权归谁？丙应如何维护自己的权益？为什么？

（2）银行与乙签订的抵押合同何时生效？抵押权何时生效？为什么？

（3）如果甲通过欺诈的手段从丙处骗购该房屋，并办理了登记过户手续，则本案应如何处理？

24. 2019年4月1日，甲、乙订立买卖合同，甲将一副价值1万元的玉镯卖给乙。由于乙没带钱，甲没有交付玉镯给乙，约定一周后乙在朋友丙的陪同下到甲家付钱取玉镯。随后甲又向乙提出，再借用玉镯佩戴一周，乙表示同意。两天后，丙找到甲，提出愿意出价1.5万元购买该玉镯，甲同意当场将玉镯交给丙。丙在回家路上不慎将玉镯遗失，被丁拾得。丁又将玉镯卖给了拍卖行。戊从拍卖行购得该玉镯。2019年8月1日，乙得知戊取得玉镯的事实，2021年12月1日，乙请求戊归还玉镯。

根据上述案情回答下列问题并说明理由：

（1）甲、乙订立买卖合同后，乙何时取得玉镯所有权？

（2）丙从甲处购买玉镯后，能否取得玉镯的所有权？

（3）丁拾得玉镯后，能否取得玉镯的所有权？

（4）乙是否有权请求戊返还玉镯？

25. 2023年2月20日，王某与丁某签订了一份房屋买卖合同。合同约定，王某将一套位于锦城住宅小区的房屋出售给丁某，房价200万元。丁某因一笔银行定期存款一个月后才到期，购房款不足，遂与王某商定，先交付一半的购房款，等余款付清后交房并办理房屋所有权变更登记手续。一个月以后，丁某前往王某处付款并要求办理过户手续时，得知王某已经将该套房屋卖给了张某，并与张某办理了房屋所有权变更登记手续。经过交涉没有结果后，丁某向人民法院提起诉讼，主张拥有该房屋的所有权，但法院经审理判决该房屋所有权属于张某。张某入住后，发生如下事项：（1）张某要求租用地下车库的停车位时，被告知车位已满，张某由于没有合适的位置停车，遂自行将小区内的一块绿地改造为停车位；（2）由于很多业主对电梯运行状况不满意，经专有部分占建筑物总面积过半数的业主同意，业主委员会决定动用维修基金对现有电梯进行改造。

根据案情回答下列问题：

（1）王某与丁某之间签订的房屋买卖合同是否有效？为什么？

（2）法院判决该套房屋所有权属于张某是否正确？请说明理由。

（3）张某自行将小区内的一块绿地改造为停车位的行为是否合法？请说明理由。

（4）业主委员会决定动用维修基金对现有电梯进行改造的决定是否合法？请说明理由。

26. 张某（某市城镇居民）承包了某集体组织的荒地以经营果园，双方订立了土地承包经营权合同，但该承包合同并没有办理登记。由于资金短缺，张某遂将承包的荒山果园的土地经营权抵押给银行，并签订了抵押合同，但并未办理抵押登记。由于科学经营，水果获得了大丰收，但张某并不懂得销售的途径和方法，遂委托市里的朋友李某在市里代为销售，双方约定，苹果每斤最低1元钱，李某按销售总额的15%提成，提成每年年底结算，并约定了其他事宜。合同签订后，李某以自己的名义给各家水果销售商供货。结算到期后，张某拒绝按照合同的约定向李某支付报酬，李某遂将水果留置。

根据案情回答下列问题并说明理由：

（1）张某能否取得某集体组织的土地承包经营权？

（2）张某与银行签订的抵押合同的效力如何？银行能否取得土地经营权的抵押权？

（3）张某与李某签订的合同是委托合同还是行纪合同？

（4）李某是否对张某的水果享有留置权？为什么？

27. 2006年3月1日，甲村集体经济组织与本村村民杜某签订土地承包合同，约定村集体经济组织将所属的A地块交给杜某承包经营养殖业，承包期限为2006年3月2日至2036年3月1日。

因A地块交通不便，杜某与相邻B地块的土地承包经营者李某协商订立书面合同，约定在B地块开设一条通道，供杜某通行，杜某每年支付给李某1万元，期限为2008年3月2日至2038年3月1日，并办理了登记。

2014年3月1日，杜某与马某签订《承包土地合同书》，约定杜某将其承包的A地块交给马某经营，马某可以使用养殖场内的厂房及设备设施等，流转期限为 2014 年 3 月 1 日至 2024 年 2 月 29 日，但并未办理土地经营权登记。

2014 年 4 月 1 日，甲村村民鲁某得知杜某将其 A 地块的土地经营权流转给马某后，便请求杜某将 A 地块交给自己经营，表示以高于马某一倍的出价受让 A 地块，于是杜某与鲁某办理了土地经营权登记，流转期限为 2014 年 4 月 1 日至 2024 年 3 月 31 日。次日，马某得知后请求鲁某返还 A 地块。

2014 年 6 月 1 日，杜某又将 A 地块的土地经营权流转给不知情的秦某，秦某支付了价款并办理了土地经营权登记，流转期限为 2014 年 6 月 1 日至 2039 年 5 月 31 日。

2014 年 6 月 3 日，李某认为，只有杜某可以从 B 地块通行，与秦某并无通行的约定，因此拒绝秦某从 B 地块通行。

根据上述案情回答下列问题并说明理由：

（1）2014 年 3 月 1 日，马某能否取得 A 地块的土地经营权？

（2）马某是否有权请求鲁某返还 A 地块？

（3）杜某与秦某关于秦某使用 A 地块期限的约定是否有效？

（4）马某是否有权请求秦某返还 A 地块？

（5）李某是否有权拒绝秦某从 B 地块通行？

28. 甲汽车租赁公司（简称"甲公司"）欲购买张某的一辆豪华婚车，于 2018 年 5 月 20 日向乙银行借款 200 万元。甲公司、张某订立买卖合同，约定以该汽车抵押担保价款。张某于同年 6 月 1 日将汽车交付给甲公司，甲公司于 6 月 5 日为张某办理了抵押登记，又于 6 月 15 日为乙银行办理了抵押登记。此外，甲公司于同年 6 月 3 日向李某借款 30 万元，以汽车作为抵押担保，并办理了登记。6 月 20 日，该车租给丙后一直未归还给甲公司。6 月 25 日，停放人将该车停放在丁房地产公司（简称"丁公司"）经营的停车场。停放人未交停车费，该车的轮胎被锁。同年 7 月 20 日，有人驾驶该车冲破停车场关卡驶离。同年 8 月 20 日，张某将对甲公司享有的债权转让给了戊公司并通知了甲公司。丁房地产公司以对婚车享有留置权为由诉至法院，请求甲公司、丙赔偿损失。甲公司、丙辩称，停放人并非甲公司和丙，丁公司不享有留置权。

根据上述案情回答下列问题并说明理由：

（1）如何认定各抵押权人的受偿顺位？

（2）丁公司的主张（请求）能否成立？

（3）戊公司能否取得婚车的相应担保权？

29. 顾某与张某系夫妻，双方均再婚，顾某与前妻所生子女为顾甲和顾乙。2018 年 2 月，双方签订《夫妻婚前财产约定书》，载明"顾某有婚前财产一套 A 住房，顾某百年后由张某居住，任何人不得干涉，但是此房张某不得转让、转借和出租"。2021 年 2 月，顾某去世。同年 3 月，张某办理了居住权登记。2022 年 4 月，张某将房屋租给段某，租期为 2 年，每年租金为 3 万元，租金年付。2023 年 5 月，顾甲与顾乙以张某无权出租房屋为由，诉请法院判令租赁合同无效，段某搬出房屋。

根据上述案情回答下列问题并说明理由：

（1）如何认定《夫妻婚前财产约定书》的性质和效力？

（2）顾甲和顾乙何时取得 A 住房的所有权？张某何时取得居住权？

（3）如何处理顾甲、顾乙和张某、段某之间的纠纷？

30. 甲向乙借款 50 万元，丙为甲提供担保并订立保证合同。丁以自己持有的价值 30 万元的股票为甲作了质押担保，与乙签订书面合同并办理了出质登记。债务到期后甲无力偿还借款，乙向甲主张权利未果，故向丙和丁主张权利，因股票价值上涨，丁所持股票升值为 40 万元。

请分析：

（1）乙对丁的股票升值部分是否享有权利？为什么？

（2）乙如何请求担保人承担担保责任？为什么？

（3）若甲将 50 万元债务转移给戊，该债务移转如何对戊发生效力？担保人是否应继续承担担保责任？

31. 2023 年 1 月 1 日，甲因做生意本钱不够向乙借钱，借期为 1 年。乙因甲初入商海，不了解甲的经营能力，遂要求甲提供担保，甲的朋友丙为支持甲创业，以其名下的一套房屋为甲提供担保，并与甲、乙约定，为避免拍卖等复杂手续，若甲到期不能清偿债务，则该房屋归乙所有，乙对甲的债权随之消灭。同年 6 月 1 日，乙找到甲，以房屋价值不稳定为由要求甲为已签订的借款合同继续提供其他担保，甲找到其朋友丁作为保证人，乙同意并签订了保证合同。同年 7 月 21 日，因遭遇暴雨，丙提供抵押的房屋被冲垮，但因其投保了相关保险，于同年 8 月 31 日获得相应的保险金。

根据上述案情回答下列问题并说明理由：

（1）关于甲到期不能清偿债务，房屋归乙所有的约定，效力如何？

（2）丙的房屋灭失后，乙如何担保债权实现？

（3）若甲到期后未能清偿债务，乙如何就担保财产实现债权？

32. 甲公司向乙公司赊购 5 万吨钢材，总价款 5 000 万元，为保证该笔债权实现，乙公司要求甲公司提供抵押物，甲公司决定以其所有的价值 2 000 万元的厂房进行抵押，丙公司也以其所有的价值 3 000 万元的办公楼进行抵押，分别签订了抵押合同并先后办理了抵押登记。抵押设定后，因市政规划，甲公司提供的价值 2 000 万元的厂房价值下降为 1 000 万元，乙公司遂要求甲公司另行提供担保，丁公司愿意为甲公司提供保证，并签订了保证合同，但保证合同没有约定保证方式。甲公司因无力清偿到期债务，于是乙公司决定拍卖丙公司提供的价值3 000万元的办公楼，并要求丁公司承担保证责任。

根据上述案情回答下列问题并说明理由：

（1）乙公司与甲、丙公司签订的抵押合同效力如何？设定的抵押权是否合法有效？

（2）如何认定丁公司承担保证责任的方式？

（3）在实现担保权时，如何确定担保人的担保顺位？

（4）若乙公司放弃甲公司抵押权，丙公司与丁公司是否继续承担担保责任？如何承担担保责任？

33. 2021年2月7日，甲公司与乙银行签订合同，约定甲公司就丙公司与乙银行在2021年2月7日至2024年2月7日期间签订的全部主合同债权提供最高额抵押担保，担保最高债权额为5 000万元，抵押物除了丙公司为自己的合同债务提供的商用房外，还有为甲公司所有的一项建设用地使用权，都办理了抵押登记。丁公司为担保丙公司的债务，也于2022年2月7日与乙银行签订保证合同，约定丁公司承担最高额连带责任保证，但并没有约定何时开始承担保证责任，也没有约定保证期间。2022年11月7日，乙银行将对丙公司已取得的债权转让给戊公司并通知了丙公司，仅保留2022年11月7日之后对丙公司的债权。2023年1月7日，丙公司被依法宣告破产。

根据上述案情回答下列问题并说明理由：

（1）丁公司对2022年2月7日前发生的债务是否承担保证责任？如何确定丁公司承担保证责任的保证期间？

（2）乙银行将债权转让给戊公司，戊公司能否同时取得最高额抵押权？

（3）如何认定最高额抵押权的债权确定日？

（4）如何确定担保人的担保顺序？

（5）本案中的抵押权在什么期间行使才能得到人民法院保护？

34. 甲、乙签订房屋租赁合同，双方约定：甲将其所有的房屋3间租给乙，期限为2年，自2021年11月1日至2023年10月31日，乙订立合同当日即入住房屋。2021年12月1日，甲为了经营水果批发业务向银行贷款，将该房屋抵押给丁银行，并办理了抵押登记。2023年2月1日，甲又与丙签订了房屋买卖合同，并办理了过户登记手续，但甲并未将出卖房屋的事实告知乙和丁银行。因甲到期不能归还丁银行借款，丁银行欲实现抵押权。

根据上述案情回答下列问题：

（1）甲、乙之间签订的房屋租赁合同是否有效？为什么？

（2）甲与丁银行之间设定的抵押权是否成立？为什么？

（3）甲是否有权将房产转让给丙？甲转让房屋对抵押权人负有什么义务？房屋转让后，丁银行对房屋是否继续享有抵押权？

（4）乙可否以甲未通知其行使优先购买权为由主张房屋买卖合同无效？乙应如何寻

求救济?

（5）丙在取得房屋所有权后是否有权请求乙搬出房屋？为什么？

（6）若甲到期不能归还丁银行借款，抵押权实现后，新的所有权人是否有权请求乙搬出房屋？

35. 王某与 P 银行签订《个人购房担保借款合同》，约定王某向 P 银行申请贷款 80 万元用于购买市区内 A 商品房一套，贷款期限自 2018 年 6 月 28 日起至 2028 年 6 月 28 日止，还款周期为月，双方还就执行利率、罚息利率、还款方式等作出约定。P 银行与甲房地产公司还约定，甲公司作为保证人自愿对上述债务承担阶段性连带保证责任，保证责任自房屋抵押登记正式办理之日止，保证期间为自办理抵押登记之日起 2 年，但没有约定保证担保的范围。王某将其名下的 A 商品房抵押给 P 银行并办理了抵押权预告登记。2019 年 1 月 16 日 A 商品房办理了首次登记，但一直没有办理房屋抵押登记。2020 年 6 月 1 日王某出现首次逾期，2020 年 11 月 30 日最后一次还款，此后再无还款。因王某一直不还款，2021 年 2 月 18 日，P 银行诉至法院。

根据上述案情回答下列问题并说明理由：

（1）如何认定甲公司的保证期间和保证担保的范围？

（2）P 银行可否以 A 商品房已办理抵押权预告登记为由主张优先受偿权？

（3）若 P 银行于 2019 年 3 月 1 日办理了 A 商品房抵押登记，则 P 银行是否享有对 A 商品房的优先受偿权？抵押权何时设立？

36. 甲公司向乙银行借款 300 万元，双方约定：借用期限为 6 个月，截至 2023 年 8 月 31 日，期限届满一次性偿还，并按照银行同期存款利率计算利息。同时，乙银行与丙公司签订担保合同，约定：丙公司为甲公司的借款提供连带责任保证，保证期间截至 2023 年 8 月 31 日。为了顺利保证甲公司按期还款，丙公司又以自己所有的大厦为甲公司提供抵押，并将应收账款作为甲公司还款的质押，乙银行请求丙公司及时办理抵押登记和质押登记，但是丙公司未按约定办理抵押登记和质押登记。后甲公司没有按期还款，乙银行于 2023 年 10 月 20 日将甲公司和丙公司诉至法院，请求甲公司承担违约责任和丙公司承担担保责任。

请回答下列问题：

（1）如何认定甲公司和乙银行签订的借款合同的效力？为什么？

（2）如何认定乙银行和丙公司签订的抵押和质押担保合同的效力？为什么？

（3）乙银行与丙公司设定的抵押权和质权能否成立？为什么？

（4）甲公司和丙公司是否应对乙银行承担民事责任？为什么？

（5）如何计算丙公司承担保证责任的期间和保证债务的诉讼时效？为什么？

37. 甲以自己的豪宅作抵押向乙银行借款，并办理了抵押登记。后甲将该豪宅出租给不知情的丙，预收了1年的租金，丙入住了该豪宅。豪宅租赁期内，甲将房屋卖给丁，甲、丁订立了豪宅买卖合同，丁向甲支付了600万元购房款，但甲、丁二人未办理房屋过户登记手续。不久，甲通过自书遗嘱指定其孙子戊为继承人，继承该豪宅。后甲死亡，戊继承该房屋，要求丙立即搬出豪宅。丁、戊因豪宅所有权归属发生纠纷。银行借款到期后，因戊不能偿还借款，经乙银行请求，该豪宅被法院委托拍卖，由庚竞买取得。

根据上述案情回答下列问题并说明理由：

（1）甲、丁订立的豪宅买卖合同的效力如何？丁能否取得豪宅的所有权？丁向甲支付购房款后，豪宅的所有权属于谁？

（2）甲所立遗嘱是否有效？

（3）戊是否有权要求丙搬出豪宅？

（4）庚是否有权请求丙搬出豪宅？

38. 4月1日，某建筑公司为买进一批水泥，分别向甲水泥厂和乙水泥厂发出了信函，内容如下：我公司急需某型号水泥100吨，如果你厂有货，请来函告知，具体价格面议。甲水泥厂收到该信后，给建筑公司回了一封信，内容是：你公司所需的某型号水泥我厂有货，每吨的价格为600元，如果需要的话，请先预付货款1 000元，余款货到后支付。如果我厂在4月10日没有收到贵公司的回信，即表示你公司同意我厂提出的条件，我厂将径直发货至你公司。建筑公司收到甲水泥厂的回信后，认为甲水泥厂提出的支付方式可以接受，但是希望每吨价格为550元，于是，向甲水泥厂发出了第二封信，内容是：我公司愿意和你厂达成这笔交易，但每吨价格能否为550元，货款支付方式我公司都接受，但是希望你厂能送货上门，并在本月15日之前给予答复。建筑公司4月10日收到乙水泥厂的报价信函，内容为：我厂有你公司需要的水泥，价格为500元，如果同意购买，请于4月20日之前给予答复。建筑公司认为乙水泥厂的价格合理，便于4月12日向乙水泥厂发出表示同意乙水泥厂的条件的信函。

请回答下列问题：

（1）如何认定建筑公司发给甲水泥厂和乙水泥厂发出的信函的法律性质？为什么？

（2）哪些信件属于要约？为什么？

（3）如果建筑公司未能在4月10日给甲水泥厂回信，该买卖合同是否成立？为什么？

（4）如果甲水泥厂收到建筑公司的信后，积极备货，并准备了与送货有关的事宜，但是没有在建筑公司规定的时间内给予答复，建筑公司以与乙水泥厂订立了买卖合同为由，拒绝与之订立合同，甲水泥厂可否要求建筑公司给予赔偿？为什么？

（5）如果甲水泥厂在4月15日给予建筑公司答复，表示同意，可建筑公司发给甲水泥厂表示不购买该厂的水泥的信函于4月16日到达甲水泥厂，那么甲水泥厂与建筑公司的合同是否成立？建筑公司可否以发出拒绝的信函否认合同的成立？为什么？

（6）如果建筑公司发给乙水泥厂的信由于邮局的原因而没能在4月20日送达给乙厂，乙水泥厂并没有表示是否接受这封迟到的信函，那么建筑公司和乙水泥厂的买卖合同是否成立？请说明理由。

（7）丙水泥厂通过"线上交易"发布水泥出售信息，价格为450元，并公布了水泥的规格等具体商品信息，若建筑公司同意购买，应如何确定合同成立的时间？

39. 2023年3月1日，甲公司给乙公司发去电子邮件：求购1 000支爱马仕唇膏，单价为400元。3月5日，乙公司回复：同意甲方条件，但双方须签订合同书。甲公司同意。3月20日，因货物计件错误，乙公司给甲公司发来了1 200支唇膏，但甲公司收货后仅支付了1 000支唇膏的货款。

3月25日，甲公司向丙公司发去电子邮件：贵公司所需唇膏已到货，单价450元。丙公司回复：求购1 200支爱马仕唇膏，单价420元，其他条件照旧。4月5日，由于唇膏供不应求，价格上涨，甲公司将900支唇膏交付给丙公司，丙公司请求甲公司交付剩余的300支唇膏，遭到甲公司拒绝。

4月10日，甲公司将剩余的300支唇膏以500元的单价卖给了丁公司。4月15日，丁公司向甲公司支付了货款，甲公司收到货款后，与戊公司约定，由戊公司将唇膏托运给丁公司，因丁公司拖欠戊公司一笔运费，戊公司遂将该批唇膏扣留，要求丁公司支付此前所欠运费后方肯交货。

根据上述案情回答下列问题并说明理由：

（1）甲公司和乙公司之间的买卖合同何时成立？甲公司多收的200支唇膏应如何认定和处理？

（2）甲公司是否有权拒绝向丙公司交付剩余的300支唇膏？

（3）戊公司是否有权扣留300支唇膏？

40. 甲公司于2023年4月1日以传真方式向乙公司求购500双意大利产高档皮鞋，要求立即回复。乙公司当日回复"收到传真"。同年4月10日，甲公司电话催问，乙公司表示同意按甲公司报价出售皮鞋，但要甲公司于同年4月20日来人签订合同书。自然人丙曾于2022年3月1日从乙公司购买2双意大利高档皮鞋，但乙公司将国产皮鞋冒充高档皮鞋卖给丙公司，因皮鞋质量过关，丙并没有退货，而是在同年4月20日亲自到乙公司再次订购同品牌皮鞋2双，恰巧甲公司派代表到乙公司签订合同书，丙明知乙公司所售皮鞋为国产皮鞋，仍然当着乙公司法定代表人的面向甲公司代表说明：乙公司所售意大利产皮鞋质量过硬，如果甲公司不买，丙会让其所在公司将皮鞋全部购走。甲公司信以为真，与乙公司签订了合同书。后皮鞋滞销，甲公司才得知乙公司所售皮鞋并非意大利产皮鞋，便于2023年7月1日向法院起诉，请求撤销合同。

请回答下列问题：

（1）甲、乙公司之间的买卖合同何时成立？为什么？

（2）甲公司是否有权请求法院撤销甲、乙公司之间订立的合同？为什么？

（3）甲公司是否有权请求丙赔偿损失？依据是什么？

41. 2023年3月10日，甲公司与乙房地产公司签订10套豪宅的预订书：乙公司将于两个月期满后，将自己的豪宅中的10套以市价优先卖给甲公司，甲公司届时应当购买，甲公司预先支付定金1000万元。双方在预订书中还就豪宅位置、面积及价款，以及须采取书面形式订立合同等作出约定。两个月期满后，乙公司向甲公司交付了8套豪宅并办理了过户登记，甲公司支付了8套豪宅的购房款，但双方就其余两套豪宅的过户税费、豪宅位置、新增建筑等发生争执，乙公司没有交付豪宅。经查，乙公司已经将其余两套豪宅卖给了出价更高的丙公司并办理了过户登记手续，丙公司还请求乙公司将交付给甲公司的8套豪宅卖给丙公司。甲公司请求乙公司继续履行交房义务并适用定金罚则，而乙则请求返还交付的8套豪宅。

根据上述案情回答下列问题并说明理由：

（1）本案中的预订书是否属于预约合同？

（2）乙公司是否有权请求返还交付的8套豪宅？

（3）甲公司是否有权请求乙公司继续履行交房义务并适用定金罚则？

42. 甲与乙、丙签订合同，约定乙、丙于某年4月6日之前，向甲交付100只孔雀，甲在4月8日之前支付10万元。同时合同还约定，乙、丙对甲的债权为按份债权，每人可受领5万元。不料甲在受领了100只孔雀之后，因禽流感暴发，孔雀都染病，甲为治疗孔雀耗资巨大，最后100只孔雀全部死亡。后乙、丙不断催促甲支付款项，甲心灰意冷，失去了生活的希望。因甲、乙关系较好，甲便从自己所余不多的钱中拿出5万元偿付给乙，并叮嘱乙不要告诉丙。然后将自己所剩的2万余元钱赠给了他的弟弟。丙在知道情况之后，于6月4日找到乙，要求将乙所得5万元平分，被拒绝之后，丙提起诉讼，请求法院撤销甲对乙的清偿行为。随后，丙又提起诉讼，请求法院撤销甲对其弟2万元的赠与。丙又得知，在此之前，甲被他的朋友丁打伤，经过诉讼，法院判令丁于5月1日之前向甲赔偿1万元。但在诉讼后，甲想恢复与丁原有的朋友关系，不再要求丁支付赔偿金。丙再次提起诉讼，要求代位行使甲对丁的权利，请求丁向自己支付1万元。

请回答下列问题并说明理由：

（1）乙拒绝丙平分5万元的要求是否合法？

（2）丙请求撤销甲对乙的清偿是否应当得到支持？

（3）丙请求法院撤销甲对其弟的赠与，是否能得到法院的支持？

（4）丙能否代位行使甲对丁的权利？

43. 某年3月1日，甲、乙订立一份价款为20万元的玫瑰金手链买卖合同，约定乙在 4 月 1 日支付 10 万元，5 月 1 日支付余款 10 万元，甲 6 月 1 日交付手链。3 月 10 日，由于甲经营的柜台搬迁，合同指定交付的玫瑰金手链在搬迁过程中遗失，甲当日即在报纸和互联网上发布了同一内容的寻物启事，称归还玫瑰金手链可得酬金 1 万元。乙听说甲将玫瑰金手链丢失，于是中止付款，请求甲恢复履行能力或者提供适当担保，甲向乙保证能在 6 月 1 日之前从国外进口同质玫瑰金手链，并保证按期交付，但乙仍拒不付款。丙拾得玫瑰金手链后看到寻物启事，于 5 月 20 日找到甲欲归还手链，但甲拒不支付酬金 1 万元，丙于是将手链带回家。由于甲未于 6 月 1 日交付手链，乙通知甲解除合同。

根据上述案情回答下列问题并说明理由：

（1）乙是否有权中止付款？

（2）丙是否有权拒绝归还该手链？

（3）丙在何种情况下有权请求甲支付酬金？

（4）乙是否有权解除合同？

44. 甲公司将新办公大楼工程发包给了乙公司，双方约定，工程款为 5 000 万元，工期为 2 年，工程完工后结清全部工程款。工程按期完工，乙公司将新办公大楼交给甲公司使用。乙公司尚欠丙公司材料款合计 150 万元，丙公司多次向乙公司索要未果，于是向法院起诉，要求乙公司支付材料款。法院判决乙公司败诉，但在判决执行过程中，乙公司所有员工包括法定代表人均不见踪影。在查找乙公司的财产过程中，丙公司发现，甲公司尚欠乙公司工程款 400 万元未付。甲公司称，未付工程款是因为工程质量存在问题。甲公司还称，工程完工后双方只进行过一次结算，此后一年多，乙公司一直未向其主张过这笔工程款。丙公司就乙公司所欠的工程款向法院起诉了甲公司，并请求甲公司承担相关诉讼费用。

请分析：

（1）丙公司起诉甲公司依据的是什么权利？丙公司应当以谁的名义起诉？为什么？

（2）丙公司在诉讼中请求甲公司支付其欠乙公司的 400 万元工程款并承担诉讼费用。这种请求能否得到法院支持？为什么？

（3）若丙公司对乙公司的债权到期前，乙公司对丁公司享有的 100 万元债权的诉讼时效期间即将届满，丙公司如何采取保存行为？

45. 甲欠乙 20 万元，一直未还。甲做生意失败，经济状况极差，无力还钱。不过，甲拥有两套古书，市场价格分别为 10 万元、15 万元。此外，甲对丙还享有 10 万元的到期债权怠于行使。后来甲为了逃避对乙的债务，先以 5 000 元的价格将第一套古书卖给了知情的丁，随后又以 1 万元的价格将第二套古书卖给了戊。戊目不识丁，丝毫不懂古书。

请根据上述材料，回答下列问题并说明理由：

（1）乙对甲应提起什么诉讼？

（2）乙对丙应提起什么诉讼？

（3）乙能否通过诉讼撤销甲、戊之间的买卖合同？

（4）乙从丙处受领了10万元并撤销了甲与丁之间的买卖合同后，假如戊与丁一样知情，乙要求撤销甲、戊之间的买卖合同，能否得到法院的支持？

46. 甲公司与乙公司签订汽车买卖合同，约定乙公司先支付价款200万元购买甲公司4辆汽车，甲公司交付汽车后，乙公司尚有50万元货款没有支付给甲公司，甲公司给乙公司3个月的宽限期履行债务。丙公司欠乙公司装修款30万元，丁公司对丙公司的该笔装修款提供保证担保，乙公司和丁公司约定丁公司在丙公司无力偿还债务时承担保证责任，但没有约定保证期间。宽限期届满，经甲公司催告后，乙公司因经营困难无力支付剩余的50万元货款，且乙公司怠于行使对丙公司享有的30万元债权。于是甲公司提起诉讼，代位行使乙公司对丙公司享有的权利，请求丙公司向乙公司支付30万元装修款。由于执行结果不能清偿债务，甲公司又代位乙公司提起诉讼，请求丁公司承担保证责任，但丁公司拒绝承担保证责任。

根据上述案情回答下列问题并说明理由：

（1）如何认定丁公司承担保证责任的方式和保证期间？

（2）甲公司是否有权提起代位权诉讼？甲公司的请求范围如何确定？

（3）丁公司是否有权拒绝承担保证责任？

47. 甲向乙借款20万元，合同约定的还款期限为2年，但只约定需要支付利息，没有约定利率。合同到期后，甲无力还款，只能拍卖自己的财产还款，知情的丙以远低于市场的价格从甲处购买了一批货物。其间，甲的祖父去世，留给甲一笔25万元的遗产，甲明确表示放弃该遗产的继承。后经核算，甲的财产共拍卖12万元，乙得知丙购买货物的情况后，要求甲收回该批货物，重新拍卖。同时，甲的另一个债权人丁，也主张用拍卖的钱款偿还甲欠自己的4万元到期债务。

根据上述案情回答下列问题并说明理由：

（1）如何认定甲、乙借款合同的利率？

（2）乙是否可以请求法院撤销甲、丙之间的买卖合同？

（3）乙可否主张自己请求在先而对抗丁的债权？

（4）乙是否有权撤销甲放弃财产继承的行为？

48. 某年4月，甲公司与乙公司达成了汽车发动机买卖合同。双方约定，乙公司供应甲公司汽车发动机1万台，每台价格1万元。乙公司于同年6月始，每季度交货2 000台，甲公司于签约后10天内付给乙公司定金80万元，乙公司每季度末交货，甲公司收货后10天内验货付款，违约金为未履行货款的2%。合同签订后，甲公司依约支付了定金。在交付前两批4 000台发动机后，因原材料市场出现了大幅度异常变动，原材料价格飞涨，导致乙公司生产发动机的成本高于成品出厂价。乙公司要求变更合同价款，遭到甲公司拒绝。乙公司要求解除合同，甲公司不同意。乙公司未按照约定向甲公司交货。甲公司诉至法院辩称，因乙公司不能按时交货，导致甲公司仅向丙公司交付了部分车辆，以后无法按期向丙公司再行交付丙公司向其购置的数百辆汽车。因此，甲公司要求乙公司支付违约金和双倍返还定金。乙公司只同意返还部分定金，但坚持解除合同。甲公司无法向丙公司再行交付数百辆汽车的事实经查证属实。

根据上述案情回答下列问题：

（1）乙公司变更合同价款或解除合同的请求能否成立？为什么？

（2）甲公司要求乙公司支付违约金和双倍返还定金的请求能否成立？为什么？

（3）乙公司应如何返还收受的 80 万元？依据是什么？

（4）如果丙公司请求甲公司承担违约责任，甲公司可否以其违约由乙公司所致而拒绝承担违约责任？为什么？

49. 2019 年 6 月 2 日，甲公司与乙公司订立合同约定，甲公司向乙公司交付 20 台电脑，乙公司向甲公司交付 20 万元。7 月 2 日，甲公司便要求乙公司支付 20 万元，但乙公司以合同未约定履行顺序为由，拒绝支付 20 万元，除非甲公司交付 20 台电脑。甲公司急于周转资金，便于 7 月 6 日与丙公司订立合同，将其对乙公司的债权转让给丙公司。7 月 7 日，甲公司告知乙公司债权转让的事实，乙公司通知甲公司其不接受甲公司与丙公司间的债权转让，因此不会向丙公司履行债务。2023 年 6 月 2 日，丙公司想起了债权转让一事，经过询问后，丙公司得知甲公司已对乙公司履行了债务，交付了 20 台电脑。但丙公司认为乙公司很可能不会向自己支付 20 万元，于是丙公司便于 2023 年 7 月 2 日与丁公司签订了合同，将债权转让给丁公司，并于当日将此情形通知乙公司。

请根据上述材料，回答下列问题并说明理由：

（1）2019 年 7 月 2 日，乙公司对甲公司行使的权利是什么？

（2）乙公司表示不接受甲公司与丙公司的债权转让，甲公司与丙公司签订的债权转让合同是否有效？

（3）丙公司与丁公司之间的债权转让合同是否有效？

（4）2023 年 7 月 3 日，如果丁公司向乙公司提出了履行请求，乙公司是否可以拒绝丁公司的履行请求？

（5）如果乙公司拒绝向丁公司履行合同，丁公司应如何维护自己利益？

50. 甲公司与乙公司约定，由甲公司向乙公司交付一套精密成套设备，乙公司付款 100 万元。乙公司将成套设备转卖给丙公司，并约定由甲公司向丙公司交付，丙公司收货后 5 日内应向乙公司支付货款 130 万元。甲公司将成套设备交给丁公司承运，丁公司以丙公司尚未支付运费 5 万元为由将该成套设备扣留，并敦促丙公司支付此前所欠运费。丙公司急于得到成套设备，便提供一辆价值 6 万元的汽车作为抵押，办理了汽车抵押登记后，丁公司将扣留的成套设备交付给丙公司，因成套设备某一部件存在质量问题，导致整个成套设备无法正常运转，经修补后仍然无法投产，于是丙公司提起诉讼，依法主张解除合同，并请求当事人承担违约责任。

根据上述案情回答下列问题并说明理由：

（1）如何认定乙公司和丙公司签订合同的效力？

（2）丁公司是否有权扣留成套设备？

（3）丙公司是否有权解除合同并请求承担违约责任？向谁主张？

51. 岭南公司到四川收购一批干辣椒，准备到当地销售。由于事先没有组织好运输工作，购买辣椒后，决定先存放在当地德鑫仓储公司，时间为 10 天（从 6 月 10 日至 20 日），待组织到车辆后前往装运。德鑫公司给岭南公司开具了仓单。6 月 15 日，由于组织车辆非常麻烦，岭南公司决定将这批货物转让，遂将仓单背书转让给星云公司，此事告知了德鑫公司，德鑫公司在仓单上签字表示同意。6 月 17 日，储存干辣椒的仓库遭到雷击，电线起火，导致干辣椒起火，虽经全力抢救，仍有近一半的辣椒被烧。剩下的干辣椒被清理出来以后，由于没有其他仓库存放，而且当时工作人员救火很累，这些辣椒就被露天堆放。当天晚上下雨，所有的干辣椒均被淋湿。第二天，德鑫公司员工上班后发现此情况，遂以发生火灾为由，分别通知星云公司和岭南公司来人处理。岭南公司、星云公司了解情况后要求德鑫公司承担违约责任。德鑫公司以不可抗力为由拒绝承担违约责任。

请回答下列问题：

（1）本案中的火灾与暴雨是否分别构成不可抗力？德鑫公司是否应当承担赔偿责任？请说明理由。

（2）火灾和暴雨发生后，当事人负有哪些义务？违反义务产生哪些后果？

（3）在岭南公司、星云公司之间，应当由谁承担货物毁损、灭失的风险？请说明理由。

52. 甲公司与乙公司签订了一个供货合同，约定由乙公司在一个月内向甲公司提供一级精铝锭 100 吨，价值 130 万元，双方约定：如果乙公司不按期供货，每逾期一天需向甲公司支付价值 0.1% 的违约金。由于组织货源的原因，乙公司在两月后才给甲公司交付了100 吨精铝锭，甲公司在验货时发现不是一级货而是二级货，就以对方违约为由拒绝付款。甲公司要求支付一个月的违约金 39 000 元，并且要求乙公司重新提供 100 吨一级货。但乙公司称逾期供货不是自己的过错，而是铝锭的供求关系发生变动所致，属于重大情事变更，所以不应支付违约金，而且所供的货是经检验合格的产品，甲公司不应小题大做，现在货源供应比较紧张，根本不可能重新提供货。甲公司坚持乙公司应当支付违约金和按照合同约定的质量标准履行合同。

请回答下列问题并说明理由：

（1）甲、乙两公司所签合同是否有效？

（2）乙公司没有在约定的时间内交货的理由是否成立？乙公司是否应当承担违约责任？

（3）甲公司要求乙公司支付违约金的主张有无法律依据？为什么？

（4）甲公司要求乙公司重新提供一级品标准的主张有无根据？为什么？如果乙公司重新提供一级货有困难，应当如何做？

53. 某年1月，甲旅游公司刊登了新春南岳衡山四日游的广告，在旅游广告上明确、具体地登载了旅游景点（8个），旅游时间（新春四日游），交通、食宿价格及标准（旅游服务费2 300元）等内容。同月，乙、丙等9人利用春节休假时间，各自交付旅游服务费2 300元，参加了甲公司组织的南岳衡山赏雪四日游旅游团，于同月23日乘火车赴衡山。24日、25日的游览活动中，因天下大雪，甲公司只安排乙、丙等9人游览了3个景点，其余未安排，且未在游览出发前告诉乙、丙等9人。乙、丙等9人认为甲公司违反旅游合同，造成其经济、精神损失，曾两次到甲公司处要求赔偿和赔礼道歉。甲公司除表示赔礼道歉外，不同意乙、丙等9人所要求的赔偿数额。据此，乙、丙等9人以上述理由于4月起诉到人民法院，要求甲公司无偿重新安排游览未游的景点，否则，应退回全程旅游费；甲公司应登报向原告赔礼道歉，并赔偿精神损失费每人1 000元，赔偿重游5个景点的误工费每人4 000元。甲公司辩称：由于当时下大雪结冰影响交通，致使乙、丙等9人不能按原定景点进行游览，我们已向乙、丙等9人赔礼道歉，我们只同意赔偿每人110元人民币，不同意乙、丙等9人的其他诉讼请求。

请回答下列问题：

（1）甲公司的行为是否构成违约？为什么？

（2）甲公司在答辩状中称：由于当时下大雪结冰影响交通，致使乙、丙等9人不能按原定景点进行游览，这能否成为减责或免责事由？为什么？

（3）甲公司是否应按乙、丙等人的请求继续履行旅游合同，即甲公司是否应该组织原告继续游览剩余的5个景点？为什么？

（4）原告要求赔礼道歉、精神损害赔偿的请求能否得到法院的支持？为什么？

54. 甲塑料制品公司（以下简称"甲公司"）与乙化工机械制造公司（以下简称"乙公司"）于2023年5月18日签订了一份买卖注塑设备合同，甲公司为买方，乙公司为卖方。双方在合同中约定：（1）由乙公司于10月30日前分二批向甲公司提供注塑设备10套，每套价格为15万元，价款总计为150万元；（2）甲公司应向乙公司给付定金25万元；（3）如一方迟延履行，应向另一方支付违约金20万元；（4）因甲公司必须在2023年底前全面开工投产，为保证该合同的按时履行，由丙生物医药公司（以下简称"丙公司"）作为乙公司的保证人，在乙公司不能履行债务时，丙公司承担保证责任。该买卖合同依法生效后，甲公司因故未实际向乙公司给付定金。7月1日，乙公司向甲公司交付了3套注塑设备，甲公司按合同规定支付了 45 万元货款。9 月，该种注塑设备的市场价格因受供求关系的影响而大幅上涨，乙公司便向甲公司提出变更合同的主张，要求将剩余的 7 套注塑设备价格提高到每套 20 万元，甲公司不同意乙公司提出的涨价要求，随后乙公司于 10 月 4 日通知甲公司解除合同。11 月 1 日，甲公司仍未收到剩余的 7 套注塑设备，严重影响了其正常的生产，并因此遭受了 50 万元的经济损失。于是甲公司诉至法院，要求乙公司增加违约金数额并继续履行合同；同时要求丙公司对乙公司不履行合同的行为承担连带保证责任。

根据上述案情回答下列问题并说明理由：

（1）合同约定甲公司向乙公司给付 25 万元定金是否合法？定金合同是否生效？

（2）乙公司通知甲公司解除合同是否合法？

（3）甲公司要求增加违约金数额依法能否成立？

（4）甲公司要求乙公司继续履行合同依法能否成立？

（5）丙公司是否应对乙公司不履行合同的行为承担连带保证责任？

55. 2023 年 3 月 1 日，周某以 10 万元的价格向吴某出售一台二手汽车，双方约定自 6 月起 5 个月内付清价款，每月支付 2 万元，在全部价款付清前汽车的所有权不转移。合同生效后，周某将汽车交给吴某使用。4 月 1 日，吴某违反交通规则将林某撞成重伤，林某经医治无效死亡，车也被毁坏。吴某自觉晦气，在汽车修好后打算出售该车，不知情的王某表示愿意购车，但须保证没有出过车祸，没有进行过维修。吴某保证车完全满足出售条件，并约定年底办理车辆过户手续。吴某便以 8 万元的价格将汽车卖给王某。其间，吴某仅向周某支付一期 2 万元价款，以后便不再支付后四期 8 万元价款。

根据上述案情回答下列问题并说明理由：

（1）周某和吴某订立的合同属不属于分期付款买卖合同？

（2）林某的损害应当由谁承担？

（3）如何认定吴某与王某买卖合同的效力？

（4）周某可否请求吴某支付全部价款或者解除买卖合同？

56. 甲欲出售 4 匹赛马，便对富豪乙说："你先牵回去试用一个月，满意的话你就买，每匹马价格 100 万元。"乙将该 4 匹马牵到赛马场，未付款。在试用期内，马 1 生下一匹小马。马 2 因性情狂野跑到临近的丙马场，吃掉了丙马场的草料。富豪丁到乙家拜访，相中马 3，乙将马 3 卖给了丁，丁支付 120 万元并将马骑走。试用期内恰逢暴雨，马 4 被雨冲走。试用期满，乙未表示是否购买。

根据上述案情回答下列问题并说明理由：

（1）试用期内，小马的所有权属于谁？

（2）丙马场草料的损失，应由谁承担？

（3）马3的所有权最终属于谁？

（4）马4的损失由谁承担？

（5）试用期满后，若乙未表示购买马匹，应如何认定是否购买？

57. 甲、乙签订60台平板电脑的买卖合同，约定每台电脑1万元，6个月付清货款，每月支付10万元，在乙付款前，甲保留60台电脑所有权。电脑交付后，为确保债务履行，丙向甲保证：在乙不履行债务时由丙承担付款责任，直至主债务本息还清时止。在乙无力支付最后一个月10万元价款时，经催告后乙在合理期限内仍没有付款，甲将乙诉至法院。

请回答下列问题：

（1）甲能否取回60台平板电脑？为什么？

（2）甲是否有权请求乙支付剩余价款或者解除合同？为什么？

（3）丙承担何种保证责任？为什么？

（4）如何认定丙承担保证责任的期间？为什么？

58. 甲乙是大学同窗好友。一日，甲到乙家拜访，发现乙的妻子怀孕，便表示："如果孩子顺利出生，就送10万元给孩子。"乙与妻子均表示感谢。乙的孩子顺利出生后，甲反悔，没有履行诺言，甲、乙为此发生纠纷。

甲认为自己事业有成，决定做一些有益于他人的事情。通过乙的联络，甲与丙慈善医院达成协议，甲连续捐助8年，每年向丙慈善医院捐赠10万元，用于购置医疗设备。甲在向丙慈善医院履行3年捐助义务后，因事业不顺，亏损严重且甲生重病，甲表示不再履行捐赠义务，甲与丙慈善医院为此发生纠纷。

根据上述案情回答下列问题并说明理由：

（1）甲赠与胎儿财产的表示是否有效？

（2）胎儿出生后，甲是否有权撤销对出生婴儿财产的赠与？

（3）甲是否有权任意撤销与丙慈善医院订立的赠与合同？

（4）甲可否不再继续履行对丙慈善医院的捐赠义务？

59. 2021年3月1日，甲与乙订立借款合同，约定甲向乙借款500万元，借款期限为2年，借款当日交付。3月3日，双方就甲自有的别墅又订立了一份商品房买卖合同，其中约定：如甲按期偿还对乙的500万元借款，则本合同不履行；如甲到期未能偿还对乙的借款，则该借款变为购房款，甲应向乙转移别墅所有权。合同订立后，该房屋仍由甲占有使用。2021年4月1日，甲因资金需求，瞒着乙将别墅出卖给丙，并告知丙，其已与乙订立别墅买卖合同。2021年5月5日，丙支付了全部房款并办理了变更登记，但因丙需陪同其子于5月12日出国访学，为期1年，双方约定丙回国后交付房屋。2021年5月15日，甲未经丙同意将别墅租给丁，租期为9个月，月租金为1万元。2022年5月9日，丙回国，甲将别墅交付给丙。2023年3月6日，甲未能按期偿还乙的500万元借款，乙并未请求甲履行借款合同，而请求甲履行买卖合同。

请根据上述材料，回答下列问题并说明理由：

（1）如何认定甲、乙订立的买卖合同和借款合同的法律性质？

（2）乙请求甲履行买卖合同，该请求能否成立？法院应如何认定？

（3）甲、丙之间签订的别墅买卖合同是否有效？丙是否取得别墅所有权？

（4）谁有权收取别墅9个月租金？

60. 2021年1月10日，甲与乙订立借款合同，约定甲向乙借款100万元，借款期限为1年，借款当日交付。1月12日，双方就甲自有的商品房又订立了A商品房买卖合同，其中约定：如甲按期偿还100万元借款，则本合同不履行；如甲到期未偿还对乙的借款，则借款变成购房款，甲应向乙转移该房屋所有权；合同订立后，该房屋仍由甲占有使用。1月15日，甲利用该笔借款设立了B独资企业。为扩大经营规模，该企业向丙借款200万元，借款期限为1年，丁为此提供保证，但未约定保证方式，戊以一辆高级轿车为质押并交付，但后经戊要求，丙让戊取回使用，戊又私自将该车以市价卖给不知情的己，并办理了登记过户手续。2021年2月10日，甲因资金需要，瞒着乙将A商品房卖给了庚，并告知庚其已订立房屋买卖合同一事。3月10日，庚支付了全部房款并办理完变更登记手续，但因庚自3月12日出国访学，为期4个月，双方约定庚回国后交付房屋。5月16日，因雷电引发火灾，房屋严重受损。2022年2月15日，甲未能按期偿还借款，B独资企业也未能按期偿还借款，乙和丙都向甲催要钱款。

请根据上述材料，回答下列问题并说明理由：

（1）就甲对乙的100万元借款，如乙未起诉甲要求履行借款合同，而起诉甲要求履行买卖合同，应如何处理？

（2）就B独资企业对丙的200万元借款，甲、丁、戊各应承担何种责任？

（3）甲、庚的房屋买卖合同是否有效？庚是否已经取得了房屋的所有权？

（4）谁应承担房屋火灾损失？

61. 2022年1月，甲公司与乙公司签订协议，约定甲公司将其建设用地使用权用于抵偿其欠乙公司的2 000万元债务，但甲公司并未依约将该建设用地使用权登记到乙公司名下，而是将之抵押给不知情的银行以获取贷款，并办理了抵押登记。

同年3月，甲公司、丙公司与丁公司签订了协议，约定甲公司欠丁公司的5 000万元债务由丙公司承担，并约定了履行期限，甲公司法定代表人王某为该笔债务提供保证，但未约定保证方式和保证期间。曾为5 000万元负债提供保证的钱某对此协议并不知情。同年4月，丁公司的债权到期。同年5月，丙公司丧失偿债能力。

请根据上述材料，回答下列问题并说明理由：

（1）甲公司欠乙公司的2 000万元债务是否消灭？

（2）银行能否取得建设用地使用权的抵押权？

（3）丁公司是否有权向丙公司主张债权？

（4）王某应当承担何种保证责任？如何确定王某的保证期间？

（5）钱某是否继续承担保证责任？

62. 甲向乙借款 100 万元，借期为 3 年。丙向乙书面提供了保证函，保证函中含有"丙为甲向乙借款 100 万元提供保证担保，在甲不履行债务时承担保证责任"的条款，但保证函中没有保证期间条款，乙接收保证函后并未提出异议。甲同时以自己的房屋作为抵押并办理了抵押登记。抵押期间，丁向甲表示愿意以 75 万元购买甲的房屋；乙放弃对甲享有的抵押权，但遭到丙的反对。

根据上述案情回答下列问题并说明理由：

（1）保证合同是否成立并生效？

（2）如何认定丙承担保证责任的方式？

（3）如何认定丙承担保证责任的保证期间？

（4）甲是否有权将房屋转让给丁？此时乙能否享有房屋的抵押权？

（5）如何认定乙行使抵押权的期间？

（6）乙放弃抵押权，丙是否应继续承担保证责任？如何承担保证责任？

63. 甲公司向乙公司购买一批货物，价值 100 万元，合同中约定甲公司预先付货款 35 万元，其余的 65 万元货款在提货后一年内付清。甲公司请求丙公司为其提供担保，丙公司与乙公司签订了保证合同，但是没有约定保证方式和保证范围。提货 1 个月后，甲公司在征得乙公司同意后，将 65 万元的债务转移给欠自己 70 万元货款的丁公司并签订转让协议，丙公司对此不知情。债务清偿期届满之后，乙公司要求丁公司偿还 65 万元的货款及利息和实现债权的费用，而这时丁公司因违法经营被依法查处，公司的账户被银行冻结。于是，乙公司找到了丙公司，要求其承担保证责任，丙公司以自己刚刚知道甲公司将债务转让给丁公司为由，拒绝承担责任。

请回答下列问题并说明理由：

（1）丙公司的保证方式和担保的范围如何确定？

（2）甲公司与丁公司之间的债务转移是否有效？为什么？

（3）丙公司是否继续承担保证责任？为什么？

（4）若乙公司将对甲公司的债权转让给戊公司并达成协议，债权转让是否有效？若乙公司转让债权通知了甲公司但未通知丙公司，则债权转让对甲公司和乙公司的效力如何？

64. 甲有一套三室两厅的房屋，由于长期空置想对外出租。乙寻至甲处，欲租赁此房屋。2022 年 2 月 2 日，甲、乙书面约定：乙以每月 3 000 元的价格承租甲的房屋，租赁期为 25 年。

随后，乙便住进该房屋。2022 年 6 月 2 日，天降大雨，狂风将屋顶吹破，致使房屋漏雨、透风。发生事故之后，乙积极找甲协商，希望甲尽快将房屋修好，但甲拒绝维修房屋。乙被迫自己拿出 2 000 元进行维修，并向甲索要维修费。2022 年 8 月 2 日，乙感觉自己居住房屋比较浪费，便将房屋中的一间出租给丙，每月收取丙的租金 1 500 元，甲知道转租后直至 2023 年 3 月 1 日前并未表态。不久，甲的经济状况有所下滑，便想把租给乙的房屋卖出去，以便周转资金。2023 年 7 月 2 日，甲在未通知乙的情况下与丁签订合同，将房屋出售给丁，并办理了过户手续。随后，丁便要求乙搬出房屋，但乙拒绝搬出。

根据上述案情回答下列问题：

（1）甲与乙之间的租赁期如何确定？为什么？

（2）狂风导致房屋受损，此笔损失应由谁承担？

（3）乙修理房屋所花费的 2 000 元钱，是否可以向甲索要？为什么？

（4）乙与丙之间的转租关系是否有效？丙每月应向谁支付 1 500 元？为什么？

（5）若乙拖欠甲两个月租金未付，丙能否代乙向甲支付？

（6）乙是否有权请求确认甲、丁签订的房屋买卖合同无效？

（7）乙拒绝搬出房屋是否合法？为什么？

65. 2019 年 3 月 1 日，甲、乙签订租赁合同，甲将其房屋租给乙，租期为 3 年，租金每年 5 万元。3 年之后，乙仍然居住在该房屋，甲并未表示反对。2022 年 8 月 1 日，经甲同意，乙、丙达成协议，将房屋转租给丙，租期为 2 年，租金每年为 6 万元。丙与妻子搬进该房屋居住。2023 年 2 月 1 日，房屋漏雨严重。就如何修理房屋，甲、乙、丙争吵不休。丙只好自己雇人维修，花去维修费 1 万元。2023 年 10 月 1 日，甲、丁签订房屋买卖合同，将房屋卖给丁，同日办理了登记过户手续。

根据上述案情回答下列问题并说明理由：

（1）丙应当向谁支付租金？

（2）房屋修理费由谁承担？

（3）如果丙与妻子搬进房屋后不久，丙去世，丙的妻子是否可以继续居住？

（4）甲将房屋卖给丁后，甲与乙、乙与丙之间租赁合同对丁是否具有拘束力？

（5）甲将房屋卖给丁，若未在合理期限内通知乙，乙是否有权认定房屋买卖合同无效？如果造成乙损害，乙是否有权请求赔偿损失？

66. 2023 年 2 月 11 日，甲银行与乙公司签订了《有追索权国内保理合同》，合同约定：乙公司将其应收账款 1 000 万元转让给甲银行，甲银行为其提供公开型有追索权保理业务，若保理预付款买方丙公司没有按期足额归还保理预付款，甲银行有权向乙公司进行追索。同日，甲银行分别与丙公司、丁公司签订了《本金最高额保证合同（保理业务专用）》，约定丁公司为乙公司承担连带责任保证，保证范围为主合同项下全部债务。丙公司于 2023 年 3 月 12 日签收了乙公司的债权转让通知书，表示知悉、理解并同意通知书的全部内容。甲银行于 2023 年 3 月 12 日办理了出让人为乙公司、受让人为甲银行的债权转让登记。上述事项办理完毕后，甲银行依约向乙公司发放了保理预付款 800 万元。但乙公司与丙公司私下协商终止了基础买卖合同，丙公司未于应收账款到期日时向甲银行支付应收账款，乙公司也未于保理预付款到期日向甲银行偿还保理预付款，丁公司也未履行保证责任，甲银行诉至法院。

根据上述案情回答下列问题：

（1）本案主要包括哪些法律关系？

（2）乙公司和丙公司协商终止基础买卖合同对甲银行是否发生法律效力？为什么？

（3）甲银行可否向乙公司和丙公司主张应收账款债权？为什么？

（4）丁公司何时开始承担保证责任？如何确定丁公司承担保证责任的保证期间？

67. 甲公司于 2015 年 1 月租赁自然人乙的商用房一套用于办公，双方合同约定租期 5 年（至 2020 年 1 月），月租金 10 万元，免租期 1 个月（需履行完毕合同后承租方才享有免租期），并对承租方提前退租、拖欠租金等行为约定了支付 2 个月租金的违约金及迟延支付的违约金。2017 年 1 月，甲公司因经营不善无法承担高额租金，便将房屋转租给丙餐厅用于经营餐饮，月租金不变，并通知了乙，但乙一直未提出异议。甲公司与丙餐厅签订《房屋（摊位）租赁合同》约定，租金每月 10 万元。合同签订后，甲公司向丙餐厅交付了房屋，丙餐厅向甲公司支付了 2017 年的全年租金。后因甲公司明确表示无法按照合同约定协助丙餐厅重新办理经营所需要的相关证照，导致丙餐厅无法继续经营，丙餐厅实际经营时间仅 2 个月，丙餐厅于 2017 年 8 月 1 日通知甲公司解除合同，并要求甲公司返还 2017 年的全部租金，甲公司拒绝退还 2017 年全年租金，因甲公司拒付租金，丙餐厅一直占用房屋至 2018 年 3 月。因甲公司经营不善无力向乙支付租金，甲公司于 2018 年 3 月以微信方式向乙提出提前退租并发送了盖章退租材料，甲公司预交的保证金（2 个月租金）及多支付的半个月房款未向乙主张退还，因乙拒绝收房，甲公司自动搬出房屋，致使房屋一直空置。2020 年 2 月，乙向法院提起诉讼。诉讼中，乙主张甲公司支付 2018 年 3 月至 2020 年 1 月的房屋空置租金、迟延支付违约金、免租期租金等共计 180 万元。

根据上述案情回答下列问题并说明理由：

（1）转租合同是否有效？

（2）丙餐厅是否有权解除转租合同并请求返还支付的全年租金？

（3）乙在诉讼中的主张能否成立？

68. 甲、乙、丙设立了宏达有限公司。甲以建设用地使用权认购出资 500 万元；乙以现金认购出资 1 000 万元，但约定在公司成立 2 年内予以缴清；丙以一副古画认购出资 500 万元。在公司的经营过程中，因资金紧张向 A 银行贷款 500 万元，以建设用地使用权抵押，并办理了登记。因向 B 公司赊购 500 万元货物，便以古画抵押，双方签订了合同。因向 C 银行贷款 500 万元，并以自己的办公设备、原材料、库存物品办理了浮动抵押登记，后库存物品又卖给了 E 公司，E 公司提货并付款。因宏达有限公司经营不善，发生债权债务纠纷。经查，乙认购的出资中还有 500 万元已逾五年未交付；古画早已被公司出卖给不知情的第三人丁；宏达有限公司与承建商订立了建设工程施工合同，在建设用地使用权的土地上新建了办公大楼，承建商不具备资质，但工程验收合格，拖欠工程款 500 万元。

请回答下列问题：

（1）A 银行对该建设用地使用权欲行使抵押权，其效力是否及于所建的办公大楼？为什么？

（2）B 公司对该古画在出卖后是否享有抵押权？丁能否取得古画的所有权？为什么？

（3）宏达有限公司与承建商所签建设工程施工合同是否有效？为什么？

（4）承建商对于拖欠的工程款能否主张权利？如何行使权利？

（5）C 银行能否对已卖给 D 公司的库存物品主张抵押权？为什么？

（6）乙能否以诉讼时效已过为由拒绝缴付剩余的 500 万元出资款？为什么？

69. 甲公司有 300 立方米的木材要加工成一批家具，乙公司与丙公司一起找到甲公司，三方签订了合同。合同约定，甲公司提供 300 立方米木材，由乙公司与丙公司共同将 300 立方米的木材加工成家具，合同履行期为 50 天，价款为 60 万元。乙公司与丙公司也签订了一份合同，约定乙公司负责 200 立方米，丙公司负责 100 立方米，所取得的价款以及所承担的责任也照此比例处理。在加工过程中，因为乙公司工作人员抽烟，导致 60 立方米的木材被全部烧毁。合同履行期满后，乙公司与丙公司将全部木材加工成了家具，但乙公司交付的数量不足。甲公司请求乙公司与丙公司连带赔偿损失，丙公司拒绝承担责任。三方无法协商一致，甲公司请求丙公司交付家具，丙公司提出，甲公司不交付价款，自己便拒绝交付家具。甲公司索性通知丙公司解除合同。

根据上述案情回答下列问题并说明理由：

（1）乙公司工作人员抽烟，致使 60 立方米木材被烧毁，如何定性？甲公司对此应如何主张权利？

（2）木材被烧毁，能否适用风险负担规则加以处理？为什么？

（3）乙公司与丙公司是否应当对甲公司承担连带责任？为什么？

（4）丙公司如果赔偿了甲公司的损失，是否有权向乙公司追偿？为什么？

（5）丙公司能否在甲公司交付价款之前拒绝交付家具？为什么？

（6）甲公司能否依据法定解除权解除合同？为什么？

70. 甲公司委托乙公司发明一种新型的日光灯，乙公司在与甲公司签订合同之后，派其负责日光灯研发工作的人员丙主持该项工作。经过研究开发，丙发明了一种新型的日光灯。同时，乙公司的另一工作人员丁在业余时间自行搜索资料进行研究，也发明了一种达到甲公司要求的新型日光灯，而丁并未利用甲公司与乙公司提供的资料与技术。

请回答下列问题：

（1）丙完成的发明创造的专利申请权属于谁？为什么？

（2）丁完成的发明创造的专利申请权属于谁？为什么？

（3）如果乙公司就丙完成的发明创造申请获得了专利权，专利权属于谁？为什么？

71. 甲因有事要长时间外出，临行前几天与乙约定，将甲未婚妻赠与甲的一块价值2万元的名贵手表由乙保管，回来后请乙吃饭。3日后甲外出，同时将表交至乙处。2个月后，因乙急需用钱，便以2.5万元的价格将手表卖给丙，丙并不知道手表非乙所有。在丙付款后，乙将手表交付给丙。手表当时的市价为2.3万元。

请回答下列问题并说明理由：

（1）甲、乙订立的保管合同何时成立？

（2）乙的行为应如何定性？其与丙之间签订的合同效力如何？

（3）丙是否取得手表的所有权？

（4）若甲对乙提起诉讼，甲可以行使何种请求权？可以请求的金额是多少？

72. 甲、乙两家公司订立了一份书面买卖合同，双方约定由甲公司向乙公司提供70台专用仪器，甲公司于6月30日以前交货，并负责将货物运至乙公司，乙公司在收到货物后10日内付清货款。双方均未在合同上签字盖章。5月28日，甲公司与丙运输公司签订了货物运输合同，约定由丙公司将70台仪器运至乙公司。6月1日，丙公司先运了50台仪器至乙公司，乙公司全部收到，并于6月9日将50台仪器的货款付清。6月20日，甲公司有证据证明乙公司在转移财产、抽逃资金，有逃避债务的可能，随即通知丙公司暂停运输其余20台仪器并通知了乙公司中止交货，要求乙公司提供担保；乙公司及时提供了担保。6月26日，甲公司通知丙公司将其余20台仪器运往乙公司，丙公司在运输途中发生交通事故，20台仪器全部毁损，致使甲公司6月30日前不能按时全部交货。9月15日，乙公司要求甲公司承担违约责任。

试分析：

（1）甲、乙公司订立的买卖合同是否成立？为什么？

（2）甲公司6月20日中止履行合同的行为是否合法？为什么？

（3）乙公司9月15日请求甲公司承担违约责任的行为是否合法？为什么？

（4）丙公司对货物毁损应否承担责任？为什么？

73. 甲公司生产电器，其与乙公司订立了委托合同，由乙公司向丙公司销售甲公司所生产的电器，乙公司应以自己的名义与丙公司订立合同。之后，乙公司以自己的名义与丙公司订立了买卖合同，丙公司以100万元购买100台电器，但双方没有约定履行顺序。由于甲公司生产出现了问题，一直未向乙公司交货。丙公司请求乙公司履行合同，交付100台电器，但乙公司不能对丙公司履行。丙公司请求乙公司赔偿损失，此时乙公司只得向丙公司澄清其是受甲公司委托才与丙公司订立合同。由于甲公司生产出现问题，未将电器交给乙公司。丙公司便请求甲公司承担违约责任。同时，乙公司告诉甲公司，丙公司也没有履行合同。

根据上述案情回答下列问题并说明理由：

（1）丙公司可否向甲公司主张权利？

（2）甲公司能否拒绝丙公司提出的交货请求？

（3）丙公司向甲公司追责未成，便请求乙公司承担违约责任，乙公司可否拒绝？

74. 事实一：王某在甲公司任办公室主任，因该公司需要看望工伤职工，公司经理派王某出去购买礼品，王某便去熟人李某那里购买了价值5 000元的礼品，以自己的名义给李某出具了欠款条，未告知李某用途，也未让李某开具发票。后李某向王某追要欠款，王某告知李某所购的货物用于本单位公务，现单位资金紧张，请求缓一下再还欠款。又过了一段时间，该公司仍未偿还这笔债务。李某将王某告到法院，要求王某偿还这笔债务。王某辩称所购货物已用于本单位，向李某提出要求李某向其所在单位追要，李某不同意并坚决要求王某偿还。后经法院调查，确认王某所购的货物确实用于了看望本单位工伤职工。

事实二：赵某系甲公司工作人员，因经营需要，公司经理派赵某出去购买空调，赵某即到其熟悉的乙电器公司购买了三台空调，未付款，由赵某以自己的名义给该电器公司出具了欠款条，该电器公司派安装人员将这三台空调安装在了甲公司，同时向甲公司开具了发票，甲公司已将发票作记账凭证入账。乙公司因长期未得到付款，将赵某告到法院，坚决要求赵某向乙公司付空调款。

事实三：吴某系甲公司营销部的负责人，根据甲公司内部规定，对外营销活动每次签约额度超过50万元须由法定代表人授权。由于营销缺乏资金周转，吴某以甲公司名义向丙借款100万元，吴某出具了营销部负责人的证明文件和甲公司概括性授权委托书，吴某在借款合同上签名，但并未在借款合同上加盖甲公司印章。后借款到期后未归还借款，丙向甲公司催要借款未果，诉至法院，请求甲公司归还100万元钱款。甲公司辩称，吴某签订100万元系吴某个人行为，甲公司并未在借款合同上签字盖章，且甲公司规定对外营销活动每次签约额度超过50万元须由法定代表人授权，而甲公司对此并未授权，甲公司不负还款义务。

根据上述案情回答下列问题并说明理由：

（1）事实一中，李某请求王某偿还债务，该请求能否成立？

（2）事实二中，乙电器公司请求赵某偿还债务，该请求能否成立？

（3）事实三中，丙请求甲公司归还钱款，该请求能否成立？

75. A 小区全体业主委托业主委员会与甲物业管理公司（以下简称"甲公司"）签订物业服务合同，约定甲公司为 A 小区全体业主提供物业管理服务，包括建筑物及其附属设施的维修养护、环境卫生和相关秩序的管理维护；业主应当每月 5 日前交清上月物业费，不按规定交纳其管理服务、房屋本体维修基金等以及赔偿金、违约金的，处以每日 4‰的滞纳金；无正当理由拒绝交纳的，物业管理公司可采取停止供电、供水、供热、供燃气等方式催交，双方还就其他事项作出约定。由于小区业主未按其交纳物业费，甲公司采取停止供电、供水、供热、供燃气等方式进行催交，小区业主和甲公司为此发生纠纷。在法院审理过程中，张某等业主辩称，其不交纳物业费，是因为甲公司对小区内各种车辆征收停车费，却不履行管理义务，致使小区内很多汽车、摩托车等损坏或者丢失，且甲公司将建筑物外墙广告收入和电梯内广告收入据为己有，拒不返还给全体业主。而甲公司出具的物业服务合同附件一表明：在甲公司指定停车场停放自行车、电动车、摩托车、轿车等各种车辆需交费，但物业公司不作保管，车辆损毁、损坏或丢失以及车内物品丢失，均由车主自己承担责任。而业主们表示，该附件一所载该条款并未与全体业主协商，因而无效。上述事实经查属实。

根据上述案情回答下列问题并说明理由：

（1）物业服务合同中有关业主不按规定交纳服务费，处以滞纳金和催交条款的效力如何？

（2）建筑物外墙广告收入和电梯内广告收入应归谁？

（3）物业服务合同附件一所列条款是否有效？

76. 甲用废旧零件拼装了一辆机动车，可以正常行驶。后甲以 1 万元的价格卖给了乙，乙驾驶该机动车将放学回家路上的中学生小明（15 周岁）撞成重伤，乙交通肇事后逃逸。小明的老师丙路过事发现场，发现小明已无呼吸，立即拨打电话报警，在将小明送往医院途中，丙对小明实施了紧急救助，造成小明肋骨受伤。丙为抢救小明支付医疗费 1 万元，小明经抢救脱离生命危险。

根据上述案情回答下列问题并说明理由：

（1）谁承担小明被撞伤的民事责任？

（2）丙对小明肋骨损伤是否承担责任？

（3）丙是否有权请求小明的监护人承担其支付的医疗费用？

77. 甲与乙原系夫妻。2018 年 1 月 15 日，为给甲治病，乙以自己的名义向丙借款 10 万元，约定于 2018 年 5 月 15 日偿还，并立字据一张，丁以保证人身份在字据上签字，但未与丙约定保证方式、保证期间和保证范围。2018 年 7 月 4 日，甲与乙协议离婚，双方约定由乙负责偿还丙的 10 万元借款。但乙一直没有还钱，此前丙虽然经常来看望乙，但对钱的事只字未提。2023 年 10 月 15 日，丙因买房急需用钱，找到乙要钱，乙当即表示，全部钱月底还清，并在原来的字据上对此作了注明。2023 年 11 月 5 日，当丙再次来找乙要钱时，乙却称他们之间的债务已过诉讼时效，可以不用还钱了。丙一气之下第二天向法院起诉，要求乙归还 10 万元本金和利息。

根据上述案情回答下列问题并说明理由：

（1）乙以自己的名义向丙所借款项是否属于夫妻共同债务？

（2）如何确定保证合同中的保证方式？丁是否应当承担保证责任？

（3）甲与乙协议离婚中关于偿还欠款的约定是否具有法律效力？

（4）乙对丙所欠 10 万元债务的诉讼时效是否已经届满？为什么？

（5）如何理解乙在 2023 年 10 月在字据上对月底还钱注明的行为？该行为是否有效？

（6）在诉讼中，丙是否有权要求乙返还本金和利息？

78. 甲男和乙女系夫妻。2023 年 4 月 1 日，甲未经乙同意将其共有的一套房屋（登记于甲名下）以合理的价格出售给丙，甲在将房屋出售给乙时谎称该出售房屋的意思表示是由甲、乙夫妻二人共同决定的。合同签订后，丙支付了价款，甲、丙二人到房屋产权管理机构办理了产权过户手续。6 月 1 日，甲为了将夫妻共同财产据为己有，伪造了一张欠条，欠条上标明甲欠丁 20 万元。9 月 1 日，甲、乙二人因感情确已破裂而离婚。乙在离婚案件审理过程中提出由丙返还房屋的请求，并请求甲赔偿因出售房屋给乙造成的损失。11 月 1 日，乙得知甲在婚姻关系存续期间伪造 20 万元的欠条。

根据上述案情回答下列问题：

（1）丙能否取得房屋所有权？为什么？

（2）乙提出的返还房屋和赔偿损失的请求能否成立？为什么？

（3）乙在得知甲在婚姻关系存在期间伪造欠条一事后，是否有权向法院起诉请求再次分割夫妻共同财产？如何认定分割夫妻共同财产请求权行使期限？

79. 于某和李某系夫妻，有一子小明。2020 年 5 月，于某和李某达成口头离婚协议：李某同意离婚，但儿子小明由李某抚养；原本登记于于某名下的住房 A 归李某所有，于某协助办理变更登记事宜；在婚姻关系存续期间，为购置家用汽车，李某以个人名义向刘某所借 5 万元债务由于某个人偿还，家用汽车归李某所有，其余财产归于某所有，双方还就其他事项达成一致。8 月，于某依据口头离婚协议将登记于其名下的、属于于某个人财产的住房 A 变更登记为李某名下。9 月，李某反悔，不同意离婚。10 月，于某搬离家中在外租屋居住。2021 年 5 月，李某将住房 A 以市价卖给不知情的陈某并办理了过户登记手续。2023 年 1 月，于某向法院起诉离婚，请求李某返还住房 A 并重新分割夫妻共有财产。法院最终判决于某、李某离婚。

根据上述案情回答下列问题并说明理由：

（1）如何认定离婚协议的效力？

（2）陈某可否取得住房 A 的所有权？于某是否有权请求陈某返还住房 A？

（3）法院判决离婚后，购置家用汽车的债务如何清偿？

80. 2021 年 1 月，吕某向杨某借款 50 万元投资期货，双方签订了抵押合同，吕某将个人汽车抵押给杨某，但并未办理抵押登记。吕某、刘某于 2021 年 3 月登记结婚，双方均再婚，婚后育有一女小美。2022 年 11 月 30 日，双方签订《婚后协议》，约定女儿小美由二人共同抚养，家庭日常开支由双方各承担一半，个人开支个人负责，双方婚前财产及婚后收入归各自所有，婚后债务各自承担，各自抚养自己的父母及小孩。2023 年 3 月 1 日，刘某以个人名义向王某借款 100 万元，并就利息等作出约定，刘某出具了借条，刘某所借款项投资于与他人经营的美容店和女儿小美的教育费用。2023 年 8 月 29 日，双方签订离婚协议。约定夫妻关系存续期间各自所欠的债务，由各自负责偿还。2023 年 9 月 15 日，吕某投资期货失败后，将抵押的汽车以市价卖给不知抵押事实的陈某。刘某也无力清偿 100 万元债务。杨某诉至法院请求吕某、刘某共同承担 50 万元债务的清偿责任。王某也诉至法院请求吕某、刘某对 100 万元债务共同承担清偿责任。

根据上述案情回答下列问题并说明理由：

（1）如何认定吕某、杨某设定汽车抵押的效力？杨某可否就汽车优先受偿？

（2）刘某是否有义务偿还吕某欠杨某的 50 万元债务？

（3）刘某欠王某的 100 万元债务应如何清偿？

81. 甲（男）于 2016 年开办一人公司，经营制鞋业，甲担任法定代表人。于 2017 年购买 A 住房一套，B 汽车一辆，都登记于自己名下。2018 年，甲、乙结婚。2019 年 3 月 1 日，甲为了购买皮革，从丙银行贷款 50 万元，以 B 汽车作为抵押，但没有办理抵押登记，甲将贷款用于购置皮革，扩大生产经营。2020 年 9 月 18 日，甲、乙签订《夫妻财产协议书》约定，夫妻按照各自 50% 比例共同共有 A 住房，但仍登记于甲名义下。2021 年 8 月 7 日，甲、乙经法院调解离婚，在调解中未对夫妻财产进行处理。2022 年 6 月 12 日，甲主张撤销对乙的 A 住房赠与，并将住房以市价卖给了知情的丁，并办理了房屋权属变更登记。2023 年 3 月 18 日，甲将 B 汽车卖给戊，并完成交付，但并没有办理汽车权属变更登记。2023 年 4 月，乙诉至法院，主张按照夫妻财产协议分割 A 住房。同月，丙银行也诉至法院，以甲到期不归还 50 万元借款为由主张对汽车优先受偿，并以该笔债务为夫妻共同债务为由请求乙承担连带清偿责任。

请根据上述案情回答下列问题并说明理由：

（1）甲是否有权撤销 A 房赠与？

（2）丁能否取得 A 房所有权？

（3）戊能否取得汽车的所有权？

（4）丙的主张能否成立？

82. 王某与张某育有二子，长子王甲，次子王乙。王甲娶妻李某，并于2015年生有一子王小甲。王甲于2019年5月遇车祸身亡。王某于2020年10月病故，留有与张某婚后修建的面积相同的房屋6间。王某过世后张某随儿媳李某生活，该6间房屋暂时由次子王乙使用。

2020年11月，王乙与曹某签订售房协议，以120万元的价格将该6间房屋卖给曹某。张某和李某知悉后表示异议，后王乙答应取得售房款后在所有继承人间合理分配，张某和李某方表示同意。王乙遂与曹某办理了过户登记手续，曹某当即支付购房款50万元，并答应6个月后付清余款。曹某取得房屋后，又与朱某签订房屋转让协议，约定以150万元的价格将房屋卖给朱某。在双方正式办理过户登记及付款前，曹某又与钱某签订了房屋转让协议，以180万元的价格将房屋卖给钱某，并办理了过户手续。

2021年5月，曹某应向王乙支付70万元的购房余款时，曹某因生意亏损，已无支付能力。但曹某有一笔可向赵某主张的到期货款50万元，因曹某与赵某系亲戚，曹某书面表示不再要求赵某支付该货款。另查明，曹某曾于2021年4月外出时遭遇车祸受伤，肇事司机孙某系曹某好友，曹某一直未向孙某提出车祸损害的赔偿请求。

根据上述案情回答下列问题：

（1）王某过世后留下的6间房屋应由哪些人分配？各自应分得多少？为什么？

（2）王乙与曹某签订的售房协议是否有效？为什么？

（3）曹某与朱某、钱某签订的房屋转让协议效力如何？如朱某要求履行与曹某签订的合同，取得该房屋，其要求能否得到支持？为什么？

（4）如王乙请求人民法院撤销曹某放弃要求赵某支付贷款的行为，其主张能否得到支持？为什么？如王乙要求以自己的名义代位请求孙某支付车祸致人损害的赔偿金，其主张能否得到支持？为什么？

83. 王某是居住在美国的老华侨，年老后体弱多病，希望落叶归根，于是回到中国。他希望由在中国的长子来扶养自己，并立有书面遗嘱希望自己的遗产由其亲人继承。王某委托曾在美国留学的孙某代为回老家寻找自己的亲人，并转告他的意思。孙某回来后说，王某家中已经没有任何亲人了。王某非常失望，孙某表示愿意扶养王某，但需由其取得遗产。王某觉得孙某对自己还可以，而家中也没有了亲人，于是与孙某签订了书面协议，约定王某生前由孙某扶养照顾，死后其全部遗产归孙某所有。3年后，王某在老家的妹妹的儿子辗转得知王某回到中国的消息，于是前来认亲。王某见到自己的外甥后，知晓妹妹尚在世，非常高兴。1个月后，王某向孙某提出不再履行协议。于是，孙某以王某违约为由向法院起诉，而王某也主张撤销协议并要求孙某承担缔约过失责任。

根据案情回答下列问题：

（1）本案涉及哪些民事法律关系？

（2）王某与孙某达成的协议和其所立遗嘱的效力如何确定？为什么？

（3）王某要求孙某承担缔约过失责任的主张能否成立？为什么？

（4）若王某与孙某之间的协议被撤销，会产生哪些法律后果？

84. 退休老人张某与老人李某系再婚夫妻，张某与前妻生育有子女三人：长子张甲、女儿张乙、次子张丙，张丙和妻子刘某有一女儿。平时对二老照管较多的是张甲，张丙偶来看望，张乙、张丙因反对父亲再婚跟家里闹翻后即不再与二老来往。李某名下没有住房，张某名下有房屋 A、B 两套，存款 50 万元，都是张某个人财产。

张某自书遗嘱：房屋 A 由儿子张甲一人继承，该房屋为李某设立居住权，李某在房屋 A 内无偿居住至去世为止，张甲不得要求李某搬出 A 房，并协助办理居住权登记。后张某外出旅游，发生意外，被送往医院紧急救治，随时有生命危险，张某自感有生命之忧，便在救护车上立口头医嘱：房屋 B 由张乙继承，有医院两名护士在场见证。因抢救及时，张某病情好转。出院后，张某立两页打印遗嘱：房屋 A 由张甲、张乙共同继承，房屋 B 由李某继承，50 万元存款归李某。打印遗嘱还就遗嘱执行人、遗产的管理等事情作出具体安排。打印遗嘱由张某两位好友帮助打印出来并进行见证。打印遗嘱前后两页内容关联性很强，不能拆分，须互相验证，但张某和遗嘱见证人仅在第一页签名并注明年、月、日。

两年后，张某去世，张丙也在张某的遗产分割前死亡。

根据上述案情回答下列问题并说明理由：

（1）张某出院后，如何认定口头遗嘱的效力？

（2）打印遗嘱是否有效？

（3）李某何时享有居住权？张甲是否有义务办理居住权登记？

（4）如何分配张某遗产？

85. 李某婚前有 8 间瓦房。1989 年与蒋某结婚，婚后生育 3 个子女：长子李甲、次子李乙和女儿李丙。1994 年，蒋某死亡。李某抚养 3 个孩子长大成人。2016 年前后，李甲和李乙分别结婚搬出去单过，李某与女儿李丙共同生活。2019 年，李丙与赵某结婚，生有一子赵 A。李某还与女儿一家一起生活。2020 年，李某经介绍与齐某结婚，婚后女儿李丙搬出去另住。齐某是再婚，与前夫生有两子，即王 B 与王 C。王 B 已经成年独立工作，王 C（10 岁）正在读小学，与李某一起生活。2021 年，李某的长子李甲因工伤死亡，留有一女李 D。2022 年，李某自书遗嘱：自己专有的瓦房 8 间，由齐某继承 4 间，女儿李丙继承 4 间；2019 年存的 4 万元钱全部归齐某；自己少年时珍藏的一幅山水画送给好友康某。2023 年，李某病故，齐某因伤心过度休克。李丙与康某在送齐某去医院途中，遇交通事故，三人全部死亡，李某、齐某生前没有立遗嘱。在李某死后 2 个月，某出版社又寄来李某的稿酬 6 万元，在李某的财产继承上，继承人之间发生了纠纷。

问：哪些财产属于李某的遗产？其遗产应当如何分配？

86. 4月5日，甲、乙订立房屋买卖合同，约定乙购买甲的A房屋一套，价格200万元。并约定，合同签订后一周内乙先付80万元，交付房屋后付60万元，办理登记过户后付60万元。4月8日，丙得知甲欲将房屋出卖，表示愿意购买。甲告知其已签订合同的事实，丙说愿意出225万元。于是，甲与丙签订了房屋买卖合同，约定合同签订后3日内丙付清全部房款，同时办理过户登记。4月11日，丙付清了全部房款，并办理了过户手续。

4月12日，当乙支付第一笔房款时，甲说："房屋已卖掉，但同小区还有一套B房屋，可作价250万出卖。乙看后当即表示同意，但提出只能首付80万元，其余170万元向银行申请贷款。甲、乙在原合同文本上将房屋相关信息、价款和付款方式做了修改，其余条款未修改。乙支付首付80万元后，恰逢国家出台房地产贷款调控政策，乙不再具备贷款资格。故乙表示仍然要买A房屋，要求按原合同履行。甲表示A房屋无法交付，并表示第二份合同已经生效，如乙不履行将要承担违约责任。乙认为甲违约在先。5月中旬，乙诉请法院确认甲、丙之间的房屋买卖合同无效，甲应履行4月5日双方签订的合同，交付A房屋，并承担迟延履行交付的违约责任。甲则要求乙继续履行购买B房的义务。

5月20日，丙聘请不具备装修资质的丁公司装修A房屋。装修期间，丁公司装修工张某因操作失误将水管砸破，漏水导致邻居任某的家具等物件损坏，损失约1万元。

请根据上述材料，回答下列问题并说明理由：

（1）A房屋的物权归属应如何确定？

（2）4月12日，甲、乙之间对原合同修改的行为的效力应当如何认定？

（3）乙的诉讼请求能否得到支持？在变更合同后，乙是否可以请求甲承担违约责任？

（4）针对甲要求乙履行购买B房屋的义务，乙可以主张什么权利？

（5）邻居任某所遭受的损失应当由谁赔偿？

87. 大学生李某要去A市某会计师事务所实习。此前，李某通过某租房网站租房，明确租房位置和有淋浴热水器两个条件。张某承租了王某一套二居室，租赁合同中有允许张某转租的条款。张某与李某联系，说明该房屋的位置及房屋配有高端热水器。李某同意承租张某的房屋，并通过网上银行预付了租金。

李某入住后发现，房屋的位置不错，但热水器老旧不堪，不能正常使用，屋内也没有空调。另外，李某了解到张某拖欠王某1个月的租金，王某已表示，依租赁合同的约定要解除与张某的租赁合同。李某要求张某修理热水器，修了几次都无法使用。再找张某，张某避而不见。李某只能用冷水洗澡并因此感冒，花了一笔医疗费。无奈之下，李某去B公司购买了全新电热水器，B公司派其员工郝某去安装。安装过程中，郝某因有急事未按要求试用便离开，走前向李某保证该热水器可以正常使用。李某电话告知张某，热水器已买来装好，张某未置可否。另外，因暑热难当，李某经张某同意，买了一部空调安装在卧室。当晚，同学黄某来A市探访李某。黄某去卫生间洗澡，新安装的热水器上提示刚打开热水器，该热水器的接口处迸裂,热水喷溅不止,黄某受到惊吓,摔倒在地受伤,经鉴定为一级伤残。

请根据上述材料,回答下列问题并说明理由:

(1)由于张某拖欠租金,王某要解除与张某的租赁合同,李某想继续租用该房屋,可以采取什么措施以抗辩王某的合同解除权?

(2)李某的医疗费应由谁承担?

(3)李某可否更换热水器?李某更换热水器的费用由谁承担?

(4)李某购买空调的费用应当由谁承担?

(5)对于黄某的损失,李某、张某是否应当承担赔偿责任?

(6)对于黄某的损失应当由谁承担赔偿责任?

88. 甲与乙是多年未见的好友,某日两人分别带孩子(均7周岁)到游乐场所玩耍时偶遇,聊得甚欢,忘记照看孩子。两个孩子在玩相同型号的玩具,并共同开枪将丙的孩子眼睛打伤,但无法查明是谁将丙的孩子打伤,双方的孩子也都不承认打伤了丙的孩子。事故发生时游乐场所工作人员在附近,但未及时提示用枪规范和用枪危险,也未制止不规范用枪行为。

请分析:

(1)如何认定甲、乙的孩子的行为性质?为什么?

(2)甲、乙是否对丙的孩子的损害承担侵权责任?为什么?

(3)游乐场所对丙的孩子的损害是否承担侵权责任?为什么?

89. 李某有两辆汽车,分别是奥迪牌汽车和宝马牌汽车。

事实一:李某试图将奥迪牌汽车卖掉,刘某前来商议,李某对刘某说:"你先将车开回去试用一个月,满意的话你就买下来,价款15万元。"汽车被刘某开回家后,刘某将该车以16万元的价格卖给不知情的洪某,并已经交付。后因欠黄某的钱,将该汽车抵押给不知情的黄某,并办理了抵押登记。

事实二:李某明知其朋友刘某没有驾驶证,但碍于情面不得不将其宝马牌汽车借给刘某使用。刘某无证驾驶该汽车沿 A 公路向东行驶,因超速行驶,加之清晨雾气较大,在发现路边有人闪动时,刘某已经来不及刹车,为躲避该人而强行将车向右拐,但还是将该行人吴某撞伤。因躲避吴某,刘某不慎掉入附近 100 米处的施工路段,导致车毁人伤。经公安机关交通管理部门调查得知,该路段施工未在距离施工作业点来车方向安全距离处设置明显标志,也未采取安全防护措施。

根据上述案情回答下列问题并说明理由:

(1)事实一中,洪某能否取得汽车所有权?

(2)事实一中,黄某对汽车是否享有优先受偿权?

(3)事实二中,谁承担吴某人身伤害的侵权责任?

（4）事实二中，谁承担刘某人身伤害的侵权责任？

90. 事实一：某指挥部经养路道班同意后，在距离公路约 10 米的高斜坡上放炮炸石头。放炮后，指挥部清除了公路上的碎石，准许他人通过。放炮后半小时，甲骑自行车路过该路段，但由于指挥部清理不彻底，在放炮位置斜下方约 2 米处，滚下一块约 1 吨重的大石头，将甲撞倒，致右手六级伤残，自行车被压坏。甲向法院提起侵权之诉，法院判决指挥部和甲分担损失。

事实二：指挥部的放炮引起的噪声和震动对周围的自然环境产生了不良影响，一放炮，附近养鸡场的产蛋率就会大幅度下降，并有部分鸡死亡，减少利润收益 10 万余元。经检验，长期放炮施工震动和噪声导致鸡群得了"应激产蛋下降综合征"。养鸡场将指挥部诉至法院，指挥部出示了国家有关部门批准文件，以没有违反法律，不构成侵权为由拒绝承担赔偿责任。经查，在指挥部放炮炸石的可行性研究报告中，没有对影响环境如何采取预防措施进行论证。

事实三：为了将放炮后得到的山石售卖，指挥部所属施工队修建自来水蓄水池，为防止施工期间有人掉入坑道，指挥部安装了照明装置，并加装围栏。当晚，司机乙酒后驾驶，将围栏撞坏，此时恰逢无看护人员在场，丙骑自行车经过时，从撞坏的围栏处跌入坑道受伤。丙诉至法院，请求指挥部承担责任。指挥部声称已经采取了防护措施，是司机乙酒后驾驶撞坏围栏导致丙的损害，因此应由乙承担责任，指挥部不承担责任。

根据上述案情回答下列问题并说明理由：

（1）事实一在性质上属于何种类型的侵权责任？

（2）事实一中，法院的判决是否正确？

（3）事实二在性质上属于何种类型的侵权责任？

（4）事实二中，指挥部是否应当承担侵权责任？

（5）事实三中，对于丙的损害，应由谁承担侵权责任？指挥部的理由是否成立？

三、参考答案

1. （1）安某购买洗发水的行为有效，1 万元奖金归安某；安某购买钻戒的行为属于效力未定的民事法律行为，肖某有权请求退货。依据民法典规定，8 周岁以上的未成年人为限制民事行为能力人，实施民事法律行为由其法定代理人代理或者经其法定代理人同意、追认；但是，可以独立实施纯获利益的民事法律行为或者与其年龄、智力相适应的民事法律行为。据此，安某是限制民事行为能力人，其购买洗发水的行为与其年龄、智力相适应，因此是有效的。抽取幸运奖属于纯获利益的民事法律行为，安某对此纯获利益的行为可以独立实施，因此抽取幸运奖的行为有效，1 万元奖金归安某。安某购买的钻戒标的额较大，与安某的年龄、智力不相适应，须征得其法定代理人的追认才能生效。而事后安某的母亲肖某拒绝追认，则购买钻戒的行为不发生效力，既然不发生效力，则肖某有权请求退货。

（2）无权，肖某应当承担法律责任。依据民法典规定，监护人应当按照最有利于被监护人的原则履行监护职责。监护人除为维护被监护人利益外，不得处分被监护人的财产。监护人不履行监护职责或者侵害被监护人合法权益的，应当承担法律责任。肖某购买股票并非为了维护被监护人安某的利益，因此肖某无权用奖金购买股票。肖某购买股票的行为侵害了被监护人安某的合法权益，应当承担法律责任。

（3）商场不能以安某是未成年人为由拒绝兑奖。依据民法典规定，限制民事行为能力人独立实施的纯获利益的民事法律行为有效。安某兑奖的行为是其纯获利益的民事法律行为，是有效的，商场不能拒绝兑奖。

2.（1）许义拒绝监护的理由成立，法院指定许海作为监护人于法有据。担任监护人必须具有监护能力，许玲的父亲许义年老体弱，常年卧病在床，不具有保护和管教被监护人的能力，不能担任监护人。许海和许梦是被监护人许玲的兄姐，是法定监护人，在父亲没有监护能力情况下，可以担任许玲的监护人（第三顺序"其他近亲属"）。在被监护人父亲没有监护能力的情况下，法院从后一顺序的监护人中指定监护人，即指定许海作为监护人于法有据。

（2）许海无权动用许玲的财产做生意，许海应赔偿许玲的财产损失，法院应变更许梦为许玲的监护人。根据民法典规定，监护人除为维护被监护人利益外，不得处分被监护人的财产。许海用许玲的财产做生意，且赔掉大半，不属于"为维护被监护人的利益"，因此许海无权动用许玲的财产做生意。根据民法典规定，监护人不履行监护职责或者侵害被监护人合法权益的，应当承担法律责任，因此许海应赔偿许玲的财产损失。根据民法典规定，对于实施严重侵害被监护人合法权益的行为，人民法院根据有关个人或组织的申请，撤销其监护人资格，并按照最有利于被监护人的原则依法制定监护人。许海侵害了被监护人许玲的合法权益，法院应撤销其监护资格，并根据许梦的申请，依法指定许梦为监护人。

（3）李强代其子所为赠与行为无效。根据民法典规定，监护人除为维护被监护人利益外，不得处分被监护人的财产。该规定不以被监护人同意为转移，因为被监护人是限制民事行为能力人，且李强处分被监护人李峰的财产并非为了被监护人的利益，因此赠与行为无效。但李峰接受孙某赠送手机的行为有效。根据民法典规定，8周岁以上的未成年人可以独立实施纯获利益的民事法律行为或者与其年龄、智力相适应的民事法律行为。李峰获得一部手机属于纯获利益的民事法律行为，因而有效。

（4）学校对小明遭受的损害承担侵权责任，李强不承担侵权责任。根据民法典规定，限制民事行为能力人在学校或者其他教育机构学习、生活期间受到人身损害，学校或者其他教育机构未尽到教育、管理职责的，应当承担侵权责任。李峰刺伤小明的眼睛，该损害发生在学校，而且老师在上课时擅自外出，学校没有尽到教育、管理职责，应当承担侵权责任。民法典规定，无民事行为能力人、限制民事行为能力人造成他人损害的，由监护人承担侵权责任。监护人尽到监护职责的，可以减轻其侵权责任。适用该规定的前提是学校不承担侵权责任，亦即，在学校没有过错即在学校尽到教育、管理职责而不承担责任时，监护人才承担责任。因学校存在过错，应当承担侵权责任，因此李强不承担侵权责任。

（5）应由李强对小伟遭受的损害承担侵权责任，小伟的医疗费从李峰的存款中支付。根据民法典规定，无民事行为能力人、限制民事行为能力人造成他人损害的，由监护人承担侵权责任。据此，应由李峰的监护人李强对小伟遭受的损害承担侵权责任。根据民法典规定，有财产的无民事行为能力人、限制民事行为能力人造成他人损害的，从本人财产中支付赔偿费用；不足部分，由监护人赔偿。据此，李峰有3万元存款，应用这3万元存款支付医疗费。

3.（1）张某有权申请李某失踪。张某与李某之间存在债权债务关系，且李某欠张某20万元借款，该笔借款已到期，张某若不作为利害关系人申请宣告李某为失踪人，会影响20万元借款的清偿，因此，张某可以作为利害关系人申请宣告李某为失踪人。

（2）法院在丁某反对的情况下宣告李某失踪是合法的，因为申请公民失踪的利害关系人没有先后顺序，只要有相关利害关系人提出申请且满足宣告失踪的条件，即使有其他利害关系人反对，法院也应依法宣告失踪。

（3）法院应指定王某为李某的财产代管人。根据民法典规定，失踪人的财产由其配偶、成年子女、父母或者其他愿意担任财产代管人的人代管。财产代管人不履行代管职责、侵害失踪人财产权益或者丧失代管能力的，失踪人的利害关系人可以向人民法院申请变更财产代管人。丁某作为李某配偶应为李某的财产代管人，但是，丁某将家中财物转移到了娇夫家中，侵害了李某的合法权益，显然不利于李某财产的管理，故不应由其代管财产，法院应变更财产代管人，指定王某担任李某的财产代管人。

（4）李某所立自书遗嘱部分有效，部分无效。根据民法典规定，遗嘱应当为缺乏劳动能力又没有生活来源的继承人保留必要的遗产份额。李某的自书遗嘱没有给缺乏劳动能力又没有生活来源的继承人李娟保留必要的遗产份额，李某对这部分遗产份额的处理无效，应当为李娟分出，其余部分遗产的处理有效，按照遗嘱继承。

（5）法院应当宣告李某死亡。李佳作为利害关系人，有权申请宣告李某死亡，且李某下落不明满4年，符合宣告死亡的条件。因宣告死亡的利害关系人不受顺序限制，即使利害关系人丁某反对，法院也应当宣告李某死亡。

（6）李某的单位无权申请宣告死亡，因为单位和李某之间仅存在劳动关系，没有民事法律关系，单位并非利害关系人。

（7）其一，李某请求恢复与丁某的婚姻关系的请求不予支持。根据民法典规定，配偶再婚或者向婚姻登记机关书面声明不愿意恢复婚姻关系的，婚姻关系不得自行恢复。丁某与郭某再婚，即便郭某死亡，李某与丁某的婚姻关系也不得自行恢复。其二，收养关系不能解除。根据民法典规定，被宣告死亡的人在被宣告死亡期间，其子女被他人依法收养的，在死亡宣告被撤销后，不得以未经本人同意为由主张收养行为无效。据此，李某不能解除收养关系。其三，李佳和李娟通过继承取得的财产应予返还。根据民法典规定，被撤销死亡宣告的人有权请求依照继承取得其财产的民事主体返还财产；无法返还的，应当给予适当补偿。据此，如果原物存在，应当返还；如果不能返还原物，则李佳应对李某予以适当补偿。

4.（1）A公司。依据民法典规定，设立人为设立法人从事的民事活动，其法律后果由法人承受。A公司设立登记前，甲以A公司名义与B商厦订立租赁合同，A公司完成注册后，租金应由A公司支付。

（2）B商厦有权请求甲、乙、丙支付租金，甲、乙、丙对支付租金承担连带责任。依据民法典规定，法人未成立的，其法律后果由设立人承受，设立人为二人以上的，享有连带债权，承担连带债务。由于A公司并未设立，应由设立人甲、乙、丙对支付租金承担连带责任。

（3）B商厦可以请求A公司或甲支付租金。依据民法典规定，设立人为设立法人以自己的名义从事民事活动产生的民事责任，第三人有权选择请求法人或者设立人承担。据此，B商厦既可以请求A公司支付租金，也可以请求甲支付租金。

5.（1）丙公司没有成立，乙公司应将50万元投资款返还给甲公司。根据民法典规定，营利法人经依法登记成立。虽然甲公司和乙公司发起设立丙公司，但丙公司并没有开展业务，也没有办理公司登记注册手续，因此，丙公司未能成立。由于丙公司未按照约定设立，丙公司并没有取得法人资格，乙公司违反协议约定构成违约，应当承担违约责任，甲公司有权解除发起人协议，并有权请求乙公司返还投资款50万元。

（2）应由甲公司向B公司承担违约责任，B公司不能同时要求违约方返还定金并支付违约金。因为分公司不具有法人资格，分公司的民事责任由总公司承担，因此，A分公司交付劣质皮鞋的违约责任，由甲公司承担。根据民法典规定，当事人既约定违约金，又约定定金的，一方违约时，对方可以选择适用违约金或者定金条款。据此，B公司只能选择请求适用定金或者违约金条款，而不能同时主张。

（3）乙公司的辩解不能成立。根据民法典规定，当事人超越经营范围订立的合同的效力，不得仅以超越经营范围确认合同无效。本案中，对木地板、厨卫用具等的经营并没有违反国家限制经营、特许经营以及法律、行政法规的禁止经营等强制性规定，所以销售木地板、厨卫用具的合同有效。根据民法典规定，法人的法定代表人或者非法人组织的负责人超越权限订立的合同，除相对人知道或者应当知道其超越权限外，该代表行为有效，订立的合同对法人或者非法人组织发生效力。据此，C公司不知道也不应当知道乙公司对法定代表人对外代表权的限制，系善意相对人，乙公司内部章程的规定对于C公司不具有约束力，销售木地板、厨卫用具的合同有效，乙公司应当按照约定履行合同。

（4）D公司不能以没有加盖公章为由拒绝付清货款，D公司和鲁某签订的协议不能对抗乙公司。根据民法典规定，执行法人或者非法人组织工作任务的人员，就其职权范围内的事项，以法人或者非法人组织的名义实施的民事法律行为，对法人或者非法人组织发生效力。法人或者非法人组织对执行其工作任务的人员职权范围的限制，不得对抗善意相对人。鲁某和乙公司签订建材买卖合同属于职务行为，鲁某作为负责人，并没有超越职权范围，因此D公司受建材买卖合同约束，不能以合同没有加盖公章为由拒绝承担责任。乙公司在与鲁某签订合同时，并不知道D公司与鲁某之间关于债务承担的约定，该约定对乙公司没有约束力，D公司应当按照合同履行付款义务。

6.（1）甲、乙就机床成立按份共有关系。根据民法典规定，共有人对共有的不动产或者动产没有约定为按份共有或者共同共有，或者约定不明确的，除共有人具有家庭关系等外，视为按份共有。甲、乙并没有约定共有类型，且甲、乙仅为商业合作伙伴，不具有家庭关系，因此甲、乙成立按份共有关系。

（2）丙能取得机床的所有权。丙取得机床符合善意取得的规定：首先，丙并不知道乙对机床无处分权，系善意；其次，丙向乙支付了9万元钱，该价款构成了合理对价；再次，该机床已经由乙实际交付给丙。因此，丙善意取得机床的所有权。

（3）甲不能请求丙返还机床，因为丙已经取得机床所有权，甲只能请求乙赔偿损失。

（4）A公司有权请求合伙企业或甲、乙承担责任。根据《合伙企业法》规定，合伙人对合伙企业的债务承担无限连带责任，合伙人之间有关债务承担的约定不能对抗第三人。据此，A公司有权请求合伙企业承担责任，也有权请求甲、乙承担无限连带责任。

（5）丁与戊公司签订的买卖合同有效。根据民法典规定，行为人没有代理权、超越代理权或者代理权终止后，仍然实施代理行为，相对人有理由相信行为人有代理权的，代理行为有效。丁作为有限合伙人持授权委托书与戊公司签订合同，戊公司有理由相信丁有代理权，戊公司善意且无过失，丁与戊公司签订的买卖合同是因表见代理签订的合同，因此是有效的。

（6）甲、乙、丁应对戊公司承担无限连带责任。首先，甲、乙作为普通合伙人，应当承担无限连带责任。其次，丁作为有限合伙人，应当以出资额为限承担责任。但是，根据《合伙企业法》的规定，第三人有理由相信有限合伙人为普通合伙人并与其交易的，该有限合伙人对该笔交易承担与普通合伙人同样的责任。据此，丁也应当承担与甲、乙同样的责任，即无限连带责任。

7.（1）甲、乙订立的第一份A房买卖合同有效，第二份A房买卖合同无效。依据民法典规定，行为人与相对人以虚假的意思表示实施的民事法律行为无效。以虚假的意思表示隐藏的民事法律行为的效力，依照有关法律规定处理。据此，第一份买卖合同是当事人真实的意思表示，是有效的；第二份买卖合同是当事人虚假的意思表示，而且双方对此都知情，构成隐藏行为（通谋虚伪表示），是无效的。

（2）丙可以向人民法院起诉，请求再次分割出售 A 房所得购房款。依据民法典规定，夫妻一方隐藏、转移、变卖、毁损、挥霍夫妻共同财产，或者伪造夫妻共同债务企图侵占另一方财产，离婚后，另一方发现有上述行为的，可以向人民法院提起诉讼，请求再次分割夫妻共同财产。据此，甲将售价为 600 万元的 A 房谎称仅售 350 万元，并隐瞒实情将差额据为己有，甲的行为属于隐瞒夫妻共同财产的行为。离婚后，丙发现甲的隐藏行为，可以向人民法院提起诉讼，请求再次分割出售 A 房所得的购房款。

（3）甲、丁订立的房屋赠与行为无效。依据民法典规定，行为人与相对人以虚假的意思表示实施的民事法律行为无效。甲并没有将房屋赠与丁的意思，订立赠与合同的目的在于逃避外债，因此属于虚假行为，是无效的。

（4）戊能够取得房屋抵押权。依据民法典规定，当事人可以参照适用善意取得制度的规定，善意取得其他物权。丁无权处分登记于其名下的房屋，丁在该房屋上设定抵押权，戊不知情，且已办理抵押登记，戊取得房屋抵押权。

8.（1）甲将价金债权赠给丙在性质上属于债权转让。该债权转让自 2 月 3 日对债务人乙生效。根据民法典规定，债权人转让债权，未通知债务人的，该转让对债务人不发生效力。据此，债权转让应于 2 月 3 日对债务人乙生效。

（2）甲、乙之间签订的买卖合同是可撤销合同。甲不知玉石价值连城，对标的物价值存在重大误解，因重大误解而订立的合同是可撤销合同。

（3）甲无权撤销玉石买卖合同，因为甲已经将玉石买卖合同债权转让给丙，甲已经不是玉石买卖合同当事人，不能撤销合同。丙有权撤销玉石买卖合同，因为玉石买卖合同存在可撤销事由，丙有权自知道或者应当知道撤销事由之日起 90 日内行使撤销权，但丙自玉石买卖合同成立之日起 5 年内没有行使撤销权的，撤销权消灭。

9.（1）甲公司与乙公司订立的合同为可撤销合同。依据民法典规定，一方以欺诈手段，使对方在违背真实意思的情况下实施的民事法律行为，受欺诈方有权请求人民法院或者仲裁机构予以撤销。乙公司用国产奶粉冒充进口奶粉，采取隐瞒真相的方法订立合同，构成欺诈，因欺诈而订立的合同为可撤销合同。

（2）合同有效。依据民法典规定，当事人知道撤销事由后明确表示或者以自己的行为表明放弃撤销权的，撤销权消灭。甲公司催告交货，意味着甲公司在得知撤销事由后，以自己的行为表明甲公司放弃了撤销合同的权利，合同有效。

（3）合同有效。依据民法典规定，当事人知道撤销事由后明确表示或者以自己的行为表明放弃撤销权的，撤销权消灭。甲公司向乙公司预付货款，意味着甲公司在得知撤销事由后，以自己的行为表明甲公司放弃了撤销合同的权利，合同有效。

（4）甲公司无权请求丙公司返还奶粉，但有权请求乙公司承担违约责任。依据民法典规定，动产物权的设立和转让，自交付时发生效力，但是法律另有规定的除外。当事人一方不履行合同义务或者履行合同义务不符合约定的，应当承担继续履行、采取补救措施或者赔偿损失等违约责任。就乙公司所有的奶粉，乙、丙公司签订了有效的奶粉买卖合同，并按照民法典规定完成交付，丙公司取得奶粉所有权，甲公司无权请求丙公司返还奶粉。甲公司请求乙公司交付该批奶粉意味着放弃了撤销权，合同确定有效，甲公司不能主张撤销。乙公司不履行合同构成违约，甲公司有权请求乙公司承担违约责任。

10.（1）李某与手机店之间的买卖合同是可撤销合同，手机店撤销合同的请求成立，但返还手机的请求不成立。手机店所售手机价格为 10 000 元，由于售货员疏忽，将价格标注为 1 000 元，手机店对手机价格存在重大误解，因此，李某与手机店的买卖合同属于因重大误解而订立的合同，是可撤销合同，手机店有权请求法院撤销该买卖合同。李某以合理的市价将手机卖给了于某，于某善意取得了手机的所有权，手机店请求于某返还手机不成立，只能请求李某赔偿损失或者补足差价。

（2）李某的行为不构成欺诈，李某与王某之间是基于重大误解而订立的合同，是可撤销合同，但王某已经无权撤销该合同。李某并不知道电脑是组装货，不存在故意告知对方虚假情况和故意隐瞒真实情况的欺诈情形，因而不构成欺诈。王某误认为电脑是原装货而购买，属于对标的物的品种存在错误认识，构成重大误解，属于因重大误解而订立的合同，是可撤销合同。但王某已经不能撤销该合同。根据民法典规定，重大误解的当事人自知道或者应当知道撤销事由之日起 90 日内没有行使撤销权的，撤销权消灭。王某在 2022 年 8 月知道撤销事由，但 2023 年 1 月才主张撤销合同，已经超过 90 日，撤销权已经消灭，因此不能撤销合同。

（3）李某和赵某之间的买卖合同是可撤销合同。李某以给赵某放血相要挟，迫使赵某出具欠条，赵某在李某的威胁下购买了李某的三台破旧的二手摩托车，并出于恐惧写下欠条，李某的行为构成胁迫，因此该买卖合同是可撤销合同。根据民法典规定，诉讼时效的期间、计算方法以及中止、中断的事由由法律规定，当事人约定无效。诉讼时效期间具有法定性，当事人之间排除诉讼时效期间的约定无效，因此，李某与赵某之间"不得起诉"的约定无效，赵某有权请求法院撤销买卖合同，法院应撤销合同，判决李某退还价款，赵某将三台摩托车返还给李某。

（4）李某和孙某之间的买卖合同是可撤销合同。李某趁孙某急需钱财为父亲治病的危困状态，以 2 万元价格购买 10 万元的花瓶，给孙某造成重大损失，属于显失公平的民事法律行为，李某与孙某之间的买卖合同为可撤销合同，孙某有权向法院申请撤销买卖合同。

11. （1）张某和乙公司签订的合同为效力未定合同。因为张某经授权代理采购空调，但并无购买暖风机的代理权，其自行决定以甲商场的名义签订合同属于超越代理权的狭义无权代理行为，因无权代理所签订的合同为效力未定合同。

（2）甲商场应当向乙公司支付货款。甲商场接受乙公司的履行，并实际对外销售暖风机，表明甲商场作为被代理人以行为方式对效力未定合同予以追认。既然甲商场已经在事后对合同进行了追认，该效力未定合同便转化为有效合同，甲商场应当受到合同拘束，享受合同权利并承担合同义务。因此，甲商场应当向乙公司支付货款。

12. （1）丙与乙公司订立的买卖合同属于效力未定合同。根据民法典规定，行为人没有代理权、超越代理权或者代理权终止后，仍然实施代理行为，未经被代理人追认的，对被代理人不发生效力。甲公司授权丙预订民宿，而丙超越代理权限以甲公司的名义购买人参，丙的行为构成无权代理，丙与乙公司订立的合同为效力未定合同。

（2）丙有权请求甲公司返还钱款。依据民法典规定，相对人可以催告被代理人自收到通知之日起30日内予以追认。被代理人未作表示的，视为拒绝追认。据此，在被代理人甲公司追认之前，买卖合同效力未定。依据民法典规定，无权代理人以被代理人的名义订立合同，被代理人已经开始履行合同义务或者接受相对人履行的，视为对合同的追认。甲公司作为被代理人，接受了货物，且在了解情况后，当作员工福利进行了发放，此种行为说明甲公司完全接受了相对人的履行，获得了货物的所有权，构成了对合同的追认，合同转为有效合同，应当向支付了价款的丙返还该笔货物的钱款，否则构成不当得利。

（3）事实三中，丙、丁的行为属于代理人和第三人恶意串通损害被代理人甲公司利益的行为。依据民法典规定，代理人和相对人恶意串通，损害被代理人合法权益的，代理人和相对人应当承担连带责任。丙、丁恶意串通损害甲公司的利益，丙和丁应当对甲公司的损失承担连带责任。

13. （1）李某嘱咐郑某为咖啡厅写字的行为无效。依据民法典规定，依照法律规定、当事人约定或者民事法律行为的性质，应当由本人亲自实施的民事法律行为，不得代理。为咖啡厅写字的行为具有严格的人身属性，应当由本人亲自为之，不得代理，因此李某委托郑某写字的行为无效。

（2）李某构成违约，咖啡厅有权要求李某重新为其写字5幅，并可要求李某赔偿咖啡厅因赝品而遭受的损失。

（3）李某和乙公司签订的买卖合同为效力未定合同。因为李某将甲公司授权的具有代理权的文件丢失，对于乙公司而言，李某未经授权，是无权代理人，因无权代理订立的合同是效力未定合同。

（4）乙公司并没有违约。因为乙公司是善意相对人，乙公司在甲公司追认之前有撤销合同的权利，而乙公司已经在甲公司追认之前以通知甲公司的方式撤销了与李某之间的买卖合同，合同已经撤销，无所谓违约。因此，乙公司并未违约。

（5）合同有效，因为李某的行为构成表见代理。依据民法典的规定，行为人没有代理权、超越代理权或者代理权终止后，仍然实施代理行为，相对人有理由相信行为人有代理权的，代理行为有效。李某已经辞职，但并没有交回具有证明意义的文件，李某持有有效的证明文件与丙公司签约，丙公司有理由相信李某已经得到书法协会的授权，丙公司善意且无过失，构成表见代理，该合同对书法协会和丙公司都具有法律约束力。

（6）被代理人书法协会不得以行为人李某无代理权为由进行抗辩，也不得以自己无过失抗辩，而应履行支付货款的义务，其所受损失可向李某追偿。

14.（1）齐某与甲公司订立的合同为效力未定（待定）合同。齐某被瓷器厂辞退，没有代理权，却以瓷器厂的名义签订合同，其行为构成无权代理，因无权代理签订的合同为效力待定合同。

（2）瓷器厂无权拒绝交货。因为瓷器厂与甲公司达成了延期交货的协议，该行为表明瓷器厂对齐某的无权代理行为予以事后追认，合同由效力待定状态转化为有效，瓷器厂应当按照延期交货的协议履行合同，否则构成违约。

（3）瓷器厂有权要求齐某将定金交付给瓷器厂，因为瓷器厂已经追认齐某的无权代理行为，齐某获得的定金为不当得利，应当将定金返还给瓷器厂。

（4）甲公司获得的最大利益为6万元。因为：①合同价款为10万元，约定定金数额为3万元，其中，超过1万元的部分无效，这1万元定金应依据不当得利返还给甲公司。②甲公司只能就定金和违约金选择一种主张。若获得最大利益，应当引用违约金条款，即要求瓷器厂支付违约金3万元，另外2万元定金和多收的1万元，依据不当得利主张返还，总额为6万元，此为甲公司获得的最大利益。

15.（1）委托书有效。乙公司和丙公司签订的委托书属于委托合同，系委托人乙公司和受托人丙公司真实的意思表示，且没有违反法律、行政法规的强制性规定，不违背公序良俗，属于有效的委托合同。

（2）张某不能善意取得A区房屋所有权。首先，根据甲公司和乙公司签订的合作开发协议，合作开发的A区房屋归甲公司。对于甲公司而言，丙公司并无销售该区房屋的权利，故应当认定丙公司销售A区房屋的行为属于无权处分。其次，张某订立合同时已经查看合作开发协议和委托书，知道或者应当知道丙公司仅有委托销售B区房屋的权利，这表明张某缺乏善意。最后，房屋并未办理登记过户。因而张某不能善意取得A区房屋所有权。

（3）《承诺函》不具有法律效力。因为《承诺函》只是承诺"协调甲公司卖房给张某"，而非"保证"甲公司与张某订立买卖合同，显然欠缺受法律拘束的意思，故不产生法律行为上的效果。

（4）张某不能依据表见代理主张房屋预订合同有效。依据民法典规定，行为人没有代理权、超越代理权或者代理权终止后，仍然实施代理行为，相对人有理由相信行为人有代理权的，代理行为有效。首先，张某订立合同时已经查看合作开发协议和委托书，知道或者应当知道丙公司仅有委托销售B区房屋的权利，故张某没有理由相信丙公司有代理权，不构成表见代理。其次，对于乙公司而言，根据乙公司、丙公司签订的委托书，丙公司仅具有销售B区房屋的权利，而丙公司销售的却是A区房屋，超越了代理权限，构成无权代理。因而张某不能依据表见代理主张房屋预订合同有效。

（5）50万元购房款应由丙公司退还给李某。依据民法典规定，行为人没有代理权、超越代理权或者代理权终止后，仍然实施代理行为，未经被代理人追认的，对被代理人不发生效力。相对人可以催告被代理人自收到通知之日起30日内予以追认。被代理人未作表示的，视为拒绝追认。行为人实施的行为未被追认的，善意相对人有权请求行为人履行债务或者就其受到的损害请求行为人赔偿。丙超越代理权以乙公司的名义对外订立合同，构成无权代理，因被代理人乙公司并未追认该合同，张某也并非善意，故应当由行为人丙公司承担退还预付款50万元的责任，并由张某和丙公司按照各自的过错承担相应的责任。另据民法典规定，债权人转让债权，未通知债务人的，该转让对债务人不发生效力。本案中，张某与李某签订债权转让协议，将其对丙公司的50万元债权转让给李某，该转让的债权具有合法性，是可转让的债权，该债权转让通知了债务人丙公司，债权转让对丙公司发生法律效力，故李某成为新的债权人，张某丧失债权人资格，50万元购房款应当返还给新的债权人李某。

16.（1）丙应向甲披露文某，甲可以行使介入权，行使丙对文某的权利，要求文某支付茶叶款。首先，甲委托乙销售茶叶，乙是甲的代理人。根据民法典规定，代理人需要转委托第三人代理的，应当取得被代理人的同意或者追认。代理人乙经被代理人甲同意，乙将销售茉莉花茶的事项转委托给丙，该转委托经被代理人甲的同意，因此转委托合法有效，丙成为甲的代理人（复代理人）。其次，丙以自己的名义而不是以被代理人甲的名义与第三人文某签订买卖合同，丙的行为成立间接代理，丙与文某订立的买卖合同直接约束丙与文某。根据民法典规定，受托人以自己的名义与第三人订立合同时，第三人不知道受托人与委托人之间的代理关系的，受托人因第三人的原因对委托人不履行义务，受托人应当向委托人披露第三人，委托人因此可以行使受托人对第三人的权利。但是，第三人与受托人订立合同时如果知道该委托人就不会订立合同的除外。据此，因第三人拒绝交付茶叶款，代理人丙应向被代理人甲披露第三人文某，甲通过行使介入权，行使丙对文某的权利，可以请求文某履行付款义务。

（2）文某有权请求丙交付茶具。是否有权请求甲交付茶具，取决于丙与文某之间赠与茶具的合同是否经甲的追认。首先，丙的间接代理中关于赠与茶具的合同超越代理权限，构成无权代理。若甲对赠与茶具的合同不予追认，则该赠与合同不能约束甲，文某也不能请求甲向自己履行赠与茶具的义务；若甲对赠与茶具的合同予以追认，则合同直接约束甲与文某,则文某有权请求甲交付茶具。其次,根据民法典规定,行为人实施的行为未被追认的,善意相对人有权请求行为人履行债务或者就其受到的损害请求行为人赔偿。但是,赔偿的范围不得超过被代理人追认时相对人所能获得的利益。在甲拒绝追认茶具赠与合同情况下,文某有权请求丙交付茶具或者赔偿损失,因为丙与文某之间的茶具赠与合同对双方当事人有约束力,丙有履行交付茶具或者赔偿损失的义务。

(3)乙、丁对甲的损失没有赔偿义务。根据民法典规定,转委托代理经被代理人同意或者追认的,被代理人可以就代理事务直接指示转委托的第三人,代理人仅就第三人的选任以及对第三人的指示承担责任。乙将购茶事宜转托给丁,事先征得被代理人甲的同意,因此转委托所引起的法律后果应由甲承担,乙对甲的购茶款损失不承担责任。复代理人丁也尽到了合理的注意义务,购茶款被抢属于意外事件,丁可以免责,因此对于购茶款1万元的损失应当由被代理人甲自行承担。

17.(1)甲的还款请求权没有超过诉讼时效。根据民法典规定,向人民法院请求保护民事权利的诉讼时效期间为3年。权利人向义务人提出履行请求,诉讼时效中断。2017年6月1日,甲要求乙还款的行为导致诉讼时效中断,从该日起重新计算3年的诉讼时效期间。至2020年8月1日甲再次向乙索要借款时,诉讼时效已过。根据民法典规定,诉讼时效期间届满的,义务人可以提出不履行义务的抗辩。诉讼时效期间届满后,义务人同意履行的,不得以诉讼时效期间届满为由抗辩;义务人已经自愿履行的,不得请求返还。2020年8月1日,甲、乙达成还款协议,属于义务人在超过诉讼时效期间后作出同意履行义务的意思表示的情况,因此乙的抗辩不成立,乙应当归还甲的借款,但是不计利息。

(2)甲对丙的付款请求权的诉讼时效从2019年6月10日开始计算,该付款请求权没有超过诉讼时效。根据民法典规定,诉讼时效期间自权利人知道或者应当知道权利受到损害以及义务人之日起计算。法律另有规定的,依照其规定。约定履行期限的合同,从履行期限届满之日起开始计算该合同的诉讼时效。甲的付款请求权为约定履行期限的合同请求权,其履行期限届满之日为2019年6月9日,其诉讼时效期间应从届满之日的第二日开始计算,故自2019年6月10日开始计算诉讼时效。根据民法典规定,因无民事行为能力人或者限制民事行为能力人没有法定代理人,或者法定代理人死亡、丧失民事行为能力、丧失代理权的,诉讼时效中止。自中止时效的原因消除之日起满6个月,诉讼时效期间届满。甲遭遇车祸成为植物人,迟至2022年6月20日才确定监护人,这一事由构成诉讼时效中止。2022年6月20日为中止事由消除之日,自该日起满6个月,即2022年12月20日诉讼时效期间届满,甲的监护人丁于2022年8月主张付款请求权,没有超过诉讼时效。

18.(1)甲交付电视机的方式为简易交付,所有权转移时间是4月1日。根据民法典规定,动产物权设立和转让前,权利人已经占有该动产的,物权自民事法律行为生效时发生效力。如果买受人已经占有标的物,自买卖双方达成买卖协议之时视为交付,此为简易交付。本题中，甲将电视机借给乙，在借用期间，两人达成了转让协议，自转让协议达成时（4月1日）视为交付，乙取得电视机所有权。

（2）乙交付电视机的方式为占有改定，电视机所有权发生转移的时间是6月1日。根据民法典规定，动产物权转让时，当事人又约定由出让人继续占有该动产的，物权自该约定生效时发生效力。出卖人乙先行占有电视机，以代替电视机的现实交付，因此交付方式为占有改定。对于以占有改定方式交付电视机的，电视机自该约定生效时发生效力。乙、丙之间的约定于6月1日生效，该约定生效时，电视机所有权转移。

（3）乙无须承担修理费用或收回电视。因为电视机的毁坏系丙搬运不当造成的，乙对电视机的损坏没有过错，电视机的毁坏与乙的行为之间不存在因果关系，乙不构成侵权，丙应对毁坏电视机显像管的行为负责。

19.（1）甲、乙约定房屋所有权保留条款无效。因为所有权保留条款适用于动产，不动产不得约定所有权保留，双方当事人约定不动产所有权保留条款的，该约定无效。

（2）乙于7月5日取得房屋所有权。就甲所有的房屋，当事人签订了有效的买卖合同，并按照民法典规定于7月5日办理了登记，乙依法取得房屋所有权。

（3）丙能够取得房屋所有权，8月1日，丙取得房屋所有权。依据民法典规定，因继承取得物权的，自继承开始时发生效力。继承从被继承人死亡时开始。乙于8月1日死亡，继承从此开始，丙于8月1日取得房屋所有权。

（4）丁不能取得房屋所有权。依据民法典规定，处分依照继承享有的不动产物权，依照法律规定需要办理登记的，未经登记，不发生物权效力。据此，丙处分其继承取得所有权的房屋，其处分未经所有权变动登记，不发生物权效力，丁不能取得房屋所有权。

20.（1）张某与甲公司订立的买卖合同有效。买卖合同行为人主体合格，意思表示真实且一致，不违反法律、行政法规的强制性规定，也不违背公序良俗，因而合法有效。

（2）于某取得房屋所有权。就甲公司所有的住房，张某与甲公司签订的买卖合同虽然有效，但并没有按照民法典规定办理登记，张某不能取得房屋所有权。依据民法典规定，当事人签订买卖房屋的协议或者签订其他不动产物权的协议，为保障将来实现物权，按照约定可以向登记机构申请预告登记。预告登记后，未经预告登记的权利人同意，处分该不动产的，不发生物权效力。预告登记后，债权消灭或者自能够进行不动产登记之日起90日内未申请登记的，预告登记失效。据此，虽然赵某就预售房屋办理了预告登记，但从8月31日可以办理登记之日起90日内，赵某并没有申请登记，预告登记失效，赵某不能依据预告登记对抗于某的所有权，因而赵某不能取得房屋所有权。于某依据民法典的规定办理了房屋过户登记，因而取得房屋所有权。

（3）张某、赵某有权请求甲公司承担违约责任。甲公司与张某约定第二年年底交房，之后又将同一房屋出售给赵某，但甲公司也未按照约定办理房屋登记过户手续，两个买卖合同都是当事人的真实意思表示，且不违反法律、行政法规的强制性规定，也不违背公序良俗，因而都是有效的，因此甲公司应当就违约行为向张某、赵某承担违约责任。

21.（1）甲能取得房屋所有权。依据民法典规定，因继承取得物权的，自继承开始时发生效力。甲通过继承取得房屋所有权，应自继承开始时取得房屋所有权。

（2）甲、乙订立的买卖合同有效，乙不能取得房屋所有权。甲、乙订立的买卖合同行为人合格，意思表示真实且一致，不违反法律、行政法规的强制性规定，不违背公序良俗，形式合法，因此买卖合同有效。依据民法典规定，处分依照继承享有的不动产物权，依照法律规定需要办理登记的，未经登记，不发生物权效力。甲将房屋卖给乙，交付房屋使用，但并没有依照民法典的规定办理登记过户，乙不能取得房屋所有权。

（3）丙、丁订立的房屋买卖合同为可撤销合同。依据民法典规定，一方或者第三人以胁迫手段，使对方在违背真实意思的情况下实施的民事法律行为，受胁迫方有权请求人民法院或者仲裁机构予以撤销。丙、丁订立的合同属于可撤销合同，因为买卖合同是丁受胁迫订立的。

（4）戊能够取得房屋所有权。依据民法典规定，当事人知道撤销事由后明确表示或者以自己的行为表明放弃撤销权的，撤销权消灭。丙、丁订立的房屋买卖合同是可撤销合同，但丁在办理房屋登记过户后随即又将房屋以市价出卖给戊并办理了过户登记手续，以其行为表明放弃撤销权，丁取得房屋所有权并有权处分其房屋。丁将房屋以合理的市价出售给戊，并签订了有效的买卖合同，按照民法典规定办理了登记，戊依法取得房屋所有权。

22.（1）甲于2021年3月取得房屋所有权。根据民法典规定，因继承取得物权的，自继承开始时发生效力。据此，甲于2021年3月通过继承取得房屋所有权。

（2）乙可以请求甲履行办理登记过户手续的义务。甲、乙签订的买卖合同合法有效，甲应当按照买卖合同的约定履行义务，法院应当支持乙登记过户的请求。但因甲并没有将房屋登记过户给乙，乙还不能取得房屋所有权。

（3）丙能够取得房屋所有权。根据民法典规定，不动产物权的设立、变更、转让和消灭，经依法登记，发生效力；未经登记，不发生效力，但是法律另有规定的除外。甲将其所有的房屋卖给丙，并办理了房屋所有权转移手续，丙因此取得房屋所有权。

（4）丁能否取得房屋所有权取决于丙是否在合同成立之日起1年内行使撤销权。丁趁丙处于危困状态以极低的价格购买丙的房屋，该合同属于显失公平的合同，是可撤销合同。对于显失公平的合同，撤销权人丙应当在合同成立之日起1年内行使撤销权，合同被撤销后，买卖合同成为无效合同，丁不能取得房屋所有权；如果丙在合同成立之日起1年内没有行使撤销权，则该买卖合同有效，丁取得房屋所有权。

（5）没有超过诉讼时效。乙一直居住该房屋，这表明乙一直在主张权利，乙请求办理登记过户手续的请求没有超过诉讼时效。

（6）房屋的升值利益（非孳息）应当归买受人乙。虽然乙不能取得房屋所有权，但是甲、乙签订的买卖合同是有效的，乙享有基于房屋买卖产生的债权，该债权所生利益即房屋升值部分应当归乙。

23.（1）在银行拍卖房屋之前，房屋所有权属于乙。房屋所有权原本属于丙，甲无权处分登记在其名下的房屋，善意受让人乙基于合理的市价购置该房屋，且按照民法典的规定办理了登记，乙依法善意取得房屋的所有权。丙不能请求乙返还房屋，只能请求甲赔偿损失，由于登记机构对房屋登记错误负有责任，因此，登记机构也应对因登记错误给丙造成的损害承担赔偿责任。

（2）银行与乙签订的抵押合同与设定抵押权的行为均为有效。就乙所有的房屋，双方签订了有效的抵押合同，并按照民法典规定办理了抵押登记，银行取得房屋抵押权。不动产物权登记的效力与合同效力不同，因此，抵押合同于4月3日生效，抵押权于4月5日设立。

（3）甲通过欺诈的手段从丙处骗购房屋，甲、丙之间签订的买卖合同属于可撤销合同。如果丙未在其自知道或者应当知道受欺诈之日起1年的除斥期间内主张撤销合同，则甲、丙之间签订的买卖合同有效，甲取得房屋所有权；如果丙在其自知道或者应当知道受欺诈之日起1年的除斥期间内主张撤销权，则买卖合同归于无效，房屋所有权归丙。自甲、丙买卖合同成立之日起5年内，丙没有撤销该合同的，撤销权归于消灭，买卖合同有效，房屋所有权归甲。乙仍然可取得房屋所有权。

24.（1）甲、乙借用玉镯的约定生效时，乙取得玉镯的所有权。甲与乙先签订了玉镯买卖合同，随后又签订了借用合同，约定由出卖人甲继续占有玉镯，甲通过占有改定这一交付方式完成所有权转移。依据民法典规定，动产物权转让时，当事人又约定由出让人继续占有该动产的，物权自该约定生效时发生效力。据此，以占有改定方式完成玉镯交付的，应当自甲、乙借用合同约定生效时，乙取得玉镯所有权。

（2）丙不能取得玉镯所有权。丙陪同乙购买玉镯，对乙取得所有权的事实知情，丙明知甲对玉镯没有处分权而仍然购买玉镯，并非善意，不构成善意取得，不能取得玉镯的所有权。

（3）丁不能取得玉镯的所有权。玉镯为遗失物。依据民法典规定，遗失物等占有脱离物不适用善意取得，故丁无法取得玉镯的所有权，所有权人乙有权请求丁返还玉镯。

（4）乙无权请求戊返还玉镯。依据民法典规定，所有权人或者其他权利人有权自知道或者应当知道受让人之日起2年内向受让人请求返还遗失物；但是，受让人通过拍卖或者向具有经营资格的经营者购得该遗失物的，权利人请求返还原物时应当支付受让人所付的费用。2019年8月1日，乙得知戊取得玉镯的事实，乙应于2021年8月1日之前请求返还玉镯，此日之后无权请求返还玉镯，故乙在2021年12月1日无权请求戊返还玉镯。

25.（1）王某与丁某之间签订的房屋买卖合同有效。根据民法典的规定，不动产物权变动以登记为生效要件，但不动产物权变动与合同效力无关，合同是王某与丁某真实的意思表示，主体合格，内容也不违反法律的强制性规定和公序良俗，因此房屋买卖合同有效。

（2）法院判决该套房屋所有权属于张某是正确的。根据民法典规定，不动产物权的设立、变更、转让和消灭，经依法登记，发生效力；未经登记，不发生效力，但是法律另有规定的除外。由于王某将房屋卖给张某，并办理了房屋过户手续，因此张某取得房屋所有权。

（3）不合法。根据民法典规定，建筑区划内的绿地属于业主共有，但属于城镇公共绿地或者明示属于个人的除外。据此，小区内的绿地属于全体业主共有，张某将小区绿地自行改造为停车位的行为是不合法的。

（4）不合法。住宅维修资金是专项用于住宅共用部位、共同设施设备保修期满后的维修和更新、改造的资金。电梯属于住宅共同部分，可以用维修资金改造。但是，根据民法典的规定，使用建筑物及其附属设施的维修资金，应当由专有部分面积占比 2/3 以上的业主且人数占比 2/3 以上的业主参与表决，且应当经参与表决专有部分面积过半数的业主且参与表决人数过半数的业主同意才能使用维修基金。业主委员会动用维修基金程序不符合民法典的规定。

26.（1）张某能够取得某集体组织果园的承包经营权。根据民法典规定，农村土地承包经营包括农村集体组织内部的家庭承包方式和其他方式的承包。土地承包经营权自土地承包经营权合同生效时设立。本题中，张某对荒地的承包属于其他方式的承包，自土地承包经营权合同订立时张某即取得土地承包经营权。

（2）张某与银行签订的抵押合同有效，但银行不能取得土地经营权的抵押权。根据民法典规定，通过招标、拍卖、公开协商等方式承包农村土地，经依法登记取得权属证书的，可以依法采取出租、入股、抵押或者其他方式流转土地经营权。据此，张某可以将果园的土地经营权抵押给银行，且张某与银行订立的抵押合同主体合格，双方有真实的意思表示，不违反法律和行政法规的强制性规定，不违背公序良俗，因此抵押合同合法有效。根据民法典规定，以建筑物和其他土地附着物设定抵押的，应当办理抵押登记。抵押权自登记时设立。张某将荒山果园的土地经营权抵押给银行，但没有办理抵押登记，抵押权未设立效力。因此，银行不能取得果园土地经营权的抵押权。

（3）张某与李某签订的合同为委托合同，而不是行纪合同。本案中，李某虽然以自己的名义与各水果销售商签订合同，但李某并非商人，而为一般的自然人，故为委托合同，而不是行纪合同。

（4）李某对张某的水果享有留置权。首先，张某与李某签订的委托合同为双务、有偿合同，依据民法典的规定，张某应当按照委托合同的约定向李某结算费用，但是张某到期仍不向李某结算费用。其次,根据民法典的规定,李某留置的水果与结算费用之间有牵连关系,且张某到期不清偿债务,符合留置权行使的条件,故李某有权将水果留置。

27.(1)马某能取得A地块的土地经营权。依据民法典规定,土地承包经营权人可以自主决定依法采取出租、入股或者其他方式向他人流转土地经营权。据此,杜某可以将土地经营权流转给马某。另据民法典规定,流转期限为5年以上的土地经营权,自流转合同生效时设立。当事人可以向登记机构申请土地经营权登记;未经登记,不得对抗善意第三人。杜某与马某设立的土地经营权的流转期限为5年以上,马某自流转合同设立时起取得土地经营权,但因未办理登记,不对抗善意第三人。

(2)马某有权请求鲁某返还A地块。依据民法典规定,流转期限为5年以上的土地经营权,自流转合同生效时设立。当事人可以向登记机构申请土地经营权登记;未经登记,不得对抗善意第三人。鲁某明知马某已取得土地经营权,属于恶意第三人,虽然马某的土地经营权并未登记,但仍可以对抗恶意第三人。因此,马某有权请求鲁某返还A地块。

(3)杜某与秦某关于秦某使用A地块期限的约定部分有效。依据民法典和相关法律规定,土地经营权流转的,流转的期限不得超过承包期的剩余期限,超过该期限的部分无效,未超过的部分有效。甲村集体经济组织与杜某约定的土地承包期限为2006年3月2日至2036年3月1日,杜某与秦某约定的流转期限为2014年6月1日至2039年5月31日,秦某只能在2036年3月1日之前享有土地经营权,超过该期限的部分无效。

(4)马某无权请求秦某返还A地块。依据民法典规定,流转期限为5年以上的土地经营权,自流转合同生效时设立。当事人可以向登记机构申请土地经营权登记;未经登记,不得对抗善意第三人。杜某与秦某签订的土地经营权合同期限为5年以上且办理了登记,具有对抗善意第三人的效力,而马某的土地经营权没有办理登记,因此秦某的土地经营权可以对抗马某的土地经营权,马某无权请求秦某返还A地块。

(5)李某无权拒绝秦某从B地块通行。地役权具有从属性,杜某与李某订立了可以在B地块通行的通行地役权合同,该合同已经办理登记,具有对抗善意第三人的效力。依据民法典规定,地役权不得单独转让。土地承包经营权、建设用地使用权等转让的,地役权一并转让,但是合同另有约定的除外。据此,杜某将A地块的土地经营权转让给秦某,秦某同时取得A地块上存在的通行地役权,李某无权拒绝秦某通行。

28.(1)张某买卖价款抵押权(价款优先权)优先于李某的抵押权受偿,李某的抵押权优先于乙银行的抵押权受偿。依据民法典规定,动产抵押担保的主债权是抵押物的价款,标的物交付后10日内办理抵押登记的,该抵押权人优先于抵押物买受人的其他担保物权人受偿,但是留置权人除外。张某于2018年6月1日将汽车交付给甲公司,甲公司在婚车交付后10日内办理了婚车的抵押登记,则张某享有的买卖价款抵押权优先于其他抵押权人。依据民法典规定,同一财产向两个以上债权人抵押的,抵押权已经登记的,按照登记的时间先后确定清偿顺序。甲公司于6月3日为李某办理了抵押登记，于6月15日为乙银行办理了抵押登记，李某的抵押权登记在先，李某的抵押权优先于乙银行的抵押权受偿。

（2）丁公司的主张（请求）成立。停放人将车停在丁公司经营的停车场，停放人与丁公司之间形成保管合同法律关系，但停放人未交停车费（保管费）。丁公司基于保管合同占有婚车，丁公司留置的婚车与债权属于同一法律关系，虽然停放人未必是甲公司或丙，但停放人以租赁方式占有婚车，丁公司在占有婚车时不知停放人无处分该车辆的权利，丁公司可以善意取得婚车的留置权。而停放人未交保管费便将婚车开走，导致丁公司无法行使留置权，侵害了丁公司的留置权，其行为已构成侵权，应当承担侵权损害赔偿责任。

（3）戊公司能取得婚车的所有权和相应的担保权。依据民法典规定，债权人转让债权的，受让人取得与债权有关的从权利，但是该从权利专属于债权人自身的除外。受让人取得从权利不因该从权利未办理转移登记手续或者未转移占有而受到影响。据此，戊公司取得张某对甲公司享有的债权，与该债权有关的从权利一并转让给戊公司，包括相应的担保权即抵押权，无论是否办理抵押登记，戊公司都享有对甲公司的抵押权。

29.（1）《夫妻婚前财产约定书》在性质上属于附停止条件的民事法律行为，是顾某对其个人财产的处分，通过合同方式为其妻张某设立居住权，以所有权人顾某的死亡作为居住权设立的停止条件。

（2）顾甲和顾乙于2021年2月取得房屋所有权，张某于2021年3月取得房屋的居住权。根据民法典规定，因继承取得物权的，自继承开始时发生效力。继承从被继承人死亡时开始。顾某于2021年2月死亡，此时顾甲和顾乙作为继承人共同取得房屋的所有权。根据民法典规定，居住权自登记时设立。张某于2021年3月办理了居住权登记，张某自此取得居住权。

（3）在所有权人顾甲、顾乙和居住权人张某之间，因张某违反了张某只能居住、房屋不得出租的约定，构成违约，顾甲和顾乙有权解除居住权合同，也有权向居住权人主张违约责任；在所有权人与承租人之间，承租人段某的租赁权不能对抗所有权人顾甲和顾乙，所有权人顾甲和顾乙有权请求返还；在居住权人和承租人之间，基于合同的相对性，租赁合同合法有效，但因所有权人主张返还房屋，租赁合同无法履行，对此不知情的承租人段某有权向居住权人主张违约责任。

30.（1）乙对股票升值部分享有权利。以股权出质的，质权效力及于股权及其孳息，含股息和红利。本案中，股票因市场变化而升值的部分属于股票本身的价值，乙、丙并未就质押担保的范围作出约定，则丁应当以股票本身的全部价值包括股息和红利对全部债务承担担保责任。

（2）乙可以选择丙和丁承担担保责任。依据民法典规定，被担保的债权既有物的担保又有人的担保的，债权人可以就物的担保实现债权，也可以请求保证人承担保证责任。由于没有约定，债权人乙既可以请求丙承担保证责任，也可以请求丁承担股权质押担保责任。

（3）若甲将50万元债务转移给戊，须取得债权人乙的同意，未经担保人书面同意，担保人丙、丁不再承担担保责任。依据民法典规定，债务人将债务的全部或者部分转移给第三人的，应当经债权人同意。甲将债务转移给戊，须经过债权人乙的同意，否则不发生债务转移的法律效力。另据民法典规定，第三人提供担保，未经其书面同意，债权人允许债务人转移全部或者部分债务的，担保人不再承担相应的担保责任。甲将50万元债务转移给戊，该债务转移未经担保人丙、丁书面同意，则丙、丁不再承担担保责任。

31.（1）约定房屋归乙所有无效，但该约定不影响乙的担保权益。根据民法典规定，抵押权人在债务履行期限届满前，与抵押人约定债务人不履行到期债务时抵押财产归债权人所有的，只能依法就抵押财产优先受偿。据此，在发生实现抵押权的情形时，房屋不能直接归债权人乙所有，但乙可就房屋以实现抵押权的方式优先受偿。

（2）丙的房屋灭失后，乙可就房屋的代位物即保险金优先受偿。抵押担保具有物上代位性，在担保财产灭失后，债权人可就代位物优先受偿，因乙的债权未到期，可以提存保险金。

（3）乙可以就保险金优先受偿，也可以请求丁承担保证责任。根据民法典规定，被担保的债权既有物的担保又有人的担保的，债权人可以就物的担保实现债权，也可以请求保证人承担保证责任。本案中，当事人没有就债权的实现作出约定，若甲到期后未能清偿债务，乙可以就丙提供的房屋行使抵押权以实现债权，也可以请求保证人丁承担保证责任。因丙的房屋灭失，若乙请求丙承担担保责任，乙仅就房屋灭失获得的保险金优先受偿。

32.（1）抵押合同和抵押权都合法有效。乙公司与甲、丙公司签订的抵押合同是当事人真实的意思表示且一致，合同内容和形式符合法律要求，不违反法律的强制性规定，不违背公序良俗，因而合法有效。甲公司和丙公司提供的建筑物属于可以抵押的财产且都办理了抵押登记，因而也合法有效。

（2）丁公司承担保证责任的方式为一般保证。根据民法典规定，当事人在保证合同中对保证方式没有约定或者约定不明确的，按照一般保证承担保证责任。本案中，保证合同中没有约定保证方式，保证人丁公司按照一般保证承担保证责任。

（3）应当按照如下顺序确定担保人的担保顺位：乙公司应先行使对债务人甲公司的抵押权；如果甲公司提供的抵押财产仍不能清偿乙公司的债务，乙公司才有权选择行使对丙公司的抵押权，或者请求保证人丁公司承担保证责任。

（4）丙公司与丁公司仅在4 000万元范围内继续承担担保责任。根据民法典规定，债务人以自己的财产设定抵押，抵押权人放弃该抵押权的，其他担保人在抵押权人丧失优先受偿权益的范围内免除担保责任，但是其他担保人承诺仍然提供担保的除外。乙公司放弃对甲公司的抵押权，即放弃了价值为 1 000 万元的优先受偿权，则丙公司与丁公司仅在 4 000 万元范围内继续承担担保责任。

33.（1）丁公司对 2022 年 2 月 7 日前发生的债务不承担保证责任。因为乙银行与丁公司并未就保证担保设定之前的债务纳入最高额保证的范围作出特别约定，在没有特别约定的情况下，保证人丁只对最高额保证设定之后发生的债务承担保证责任。依据民法典规定，债权人和保证人对保证期间没有约定或者约定不明确的，保证期间为主债务履行期限届满之日起 6 个月。乙银行和丁公司没有约定保证期间，保证期间为主债务履行期限届满之日起 6 个月，即从债权确定日之日起 6 个月为丁公司承担保证责任的期间。

（2）戊公司不能取得最高额抵押权。最高额抵押权不具有从属性。依据民法典规定，最高额抵押担保的债权确定前，部分债权转让的，最高额抵押权不得转让，但是当事人另有约定的除外。乙银行和戊公司没有就最高额抵押权随债权的转让而转让作出约定，故乙银行将债权转让给戊公司，最高额抵押权不转让。

（3）最高额抵押权的债权确定日为 2023 年 1 月 7 日。依据民法典规定，债务人、抵押人被宣告破产的，抵押人的债权确定。据此，债权确定日为 2023 年 1 月 7 日。

（4）依据民法典规定，被担保的债权既有物的担保又有人的担保的，债务人不履行到期债务或者发生当事人约定的实现担保物权的情形，债权人应当按照约定实现债权；没有约定或者约定不明确，债务人自己提供物的担保的，债权人应当先就该物的担保实现债权；第三人提供物的担保的，债权人可以就物的担保实现债权，也可以请求保证人承担保证责任。提供担保的第三人承担担保责任后，有权向债务人追偿。本案中，人保与物保并存，当事人之间也没有特别约定，债权人应先就丙公司提供的抵押物商用房实现债权；若有不足，债权人既可就第三人甲公司提供的抵押物建设用地使用权实现债权，也可以请求保证人丁公司承担保证责任。

（5）抵押权受到保护的期限为 2023 年 1 月 8 日至 2026 年 1 月 7 日。依据民法典规定，向人民法院请求保护民事权利的诉讼时效期间为 3 年。诉讼时效期间自权利人知道或者应当知道权利受到损害以及义务人之日起计算。抵押权人应当在主债权诉讼时效期间行使抵押权；未行使的，人民法院不予保护。本案中，最高额抵押权的债权确定日为 2023 年 1 月 7 日，其保护期限与主债权诉讼时效期间一致，为 2023 年 1 月 8 日至 2026 年 1 月 7 日。

34.（1）房屋租赁合同有效。根据民法典的规定，该合同在订立时主体合格、意思表示真实、内容不违反法律和行政法规的强制性规定，也不违背公序良俗，其他方面也符合法律的有关规定，因而属于合法有效的合同。

（2）甲与丁银行之间设定的抵押权成立。甲对房屋拥有所有权，有权处分自己的房产。就甲所有的房屋，双方签订了有效的抵押合同，并按照民法典规定办理了抵押登记，丁银行取得房屋抵押权。

（3）甲有权转让房屋给丙，甲转让房屋，负有通知抵押权人丁银行的义务，房屋转让后，丁银行仍享有抵押权。甲对房屋享有所有权，房屋抵押后，甲不丧失对房屋的占有、使用、收益和处分的权利，因此甲有权转让房屋给丙。依据民法典规定，抵押人转让抵押财产的，应当及时通知抵押权人。据此，甲转让房屋，负有通知抵押权人丁银行的义务。依据民法典规定，抵押权不得与债权分离而单独转让或者作为其他债权的担保。抵押财产转让的，抵押权不受影响。因此主债权转让，抵押权也随之转移，房屋转让后，丁银行仍享有转让房屋的抵押权。

（4）乙不能主张房屋买卖合同无效，可以请求出租人承担赔偿责任。根据民法典的规定，出租人未通知承租人或者有其他妨害承租人行使优先购买权情形的，承租人可以请求出租人承担赔偿责任。但是，出租人与第三人订立的房屋买卖合同的效力不受影响。据此，出租人甲与第三人丙订立的房屋买卖合同有效，乙无权主张该房屋买卖合同无效，但乙可以妨害其行使优先购买权为由，请求出租人甲承担赔偿责任。

（5）丙无权请求乙搬出房屋。依据民法典规定，租赁物在承租人按照租赁合同占有期限内发生所有权变动的，不影响租赁合同的效力。因此，丙取得房屋所有权后，甲、乙订立的租赁合同对房屋新的所有权人丙仍然有效，丙无权请求承租人乙搬出房屋。

（6）新的所有权人无权请求乙搬出房屋。依据民法典规定，抵押权设立前，抵押财产已经出租并转移占有的，原租赁关系不受该抵押权的影响。据此，丁银行实现抵押权后，乙依据甲、乙订立的房屋租赁合同占有房屋，租赁关系不受抵押权实现的影响，该租赁关系具有对抗新的房屋所有权的效力。

35.（1）甲公司承担阶段性连带保证责任，保证责任自房屋抵押登记正式办理之日止。但是，P银行并未就A商品房办理不动产抵押登记，抵押权并未设立，甲公司的保证责任并未解除，因此，P银行与甲公司有关保证期间的约定（自办理抵押登记之日起2年），视为约定不明。依据民法典的规定，对于没有约定或者约定不明确的，保证期间为主债务履行期限届满之日起6个月。据此，甲公司承担保证责任期间为王某履行完毕借款合同之日起满6个月。P银行与甲公司未就保证范围作出约定，甲公司保证担保的范围为主债权及其利息、违约金、损害赔偿金和实现债权的费用。

（2）P银行不能以A商品房已办理抵押权预告登记为由主张优先受偿权。根据相关司法解释的规定，抵押财产已经办理建筑物所有权首次登记，预告登记的财产与办理建筑物所有权首次登记时的财产一致，且不存在预告登记失效等情形的，人民法院对预告登记权利人就抵押财产优先受偿的请求应予支持。本案中，A商品房已于2019年1月16日办理首次登记，但至2021年2月18日P银行诉至法院，预告登记权利人仍未申请办理正式的不动产抵押登记，远远超过民法典规定的90日内办理不动产登记的要求，预告登记已失效，P银行不能就A商品房优先受偿。

（3）P银行享有对A商品房的优先受偿权。依据民法典规定，预告登记后，债权消灭或者自能够进行不动产登记之日起90日内未申请登记的，预告登记失效。本案中，2019年1月16日A商品房办理了首次登记（能够进行不动产登记之日），截至2019年4月17日（90日内）之前，即预告登记权利人（P银行）在预告登记的有效期限内申请办理不动产抵押登记的，预告登记权利人对A商品房享有优先受偿权，并应当认定抵押权自预告登记之日起设立。

36.（1）借款合同有效。甲公司和乙银行具有签约能力、意思表示真实，订立的合同内容不违反法律、行政法规的强制性规定，也不违背公序良俗，因此借款合同有效。

（2）抵押和质押担保合同有效。抵押合同和质押合同是乙银行和丙公司真实的意思表示，内容不违反法律和行政法规的强制性规定，也不违背公序良俗，抵押财产和质押财产也是法律允许抵押和出质的财产，因此抵押合同和质押合同都有效。

（3）抵押权和质权并未设立。依据民法典规定，以不动产设立抵押权的，应当办理抵押权登记；以应收账款设立质权的，需办理出质登记。但是，乙银行与丙公司并未就大厦办理抵押登记，抵押权并未设立。乙银行和丙公司也未就应收账款办理质押登记，应收账款质权也未设立。

（4）甲公司没有按期还款，甲公司应当向乙银行承担违约责任。丙公司和乙银行的抵押权和质权并未成立，丙公司不承担抵押和质押担保责任，但丙公司违反抵押和质押担保合同的约定没有办理登记，应就违反该约定向乙银行承担违约责任。丙公司对甲公司承担的是连带责任保证，乙银行有权请求丙公司继续承担保证责任，丙公司应当承担保证责任。

（5）丙公司承担保证责任的期间截至2024年2月29日，保证债务的诉讼时效截至2026年10月20日。依据民法典规定，债权人与保证人可以约定保证期间，但是约定的保证期间早于主债务履行期限或者与主债务履行期限同时届满的，视为没有约定；没有约定或者约定不明确的，保证期间为主债务履行期限届满之日起6个月。本案中，乙银行与丙公司订立的保证合同约定的保证期间等于主债务的履行期限，视为没有约定，保证期间应为主债务履行期限届满之日起（2023年8月31日）6个月，即至2024年2月29日。依据民法典规定，连带责任保证的债权人在保证期间届满前请求保证人承担保证责任的，从债权人请求保证人承担保证责任之日起，开始计算保证债务的诉讼时效。乙银行在2023年10月20日（保证期间内）请求连带责任保证人丙公司承担保证责任，从请求保证人承担保证责任之日起开始计算保证债务的诉讼时效，诉讼时效期间为3年，即至2026年10月20日。

37.（1）甲、丁订立的豪宅买卖合同有效，丁不能取得豪宅的所有权。根据民法规定，该合同在订立时主体合格、意思表示真实、内容合法，不违反法律、行政法规的强制性规定，也不违背公序良俗，因而属于合法有效的合同。根据民法典规定，不动产物权的设立、变更、转让和消灭，经依法登记，发生效力；未经登记，不发生效力，但是法律另有规定的除外。就甲所有的豪宅，当事人签订了有效的豪宅买卖合同，但并未按照民法典规定办理登记，丁不能取得豪宅的所有权。丁向甲支付购房款后，豪宅所有权仍属于甲。

（2）甲所立的遗嘱合法有效。甲享有豪宅的所有权，有权处分该房产。该遗嘱是甲生前真实的意思表示，不存在欺诈、胁迫等不合法的情形。其孙子戊是甲的法定继承人，甲通过遗嘱方式指定其孙子戊继承遗产合法有效。

（3）戊无权要求丙搬出房屋。依据民法典规定，租赁物在承租人按照租赁合同占有期限内发生所有权变动的，不影响租赁合同的效力。承租人丙依据租赁合同占有豪宅期间发生了豪宅所有权变动，戊继承了租赁的豪宅，甲、丙之间订立的租赁合同对新的所有权人戊仍然有效，戊无权要求丙搬出豪宅。

（4）庚有权请求丙搬出豪宅。依据民法典规定，抵押权设立前，抵押财产已经出租并转移占有的，原租赁关系不受该抵押权的影响。据此，如果租赁设立在前，且转移给承租人占有，抵押权设定在后的，则抵押权实现时，不能打破租赁关系；反之，如果不动产抵押权设定在前，一旦实现抵押权，则直接打破租赁，新所有权人可以直接解除租赁合同，且不用承担赔偿责任。本题中，对于豪宅，乙银行享有的不动产抵押权在前，而后甲又将豪宅租给了丙，在实现抵押权后，可以直接打破租赁，新所有权人庚可以请求丙搬出房屋。

38.（1）建筑公司发给甲水泥厂和乙水泥厂发出的信函属于要约邀请。要约邀请是希望他人向自己发出要约的表示。建筑公司发给水泥厂的信函没有提出订立合同的具体确定的内容，建筑公司只是希望水泥厂向自己发出订立合同的意思表示，因此信函是要约邀请。

（2）甲水泥厂向建筑公司发出的信函，建筑公司发给甲水泥厂的第二封信，以及乙水泥厂发给建筑公司的信为要约。要约是希望与他人订立合同的意思表示，以上信件内容具体确定，具备合同成立的主要条款，符合要约的条件，都是要约。

（3）买卖合同不成立。因为要约到达受要约人后，受要约人在要约人规定的期限内没有承诺的义务，也没有义务告知要约人其是否予以承诺，要约对受要约人的效力是赋予受要约人承诺的权利，而不是让其负有承诺义务。要约人在要约中表示的"如果不在规定的期限内答复则合同成立的意思表示"对受要约人没有拘束力。

（4）甲水泥厂不可以请求赔偿。因为甲水泥厂向建筑公司发出要约后，建筑公司并没有承诺，而是向甲水泥厂发出了反要约，而甲水泥厂没有在规定时间内给予答复。尽管甲水泥厂积极备货，并准备了与送货有关的事宜，但这些行为并不是承诺，因此买卖合同不成立。而且建筑公司的要约并没有使甲水泥厂产生了要约不可撤销的信赖，因此甲公司不能要求建筑公司赔偿。

（5）甲水泥厂与建筑公司的合同成立，建筑公司不能否认合同的成立。因为甲水泥厂给予建筑公司的答复是对要约的承诺，买卖合同已经有效成立。建筑公司发给甲水泥厂表示不购买该厂的水泥的信函为撤销要约的意思表示，撤销要约的意思表示应当在承诺发出之前到达受要约人，而4月16日达到甲水泥厂时承诺已经发出，因此该表示并不能阻却合同成立的效力。

（6）买卖合同成立。依据民法典规定，受要约人在承诺期限内发出承诺，按照通常情形能够及时到达要约人，但是因其他原因致使承诺到达要约人时超过承诺期限的，除要约人及时通知受要约人因承诺超过期限不接受该承诺外，该承诺有效。要约人负有及时通知承诺迟延的义务，如果要约人对于承诺迟延怠于通知，承诺视为未迟到，合同成立。本案中，建筑公司在4月12日发出承诺，按正常情况应该能在要约规定的时间内到达，但是由于邮局的原因承诺迟延，而乙水泥厂并没有履行通知义务，因此买卖合同成立。

（7）建筑公司选择水泥并提交订单成功时合同成立。根据民法典规定，当事人一方通过互联网等信息网络发布的商品或者服务信息符合要约条件的，对方选择该商品或者服务并提交订单成功时合同成立，但是当事人另有约定的除外。本案中，丙水泥厂通过信息网络发布出售水泥的信息，且公布了水泥的规格等具体商品信息，符合要约条件，建筑公司作出承诺，同意购买水泥，建筑公司提交订单成功的时间就是合同成立的时间。

39.（1）甲公司和乙公司之间的买卖合同自3月20日，即乙公司给甲公司发来了唇膏，甲公司收货并支付货款之日起成立。根据民法典规定，当事人采用合同书形式订立合同的，自当事人均签名、盖章或者按指印时合同成立。在签名、盖章或者按指印之前，当事人一方已经履行主要义务，对方接受的，该合同成立。本案中，甲公司和乙公司约定签订合同书，但乙公司在签订合同书之前已经履行交付货物的主要义务，甲公司予以接受，合同成立并生效。乙公司多发的200支唇膏，超出合同约定的唇膏交付范围，甲公司获得该唇膏没有法律依据，系不当得利，对于该200支唇膏，乙公司有权请求返还，甲公司有义务将唇膏返还给乙公司，若唇膏已经售出，则应赔偿损失。

（2）甲公司有权拒绝交付剩余的300支唇膏。3月25日，甲公司向丙公司发出要约，丙公司更改了单价，属于新要约，当时合同并未成立。4月5日，甲公司以行为方式对丙公司的新要约予以承诺，交付了900支唇膏，甲公司与丙公司仅就900支唇膏成立合同，而对剩余的300支唇膏没有成立合同，甲公司有权拒绝交付剩余的300支唇膏。

（3）戊公司有权扣留300支唇膏。依据民法典规定，债务人不履行到期债务，债权人可以留置已经合法占有的债务人的动产，并有权就该动产优先受偿。债权人留置的动产，应当与债权属于同一法律关系，但是企业之间留置的除外。丁公司拖欠戊公司运费，戊公司有权行使留置权，扣留该批货物。

40. （1）甲、乙公司之间的买卖合同自2023年4月20日双方签订合同书时成立。甲公司于2023年4月1日向乙公司发出购买意大利产皮鞋的传真，该传真内容构成要约，4月10日，乙公司表示同意按甲公司报价出售皮鞋，该意思表示构成承诺。依据民法典规定，当事人采用合同书形式订立合同的，自当事人均签名、盖章或者按指印时合同成立。本案中，4月20日，甲公司和乙公司签订合同书，合同成立。

（2）甲公司有权撤销合同。依据民法典规定，第三人实施欺诈行为，使一方在违背真实意思的情况下实施的民事法律行为，对方知道或者应当知道该欺诈行为的，受欺诈方有权请求人民法院或者仲裁机构予以撤销。本案中，丙明知所售皮鞋为国产皮鞋而仍然劝说甲公司购买皮鞋，甲公司受到第三人丙欺诈，且丙对甲公司实施欺诈行为时，乙公司是知情的，甲公司有权撤销该皮鞋买卖合同。

（3）甲公司有权请求丙赔偿损失。依据相关司法解释的规定，第三人实施欺诈、胁迫行为，使当事人在违背真实意思的情况下订立合同，受到损失的当事人请求第三人承担赔偿责任的，人民法院依法予以支持。据此，甲公司有权请求丙赔偿损失（若从第三人缔约过失责任的角度回答，也是正确的。）

41. （1）预订书是预约合同。依据民法典规定，当事人约定在将来一定期限内订立合同的预订书，构成预约合同。本案中，甲公司与乙公司约定将来订立豪宅的买卖合同，当事人就此达成合意，对双方都有法律约束力，甲公司与乙公司之间构成预约合同。

（2）乙公司无权请求返还交付给甲公司的8套豪宅。依据民法典规定，当事人约定合同应当采用书面形式订立，当事人未采用书面形式但是一方已经履行主要义务，对方接受时，该合同成立。本案中，甲公司与乙公司约定采用书面形式订立本约，但甲公司与乙公司并未采取书面形式订立本约，乙公司履行了交付8套豪宅的义务，并依据民法典规定办理了房屋所有权转移手续，本约合同已经成立并生效，乙公司无权请求返还8套豪宅。

（3）甲公司无权请求乙公司继续履行交房义务，但可请求适用定金罚则。乙公司已经将其余两套豪宅出售给丙公司并办理了过户登记手续，丙公司已经取得两套豪宅的所有权，乙公司无法履行交房义务。据民法典规定，当事人一方不履行预约合同约定的订立合同义务的，对方可以请求其承担预约合同的违约责任。乙公司违反预约合同约定的优先出售豪宅给甲公司的义务，构成违约，甲公司有权请求适用定金罚则，甲公司给付的1 000万元定金，甲公司有权要求乙公司双倍返还。

42. （1）乙拒绝丙平分5万元的要求合法。根据民法典规定，债权人为二人以上，标的可分，按照份额各自享有债权的，为按份债权。乙、丙对甲享有的是按份债权，乙、丙只能按照各自享有的份额向债务人甲主张债权，不得超过自己的份额行使债权，且乙的债权已到期，有权受领5万元债权，并有权拒绝丙的平分请求。

（2）丙的请求不应得到支持。清偿债务是债务人应当履行的义务，乙也完全有权受领甲的给付。甲对乙的清偿虽然使其财产减少，但该财产的减少是正常的债务履行行为所致，甲、乙之间的行为并无不当。

（3）丙请求法院撤销甲对其弟的赠与，能够得到法院的支持。依据民法典规定，债务人以无偿转让财产等方式无偿处分财产权益，影响债权人的债权实现的，债权人可以请求人民法院撤销债务人的行为。甲向其弟无偿转让财产，影响到债权人丙的债权的实现，丙可以撤销甲的赠与。

（4）丙不能代位行使甲对丁的权利。根据民法典规定，因债务人怠于行使其债权或者与该债权有关的从权利，影响债权人的到期债权实现的，债权人可以向人民法院请求以自己的名义代位行使债务人对相对人的权利，但是该权利专属于债务人自身的除外。本案中，甲对丁的权利属于人身伤害损害赔偿请求权，该权利是专属于债务人甲自身的权利，丙不能代位行使。

43.（1）乙有权中止付款。依据民法典规定，应当先履行债务的当事人，有确切证据证明对方有丧失或者可能丧失履行债务能力的情形，可以中止履行。本案中，乙作为合同先履行方，在甲将指定交付的玫瑰金手链丢失，可能丧失履行能力的情形下，可以行使不安抗辩权中止履行。

（2）丙无权拒绝归还该手链。依据民法典规定，拾得遗失物，应当返还权利人。丙是拾得人，归还遗失物是其法定义务。

（3）丙只有在归还玫瑰金手链后，才有权请求甲支付酬金。依据民法典规定，悬赏人以公开方式声明对完成特定行为的人支付报酬的，完成该行为的人可以请求其支付。只有拾得人丙将玫瑰金手链归还给甲后，才有权请求悬赏人甲支付1万元酬金。

（4）乙有权解除合同。依据民法典规定，先履行方中止履行后，对方在合理期限内未恢复履行能力且未提供适当担保的，视为以自己的行为表明不履行主要债务，中止履行的一方可以解除合同并可以请求对方承担违约责任。本案中，后履行方甲在合理期限内没有恢复履行能力，也没有提供适当担保，且到期仍不交付玫瑰金手链，构成违约，先履行方乙有权解除合同。

44.（1）丙公司的起诉依据是代位权，丙公司应当以自己的名义提起诉讼。依据民法典规定，因债务人怠于行使其债权或者与该债权有关的从权利，影响债权人的到期债权实现的，债权人可以向人民法院请求以自己的名义代位行使债务人对相对人的权利，但是该权利专属于债务人自身的除外。丙公司与乙公司之间存在债权债务关系，丙公司可以请求乙公司支付材料款。乙公司对丙公司履行迟延，但乙公司怠于行使对甲公司的到期债权，影响了丙公司到期债权的实现，丙公司可以自己的名义代位行使乙公司对甲公司的债权。

（2）丙公司的诉讼请求不能得到支持。依据民法典规定，代位权的行使范围以债权人的到期债权为限。债权人行使代位权的必要费用，由债务人负担。丙公司只能就其享有150万元的债权数额行使代位权，请求相对人甲公司支付，而不能请求甲公司向丙公司支付400万元工程款。若代位权成立，丙公司行使代位权产生的诉讼费用，应请求债务人乙公司承担，而不应由相对人甲公司承担。此外，依据民法典规定，债权人行使代位权的，相对人对债务人的抗辩，可以向债权人主张。本案中，由于大楼存在质量问题，乙公司的债务履行不适当，甲公司对乙公司享有抗辩权，可以对抗债权人丙公司。

（3）丙公司可以代位请求丁公司向乙公司履行100万元债务。依据民法典规定，债权人的债权到期前，债务人的债权或者与该债权有关的从权利存在诉讼时效期间即将届满等情形，影响债权人的债权实现的，债权人可以代位向债务人的相对人请求其向债务人履行。债务人乙公司对丁公司享有的债权的诉讼时效期间即将届满仍不积极主张权利，影响丙公司对乙公司的债权将来实现，丙公司可以代位向丁公司主张100万元债权，请求丁公司向乙公司履行债务。

45. （1）乙对甲应提起撤销权诉讼。根据民法典规定，债务人以明显不合理的低价转让财产，影响债权人的债权实现，债务人的相对人知道或者应当知道该情形的，债权人可以请求人民法院撤销债务人的行为。本案中，甲以明显不合理的低价将古书转让给知情的丁，丁明显具有恶意，乙可以提起撤销权诉讼，请求撤销甲以明显不合理的低价将古书转让给丁的行为。

（2）乙对丙应提起代位权诉讼。根据民法典规定，因债务人怠于行使其债权或者与该债权有关的从权利，影响债权人的到期债权实现的，债权人可以向人民法院请求以自己的名义代位行使债务人对相对人的权利，但是该权利专属于债务人自身的除外。本案中，甲怠于行使对丙的10万元到期债权，使甲不能及时清偿债权人乙对其享有的20万元债权，给乙的债权造成损害，乙可以自己的名义行使甲对相对人丙的权利。

（3）乙不能撤销甲、戊之间的买卖合同。根据民法典规定，债务人以明显不合理的低价转让财产，影响债权人的债权实现，债务人的相对人知道或者应当知道该情形的，债权人可以请求人民法院撤销债务人的行为。债务人实施影响债权人债权实现的有偿转让行为，只有相对人恶意（知道或应当知道该情形）的，债权人才能行使撤销权。甲以明显不合理的低价转让财产，具有危害债权的故意，但受让人戊并没有恶意，故乙不能行使撤销权。

（4）乙不能撤销甲、戊之间的买卖合同。因为乙对丙行使代位权，取得了10万元，使乙的债权降至10万元；乙又撤销了甲与丁之间的买卖合同，从而使第一套古书的所有权仍然归甲，甲的责任财产至少已有10万元。此时，甲的财产足以清偿乙的债权，不论甲与戊之间的买卖合同对第二套古书定价多少，也不论戊是否存在恶意（知道或应当知道），均不会损害乙的债权，所以，乙撤销甲与戊之间的买卖合同的请求不能得到支持。

46. （1）丁公司承担一般保证责任，保证期间为丙公司主债务履行期限届满之日起6

个月。依据民法典和相关司法解释规定,当事人在保证合同中约定,债务人不能履行债务时,由保证人承担保证责任的,为一般保证。当事人在保证合同中约定了保证人在债务人不能履行债务或者无力偿还债务时才承担保证责任等类似内容,具有债务人应当先承担责任的意思表示的,人民法院应当将其认定为一般保证。本案中,乙公司和丁公司约定丁公司在丙公司无力偿还债务时承担保证责任,该约定保证责任的方式为一般保证。另据民法典规定,债权人与保证人可以约定保证期间,没有约定或者约定不明确的,保证期间为主债务履行期限届满之日起6个月。债权人与债务人对主债务履行期限没有约定或者约定不明确的,保证期间自债权人请求债务人履行债务的宽限期届满之日起计算。自债权人甲公司请求债务人乙公司履行债务的宽限期届满之日起,开始计算丁公司6个月的保证期间。

(2)甲公司有权提起代位权诉讼,行使代位权的范围为30万元。依据民法典规定,债务人怠于行使其债权或者与该债权有关的从权利,影响债权人的到期债权实现的,债权人可以向人民法院请求以自己的名义代位行使债务人对相对人的权利,但是该权利专属于债务人自身的除外。本案中,债务人乙公司怠于行使对丙公司的30万元到期债权,乙公司的行为影响到甲公司到期债权的实现,甲公司可以行使代位权,有权对丙公司提起代位权诉讼。另据民法典规定,代位权的行使范围以债权人的到期债权为限。甲公司行使代位权的范围是50万元,但债务人对相对人的债权额为30万元,甲公司行使代位权的请求数额只能是30万元。

(3)丁公司无权拒绝承担保证责任。依据民法典规定,一般保证的债权人未在保证期间对债务人提起诉讼或者申请仲裁的,保证人不再承担保证责任。本案中,丁公司承担保证责任的方式为一般保证,丁公司作为一般保证人享有先诉抗辩权。另据民法典规定,因债务人怠于行使其债权或者与该债权有关的从权利,影响债权人的到期债权实现的,债权人可以向人民法院请求以自己的名义代位行使债务人对相对人的权利,但是该权利专属于债务人自身的除外。保证人丁公司属于相对人,在甲公司代位乙公司行使对丙公司的权利时,有权请求保证人丁公司承担保证责任。在甲公司申请强制执行无效果时,即经过强制执行乙公司仍然无法清偿债务,甲公司请求丁公司承担保证责任的,丁公司无权拒绝。

47.(1)甲、乙只约定利息,没有约定利率,属于利息约定不明确。按照民法典规定,借款合同对支付利息约定不明确的,甲、乙应对此达成补充协议,不能达成补充协议的,应按照当地或者当事人的交易方式、交易习惯、市场利率等因素确定利息。

(2)乙有权请求法院撤销甲和丙的买卖合同。依据民法典规定,债务人以明显不合理的低价转让财产,影响债权人的债权实现,债务人的相对人知道或者应当知道该情形的,债权人可以请求人民法院撤销债务人的行为。本案中,甲以远低于市价的价格出售自己的财产,影响债权人乙20万元债权的实现,并且相对人丙对此知情,乙有权行使撤销权。

(3)乙不能以自己请求在先而对抗丁的债权。因为债权具有平等性,对于同一债务人先后成立的数个债权，效力一律平等，故乙对甲的财产没有优先受偿权。

（4）乙无权撤销甲放弃财产继承的行为。因为撤销权行使的对象是债权，对于专属于债务人自身的权利，债权人不能撤销。本案中，继承权属于专属于债务人甲自身的权利，乙不能主张撤销。

48.（1）乙公司的请求成立。因为原材料市场出现了大幅度异常变动，原材料价格飞涨，使乙公司生产发动机的成本高于成品出厂价，这明显超出单纯的市场价格的变化，继续履行合同显失公平，因此，乙公司有权依据情事变更原则变更或解除合同。

（2）乙公司不存在违约事实，甲公司要求乙公司支付违约金的请求不能成立。乙公司没有违约，甲公司要求乙公司双倍返还定金没有法律依据，其请求不能成立。

（3）合同已经部分履行（交付了4 000台发动机），乙公司应按比例（80万元×40%=32万元）返还定金，但不是双倍返还；在合同解除后，甲公司可依据不当得利要求乙公司返还剩余的48万元定金。

（4）甲公司不得以其违约是乙公司原因所致为由拒绝向丙公司承担违约责任。因为根据合同的相对性原理，当事人一方因第三人的原因违约的，应当依法向对方承担违约责任，甲公司应当向丙公司承担违约责任。甲公司和丙公司之间的纠纷，依照法律规定或者按照约定处理。

49.（1）同时履行抗辩权。依据民法典规定，当事人互负债务，没有先后履行顺序的，应当同时履行。一方在对方履行之前有权拒绝其履行请求。一方在对方履行债务不符合约定时，有权拒绝其相应的履行请求。据此，甲公司、乙公司基于有效的买卖合同互负债务，且合同未约定履行先后顺序，甲公司未履行的，乙公司有权行使同时履行抗辩权，拒绝甲公司相应的履行请求。

（2）债权转让合同有效。甲公司对乙公司的债权为有效的债权，具有可转让性，甲公司与丙公司订立的债权转让合同系双方合意且合法。依据民法典规定，债权转让合同的生效不以债务人的同意为条件，甲公司与丙公司所签订的债权转让合同符合生效条件，合同有效。

（3）债权转让合同有效。丙公司与乙公司之间的债权为有效的债权，具有可转让性，丙公司与丁公司订立的债权转让合同系双方合意且合法，债权转让合同符合生效条件，合同有效。虽然丙公司的债权已过诉讼时效，但债权仍具有可转让性。乙公司是否愿意履行债务，与丙公司和丁公司之间的债权转让合同的效力无关。

（4）乙公司可以拒绝丁公司的履行请求。依据民法典规定，债务人接到债权转让通知后，债务人对让与人的抗辩，可以向受让人主张。本案中，由于债权转让有效，乙公司可以向丁公司履行债务，但由于该转让的债权已经超过诉讼时效，债务人乙公司对丙公司享有的时效经过抗辩权，可以向债权人丁公司主张，因此乙公司可以债权的时效经过为由，拒绝履行债务。

（5）丁公司可以请求丙公司承担责任。因为该债权是因丙的原因导致诉讼时效届满，这表明该转让债权存在无法行使的瑕疵，丙公司应当承担瑕疵担保责任，债权无法实现的后果也是丙公司所致，所以丁公司可以要求丙公司承担责任。

50.（1）乙公司和丙公司签订的合同有效。依据民法典规定，因出卖人未取得处分权致使标的物所有权不能转移的，买受人可以解除合同并请求出卖人承担违约责任。甲公司将精密成套设备交付给乙公司之前，乙公司尽管对成套设备不享有所有权，但其与丙公司签订的买卖合同仍然有效。

（2）丁公司有权扣留成套设备。依据民法典和相关司法解释规定，债权人留置的动产，应当与债权属于同一法律关系，但是企业之间留置的除外。债务人不履行到期债务，债权人因同一法律关系留置合法占有的第三人的动产，并主张留置财产优先受偿的，人民法院应予支持。第三人以该留置财产并非债务人的财产为由请求返还的，人民法院不予支持。本案中，成套设备并非债务人的财产，但丁公司已经基于运输合同关系合法占有成套设备，且丙公司和丁公司都是企业，丁公司留置成套设备不受同一法律关系的限制，因此，丁公司有权行使留置权，扣留成套设备。

（3）丙公司有权解除合同并请求承担违约责任，丙公司应当向乙公司主张。依据民法典规定，因违约行为不能实现合同目的的，当事人可以解除合同。本案中，在交付的成套设备中，因成套设备某一部件存在质量问题，导致整个成套设备无法正常运转，经修补后仍然无法投产，这属于违约导致合同目的不能实现，丙公司可以解除合同。另据民法典规定，出卖人交付的标的物不符合质量要求的，买受人可以请求承担违约责任。故丙公司可以请求承担违约责任。根据合同相对性，丙公司应当向合同当事人乙公司提出解除合同并请求其承担违约责任。

51.（1）火灾构成不可抗力，暴雨不构成不可抗力，对于暴雨造成的干辣椒损失，德鑫公司应当承担赔偿责任。依据民法典规定，当事人一方因不可抗力不能履行合同的，根据不可抗力的影响，部分或者全部免除责任，但是法律另有规定的除外。故德鑫公司应当赔偿被雨水淋湿的货物损失，但对于火灾导致的货物损失则不承担赔偿责任。因为仓库遭受雷击是既不可预见，也不可避免，电线着火后烧掉的货物是不可抗力因素所致，对于不可抗力造成的损失，德鑫公司不应承担法律责任。但是，夏季多暴雨的情况是可以预见的，暴雨不属于不可抗力。德鑫公司将货物露天放置，也没有采取任何防范措施，这一行为存在重大过失，德鑫公司没有尽到保管义务，对于这部分损失，德鑫公司应当承担相应责任。

（2）首先，因不可抗力不能履行合同的，根据诚信原则，德鑫仓储公司应当及时通知对方，以减轻可能给对方造成的损失，并应当在合理期限内提供证明。如果债务人德鑫公司违反上述义务，就债权人星云公司未获知而遭受的额外损失，德鑫公司不应当因不可抗力而免责，仍然应当对债权人星云公司承担损害赔偿责任。其次，依据民法典规定，当事人一方违约后，对方应当采取适当措施防止损失的扩大；没有采取适当措施致使损失扩大的，不得就扩大的损失请求赔偿。故债权人不能任凭损失扩大，而负有减损义务，如果违反减损义务，则不得就扩大的损失请求赔偿。当事人因防止损失扩大而支出的合理费用，由违约方负担。

（3）标的物毁损、灭失的风险应由星云公司承担。岭南公司已将仓单转让给星云公司，该债权转让合法有效，星云公司成为新的债权人，货物的毁损、灭失的风险也应由新的债权人星云公司承担。

52.（1）有效。因为合同主体合格，意思表示真实，不违反法律、行政法规的强制性规定，不违背公序良俗，因此合同有效。

（2）乙公司没有按时间交货的理由不成立，乙公司应当承担违约责任。依据民法典规定，合同成立后，合同的基础条件发生了当事人在订立合同时无法预见的、不属于商业风险的重大变化，继续履行合同对于当事人一方明显不公平的，受不利影响的当事人可以与对方重新协商；在合理期限内协商不成的，当事人可以请求人民法院或者仲裁机构变更或者解除合同。本案中，乙公司称，其没有按期交货是铝锭的供求关系发生变动所致，属于重大情事变更，而供求关系发生变动属于正常的商业风险，并非重大情事变更，因此乙公司将合同不能履行归因于情事变更的理由不成立，乙公司应当按照约定履行合同。违约责任采取无过错原则，只要不存在不可抗力或者个别合同中规定的特殊法定免责事由及约定免责事由，就应当承担违约责任。

（3）甲公司的主张有法律依据。依据民法典规定，当事人可以约定一方违约时应当根据违约情况向对方支付一定数额的违约金，也可以约定因违约产生的损失赔偿额的计算方法。约定的违约金低于造成的损失的，人民法院或者仲裁机构可以根据当事人的请求予以增加；约定的违约金过分高于造成的损失的，人民法院或者仲裁机构可以根据当事人的请求予以适当减少。本案中，甲公司和乙公司在合同中约定了违约金条款，并就因违约产生的损失赔偿额作出了约定，约定的违约金数额为每日支付供货价值0.1%，既不太高也不太低，这些都符合法律规定和当事人约定。

（4）甲公司要求乙公司重新提供一级品标准的主张有法律根据。如果乙公司重新提供一级货有困难，可以向甲公司赔偿损失。根据民法典规定，当事人一方不履行非金钱债务或者履行非金钱债务不符合约定的，对方可以请求继续履行。故甲公司有权请求乙公司按照合同约定交付符合要求的铝锭。另据民法典规定，法律上或者事实上不能继续履行债务，致使合同目的不能实现的，则债权人可以请求赔偿损失。如果乙公司重新提供一级货确实困难，成本太高，可向人民法院举证不予再提供，从而赔偿甲公司的实际损失。

53.（1）甲公司的行为构成违约，因为甲公司没有按照旅游合同约定游览全部景点。

（2）甲公司的答辩理由不能成为免责或减责的事由。甲公司组织的是南岳衡山赏雪四日游，活动中的风雪天气对服务活动的影响应在甲公司预料之中，不能构成免责或者减责的理由。

（3）甲公司不能按照乙、丙等人的请求继续游览剩余的景点。依据民法典规定，当事人一方不履行合同义务或者履行合同义务不符合约定的，应当承担继续履行、采取补救措施或者赔偿损失等违约责任。当事人一方不履行非金钱债务或者履行非金钱债务不符合约定的，对方可以请求履行，但法律上或者事实上不能履行的，不能请求继续履行。本案中，由于旅游合同约定的组织旅游活动已经结束，且合同的主要内容为"赏雪"，合同不可能继续履行，只能采取重新安排其他游览项目的补救措施或者赔偿损失。

（4）法院不支持乙、丙等9人赔礼道歉和精神损害赔偿的请求。首先，由于被告在诉讼前和庭审中已经进行过赔礼道歉，属于已经承担了赔礼道歉的民事责任，法院不能再判决甲公司承担赔礼道歉的民事责任。此外，依据民法典规定，侵害自然人人身权益造成严重精神损害的，被侵权人有权请求精神损害赔偿。请求精神损害赔偿的前提是自然人的人身权益遭受侵害。本案中，甲公司的违约行为造成乙、丙等9人不愉快，但甲公司与乙、丙之间成立的是合同关系而不存在人身权益遭受侵害的情形，对于合同关系不能提出精神损害赔偿请求。

54.（1）合同约定甲公司向乙公司给付25万元定金合法。根据民法典规定，当事人可以在合同中约定定金条款，定金数额由当事人约定，但不得超过主合同标的额的20%。因此，甲、乙双方可以约定定金担保方式，约定的数额25万元为主合同标的额的16.67%，未超过主合同标的额的20%。另据民法典规定，定金合同自实际交付定金时成立，而甲公司因故未向乙公司实际给付定金，因此，合同关于甲公司向乙公司给付25万元定金的约定虽然合法，但该定金合同未成立。

（2）乙公司通知甲公司解除合同不合法。根据民法典的规定，依法订立的合同成立后，即具有法律约束力，任何一方当事人都不得擅自变更或解除合同，当事人协商一致可以解除合同。当事人一方主张解除合同时，对方有异议的，应当请求人民法院或仲裁机构确认解除合同的效力。本案中，甲、乙双方并未在合同中约定解除权，并且也未协商一致，因此，乙公司通知甲公司解除合同没有法律依据。

（3）甲公司要求增加违约金数额能够成立。根据民法典规定，当事人双方约定的违约金低于造成损失的，当事人可以请求人民法院或仲裁机构予以增加。本案中，甲乙双方约定的违约金为20万元，而甲公司因此造成的损失达50万元，已超过了约定的违约金数额，因此，甲公司可以请求人民法院予以增加。

（4）甲公司要求乙公司继续履行合同依法成立。根据民法典的规定，当事人一方不履行非金钱债务或者履行非金钱债务不符合约定的，对方当事人可以要求履行，违约方应当承担继续履行的违约责任。

（5）丙公司不应对乙公司不履行合同的行为承担连带保证责任，而应承担一般保证责任。根据民法典的规定，当事人在合同中约定债务人不能履行债务时，才由保证人承担保证责任的为一般保证。一般保证的保证人享有先诉抗辩权，即在主合同纠纷未经审判或者仲裁，并就债务人财产依法强制执行仍不能履行债务前，可以拒绝承担保证责任。本案中，双方当事人在合同中约定，在乙公司不能履行债务时，丙公司承担保证责任。该约定的保证方式为一般保证，丙公司应当履行一般保证责任，不应对乙公司不履行合同的行为承担连带保证责任，甲公司请求丙公司承担连带责任保证的，丙公司有先诉抗辩权。

55.（1）属于分期付款买卖合同。分期付款买卖合同是指双方当事人约定，买受人于一定期限内分批支付价款的合同。在分期付款买卖中，买受人将应付的总价款在一定期限内至少分三次向出卖人支付。本案中，周某和吴某订立汽车买卖合同，吴某分五次支付总价款，因此是分期付款买卖合同。

（2）林某遭受的损害应由吴某承担。依据民法典规定，当事人之间已经以买卖或者其他方式转让并交付机动车但是未办理登记，发生交通事故造成损害，属于该机动车一方责任的，由受让人承担赔偿责任。本案中，虽然汽车并未办理所有权转移登记，但汽车已经由受让方吴某占有，且吴某应当承担交通事故责任，因此对于林某遭受的损害，应当由吴某承担。

（3）吴某和王某订立的买卖合同为可撤销合同。依据民法典规定，一方以欺诈手段，使对方在违背真实意思的情况下实施的民事法律行为，受欺诈方有权请求人民法院或者仲裁机构予以撤销。本案中，在全部价款付清前汽车的所有权不转移，汽车所有权仍然属于周某，吴某将车卖给王某构成无权处分，王某善意无过失，且支付了合理的价款，王某可以善意取得汽车的所有权。但吴某隐瞒汽车出过车祸和进行过大修的事实，构成欺诈，因欺诈而订立的合同是可撤销合同，买受人王某有权撤销该汽车买卖合同。

（4）周某有权请求吴某支付全部价款或解除与吴某订立的买卖合同。依据民法典规定，分期付款的买受人未支付到期价款的数额达到全部价款的1/5，经催告后在合理期限内仍未支付到期价款的，出卖人可以请求买受人支付全部价款或者解除合同。本案中，吴某仅支付一期货款2万元，占总价款的20%，买受人吴某未支付到期价款的数额已经达到了全部价款的1/5，周某有权请求吴某支付全部价款或者解除买卖合同。

56.（1）小马的所有权属于甲。因为试用期内，小马的所有权没有被转移，所有权仍属于出卖人甲。

（2）丙马场草料的损失由乙承担。依据民法典规定，饲养的动物造成他人损害的，动物饲养人或者管理人应当承担侵权责任。乙是马的管理者，在乙管理马期间造成的马场草料的损失，应由管理者乙承担。

（3）马3的所有权属于丁。乙无权处分马3，善意的受让人丁基于合理的市价120万元有偿受让马3，且按照民法典规定完成了马3的交付，丁依法善意取得所有权。

（4）马4的损失由甲承担。因为根据民法典规定，马在试用期内毁损、灭失的风险由出卖人甲承担。

（5）应认定乙购买马匹。因为根据民法典规定，试用期限届满，买受人乙对是否购买标的物未作表示的，视为购买。

57.（1）甲不能取回60台平板电脑。根据民法典和司法解释的规定，当事人约定出卖人保留合同标的物的所有权，在标的物所有权转移前，买受人未按照约定支付价款，经催告后在合理期限内仍未支付的，出卖人享有电脑取回权。买受人已经支付标的物总价款的75%以上，出卖人主张取回标的物的，人民法院不予支持。据此，出卖人甲保留了电脑的所有权，买受人乙已经支付了总价款的5/6（50万元），超过了标的物总价款的75%，甲无权取回60台平板电脑。

（2）甲无权解除合同。根据民法典规定，分期付款的买受人未支付到期价款的数额达到全部价款的1/5，经催告后在合理期限内仍未支付到期价款的，出卖人可以请求买受人支付全部价款或者解除合同。本案中，甲催告后乙在合理期限内仍没有付款，但相对于总价款而言，剩余价款总额不到总价款的20%，没有超过1/5，因此甲可以请求乙支付剩余价款，但无权解除合同。

（3）丙承担一般保证责任。根据民法典规定，当事人在保证合同中约定，债务人不能履行债务时，由保证人承担保证责任的，为一般保证。本案中，丙向甲保证：在乙不履行债务时由丙承担付款责任，应当认定为一般保证。

（4）丙承担保证责任的保证期间为主债务履行期限届满之日起6个月。根据民法典规定，保证合同约定保证人承担保证责任直至主债务本息还清时为止等类似内容的，视为约定不明，保证期间为主债务履行期限届满之日起6个月。

58.（1）有效。依据民法典规定，涉及遗产继承、接受赠与等胎儿利益保护的，胎儿视为具有民事权利能力。但是，胎儿娩出时为死体的，其民事权利能力自始不存在。民事法律行为可以附条件，附生效条件的民事法律行为，自条件成就时生效。本案中，甲表示赠与财产给未出生的胎儿，胎儿视为具有民事权利能力。甲赠与胎儿财产的赠与合同以孩子出生为条件，出生前合同成立但未生效，出生后胎儿为活体，赠与合同生效。

（2）甲有权撤销对出生婴儿财产的赠与。依据民法典规定，赠与人在赠与财产的权利转移之前可以撤销赠与。经过公证的赠与合同或者依法不得撤销的具有救灾、扶贫、助残等公益、道德义务性质的赠与合同，不得撤销。本案中，赠与合同没有经过公证，也不是具有公益、道德义务性质的赠与合同，故在财产转移之前，甲可以任意撤销赠与合同。

（3）甲无权任意撤销赠与合同。依据民法典规定，依法不得撤销的具有救灾、扶贫、助残等公益、道德义务性质的赠与合同，不得撤销。本案中，甲与丙慈善医院订立的赠与合同具有公益性质，甲不得任意撤销。

（4）甲可以不再履行捐赠义务。依据民法典规定，赠与人的经济状况显著恶化，严重影响其生产经营或者家庭生活的，可以不再履行赠与义务。本案中，甲在赠与合同履行完毕之前，陷入了严重经济困境，不具有履行能力，此时甲可以终止履行捐助义务，但已经履行的，不得请求返还。

59.（1）甲、乙订立的买卖合同和借款合同在性质上属于以虚假的意思表示隐藏的民事法律行为（通谋虚伪表示）。依据民法典规定，行为人与相对人以虚假的意思表示实施的民事法律行为无效。以虚假的意思表示隐藏的民事法律行为的效力，依照有关法律规定处理。本案中，甲、乙订立的别墅买卖合同并非出于甲、乙的真意，而买卖合同隐藏的借款合同才是甲、乙真实的意思表示，因此，甲、乙之间成立民间借贷法律关系。

（2）乙提出的甲履行买卖合同的请求不能成立，乙应当变更诉讼请求，法院应认定为甲、乙之间成立民间借贷关系。根据司法解释的规定，当事人以订立买卖合同作为民间借贷合同的担保，借款到期后借款人不能还款，出借人请求履行买卖合同的，人民法院应当按照民间借贷法律关系审理。当事人根据法庭审理情况变更诉讼请求的，人民法院应当准许。按照民间借贷法律关系审理作出的判决生效后，借款人不履行生效判决确定的金钱债务的，出借人可以申请拍卖买卖合同标的物，以偿还债务。就拍卖所得的价款与应偿还借款本息之间的差额，借款人或者出借人有权主张返还或者补偿。乙不能请求甲履行买卖合同，而应变更诉讼请求，按照民间借贷处理，乙通过申请拍卖买卖合同标的物实现债权。

（3）甲、丙之间签订的别墅买卖合同有效，丙知情并不影响别墅买卖合同的效力。甲、丙订立的别墅买卖合同是甲、丙真实的意思表示且表示一致，内容和形式都合法，其他方面也符合法律规定，因此别墅买卖合同有效，丙是否知情对买卖合同的效力不产生影响。甲是别墅所有权人，有权处分别墅，丙支付了全部房款，并依照民法典规定办理了别墅变更登记手续，丙依法取得别墅所有权。

（4）甲有权收取租金。甲、丁之间订立的租赁合同是二人真实的意思表示，内容和形式符合法律要求，合法有效。甲虽然对别墅没有所有权，也无处分权，但不影响租赁合同的效力，甲有权将别墅出租并获取收益即有权收取租金。

60.（1）应当按照借贷法律关系作出认定和处理。根据司法解释的规定，当事人以订立买卖合同作为民间借贷合同的担保，借款到期后借款人不能还款，出借人请求履行买卖合同的，人民法院应当按照民间借贷法律关系审理。当事人根据法庭审理情况变更诉讼请求的，人民法院应当准许。按照民间借贷法律关系审理作出的判决生效后，借款人不履行生效判决确定的金钱债务的，出借人可以申请拍卖买卖合同标的物，以偿还债务。就拍卖所得的价款与应偿还借款本息之间的差额，借款人或者出借人有权主张返还或者补偿。

（2）首先，甲对于B独资企业财产不足以清偿债务时以个人其他财产予以清偿。因为个人独资企业财产不足以清偿债务的，投资人甲应当以其个人的其他财产予以清偿。其次，丁应承担一般保证责任。因为根据民法典规定，当事人在保证合同中对保证方式没有约定或者约定不明确的，按照一般保证承担保证责任。丙、丁之间并未约定保证方式，故应按照一般保证承担责任。最后，戊不承担责任，因为戊以其轿车设定质押，但质权人丙让戊取回轿车，丧失了对质物轿车的占有，丙的质权消灭，戊不再承担担保责任。

（3）房屋买卖合同有效。甲享有房屋所有权，有权处分所有的房屋，庚支付了全部房款并按照民法典的规定办理完房屋权属变更登记，庚依法取得房屋所有权。

（4）应由甲承担损失。根据民法典规定，标的物毁损、灭失的风险自交付时起转移。据此，当事人虽然已经办理了房屋登记过户手续，但因房屋尚未交付于买受人庚，故该房屋毁损、灭失的风险应当由出卖人甲承担。此外，因甲对该房屋仍有占有、使用和收益权，要求其承担风险也符合公平原则。

61.（1）甲公司欠乙公司的2 000万元债务并未消灭。代物清偿是在履行合同债务过程中，债权人受领他种给付以代替原定给付而使债的关系消灭的行为。代物清偿须以他种给付现实地代替原定给付，甲公司虽与乙公司约定以建设用地使用权抵偿其欠2 000万元债务，但是甲公司并未现实地将建设用地使用权过户给乙公司，甲公司欠乙公司的债务并未发生代物清偿，因此债务没有消灭。

（2）银行能取得建设用地使用权的抵押权。根据民法典规定，以建设用地使用权设定抵押的，应当办理抵押登记，抵押权自登记时设立。甲以其建设用地使用权设定抵押，以获取银行贷款，且依照民法典的规定办理了抵押登记，银行因而取得了建设用地使用权的抵押权。

（3）丁公司有权向丙公司主张债权。依据民法典规定，债务人将债务的全部或者部分转移给第三人的，应当经债权人同意。甲公司、丙公司与丁公司签订了合法有效的债务承担（转移）合法有效的协议，该债务承担协议取得了债权人丁公司的同意，甲公司欠丁公司的5 000万元债务由丙公司承担，甲公司不再承担清偿义务，故丁公司只能向新的债务人丙公司主张债权。

（4）王某应当承担一般保证责任，保证期间为主债务履行期限届满之日起6个月。依据民法典规定，当事人在保证合同中对保证方式没有约定或者约定不明确的，按照一般保证承担保证责任。王某与丁公司并未约定保证方式，因此王某应当按照一般保证承担保证责任。依据民法典规定，债权人与保证人可以约定保证期间，没有约定或者约定不明确的，保证期间为主债务履行期限届满之日起6个月。王某与丁公司并未就保证期间作出约定，故王某承担保证责任期间为主债务履行期限届满之日起6个月。

（5）钱某不再承担保证责任。根据民法典规定，债权人未经保证人书面同意，允许债务人转移全部或者部分债务，保证人对未经其同意转移的债务不再承担保证责任，但是债权人和保证人另有约定的除外。甲公司、丙公司与丁公司三方签订债务承担协议，该债务承担协议并未取得保证人钱某的书面同意，钱某不再承担保证责任。

62.（1）保证合同成立并有效。依据民法典规定，保证合同可以是单独订立的书面合同，也可以是主债权债务合同中的保证条款。第三人单方以书面形式向债权人作出保证，债权人接收且未提出异议的，保证合同成立。本案中，第三人丙以书面保证函的方式向债权人乙作出保证，乙接收保证函后并未提出异议，保证合同成立。

（2）丙承担保证责任的方式为一般保证，保证期间为主债务履行期限届满之日起6个月。依据民法典规定，当事人在保证合同中约定，债务人不能履行债务时，由保证人承担保证责任的，为一般保证。本案中，保证函中含有"丙为甲向乙借款100万元提供保证担保，在甲不履行债务时承担保证责任"的条款，该条款约定丙承担保证责任的方式为一般保证。

（3）保证期间为主债务履行期限届满之日起6个月。依据民法典规定，债权人与保证人可以约定保证期间，但是约定的保证期间早于主债务履行期限或者与主债务履行期限同时届满的，视为没有约定；没有约定或者约定不明确的，保证期间为主债务履行期限届满之日起6个月。本案中，并未就保证期间作出约定，丙承担保证责任的期间为主债务履行期限届满之日起6个月。

（4）甲有权将房屋转让给丁，乙仍对房屋享有抵押权。依据民法典规定，抵押期间，抵押人可以转让抵押财产。当事人另有约定的，按照其约定。抵押财产转让的，抵押权不受影响。抵押权不得与债权分离而单独转让或者作为其他债权的担保。债权转让的，担保该债权的抵押权一并转让。甲是房屋所有权人，有权处分自己的房产，甲转让自己的房产时，基于抵押权的从属性，抵押权随转让的房产一并转让，乙仍对房屋享有抵押权。

（5）乙应在主债权诉讼时效期间内行使抵押权。依据民法典的规定，债权人乙应当在主债权诉讼时效期间内行使抵押权；未行使的，人民法院不予保护。

（6）丙在乙丧失优先受偿权益范围内免除保证责任，但仍对剩余25万元债务承担保证责任。依据民法典规定，债务人以自己的财产设定抵押，抵押权人放弃该抵押权的，其他担保人在抵押权人丧失优先受偿权益的范围内免除担保责任，但是其他担保人承诺仍然提供担保的除外。本案中，乙放弃甲的房屋抵押权，丙表示反对，丙则在乙丧失优先受偿权益的范围内免除保证责任，乙放弃优先受偿的权益范围为75万元，则丙对剩余的25万元债务继续承担保证责任。

63.（1）丙公司的保证方式为一般保证，担保范围为全部债务。依据民法典规定，当事人在保证合同中对保证方式没有约定或者约定不明确的，按照一般保证承担保证责任。丙公司与乙公司签订的保证合同没有约定保证方式，丙公司按照一般保证承担保证责任。

依据民法典规定，保证的范围包括主债权及其利息、违约金、损害赔偿金和实现债权的费用。当事人另有约定的，按照其约定。乙公司和丙公司并未就担保范围作出约定，丙公司应对65万元债务、利息、违约金、损害赔偿金和实现债权的费用等全部债务承担责任。

（2）有效。甲公司与乙公司之间的债务为合法有效的债务，且债务具有可转移性，甲公司与丁公司的债务转移也取得了债权人乙公司的同意，因此，甲公司与丁公司之间的债务转移有效。

（3）丙公司不再承担保证责任。依据民法典规定，债权人未经保证人书面同意，允许债务人转移全部或者部分债务，保证人对未经其同意转移的债务不再承担保证责任，但是债权人和保证人另有约定的除外。本案中，债权人乙公司许可债务人甲公司转让债务给丁公司，但该债务转移并未取得保证人丙公司的书面同意，故丙公司不再承担保证责任。

（4）债权转让有效。因为乙公司的债权为合法有效的债权，具有可转让性，乙公司和甲公司达成的债权转让协议合法有效。依据民法典规定，债权人转让全部或者部分债权，未通知保证人的，该转让对保证人不发生效力。本案中，债权转让并未通知保证人丙公司，该债权转让对丙公司不发生效力。

64.（1）租赁期限为20年。因为依据民法典规定，租赁合同约定超过20年的，超过20年的期限无效，租赁期限应当认定为20年。

（2）房屋损失由甲承担。甲是房屋的所有权人、出租人，在当事人没有约定的情况下，应由房屋所有权人甲承担房屋受损的风险。

（3）乙可以向甲索要。依据民法典规定，出租人应当履行租赁物的维修义务，但是当事人另有约定的除外。本案中，甲、乙并未对租赁物的维修义务作出约定，房屋的维修费用应由出租人甲承担。

（4）转租有效，丙应向乙支付租金。依据民法典规定，出租人知道或者应当知道承租人转租，但是在6个月内未提出异议的，视为出租人同意转租。乙将房屋转租给丙，出租人甲在知道转租事宜后6个月内并未表态，视为同意转租。基于合同的相对性，丙应向乙支付1500元租金。

（5）丙可以代乙向甲支付。依据民法典规定，承租人拖欠租金的，次承租人可以代承租人支付其欠付的租金和违约金，但是转租合同对出租人不具有法律约束力的除外。

（6）乙有权请求甲赔偿损失，但无权请求确认甲、丁签订的房屋买卖合同无效。依据民法典规定，出租人未通知承租人或者有其他妨害承租人行使优先购买权情形的，承租人可以请求出租人承担赔偿责任。但是，出租人与第三人订立的房屋买卖合同的效力不受影响。因此，甲、丁之间签订的房屋买卖合同有效，乙无权请求确认甲、丁签订的房屋买卖合同无效，但可以请求出租人甲赔偿损失。

（7）乙拒绝搬出房屋合法。依据民法典规定，租赁物在承租人按照租赁合同占有期限内发生所有权变动的，不影响租赁合同的效力。根据买卖不破租赁原则，甲、乙之间的租赁合同对新的所有权人丁仍然有效，丁无权请求乙搬出房屋。

65. （1）丙应当向乙支付租金。因为合同具有相对性，乙、丙是转租合同的当事人，次承租人丙应当向承租人乙支付租金。

（2）房屋修理费由出租人甲承担。因为依据民法典规定，承租人在租赁物需要维修时可以请求出租人在合理期限内维修。出租人未履行维修义务的，承租人可以自行维修，维修费用由出租人负担。

（3）丙的妻子可以继续居住。根据民法典规定，承租人在房屋租赁期限内死亡的，与其生前共同居住的人可以按照原租赁合同租赁该房屋。本案中，承租人丙死亡后，丙的妻子作为与丙共同居住的人，可以按照原租赁合同继续居住。

（4）甲与乙、乙与丙订立的租赁合同对丁仍然具有拘束力。依据民法典规定，租赁物在承租人按照租赁合同占有期限内发生所有权变动的，不影响租赁合同的效力。基于买卖不破租赁原则，在租赁期限内，甲与乙、乙与丙之间订立的租赁合同对房屋新的所有权人仍然具有拘束力。

（5）乙无权认定房屋买卖合同无效，但造成乙损失的，乙有权请求赔偿损失。依据民法典规定，出租人未通知承租人或者有其他妨害承租人行使优先购买权情形的，承租人可以请求出租人承担赔偿责任。但是，出租人与第三人订立的房屋买卖合同的效力不受影响。本案中，甲将房屋卖给丁，承租人乙对出售的房屋享有优先购买权。甲未在合理期限内通知乙，妨害了乙行使优先购买权的，不影响甲与丁之间房屋买卖合同的效力。但乙无法行使优先购买权遭受损失的，乙有权请求赔偿损失。

66. （1）本案涉及的主要法律关系有：甲银行与乙公司之间形成保理合同法律关系；甲银行与丁公司之间形成保证合同法律关系。

（2）乙公司和丙公司协商终止基础买卖合同对甲银行不发生法律效力。根据民法典规定，应收账款债务人接到应收账款转让通知后，应收账款债权人与债务人无正当理由协商变更或者终止基础交易合同，对保理人产生不利影响的，对保理人不发生效力。本案中，应收账款债务人丙公司接到应收账款转让通知后，应收账款债权人乙公司与债务人丙公司无正当理由协商终止基础交易合同，会对保理人甲银行产生不利影响，因此对甲银行不发生法律效力。

（3）甲银行可以向乙公司和丙公司主张应收账款债权。依据民法典规定，当事人约定有追索权保理的，保理人可以向应收账款债务人主张应收账款债权。本案中，甲银行和乙公司订立的是有追索权的保理合同，因此甲银行可以向乙公司和丙公司主张应收账款债权。

（4）丁公司应自乙公司应收账款到期未向甲银行偿还保理预付款开始承担保证责

任，保证期间为主债务履行期限届满之日起 6 个月。

67. （1）转租合同有效。因为合同双方当事人意思表示真实且一致，具有民事行为能力，内容不违反法律和行政法规的强制性规定，也不违背公序良俗，其他方法也符合合同的成立条件。另据民法典规定，出租人知道或者应当知道承租人转租，但是在 6 个月内未提出异议的，视为出租人同意转租。本案中，乙在转租合同签订 6 个月内并未提出异议，故转租合同成立并有效。

（2）丙餐厅有权解除合同，但只能请求支付部分租金。丙餐厅向甲公司支付了 2017 年度的租金，但是由于甲公司无法配合甲餐厅重新办理相关证照，导致丙餐厅 2017 年实际仅使用房屋 2 个月，这导致合同目的无法实现，丙餐厅有权解除合同。对于出租方原因导致承租方实际无法使用租赁物的期间，出租方应当将相应的租金退还给承租方。承租人认为因出租人的原因无法使用租赁房屋，导致其合同目的不能实现的，其作为守约方，也须及时采取措施，防止损失扩大。在甲公司无法协助丙餐厅办理相关证照的情况下，丙餐厅仍然一直占用房屋，也须支付基本的房屋占用费用。因此，甲公司应当酌情退还丙餐厅 2017 年度的部分租金。

（3）乙的部分主张成立。甲公司没有解除合同的权利，甲公司擅自解除合同构成违约，应当承担违约责任，但由于甲公司经营不善，无力支付租金，不能采取继续履行合同的方式承担违约责任，甲公司已经支付了 2 个月保证金和半个月的房款，可以此作为承担违约责任的代价。另据民法典规定，当事人一方违约后，对方应当采取适当措施防止损失的扩大；没有采取适当措施致使损失扩大的，不得就扩大的损失请求赔偿。甲公司作出不再承租房屋的意思表示后，守约方乙有防止损失扩大的义务，但乙并没有采取收房措施，致使房屋一直空置，乙对损失扩大的后果存在过错，应承担相应的民事责任，不得就房屋空置造成的租金损失请求甲公司赔偿，故乙请求甲公司支付房屋空置租金和迟延支付违约金的主张不能成立。此外，因合同未履行完毕，根据甲公司和乙的约定，承租方甲公司不享有免租期。

68. （1）A 公司行使抵押权的效力不及于新建办公楼。因为依据民法典规定，建设用地使用权抵押后，该土地上新增的建筑物不属于抵押财产，即后建的办公大楼不在担保范围内。

（2）B 公司不享有抵押权，丁取得古画的所有权。因为依据民法典规定，以动产抵押的，抵押权自抵押合同生效时设立；未经登记，不得对抗善意第三人。B 公司的抵押权因没有办理登记而不具有对抗善意第三人的效力，古画出卖后，善意第三人丁取得古画的所有权，抵押权人 B 公司无权向丁追偿，B 公司失去了在古画上设定的抵押权。

（3）合同无效。因为根据司法解释规定，承包人应当具有相应资质，承包人未取得建筑业企业资质或者超越资质等级的，建设工程施工合同无效。

（4）承建商可以行使工程价款的优先受偿权。根据民法典规定，发包人宏达有限公司未按照约定支付 500 万元工程款，承建商可以催告其在合理期限内支付。逾期不支付的，除根据建设工程的性质不宜折价、拍卖外，承建商可以与宏达有限公司协议将该工程折价，也可以请求人民法院将该工程依法拍卖，就该工程折价或者拍卖的价款优先受偿。

（5）C 银行不能对已卖给 D 公司的库存物品主张抵押权。因为根据民法典规定，以动产抵押的，不得对抗正常经营活动中已经支付合理价款并取得抵押财产的买受人。

（6）乙不能以诉讼时效已过为由拒绝缴付剩余的 500 万元出资款。根据司法解释规定，当事人可以对债权请求权提出诉讼时效抗辩，但对基于投资关系产生的缴付出资请求权提出诉讼时效抗辩的，人民法院不予支持。500 万元出资款属于乙缴付的出资款，缴付出资请求权不受诉讼时效的限制。

69. （1）乙公司工作人员抽烟致使木材被烧毁，构成侵权责任与违约责任竞合，甲公司有权选择请求乙公司承担侵权责任或违约责任。依据民法典规定，因当事人一方的违约行为，损害对方人身权益、财产权益的，受损害方有权选择请求其承担违约责任或者侵权责任。据此，乙公司的工作人员抽烟致使甲公司提供的木材被烧毁，侵犯了甲公司的财产所有权，构成侵权；乙公司负有依据承揽合同保管木材的义务，因保管不善致使木材毁损，构成违约。甲公司有权选择请求乙公司承担侵权责任或者违约责任。

（2）木材被烧毁不能适用风险负担规则。因为风险负担规则适用的前提是该风险的发生不可归责于双方当事人，而木材的烧毁是由乙方工作人员抽烟引起的，木材被烧毁归责于乙方。

（3）乙公司与甲公司应当承担连带赔偿责任。依据民法典规定，共同承揽人对定作人承担连带责任，但是当事人另有约定的除外。乙公司和甲公司是共同承揽人，且乙公司、丙公司和甲公司并未就排除连带责任作出约定，因此应当承担连带责任。

（4）丙公司有权向乙公司追偿。依据民法典规定，债务人为二人以上，债权人可以请求部分或者全部债务人履行全部债务的，为连带债务。实际承担债务超过自己份额的连带债务人，有权就超出部分在其他连带债务人未履行的份额范围内向其追偿。本案中，乙公司和丙公司承担的债务属于连带债务，对于连带债务，丙公司有权就超出自己赔偿范围的部分向乙公司追偿。

（5）丙公司有权行使同时履行抗辩权，拒绝交付家具。依据民法典规定，当事人互负债务，没有先后履行顺序的，应当同时履行。一方在对方履行之前有权拒绝其履行请求。一方在对方履行债务不符合约定时，有权拒绝其相应的履行请求。丙公司交付家具与甲公司支付价款构成对待给付，丙公司在甲公司支付价款前可以行使同时履行抗辩权，要求双方同时履行。甲公司拒绝支付价款的，丙公司可以对家具行使留置权，拒绝交付家具。

（6）甲公司不能解除合同。民法典规定，定作人在承揽人完成工作前可以随时解除合同，造成承揽人损失的，应当赔偿损失。尽管甲公司有承揽合同解除权，但解除权应当在承揽人完成工作成果之前行使。乙公司与丙公司已完成工作成果，甲公司不能行使合同解除权，但可就木材烧毁的部分请求赔偿。

70.（1）乙公司。根据民法典规定，委托开发完成的发明创造，除法律另有规定或者当事人另有约定外，申请专利的权利属于研究开发人。本案中，甲公司委托乙公司发明一种新型的日光灯，甲公司与乙公司存在技术委托开发合同，在未约定所完成技术成果专利申请权归属的情况下，该职务技术成果的专利申请权属于研究开发人乙公司。根据专利法规定，执行本单位的任务或者主要是利用本单位的物质技术条件所完成的发明创造为职务发明创造。职务发明创造申请专利的权利属于该单位；申请被批准后，该单位为专利权人。丙是利用乙公司的物质技术条件完成的发明创造，属于职务发明创造，申请专利的权利属于乙公司。

（2）丁。丁虽然是乙公司的工作人员，但其利用自己的业余时间自行研究，未利用乙公司的物质技术条件和资料，因此，丁所完成的发明创造为非职务发明创造，专利申请权属于发明创造人丁。

（3）乙公司。根据专利法规定，两个以上的申请人分别就同样的发明创造申请专利的，专利权授予最先申请的人。

71.（1）保管合同于保管合同订立之日的3日后成立，即手表交付之日成立。根据民法典规定，保管合同自保管物交付时成立，但是当事人另有约定的除外。保管合同的成立除了要求双方当事人意思表示一致、民事主体合格、合同形式合法和内容合法等条件外，还要求交付保管物，因此甲、乙之间的保管合同成立于保管合同订立的3日后。

（2）乙的行为构成无权处分，乙、丙订立的合同有效。乙只是手表的管理者，没有权利转让手表，但乙、丙之间签订的手表买卖合同是有效合同。

（3）丙能够取得手表的所有权。因为乙无权处分其占有的手表，善意受让人丙基于合理的价格有偿受让，且按照民法典的规定完成了手表的交付（占有了手表），丙的行为成立善意取得，可以取得手表的所有权。

（4）甲可以行使的请求权包括违约责任请求权、侵权责任请求权和不当得利返还请求权。一是，甲可以行使违约责任请求权和侵权责任请求权，但甲只能择一行使。如果甲行使违约责任请求权，可以主张的金额为2.3万元，因为乙应当赔偿甲因自己的违约行为而受到的全部损失，该损失依据当时的市场价格确定。如果甲行使侵权责任请求权，可以主张的金额为2.3万元，因为乙应当赔偿甲因自己的侵权行为而受到的全部损失，该损失也依据当时的市场价格确定。二是，乙因其行为而获得不当利益并使甲因此而受有损失，构成不当得利。如果甲行使不当得利返还请求权，可以主张的金额为2.5万元，这是因为乙为恶意，应返还所获得的全部利益。

72.（1）买卖合同成立。依据民法典规定，当事人采用合同书形式订立合同的，自当事人均签名、盖章或者按指印时合同成立。在签名、盖章或者按指印之前，当事人一方已经履行主要义务，对方接受时，该合同成立。虽然甲、乙双方均未在合同上签字盖章，但是甲公司已经履行主要义务，乙公司也已接受甲公司主要义务的履行，因此买卖合同成立。

（2）甲公司中止履行合法。根据民法典的规定，当事人依据不安抗辩权中止履行的，应当及时通知对方。对方提供适当担保的，应当恢复履行。中止履行后，对方在合理期限内未恢复履行能力且未提供适当担保的，视为以自己的行为表明不履行主要债务，中止履行的一方可以解除合同并可以请求对方承担违约责任。甲公司有证据证明乙公司在转移财产、抽逃资金，有逃避债务的可能，甲公司可以行使不安抗辩权以中止自己的履行，甲公司中止履行的做法于法有据，是合法的。

（3）乙公司请求合法。因为根据民法典的规定，当事人一方因第三人的原因违约的，应当依法向对方承担违约责任。本案中，甲公司因第三人丙公司的原因未能按时交货，乙公司有权请求甲公司承担违约责任。

（4）丙公司对货物的毁损、灭失承担损害赔偿责任。因为根据民法典的规定，承运人对运输过程中货物的毁损、灭失承担赔偿责任。承运人有证据证明货物的毁损、灭失是不可抗力、货物本身的自然性质或者合理损耗以及托运人、收货人的过错造成的，不承担赔偿责任。本案中，丙公司在运货途中发生交通事故，该交通事故并非不可抗力、货物本身的自然性质或者合理损耗以及托运人、收货人的过错造成的，因此，丙公司应当对货物的毁损、灭失承担赔偿责任。

73. （1）可以。依据民法典规定，受托人因委托人的原因对第三人不履行义务的，受托人应当向第三人披露委托人，第三人可以选择受托人或者委托人作为相对人主张其权利。本案中，乙公司因甲公司的原因而不对丙公司履行合同义务，乙公司向丙公司披露了甲公司，此时，丙公司可以选择甲公司或者乙公司作为相对人主张权利，因此，丙公司可以向甲公司主张权利。

（2）可以。依据民法典规定，当事人互负债务，没有先后履行顺序的，应当同时履行。一方在对方履行之前有权拒绝其履行请求。一方在对方履行债务不符合约定时，有权拒绝其相应的履行请求。本案中，乙公司与丙公司在合同中没有约定先后履行顺序。丙公司没有支付货款，便请求乙公司履行合同，乙公司可以行使同时履行抗辩权。而委托人甲公司可以主张受托人乙公司对第三人丙公司的抗辩，因此，甲公司也可以向丙公司主张同时履行抗辩权。

（3）可以。依据民法典规定，受托人因委托人的原因对第三人不履行义务，受托人应当向第三人披露委托人，第三人因此可以选择受托人或者委托人作为相对人主张其权利，但是第三人不得变更选定的相对人。本案中，第三人丙公司已经选定了甲公司履行义务，则丙公司不得再变更请求乙公司承担违约责任。

74.（1）李某的请求成立。王某的行为属于间接代理行为。依据民法典规定，受托人因委托人的原因对第三人不履行义务，受托人应当向第三人披露委托人，第三人因此可以选择受托人或者委托人作为相对人主张其权利，但是第三人不得变更选定的相对人。李某在卖给王某礼品时，不知道王某是为其所在单位的公务需要而买，向王某追要欠款后，王某向李某披露了其所在单位，李某坚决要求王某偿还欠款，就说明李某选择了王某作为相对人承担债务，李某的主张符合间接代理的构成要件，但选定王某后，不得再进行变更，李某请求王某履行债务的主张成立。

（2）乙公司的请求不能成立。赵某的行为属于间接代理行为。赵某在去乙电器公司购买空调时，虽然是以自己的名义向电器公司出具的手续，但从乙公司派人到酒店安装电器，并且向酒店开出票等行为可以看出乙公司已经知道了酒店与赵某之间的代理关系。依据民法典规定，乙公司应该向酒店主张权利，其向赵某主张权利没有法律依据，因此其主张不能成立。

（3）丙的请求成立。吴某系甲公司的职务代理人。依据民法典规定，法人或者非法人组织对执行其工作任务的人员职权范围的限制，不得对抗善意相对人。本案中，甲公司对吴某对外营销每次签约额度不得超过 50 万元的限制不能对抗善意相对人丙。另据民法典规定，行为人没有代理权、超越代理权或者代理权终止后，仍然实施代理行为，相对人有理由相信行为人有代理权的，代理行为有效。吴某在签订借款合同时虽然没有加盖甲公司印章，但吴某出具了甲公司的概括性授权委托书和营销部负责人的证明文件，吴某在借款合同上签字，表明吴某具有代理权限，吴某虽然超越权限签订借款合同，但丙已经尽到合理审查义务，善意且无过失，吴某的行为构成表见代理，因此，丙请求甲公司归还钱款的主张成立。

75.（1）物业服务合同中有关业主不按规定交纳服务费，处以滞纳金和催交的条款无效。依据民法典规定，提供格式条款一方不合理地免除或者减轻其责任、加重对方责任、限制对方主要权利的，该格式条款无效。据此，该条款是格式条款，且其内容加重业主的责任，因而是无效的。另据民法典规定，业主违反约定逾期不支付物业费的，物业服务人可以催告其在合理期限内支付；合理期限届满仍不支付的，物业服务人可以提起诉讼或者申请仲裁。物业服务人不得采取停止供电、供水、供热、供燃气等方式催交物业费。物业公司收取滞纳金的程序应是业主逾期支付物业费，物业公司催告业主在合理期限内支付物业费，业主仍不支付的，甲公司才可收取滞纳金。此合同条款直接约定业主一旦逾期支付物业费，物业公司即可收取滞纳金，该条款因违反法律规定而无效。此外，甲公司通过断水、断电等方式催交物业费也违反法律规定，也是无效的。

（2）建筑物外墙广告收入和电梯内广告收入应归全体业主所有。依据民法典规定，建设单位、物业服务企业或者其他管理人等利用业主的共有部分产生的收入，在扣除合理成本之后，属于业主共有。外墙和电梯属于建筑物区分所有的共有部分，对于共有部分产生的收益，应当归全体业主共有。

（3）物业服务合同附件一所列条款无效。依据民法典规定，在订立合同时未与对方协商的条款是格式条款。据此，提供格式条款一方不合理地免除或者减轻其责任、加重对方责任、限制对方主要权利和排除对方主要权利的条款无效。甲公司提供的物业服务合同附件一所列条款不仅未与对方协商，未尽提示和注意义务，且免除自己责任，加重对方责任，因而是格式条款，是无效的。

76.（1）甲、乙对小明被撞伤承担连带责任。依据民法典规定，以买卖或者其他方式转让拼装或者已经达到报废标准的机动车，发生交通事故造成损害的，由转让人和受让人承担连带责任。甲将拼装车卖给乙，乙驾驶该车将小明撞成重伤，对于小明的损害，应由转让人甲和受让人乙承担连带责任。

（2）丙对小明肋骨损伤不承担责任。依据民法典规定，因自愿实施紧急救助行为造成受助人损害的，救助人不承担民事责任。丙因紧急救助行为造成小明肋骨损害，无需承担损害赔偿责任。

（3）丙有权请求小明的监护人承担其支付的医疗费用。依据民法典规定，管理人没有法定的或者约定的义务，为避免他人利益受损失而管理他人事务的，可以请求受益人偿还因管理事务而支出的必要费用。丙没有义务管理小明的事务，但为避免小明被撞伤后生命难保，对小明进行救助，并为救治小明支付了1万元医疗费，丙的行为符合无因管理的构成要件，成立无因管理，因此有权请求小明的监护人支付1万元医疗费。

77.（1）属于夫妻共同债务。依据民法典规定，夫妻一方在婚姻关系存续期间以个人名义超出家庭日常生活需要所负的债务，不属于夫妻共同债务；但是，债权人能够证明该债务用于夫妻共同生活、共同生产经营或者基于夫妻双方共同意思表示的除外。乙虽然以个人名义向丙借款10万元，但借款是为了给其丈夫甲看病，属于为夫妻共同生活需要所负的债务，且发生于甲、乙夫妻婚姻关系存续期间，应当认定为夫妻共同债务。

（2）保证方式为一般保证，丁不承担保证责任。依据民法典规定，当事人在保证合同中对保证方式没有约定或者约定不明确的，按照一般保证承担保证责任。债权人丙与保证人丁未对保证范围作出约定，丁按照一般保证承担保证责任。依据民法典规定，债权人与保证人可以约定保证期间，没有约定或者约定不明确的，保证期间为主债务履行期限届满之日起6个月。债权人丙与丁没有约定保证期间，则保证期间为主债务履行期限届满之日（2018年5月15日前）起6个月（截至2018年11月16日前）。但在2018年11月16日前，债权人丙并未要求保证人丁承担保证责任，保证期间已经超过6个月，丁不再承担保证责任。

（3）甲与乙离婚协议中关于偿还欠款的约定对甲与乙具有法律约束力，但该离婚协议对不知情的第三人不具有法律约束力。

（4）已经届满。根据民法典规定，向人民法院请求保护民事权利的诉讼时效期间为3年。胡某于2018年1月15日向张某借款10万元，直到2023年10月15日张某才第一次向胡某要钱，其间已经过了5年多，因此乙所欠10万元债务的诉讼时效已经届满。

（5）属于同意履行义务的承诺（认诺）。这表明乙在诉讼时效期间届满后作出同意履行义务的承诺，该承诺有效。

（6）丙有权要求乙返还本金和利息。根据民法典规定，诉讼时效期间届满后，义务人同意履行的，不得以诉讼时效期间届满为由抗辩；义务人已经自愿履行的，不得请求返还。乙在诉讼时效期间届满后作出同意履行义务的承诺，该承诺有效，丙有权请求其返还欠款和利息。

78.（1）丙能取得房屋所有权。甲无权处分登记在其名下的房屋，善意受让人丙支付了合理价款，甲、丙二人按照民法典办理了产权过户手续，丙依法善意取得房屋所有权。

（2）乙返还房屋的主张不能成立，但请求赔偿损失的主张成立。丙善意取得了房屋所有权，乙返还房屋的主张不能成立。依据司法解释规定，夫妻一方擅自处分共同所有的房屋造成另一方损失，离婚时另一方请求赔偿损失的，人民法院应予支持。故乙请求赔偿损失的主张成立。

（3）乙在得知甲在婚姻关系存续期间伪造欠条一事后，可以起诉请求再次分割夫妻共同财产。依据民法典规定，夫妻一方伪造夫妻共同债务企图侵占另一方财产的，在离婚分割夫妻共同财产时，对该方可以少分或者不分。离婚后，另一方发现有上述行为的，可以向人民法院提起诉讼，请求再次分割夫妻共同财产。因此，乙就欠条涉及的分割完毕的财产，可以请求再次分割，请求再次分割夫妻共同财产的诉讼时效期间为3年，从乙发现之日（2023年11月1日）起计算。

79.（1）离婚协议无效。依据民法典规定，夫妻双方自愿离婚的，应当签订书面离婚协议，并亲自到婚姻登记机关申请离婚登记。离婚协议须采取书面形式，于某和李某达成的口头离婚协议无效。

（2）陈某能够取得住房A的所有权。离婚协议无效，住房A的所有权仍应为于某所有，李某无权处分登记在其名下的住房A，善意的受让人陈某基于合理的价格有偿受让，且按照民法典规定办理登记，陈某依法善意取得所有权。原所有权人于某无权请求陈某返还住房A。

（3）购置汽车的债务由于某、李某共同承担连带清偿责任。口头离婚协议无效，购置汽车的债务应当按照民法典的规定处理。依据民法典规定，夫妻一方在婚姻关系存续期间以个人名义为家庭日常生活需要所负的债务，属于夫妻共同债务。为购置家用汽车，李某以个人名义所负的5万元债务，是为家庭生活需要所负的债务，应当属于于某、李某夫妻共同债务，对此笔债务，于某、李某应当承担连带清偿责任。

80.（1）吕某、杨某设定的汽车抵押有效，但不能对抗善意第三人，杨某不能就汽车优先受偿。依据民法典规定，以动产抵押的，抵押权自抵押合同生效时设立；未经登记，不得对抗善意第三人。就吕某所有的汽车，双方签订了有效的抵押合同，抵押权自合同生效时设立，但未经登记不得对抗善意第三人。吕某将汽车卖给陈某后，陈某取得汽车所有权，但因汽车抵押没有办理登记，且陈某为善意，杨某丧失在汽车上的抵押权，不得就该汽车优先受偿。

（2）刘某没有义务偿还吕某欠杨某的50万元债务。依据相关司法解释规定，债权人就一方婚前所负个人债务向债务人的配偶主张权利的，人民法院不予支持。但债权人能够证明所负债务用于婚后家庭共同生活的除外。据此，吕某所欠债务是婚前个人所欠的债务，属于个人债务，该笔债务也并未用于婚后家庭共同生活，因此不是夫妻共同债务，刘某对此不负清偿义务。

（3）依据民法典规定，夫妻一方在婚姻关系存续期间以个人名义为家庭日常生活需要所负的债务，属于夫妻共同债务。夫妻一方在婚姻关系存续期间以个人名义超出家庭日常生活需要所负的债务，不属于夫妻共同债务；但是，债权人能够证明该债务用于夫妻共同生活、共同生产经营或者基于夫妻双方共同意思表示的除外。本案中，刘某以个人名义向王某借款100万元，该笔债务发生在吕某、刘某婚姻关系存续期间，该100万元投资于与他人经营的美容店的部分，属于超出家庭日常生活所负的债务，该部分债务应由刘某个人清偿，但女儿小美的教育费用，属于用于夫妻共同生活所负的债务，该笔债务应由吕某、刘某共同偿还。

81.（1）甲有权撤销A房赠与。甲、乙在婚姻关系存续期间对A房按照50%比例共同共有的约定，属于对特定财产的约定，不属于有关夫妻财产制的约定。根据相关司法解释规定，婚前或者婚姻关系存续期间，当事人约定将一方所有的房产赠与另一方或者共有，赠与方在赠与房产变更登记之前撤销赠与，另一方请求判令继续履行的，人民法院可以按照赠与合同处理。甲、乙在婚姻关系存续期间关于A房的处理属于赠与合同。另据民法典规定，赠与人在赠与财产的权利转移之前可以撤销赠与。A房并没有办理权属变更登记，甲对A房仍享有所有权，A房所有权并没有转移，因此，在A房所有权转移之前，甲可以撤销赠与。

（2）丁能取得A房所有权。依据民法典规定，不动产物权的设立、变更、转让和消灭，经依法登记，发生效力；未经登记，不发生效力，但是法律另有规定的除外。就甲所有的房屋，当事人签订了有效的买卖合同，并按照民法典规定办理了登记，丁依法取得房屋所有权。

（3）戊能取得汽车所有权。依据民法典规定，船舶、航空器和机动车等的物权的设立、变更、转让和消灭，未经登记，不得对抗善意第三人。就甲所有的轿车，双方签订了有效的买卖合同，并按照民法典规定完成交付，戊取得所有权，未办理登记不影响戊取得汽车所有权，只是不得对抗善意第三人。

（4）丙的主张不能成立。依据民法典规定，以动产抵押的，抵押权自抵押合同生效时设立；未经登记，不得对抗善意第三人。甲将汽车抵押给丙银行，但并未办理登记，不得对抗善意第三人。戊作为善意第三人取得汽车所有权，抵押权人丙失去汽车的抵押权，不能就汽车享有优先受偿权。另据民法典规定，夫妻双方共同签名或者夫妻一方事后追认等共同意思表示所负的债务，以及夫妻一方在婚姻关系存续期间以个人名义为家庭日常生活需要所负的债务，属于夫妻共同债务。夫妻一方在婚姻关系存续期间以个人名义超出家庭日常生活需要所负的债务，不属于夫妻共同债务；但是，债权人能够证明该债务用于夫妻共同生活、共同生产经营或者基于夫妻双方共同意思表示的除外。本案中，甲欠丙银行50万元债务系经营制鞋业所产生的债务，该笔债务并未用于家庭日常生活，而被用来购置皮革，扩大制鞋业经营活动，因此不属于夫妻共同债务。此外，乙未曾表示共同清偿债务的意思，未参与制鞋业的经营活动，也不是借款合同的当事人，根据合同相对性原则，乙对甲所欠银行债务不负清偿责任。

82.（1）王某遗留的6间房屋应由张某、王乙、王小甲继承并分配。其中，张某分得4间，王乙、王小甲各分得1间。因该6间房系王某与张某的共同财产，王某死后，6间房屋属于夫妻共同财产，张某应获得共同财产的一半即其中的3间房，余下3间房在第一顺序继承人间平均分配。第一顺序的继承人有张某、王乙，因王甲先于王某死亡，其子王小甲享有代位继承权，故余下3间房由张某、王乙、王小甲各分得1间。

（2）王乙与曹某签订的售房协议有效。因为该6间房虽属共有财产，但转让协议已经取得其他共有人张某及王小甲的监护人李某的同意。

（3）曹某与朱某签订的协议有效，曹某与钱某签订的协议也有效。如朱某要求履行与曹某签订的合同，取得该房屋，其要求不能得到支持。因为曹某已与钱某办理了房屋过户登记手续，钱某已取得了该房屋的所有权，朱某只能要求曹某承担违约责任。

（4）如王乙请求人民法院撤销曹某放弃要求赵某支付货款的行为，能得到支持。根据民法典的规定，债务人放弃其债权，影响债权人债权实现的，债权人可以请求人民法院撤销债务人放弃债权的行为。如王乙要求以自己的名义代位请求孙某支付车祸致人损害的赔偿金，不能得到支持。因为该赔偿金是专属于曹某自身的债权，根据民法典的规定，对于专属于债务人自身的债权，债权人王乙不能行使代位权。

83.（1）本案涉及如下法律关系：王某与其妹妹之间形成遗嘱继承法律关系；王某与孙某之间形成事务性委托法律关系；王某与孙某之间形成遗赠扶养协议法律关系。

（2）王某与孙某之间签订的遗赠扶养协议属于可撤销的民事法律行为，王某所立的书面遗嘱有效。依据民法典规定，自然人可以与继承人以外的组织或者个人签订遗赠扶养协议。按照协议，该组织或者个人承担该自然人生养死葬的义务，享有受遗赠的权利。王某与孙某订立书面协议，约定王某生前由孙某扶养照顾，死后其全部遗产归孙某所有，该协议在性质上属于遗赠扶养协议。另据民法典规定，一方以欺诈手段，使对方在违背真实意思的情况下实施的民事法律行为，受欺诈方有权请求人民法院或者仲裁机构予以撤销。遗赠扶养协议是王某在受欺诈的情形下签订的，因此遗赠扶养协议是可撤销的民事法律行为。王某在3年后得知受欺诈的事实，依据民法典规定，当事人应当自知道或者应当知道撤销事由之日起1年内行使撤销权。王某在知道撤销事由后1个月后便主张撤销遗赠扶养协议，遗赠扶养协议归于无效。虽然遗赠扶养协议具有优先适用于遗嘱的效力，但遗赠扶养协议被撤销，则王某所立书面遗嘱因遗赠扶养协议的依法撤销而生效。

（3）王某要求孙某承担缔约过失责任的主张不能成立。依据民法典规定，缔约过失责任要求他人遭受信赖利益的损失。本案中，遗赠扶养协议被撤销后，孙某虽然有欺诈行为，民事法律行为被撤销，但王某并未因此受到损失，且王某还得到3年时间的照顾，王某也并没有不满之处，因此王某的主张不能成立。

（4）若王某与孙某之间的协议被撤销，产生的法律后果是，王某向孙某返还财产或者折价补偿。依据民法典规定，民事法律行为无效、被撤销或者确定不发生效力后，行为人因该行为取得的财产，应当予以返还；不能返还或者没有必要返还的，应当折价补偿。有过错的一方应当赔偿对方由此所受到的损失；各方都有过错的，应当各自承担相应的责任。法律另有规定的，依照其规定。本案中，虽然遗赠扶养协议被撤销，但毕竟孙某按照遗赠扶养协议的约定实施了3年的扶养行为，这应当被认为是原合同的履行部分，而这部分履行虽然不是具体的财产，但是孙某为此进行了支出，因此，孙某可以要求王某返还财产，财产不能返还或者没有必要返还的，应当折价补偿。

84．（1）口头遗嘱无效。依据民法典规定，遗嘱人在危急情况下，可以立口头遗嘱。口头遗嘱应当有两个以上见证人在场见证。危急情况消除后，遗嘱人能够以书面或者录音录像形式立遗嘱的，所立的口头遗嘱无效。本案中，张某病情痊愈，危急情况解除，张某能够以书面或者录音录像形式立遗嘱，所立口头遗嘱无效。

（2）打印遗嘱无效。依据民法典规定，打印遗嘱应当有两个以上见证人在场见证。遗嘱人和见证人应当在遗嘱每一页签名，注明年、月、日。打印遗嘱须每一页均须有张某和见证人签名并注明年、月、日，但张某和遗嘱见证人仅在第一页签名，除非根据两页打印页的文义，可以证明即便缺少没有签名的打印页也不影响其他打印页中遗嘱人的真实意思表示，否则应当认定打印遗嘱无效。由于张某所立打印遗嘱前后两页内容关联性很强，不能拆分，须互相验证，从遗嘱整体解释出发，应当认定打印遗嘱无效。

（3）李某自继承开始时享有居住权，张某有义务办理居住权登记。依据民法典规定，居住权可以通过遗嘱方式设立。张某通过自书遗嘱设立居住权是有效的。另据民法典规定，因继承取得物权的，自继承开始时发生效力。继承从被继承人死亡时开始。李某自继承开始时取得居住权，此时登记并非居住权生效要件。依据张某的自书遗嘱，李某有义务凭自书遗嘱向登记机构申请居住权登记。

（4）首先，自书遗嘱有效，房屋A由张甲继承。房屋B和张某遗留的50万元存款按照法定继承办理，由张某的法定继承人李某、张甲、张乙和张丙四人继承。依据民法典规定，继承开始后，继承人于遗产分割前死亡，且没有放弃继承的，该继承人应当继承的遗产转给其继承人；但是遗嘱另有安排的除外。本案中，张丙死亡后，应由其继承的遗产份额，应通过转继承的方式转由其继承人张丙的妻子和女儿继承。

85.（1）李某死亡时所留遗产有瓦房8间、金钱10万元（存款4万元和稿酬6万元）和一幅画。根据民法典的规定，李某的上述财产，属于公民李某遗留的合法财产，因此，应当列入李某个人的财产范围。

（2）李某的自书遗嘱有效。依据民法典有关遗嘱继承的规定，虽然遗嘱中指定的遗嘱继承人齐某、女儿丙和受遗赠人康某死亡，但他们是后于立遗嘱人李某死亡的，故遗嘱中指定继承的财产可以作为齐某和丙的遗产由各自的继承人继承。根据民法典的规定，受遗赠人应当在知道受遗赠事实起60日内作出接受遗赠的意思表示，没有表示的，视为放弃受遗赠。本案遗嘱中指定的受遗赠人在明确表示接受遗赠前死亡，遗赠不发生效力，康某的继承人不能请求分得山水画。

（3）根据民法典的规定，对于遗嘱中没有涉及的遗产（稿酬），应当按照法定继承办理。稿酬属于知识产权收益，应当认定为夫妻共有财产。因此，李某自书遗嘱没有处分的6万元稿酬中，有一半属于齐某的个人财产，剩余的3万元稿酬以及无效遗赠的山水画应当按照法定继承处理，由其法定继承人分配，即把财产分为5份，由李甲、李乙、李丙、齐某和王C分配。

（4）根据民法典规定，先于被继承人死亡的继承人的直系晚辈血亲，有权代位继承被继承人的遗产。本案中，李甲先于被继承人死亡，李甲应当继承的份额由其女儿李D代位继承。

（5）根据民法典规定，继承开始后，继承人于遗产分割前死亡，并没有放弃继承的，该继承人应当继承的遗产转给其继承人；但是遗嘱另有安排的除外。李丙在李某死后遗产分割前死亡，且李某生前没有立遗嘱对遗产另有安排，因此李丙继承李某的遗产份额，由李丙的继承人进行转继承，即由其丈夫赵某和儿子赵A继承李丙所取得的财产。齐某也在被继承人死亡后遗产分割前死亡，齐某生前没有立遗嘱对遗产另有安排，故齐某所得到的份额转由其法定继承人王B和王C继承。

86.（1）房屋的所有权归丙。甲、丙订立了有效的房屋买卖合同，并依照民法典的规定和当事人的约定办理了房屋所有权登记过户手续，完成了不动产物权的公示，丙依法取得房屋所有权。

（2）甲、乙之间修改原合同的行为有效。甲、乙之间对原合同修改的行为，为当事人真实的意思表示，且并不违反法律、行政法规的强制性规定，不违背公序良俗，是有效合同。变更后的合同对双方当事人有法律拘束力。

（3）乙的诉讼请求不能得到支持。丙与甲通过协商变更了合同，甲、丙之间的合同有效且已经办理了物权变动的手续，丙取得了A房屋的所有权，故乙关于确认甲、丙之间合同无效、由甲交付A房屋的请求不能得到支持。但是，乙可以请求甲承担违约责任，乙同意变更合同不等于放弃追索甲在A房屋买卖合同项下的违约责任。

（4）乙可以请求解除合同，甲应将收受的购房款本金及其利息返还给乙。依照民法典规定，合同成立后，合同的基础条件发生了当事人在订立合同时无法预见的、不属于商业风险的重大变化，继续履行合同对于当事人一方明显不公平的，受不利影响的当事人可以与对方重新协商；在合理期限内协商不成的，当事人可以请求人民法院或者仲裁机构变更或者解除合同。人民法院或者仲裁机构应当结合案件的实际情况，根据公平原则变更或者解除合同。本案中，政策限购属于当事人无法预见的情形，且属于不可归责于双方当事人的重大情事变更，合同履行不能，乙有权解除合同，且无须承担责任。

（5）邻居任某的损失应该由丙和丁公司承担。张某是丁公司的工作人员，其执行任务的行为，由丁公司承担侵权赔偿责任。丙聘请没有装修资质的丁公司进行装修，具有过错，也对任某的损失承担赔偿责任。依据民法典规定，二人以上分别实施侵权行为造成同一损害，能够确定责任大小的，各自承担相应的责任；难以确定责任大小的，平均承担责任。故丙和丁公司应当按照各自责任的大小向任某承担按份责任。

87.（1）李某可以请求代张某支付其欠付王某的租金和违约金，以抗辩王某的合同解除权。依据民法典规定，债务人不履行债务，第三人对履行该债务具有合法利益的，第三人有权向债权人代为履行；但是，根据债务性质、按照当事人约定或者依照法律规定只能由债务人履行的除外。承租人拖欠租金的，次承租人可以代承租人支付其欠付的租金和违约金，但是转租合同对出租人不具有法律约束力的除外。出租人解除权的行使将使次承租人占有、使用、收益租赁物的权益受到影响，次承租人李某可以代承租人张某支付其欠付出租人王某的租金和违约金，以对抗王某的合同解除权。

（2）由张某承担。因为张某负有提供热水（热水器）的义务，张某违反该义务，致黄某损失。另据民法典规定，被侵权人对同一损害的发生或者扩大有过错的，可以减轻侵权人的责任。李某用冷水洗澡，本身也存在一定过错，因此可以适当减轻张某的赔偿责任。

（3）李某可以更换热水器，更换费用由张某承担。依据民法典规定，出租人应当履行租赁物的维修义务，但是当事人另有约定的除外。张某作为出租人与李某没有就租赁物的维修作出约定，张某应当按照约定将租赁物交付李某并履行对租赁物的维修义务，使租赁房屋符合约定的用途。

（4）由李某承担。根据司法解释规定，承租人未经出租人同意装饰装修或者扩建发生的费用，由承租人负担。出租人请求承租人恢复原状或者赔偿损失的，人民法院应予支持。安装空调属于添附中的附合，李某经张某同意装饰装修（附合），但未就费用负担作出特别约定，因此安装空调的费用由承租人李某负担。

（5）李某、张某不承担赔偿责任。因为李某、张某与黄某之间都没有合同关系，李某、张某不承担违约损害赔偿责任。对于黄某的损失，李某、张某也无过错，也不需要承担侵权损害赔偿责任。

（6）B公司应当承担赔偿责任。依据民法典规定，用人单位的工作人员因执行工作任务造成他人损害的，由用人单位承担侵权责任。用人单位承担侵权责任后，可以向有故意或者重大过失的工作人员追偿。郝某是B公司的工作人员，执行B公司的工作任务，郝某执行工作任务造成黄某损害的责任应由B公司承担。另据民法典规定，因产品存在缺陷造成他人损害的，被侵权人可以向产品的生产者请求赔偿，也可以向产品的销售者请求赔偿。本案中，热水器是缺陷产品，因缺陷产品造成损害，被侵权人黄某可以向B公司请求赔偿，B公司应当承担侵权损害赔偿责任。

88.（1）甲、乙的孩子属于共同危险行为。依据民法典规定，二人以上实施危及他人人身、财产安全的行为，其中一人或者数人的行为造成他人损害，能够确定具体侵权人的，由侵权人承担责任；不能确定具体侵权人的，行为人承担连带责任。本案中，甲、乙的孩子共同开枪打伤丙的孩子，但不能确定到底是谁打伤了丙的孩子，因而甲、乙的行为属于共同危险行为。

（2）甲、乙应当对丙的损害承担责任。依据民法典规定，无民事行为能力人、限制民事行为能力人造成他人损害的，由监护人承担侵权责任。甲、乙是监护人，应当对被监护人给他人人身造成的损害承担侵权责任。

（3）游乐场所应当承担相应的补充责任。依据民法典规定，娱乐场所的经营者、管理者，未尽到安全保障义务，造成他人损害的，应当承担侵权责任。因第三人的行为造成他人损害的，由第三人承担侵权责任；经营者、管理者或者组织者未尽到安全保障义务的，承担相应的补充责任。本案中，游乐场所工作人员未尽到保障儿童人身安全的安全保障义务，游乐场所对丙的孩子遭受的损害应当承担相应的补充责任。

89.（1）洪某能取得汽车所有权。根据民法典规定，试用买卖的买受人在试用期内实施出卖、出租、设立担保物权等行为的，视为同意购买。刘某在试用期内将奥迪牌汽车出卖，后来又在该汽车上设定担保物权，应当认定刘某同意购买汽车。因汽车已经交付，刘某取得汽车所有权。根据民法典规定，机动车等的物权的设立、变更、转让和消灭，未经登记，不得对抗善意第三人。刘某将汽车转让给洪某，且已经交付，所有权已经变动，洪某已经取得汽车的所有权。

（2）刘某又将奥迪牌汽车抵押给不知情的黄某，且办理了抵押登记，黄某是不知情的善意第三人，洪某的汽车所有权不能对抗黄某的已抵押权，黄某对汽车享有优先受偿权。

（3）刘某承担吴某人身伤害的侵权责任，李某也应承担相应的责任。根据民法典规定，因租赁、借用等情形机动车所有人、管理人与使用人不是同一人时，发生交通事故造成损害，属于该机动车一方责任的，由机动车使用人承担赔偿责任；机动车所有人、管理人对损害的发生有过错的，承担相应的赔偿责任。本案中，刘某是机动车借用方，对于吴某的损害，应由机动车使用人即刘某承担侵权责任。李某明知刘某无驾驶证，仍然将车借给刘某使用，存在过错，因此对于吴某遭受的损害也应承担相应的责任。

（4）施工队应当承担刘某人身伤害的侵权责任。根据民法典规定，在公共场所或者道路上挖掘、修缮安装地下设施等造成他人损害，施工人不能证明已经设置明显标志和采取安全措施的，应当承担侵权责任。本案中，施工队未在施工作业点来车方向安全距离处设置明显的安全警示标志，也未采取安全防护措施，导致刘某车毁人伤，施工队应当承担地面施工致人损害的侵权责任。

90. （1）事实一在性质上属于高度危险致人损害的侵权责任。因为指挥部从事的放炮活动属于高度危险行为，该行为对周围环境具有高度危险性，在此情形下致人损害，应当承担高度危险致人损害的侵权责任。

（2）法院的判决是错误的。首先，法定分担损失的适用前提是当事人双方对损害的发生均无过错，而高度危险致人损害的侵权责任适用无过错责任原则，法院判决由指挥部和甲分担损失是错误的。

（3）事实二在性质上属于环境污染致人损害的侵权责任。因为指挥部放炮所产生的震动和噪音，是一种污染环境的行为。

（4）该污染环境的行为未经论证，而指挥部也未采取防范措施，导致鸡群产生"应激产蛋下降综合征"，致使鸡群产蛋率大幅下降，这种损害后果与环境污染行为之间存在因果关系。环境污染损害责任适用无过错责任原则，指挥部不得以没有违反法律为由拒绝承担责任。

（5）丙遭受的损害应由指挥部承担侵权责任，指挥部的理由不成立。根据民法典规定，在公共场所或者道路上挖掘、修缮安装地下设施等造成他人损害，施工人不能证明已经设置明显标志和采取安全措施的，应当承担侵权责任。指挥部要不间断地保证警示标志的稳固并对其进行维护，而指挥部在违章司机乙撞坏围栏后没有及时修复，致使丙跌入坑中受伤，应推定指挥部有过错，由指挥部承担丙遭受损害的侵权责任。

分析题与论述题解题技巧与方法

一、分析题解题技巧与方法

  法理学、中国宪法学和中国法制史每年各考一道分析题，每道题 10 分，共 30 分，每道题一般设置 2—3 个问题。分析题主要考查知识及原理分析、解决实际问题的能力和运用法律语言的表达能力，要求考生能够对给定的材料进行分析处理和正确评价，或者对法律现象和法治等问题进行综合分析，并提出切实可行的解决方案。

  除了极个别年份外，法理学分析题考查难度适中。考试中，法理学分析题的考查方式是给出相关法律规定、相关材料或者事例、案例，要求考生根据法理学原理和相关规定对试题进行分析。上述相关事例、案例中，有些是当年较热的或者争议颇多的具有一定社会影响力的案件或者社会事件，有鉴于此，平日复习时间充裕的考生要多关注涉及法律的社会热点问题，善于运用法理学知识对社会热点问题进行分析和评价，善于从多学科的角度去分析问题、解决问题，并提高知识储备和知识运用能力。法理学分析题常考的内容包括法的局限性、法律规则与法律原则、立法、法律实施、法律方法、法治和法与社会（特别是法与道德的关系）等，考查范围比较广泛。考生在回答分析题时，需要从设置的问题中找到回答问题的范围，再结合材料阐述相关问题。分析题材料来源广泛，考查内容注重理论与实践的结合，有些内容不能在《全国硕士研究生招生考试法律硕士（非法学）考试分析》（以下简称"《考试分析》"）中找到答案，有的年份考查的内容要求考生具有一定的临场发挥能力和知识的综合运用能力。考生不能仅依靠背诵《考试分析》解决分析题备考问题，法理学分析题对考生的综合能力要求较高，不太容易获得高分。

  中国宪法学分析题考查的范围比较广，总体难度适中，个别年份稍难。考试中，中国宪法学分析题的考查方式是给出相关材料，包括法律规定、事例、案例等，要求考生根据宪法学原理和相关规定对试题进行分析和评价，材料一般设置 2—3 个问题，要求考生回答是否合宪（合法）、是否符合规定或程序（如是否违反《选举法》规定、是否违反法定程序等）、是否存在宪法和法律依据、如何备案（处理）、如何进行合宪性审查、体现何种宪法原则、侵犯了公民哪些宪法权利和自由等。分析题材料来源于宪法典、宪法性法律和事例、案例等，因此，考生不仅要掌握教材内容，还要掌握包括宪法典、宪法性法律等相关法律条文，了解社会事件热点，掌握涉及宪法理论的事例、案例，善于运用宪法学理论和相关法律条文，正确分析和解决宪法学的实际问题。从命题规律看，宪法学考试大纲中，几乎每章内容都会涉及分析题，但比较集中考查的知识包括宪法原则、合宪（法）性审查、选举制度、基层群众自治制度（主要是村民委员会制度）、公民的基本权利、各国家机构的组织活动或工作原则和领导体制等。由于中国宪法学分析题比较注重对法律条文的考查，这类条文包括《宪法》、《立法法》、《全国人民代表大会和地方各级人民代表大会选举法》（简称《选举法》）、《村民委员会组织法》等，而《考试分析》中对相关条文的表述并不完整，或者没有表述，比如，《考试分析》对合宪性审查或合法性审查表述的较为简略，对备案审查机制则没有表述，而备案审查机制是宪法学分析题考查的重点，因此仅掌握《考试分析》的内容不足以应对宪法学分析题，考生应当认真研读《宪法》和《立法法》《选举法》《全国人民代表大会组织法》等宪法性法律。

中国法制史古文分析题总体难度适中，个别年份考题在《考试分析》阐述的内容中没有体现，考题难易程度取决于考生综合分析能力、对中国法制史知识的掌握程度和古文通读贯通能力。考试中，中国法制史古文分析题的考查方式是给出一段古文材料，然后在材料后设置2—4个问题，要求考生根据中国法制史的知识和理论对材料进行分析。古文材料源自古代律典、官修正史等，要求考生根据古文材料分析古代法律制度的历史渊源、立法宗旨、刑罚适用、刑法原则、司法程序，以及古代典型案例等，并对材料反映的法律问题进行总体性分析和评价（法学方向的古文分析题兼考论述）。考查内容涉及古代立法、刑事法律、民事法律、司法制度等方面，考查过的朝代有西周（法学方向）、汉朝、唐朝、宋朝、明朝和清朝，个别年份的题目考查的内容还跨越多个朝代，其中，唐朝的法律制度考查频率最高。近几年考试中，古文的取材向多个朝代方向发展，比如涉及三国两晋南北朝、元朝的古文分析题也在个别年份考查过。总体上看，考生平日复习时需多读古文材料，通过古文译读的方式备考，能够较快地提升中国法制史分析题的应答水平。

下面举几例说明综合课分析题相应的解题思路与策略：

例1（法理学2021年真题54） 某市公交司机驾驶员李某驾驶公交车正常行使。途中，乘客刘某错过下车站点，要求立即下车，李某按照规定未予停车。刘某遂抢夺方向盘并殴打李某，二人在车辆行进中持续互殴，其他乘客对此未予制止。后公交车失控坠入江中。

问题：从守法的角度，评价李某和刘某的行为。

【答案】守法内容包括依法行使权利和履行义务。李某按照规定未临时停车属于守法行为，他后来在驾驶车辆时与刘某互殴是违法行为；刘某抢夺方向盘、与李某互殴是违法行为。

例1考查的是守法内容。守法的要素包括守法主体、守法范围和守法内容。通过审题，可知该题考查的是守法内容，守法内容包括履行法律义务和行使法律权利，包括守法行为和违法行为。这样，就容易回答李某、刘某的行为中哪些是守法行为，哪些是违法行为。法理学中的这类分析题，只要熟悉法本身（本体）的基本知识和理论，都比较容易回答。类似的题目如2014年真题67（法的效力等级原则）、2015年真题67问题（2）（法律与道德的关系）、2017年真题54问题（1）（法的局限性）、2019年真题54（法律关系的种类、法律价值冲突的表现）、2020年真题54（执法原则、法律监督的种类）、2023年真题54（法律原则与法律规则的区别）等，这类题在历年真题中占比较大，只要考生能把《考试分析》研读通透，将《考试分析》中阐述的知识和材料内容能够相互融通，就会获得较高的分数，这类题目较为容易作答。

例2（法理学2022年真题54） 党和法、党的领导和依法治国是高度统一的。党和法的关系是政治和法治关系的集中反映。

——中共中央文献研究室编：《习近平关于全面依法治国论述摘编》

我们党的政策和国家法律都是人民根本意志的反映，在本质上是一致的。

——习近平：《论坚持全面依法治国》

问题：如何理解"党和法的关系是政治和法治关系的集中反映"？

【答案】（1）政党是政治力量的代表，国家政权掌握在执政党手中，执政党的基本理论、基本路线、基本方略深刻影响着法治体系、法律制度及其运行。在我国，法是党的主张和人民意愿的统一提现，党领导人民制定和实施宪法法律，党自身必须在宪法法律范围内活动，这就是党的领导力量的体现，是正确处理好政治和法治关系的关键。

例2考查的是党和法的关系、党的政策和国家法律的关系。依据《考试分析》的表述，党和法的关系是：中国社会主义法体现为以宪法为核心的中国特色社会主义法律体系，是在中国共产党领导下制定和不断完善的，是通过将党的政策转化为法律的方式形成和发展起来的庞大体系。党领导人民制定法律，也领导人民实施宪法法律，党自身必须在宪法法律的范围内活动。宪法和法律的实施，也是保障党的基本路线方针政策得以贯彻落实的重要途径。对比真题答案和《考试分析》的表述，二者在阐述党和法的关系方面具有内在一致性，但真题给出的答案和《考试分析》的表述仍有一定差距。存在这种差距的原因有：一是上述真题紧扣时政。紧扣时政类的分析题给出的标准答案在表述上虽然与《考试分析》本质上没有区别，但与《考试分析》的表述仍然存在不一致或不完全一致的情况。这种不一致是由时政本身的特点决定的，时政本身并非法律，因此回答这类分析题，考生要有敏锐的政治洞察力、政治素养和政治理论功底。二是时政热点有一定的变量，而法理学有关法治、法与政治的基本理论具有相对稳定性。这要求考生在掌握《考试分析》内容的基础上，要善于抓住考试当年的与法理学知识相关的时政热点。对于涉及社会主义法治和时政类分析题，要做到法学理论和时政的紧密结合，对于这类分析题，考生没有太多临场发挥的空间。

例3（法理学2017年真题67） 2015年新修订的《中华人民共和国食品安全法》第62条规定："网络食品交易第三方平台应当对入网食品经营者进行实名登记，明确其食品安全管理责任；依法应当取得许可证的，还应当审查其许可证。"该法实施后，各地媒体仍然不断曝光网络外卖乱象。一些网络平台未能严格执行新规，无证餐厅成为外卖网站的热销大户。

针对此现象，主要存在三种观点。观点一：外卖食品网站和外卖APP是新生事物，仍在不断发展，法律规定过于具体并不明智；观点二：虽然食品安全法对网络平台的监管义务有明确规定，但网络平台客观上无法做到对每个网络食品经营者进行实名登记和许可证查验，该法缺乏可行性；观点三：该规定本身是合理的，目前法律未能有效实施，主要原因是行政监管不到位，如果加大监管力度，该法还是能够发挥其应有作用的。

问题：三种观点中，你赞同哪一种？请说明理由。

【答案】 赞同观点一的理由：网络食品外卖是新兴社会现象，发展非常迅猛，法律如果规定得过细，可能会使法律的稳定性与网络食品外卖发展的快速性之间形成较大矛盾，影响法律效果的实现。

赞同观点二的理由：网络平台客观上无法全面履行其义务，新食品安全法的这一规定缺乏可行性，立法的科学性有待加强。

赞同观点三的理由：徒法不足以自行，执法机关执法力度不到位，执法人员执法活动不充分，法律效果必然不能实现。

例3的两个问题从整体上考查了法律作用的局限性。问题（2）中，观点一从法的抽象性、稳定性、保守性与社会生活的具体性、变动性和立法者的认识局限性之间的矛盾的角度说明了法律作用的局限性。观点二从立法科学性角度阐述了新食品安全法缺乏可执行性，进而表明了法律作用的局限性。观点三从法律的执行角度说明法律作用的局限性。无论赞同哪一种观点，都需要考生把《考试分析》中阐述的内容与材料结合内化于答案中，而且不是知识的简单重复，要妥当运用法理学的知识和理论将问题回答圆满。对于法理学中这种类型的分析题，除了先仔细审题外，还需要将所学的知识和理论结合材料进行再加工并再现于答案中，因此较难获得高分。

上述三个例题代表了法理学分析题的三种主要考查模式，其中，第一种考查模式需要深刻理解法理学的本体知识和基本理论；第二种考查模式要求考生具有敏锐的政治洞察力、政治素养和法理学理论功底，三者需要磨合；第三种考查模式要求考生具备知识运用能力和融会贯通能力。《考试分析》没有表述的个别题目还会考验考生的临场发挥能力。

例 4（中国宪法学 2023 年真题 55） 2021 年，共收到公民、组织提出的审查建议 6 339 件，其中以书面寄送形式提出 1 274 件，通过在线受理审查建议平台提出的 5 065 件。经研究，属于全国人大常委会审查范围的有 5 741 件……我们对审查建议逐一进行研究，同有关方面沟通，提出处理意见，并依照规定向审查建议人反馈。

——全国人大常委会法制工作委员会《关于 2021 年备案审查工作情况的报告》

问题（1）：针对公民、组织提出的审查建议，全国人大常委会可以就哪些规范性法律文件进行审查？

问题（2）：全国人大常委会法制工作委员会向审查建议人作出反馈有何现实意义？

【答案】（1）行政法规、监察法规、地方性法规、经济特区法规、自治条例和单行条例、司法解释等。

（2）向审查建议人反馈，有利于保持同人民的密切联系，倾听人民的意见和建议，接受人民的监督，体现全过程人民民主；有利于激励公民、组织监督法律的制定和实施，形成审查建议人和审查主体之间的良性互动，促进审查机制的有效运作和完善。

例 4 中问题（1）考查的是合宪（法）性审查制度，属于宪法学分析题考查的重点、热点。只要考生全面掌握《立法法》等有关合宪（法）性审查的规定，此类分析题就容易作答。

例 4 中问题（2）考查的是合宪（法）性审查情况的反馈与公开机制，《考试分析》没有阐述审查反馈的意义，属于开放性试题，这类题目要求考生除了掌握《考试分析》的内容，还要额外增加宪法学知识储备，增强知识的综合运用能力和临场发挥能力。

例 5（中国宪法学 2022 年真题 55） 某设区的市人民政府出台《禁止乱贴乱画乱挂办法》。其中规定，乱贴乱画乱挂涉及利用移动电话从事违法活动的，城市管理部门可通知通信经营单位停止违法行为人的通信业务；通信经营单位未按要求停止通信业务的，城市管理部门可给予警告或罚款。

问题（1）：城市管理部门是否有权要求通信经营单位停止违法行为人的通讯业务？为什么？

问题（2）：该《办法》属于何种规范性文件？应当报哪些机关备案？

【答案】（1）无权。公民的通信自由和通信秘密受法律保护。除因国家安全或者追查刑事犯罪的需要，由公安机关或检察机关依法定程序对通信进行检查外，任何组织或个人不得以任何理由侵犯公民的通信自由和通信秘密。

（2）地方政府规章。应当报国务院、本级人大常委会、所在省人大常委会、所在省人民政府备案。

例5中问题（1）考查的是公民基本权利人身自由权中有关通信自由和通信秘密受法律保护的规定。公民的基本权利是宪法学分析题考查的重点、热点。考生熟悉我国宪法关于公民基本权利的规定及知识的综合运用是解决这类分析题的关键。

例5中问题（2）考查的是备案审查机制。备案审查机制也是宪法学分析题考查的重点、热点，而且备案审查机制经常与合宪（法）性审查、公民基本权利等结合出题。涉及备案审查机制的关键条文是《立法法》第108条。

例6（中国宪法学2018年真题55）　某村地处城郊，在城市化进程中，该村大部分土地被征收。村委会未经村民讨论同意，确定了征地补偿费的使用分配方案，引起村民强烈不满，镇政府获悉后，决定撤销村委会主任职务，委派工作小组接管相关事务。

问题（1）：镇政府撤销村委会主任职务的做法是否合法？为什么？

问题（2）：村民如认为村委会确定的征地补偿费使用分配方案侵犯了他们的合法权益，可以依法采取哪些措施撤销该方案？

【答案】（1）不合法。根据《村民委员会组织法》，村委会是基层群众性自治组织，镇政府对村委会的工作给予指导、支持和帮助，但不得干预依法属于村民自治范围内的事项。村委会成员由村民选举产生，由村民罢免，镇政府无权直接撤销村委会成员的职务。

（2）村民或村民代表可以提议召开村民会议，或村民代表提议召开村民代表会议，撤销村委会确定的征地补偿费的使用分配方案；受侵害的村民也可以向法院申请撤销该方案。

例6考查的是村委会与乡镇人民政府的关系、村委会和村民会议的关系等。由于考生不熟悉《村民委员会组织法》，当年这道分析题考生得分普遍比较低。

上述3个例题可以说明宪法学分析题的解题思路和备考方法：一是要将合宪（法）性审查、公民基本权利等热点、重点问题，作为宪法学备考的基本内容，同时兼顾其他知识；二是积极应对开放性题目，增加知识储备，提高、增强运用能力和融会贯通能力；三是兼顾《选举法》和《村民委员会组织法》等较为容易出题的宪法性法律。

例7（中国法制史2022年真题56）　诸捕罪人而罪人持杖拒捍，其捕者格杀之及走逐而杀，若迫窘而自杀者，皆勿论。即空手拒捍而杀者，徒二年。已就拘执及不拒捍而杀，或折伤之，各以斗杀伤论；用刃者，从故杀伤法；罪人本犯应死而杀者，加役流。

——《唐律疏议·捕亡》

问题（1）：缉捕罪人而致罪人死亡不负刑事责任的情形有哪些？

问题（2）：缉捕罪人而致罪人死亡应负刑事责任的情形有哪些？

问题（3）：上述规定的立法目的是什么？

【答案】（1）罪人持杖拒捕被格杀的；罪人因逃跑而被追捕杀死的；罪人受迫而自杀的。

（2）罪人空手拒捕而将其杀死的，处2年徒刑。罪人已就拘执而杀之、不拒捕而杀或折伤的，以斗杀伤论处；以刀刃杀死罪人的，以故杀伤论处；如果杀死犯有死罪的罪人，处加役流。

（3）该项立法旨在严格约束司法人员的缉捕行为，防止其任意扩大或滥用权力；保护罪人免受非法侵害；强调应通过审判确定法律责任，不得法外加害的法治精神。

例7考查的是唐朝的刑法制度中的缉捕及其刑事责任。关于唐朝缉捕制度，《考试分析》没有阐述，需要考生依托中国法制史知识作答，此外，提高法律史的知识储备也十分必要。虽然《考试分析》没有阐述缉捕制度，但考生通过研读古文，也能判断出本题考查的是缉捕制度，因此，为了在法制史分析题上获得高分，考生必须加强古文研读的平日训练，多读并读懂古代法律史料，这是顺利作答法制史分析题的关键因素。本题通过研读古文材料，就可以从中找到问题（1）、（2）的答案，历年真题中，很多考题都是通过研读古文即可确定答案的。关于问题（3），总体上要求考生对古文材料进行整体评价，这也是法制史分析题典型的出题模式，历年真题中的最后一个问题（极个别考试年份不是最后一问）都是这种出题模式，具体表述方式包括"上述规定的立法目的（宗旨）是什么""上述规定有何意义/意义何在""如何评价上述材料/对材料作出评价""试评述材料中所记载的××事件""材料说明（反映/体现）了什么问题"等。对于分析题中的这类考题，《考试分析》中没有阐述，或者阐述得很简略，因此，有必要对这类考题总结出相应的要点。

例8（中国法制史2020年真题56） 太宗以英武定天下，然其天资任恕。初即位，有劝以威刑肃天下者，魏征以为不可，因为上言王政本于仁恩，所以爱民厚俗之意，太宗欣然纳之，遂以宽仁治天下，而于刑法尤甚。四年，天下断死罪二十九人。六年，亲录囚徒，闵死罪者三百九十人，纵之还家，期以明年秋即刑；及期，囚皆诣朝堂，无后者，太宗嘉其诚信，悉原之。

——《新唐书·刑法志》

问题（3）：试评述材料中所记载的唐太宗纵囚事件。

【答案】（3）唐太宗纵囚是其宽仁治天下、明法慎刑政策的具体体现。同时也反映了皇帝对于司法权的控制。

例8考查的是唐朝的刑事法律制度。关于对古代刑事法律制度的评价或者说明的问题，在结合史料、当时的历史背景及因地制宜地灵活运用知识回答问题的基础上，考生可从以下要点着手回答材料反映的问题：×××贯彻了德主刑辅/明法慎刑/申明教化/明刑弼教/礼法（律）结合，体现了仁政/德治/儒家倡导的人伦孝道/体恤民情/爱民/良贱、尊卑身份的差别/对过失犯罪的依法从宽处罚的精神，是儒家慎刑思想在刑事领域的体现，有利于维护封建统治/稳定封建统治（社会）秩序/社会安定/保护特权阶层利益/通过严惩贪赃以净化封建官僚队伍/督促官吏奉公守法/限制官僚和特权阶层恣意妄为/通过重刑惩治犯罪达到预防犯罪的目的，是古代刑法/刑罚/刑法原则/定罪量刑原则制度的重大发展和完善。

关于古代司法制度的评价或者说明的问题，因古代司法制度大多关注的是刑事司法，对于刑事法律制度需要回答的某些要点，同样适用于古代刑事司法，但还需要回答如下要点：反映/体现了儒家思想在司法领域的渗透/司法领域的礼法结合，有利于皇帝对司法权的控制/减少冤假错案的发生/实现司法公正/法官依法断案/防止因缘为奸/正确适用法律，保证办案质量，是古代审判/司法监督/会审/刑讯/诉讼/告诉/证据/执行制度的重要发展和完善。如果个别题目要求回答古代制度的弊端，还需回答相关制度的弊端。如汉代的春秋决狱，虽然对于填补法律漏洞、指导司法实践都具有重要意义，但也有司法官吏通过经义断狱，造成了审判的主观擅断和通过律外治罪以陷害无辜的现象发生。再如宋朝的鞠谳分司制，虽然该制度有利于防止冤假错案，有利于皇帝控制司法权和司法机关的互相牵制，但审理和判决分立，不利于司法权的行使。

古代民事法律制度考查频率不如古代立法、刑事法律制度和司法制度高。关于对古代民事法律制度的评价或说明的问题，下列要点在回答有关古代民事法律制度的考题方面具有重要参考价值：×××是古代法律家族化、伦常化/家族本位/儒家人伦孝道精神的体现，对于维护封建伦理/礼治，巩固封建家庭关系/维护以父权、夫权为核心的封建伦理，维护男尊女卑的等级制度，具有重要作用/意义。若考题考查的是契约制度，则需回答"×××体现了私有观念的进一步深化/契约关系的进一步发展，有利于保护债权人（债务人）的利益/鼓励民间交易，增加政府财政收入"，等等。

中国法制史分析题也注重对热点问题的考查，例如，2023年真题56考查的是明朝的申明亭的职责及对基层社会治理的启示意义，这就将当前社会治理这一热点问题和古代基层社会治理结合出题，这种考题应对的策略是，先搞清材料说明的问题，再将材料的评价和当前热点结合起来把问题阐述清楚。

中国法制史还考查一些特别内容，例如，法学方向涉及唐朝的古文分析题中，要求考生回答疏议和律文的关系，基本围绕着如下要点作答：疏议是对律文的解释说明，疏议与律文具有同等法律效力。本条律文规定了×××，解释了×××，阐述了×××的含义。疏议对上述条文的解释在于阐明律意，以便于准确适用律文。

二、论述题解题技巧与方法

论述题每年考查2道题，一道是有关法理学的论述题，另一道是法理学和中国宪法学、中国法制史相结合的论述题（法学方向专门考查中国宪法学），每道题15分，共计30分。

论述题涉及面比较广泛，有一定的深度，也给考生留下一定的发挥空间，是考查考生综合能力的理想题型。论述题考查考生对基本概念和基本理论的理解及掌握能力的同时，侧重考查考生综合运用法学知识和原理分析、解决实际问题的能力和法律语言的表达能力。考生还应能够结合我国法治建设的实际，运用法理学、中国宪法学和中国法制史的基本知识和原理，对我国现实法律现象和法治问题进行综合论述，并提出切实可行的解决方案。考生要准确、恰当地运用法学专业术语和法律思维进行表达，要求论述有据、条理清晰、符合逻辑，文字表达通顺。

法理学论述题时难时易，不太容易作答。在某些年份的考题中，仅掌握《考试分析》中的内容不足以应付论述题。从命题规律看，法的特征、法的作用和价值、法的运行（法的实施、法的实现、立法、执法、司法、守法、法律监督、法律职业、法律解释、法律推理与法律论证）、法治、法与社会出题频率很高，是论述题的重点考查方向。近几年，法理学试题中出现了跨章节考查的趋势，这要求考生对法理学知识有系统性认识，要在头脑中形成体系性框架，建立起各章节的知识联系，提高知识储备、知识运用能力和临场发挥能力。本书在坚持传统试题设计的基础上，注重跨章节体系性知识的试题设计。

近几年，法理学与中国宪法学、中国法制史论述题考查的综合性较强，到目前为止，法硕考试非法学方向的论述题中，中国宪法学、中国法制史还没有单独考查过论述题，往往结合法理学知识进行综合考查。因此，仅掌握《考试分析》中的内容不足以应付论述题，考生在备考论述题过程中，要对法理学和中国宪法学、中国法制史相通的知识点予以特别关注。从宏观考查范围分析，法理学和中国宪法学结合命题的方向包括宪法原则和法治原则、法律监督与宪法监督、宪法基本权利与法律权利、宪法与法治、法的运行与国家机构组织活动原则等；法理学与中国法制史结合命题的方向包括民本思想与法治原则、司法原则与法尚公平、法律继承、移植与传统固有法、社会治理与综合为治、礼法融合和法律与道德的关系、古代监察立法和当代监察监督体系、传统法文化与现代法文化等。

例1（法理学 2023 年真题 57） "没有国家强制力的法是一种自相矛盾，犹如不燃烧的火、不发亮的光。"请结合法理学相关原理，谈谈对这句话的理解。

【答案要点】法是国家强制力保证实施的社会规范，这是法区别于道德、习俗、纪律等其他社会规范的重要特征。这句话强调了法的这一特征的重要性：一方面，国家强制力保证了法的实施，法不一定能够始终为人们自愿遵守，必要时需要由国家专门机关予以强制实施；另一方面，国家强制力捍卫了法的权威，运用国家强制力对违法犯罪行为进行制裁，是维护法律权威与尊严的最后手段。同时，法依靠国家强制力保证实施，并不意味着法的每一个实施过程、每一个法律规范的实施都要依靠国家的强制力，也不等于国家强制力是保证法律实施的唯一力量。

例1考查的是法律的基本特征理论。题干表明法是由国家强制力保证实施的社会规范，具有国家强制力是法的重要特征。同时，法依靠国家强制力保证实施，是从国家强制力是法的最后一道防线的意义上讲的，在法律实施过程中，国家强制力常常是备而不用的。

法理学论述题的考查模式主要有如下类型：一是以法律箴言、格言、法谚、法学家的论断等为切入点，论述相关问题，如例1、2017年真题70、2015年真题70（材料和法学家论断相结合）、2020年真题57。作答这类论述题，需通过审题，找出法律箴言、格言、法谚、法学家的论断等要阐述的核心问题。如例1，题干表述的是德国法学家耶林阐述的论断，该论断的核心问题就是法的国家强制力特征，找到了这个核心问题，再论述法的国家强制力就较为容易了。二是给出相关文件或者一段材料，并结合实际阐述相关问题，如2022年真题57，给出了《法治社会建设实施纲要（2020—2025年）》提出的2035年我国将基本建成法治社会的目标，论述法治社会建设中的"法治、德治、自治相结合原则"。相关材料提出的核心问题是法治社会建设，要求考生论述的问题是法治、德治、自治相结合的社会治理。那么要建成法治社会，就要实现法治、德治、自治相结合的社会治理，怎么实现？这就是考生要论述的问题。再如2016年真题70，给出一段材料，材料中甲、乙、丙各自提出自己的观点，甲的观点体现了对法律价值中效率的追求，乙的观点体现了对自由和正义的追求，丙的观点体现了对平等和秩序的追求，最后要求考生论述法的价值冲突的表现及解决冲突的原则。考生只要能够找出材料提出的核心问题，再以此为依托，建立起材料提出的核心问题和所要论述的问题之间的联系，把落脚点放在需要论述的问题上即可。上述两种类型的考查模式，具有一定的开放性，给考生一定发挥的空间。三是直接论述相关问题，包括联系实际论述有关问题，这类题属于传统类型的考题，只要认真研读《考试分析》，就较容易应对。

例2（法理学与中国宪法学结合：2022年真题58）　平等包括形式平等和实质平等。请结合法理，论述我国宪法上特定群体的权利保障。

【答案要点】平等主要是指社会主体能够获得同等的对待，包括形式平等和实质平等。人和人之间在人格和主体资格上的平等是形式平等。人和人之间存在着自然的和社会的差异，基于这种差异给予不同的人合理的差别对待，属于实质平等。我国宪法考虑这种差异，对特定群体给予特殊保障，是实质平等的具体体现。特定群体的权利是指处于特殊法律地位或具有特殊情况的公民所享有的权利。特定群体的权利保障包括：公民在年老、疾病或者丧失劳动能力的情况下获得物质帮助的权利；妇女的平等权利保障；保护婚姻、家庭、母亲、儿童和老人；残疾公民的权利保障；残废军人、烈士家属的权利保障；华侨、归侨和侨眷的权利保障。

例 2 是法理学和中国宪法学相结合考查的论述题，该题考查的是法理学上的平等价值及平等和差别对待、中国宪法上对特殊权利主体的宪法保障。解答法理学和中国宪法学结合的论述题，有两种出题模式：一是结合法理学知识论述中国宪法学的相关问题，例 1 就是这种模式。对于这种模式的论述题，通过审题，要明确所论述的法理学和宪法学的相关问题是什么，然后将法理学要阐述的相关问题运用到中国宪法学中去阐述。二是结合中国宪法学知识论述法理学的相关问题，如 2020 年真题 58（联系实际，论述宪法宣誓制度对推进依法治国的意义）。通过审题，首先要阐述我国宪法关于宪法宣誓制度的规定及意义，然后将宪法宣誓制度运用到依法治国中阐述依法治国的意义。上述两种命题模式的出发点和结论是不同的，要注意区分。

例 3（法理学与中国法制史结合：2023 年真题 58）　我国早在西周时期就确立了"明德慎罚"的原则，儒家进一步提出"民为邦本"的主张，彰显出传统法律文化中的民本思想。请结合法理学与法律史学知识，论述我国古代民本思想对全面依法治国必须坚持"以人民为中心"的启示。

【答案要点】民本思想是我国传统法律文化的核心，传统法律中的轻徭薄赋、矜老恤幼、要案会审、死刑复核等，都是民本思想的体现。儒家主张从"民为邦本"的高度，解决法律实施中的疑难问题，实行德礼之治。在全面依法治国的进程中，要继承和发扬中华优秀传统法律文化，从以民为本这一中华传统法律文化精华中汲取养分，为全面依法治国提供强大精神动力。坚持人民主体地位，全面依法治国最广泛、最深厚的基础是人民，必须坚持为了人民、依靠人民；坚持以依法保障人民权益为根本目的，依法保障全体公民享有广泛的权利；坚持以维护社会公平正义为生命线，努力让人民群众在每一项法律制度、每一个执法决定、每一宗司法案件中都感受到公平正义。

例 3 是法理学和中国法制史相结合考查的论述题，考查的是中国法制史传统上"民为邦本"的民本主义、法理学上全面依法治国必须坚持"以人民为中心"的思想。传统的民本主义和全面依法治国"以人民为中心"的思想都强调人民是国家的主体，二者在本质上具有内在一致性，这是二者结合出题的基础，因此，在备考过程中要特别注意法理学和中国法制史具有共性的知识点，这对于应对法理学和中国法制史相结合的论述题帮助很大。值得注意的是，从考查频度上分析，法理学和中国宪法学结合出论述题的频度要高于法理学和中国法制史结合出论述题的频度。从考查模式上分析，法理学和中国宪法学相结合考查论述题的模式有两种，而法理学和中国法制史相结合考查论述题的模式主要是以中国法制史的知识论述法理学的相关问题，其答题模式与结合中国宪法学知识论述法理学的相关问题这种答题模式类似。

第三章 法理学

第一节 分析题

一、历年真题考查内容

具体命题情况见表3-1:

表3-1 法理学分析题2004—2024年真题考查内容

出题年份	考查内容
2004年	法律与道德的关系、法律的局限性。
2005年	法的规范作用和社会作用及其相互关系。
2006年	法律渊源的种类、法律规则的种类和逻辑结构、法律责任的种类。
2007年	立法的含义与特征。
2008年	法律与道德的关系、法律的局限性。
2009年	司法独立原则。
2010年	法的规范作用、法律责任的种类。
2011年	法律关系的分类和区别、法律事实的分类。
2012年	法律与道德的关系。
2013年	法律文化。
2014年	法的效力等级的一般原则、法律推理(演绎推理)。
2015年	法律与道德的关系。
2016年	司法公正(实体公正、程序公正)。
2017年	法的作用的局限性、立法原则(科学原则)、法律实现。
2018年	法律原则(公序良俗原则)。
2019年	法律关系的分类、法的价值的冲突。
2020年	执法的原则、法律监督的意义与分类。
2021年	守法的内容、全民守法的主要方式。
2022年	党的政策和法的关系是政治和法治关系的集中体现;党的政策和国家法律的内在一致性。
2023年	法律原则与法律规则及其功能作用。
2024年	法律解释的方法、法律解释的必要性。

二、专项突破习题

1. 大学生甲、乙因琐事在宿舍发生争吵,甲怒而挥刀砍向乙,致乙身受重伤。事后,甲与乙在中间人的主持下"私了"。后乙父母得知儿子受伤，坚决不同意私了，遂向当地公安部门告发。公安部门立案侦查之后，将甲移送检察院。最后，某法院在甲、乙就读的大学校园内对甲依法进行公开审判，并作出甲犯有故意伤害罪的判决，同时判决甲向乙的家属进行民事赔偿。该案审理过程中，很多学生参与旁听。

请结合材料，运用法理学知识和理论，回答以下问题：

（1）材料中存在哪些普通法律关系？

（2）法院判决被告人有罪所运用的法律推理形式是什么？

（3）材料体现了法律的哪些规范作用？

（4）法院公开审理案件是否做到了法律效果与社会效果的统一？

2. A县公民秦某因写了名为《沁园春·A》的词文，该词文被指影射A县县委书记和县长，遭到公安机关传唤，公安机关作出对秦某的行政拘留决定书，后又因秦某涉嫌诽谤罪被立案，A县公安局还调查了100多名接受并转发词文的人。在审讯过程中，警察对秦某刑讯逼供，使秦某作出有罪供述，检察机关对其提起公诉，经过法院审理，秦某被宣告无罪。

根据上述材料，运用法理学知识和理论，回答下列问题：

（1）秦某因著词文被错误地行政拘留这一事实体现了法律具有何种特征？

（2）公安机关和检察机关在办理案件过程中违反了法治的哪些基本原则？

（3）为完善人权司法保障，本案在制约司法权力方面有何启示？

3. 20世纪90年代末，《刑事诉讼法》和《刑法》修改过程中，在犯罪嫌疑人的权利保护、正当程序等诸多方面移植了西方国家的规则和制度，包括普通法国家的制度。在刑事诉讼中采取当事人主义就是移植了普通法国家制度的结果。法律移植既有成功的例子，也有不成功的例子。不成功的例子如环境保护法律体系大部分是从国际规则中移植过来的，如清洁生产制度、环境影响评价制度等，其制度设计和内在逻辑与西方发达国家没有什么不同，但这些在西方国家行之有效的法律，在中国则不容易实行。但在大的全球化背景下，法律移植仍然有其必然性和必要性。

请结合上述材料，运用法理学知识和理论，回答下列问题：

（1）为什么说法律移植有其必然性和必要性？

（2）法律移植的成功与否有何启示？

4. 某国政府曾批准在实验室培育人兽混合胚胎，用于攻克帕金森病等疑难疾病的医学研究。该决定引发了社会各界的广泛关注和激烈争议，但对于人兽胚胎研究，当时的法律尚未予以明确规定。2018年11月26日，世界上首例人类基因编程婴儿在中国诞生，关于"基因编程"带来的伦理和道德问题再一次备受瞩目。该行为严重违背伦理道德和科研诚信，在国内外造成恶劣影响。

请结合上述材料，运用法理学知识和理论，回答下列问题：

（1）人兽胚胎研究在当时的法律中没有明确规定，这体现了法的作用的何种局限性？

（2）科技发展对法律有哪些影响？为什么对人兽胚胎研究和基因编程要予以立法回应？

（3）法律应如何防范科技成果的负面作用？

（4）结合材料说明法与道德的联系。

5. 材料一：甲抓住了潜入家中行窃的窃贼，非常生气，本想教训教训他，但后来想起老师曾经说过抓住窃贼应该交给公安机关处理，私自对窃贼用刑是违法的，于是就和家人一起将窃贼送到了当地公安机关。

材料二：乙因涉嫌行凶杀人而被公安机关依法逮捕，邻里一片哗然，邻居们议论纷纷：有人说乙可能会被判处死刑，实属罪有应得；有人说乙虽杀人，但罪不至死。法院最终认定乙构成故意杀人罪，被判处无期徒刑。

材料三：我国《刑法》第 385 条第 1 款规定："国家工作人员利用职务上的便利，索取他人财物的，或者非法收受他人财物，为他人谋取利益的，是受贿罪。"第 389 条第 1 款规定："为谋取不正当利益，给予国家工作人员以财物的，是行贿罪。"丙为谋取不正当利益，向国家工作人员丁提供了 10 个美女进行性贿赂。在判定丙、丁是否构成贿赂犯罪的问题上存在较大争议，张法官认为构成受贿罪，其认为性贿赂属于"财物"或财产性利益；李法官认为不构成受贿罪，因为性贿赂不属于"财物"或财产性利益。

请结合上述材料，运用法理学知识和理论，回答下列问题：

（1）材料一、二分别体现了法的何种规范作用？

（2）材料三中，张法官和李法官的观点体现了法的何种规范作用？采取的推理形式是什么？

（3）材料三是否体现了法的作用的局限性？

6. 材料一：当全体人民对全体人民作出规定时……这时人们所规定的事情就是公共的，正如作出规定的意志是公意一样，正是这种行为，我就称之为法律。法律乃是公意的行为。

——（法国）卢梭

材料二：人们所说的准确意义上的法或规则，都是一类命令。

——（英国）奥斯丁

材料三：法律在今天是社会控制的主要手段。

——（美国）庞德

请根据上述材料，运用法理学相关知识和理论，回答下列问题：

（1）材料一体现的是哪个法学流派的何种观点？该流派的主要观点有哪些？

（2）材料二体现的是哪个法学流派的何种观点？该流派的主要观点有哪些？

（3）材料三体现的是哪个法学流派的何种观点？该流派的主要观点有哪些？

7. 某市为加强道路交通管理，规范日益混乱的交通秩序，决定出台一项新举措，由交通主管部门向市民发布公告，凡自行摄录下机动车辆违章行驶、停放的照片、录像资料，送经交通部门确定后，被采用并在当地电视台播出的，一律奖励人民币500元至1000元。此举使许多市民踊跃参与，积极举报违章车辆，当地的交通秩序一时间明显好转，市民满意。新闻报道后，省内外不少城市都来取经、学习。但与此同时，也发生了不少意想不到的事情：有违章驾驶者去往不愿被别人知道的地方，电视台将车辆及背景播出后，引起家庭关系、同事关系紧张，甚至影响了当事人此后正常生活的；有乘车人以肖像权、名誉权受到侵害，把电视台、交管部门告上法庭的；有违章司机被单位开除，认为是交管部门超范围行使权力引起的；有抢拍者被违章车辆故意撞伤后，向交管部门索赔的；甚至有利用偷拍照片向驾驶者索要高额"保密费"的；等等。报刊将上述新闻披露后，某市治理交通秩序的举措引起了社会公众不同看法和较大争议。

请结合上述材料，回答下列问题：

（1）交通主管部门出台相关措施，体现了法律的何种价值？

（2）交通主管部门出台相关措施使诸如个人隐私等遭受损害等问题出现，这说明什么？应当如何解决出现的问题？

8. 甲与所就职的A航空公司发生劳动争议，解决争议过程中，甲曾言语威胁将来乘坐A航空公司航班时将采取报复措施。甲离职后在选乘A航空公司航班时被拒载，遂诉至法院。法院认为，A航空公司依《民法典》负有强制缔约义务，依《民用航空法》负有保障飞行安全义务。尽管我国缔结的《国际民用航空公约》等相关国际条约和我国法律对此类拒载无明确规定，但依航空业惯例，航空公司有权基于飞行安全事由拒载乘客。

请结合上述材料，运用法理学知识和理论，回答下列问题：

（1）材料体现了哪些法律价值之间的冲突？解决这类冲突的原则是什么？

（2）《国际民用航空公约》和航空业惯例是否属于我国正式意义上的法律渊源？

9. 在无任何证据证明其辖区存在"××籍敲诈勒索团伙"的情况下，A市公安局B区分局在其辖区某大型市场附近的大街上悬挂了"坚决打击××籍敲诈勒索团伙"和"凡举报××籍团伙敲诈勒索犯罪、破获案件的，奖励500元"字样的横幅。此行为引起了××籍人士的不满。××籍市民甲、乙二人以B区分局的行为侵害了二人的名誉权为由向法院起诉，要求B区分局在国家级媒体上公开赔礼道歉。后经法院调解，双方当事人自愿达成和解协议，B区分局撤下横幅，并向甲、乙赔礼道歉，甲、乙二人对B区分局的做法给予谅解。

请结合上述材料，运用法理学知识和理论，回答下列问题：

（1）B区分局应当承担何种性质的法律责任？对其进行法律制裁的方式有哪些？

（2）地域歧视违反了何种法律价值的要求？法律如何保障该法律价值的实现？

10. 材料一：A县电缆受到破坏，大面积停电5小时，后经调查得知为甲偷割变压器上的电缆所致。甲被控犯有破坏电力设备罪，被判处5年有期徒刑。甲不服判决遂提起上诉，称自己偷割电缆是"饥寒起盗心"，变卖仅得800元，顶多是"小偷小摸"行为。二审法院依照《刑法》和最高人民法院《关于审理破坏公用电信设施刑事案件具体应用法律若干问题的解释》维持原判。

材料二：出租车司机乙送病危病人去医院，该病人需要及时治疗，否则性命难保。为争取时间，乙将车开至非机动车道掉头，被交警拦截并被告知罚款。经乙解释，交警对乙未予处罚且为其开警车引道，将病人及时送至医院，使病人脱离危险。

根据法理学知识和理论，并结合上述材料回答下列问题：

（1）二审法院和交警各自运用的是何种法律推理形式？两种推理形式有何区别？

（2）材料二中法律价值冲突的表现形式和解决价值冲突的原则是什么？

11. 《传染病防治法》第39条规定："医疗机构发现甲类传染病时，应当及时采取下列措施：（一）对病人、病原携带者，予以隔离治疗，隔离期限根据医学检查结果确定；（二）对疑似病人，确诊前在指定场所单独隔离治疗；（三）对医疗机构内的病人、病原携带者、疑似病人的密切接触者，在指定场所进行医学观察和采取其他必要的预防措施。拒绝隔离治疗或者隔离期未满擅自脱离隔离治疗的，可以由公安机关协助医疗机构采取强制隔离治疗措施。医疗机构发现乙类或者丙类传染病病人，应当根据病情采取必要的治疗和控制传播措施。医疗机构对本单位内被传染病病原体污染的场所、物品以及医疗废物，必须依照法律、法规的规定实施消毒和无害化处置。"

某市突发急性传染病，为防止病情传染范围扩大，市政府采取各种措施，加强人员管控，做好重点场所防控，采取封闭隔离等措施。重点防控城市的各个居住区、工作区，地铁、商店等还采取出示健康码、佩带口罩等措施。防控措施落实后，社会秩序井然。

请结合上述材料，运用法理学知识和理论，回答下列问题：

（1）《传染病防治法》属于何种性质的法律渊源？由谁制定？

（2）《传染病防治法》第39条规定体现了何种法律价值？该法律价值的作用是什么？

（3）《传染病防治法》第39条规定所体现的价值与何种价值存在冲突？如何解决冲突？

12. 为了抑制房价的过快上涨，近年来我国各地陆续出台一系列限购措施，同时对保障性住房的申请也规定了较为严格的条件和程序。一时间人们议论纷纷，一部分人认为这种限制有违自由和平等原则，与市场经济的效率原则格格不入，应当予以废除；另一部分人认为，这种限制是维护市场秩序、实现实质正义、保障更多人居住权的需要，应当予以坚持。目前，"房住不炒"已经成为政府调控房价的基调。

请结合上述材料，回答下列问题：

（1）依据法的价值的相关理论对材料中的两种观点进行分析。

（2）解决价值冲突的基本原则有哪些？如何解决购房中存在的价值冲突？

13. 甲公司未在有较大危险因素的生产经营场所和有关设施、设备上设置明显的安全警示标志，并使用应当淘汰的危及生产安全的工艺、设备，被 A 省 B 市市场监督管理局依据 A 省人民代表大会常务委员会制定的《安全生产管理条例》罚款 50 万元，并责令限期改正。甲公司以处罚违法为由诉至法院。法院查明，根据《安全生产法》第 96 条规定，对甲公司的行为的罚款为 5 万元以下，逾期未改正的，罚款为 5 万元以上 20 万元以下。

请结合上述材料，运用法理学知识和理论，回答下列问题：

（1）《安全生产法》与《安全生产管理条例》属于何种性质的法律渊源？

（2）法院应当援引何种规范性法律文件进行判决？为什么？

（3）有权制定地方性法规的机关有哪些？

14. 材料一：《中华人民共和国刑法》第 395 条第 1 款规定："国家工作人员的财产、支出明显超过合法收入，差额巨大的，可以责令该国家工作人员说明来源，不能说明来源的，差额部分以非法所得论，处五年以下有期徒刑或者拘役；差额特别巨大的，处五年以上十年以下有期徒刑。财产的差额部分予以追缴。"

材料二：《中华人民共和国立法法》第 120 条规定："本法自 2000 年 7 月 1 日起施行。"

材料三：《中华人民共和国民法典》第 57 条规定："法人是具有民事权利能力和民事行为能力，依法独立享有民事权利和承担民事义务的组织。"

材料四：《中华人民共和国人民检察院组织法》第 4 条规定："人民检察院依照法律规定独立行使检察权，不受行政机关、社会团体和个人的干涉。"

请结合上述材料，运用法理学知识和理论，回答下列问题：

（1）上述材料中涉及的《刑法》《立法法》《民法典》《人民检察院组织法》是何种性质的法律渊源？

（2）运用法律规则的逻辑结构理论，分析材料一给定的法律规则的逻辑结构。

（3）材料二、三、四的规定是否属于法律规则？

15. 2020 年 3 月，全国人大常委会成立国境卫生检疫法修改工作专班，并将国境卫生检疫法（修改）先后列入全国人大常委会 2020 年至 2023 年立法工作计划和十四届全国人大常委会立法规划。2023 年 11 月 3 日，国务院常务会议讨论并原则通过了国境卫生检疫法修订草案。全国人大教科文卫委按照常委会的工作部署，先后赴陕西、广东等地调研，深入国境口岸与一线工作人员面对面了解情况；召开多场座谈会，广泛听取各方面的意见和建议；加强对修订草案的研究，多次向司法部反馈修改意见，积极推动修法工作进程。2023 年 12 月 25 日，国境卫生检疫法修订草案首次提请全国人大常委会会议审议。2023

年 12 月 29 日，十四届全国人大常委会七次会议对国境卫生检疫法修订草案进行分组审议。在审议过程中，多位委员提出，应统筹协调不同法律草案关于应急处置措施的明确规定。修订草案应急处置措施的规定应当紧扣国境卫生检疫活动，体现国境卫生检疫工作的特点，做好与传染病防治法、突发公共卫生事件应对法等法律草案的制度衔接，进一步完善修订草案有关应急处置措施的内容。

请结合上述材料，运用法理学知识和理论，回答下列问题：

（1）材料体现了哪些立法原则？

（2）立法原则的要求有哪些？

16. 材料一：某国跨国甲公司发现中国乙公司申请注册的域名侵犯了甲公司的商标权，遂起诉要求乙公司撤销该域名注册。乙公司称，商标和域名是两个领域完全不同的概念，网络域名的注册和使用均不属于中国《商标法》的调整范围。法院认为，两国均为《巴黎公约》成员国，应当根据中国法律和该公约处理注册纠纷。法院同时认为，对驰名商标的权利保障应当扩展到网络空间，故乙公司的行为侵犯了甲公司的商标专用权。

材料二：科学技术的发展对法律适用产生重大影响。例如，1905 年，英国伦敦破获一起凶杀案，该起案件被公认为世界上第一个用指纹来确定罪犯的案例。再如，美国一家公司开发出了一种神经网络计算机系统，能够从成千上万的人中准确无误地辨认出银行抢劫犯。又如，国际商业贸易企业之间正频繁地使用电子信息交换（EDI）来传送信息，关于这种信息的证据力问题已经引起司法界的关注和讨论。

请结合上述材料，运用法理学知识和理论，回答下列问题：

（1）结合材料一说明科技对法的影响和法对科技的作用。

（2）结合材料二说明科技对司法的影响。

17. 2016 年 12 月 16 日，教育部颁布了修订后的《普通高等学校学生管理规定》，其中第 55 条第 1 款规定："在对学生作出处分或者其他不利决定之前，学校应当告知学生作出决定的事实、理由及依据，并告知学生享有陈述和申辩的权利，听取学生的陈述和申辩。"

请结合上述材料，运用法理学知识和理论，回答下列问题：

（1）《普通高等学校学生管理规定》是何种性质的法律渊源？其效力如何？

（2）《普通高等学校学生管理规定》第 55 条第 1 款体现了何种法律价值？

（3）该条规定体现了何种执法原则？为什么？

18. 材料一：英国哲学家密尔指出："一个人挥舞胳膊的自由止于鼻子。"

材料二：英国哲学家洛克在其《政府论》中指出："法律的目的不是废除或限制自由，而是保护和扩大自由。这是因为在一切能够接受法律支配的人类的状态中，哪里没有法律，哪里就没有自由。"

请结合上述材料，运用法理学知识和理论，回答下列问题：

（1）在法律与自由的关系上，材料一说明了什么问题？

（2）在法律与自由的关系上，材料二说明了什么问题？

（3）法律如何确认和保障自由？

19.《残疾人权利公约》于 2006 年 12 月 13 日由联合国大会通过。现摘取第 5 条规定如下："

第五条　平等和不歧视

一、缔约国确认，在法律面前人人平等，有权不受任何歧视地享有法律给予的平等保护和平等权益。

二、缔约国应当禁止一切基于残疾的歧视，保证残疾人获得平等和有效的法律保护，使其不受基于任何原因的歧视。

三、为促进平等和消除歧视，缔约国应当采取一切适当步骤，确保提供合理便利。

四、为加速或实现残疾人事实上的平等而必须采取的具体措施，不得视为本公约所指的歧视。"

中国全国人大常委会于 2008 年 6 月批准《残疾人权利公约》，同年 9 月《残疾人权利公约》在中国正式生效。

请根据上述材料，运用法理学相关知识和理论，回答下列问题：

（1）《残疾人权利公约》属于何种性质的法律渊源？该公约成为我国正式意义上的法律渊源的条件是什么？

（2）《残疾人权利公约》如何保障残疾人权利和自由？

（3）法律如何确认和保障平等价值的实现？

20. 材料一：2010 年《最高人民法院关于案例指导工作的规定》第 2 条规定："本规定所称指导性案例，是指裁判已经发生法律效力，并符合以下条件的案例：（一）社会广泛关注的；（二）法律规定比较原则的；（三）具有典型性的；（四）疑难复杂或者新类型的；（五）其他具有指导作用的案例。"

材料二：《最高人民检察院关于案例指导工作的规定》第 2 条规定："检察机关指导性案例由最高人民检察院发布。指导性案例应当符合以下条件：（一）案件处理结果已经发生法律效力；（二）办案程序符合法律规定；（三）在事实认定、证据运用、法律适用、政策把握、办案方法等方面对办理类似案件具有指导意义；（四）体现检察机关职能作用，取得良好政治效果、法律效果和社会效果。"

请结合上述材料，运用法理学知识和理论，回答下列问题：

（1）材料一、二中规定的指导性案例是否属于我国正式意义上的法律渊源？

（2）指导性案例与判例法和司法解释有何区别？

（3）指导性案例在司法实践中有哪些作用？

21. 2024年2月27日，第十四届全国人民代表大会常务委员会第八次会议通过了新修订的《保守国家秘密法》，自2024年5月1日起施行。此次修订坚持总体国家安全观，统筹发展与安全，将党的十八大以来保密工作成熟有效的政策措施和实践经验上升为法律制度，对于推动保密工作高质量发展，维护国家主权、安全、发展利益具有重要而深远的意义。

请根据上述材料，运用法理学知识和理论，回答下列问题：

（1）新修订的《保守国家秘密法》属于何种性质的法律渊源？属于哪一个法律部门？

（2）新修订的《保守国家秘密法》应当坚持哪些立法原则？

（3）新修订的《保守国家秘密法》的立法程序如何？应如何公布实施？

22. 杨某是某省高速公路建设指挥部的处长，曾为某承包商承建某段高速公路立交桥绿化工程结算问题向该工程的建设指挥部"打招呼"，使该承包商顺利地拿到了工程款，然后收受了该承包商的20万元人民币。一审法院依据上述事实认为杨某的行为触犯了《刑法》第385条的规定，构成受贿罪，判处杨某有期徒刑10年。杨某不服，提出上诉。二审法院经审理认为杨某不构成受贿罪，撤销一审判决，宣告杨某无罪。理由是，该工程的建设指挥部是一个独立的单位，其人、财、物均归该省所管辖的某市的人民政府管理，因此，该省高速公路建设指挥部与该省工程建设指挥部之间不存在直接的领导关系。另外，该承包商的工程结算款不属于不正当利益，杨某的行为不具备"为请托人谋取不正当利益"的受贿罪要件。

请结合上述材料，运用法理学知识和理论，回答下列问题：

（1）根据演绎推理，说明一审法院可能进行的法律推理的基本逻辑。

（2）二审法院运用的推理形式是什么？

（3）二审法院的论证是否具有正当性？

23. A县M镇召开人民代表大会拟补选一名副镇长。邹某得知后，便决定拿出10万元对27名人大代表行贿。邹某还利用自己当时是镇人民代表大会第四代表团团长的身份，跟镇人民代表大会代表打招呼，最后邹某在选举会上顺利当选。经A县纪律检查委员会纪律审查和监察委员会调查，邹某还有行贿行为。经监察委员会调查完毕后，将邹某移送检察机关进行审查起诉。A县人民法院对该县邹某行贿案和贿选案作出判决，以"破坏选举罪"判处邹某剥夺政治权利1年，以"行贿罪"判处邹某有期徒刑5年。同时邹某因贿选被镇人民代表大会罢免了副镇长职务。邹某的行为被调查后，新闻媒体亦进行了相关报道。

请根据上述材料运用法理学的知识和理论回答下列问题：

（1）本案涉及的主要法律监督的类型有哪些？

（2）本案涉及的法律制裁的种类有哪些？

24. S县一对农村男女青年按照当地习惯（尚未领结婚证）举行了婚礼，谁料一周之后新娘吉某出逃并控告新郎李某强奸了她。李某以吉某借婚姻骗取彩礼为由提起民事诉讼，要求吉某返还彩礼，当地法院判决解除双方的同居关系并责令吉某返还了部分彩礼。后来，当地公安机关以李某涉嫌强奸罪正式立案并将其逮捕，后法院经审理依法认定李某犯有强奸罪并判处有期徒刑3年。这种新娘控告新郎犯强奸罪的怪事在当地引起了较大的反响，不少村民包括吉某的亲戚对吉某的行为感到难以理解，并对法院的判决感到困惑。因为在乡亲们看来，这桩婚事是明媒正娶的，按"相沿成俗"的习惯，办完喜事吉某就是李家的人了，强奸之说实属荒唐。

请结合上述材料，运用法理学知识和理论，回答下列问题：

（1）什么是习惯？习惯能否作为处理刑事案件的依据？

（2）习惯作为处理民事纠纷的依据，需要满足哪些条件？为什么不能认定李某、吉某系夫妻？

（3）材料中的案件对立法有何启示？

25. 材料一：《最高人民法院关于案例指导工作的规定》第7条规定："最高人民法院发布的指导性案例，各级人民法院审判类似案例时应当参照。"

材料二：《最高人民检察院关于案例指导工作的规定》第15条第1款规定："各级人民检察院应当参照指导性案例办理类似案件，可以引述相关指导性案例进行释法说理，但不得代替法律或者司法解释作为案件处理决定的直接依据。"

请结合上述材料，运用法理学知识和理论，回答下列问题：

（1）什么是指导性案例？指导性案例在司法实践中有什么作用和意义？

（2）指导性案例和司法解释有何区别？

（3）指导性案例运用于司法实践中采用的法律推理形式是什么？

26. 材料一：张某在下班回家途中遭到流氓殴打，打电话向附近的派出所求救，值班民警要求张某给"出警费"，张某没有答应，于是值班民警拒绝出警，导致张某被打伤。事后张某向法院提起行政诉讼，法院审理案件之后认为公安机关没有履行法定职责，致使张某合法权益遭受损害，应当承担赔偿责任。

材料二：王某与同村的张某因琐事打架，王某失手将张某打死。王某的父母表示，愿意向张某家属赔偿40万元，希望张某家属不要报案。考虑到两家是世交，关系一直很好，王某的父母又愿意赔偿，张某家属便答应接受赔偿，不向公安机关报案，两家"私了"此事。后因有人举报而案发，法院经过审理判决王某犯过失致人死亡罪，判处有期徒刑3年。

材料三：我国实行刑事诉讼公诉主义，但对于虐待、侮辱、诽谤案件等，《刑法》规定告诉才处理。黄某经人介绍与陈某结婚，陈某系再婚，其前夫因病去世，遗有一子小明。婚后，黄某经常虐待小明，给小明身心健康带来严重伤害，陈某稍加阻拦，黄某就对陈某拳脚相向。无奈之下，陈某向法院起诉，法院经过审理，依法判决黄某犯虐待罪，判处有期徒刑1年。

请结合上述材料，运用法理学知识和理论，回答下列问题：

（1）材料一中值班民警的做法违反了何种法律规则？

（2）材料二中"私了"的做法违反了何种法律规则？

（3）材料三中告诉才处理的案件所包含的法律规则是什么？

27. 材料一：《民法典》第483条规定："承诺生效时合同成立，但是法律另有规定或者当事人另有约定的除外。"

材料二：《刑法》第340条规定："违反保护水产资源法规，在禁渔区、禁渔期或者使用禁用的工具、方法捕捞水产品，情节严重的，处三年以下有期徒刑、拘役、管制或者罚金。"

材料三：《刑法》第232条规定："故意杀人的，处死刑、无期徒刑或者十年以上有期徒刑；情节较轻的，处三年以上十年以下有期徒刑。"

请结合上述材料，运用法理学知识和理论，回答下列问题：

（1）分析材料一中法律规则的逻辑结构。

（2）分析材料二中法律规则的逻辑结构。

（3）分析材料三中表述的法律规则的逻辑结构中省略的要素及法律后果的适用顺序。

（4）法律规则的逻辑结构中，在条文表述上可以省略的要素有哪些？

28. 材料一：北京市为了解决交通拥堵问题实行车辆单双号限行制度，但在清明节期间又取消了单双号限行，以方便人们扫墓拜祭。

材料二：《民法典》第7条规定："民事主体从事民事活动，应当遵循诚信原则，秉持诚实，恪守承诺。"

材料三：《刑法》第21条第1、2款规定："为了使国家、公共利益、本人或者他人的人身、财产和其他权利免受正在发生的危险，不得已采取的紧急避险行为，造成损害的，不负刑事责任。紧急避险超过必要限度造成不应有的损害的，应当负刑事责任，但是应当减轻或者免除处罚。"

请根据上述材料，运用法理学相关知识，回答下列问题：

（1）分析材料一中存在的价值冲突及解决原则。

（2）材料二规定的是何种法律要素？体现的是何种法律价值？

（3）分析材料三规定的紧急避险这一法律规则的逻辑结构。

29. 李某因热水器漏电受伤，经鉴定为重伤，遂诉至法院请求厂家赔偿损失，其中包括精神损害赔偿。庭审时被告代理律师辩称，一年前该法院在审理一起类似案件时并未判决给予精神损害赔偿，本案也应作相同处理。但是法院根据《民法典》第996条规定，支持了李某的诉讼请求。

《民法典》第 996 条规定："因当事人一方的违约行为，损害对方人格权并造成严重精神损害，受损害方选择请求其承担违约责任的，不影响受损害方请求精神损害赔偿。"

请结合上述材料，运用法理学知识和理论，回答下列问题：

（1）分析《民法典》第 996 条规定的逻辑结构。

（2）被告律师运用的法律推理的形式是什么？

（3）法院能否援引一年前类似案件的判决结论作为李某受伤案判决的理由？为什么？

（4）本案形成哪些普通法律关系？

30. 同学们在课堂上围绕着法律实施展开讨论。

学生甲认为，法律实施是指法律的要求在社会生活中被转化为现实，达到法律设定的权利和义务的目的。学生乙认为，法律实施是法的应然状态，因此是书本上的法律，法律实施不能发挥法在社会生活中应有的作用。

结合法理学相关知识，分析甲和乙的观点是否正确并阐明理由。

31. 沿海某市劳动保障部门开展以清理拖欠农民工工资为主要内容的"春雨行动"，全市劳动保障部门共检查用户单位 2 500 户，涉及职工 32 万人，追回工资 2 000 万元，其中涉及农民工 2 万人，对支付工资不力的单位进行了行政处罚。该市政府还专门下发了《关于进一步解决拖欠农民工工资问题的通知》，采取灵活执法方式因地制宜地对各地清欠农民工工资的情况进行了督查。在"春雨行动"期间，各地加大了检查力度，保证了清欠工资的顺利进行。

请结合上述材料，运用法理学知识和理论，回答下列问题：

（1）材料主要体现了执法活动的哪些特征？

（2）执法机关在执法活动中应当坚持哪些执法原则？

32. A 省 B 市 C 县张某一家五口开着自家四轮小型电动车到县城，将患急性荨麻疹的妹妹送到医院看病，在医院门口停车时，被交警以违反交通法规进行处罚，并以"电动车不能进城"为由扣车。在被要求出示书面规定时，交警称是口头通知。接着，张某虽一直辩解，但交警又以无证驾驶为由强行拖走车。在现场执法过程中，交警拒绝拍照。结果，张某妹妹普通的荨麻疹被耽误成重症，而张某的父亲和张某读大二的弟弟均因涉嫌妨害执行公务被刑拘。

请结合材料说明交警执法违反了哪些行政执法原则。

33. 材料一：王某借用他人 3 台农用小四轮拖拉机，用拖拉机后拖带的两轮拖斗运送 31 头生猪。路上，S 县交通运输局执法人员不顾天气炎热，对王某提出的卸下生猪再扣车的请求置之不理，以 3 台车没交养路费为由，强行扣留并摘下拖拉机头，以致拖斗倾覆，31 头生猪中 15 头死亡，其余 16 头因受惊吓浑身充血而贱卖，给王某造成经济损失 2 万余元。

材料二：城管执法人员甲与某小摊贩乙在以往的管理中产生矛盾。某日，甲发现乙和其他商贩违法占道经营，便决定好好处罚一下乙，为自己出口恶气。在对乙进行处罚的同时，对其他违法占道经营的商贩却置若罔闻。甲对乙的处罚结果符合法律规定，是适当的。

请结合上述材料，运用法理学知识和理论，回答下列问题：

（1）材料一中 S 县交通运输局执法人员的做法违反的行政执法原则是什么？为什么？

（2）材料二中，甲的做法违反何种行政执法原则？

（3）行政合理性原则的基本要求有哪些？

34. 某区民政局在例行执法检查中，认为某养老院服务场所不合法，遂作出对该养老院暂不予年检的通知，责令其一定期限内提供使用服务场所的合法证明，并告知逾期不提交的法律后果。后养老院提交部分材料，但经民政局审查，认为养老院提交的材料不足以证明其对服务场所拥有合法的使用权，遂作出行政处罚决定，决定收缴养老院的社会福利机构执业证书，并予以注销登记。养老院不服该处罚决定，向法院提起行政诉讼。

一审法院经审理认为，虽然被告民政局在作出决定时未经听证等程序，但不影响对案件事实的认定，未听证属程序瑕疵，故判决驳回原告养老院的诉讼请求。二审法院经审理查明，民政局在作出行政处罚过程中没有听取养老院的陈述和申辩，亦未举行听证程序，改判确认被诉处罚决定无效。

请结合上述材料，运用法理学知识和理论，回答下列问题：

（1）二审法院改判体现了何种法律监督形式？这种监督的意义是什么？

（2）民政局的行政处罚决定书和法院的判决书属于何种性质的法律文件？

（3）民政局的行政处罚违反了何种行政执法原则？

35. 甲在某汽车 4S 店购买了一辆汽车，4S 店为甲提供了购车发票、合格证等一系列手续，甲为汽车办理了保险和临时牌照，缴纳了车辆购置税。缴纳车辆购置税这天当晚，甲醉酒驾驶该车将行人乙撞成重伤，车被交警拦截，甲因涉嫌醉酒驾驶机动车被采取刑事强制措施，并被检察机关依法提起公诉，法院经审理后依法判决甲构成交通肇事罪。

请结合上述材料，运用法理学知识和理论，回答下列问题：

（1）从守法内容和普通法律关系种类的角度，评价甲与相关主体之间的行为。

（2）材料涉及哪些法律责任？

（3）对于甲构成交通肇事罪，说明法院判决进行法律推理的基本逻辑。

36. 材料一：《人民法院组织法》第 6 条规定："人民法院坚持司法公正，以事实为根据，以法律为准绳，遵守法定程序，依法保护个人和组织的诉讼权利和其他合法权益，尊重和保障人权。"

材料二：《人民检察院组织法》第 6 条规定："人民检察院坚持司法公正，以事实为根据，以法律为准绳，遵守法定程序，尊重和保障人权。"

请根据上述材料，运用相关法理学知识，回答下列问题：

（1）材料中体现了我国哪些司法基本原则？其含义是什么？

（2）如何贯彻司法法治原则？

（3）如何实现司法公正？

37. M县检察院受理吴某等7人恶势力犯罪团伙涉嫌故意伤害、赌博、寻衅滋事、故意毁坏财物、敲诈勒索案。7名犯罪嫌疑人全部自愿认罪认罚，同意检察机关的量刑建议，并签署了认罪认罚具结书。

一审法院采纳M县检察院提出的量刑建议，对7名被告人依法从宽判决，其中，被告人吴某系恶势力纠集者，被判处有期徒刑13年，并处罚金52万元。一审判决后，吴某否认被指控的犯罪事实，且以一审量刑过重为由提出上诉。其他被告人均表示服从判决。

M县检察院认为，吴某推翻其自愿签署的认罪认罚具结书，其主观上已无认罪、悔罪表现，应当不再适用认罪认罚从宽制度。后M县检察院依上诉程序依法提起抗诉。在抗诉审理期间，S市办案检察官经审查认为，吴某提出上诉，属于以认罪认罚换取较轻刑罚、再利用上诉不加刑原则提出上诉以达到减轻刑罚处罚的目的，违背了认罪认罚的基本原则和司法诚信，依法支持抗诉。法院经审理后，依法加重上诉人吴某刑罚，由原判有期徒刑13年改判有期徒刑13年6个月，并处罚金52万元。

请结合上述材料，运用法理学知识和理论，回答下列问题：

（1）检察机关和审判机关的做法是否符合司法公正原则？为什么？

（2）检察机关提出抗诉属于何种性质的法律监督？该类法律监督的意义是什么？

（3）如何让人民群众在每一个司法案件中感受到公平正义？

38.《全国人民代表大会常务委员会关于加强法律解释工作的决议》规定：

"一、凡关于法律、法令条文本身需要进一步明确界限或作补充规定的，由全国人民代表大会常务委员会进行解释或用法令加以规定。

二、凡属于法院审判工作中具体应用法律、法令的问题，由最高人民法院进行解释。凡属于检察院检察工作中具体应用法律、法令的问题，由最高人民检察院进行解释。最高人民法院和最高人民检察院的解释如果有原则性的分歧，报请全国人民代表大会常务委员会解释或决定。

三、不属于审判和检察工作中的其他法律、法令如何具体应用的问题，由国务院及主管部门进行解释。

四、凡属于地方性法规条文本身需要进一步明确界限或作补充规定的，由制定法规的省、自治区、直辖市人民代表大会常务委员会进行解释或作出规定。凡属于地方性法规如何具体应用的问题，由省、自治区、直辖市人民政府主管部门进行解释。"

请结合上述材料，运用法理学知识和理论，回答下列问题：

（1）如何理解当代中国法律解释体制和正式法律解释形式？

（2）在什么情况下需要进行立法解释？立法解释的主要任务有哪些？

（3）司法解释的基本作用有哪些？

39. 王某因与甲期货经纪有限公司（以下简称"甲公司"）发生期货代理合同纠纷，向 S 市中级人民法院提起诉讼。王某诉称：甲公司代理期货业务，不按王某的指示入市，私下对冲、与客户对赌，严重侵犯王某的合法权益。请求判令甲公司赔偿原告保证金损失等共计 125 万元。

法院审理后认为，该行纪关系中的委托代理行为具有特殊性，客户一般只能通过经纪人了解自己交易的真实情况。因此，当客户怀疑经纪人是否按照指令进行入市操作时，应当由经纪人负举证责任。经纪人提供不出相应证据时，应当认定其没有入市交易。这里不适用"谁主张，谁举证"原则。法院据此认为，甲公司提供的证据没有证明其按王某指令入市交易，并最终判决甲公司承担赔偿责任。

此案中，法院没有拘泥于一般的举证责任认定，而根据本案中当事人双方掌握的信息严重不对等的客观实际，采取了举证责任倒置的法律规则，并最终作出判决。这是尊重客观实际和案件个体差异的正义合法之举。

请结合上述材料，运用法理学知识和理论，回答下列问题：

（1）材料中涉及哪些普通法律关系？

（2）该法院审理案件，在举证责任的认定上运用的法律推理形式是什么？

（3）法律推理的特征有哪些？

40. 2006 年 4 月，许霆利用银行 ATM 机故障，多取出不属于自己的 17 多万元。案发后，A 省 S 市中级人民法院审理后认为，许霆以非法侵占为目的，伙同同案人采用秘密手段，盗窃金融机构，数额特别巨大，已构成盗窃罪，遂判处许霆无期徒刑，剥夺政治权利终身，并处没收个人全部财产。许霆随后上诉，2008 年 5 月，A 省高级人民法院二审驳回上诉，维持原判。该案在全社会引起轩然大波，社会舆论认为 S 市中级人民法院枉法裁判且量刑过重，法学界不少学者也对许霆的行为性质展开讨论。最后 S 市中级人民法院重新审判，从许霆的主观恶性、非法获取钱财的方式、行为的社会危害性等角度进行论证，认为许霆心存畏惧、心存良知，有返还赃款等行为，最终以盗窃罪判处许霆有期徒刑 5 年。后 A 省高级人民法院及时作出了维持一审判决的裁定，从而使社会的争议少了很多。这就是著名的"许霆案"。

请结合上述材料，运用法理学知识和理论，回答下列问题：

（1）案件重审及维持一审的裁定中，法院的法律论证是否符合正当性标准？

（2）社会舆论的关注和法学界对案件的讨论属于何种法律监督形式？该监督形式有何意义？

41. 材料一：韩先生某日持所购京剧票去北京甲剧院观看乙京剧团排演的京剧"霸王

别姬"，不料乙京剧团在外地演出，因路途遥远未能及时返京，致使在京的演出不能如期举行。甲剧院被迫安排了一场交响乐演出。韩先生以剧院违约为由向法院提起诉讼。法院经审理后认定剧院违约事实成立，判令剧院赔偿韩先生票款及路费等 800 元。甲剧院又向法院提起诉讼，认为乙京剧团违约，要求赔偿损失。

材料二：《民法典》第 577 条规定："当事人一方不履行合同义务或者履行合同义务不符合约定的，应当承担继续履行、采取补救措施或者赔偿损失等违约责任。"

请结合上述材料，运用法理学知识和理论，回答下列问题：

（1）材料中涉及当事人之间的哪些民事法律关系？

（2）如何认定材料中法律关系的客体？

（3）导致甲剧院接受乙京剧团演出的权利无法实现和甲剧院没有及时向韩先生提供京剧演出的法律事实分别是什么？

（4）分析法院判决案件采取的推理形式和结构。

42. 老刘下班回家，刚走到自家门口就被砸得失去知觉。一位老大娘目击了一切：对门邻居夫妻二人跳楼自杀，男的从 7 楼跳了下来，一下子就把老刘砸倒了，当时老刘像昏迷了，但很快就醒了，嘴里还说，怎么回事？然后好像挪了个地方。刚刚挪动一下，那女的就跳了下来。如果老刘不挪动地方，说不定又被砸着了。邻居夫妻的自杀行为牵连了无辜的老刘，导致老刘被砸伤，且有清微脑震荡，而邻居夫妻已经死亡。

请结合上述材料，运用法理学知识和理论，回答下列问题：

（1）老刘受到伤害的法律事实是什么？

（2）夫妻双方跳楼，引起继承法律关系产生的法律事实是什么？

（3）老刘与跳楼夫妻之间存在何种普通法律关系？存在何种法律制裁？

（4）应由谁对老刘承担赔偿责任？

43. 民主是全人类的共同价值，是中国共产党和中国人民始终不渝坚持的重要理念。2021 年 12 月 4 日，国务院新闻办公室发表的《中国的民主》白皮书，紧紧围绕全过程人民民主，从历史和现实、理论和实践、形式和内容等多个维度，系统介绍中国民主的价值理念、发展历程、制度体系、参与实践和成就贡献。白皮书全面总结党领导人民发展民主的历程，深刻指出"中国共产党的奋斗史，是团结带领人民探索、形成、发展全过程人民民主的奋斗史"。经过长期探索实践，今天，全过程人民民主在中华大地展示出勃勃生机和强大生命力，中国人民的民主自信更加坚定，中国的民主之路越走越宽广。

请结合上述材料，运用法理学知识和理论，回答下列问题：

（1）中国民主的本质和核心是什么？

（2）如何认识社会主义法治对社会主义民主的积极作用？

（3）如何实现党的领导和人民民主在立法工作中的有机统一？

（4）国务院新闻办公室发表的《中国的民主》白皮书对社会主义法治建设有何意义？

44. 甲公司市场经理张某驾驶自己的"长安福特"牌私家车在A市B区路段行驶。张某在路口等待红灯时，路边一名30多岁的男子上来敲车门。该男子捂住腹部，表情痛苦，声称"胃痛"，打不到出租车，要求张某带他一段路。由于顺路，张某就让他上了车。两分钟后，张某应该男子要求把车停下。这时，车外出现了七八名身穿制服的执法人员，强行把张某从车内拖了下来，说他无营运证却从事出租车载客业务，属于非法营运行为，还扣押了他的汽车。第二天，张某到B区交通部门反映情况，但交通部门的工作人员否认有雇佣社会人员诱骗私家车的行为，辩解说："很有可能是一部分有正义感的公民配合执法。"5天后，B区交通执法大队作出超额罚款5万元的行政处罚决定，张某没有办法，只得交了罚款之后才领回自己的汽车。随后，张某走上了依法维权的道路，先是在网络上发帖，题目是"善良的被骗"，该帖经著名网络写手韩某的博客转载后，阅读量迅速上升，超过了20万人次，媒体随即跟踪调查。张某事件经新闻媒体曝光后，面对沸沸扬扬的社会舆论，政府部门先是失语、沉默，后是逃避、推诿，认为"不表态就是一种最好的表态方法"，选择用沉默来应对社会公众的质疑，导致政府的公信力受到损害。20日后，张某在媒体的帮助下，委托法律学者郝某，向B区法院提起行政诉讼，要求依法判决撤销B区交通执法大队行政处罚决定，退还罚款。

请结合上述材料，分析执法部门的做法违反了哪些执法原则。

45. 第十三届全国人大常委会第二十八次会议于2021年4月29日表决通过了《中华人民共和国反食品浪费法》，自公布之日起施行。从此，反食品浪费不再仅仅是倡导，有了正式法律依据。随后，各地贯彻落实《反食品浪费法》的行为引发媒体关注，开出首张《反食品浪费法》罚单、某学校食堂扔虫眼菜被罚、某市出台反食品浪费新规等话题均引发关注。

针对此现象，存在多种观点。观点一：我国食品浪费严重，《反食品浪费法》的施行能以刚性制度制止食品浪费行为。然而，法律在执行过程中存在过度执法、矫枉过正的嫌疑，开出的罚单往往具有争议。观点二：大多数执法人员严格按照《反食品浪费法》的规定执法，做到了依法行政和严格执法，但由于《反食品浪费法》并没有食品浪费的量化标准，法律有待进一步补充和完善。观点三：《反食品浪费法》规定是合理的，但社会公众了解程度不高，或各级单位对该法不重视、执法不严，导致政策执行不力，沦为形式的法律，成为一纸空文，因此应加大普法力度和加强执法力度。

以上三种观点，你赞成哪一种？请说明理由。

46. 我国《民法典》第484条第1款规定："以通知方式作出的承诺，生效的时间适用本法第一百三十七条的规定。"第2款规定："承诺不需要通知的，根据交易习惯或者要约的要求作出承诺的行为时生效。"

《最高人民法院关于适用〈中华人民共和国民法典〉合同编通则若干问题的解释》第

2条第1款规定："下列情形，不违反法律、行政法规的强制性规定且不违背公序良俗的，人民法院可以认定为民法典所称的'交易习惯'：（一）当事人之间在交易活动中的惯常做法；（二）在交易行为当地或者某一领域、某一行业通常采用并为交易对方订立合同时所知道或者应当知道的做法。"

就《民法典》《最高人民法院关于适用〈中华人民共和国民法典〉合同编通则若干问题的解释》及上述规定，某大学法学院学生甲、乙、丙、丁提出了如下观点：

甲：从法律渊源和法律部门的角度分析，《民法典》和《最高人民法院关于适用〈中华人民共和国民法典〉合同编通则若干问题的解释》都是法律中的基本法律，属于民商法律部门。

乙：从法律规则的角度分析，我国《民法典》第484条第1款规定属于委任性规则；第2款规定则是准用性规则。

丙：《民法典》和《最高人民法院关于适用〈中华人民共和国民法典〉合同编通则若干问题的解释》规定的"交易习惯"不属于我国正式意义上的法律渊源，不能作为处理案件的依据。

丁：从法律解释的方法角度分析，《最高人民法院关于适用〈中华人民共和国民法典〉合同编通则若干问题的解释》对"交易习惯"的解释属于文义解释，解释的结果不具有公正性和合理性。

请说明甲、乙、丙、丁的观点是否正确，并运用法理学知识和理论阐述理由。

47. 据新闻媒体披露，《A市B区交通执法大队某年底创建精神文明工作总结》提到，在两年时间里，该大队"查处非法营运车辆5 000多辆"，"罚没款达到5 000多万元"，"超额完成A市总队和B区城市管理局下达的预定指标任务"。城市交通执法大队的工作是执法，而执法的前提是有人违法，如果没有人违法，执法也就无从谈起。既然上级可以下达每年的罚款指标任务，就意味着假如当年在B区没有那么多的人违法，交通执法大队就必须人为地不断制造违法事件才能完成上级预定的罚款指标任务，因此，"钓鱼执法"事件就会不断发生，给社会造成危害。

请结合上述材料，运用法理学知识和理论，回答下列问题：

（1）新闻媒体披露"钓鱼执法"事件属于何种法律监督？该种法律监督的作用是什么？

（2）从全面依法治国的基本途径角度分析如何防止"钓鱼执法"？

48. 王某向市自然资源局提出信息公开申请，但市自然资源局公开的信息不全面、不真实，给王某造成误导。王某遂请求市自然资源局及时公开全面、真实的信息，但是市自然资源局并未在法定期限内答复，也未进一步公开全面、真实的信息。王某诉至法院，法院判决市自然资源局败诉并承担相应的法律责任。

请结合上述材料，运用法理学知识和理论，回答下列问题：

（1）王某向市自然资源局提出信息公开申请是否属于守法行为？

（2）市自然资源局的做法违反了执法的何种原则？

（3）法院判决市自然资源局败诉并承担相应的法律责任，体现的是法的哪些规范作用？

（4）法院对市自然资源局的监督属于何种性质的法律监督？其法治意义何在？

49. 某高校学生甲学习法律解释后得出了如下观点：

观点一：比较解释是通过比较古今中外的立法和判例及其原则、经验和效果，对本国法律进行解释。

观点二：立法解释是全国人大常委会和地方各级人大常委会对宪法、法律、法规的解释；司法解释是司法机关对司法工作中具体应用法律问题的解释；行政解释是行政机关对有关法律和法规进行的解释。

观点三：文义解释是遵循法律规范的字面含义的解释，因此，文义解释都是正式解释。

请分析甲的三种观点是否正确，并说明理由。

50. 某日，警方发现一个犯罪嫌疑人跑进了一个有着上百户住户的小区躲了起来。这时，摆在警方面前是这样一个难题：对每户人家进行搜查有可能抓住罪犯，但这样将侵犯整个住宅小区公民的权利（住宅权、休息权等）；不冲进小区，尊重了住宅小区住户的权利，但这样，犯罪嫌疑人有可能毁灭罪证或逃脱，无法履行职责。最终，警方决定将追捕工作集中在查询犯罪嫌疑人方面而不得做与此无关的事情，并对造成的损失积极予以赔偿，在采取其他方法（如在小区外蹲守、小区内排查）可以解决的情况下，尽量不采取搜查方法，把损失降到最低。

请根据上述材料，运用法理学相关知识和理论，回答下列问题：

（1）材料体现的是哪些法律价值之间的冲突？

（2）警方最终采取搜查方法运用的是何种法律推理形式？

（3）警方在搜查犯罪嫌疑人时遵循了哪些解决价值冲突的原则？

51. 某公司周经理与员工在饭店喝酒聚餐后表示：别开车了，酒驾入罪，咱把车推回去。随后，周经理在车内掌握方向盘，其他人推车缓行。记者从交警部门了解到，如机动车未发动，只操纵方向盘，由人力或其他车辆牵引，不属于酒后驾车。但交警部门指出，路上推车既会造成后方车辆行驶障碍，也会构成对推车人的安全威胁，建议酒后将车置于安全地点，或找人代驾。鉴于我国法律对"酒后代驾"缺乏明确规定，周经理起草了一份《酒后代驾服务规则》，包括总则、代驾人、被代驾人、权利与义务、代为驾驶服务合同、法律责任共6章21条邮寄给国家立法机关。

请结合上述材料，运用法理学知识和理论，回答下列问题：

（1）周经理和员工拒绝酒驾体现了法的规范作用中的何种作用？

（2）交警部门有关推车前行不属于酒驾的解释，运用的推理形式是什么？为什么？

（3）周经理起草的《酒后代驾服务规则》是否属于立法议案？为什么？

52. 材料一：甲将一婴儿盗走，并给婴儿的父母打电话勒索高额赎金，由于婴儿的父母没有按时将赎金交给甲，甲便采取"撕票"行动，将婴儿掐死并将尸体抛入河中。后甲被抓获。法院依据我国《刑法》第239条规定，认定甲犯绑架罪，并判处甲死刑。

材料二：张某依法收养了一名女婴陈某。陈某成年后，张某、陈某又依法办理了解除收养关系的手续。时隔一年后，张某、陈某又办理了结婚登记手续。张某的儿子张某某对二人结婚非常不满，向法院申请宣告张某、陈某的婚姻无效。法院依据《民法典》有关直系血亲和三代以内旁系血亲禁止结婚的规定，宣告张某、陈某的婚姻为无效婚姻。审理该案的法官认为，张某、陈某二人为拟制直系血亲，虽然我国《民法典》对拟制直系血亲是否可以结婚没有规定，且二人的拟制直系血亲已被依法解除，但基于伦理等因素考量，应当比照《民法典》的规定，宣告二人的婚姻无效。

请结合上述材料，运用法理学知识和理论，回答下列问题：

（1）材料一体现了何种法律推理方式？法院进行法律推理的基本逻辑是什么？

（2）材料二体现了何种法律推理方式？该法律推理有哪些作用？

（3）材料一和材料二所体现的法律推理形式的区别有哪些？

53. 某日早上，一头野生羚牛闯入某甲家，将某甲顶倒在地，其妻某乙也被困在屋中，当地有关部门闻讯展开营救。《野生动物保护法》第21条规定，禁止猎捕、杀害国家重点保护野生动物。因科学研究、种群研究、疫源疫病监测或者其他特殊情况，需要猎捕国家一级保护野生动物的，必须由国务院野生动物保护主管部门批准。由于野生羚牛是国家一级保护动物，当地有关部门不敢擅自捕杀，只能逐级请示。当日下午1时许，才从当地A省林业厅传来指示，可以击毙羚牛；下午4时许，羚牛终于被击毙，而此时某甲已经死亡，其妻某乙也因伤势过重经抢救无效而死亡。

请结合上述材料，运用法理学知识和理论，回答下列问题：

（1）《野生动物保护法》是何种性质的法律渊源？

（2）材料中存在的法律价值冲突是什么？如何解决这种冲突？

（3）A省林业厅的指示是否符合法治原则？

54. S市M区人民医院卢医生做完一例剖宫产手术后，产妇大出血不止，输血后仍不济事。在征集义务输血者未果的情况下，电话征得区卫生健康委员会领导同意后，卢医生义务献血200毫升，令该产妇转危为安。正当该院准备表彰卢医生之际，有群众举报该院违法采供血。省卫生健康委员会等多部门联合调查后，认定M区人民医院在没有供血许可证的情况下为患者进行采供血活动属于非法采供血行为，违反了《中华人民共和国献血法》等法律的规定，并下发《处罚预先通知书》和《听证告知书》，决定对医院依法处予

6万元的经济处罚。同时要求医院不得表彰卢医生。接到相关通知后，涉事医院承认有错，决定接受处罚。

请结合上述材料，运用法理学知识和理论，回答下列问题：

（1）省卫生健康委员会等多部门作出的处罚决定体现了哪些执法原则？

（2）材料体现的价值冲突是什么？应依据何种原则解决这种冲突？

（3）材料体现的是法与道德的何种冲突形式？应如何处理二者的矛盾？

55. 2001年，某外资企业与A省B市自来水公司签署了污水处理合作合同。享有规章制定权的B市政府为此还专门制定了《污水处理专营管理办法》，对外资企业作出一系列承诺，该办法至合作期结束时废止。两年过后，A省政府以合作项目系国家明令禁止的变相对外融资举债的"固定回报"项目，违反了《国务院办公厅关于妥善处理现有保证外方投资固定回报项目有关问题的通知》的精神，属于应清理、废止、撤销的范围为由，作出"关于废止B市政府作出的《污水处理专营管理办法》的决定"，但并未将该决定告知合作的外方。外方认为A省政府的做法不当，理由是：其一，国务院文件明确要求，各级政府对涉及固定回报的外商投资项目应"充分协商"、"妥善处理"，省政府事前不做充分论证，事后也不通知对方，违反了文件精神，造成了外商企业损失；其二，国务院通知中已明令禁止审批新的"固定回报"项目，而污水处理合作项目是经过省政府同意的手续齐全、程序合法的项目。

请根据上述材料回答下列问题：

（1）《国务院办公厅关于妥善处理现有保证外方投资固定回报项目有关问题的通知》和《污水处理专营管理办法》属于何种性质的法律渊源？在二者对同一事项规定发生冲突时，应如何处理？

（2）A省政府是否有权废止《污水处理专营管理办法》？其依据有哪些？

（3）B市政府和A省政府的做法违反了哪些执法原则？

（4）从法律关系主体的法律地位的角度分析材料中涉及的法律关系的类型有哪些？

（5）导致合作合同废止或者撤销的法律事实是什么？属于何种类型的法律事实？

（6）B市政府和A省政府的相关做法不符合法治政府建设的哪些要求？

56. 甲在盗窃自行车的时候被失主乙等三人抓获，遭到乙等三人的殴打。甲挣脱后跳入河中，并向对岸游去，终因力不从心而溺水身亡。在甲在河中挣扎的整个过程中，乙等三人在岸边袖手旁观，没有采取任何抢救措施。案发后乙等三人被公安机关抓获归案。在法院审理案件的过程中，控方、辩方等诉讼参与人围绕着乙等三人是否构成犯罪进行了深入控辩，最后法院经审理认为，乙等三人负有救助的先前行为义务，有能力救助却不救助，导致甲死亡，因而判处乙等三人构成故意杀人罪。此案在社会上引起巨大反响。很多人觉得，乙是失主，是盗窃的受害人，最后却变成了故意杀人的加害人，被判处有期徒刑，这无法理解。此案也引起业界人士的讨论，并提出了针锋相对的观点。

请根据上述材料回答下列问题：

（1）根据演绎推理，说明法院可能进行的法律推理的基本逻辑。

（2）法律论证的正当性标准有哪些？法院对乙等三人的判决不符合法律论证的哪一个标准？

57. 公务员张某因嫖娼被公安机关工作人员李某依据《治安管理处罚法》的规定处以10日拘留，并处罚款5 000元。事后，张某所在的国家机关将其开除。张某伺机报复李某，找机会将李某的儿子打成重伤。不久，张某自动投案，如实供述自己的罪行。法院认为，张某构成犯罪，判处张某有期徒刑5年，并赔偿李某的儿子因住院治疗而支付的医药费。在刑罚执行期间，公安机关还发现张某曾诽谤陈某，且情节严重，但陈某并没有告诉。

请根据上述材料，运用法理学相关知识和理论，回答下列问题：

（1）材料中涉及哪些法律责任？

（2）材料中涉及法的哪些规范作用？

（3）材料中涉及哪些免责条件？

58. 某法学院学生会组织学生进行"法律上的权利和义务"学术研讨会。讨论中，学生甲认为，权利是让人享有的，义务是让人承担的，有权利就没有义务。学生乙认为，权利和义务互为目的，互为手段，权利和义务可以相互替代。学生丙认为，没有无权利的义务，也没有无义务的权利，享有的权利和承担的义务都可以放弃。

结合上述材料，运用法理学知识和理论分析上述三种观点正确与否。

59. 某县县长甲在一次县人民代表大会上郑重指出："为了维护全县良好的社会秩序，加快全县经济的发展，各主管部门必须坚决做好依法治国方略的具体落实。具体来说，必须做到依法治县、依法治镇、依法治村，要制定各种规则来治理全县的经济秩序和社会秩序，特别是依据制定的规则重点治理有违法、违规行为的居民和村民，做到稳扎稳打，快速而有效地推进，对违法行为做到不枉不纵、决不姑息。"

请运用法理学知识和理论对县长甲的讲话作出评价。

60. 材料一：建设法治中国，必须加强和改进立法工作，深入推进科学立法、民主立法、依法立法，不断提高立法质量和效率，以高质量立法保障高质量发展、推动全面深化改革、维护社会大局稳定。

——《法治中国建设规划（2020—2025年）》

材料二：建设法治中国，必须深入推进严格执法、公正司法、全民守法，健全社会公平正义法治保障制度，织密法治之网，强化法治之力，不断增强人民群众的获得感、幸福感、安全感。

——《法治中国建设规划（2020—2025年）》

请根据上述材料，运用法理学相关知识和理论，回答下列问题：

（1）全面依法治国的基本格局是什么？

（2）如何理解科学立法、民主立法、依法立法的要求？

（3）如何推进严格执法、公正司法和全民守法？

61. 西方法学家埃尔利希在《法社会学原理》中指出："在当代以及任何其他的时代，法的发展的重心既不在立法，也不在法学或司法判决，而在于社会本身。"

请结合上述材料，运用法理学知识和理论，回答下列问题：

（1）埃尔利希是哪一个法学流派的代表人物？该法学流派的主要观点有哪些？

（2）如何理解法与社会的相互作用？

62. 全面提升社会治理法治化水平，依法维护社会秩序、解决社会问题、协调利益关系、推动社会事业发展，培育全社会办事依法、遇事找法、解决问题用法、化解矛盾靠法的法治环境，促进社会充满活力又和谐有序。

——《法治社会建设实施纲要（2020—2025 年）》

请结合上述材料，运用法理学知识和理论，回答下列问题：

（1）为什么说当代中国的社会治理是新时代确立的一种以人民为中心的科学的法治化多元治理方式？

（2）如何推进社会治理法治化？

63. 马克思在《哲学的贫困》中指出：其实，只有毫无历史知识的人才不知道：君主们在任何时候都不得不服从经济条件，并且从来不能向经济条件发号施令。无论是政治的立法或市民的立法，都只是表明和记载经济关系的要求而已。正如马克思所指出的，随着经济基础的变更，全部庞大的上层建筑也或慢或快地发生变革。恩格斯晚年在写给施米特的信中说：总的来说，经济运动会替自己开辟道路，但是它也必定要经受它自己所造成的并具有相对独立性的政治运动的反作用……恩格斯曾指出，国家权力对于经济发展的作用可能有三种：它可以沿着同一方向起作用，在这种情况下就会发展得比较快；它可以沿着相反方向起作用，在这种情况下它在每个大民族中经过一定的时期就都要遭到崩溃；或者是它可以阻碍经济在某一种方向上的发展，而推动经济沿着另一种方向发展。恩格斯同时也指出，这种情形也适用于法律。

请运用法理学有关法与经济基础关系的原理对材料进行分析。

64. 某村的村民委员会主任甲和村民法律意识淡薄，甲动辄处置村民，对村民拳打脚踢，村民都认为甲的做法是合理、合法的。有一次，甲用棍棒抽打村民乙，因用力过猛，将乙打伤，甲最终被逮捕并被法院以故意伤害罪判处有期徒刑，并赔偿乙的医药费。甲因犯罪行为被依法撤职。甲知道自己的行为是犯罪行为后，决定痛改前非，重新做人。村民们听说甲被判刑才恍然大悟，才知道甲把人打伤是犯罪行为，纷纷表示要增强法律意识，做一名守法的村民。

请根据上述材料，运用相关法理学知识和理论，回答下列问题：

（1）材料中涉及的法律的规范作用有哪些？

（2）材料中涉及哪些法律责任？

（3）如何提高公民的法律意识？

65. 材料一：某日，在甲市公共体育场内，武警荷枪实弹，数千市民被组织围观一场特别公审公判。陈某是一名犯罪嫌疑人，其胸前挂着70厘米长、50厘米宽的木牌，1斤多重。木牌上面写着"犯罪嫌疑人陈某"，其他被示众者亦如此。甲市法院院长认为公审公判能够起到震慑作用。

材料二：乙市在市直机关开展了一场普法宣传和一系列普法讲座，使市直机关工作人员的法律意识有了一定的提高。一名市直机关干部丙在接受采访时表示："不具有法律知识的人就不具备法律意识，工作人员只有具备了法律理论知识，才具有法律意识，普法宣传和普法讲座大大提高了工作人员的法律理论知识水平，工作人员法律意识水平已经提升到了法律思想体系的高度，法律知识越多，法律意识就越强。"

请结合上述材料回答下列问题：

（1）甲市的做法体现了对何种法律价值的侵害？甲市公审公判的做法在法律意识方面存在哪些问题？

（2）市直机关干部丙的说法是否正确？

（3）法律意识的培养和提高对法律适用的意义是什么？

66. 社区在全面推进依法治国中具有不可或缺的地位和作用，要通过群众喜闻乐见的形式宣传普及宪法法律，发挥市民公约、乡规民约等基层规范在社会治理中的作用，培育社区居民遵守法律、依法办事的意识和习惯，使大家都成为社会主义法治的忠实崇尚者、自觉遵守者、坚定捍卫者。

——《习近平关于全面依法治国论述摘编》

根据上述材料，结合法理学知识，回答下列问题：

（1）为什么说社区治理法治化在法治社会建设中具有重要作用？

（2）如何推进社区依法治理？

67. 洪某10岁时父母离异，随其母生活。洪某14岁时祖父去世，但洪某自觉与祖父感情不深，未参加葬礼，洪某之父老洪遂不再向洪某提供抚养费。洪某及其监护人向当地法院提起诉讼，请求老洪承担抚养费。老洪在答辩状中说：洪某不参加葬礼实属不孝。法院没有采纳老洪的答辩理由，并依据相关法律判决洪某胜诉。二审法院还在判决书后附有一段"判后语"：祖父去世，令人悲恸。双方当事人要节哀顺变，不能因抚养费而生纠怨。亲情不可废，愿双方重修亲情，愿逝者安息。

请结合上述材料，运用法理学知识和理论，回答下列问题：

（1）"判后语"是否具有法律效力？

（2）"判后语"反映了哪一层面的法律文化？

（3）您对法院在判决书后附入"判后语"有何看法？（赞成或反对，仅选择一种观点）

（4）"判后语"体现的法律适用结果与道德之间的联系有哪些？

68. 小强夫妇自 2010 年结婚后就多年未育，便求医于 A 医院，做了"试管婴儿"手术。前期试管培育受精已全部完成，正准备进行植入胚胎手术。然而，就在手术前一天，两人驾车发生车祸，夫妻相继去世。

小强夫妇的冷冻胚胎成了 4 位"失独老人"的全部精神寄托。两家老人用尽各种办法与医院交涉，请求医院归还胚胎，但都遭到了拒绝。院方表示，由于国家对辅助性生殖技术及胚胎处置都有明文规定（原卫生部制定的有关规章规定，胚胎不能买卖、赠送和禁止实施代孕），因此医院不能将冷冻胚胎给他们。小强的父母遂以 A 医院为被告，诉至一审法院。一审法院经审理认为，受精胚胎不能成为转让或继承的标的，因而驳回小强父母的诉讼请求。二审法院认为，在我国现行法律对胚胎的法律属性没有明确规定的情况下，上诉人请求合理、合法，且不违反法律的禁止性规定，应予支持。二审法院还在判决书后面以"判后释明"方式从伦理、情感和特殊利益保护三个方面阐述了判决理由。

请根据上述材料，运用法理学相关知识和理论，回答下列问题：

（1）二审法院支持上诉人的理由是否正确？为什么？

（2）结合材料分析道德对法律的作用。

（3）结合材料分析科技发展对法律的影响。

（4）二审法院的"判后释明"属于何种类型的法律文化？从法律论证角度分析"判后释明"的目的是什么？"判后释明"是否具有法律效力？

69. 王某参加朋友李某婚礼期间，自愿帮忙接待客人。婚礼结束后，王某在返程途中遭遇车祸，因住院治疗花去费用 1 万元。王某认为，参加婚礼并帮忙接待客人属于帮工行为，遂将李某诉至法院要求赔偿损失。法院审理认为，王某的行为属于由道德规范调整的情谊行为，不在法律的调整范围内。

请结合上述材料，运用法理学知识和理论，回答下列问题：

（1）法的作用有哪些局限性？

（2）人民法院审理案件能否将道德规范作为裁判的理由？

（3）如何解决法律与道德在日常适用领域中的冲突？

70. 某日，一个 2 岁的小孩相继被两车碾压，7 分钟内，18 名路人路过但都视而不见，漠然离去，最后一名拾荒阿姨上前施以援手，但小孩最终经医院全力抢救无效离世，引发网友广泛热议。

在某地，3个孩子扶起摔倒的老人后被指肇事并遭索赔，涉事双方各执一词。又一起"扶老人"个案成了舆论关注的焦点，但这一个案与众不同的是，摔倒的老人被警方认定为敲诈勒索，警方开先河地对其和儿子进行了处罚，但老人在记者面前"下跪喊冤"。

一方面是人情的冷漠、见死不救，另一方面是救人者屡遭讹诈。一时间，救与不救、扶与不扶，讹诈者是否应当受到法律处罚成为人们热议的话题。一种观点认为，这种处罚非常必要，讹诈者就应当受到法律处罚，以保护施救者的权利，否则今后谁还敢救人。另一种观点认为，处理这种关系主要还是要靠道德，讹诈施救者应当受到伦理道德的谴责，但不宜通过法律处罚的手段来调整。

请根据上述材料，运用法理学相关知识和理论，回答下列问题：

（1）材料中两种观点体现了法与道德关系的何种问题？您赞成哪一种？（只能选择一种观点）

（2）为什么说法是传播道德、保障道德实施的有效手段？

三、参考答案

1. （1）甲将乙砍成重伤，甲和国家之间存在刑事法律关系。甲的犯罪行为使得甲与检察院、法院之间产生诉讼法律关系。甲将乙砍成重伤，甲的行为属于侵权行为，甲须赔偿乙的损失，侵权损害赔偿之债是一种债，债的关系是民事法律关系，故甲、乙之间存在民事法律关系。

（2）法院运用的法律推理形式是演绎推理，即法院以刑法关于故意伤害罪的规定为大前提，以甲的故意伤害行为为小前提，然后得出一个确定的判决即甲构成故意伤害罪。

（3）法院通过对甲适用刑罚，宣告甲有罪，对包括甲在内的一般的人起到了教育作用。法院对被指控犯故意伤害罪的甲依法进行审判，发挥了法对他人行为的评价作用。法院通过法所具有的强制力对甲实施制裁，体现了法的强制作用。

（4）法院判决结果重结果、重实效，体现效果最优性，这是法律论证的正当性标准。法院判决甲犯故意伤害罪，在大学校园内公开审理此案，对学生起到了良好的教育作用，达到了法律效果；案件审理公开进行，注重学生参与，关注法外社会因素，达到了社会效果，实现了法律效果和社会效果的统一。

2. （1）体现了法律的规范性特征。法律调整的是人们之间的相互关系，法律只调整人们的行为，而不直接调整人们的思想，也不调整单纯的表达思想的行为。秦某写了词文，属于思想范畴，不涉及行为，秦某因表达思想被行政拘留是错误的。

（2）权利保障原则和正当程序原则是法治的基本原则，公安机关和检察机关在办案过程中违反了权利保障原则和正当程序原则。权利保障原则要求尊重和保障人权。公安机关在秦某没有犯罪事实的情况下，通过刑讯逼供使秦某作出有罪供述，没有尊重和保障秦某应有的权利，违反了权利保障原则。正当程序原则要求国家机关在行使公权力时，应当按照公正的程序采取公正的方法进行。正当程序原则强调程序正义，而办案警察对秦某采取刑讯逼供的做法，缺乏程序的正当性，因而违反了正当程序原则。

（3）完善人权司法保障要体现对基本人权的尊重，防止滥用权力侵犯人权。要完善外部监督制约，认真贯彻司法机关"分工负责、互相配合、互相制约"的基本原则；要完善内部监督制约，改革人民陪审员制度，健全人民监督员制度，推进审判公开、检务公开，为公民维护自身权利提供坚实的制度保障。

3. （1）法律移植有其必然性和必要性。社会发展和法律发展的不平衡性决定了法律移植的必然性；市场经济的客观规律和根本特征决定了法律移植的必要性；法律移植是法治现代化的一个过程和途径；法律移植是对外开放的应有内容。

（2）启示：在进行法律移植时，需要充分考虑不同国家的法律文化、社会背景和发展阶段等因素；对法律移植应持开放态度，加强与外来法对接，以实现法律制度的可持续发展；在吸收借鉴外来法的同时，应充分考虑与我国现有法律制度相协调，不能照抄照搬，否则不会取得良好效果；对于法律移植不成功的制度要总结经验，找出对策，以便为本国所用。

4. （1）法的作用具有局限性，人兽胚胎研究在当时的法律中没有明确规定，这体现了法的调整范围的有限性。法律具有保守性和稳定性，法的调整范围是有限的，由于受到当时社会发展水平的限制，在人兽胚胎是否会导致伦理和道德危机问题上，当时还不明确，是否适用法律调整和如何进行调整也不明确，以当时的社会条件来看，法律并非有效的调整手段。

（2）科技发展影响法律的内容和调整范围。人兽胚胎研究和基因编程技术作为科技领域新技术，需要法律进行调整，从而充实了法律的内容，扩展了法律的调整范围。医学技术的发展还对传统的健康观念、遗传观念等提出挑战，从而促进法律调整机制的不断发展和完善。法律是调整社会关系的重要手段，法在社会生活调整中处于主导地位。人兽胚胎研究和基因编程技术涉及人类自身的健康、安全问题，有可能引发严重的社会问题和伦理危机，因此必须通过调整社会关系的重要手段即法律予以规范和调整，通过立法限制或者禁止人兽胚胎研究和基因编程技术，避免引发伦理道德危机。

（3）科技成果是一把双刃剑，法律要防范其负面作用，通过确立一些重要的科技伦理来规范科技行为。具体措施就是通过立法规定科技成果的主体、条件、适用范围、应用程序，并通过规定相应的法律责任和法律制裁措施防止科技成果产生负面作用。

（4）道德是法的理论基础，人兽胚胎研究和基因编程技术引发的伦理道德危机，促进道德理念和思想的更新和发展，促进法学理论、法律规定和法律制度的更新和发展；道德是法的价值基础，人兽胚胎研究和基因编程技术严重违背伦理道德和科研诚信，法律以道德的价值判断为基础，将人兽胚胎研究和基因编程技术纳入法治的轨道；道德是法运作的社会基础，人兽胚胎研究和基因编程技术会导致伦理和道德危机问题，在这一道德信念的支持下，需要通过立法、执法、守法等手段促进法治的形成和实现。

5.（1）材料一体现的是法的指引作用，材料二体现的是法的评价作用和强制作用。材料一中，甲在法的指引下，没有对窃贼用刑，而将其交给公安机关处理，体现了法的指引作用。材料二中，有人评价乙的行为可能会被判处死刑，有人评价乙的行为罪不至死，这是通过法律对他人行为进行评价，体现了法的评价作用。法院根据《刑法》的规定对乙的行为进行具有法律约束力的评价，判处乙构成故意杀人罪，这也体现了法的评价作用。乙构成故意杀人罪，被法院判处无期徒刑，发挥了法所具有的运用国家强制力制裁、惩罚违法犯罪行为的作用，这是法的强制作用的体现。

（2）张法官和李法官的看法都体现了法的评价作用；张法官运用的是类比推理，李法官运用的是演绎推理。张法官认为性贿赂构成贿赂犯罪，而李法官认为不构成贿赂犯罪，二者都是依据我国《刑法》的规定对他人的行为作出的评价，体现了法的评价作用。由于我国现行《刑法》不认为性贿赂构成贿赂犯罪，张法官将性贿赂认定为贿赂犯罪中的"财物"，系类推适用，张法官的看法属于类比推理形式。李法官依据《刑法》第385条第1款、第389条第1款规定，认定丙、丁的行为不构成贿赂犯罪，李法官运用的是演绎推理形式。

（3）材料三体现了法的局限性，法律是调整社会关系的重要手段，但并非一切社会关系都由法律调整，法律调整的范围是有限的，尤其在私生活领域，法律并非调整的有效手段，甚至有些不宜由法律调整，如性行为属于道德调整的范围，不宜纳入刑法调整。将性贿赂排除在刑法调整范围外，体现了法的作用的局限性。

6.（1）材料一体现的是自然法学派的观点。自然法学派的观点主要有，法是人类的理性，强调自然法普遍永恒，且高于人定法，人定法符合自然法时才是真正的法律。

（2）材料二体现的是分析法学派的观点。分析法学派以实证主义哲学为基础，反对形而上学的思辨方式和寻求终极原理的做法，反对超越现行法律制度的任何企图，主张恶法亦法，它试图将价值考虑排除在法理学科学研究的范围之外，并把法理学的任务限定在分析和剖析实在法律制度的范围内。

（3）材料三体现的是社会法学派的观点。社会法学派强调研究"现实的法"，研究法律现实的各个方面，反对分析法学派仅对法律进行形式逻辑上的研究。社会法学派重视关于法律的来源、性质和作用的论述，着重宣扬法的社会性。

7.（1）交通主管部门出台相关措施，体现了法的秩序价值。交通主管部门出台的措施旨在恢复混乱的交通秩序，从而减少车辆违章情况，减少冲突和混乱，维护正常的社会秩序，体现了法的秩序价值。

（2）交通主管部门出台相关整顿违章车辆的新举措，出现了个人隐私受到侵害等问题，体现了法的秩序价值和法的自由、人权等价值之间存在冲突。解决法的秩序和自由、人权等价值之间的冲突，应当遵循价值位阶原则、个案平衡原则和比例原则，即：如果秩序价值和人权价值存在冲突，应当牺牲秩序价值以维护人权价值，此为价值位阶原则；在秩序价值给自由等基本价值造成损害时，应当坚持个案平衡原则，即秩序和自由两种价值处于同一位阶，必须综合考虑主体之间的特定情形、需求和利益，使个案的解决适当兼顾双方的利益，在给诸如个人隐私等造成损害时，必须照顾各方利益，此为个案平衡原则；因保护秩序价值而给个人隐私等自由价值造成损害时，不得逾越达到此目的的必要程度，此为比例原则。

8.（1）甲乘坐飞机和A航空公司拒载体现了自由价值与安全、秩序价值之间的冲突。因为甲有乘坐飞机的自由，但航空公司基于安全的考虑，可以对这种自由作出限制，即对甲采取拒载措施，从而发生自由价值与安全、秩序价值的冲突。解决安全、秩序价值和自由价值的冲突应当采取个案平衡原则和比例原则。在安全、秩序价值与自由价值发生冲突时，应当坚持个案平衡原则，即安全、秩序和自由价值处于同一位阶，必须综合考虑主体之间的特定情形、需求和利益，使个案的解决适当兼顾双方的利益。在保护安全、秩序价值而给乘机自由这种自由价值造成损害时，不得逾越达到此目的所必要的程度，此为比例原则。

（2）《国际民用航空公约》属于国际条约，我国已经加入该国际条约，因此，《国际民用航空公约》是我国正式意义上的法律渊源。航空业惯例并非国际惯例，而是行业惯例，不属于我国正式意义上的法律渊源。

9.（1）B区分局应当承担的是民事责任。国家工作人员行使职权导致民事侵权的，应当承担民事责任。B区分局在行使职权过程中造成对××籍公民的社会评价降低，致使××籍公民的名誉权受到侵害，其性质是民事侵权，应当承担民事责任。对B区分局进行民事法律制裁的方式有赔礼道歉、恢复名誉等，造成损害的，还应赔偿损失。

（2）地域歧视违反了平等价值的要求。平等价值要求社会主体能够获得同等的待遇，排除特权和消除歧视，实行差别对待要有合理的理由。地域歧视属于歧视的一种。地域歧视对不同地域的人给予不同对待，剥夺了人的平等和尊严，是对平等的否定，因而违反了平等价值的要求。法律一般通过立法、执法和司法等活动确认和保障平等实现：法律将平等确立为一项基本的法律原则；法律确认和保障主体法律地位的平等；法律确认和保障社会财富、资源、机会与社会负担的平均分配；法律公平地分配法律责任。

10.（1）二审法院运用的法律推理形式是演绎推理，交警运用的法律推理形式是辩证推理。法官以刑法和司法解释的规定为大前提，以盗割电缆这个具体案件事实为小前提，得出一个确定的判决，这是演绎推理的法律推理形式。交警在存在保护生命权和维持秩序两个相互矛盾的疑难命题的情况下，需要选择最佳命题来解决法律问题，运用的是辩证推理的法律推理形式。演绎推理和辩证推理的区别在于，演绎推理依据既有规则解决具体案件事实，而在没有法律规定，或者虽然有规定但规定过于原则、模糊，或者法律规定本身存在矛盾，或者法律虽然有规定，但由于新情况的出现，适用该规定明显不合理的情况下，就应借助辩证思维解决法律疑难问题。

（2）材料二存在价值冲突的表现形式是秩序价值和人权价值的冲突，属于基本价值之间的冲突。在人权价值和秩序价值之间发生冲突时，应当依据价值位阶原则解决二者之间的冲突，人权和秩序都是基本价值，应当坚持人权价值优先于秩序价值解决二者的冲突。

11.（1）《传染病防治法》在法律渊源上属于法律，是由全国人大常委会制定的非基本法律。

（2）《传染病防治法》第39条体现了法的秩序价值。法律秩序有助于建立和维护社会生活秩序和社会经济秩序。急性传染病疫情暴发后，某市市政府采取各种防控措施，有效地控制传染病，社会生活秩序井然有序，社会经济有效运转，社会的基本安全得到充分保障。

（3）防控隔离措施限制了人的自由，导致自由与秩序的冲突，解决二者的冲突要采取个案平衡原则和比例原则。因为自由和秩序属于同一位阶的基本价值，当二者存在冲突时，应当综合考虑主体之间的特定情况，在做好传染病疫情防控的同时，兼顾主体的利益需求。在保护某种较为优越的法律位阶即维持秩序时，不得逾越达到维持秩序所必要的程度，如封闭隔离采取出入证制度、对于老年人不能出示健康码要予以特殊照顾等。

12.（1）材料中的两种观点，深刻地反映了法的各种价值之间既相互统一，又在特定情形下相互冲突的现实。

第一种观点，从法的平等、自由、效率价值角度认为限购措施不合理：一是法律上的平等主要是社会主体能够获得同等的待遇，同时法律确认和保障社会财富、资源、机会与社会负担的平等分配，人们应当有平等的机会买卖房屋。二是法的自由价值表明，保障人民自主选择的权利是法的重要任务，尤其是在私权领域，排除国家权力的不当干预是近现代法律的基本实践。对于买卖房屋这种市场经济中基本的交易行为，人们应当具有自由选择的权利。三是法的效率价值是指法所具有或应当具有促进社会财富增长和活动便利并满足人们对物质的需求和便利条件的价值，不受限制的买卖自由有助于效率的提高。

第二种观点，从法的秩序、正义、人权价值角度认为限购措施合理：一是法的秩序价值表明，法有助于社会秩序的建立和维护，近年来房价的一再飙升影响了经济秩序，应当予以干预。二是正义是人类追求的共同理想，也是法律的核心价值，坚持自由买卖的市场经济基本规则在特定情形下并不符合实质正义。三是人权是人作为人所享有或应当享有的权利，包括了经济、社会和文化权利，这类权利旨在实现对公民的物质和文化利益的保障。保障基本的居住权是人权的基本内容，不断飙升的房价影响了收入较低的人们这种权利的实现。

（2）解决价值之间冲突的基本原则有价值位阶原则、个案平衡原则、比例原则和人民根本利益原则。解决购房中存在的价值冲突的主要原则有价值位阶原则和比例原则。根据价值位阶原则，在不同位阶的法律价值发生冲突时，在先的价值优先于在后的价值，人权和正义作为基本价值中更优位的价值应当优先考虑，在特定的时期出台限购令具有一定的合理性。根据比例原则，在保护某种较为优越的法律价值须侵害某一法益时，不得逾越达此目的所必要的程度。在实行限购的同时，应当尽量减少其限制的程度和影响，以保障人们的平等和自由。

13. （1）《安全生产法》为全国人民代表大会常务委员会制定的非基本法律，在法律渊源上属于法律。《安全生产管理条例》为 A 省人民代表大会常务委员会制定，在法律渊源上属于地方性法规。

（2）法院应当援引《安全生产法》进行判决。法律的效力高于地方性法规，《安全生产法》是上位法，《安全生产管理条例》是下位法。依据上位法优于下位法的效力等级原则，法院应当援引《安全生产法》进行判决。

（3）有权制定地方性法规的机关有省、自治区、直辖市的人民代表大会及其常务委员会；设区的市、自治州的人民代表大会及其常务委员会。

14. （1）《刑法》《立法法》《民法典》《人民检察院组织法》都是由全国人民代表大会制定的基本法律，属于法律这一法律渊源表现形式。

（2）法律规则是由假定（条件）、行为模式、法律后果三要素构成的。材料一中，假定条件是：国家工作人员。行为模式是：财产或者支出明显超过合法收入，差额巨大的，可以责令说明来源，但不能说明来源的。法律后果是：差额部分以非法所得论；处 5 年以下有期徒刑或者拘役；处 5 年以上 10 年以下有期徒刑；财产的差额部分予以追缴。

（3）材料二、三、四都不属于法律规则：材料二属于法律的技术性规定；材料三规定的是法律概念（法人）；材料四规定的是法律原则（检察机关依法独立行使检察权的原则）。

15. （1）材料体现了合宪和国家法制统一原则、民主原则和科学原则。在修订国境卫生检疫法过程中，由国务院通过国境卫生检疫法修订草案，并提请全国人大常委会会议审议，全国人大常委会会议对国境卫生检疫法修订草案进行分组审议，这体现了合宪和国家法制统一原则。在修改过程中，全国人大教科文卫委先后赴各地调研，深入国境口岸与一线工作人员面对面了解情况；召开多场座谈会，广泛听取各方面的意见和建议；加强对修订草案的研究，多次向司法部反馈修改意见，积极推动修法工作进程，这些都体现了立法的民主原则。在修改过程中，全国人大教科文卫委先后赴各地调研，加强对修订草案的研究，多次向司法部反馈修改意见，全国人大常委会对国境卫生检疫法修订草案进行分组审议，在审议过程中，提出统筹协调不同法律草案关于应急处置措施的明确规定，这些都体现了立法的科学原则。

（2）合宪和国家法制统一原则要求立法要遵循宪法，维护国家法制统一，立法主体、内容和程序应当符合合宪性。民主原则要求立法要体现人民意志，坚持立法公开，保障公众参与立法，立法的内容、过程和程序要民主。科学原则要求立法从实际出发，科学合理地制定权利与义务、权力与责任；法律规范要明确、具体，具有针对性和可执行性。

16.（1）将驰名商标的权利保障扩展到网络空间，表明科技发展影响并扩展了法律的调整范围，新的社会关系不断纳入法律的调整范围，也对传统法律领域的认定产生影响；将驰名商标的权利保障扩展到域名网络，对法律的推理方式和法律解释也产生了重要影响。将驰名商标的权利保障扩展到网络空间，也体现了法对科技的重要作用：法院通过判决乙公司的行为构成侵权，抑制了侵权行为的发生，这表明在知识经济时代，法律对科技活动和科技发展所引发的各种侵权行为具有抑制和预防作用。

（2）各类事例体现了科技对司法中的事实认定和法律适用的影响。指纹认定、神经网络计算机系统的应用表明科技发展对司法过程中事实认定产生一定影响；而电子信息交换在司法领域的应用，增强了证据认定能力，推动了法律适用的发展，完善了人权的司法保障。

17.（1）《普通高等学校学生管理规定》属于部门规章。《普通高等学校学生管理规定》由国务院所属教育部制定，是教育部在其权限范围内发布的具有法律效力的规范性文件，因此属于部门规章。部门规章在中国领域内有效，其效力低于宪法、法律、行政法规，与地方政府规章具有同等效力，在各自的权限范围实施。

（2）《普通高等学校学生管理规定》体现了正义价值。正义有实体正义和程序正义之分。该条规定通过程序的设定，即应当告知学生作出决定的事实、理由及依据，并告知学生享有陈述和申辩的权利，听取学生的陈述和申辩，保证实体正义的实现，因此体现了正义价值。

（3）该条规定体现了正当程序原则。该条规定表明，行政权力的行使要有法可依，对涉及当事人利益的事项作出裁判要听取当事人的意见，平等地对待行政相对人，不能在未听取学生陈述和申辩的情况下对学生作出不利的处罚，这是正当程序原则的要求。

18.（1）材料一说明，自由是有边界的，倘若每个人都以自由为名侵犯他人权利，自由便不复存在。这个边界就是法律，没有法律就没有自由。自由必须以承认和尊重他人的权利和自由为前提，必须接受法律必要的限制，法律对每个主体享有的自由进行界定和限制，防止主体之间对各自自由的相互侵害，防止社会主体超越权利滥用自由。

（2）材料二表明，法律不能与自由相抵触，法律的目的是确认和保障自由的实现。

（3）法律确认自由：法律以权利和义务确定权利主体享有自由的范围，以权利和义务设定主体自由的实现方式。法律保障自由：首先，法律通过划定国家权力本身的合理权限范围，明确规定公权力正当行使的程序、非法排除各种妨碍；其次，法律对每个主体享有的自由进行界定和限制，防止主体之间对各自自由的相互侵害；再次，法律禁止主体任意放弃自由；最后，法律为各种对主体自由的非法侵害提供救济手段与途径。

19. （1）《残疾人权利公约》在性质上属于国际条约。该公约成为我国正式意义上的法律渊源的条件是，由我国签订或者加入该国际条约。

（2）《残疾人权利公约》通过专门条款规定残疾人在法律上享有平等的权利，并禁止歧视残疾人。《残疾人权利公约》要求缔约国保证残疾人获得平等和有效的法律保护，并要求缔约国采取一切适当步骤，确保提供合理便利，促进平等和消除歧视，为加速或实现残疾人事实上的平等而必须采取的具体措施不得被视为该公约所指的歧视。

（3）法律确认和保障平等价值实现的基本方式有：法律将平等确立为一项基本的法律原则；法律确认和保障主体法律地位的平等；法律确认和保障社会财富、资源、机会与社会负担的平均分配；法律公平地分配法律责任。

20. （1）指导性案例并非我国正式意义上的法律渊源，仅具有指导作用。

（2）指导性案例不具有正式渊源的法律地位，仅属于非正式意义上的法律渊源，在司法实践中对同类案件具有指导作用，但不具有普遍适用的法律效力。在我国，判例法虽然不是正式意义上的法律渊源，但在英美法系国家，判例法是正式意义上的法律渊源，对同类案件具有法律约束力，可以作为审理类似案件的依据。指导性案例不同于司法解释，指导性案例是生效的裁判，将其中符合条件的裁判由最高人民法院或最高人民检察院统一发布，对案件具有指导作用，不具有法律拘束力；司法解释由最高人民法院或最高人民检察院制定颁布，可以作为裁判依据，具有普遍的法律效力。

（3）指导性案例试图为案件裁判提供统一的标准，为法官或检察官的自由裁量权提供一个尺度范围，同时也促使裁判者在裁判过程中准确适用法律，在司法实践中发挥着积极作用。

21. （1）新修订的《保守国家秘密法》在法律渊源上属于法律，是由全国人大常委会制定的非基本法律。新修订的《保守国家秘密法》属于社会法部门。

（2）新修订的《保守国家秘密法》应坚持合宪和国家法制统一原则、科学立法原则和民主立法原则。

（3）新修订的《保守国家秘密法》需经过法律案的提出、法律案的审议、法律案的表决与通过和法律的公布等程序。新修订的《保守国家秘密法》应由国家主席根据全国人大常委会的决定通过发布主席令的形式予以公布。

22. （1）一审法院进行法律推理的基本逻辑：

大前提（《刑法》第385条第1款规定）：国家工作人员利用职务上的便利，索取他人财物的，或者非法收受他人财物，为他人谋取利益的，是受贿罪。

小前提：杨某作为国家工作人员，非法收受请托人财物20万元，为请托人谋取利益。

结论：杨某的行为构成受贿罪。

（2）二审法院运用的推理形式是类比推理。二审法院审理时，将"省高速公路建设指挥部"与"工程建设指挥部"进行属性上的比较，进而认为杨某不构成受贿罪，二审法院侧重对案件的实质内容进行评价和选择，运用的是类比推理。

（3）二审法院的论证具有正当性：二审法院的论证符合规定受贿罪的法律规则，也符合法律原则（刑法并不禁止有利于被告人的无罪类推），在规定上具有一致性，论证具有融贯性。二审法院依据事实和法律撤销了一审法院的判决，论证在程序上具有合理性。二审法院认为"该省高速公路建设指挥部与该省工程建设指挥部之间不存在直接的领导关系"，从而在逻辑上否定存在领导关系，进而认定杨某的行为不构成受贿罪，论证在逻辑上具有客观有效性。

23.（1）本案涉及的法律监督包括政党监督、国家监察机关的监督和社会舆论的监督。邹某是公职人员，A县纪律检查委员会和监察委员会对其展开调查，实现对公职人员监督和监察的全覆盖，属于政党监督和国家监察机关的监督。经新闻媒体报道，邹某贿选的行为被披露，该监督属于社会监督中的是社会舆论的监督。

（2）本案涉及的法律制裁有刑事制裁、行政制裁和违宪制裁。邹某被判处剥夺政治权利1年和有期徒刑5年，邹某所受的制裁是刑事制裁。邹某的贿选行为破坏了宪法规定的选举制度，因此不仅以"破坏选举罪"被处以刑事制裁，而且还被"罢免"了副镇长职务，邹某所受制裁是行政制裁和违宪制裁。

24.（1）习惯是指人们在长期的社会生活中相沿成习的一系列行为规范。习惯是我国非正式渊源，依据罪刑法定原则，习惯不能成为审理刑事案件的依据。

（2）习惯作为处理民事纠纷的依据，需要满足两个条件：一是没有法律规定，二是习惯本身没有违反公序良俗。我国《民法典》已经明确规定，结婚的男女双方应当亲自到婚姻登记机关申请结婚登记。在法律有明确规定时，不能适用习惯，因此不能依据习惯认定李某、吉某的婚姻关系成立。

（3）村民对法院的判决感到困惑，说明习惯所规范的内容为人们所信赖和依从，习惯在社会生活中具有顽强的生命力。在立法中，在坚持科学立法和移风易俗的基础上，应当考虑社会发展的实际情况，汲取习惯的合理内容，使法律有坚实的社会基础。

25.（1）指导性案例是指已经发生法律效力，对办理类似案件或者裁判具有指导作用的案例。指导性案例试图为案件提供统一的标准，为法官或检察官的自由裁量权提供一个尺度范围，同时也促使裁判者在裁判过程中准确适用法律。建立和完善案例指导制度，对统一法律适用和裁判尺度，促进司法公正，确保公平正义，无疑具有十分重要的现实意义。

（2）指导性案例并不具有法律拘束力，只有指导作用；司法解释具有法律拘束力，可以作为审理和裁判案件的依据。指导性案例确认和发布主体是最高人民法院和最高人民检察院，但创制主体除了最高司法机关外，还包括地方各级人民法院和地方各级人民检察院；司法解释的主体只能是最高司法机关。

（3）指导性案例运用于司法实践中采用的法律推理形式是类比推理。类比推理是根据两类对象的某些属性的相似性推出它们在另一些属性方面也具有相似性的推理活动。指导性案例用来指导以后类似案件的审理，即指导性案例与待决案件之间存在相同或相似性，从指导性案例中提炼出来的规则也可以处理同类待决案件，从而实现法律的相对统一适用。因此，指导性案例运用于司法实践中采用的法律推理形式是类比推理。

26.（1）值班民警的做法违反了权义复合性法律规则。权义复合性法律规则兼具授予权利、设定义务两种性质的法律规则。公安机关负有维护社会公共秩序、维护公众生命财产安全的职责。这种职责既是公安机关所享有的一项权力，也是其必须履行的义务。本案中，值班民警不出警，反而索取"出警费"，违背了职责要求，因此值班民警违反的法律规则是权义复合性法律规则。

（2）"私了"的做法违反了强行性规则。强行性规则具有强制性，不论当事人的意愿如何，都必须加以适用。王某犯有过失致人死亡罪，按照《刑法》规定，须经检察机关公诉、法院审理。刑事法律的上述规定都是强制性的，司法机关必须予以适用，当事人不能通过"私了"的方式规避法律的强制性规定，因而"私了"的做法违反了强行性规则。

（3）告诉才处理的案件所包含的法律规则是任意性规则。任意性规则允许人们在一定范围内自行选择或者协商法律关系中的权利和义务。《刑法》关于告诉才处理的规定授予了当事人是否告诉的选择权，因而属于任意性规则。

27.（1）假定条件是：承诺生效时，除非法律另有规定或者当事人另有约定；行为模式是：实施承诺；隐藏的法律后果是：受要约人的承诺权受到法律的确认和保护。

（2）假定条件是：①地域：禁渔区；②时间：禁渔期；③手段：使用禁用的工具、方法；④造成的后果：情节严重。行为模式是：（禁止）非法捕捞水产品。法律后果是：（否则）处三年以下有期徒刑、拘役、管制或者罚金。

（3）法律规则的逻辑结构三要素中，《刑法》第232条在表述上省略的要素是假定条件，即省略了适用条件和行为主体。在适用该条文时，应优先适用死刑，根据案件具体情况表明行为人罪不至死的，再行考虑是否适用无期徒刑，依此类推。

（4）法律规则在逻辑结构上由假定条件、行为模式和法律后果三要素组成，其中，三要素在表述上都可以省略。

28.（1）材料一体现了秩序价值和自由价值的冲突，即在自由出行和限行之间存在自由价值和秩序价值之间的冲突，该价值之间的冲突属于同一位阶的基本价值之间的冲突。解决限行和自由出行之间的矛盾，应当遵循比例原则。比例原则要求在同一位阶的基本价值之间发生冲突时，为保护其中的某一价值而给另一价值造成损害的，不得逾越达此目的所必要的程度。在清明节期间，自由出行的自由价值优于限行的秩序价值，要实现自由价值，必须遵循一定的比例，在特定情况下减少限制，维持人们的自由。

（2）材料二体现的是法律要素中的法律原则。材料二规定的诚实信用原则比较笼统、模糊，仅具有宏观指导性，且现实性比较弱，因此属于法律原则的规定。

（3）法律规则是由假定条件、行为模式和法律后果三要素组成的。材料三中有关紧急避险的规定，假定条件是"（行为人）为了使国家、公共利益、本人或者他人的人身、财产和其他权利免受正在发生的危险"；行为模式是"不得已采取紧急避险行为"；法律后果是"造成损害的，不负刑事责任"。

29.（1）法律规则是由假定条件、行为模式和法律后果三要素构成的。《民法典》第 996 条规定的逻辑结构是：当事人一方的违约行为是假定条件；损害对方人格权并造成严重精神损害是行为模式；承担违约责任和精神损害赔偿是法律后果。

（2）被告律师运用的是类比推理。被告律师认为，法院审理的李某受伤案与前一年该法院判决的案件类似，那么适用的法律和判决结构也应当类似，法院应当按照前一年类似案件的判决来处理李某受伤案，此为类似案件类似处理，是类比推理。

（3）法院不能援引一年前类似案件的判决结论作为李某受伤案判决的理由，因为判例不是我国正式意义上的法律渊源，不能作为案件审理的依据。

（4）李某与厂家之间形成民事法律关系，李某、厂家与法院之间形成诉讼法律关系。

30.（1）甲的观点不正确。法律实施不同于法律实现。法律实施是指法在社会生活中通过执法、司法、守法等方式对法律的贯彻落实。法律实现是指法律的要求在社会生活中被转化为现实，达到法律设定的权利和义务的目的。法律实施不同于法律实现，法律实施是使法从应然状态到实然状态的过程和活动，而法律实现是法律实施活动的直接目的。甲的观点混淆了法律实施和法律实现，因此是错误的。

（2）乙的观点不正确。法律实施不是单纯的法的应然状态，也不是纯粹的书本上的法律，法律实施能够在社会生活中发挥应有的作用。法律实施使法律从抽象的行为模式变成人们的具体行为，使法从应然状态变为实然状态，是使法律从书本上的法律变成行动中的法律，是法律作用于社会、被实际施行的过程和活动，在社会生活中发挥着重要作用。

31.（1）材料体现了执法活动的主动性、单方面性、强制性和灵活性的特征。执法是执法机关对社会进行全面组织和管理的活动，具有主动性。执法依执法机关单方面决定而成立，不需要行政相对人的请求或同意。执法机关作出的决定具有强制性，在执法活动中可以采取灵活的处理方式。该市劳动保障部门主动开展"春雨行动"，体现了执法活动的主动性。虽然行政相对人是多方主体，但是该市劳动保障部门单方面开展以清理拖欠农民工工资为主要内容的执法活动，体现了执法活动的单方面性。该市劳动保障部门对支付工资不力的单位进行了行政处罚，体现了强制性特征。该市劳动保障部门采取灵活处理的执法方式对各地清欠农民工工资的情况进行了督查，体现了执法活动的灵活性。

（2）执法机关在行政执法活动中应当坚持依法行政原则、合理性原则、讲求效率原则、正当程序原则、比例原则、诚实守信原则和权责统一原则。

32.（1）行政机关必须依照法定权限、法定程序和法定精神执法。交警以"电动车不能进城"为由扣车，并以口头通知的方式执法，又以无证驾驶为由强行拖走车，并滥用职权将张某的父亲和张某读大二的弟弟刑拘，交警的执法行为不仅缺乏事实根据和法律根据，而且执法程序不合法，违反了依法行政原则。

（2）行政执法要依据法律的精神和目的对行政相对人公平、合理地予以处理，要充分体现人性化。交警在执法过程中存在野蛮执法、任性执法的情形，执法行为不具有人性化，执法活动不适当、不合理，违反了合理性原则。

（3）执法机关在执法过程中，必须遵循法定的步骤、方式、形式、顺序和时限，要做到程序公正，不在事先未听取行政相对人申辩意见的情况下作出对相对人不利的处理。交警拒绝执法现场拍照，在张某申辩的情况下强行将车拖走，存在野蛮执法和程序不公的情形，这些都违反了正当程序原则。

（4）执法机关在执法过程中给行政相对人权益造成不利影响时，应将这种不利影响限制在尽可能小的范围内，使二者处于适度的比例。交警在执法过程中没有顾及人的生命和违反交规之间孰轻孰重问题，并在执法过程中给行政相对人的权益造成不利影响，违反了行政执法的比例原则。

33.（1）S县交通运输局执法人员的做法违反了合理性原则。根据合理性原则的要求，执法机关在执法活动中要采取合理的执法措施，不能不顾行政相对人的合理要求进行野蛮执法。S县执法人员漠视他人的合法财产权以及合理要求，违反了行政合理性原则。

（2）甲的做法违反了合理性原则。虽然执法人员甲对乙的处罚结果合法、适当，但不符合合理性原则。合理性原则要求执法以法律精神为指导，考虑相关因素，平等地对待行政相对人。甲的执法行为考虑了不相关因素（为自己出口恶气），且甲只依法处罚了乙，而对其他违法占道经营的商贩没有处罚，在行政执法中没有平等地对待行政相对人，从而对执法行为的合理性产生影响，违反了合理性原则。

（3）行政合理性原则要求执法主体要平等地对待行政相对人，对于实施了同样或类似行为的行政相对人应给予公平处理；行使自由裁量权时要以法律精神为指导，考虑相关因素，尽可能照顾各方利益，在多方利益之间衡量时要合情合理，禁止偏袒，禁止谋私，严格控制自由裁量权的行使；对于法律只有原则性规定或没有法律规定的，应以客观、充分的事实根据为基础，依据法律的基本精神和目的，公平合理地处理；执法还要符合当地的善良风俗。

34.（1）二审法院改判体现了国家司法机关的监督。二审法院改判体现了对一审法院的审判监督，属于法院系统内的监督。二审法院判决民政局的行政处罚决定无效，体现了人民法院对行政机关的监督，也属于人民法院的审判监督，这些都属于国家司法机关监督的法律监督形式。该监督的意义在于，审判监督中法院系统内部的监督能够在人民法院内部实行自我调控，保证人民法院正确行使审判权；法院对行政机关的监督能够促使行政机关依法行政，公正执法，提升管理和服务水平，纠正执法不公给行政相对人权益造成的损害，切实保护公民、法人和其他组织的合法权益。

（2）民政局的行政处罚决定书和法院的判决书都属于非规范性法律文件。非规范性法律文件针对的是特定的人或事，仅对特定的人或事有效，不能反复适用。民政局的行政处罚决定书针对的对象是养老院，二审法院作出的判决书针对的主体是民政局和养老院，针对的请求是行政处罚是否有效。民政局的行政处罚决定书和法院的判决书针对的都是特定的人或事，不具有普遍适用的效力，因此是非规范性法律文件。

（3）民政局作出的行政处罚决定违反了正当程序原则。正当程序原则要求执法机关在行政执法过程中，必须遵循法定的步骤、方式、形式、顺序和时限，做到程序公正，不在事先未通知和听取行政相对人申辩意见的情况下作出对行政相对人不利的处理。而民政局在作出行政处罚过程中没有听取养老院的陈述和申辩，亦未举行听证程序，违反了正当程序原则，行政处罚行为无效。

35.（1）甲从4S店购置一辆汽车，甲与4S店订立合同，形成民事法律关系，属于守法行为；甲为汽车办理保险形成民事法律关系，属于守法行为；甲缴纳车辆购置税，甲与税务部门之间形成行政法律关系，属于守法行为。甲醉酒驾车将行人乙撞伤，甲、乙之间形成民事赔偿法律关系，甲的侵权行为属于违法行为；甲因涉嫌醉酒驾车被采取刑事强制措施，形成刑事法律关系，甲的醉酒驾车行为属于违法行为；甲因涉嫌犯罪被司法机关起诉、审判，甲与司法机关之间形成诉讼法律关系，检察机关依法提起公诉、审判机关依法审判的行为是守法行为。

（2）甲将行人撞伤，应当对其侵权行为给行为人造成的损害承担赔偿责任，该赔偿责任是民事责任。甲因醉酒驾车将人撞成重伤，被采取刑事强制措施，涉嫌犯罪，应当承担刑事责任。

（3）大前提：《刑法》关于交通肇事罪的规定；小前提：甲醉酒驾车将乙撞成重伤的事实；结论：甲构成交通肇事罪，应依法被判处相应刑罚。

36.（1）材料体现的是司法公正原则和司法法治原则。司法公正原则就是司法机关及其司法人员在司法活动的过程和结果中应坚持和体现公平和正义的原则。司法法治原则就是以事实为根据，以法律为准绳的原则。以事实为根据，就是指司法机关审理一切案件，都只能以与案件有关的事实作为依据，而不能以主观臆断作依据。以法律为准绳，就是指司法机关在司法过程中，要严格按照法律规定办事，把法律作为处理案件的唯一标准和尺度。

（2）认真贯彻司法法治原则，首先，在司法工作中，应当坚持实事求是、从实际出发的思想路线，重证据，重调查研究，不轻信口供；其次，在司法工作中，应维护社会主义法律的权威和尊严，严格遵守实体法和程序法的规定；最后，应处理好依法办事和坚持党的政策的指导作用的关系。

（3）司法公正包括实体公正和程序公正。实现实体公正要保障司法裁判的结果公正，使当事人的权益得到充分保障，违法犯罪者受到应有的惩罚和制裁。实现程序公正要实现司法过程的公正，要求司法程序具有正当性，当事人在司法过程中受到公平公正的对待。司法活动的合法性、独立性、有效性，裁判人员的中立性，当事人地位的平等性，以及裁判结果的公正性，都是司法公正的必然要求和体现。

37.（1）检察机关和审判机关的做法符合司法公正原则。检察机关出具量刑建议书，法院依法从宽判决，切实保障被告人的合法权益，犯罪者也受到了应有的处罚，符合实体公正的要求。案件经过一审、检察机关抗诉、二审的程序，在二审期间，市检察机关依法支持抗诉，保证了司法过程的公正，符合程序公正的要求。司法活动的过程和结果都体现了公平和正义的要求。

（2）检察机关提出抗诉属于国家司法机关监督中的检察监督，属于刑事诉讼监督。检察监督对于保障法律正确实施，维护国家法制统一、尊严和权威，具有十分重要的意义。

（3）完善司法管理体制和司法权力运行机制，规范司法行为，加强对司法活动的监督，保证公正司法，矛盾纠纷得到公正解决、合法权益得到有效保护，努力让人民群众在每一个司法案件中感受到公平正义。

38.（1）当代中国建立了以全国人大常委会解释权为核心和主体的各机关分工配合的法律解释体制。正式法律解释分为立法解释、司法解释和行政解释三种形式。此外，还有对地方性法规的解释。

（2）凡是法律条文本身需要明确界限或补充规定的，由全国人大常委会进行解释或用法律加以补充规定。立法解释的主要任务是：阐明法律实施中产生的疑义；适应社会发展，赋予法律规定新含义；解决法条冲突以及司法解释之间的冲突。

（3）司法解释的基本作用是为司法机关适用法律审理案件提供说明。这种作用具体表现在：对法律规定不够具体而使理解和执行有困难的问题进行解释，赋予比较概括、原则的规定具体内容；通过法律解释适应变化了的社会情况；对适用法律中的疑问进行统一的解释；对各级法院之间应如何依据法律规定相互配合审理案件，确定管辖以及有关操作规范问题进行解释；通过解释活动，弥补立法的不足。

39.（1）甲公司代理王某期货业务，王某与甲公司之间存在民事法律关系；王某向法院起诉，请求判令甲公司承担赔偿责任，王某、甲公司与法院之间存在诉讼法律关系。

（2）该法院审理案件，在举证责任的认定上运用的是辩证推理形式。材料中，案件出现两个相互冲突的疑难法律问题，即"谁主张，谁举证"的法律规则，与行纪合同法律关系中委托代理行为的特殊性之间存在冲突，法院最终采取举证责任倒置的方法作出判决。法院的判决关注具体个案的差异，采取辩证推理的方式，解决案件存在的两个命题冲突的疑难问题，并最终选择最佳命题，维持了司法正义。

（3）法律推理的特征有：法律推理是法律运用中的一种思维活动；法律推理以法律与事实两个已知的判断为前提；法律推理运用多种科学的方法和规则进行；法律推理的目的是为法律适用提供正当理由；法律推理的结果往往与当事人有利害关系。

40.（1）法院的法律论证具有正当性。首先，论证说理在内容上具有融贯性，S市中级人民法院法官在之后的重新审判中，从被告人许霆的主观恶性、非法获取钱财的方式、行为的社会危害性等角度进行了论证，论证符合法律规则，也具有内在一致性。其次，论证说理的依据具有客观性，逻辑具有有效性，符合基本的逻辑方法和大众的思维习惯。根据许霆的行为表现和内在心理，得出他心存畏惧、心存良知，具有说理的逻辑性。最后，论证效果达到了最优性。法官根据事实和法律，决定对被告人从轻处罚，合情合理合法，论证充分考虑了判决所产生的社会效果，为社会普遍接受，达成了法律效果、政治效果、社会效果的统一。综上所述，法院对"许霆案"的最终处理，尽管与现行法律规定不尽相同，却经过了公众的参与讨论、法律界的认真论证，考虑了我国公众的行为和心理、道德水准、金融服务的特点以及公共利益等多方面因素，在依据、程序和结果方面都能够为公众所接受。

（2）社会舆论的关注和法学界不少学者对案件的讨论促成了案件的重审，这种法律监督形式属于社会监督中的人民群众的监督。人民群众的监督可以促使监督对象纠正错误、改进工作，可以启动诉讼程序或国家权力机关的监督，是社会监督的必不可少的表现形式和组成部分。

41.（1）材料中形成两个法律关系：一是韩先生和甲剧院之间的观看京剧演出的服务合同法律关系；二是甲剧院和乙京剧团之间的演出合同法律关系。

（2）材料中的法律关系的客体有：一是韩先生和甲剧院之间的法律关系的客体是支付票款和京剧"霸王别姬"的演出行为；二是甲剧院和乙京剧团之间的法律关系的客体是支付演出费用和"霸王别姬"的演出行为。

（3）甲剧院接受乙京剧团演出的权利无法实现的法律事实是，乙京剧团没有按时演出京剧"霸王别姬"这一不作为法律事实的出现，导致甲剧院接受乙京剧团演出的权利无法实现。甲剧院没有及时向韩先生提供京剧演出的法律事实是，乙京剧团没有按时向韩先生提供京剧演出，导致韩先生观看该京剧的权利无法实现。

（4）法院判决采取的是演绎推理形式，其结构为：

① 大前提:《民法典》第 577 条关于违约责任的规定;

② 小前提:甲剧院没有按时向韩先生提供京剧"霸王别姬"的演出,导致韩先生的欣赏权利无法实现;乙京剧团没有按时演出导致甲剧院无法向韩先生提供京剧演出;

③ 结论:判令甲剧院赔偿韩先生票款及路费 800 元;乙京剧团为自己未能按时履行演出义务承担相应的法律责任。

42.(1)老刘受到伤害的法律事实是跳楼者的跳楼行为。

(2)如果跳楼者生前没有遗嘱,则死亡是引起继承法律关系产生的法律事实;如果有遗嘱,则跳楼者的死亡与合法有效的遗嘱是继承法律关系产生的法律事实。

(3)跳楼夫妻因跳楼行为将老刘砸伤,老刘与跳楼夫妻之间存在民事损害赔偿法律关系。跳楼夫妻应当赔偿老刘的身体遭受的损失,该制裁方式是民事制裁。

(4)首先,老刘的赔偿应由加害人即跳楼夫妻赔偿,但加害人已死亡,应由跳楼夫妻的继承人在所继承遗产的范围内承担赔偿责任。其次,小区物业服务人应当承担未尽安全保障义务的补充责任。

43.(1)中国民主的本质和核心是人民当家作主。

(2)社会主义法治是社会主义民主的保障,其积极作用体现在:社会主义法治确认人民群众当家作主的地位,确认国家的基本民主体制及其活动原则的合法性;社会主义法治确认和保障广大人民群众享有广泛的民主权利和自由,为政治参与提供畅通的渠道;社会主义法治确认和规范社会主义民主的范围以及实现社会主义民主的程序和方式;社会主义法治是保卫社会主义民主的重要武器。

(3)实现实现党的领导和人民民主在立法工作中的有机统一,要坚持党领导立法和人大主导立法。党领导立法强调坚持党的政治领导原则,党通过确定立法工作方针、批准立法规划、提出立法工作建议、明确立法工作中的重大问题、加强立法工作队伍建设等,把握正确的政治方向。我国实行人民代表大会制度,人大主导立法,体现了人民当家作主,能够将人民的意志准确地体现在立法之中。

(4)国务院新闻办公室发表的《中国的民主》白皮书,能够增强法治观念,进一步扩大自由、完善民主,促进社会主义民主和社会主义法治相互结合,使人民当家作主的民主制度进一步落实。

44. A 市 B 区交通部门违反了合理性原则、正当程序原则和严格执法原则。

(1)合理性原则要求执法人员合理地行使自由裁量权,并以法律精神为指导,在利益衡量时要合情合理,严格控制自由裁量权的行使。B 区交通部门采取"钓鱼执法"方式,以超额完成指定任务为目标,滥用行政执法自由裁量权,迫使张某缴纳 5 万元罚款,违反了行政执法合理性原则。

(2)正当程序原则要求执法要做到程序公正,不在事先未通知和听取行政相对人申辩意见的情况下作出对行政相对人不利的处理。B区交通部门采取"钓鱼执法"方式，执法方式不正当，导致认定事实不清。执法人员在作出处罚决定之前，须先向当事人表明自己的身份，告知处罚的事实理由和法律依据，并听取当事人的陈述或辩解，然后才能作出处罚决定，而B区交通部门省略了这些程序，通过诱骗的方式栽赃陷害当事人，然后逼迫当事人在处罚决定书上签字，违反了正当程序原则。

（3）严格执法原则要求行政机关及其公职人员严谨、严肃、严明、公正地执法，严格规范地遵守法律，依法裁量当事人的行为，准确判断是否符合法律规定，是否需要依法惩处，反对钓鱼式执法。A市B区交通部门采取"钓鱼执法"方式执法，在"钓鱼执法"发生后，政府部门先是失语、沉默，后是逃避、推诿，选择用沉默来应对社会公众的质疑，导致政府的公信力受到损害，违反了严格执法原则。

45. 赞同观点一的理由：《反食品浪费法》能以刚性制度制止食品浪费行为，具有针对性和可执行性，符合立法科学原则。但是法律的作用是有局限性的，再好的法律也需要具备良好法律素质和职业道德的专业队伍去实施。执法出现偏差，出现了过度执法、矫枉过正的嫌疑；执法人员的执法活动没有遵循合理性原则；执法僵硬，没有在依法行政基础上进行变通；执法人员缺乏一定的法律意识等情形出现，导致开出的罚单往往具有争议。

赞同观点二的理由：执法人员严格按照《反食品浪费法》的规定执法，符合依法行政原则和严格执法原则，但由于《反食品浪费法》规定较为笼统，缺乏具体的可执行标准，立法科学性有待提高，需要进一步完善反食品浪费立法。

赞同观点三的理由：《反食品浪费法》规定符合立法科学原则，但"徒法不足以自行"，《反食品浪费法》的有效实施，不仅需要具备良好法律素质和职业道德的专业执法队伍，还需提高人们的法律意识水平，使社会成员尊法、守法，《反食品浪费法》才能有效实施。

46. （1）甲的说法不正确。从法律渊源的角度分析，《民法典》由全国人大制定，属于法律中的基本法律，但是《最高人民法院关于适用〈中华人民共和国民法典〉合同编通则若干问题的解释》属于法律解释中的司法解释，不是我国的法律渊源。《民法典》属于民商法律部门的法律规范，但《最高人民法院关于适用〈中华人民共和国民法典〉合同编通则若干问题的解释》并非法律，而是对法律适用的解释即司法解释，因此不属于民商法律部门。

（2）乙的说法不正确。从法律规则的角度分析，《民法典》第484条第1款规定属于准用性规则而不是委任性规则。准用性规则是指内容本身没有规定人们的具体行为模式，而是援引或参照其他相应规定的规则。委任性规则则是指内容尚未确定，只规定某种概括性指示，由相应国家机关通过相应途径或程序加以确定的法律规则。因承诺生效的时间适用《民法典》第137条的规定，而第137条在援引该规定前就已经制定并生效，因此是准用性规则，而不是委任性规则。《民法典》第484条第2款则是确定性规则，而不是准用性规则。确定性规则是指内容已明确肯定，无须再援引或参照其他规则来确定其内容的法律规则。《民法典》第 484 条第 2 款规定的承诺生效时间，本身明确肯定，无须援引或参照其他法律规则加以确定，因此是确定性规则而不是准用性规则。

（3）丙的说法不正确。交易习惯不属于我国正式意义上的法律渊源（注意：这不同于《民法典》第 10 条规定可以作为法律渊源的"习惯"），交易习惯仅仅是事实习惯，但具有可反复适用的特征，因此可以成为处理案件的依据。

（4）丁的说法不正确。从法律解释的角度分析，司法解释对交易习惯的解释属于文义解释，文义解释就是遵循法律规则的字面含义的解释，但司法解释确立了交易习惯的认定条件、认定规则等，具有公正性和合理性。

47. （1）新闻媒体披露"钓鱼执法事件"属于社会监督中的社会舆论监督。社会舆论监督通过传媒手段进行新闻舆论的监督，具有广泛性、公开性和民主性，能够十分有效地影响国家机关及其工作人员的行为，起到其他监督形式无法替代的作用。

（2）要依法行政，以合法性为基本指导，坚持法定职责必须为、法无授权不可为、违法行为必追究。应当改革行政执法体制，切实防止钓鱼执法，牢固树立权力来源于人民、权力依法授予、权力为了人民并受人民监督的法治观念。要进一步加强执法透明度。要全面严格落实行政执法公示、执法全过程记录、重大执法决定法制审核制度，完善告知程序和回避制度等内容，让行政执法全过程暴露在阳光下。

48. （1）王某的行为属于守法行为。守法包括履行法定义务和依法行使权利，王某申请政府信息公开，是依法行使权利的行为，是守法行为。

（2）市自然资源局的做法违反了执法的诚实守信原则。根据诚实守信原则，行政机关公布的信息应当全面、准确、真实，否则应承担相应的法律责任。但是，市自然资源局公开的信息不全面、不真实，违反了诚实守信原则中的行政信息真实原则。

（3）法院判决市自然资源局败诉，是一种对他人行为的效力性评价，产生法律拘束力，体现了法的评价作用；法院判决市自然资源局承担相应的法律责任，具有国家强制力，体现了法的强制作用。

（4）法院对市自然资源局的监督属于国家监督中的国家司法机关监督，该监督有助于督促政府依法行使权力，提升管理和服务水平，切实保护公民、法人的合法权益。

49. （1）观点一不正确。比较解释是通过比较外国的立法和判例及其原则、经验和效果，对本国法律进行解释，而不是对古今中外的一切法律进行比较后的解释。

（2）观点二不正确。立法解释有广义、狭义之分。广义的立法解释泛指有权制定法律、法规的国家机关或其授权的机关对自己制定的法律、法规进行的解释。狭义的立法解释有两种：一种仅指全国人大常委会对宪法和法律的解释，宪法的解释只能由全国人大常委会进行；另一种除了全国人大前一种解释，还包括享有一定的立法权限的地方人大常委会（如设区的市、自治州的人大常委会）对地方性法规的解释。因此，并非所有的地方各级人大常委会都有立法解释权限。司法解释是最高司法机关对司法工作中具体应用法律问题的解释，而不是所有的司法机关都享有司法解释权限。行政解释是国务院及其主管部门对有关法律和法规进行的解释，有权进行行政解释的机关包括制定行政法规的国务院和制定行政规章的各部委，因此，并非所有的行政机关都能进行行政解释。

（3）观点三不正确。文义解释是遵循法律规范的字面含义的解释，但不论是正式解释，还是非正式解释，都会运用文义解释的方法。因此，文义解释不一定都是正式解释。

50.（1）材料体现的是自由价值与秩序价值之间的冲突。追捕犯罪嫌疑人对居民进行搜查损害的是居民的自由权利，但追捕犯罪嫌疑人是为了维护社会的安定秩序，因此，材料中存在自由价值和秩序价值的冲突。

（2）警方运用的是辩证推理形式。在出现维护自由价值和秩序价值两个相互矛盾的疑难法律问题时，借助辩证思维，将维护秩序价值作为解决法律问题的最佳方法，这是辩证推理的运用。

（3）警方遵循了比例原则和人民根本利益原则。比例原则要求为保护某种较为优越的法律价值须侵害某一法益时，不得逾越达此目的所必要的限度。警方履行职责搜查犯罪嫌疑人时，采取了较多的维护自由的措施，使损失降到最低，这是比例原则的要求。警方在履行职责时考虑到了对自由的维护，遵循了人民根本利益原则。

51.（1）周经理和员工拒绝酒驾体现了法的指引作用。法的指引作用是指法律规范对本人的行为的导向和引导作用。材料中，周经理和员工在酒驾入罪（构成危险驾驶罪）的指引下，没有实施酒驾行为，这是法的指引作用的体现。

（2）交警部门运用的是演绎推理。演绎推理是从一般到个别的推理。材料中，交警部门依据大前提"酒驾入罪"和小前提"推车前行"的具体案件事实，得出"推车前行不入罪"的结论。交警部门关于推车前行不属于酒驾的解释是根据演绎推理得出的结论。

（3）周经理起草的《酒后代驾服务规则》并非立法议案。立法议案是具有立法提案权的国家机关和人员向国家立法机关提出的关于立法的提案和建议，周经理不属于法律规定的提出立法议案的提案主体，《酒后代驾服务规则》只是公民的立法建议，不能被认定为立法议案。

52.（1）材料一体现的是演绎推理。法院以既有的法律规定为前提，用来解决具体案件事实即绑架案，进而得出一个确定的判决，该推理形式是演绎推理。法官采取推理的基本逻辑是：

大前提（《刑法》第239条关于绑架罪的规定）；

小前提（案件事实）：甲实施了偷盗婴幼儿以勒索赎金的绑架行为；

结论（判决）：甲的行为构成绑架罪。

（2）材料二体现的是类比推理。法院在确定直系血亲通婚属于无效婚姻的情形下，将与该无效婚姻存在类似情形的拟制直系血亲通婚相类比，从而得出已被依法解除拟制直系血亲关系的当事人之间的通婚也属于无效婚姻的结论，该推理形式属于类比推理。类比推理的作用体现在：可以弥补法律规定存在的漏洞，可以适应现实生活的变化，解决法律自身的局限性带来的问题，可以合理地运用法官的自由裁量权。

（3）演绎推理和类比推理的区别表现在：演绎推理是必然性推理，前提和过程正确，结论必然正确；类比推理是或然性推理，前提和过程正确，结论未必正确；演绎推理是一般到特殊的推理形式，类比推理是个别到个别的推理形式。

53.（1）《野生动物保护法》属于非基本法律（基本法律以外的其他法律），由全国人大常委会制定，在法律渊源上属于法律。

（2）材料中存在法的人权价值和法的秩序价值之间的冲突。人权价值和秩序价值都是法的基本价值。人的生命价值高于一切，在人的生命遭到威胁时，应当牺牲法的秩序价值。在人权和秩序发生法律冲突时，应当遵循价值位阶原则，并辅之以人民群众根本利益原则解决二者之间的冲突。

（3）A省林业厅的指示符合法治原则。权利保障原则是法治的基本原则之一，要求国家尊重和保障人权。A省林业厅为了维护生命价值，作出了击毙羚牛的决定，维护了基本人权，因此符合法治原则中的人权保障原则。法律至上原则强调法律在整个社会规范体系中具有至高无上的地位，应以法律为准绳。A省林业厅根据《野生动物保护法》有关"其他特殊情况"的规定作出指示，是依法办事的表现，符合法律至上原则。正当程序原则要求国家机关在行使公权力时，应当按照公正的程序采取公正的方法进行，当地有关部门通过逐级请示，A省林业厅依照《野生动物保护法》的规定作出保障人权的批示，这些都是依照法定的程序进行的，符合正当程序原则。

54.（1）M医院的做法违反了《中华人民共和国献血法》的规定，属于非法采集血液的行为。省卫生健康委员会等部门作出的处罚决定体现了依法行政原则、严格执法原则和正当程序原则。依法行政原则要求行政机关依法行使职权，执法的内容和程序也符合法律规定。省卫生健康委员会等部门依据《献血法》的规定对医院作出行政处罚决定，体现了依法行政原则。严格执法原则要求执法活动要严明、公正，严格按照法律规定裁量当事人的行为。省卫生健康委员会等部门严格、公正执法，依法对M区人民医院和卢医生作出处罚决定，符合《献血法》等法律规定的精神，符合严格执法原则。正当程序原则要求不在事先未通知和听取行政相对人申辩意见的情况下作出对行政相对人不利的处理，以保护法人和非法人组织的合法权益。在作出处罚决定前，省卫生健康委员会等部门对行政相对人作出了预先通知和进行了听证，程序公平、公开、正当，符合正当程序原则。

（2）材料体现的是人权价值和秩序价值之间的冲突，应当依据价值位阶原则解决该冲突。本案存在着生命权这一最大人权和法律确认的秩序之间的冲突，属于基本价值之间的冲突。本案应当以价值位阶原则为处理案件的依据，而不能僵化地执法。在所有的权利中，生命权至高无上，两利相衡取其重，应该从保护生命权的高度解决二者之间的冲突。

（3）材料体现了法与道德的冲突，表现为合理但不合法，即医院采集血液的做法不合法，但为了挽救人的生命，不得不非法采集血液，这是合理的。在合理不合法的情况下，省卫生健康委员会等部门在坚持依法行政原则的基础上，对M区人民医院作出处罚；但还应坚持合理性，充分考虑该行为的社会后果，应用法律给予执法部门的自由裁量权，合理评价这种法律规定中不可避免的特殊情况，在处罚时应当从轻。

55. （1）《国务院办公厅关于妥善处理现有保证外方投资固定回报项目有关问题的通知》为国务院办公厅制定，属于部委规章。《污水处理专营管理办法》为A省政府制定，属于地方政府规章。部门规章之间、部门规章与地方政府规章之间对同一事项的规定不一致时，由国务院裁决。

（2）A省政府有权作出废止《污水处理专营管理办法》。其依据有：下位法不得违反上位法；改变或者撤销所属各工作部门的不适当的命令、指示和下级人民政府的不适当的决定、命令。

（3）B市政府违反了依法行政原则，A省政府的做法违反了保护公民信赖利益原则和行政责任原则。B市政府应当依照法律规定的权限和程序执法，但市政府违反上位法制定规章，违反了依法行政原则。诚实守信原则中的保护公民信赖利益原则要求，非因法定事由并经法定程序，行政机关不得撤销、变更已经生效的行政决定，因国家利益、公共利益或者其他法定事由需要撤回或者变更行政决定的，应当依照法定权限和程序进行，并对行政相对人因此受到的财产损失依法予以赔偿。A省政府在事前不作充分论证，事后也不通知外商企业就作出废止《污水处理专营管理办法》的决定，导致合作合同终止，这违反了保护公民信赖利益原则。权责统一原则中的行政责任原则要求行政机关违法或者不当行使职权，应当依法承担法律责任。A省政府违反了文件精神，造成了外商企业损失，违反了行政责任原则，应当赔偿外商企业的损失。

（4）外资企业与B市自来水公司法律地位平等，二者订立污水处理合作合同形成平权型法律关系。A省政府依据职权同意外资企业与B市自来水公司达成污水处理合作合同，A省政府在其依法享有管理职权范围内和外资企业之间形成隶属型法律关系。

（5）导致合作合同废止或者撤销的法律事实是国务院颁布的《国务院办公厅关于妥善处理现有保证外方投资固定回报项目有关问题的通知》以及关于A省政府作出的废止《污水处理专营管理办法》的决定。上述规范性文件导致合同被废止或撤销，这是与当事人意志无关的引起法律关系变动的事实，属于法律事实中的事件。

（6）法治政府要求政府依法行政和严格执法，法治政府是责任政府，有权必有责，有责必承担；法治政府是诚信政府，应当自觉维护法律权威、自觉履行职责，为政令畅通、政民和谐奠定基础。B市政府和A省政府的做法不符合上述法治政府的要求。

56.（1）法院进行法律推理的基本逻辑是：

大前提（《刑法》规定）：故意杀人行为（作为和不作为）构成犯罪；

小前提（本案事实）：乙等三人实施了不作为的故意杀人行为；

结论：乙等三人构成故意杀人罪。

（2）法律论证的正当性标准有内容的融贯性、程序的合理性、依据的客观性和逻辑有限性、效果最优性。法院的判决不符合法律论证的效果最优性标准。法院判决乙等三人构成故意杀人罪，其判决引起了多方的争议，其结论没有得到社会的认可，没有实现法律效果和社会效果的统一。

57.（1）材料中涉及行政责任、刑事责任和民事责任。张某因嫖娼被处以10日拘留并处罚款5 000元，属于行政责任。张某被开除公职，属于行政责任。张某因犯罪被判处有期徒刑5年，属于刑事责任。张某赔偿李某儿子的住院治疗费用，属于民事责任。

（2）材料中涉及法的评价、强制作用。法院判决张某构成犯罪，体现了法的评价作用。张某被行政拘留并处罚款，后又因犯罪被判处有期徒刑，体现了法的强制作用。

（3）材料中涉及自首免责和不诉免责。张某自动投案，如实供述自己的罪行，张某有自首免责事由。诽谤罪是亲告罪，不告不理，张某因陈某没有告诉而免责，此为不诉免责。

58.（1）学生甲的观点不正确。权利和义务相辅相成，有权利即有义务，有义务即有权利，没有无权利的义务，也没有无义务的权利，二者互为目的，互为手段。

（2）学生乙的观点不正确。权利和义务互为目的，互为手段，但权利是国家通过法律赋予法律关系主体自主作出某种行为的能力或资格，而义务是国家通过法律对法律关系主体的行为作出约束和限制，二者是对应关系，不能相互替代。

（3）学生丙的观点不正确。有权利即有义务，有义务即有权利，没有无权利的义务，也没有无义务的权利，二者相辅相成。但是，享有的权利可以放弃，而义务是应当履行的，不能放弃。

59.（1）县长甲的讲话体现了人治思想。人治强调人在治理国家中的作用，依据的是统治者个人或少数人的意志，个人意志高于法律。县长的讲话表明，依法治理就是依据少数人治理县、镇、村，强调少数人的意志在治理中的作用，这是对法治的误解，其实质是人治思想。

（2）县长甲的讲话体现了对法律范围的误解。法律有广义和狭义之分，狭义的法律仅指全国人大及其常委会制定的法律，广义的法律包括宪法、法律、行政法规、监察法规、地方性法规、规章等一切规范性文件。无论是广义的法律还是狭义的法律，其范围都是有限的。县长甲的讲话把有关部门包括县所属的各部门制定的各种规则都视为法律,将法律泛化,这是对法律的误解。

(3)县长甲的讲话错误地理解了全面依法治国基本方略。全面依法治国作为基本方略,是以法律至上为核心、以权力制约为机制,以人权保障为目标的治理模式。依法治国的主体是人民,依法治国要坚持人民主体地位,依法治国的重点在于保障人民权利,限制公权力,要依法治国、依法执政、依法行政共同推进,要法治国家、法治政府和法治社会相互促进、一体建设。县长甲的讲话不仅错误地理解了依法治国的主体,而且错误地认为依法治国就是依法治民,与坚持人民主体地位,限制公权力的依法治国理念相悖。

60.(1)全面依法治国的基本格局是,坚持中国特色社会主义法治道路,建成一套严密、统一协调的法治体系,以此为前提实现科学立法、严格执法、公正司法、全民守法,促进国家治理体系和治理能力现代化,建成社会主义法治国家。

(2)科学立法要求立法从实际出发,科学合理地规定权利与义务、权力与责任;法律规范要明确、具体,具有针对性和可执行性。民主立法要求立法体现人民的意志,坚持立法公开,保障公众参与立法。依法立法要求在立法和合宪原则的前提下,还应当遵循《立法法》的规定。

(3)推进严格执法,行政机关应当严格、严明和严肃地执行国家法律。应当依法惩处各类违法行为,加大关系群众切身利益的重点领域的执法力度,完善执法程序,建立执法全过程记录制度。明确具体操作流程,重点规范行政许可、行政处罚、行政强制、行政征收、行政收费、行政检查等执法行为。严格执行重大执法决定法制审核制度。推进公正司法,要完善司法管理体制和司法权力运行机制,规范司法行为,加强对司法活动的监督,努力让人民群众在每一个司法案件中感受到公平正义。推进全民守法,必须深入开展法制宣传教育,大力弘扬社会主义法治精神,努力建设社会主义法治文化,增强全社会厉行法治的积极性和主动性;必须依法惩恶扬善,形成守法光荣,违法可耻的社会氛围;必须发挥法治建设的强大效能,引导人民群众按照法律规定的程序,依法表达利益诉求,依法维护自身权益;必须完善国家工作人员学法用法制度,坚持把领导干部带头学法、模范守法作为树立法律意识的关键,充分发挥领导干部率先垂范的带动效应,使全体人民都成为社会主义法治的忠实崇尚者、自觉遵守者、坚定捍卫者。

61.(1)埃尔利希是社会法学派的代表人物。社会法学派强调现实的法,研究法律现实的各个方面,反对分析法学派仅仅对法律进行形式逻辑上的研究。社会法学派强调对法律的来源、性质和作用的论述,着重宣扬法的社会性。

(2)法与社会相互作用体现在:第一,社会是法律产生与形成的基础,法是社会的产物,社会性质决定法律性质,社会物质生活条件最终决定着法律的本质;社会是法的基础，即社会是法赖以产生或形成的基础。第二，法律是社会关系的调整器。法通过调和社会各种冲突的利益，进而保证社会秩序得以确立和维护。埃尔利希强调法的社会性，体现了法与社会的相互作用。

62.（1）当代中国的社会治理是在党的领导下，由政府主导，吸纳社会组织等多方面治理主体参与对社会公共事务依法治理的活动；是以实现和维护人民利益为核心，发挥多元治理主体的作用，针对国家治理中的社会问题，完善社会福利、保障改善民生，运用法治思维与法治方式化解社会矛盾，促进社会公平，推动社会有序发展的过程。因此，当代中国的社会治理是新时代确立的一种以人民为中心的科学的法治化多元治理方式。

（2）完善社会治理体制机制，推进多层次多领域依法治理，发挥人民团体和社会组织在法治社会建设中的作用，增强社会安全感，依法有效化解社会矛盾纠纷。

63.（1）马克思的论述表明了法与经济基础的关系。法律是上层建筑的组成部分，它与经济基础之间是一种形式与内容的关系。一方面，经济基础对法律起决定作用，法律只能在它的经济基础所蕴含的可能性范围内选择，而不能任意地选择；它的性质、内容和发展趋势等，都主要是由其赖以建立的经济基础的状况和要求所决定的。另一方面，法律虽然根源于经济基础，但作为一种超经济的力量，它又超越于经济基础，对经济基础既具有依赖性，又具有一定的反作用和相对独立性。

（2）恩格斯的论述表明，法律跟国家一样，对经济基础具有反作用。在法律与经济基础的关系中，法律并不是消极地被决定的，而是在归根结底决定于一定的经济基础的同时，又服务于该经济基础，对该经济基础具有能动的反作用。恩格斯的最后一句话还表明，对于符合统治阶级根本利益要求的生产关系，法律一般起着保障和发展作用；反之，对于不符合统治阶级根本利益要求的生产关系，法律一般就沿着这种生产关系发展的相反方向起否定和排除作用。但是对于整个经济条件的发展来说，这种作用的最终效果还要取决于生产关系与生产力的关系的性质以及法律自身的形式合理性水平。

64.（1）材料中涉及的法的规范作用包括评价作用、强制作用和教育作用。评价作用是法对他人行为的评价标准所起的作用。法院认定甲的行为构成故意伤害罪，体现的是法的评价作用。强制作用是指法可以用来制裁、强制、约束违法犯罪行为。法院判决甲有期徒刑，甲被撤职，体现的是法的强制作用。教育作用是通过法的实施，使法对一般人产生影响。甲决定痛改前非，重新做人，村民认为要增强法律意识，做一名守法的村民，体现了法的教育作用。

（2）材料中，甲构成故意伤害罪，发生刑事责任。甲赔偿乙的医药费，发生民事责任。甲被依法撤职，发生行政责任。

（3）提高公民的法律意识，应当灌输国家的法律意识形态、价值观，普及法律知识、文化，进行法治宣传教育，形成守法光荣、违法可耻的社会氛围，提高守法的自觉性。

65.（1）甲市的做法体现了对人权价值的侵害。人权价值是法的基本价值之一，甲市公审公判，对犯罪嫌疑人戴枷示众，是对犯罪嫌疑人享有的人权的漠视，侵犯了犯罪嫌疑人的人格尊严。甲市对犯罪嫌疑人采取公审公判、戴枷示众的做法，存在法律意识缺失、法律意识淡薄的问题。如果司法人员法律意识缺失、法律意识淡薄，公民权利就得不到维护，审判结果的公正性会受到质疑，不利于法治建设。

（2）丙的说法不正确。不具有法律理论知识的人也可能具有法律意识。法律理论知识是对法律现象理性化、系统化的思想观点，需要经过专门的职业训练才能获得。法律意识可以分为低级阶段的法律心理和高级阶段的法律思想体系，对于低级阶段的法律心理，不需要有法律理论知识，而对于高级阶段的法律思想体系，则需要法律理论知识。法律意识的培养可能与法律知识的学习有关，但不能仅仅以法律知识的掌握程度来衡量法律意识的强弱。

（3）法律意识的强弱直接关系司法人员能否准确理解法律规范的精神实质，能否合法、公正地审理案件，能否有效地维护国家利益和公民权利，因此法律意识的培养和提高对法律适用意义重大。

66.（1）社区治理法治化是法治社会建设的重要内容，是居民合法权益的重要保障，是社会组织多层次、多领域依法治理的重要一环，是保持社会稳定和谐的现实要求。社区治理法治化对于推进全面依法治国基本方略具有重要作用。

（2）深化城乡社区依法治理，在党组织领导下实现政府治理和社会调节、居民自治良性互动。区县职能部门、乡镇政府（街道办事处）按照减负赋能原则，制定和落实在社区治理方面的权责清单。

67.（1）"判后语"不具有法律效力。"判后语"并非具有普遍效力的规范性文件，也不是非规范性文件，只是对案件的道德评价和补充意见。

（2）"判后语"反映的是观念形态的法律文化（精神形态的法律文化），体现的是一定的法律价值观、法律信念或者法律心理，充分展示了法律的精神世界活动。

（3）赞成的观点："判后语"含有道德判断，可以弥补法律适用中缺乏道德判断的不足；"判后语"可以弘扬社会主义法律文化，推进社会主义法治文明建设；"判后语"可以起到法治宣传和法治教育的作用，促进人们法律意识的提高。

反对的观点："判后语"破坏了法律的统一性和权威性；"判后语"体现的是道德价值判断，不应模糊法律和道德的界限；"判后语"损害了法律的严肃性和权威性。

（4）"判后语"说明，判决应当以道德作为评判基础、价值基础和社会基础，道德判断还可以弥补判决缺乏说理的不足，促进法律效果和社会效果的统一。

68.（1）二审法院支持上诉人的理由正确。我国现行法律对胚胎的法律属性没有明确规定，且原卫生部的规定属于部门规章，而涉及胚胎的生育问题属于基本人权问题，人权为我国宪法确认和保障，部门规章不能对抗当事人的基本人权。

（2）道德是法律的价值基础和运作的社会基础。从道德伦理上看，胚胎含有父母双方两个家族的遗传信息，具有潜在的生命特质，这不同于一般的非生命物质，双方父母与涉案胚胎具有生命伦理上的密切关联，因此道德伦理承载的价值成为二审法院判决的重要依据。道德是法律的补充，它具有弥补法律漏洞的作用，在我国现行法律对胚胎的法律属性没有明确规定情况下，法院可以将伦理道德作为判案的依据。

（3）科技发展影响立法的调整范围，对于受精胚胎的归属，法律规定不明确，因此亟待立法调整。科技发展促进了法律对有关人类生殖技术的关注，引起了法律观念、法律原则和法律制度的变化，丰富了法律的内容。

（4）二审法院的"判后释明"属于观念（精神）形态的法律文化。"判后释明"为裁判提供正当理由，有助于提高裁判的法律论证的效果，实现法律效果和社会效果的统一。"判后释明"只是说理，不具有法律效力。

69.（1）法的作用的局限性有：法律调整的范围是有限的，法的特性与社会生活的现实之间存在着矛盾，法的制定和实施受人的因素的影响，法的实施受政治、经济、文化等社会因素的制约。正因有上述局限，法律不能调整所有的社会关系。材料中，王某的行为属于情谊行为，对于情谊行为，法律不宜调整，这体现了法的作用的局限性。

（2）道德规范不是正式意义上的法律渊源，在有法律规则或法律原则的情况下，人民法院不能援引道德规范作出裁判。但法律与道德不能截然分开，法官往往参照道德规范进行价值判断。

（3）解决日常法律适用领域法律与道德冲突的措施主要有：提高立法质量，尽量避免出现法律漏洞，最大限度地减少法律与道德进行不必要碰撞的概率；在宣传法律过程中，对旧道德进行批判，使道德与法律尽量吻合。

70.（1）题目中两种观点体现的是道德规范是否应当法律化、制度化、规范化的问题。

赞成第一种观点的理由：某些道德上的要求可以上升为法律，并以强制力保障执行。道德约束并不是对所有人都有效，闯过道德的底线，必须由法律来规范，"对施救者讹诈"为我国伦理道德所不许，通过立法将其上升为法律规范，并在司法中予以确认，不仅有助于保障施救者权益，也有助于弘扬助人为乐这一伦理道德。

赞成第二种观点的理由：并非所有的道德要求都应当上升为法律，有些道德要求在条件不成熟的情况下上升为法律，在实施过程中难以执行，反而可能损害法律的权威。因此道德要求是否上升为法律关键要看其必要性和可行性，以及上升为法律的程度。总之，良好社会秩序的形成，需要法律与道德两种调整机制既分工又合作，相互配合、相互协调。

（2）法是传播道德、保障道德实施的有效手段：第一，通过立法，将社会中的道德理念、信念、基本原则和基本要求法律化、制度化、规范化，赋予社会道德价值观念法的强制力，进一步强化、维护、实现道德规范；第二，法是道德的承载者，它弘扬、发展一定的道德理念、信条和原则，促进社会道德的更新和变革；第三，法是形成新的道德风貌、新的精神文明的强大力量。

第二节 论述题

一、历年真题考查内容

具体命题情况见表 3-2：

表 3-2 法理学论述题 2005—2024 年真题考查内容

出题年份	考查内容
2005 年	权利保障的法治原则及其意义。
2006 年	法律意识的培养和提高对我国法治建设的影响。
2007 年	依法治国基本方略的推进。
2008 年	法律对我国社会主义市场经济的作用。
2009 年	法律监督的现实意义。
2010 年	我国社会主义法治建设在构建社会主义和谐社会中的保障作用。
2011 年	法律解释的必要性。
2012 年	社会主义法律体系的主要特色与内容。
2013 年	现代法治应遵循的基本原则。
2014 年	法的作用的局限性理论及其对社会主义法治国家建设的启示。
2015 年	良好的法律意识对法治的意义以及培养法律意识的措施。
2016 年	法的价值冲突及其解决。
2017 年	良法的标准，如何打造良法。
2018 年	国家工作人员应具备的法治思维。
2019 年	全面依法治国的基本格局。
2020 年	"法律是最低限度的道德"。
2021 年	司法解释的内涵与主要作用。
2022 年	法治社会建设中的法治、德治、自治相结合原则。
2023 年	法的基本特征。
2024 年	司法公正原则；完善以宪法为核心的中国特色社会主义法律体系。

二、专项突破习题

1. "自由是做法律所许可的一切事情的权利。" 请结合法理学相关原理，谈谈对这句话的理解。

2. 联系实际，论述法律部门的划分原则。

3. 完善中国特色社会主义法律体系是推进中国特色社会主义制度发展完善的内在要求，也是我国今后立法工作面临的重大任务。请谈谈我国今后如何在新的起点上继续完善以宪法为核心的中国特色社会主义法律体系。

4. 联系实际，结合科学立法、民主立法原则论述如何提高立法质量。

5. 联系实际，论述我国的立法原则。

6. "法律的生命力在于实施，法律的权威也在于实施。"联系建设中国特色社会主义法治体系的实际，谈谈你对这句话的理解。

7. 联系实际，论述依法行政、严格执法原则对建设法治政府的意义。

8. 试论执法的比例原则及其对建设法治政府的作用。

9. 联系法治中国建设实际，论述我国的司法原则。

10. 联系实际，结合司法公正原则论述如何实现公正司法。

11. 联系实际，论述我国司法体制改革的方向和原则。

12. 完善人权的司法保障制度是我国司法体制改革的重要组成部分，也是建设公正、高效、权威的社会主义司法制度的重要内容。联系法治中国建设实际，论述如何完善我国人权的司法保障制度。

13. 联系法治中国建设实际，论述保证公正司法、提高司法公信力的改革要求及司法体制改革的意义。

14. 试论当代中国的立法解释及立法解释的主要任务。

15. "法律推理就是在法律争辩中运用法律理由的过程。"请结合法律实践，谈谈你对该论断的理解。

16. "实现司法裁判的和谐，需要通过融贯性的法律论证进行推动。"请结合法理学相关原理，谈谈对这句话的理解。

17. "没有义务的地方，就没有权利。"请结合法理学相关原理，谈谈对这句话的理解。

18. 试论法律责任的归责原则。

19. 试论免责的条件。

20. 试论法治与法制的区别。

21. 联系实际，论述社会主义法治对社会主义民主的积极作用。

22. 罗尔斯认为："公正的法治秩序是正义的基本要求，而法治取决于一定形式的正当过程，正当过程主要通过程序来体现。"请结合法治建设的实际，谈谈你对这句话的理解。

23. 联系实际，论述全面依法治国的工作布局。

24. 联系法治中国建设的实际，论述我国实现全面依法治国的总目标应坚持的基本原则。

25. 科学立法是法治的前提。联系科学立法原则，论述如何实现科学立法。

26. 联系实际，论述全面依法治国的基本途径。

27. 联系我国法治建设的实际，论述法治政府的内涵及特征。

28. 结合法治社会建设的实际，论述推进多层次多领域依法治理的法治社会建设。

29. "一个现代化国家必然是法治国家"，该论断深刻揭示了法治对于现代化国家建设的重要意义。请结合实际，论述在法治轨道上推进中国式现代化（在法治轨道上全面建设社会主义现代化国家）。

30. 党的十八大报告指出了中国特色社会主义法治在社会治理中的重要作用，要"更加注重发挥法治在国家治理和社会管理中的重要作用，维护国家法制统一、尊严、权威，保证人民依法享有广泛的权利和自由"。请结合实际，论述中国特色社会主义法治在社会治理中的作用。

31. 联系实际，论述依法治理网络空间的含义及内容。

32. 联系实际，论述通过法律实现"共建共治共享"的社会治理新理念。

33. 联系法治社会建设的实际，论述推进社会组织多层次多领域依法治理。

34. 试论法与经济基础的一般关系。

35. 《法治社会建设实施纲要（2020—2025年）》提出：2035年，我国将基本建成法治社会。结合实际，试论法治社会及法治社会建设遵循的原则。

36. 联系实际，论述法与科技的相互关系。

37. 法国思想家卢梭曾言："一切法律之中最重要的法律，既不是铭刻在大理石上，也不是刻在铜表上，而是铭刻在公民的内心里。"请从全民守法的角度论述如何弘扬社会主义法治精神与建设社会主义法治文化。

38. 运用法理学有关理论，谈谈你对"法律是显露的道德，道德是隐藏的法律"这一观点的理解。

39. 请结合社会实际，运用法理学理论和知识，谈谈你对"道德和法律无法妥协"这一论断的理解。

40. 联系实际，论述社会主义法与社会主义道德的关系。

三、参考答案

1. 法学上的自由是指主体的行为与法律规定相一致或相统一。"自由是做法律所许可的一切事情的权利"，这意味主体自主选择的行为必须与法律规定相一致。自由是人的本性，当主体的自由被法律确认为一种权利后，就意味着任何人和机构都不能强迫权利主体去做法律不强制他做的事，也不能禁止权利主体去做法律允许他做的事；此外，自由也意味着主体只能在法律允许的范围内做他想做的事。

凡是自由权利都必须有明确的边界，把自由转化为自由权利就是确立各种自由权利的边界以及明确其合法范围。法律确认自由通常采用两种方式：一是以权利和义务设定主体享有自由的范围；二是以权利和义务设定主体自由的实现方式。确定自由权利的范围可以把法律所保护的自由凸显出来，在权利边界范围内，权利主体可以做一切事情，任何人不得非法干涉，否则要承担一定的不利后果。法律禁止任何人在权利范围之外行使"权利"，否则会给他人的合法权利造成损害。对自由权利加以必要的限制可以更好地保护自由。

2.（1）客观原则（从实际出发原则）。法律部门不是任意划分的，需有相对稳定的客观依据，这就是社会关系。划分法律部门应当考虑到法律调整的社会关系的广泛程度以及法律、法规数量的多少。一般来讲，社会关系范围较广并且相应的法律法规也较多的，可以成为一个甚至几个独立的法律部门。在划分法律部门时，一定要坚持从社会关系和法律规范的实际情况出发的原则。

（2）合目的性原则。划分法律部门的目的在于帮助人们了解和掌握本国现行法律，所以合目的性原则是划分法律部门时首先应当坚持的原则。如果某种划分不利于这一目的的实现，其划分就是无意义的。人们在学习和研究某个问题时，尤其是当人们想从数以千计的法律和法规中找到解决某个问题的有关法律时，必须借助划分法律部门的理论和知识，才能顺利达到目的。所以，划分法律部门时，合目的性原则是首先要坚持的原则。

（3）适当平衡原则。划分法律部门时应当注意各种法律部门之间要保持适当的平衡，各法律部门所包括的法律范围不宜太宽，也不宜太窄。每个具体的法律部门所包含的法律、法规数量既不能太少，也不能太多。不同法律部门包含的法律、法规应当保持适当的平衡。

（4）辩证发展原则。作为调整社会关系的法律本身会发展变化，法律和法规始终处在变化中。同时，人们的主观认识也不是一直停留在一个水平上，也在发生变化。由于主客观条件都在变化，因此法律部门的划分就不可能是绝对不变的，只能是相对的。没有也不可能有运用于一切时代、适合于任何国家、永远不变的法律部门划分模式。

（5）相对稳定原则。法律的稳定性特征要求不能频繁地变动法律部门的内容和结构。在划分法律部门时不能只考虑目前的法律、法规的数量，而应当具有一定的前瞻性，应当考虑法律、法规今后的发展，即考虑即将制定或可能制定的法律、法规，避免法律体系结构的频繁变动。

（6）主次原则（重点论原则）。具体的社会关系和法律规范是极为复杂的，有时同一部法律、法规可以被划归几个不同的法律部门；有的法律被采用一个或者几个标准予以划分，也很难弄清楚其到底应属于哪一个法律部门。此时，应该考虑这一法律、法规的主导因素是什么，按照其主导因素进行划分和归类。

3. （1）积极加强发展社会主义民主政治的立法。适应积极稳妥推进政治体制改革的要求，完善选举、基层群众自治、国家机构组织等方面的法律制度；加强规范行政行为的程序立法，完善审计监督和行政复议等方面的法律制度；适应司法体制改革要求，完善诉讼法律制度；完善国家机关权力行使、惩治和预防腐败等方面的法律制度，扩大社会主义民主，加强对权力行使的规范和监督，不断推进社会主义民主政治制度的完善和发展。

（2）继续加强经济领域立法。适应社会主义市场经济发展要求，完善民商事法律制度；适应深化财税、金融等体制改革要求，完善预算管理、财政转移支付、金融风险控制、税收等方面的法律制度，特别是加强税收立法，适时将国务院根据授权制定的税收方面的行政法规制定为法律；完善规范国家管理和调控经济活动、维护国家经济安全的法律制度，促进社会主义市场经济健康发展。

（3）突出加强社会领域立法。坚持以人为本，围绕保障和改善民生，在促进社会事业、健全社会保障、创新社会管理等方面，进一步完善劳动就业、劳动保护、社会保险、社会救助、社会福利、收入分配、教育、医疗、住房以及社会组织等法律制度，不断创新社会管理体制机制，深入推进社会事业建设。

（4）更加注重文化科技领域立法。适应推进文化体制改革、促进科技进步的要求，完善扶持公益性文化事业、发展文化产业、鼓励文化科技创新、保护知识产权等方面的法律制度，推动社会主义文化大发展、大繁荣，建设创新型国家。

（5）高度重视生态文明领域立法。适应资源节约型、环境友好型社会建设的要求，完善节约能源资源、保护生态环境等方面的法律制度，从制度上积极促进经济发展方式转变，努力解决经济社会发展与环境资源保护的矛盾，实现人与自然的和谐相处。

4. （1）科学立法原则是指立法必须从实际出发，尊重客观规律，维护和保障立法的科学性。立法活动应该科学、合理地规定公民、法人和其他组织的权利和义务以及国家机关的权力与责任。科学立法原则还要求法律规范明确、具体，具有针对性和可执行性。民主立法原则是指在立法过程中，要体现和贯彻人民主体地位，集中和反映人民的利益、要求和愿望。民主立法原则要求立法内容要民主，立法过程和立法程序要民主。

（2）只有深入推进科学立法、民主立法，才能提高立法质量。要完善人大代表参与立法工作机制，充分发挥人大代表在立法中的作用；完善法律草案审议制度，建立健全科学的审议和表决机制；探索公众有序参与立法活动的途径和形式，完善立法座谈会、听证会、论证会和公布法律法规草案征求意见等制度，建立健全公众意见表达机制和采纳公众意见的反馈机制，使立法更加充分体现广大人民群众的意愿；建立健全立法前论证和立法后评估机制，不断提高立法科学性、合理性，进一步增强法律法规的可操作性。同时，健全备案审查机构，完善备案审查机制，改进备案审查方式，加强对法规、规章、司法解释等规范性文件的备案审查；健全法律法规清理工作机制，逐步实现法律法规清理工作常态化，确保法律体系内在科学和谐统一。

5.（1）合宪和国家法制统一原则。立法要遵循宪法，依法立法，要维护国家法制统一。合宪原则是指享有立法权的立法机关在创制法律的过程中，应当以宪法为依据，符合宪法的理念和要求，遵循宪法的基本原则。国家法制统一原则是指立法应当依照法定的权限和程序，从国家整体利益出发，维护社会主义法制的统一和尊严。国家法制统一的前提和基础是宪法，只有严格遵守和维护宪法，才能保证法制的统一。

（2）民主原则。民主原则是指在立法过程中，要体现和贯彻人民主体地位，集中和反映人民的利益，要求和愿望。民主原则包括立法内容的民主，立法过程和立法程序的民主。立法内容的民主就是立法必须从最大多数人的最根本利益出发，发扬社会主义民主，体现人民的意志。立法过程和立法程序的民主要求立法主体的产生要民主，立法过程要公开，立法活动的主体要民主，保障人民通过多种途径参与立法活动。

（3）科学原则。立法活动应坚持从实际出发，尊重客观规律，维护和保障立法的科学性。从实际出发要求立法从现实国情出发，适应经济社会发展和全面深化改革的要求，尊重和反映客观规律。立法活动应该科学合理地规定公民、法人和其他组织的权利和义务以及国家机关的权力与责任。这要求在立法工作中坚持权利本位，考虑权利义务的平衡和特殊群体的实际承受能力，还要求国家机关的权力与责任是统一的。科学原则还要求法律制定过程中要注意法律规范的明确、具体，具有针对性与可执行性。

6.（1）这句话体现了法律实施对建设中国特色社会主义法治体系的重要意义。法律实施是指法在社会生活中被人们实际施行，即在社会生活中通过执法、司法、守法等方式对法律贯彻落实。法律实施就是使法律从书本上的法律变成行动中的法律，使它从抽象的行为模式变成人们的具体行为，从应然状态变为实然状态。法律实施是实现法的作用与目的的条件，是实现立法者目的、实现法律的作用的前提，是实现法的价值的必由之路，因此，法律的生命力在于实施，法律的权威也在于实施。

（2）法律实施包括执法、司法和守法，建设中国特色社会主义法治体系是全面推进依法治国总目标的内容之一，要形成高效的法治实施体系，有赖于行政执法、公正司法和全民守法。在行政执法领域必须做到：依法全面履行政府职能；健全依法决策机制（包括公众参与、专家论证、风险评估、合法性审查、集体讨论决定）；深化行政执法体制改革；坚持严格规范公正文明执法；全面推进政务公开（坚持以公开为常态、不公开为例外原则，推进决策公开、执行公开）。公正是法治的生命线，实现司法公正必须做到：完善确保依法独立行使审判权和检察权的制度；优化司法职权配置（让公安机关、检察机关、审判机关、司法行政机关各司其职）；推进严格司法（坚持以事实为根据、以法律为准绳）；保障人民群众参与司法；加强人权司法保障；加强对司法活动的监督。实现全民守法，必须做到：深入开展法治宣传教育，大力弘扬社会主义法治精神，努力建设社会主义法治文化，增强全社会厉行法治的积极性和主动性；必须依法抑恶扬善，形成守法光荣、违法可耻的社会氛围；必须发挥法治建设的强大效能，引导人民群众按照法律的规定和程序，依法表达利益诉求、依法维护自身权益；必须完善国家工作人员学法用法制度，坚持把领导干部带头学法、模范守法作为树立法律意识的关键，充分发挥领导干部率先垂范的带动效应，使全体人民都成为社会主义法治的忠实崇尚者、自觉遵守者、坚定捍卫者。

7.（1）依法行政原则是指行政机关必须依照法定的权限、法定程序和法治精神进行管理，越权无效。该原则的具体要求是：第一，执法的主体合法。国家行政机关的设立及其职权必须有法律依据，必须在法律规定的职权范围内活动，越权违法、越权无效。第二，执法的内容合法。执法活动是根据法律的规定进行的，执法的具体内容也要符合法律的规定。第三，执法的程序合法。要严格按照法定的步骤、顺序和时限执法，不得任意改变、省略和超越。

（2）严格执法原则是对政府机关及其公职人员提出的重要执法原则，它与依法行政属于同一范畴，即行政机关及其公职人员应当严格、严明和严肃地执行法律所遵循的执法原则。坚持这一原则，执法者应当严谨、严肃、严明、公正地执法，应当在准确理解法律精神的基础上，严格规范地遵循法律，依法裁量当事人的行为，准确判断其是否符合法律的规定，是否需要依法惩处。反对任性执法、选择性执法、钓鱼式执法等非正常执法模式，强调执法者通过严格执法来维护法律权威。此外，应当依法惩处各类违法行为，加大关系群众切身利益的重点领域的执法力度。

（3）法治政府是政府依据宪法法律设立、政府权力法定、政府决策和行为严格依据法律程序进行并对其后果承担相应责任的政府，而法治的重心是依法行政和严格执法。政府的决策与执法活动是否符合法治精神和法治原则，不仅关系到法治国家能否建成，更关系到社会的稳定和人民的幸福。因此，必须牢牢抓住这个关键，在规范政府权力行使、防止权力滥用、明确权力价值取向上作出全面的制度安排，并确保在法治实践中得到有效落实。

8. 比例原则是指行政机关实施行政行为应兼顾行政目标的实现和对相对人权益的保护，如果实现行政目标可能对相对人权益造成某种不利影响时，应将这种不利影响限制在尽可能小的范围和限度内，使二者处于适度的比例。其内涵分为三个方面：一是妥当性（适当性）原则，指行政行为对于实现行政目的、目标是适当的。二是必要性原则，指行政行为应以达到行政目的、目标为限，不能给相对人权益造成过度的不利影响，即行政权的行使只能限于必要的度，尽可能使相对人权益遭受最小的侵害。三是均衡性原则，指行政行为的实施应当衡量其目的达到的利益与侵犯相对人的权益二者孰轻孰重，只有前者重于后者时，其行为才具有合理性。行政行为在任何时候均不应给相对人造成超过行政目的、目标本身价值的损害。

　　法治政府是政府依据宪法法律设立、政府权力法定、政府决策和行为严格依据法律程序进行并对其后果承担相应责任的政府。法治政府是有限政府，其权力受到法律的界分和限定，不能超越法律的界限运行；法治政府是责任政府，有权必有责，有责必承担；法治政府是人民的政府，以人的基本权利和自由为依归。行政执法的比例原则对于法治政府建设有重要作用，可以实现公共利益和私人权益的调和，从而达到限制公权力、保障私权利的目的，防止以牺牲个人利益为代价片面追求公共利益和国家利益，最大限度地加强对私权利的保护，这是法治政府建设的需要。

　　9.（1）司法法治原则。司法法治原则就是以事实为根据，以法律为准绳原则。以事实为根据，就是指司法机关审理一切案件，都只能以与案件有关的事实为依据而不能以主观臆断为依据。以法律为准绳，就是指司法机关在司法过程中，要严格按照法律规定办事，把法律作为处理案件的唯一标准和尺度。贯彻实施该原则，必须坚持实事求是、从实际出发的思想路线，重证据，重调查研究，不轻信口供，严格遵守实体法和程序法的规定，维护社会主义法律的权威和尊严。

　　（2）司法平等原则。司法平等原则要求法律对于全体公民都统一适用，所有公民依法享有同等的权利并承担同等的义务；任何权利受到侵犯的公民一律平等地受到法律保护；在民事和行政诉讼中，要保证诉讼当事人享有平等的诉讼权利，不能偏袒任何一方；在刑事诉讼中，要切实保障诉讼参与人依法享有的诉讼权利。对任何公民的违法犯罪行为，都必须追究法律责任，依法给予相应的法律制裁，不允许有不受法律约束或凌驾于法律之上的特殊公民。贯彻这一原则，要求在法治实践中坚决反特权、反歧视，司法工作者在司法活动中必须忠于事实，忠于人民。

　　（3）司法机关依法独立行使职权原则。司法权具有专属性、独立性和行使职权的合法性。专属性即国家的司法权只能由国家各级审判机关和检察机关统一行使，其他任何机关、团体和个人都无权行使此项权利；独立性即人民法院、人民检察院依照法律独立行使自己的职权，不受行政机关、社会团体和个人的非法干涉；行使职权的合法性即司法机关审理案件必须严格依照法律规定，正确适用法律，不得滥用职权，枉法裁判。司法机关行使职权，也要接受监督和制约。

　　（4）司法责任原则。司法责任原则是指司法机关和司法人员在行使司法权过程中侵犯了公民、法人和其他组织的合法权益，造成严重后果的，应承担相应的责任。司法责任原则是根据权力与责任相统一的法治原则提出的权力约束机制。司法机关和司法人员接受人民的委托，行使国家司法权，有着重大的权力。按照权力与责任相一致的原则，一方面应对司法机关和司法人员行使国家司法权给予法律保障，另一方面应对司法机关及其司法人员的违法和犯罪行为给予严惩。只有将司法权力与司法责任结合起来，才能更好地增强司法机关和司法人员的责任感，防止司法过程中出现违法行为，并对违法行为进行法律制裁，以更好地维护社会主义司法的威信和社会主义法制的权威和尊严。

（5）司法公正原则。司法公正原则是指司法机关及其司法人员在司法活动中应坚持和体现公平和正义。司法公正是社会正义的重要组成部分，它包括实体公正和程序公正。实体公正主要是指司法裁判的结果公正，当事人的权益得到了充分的保障，违法犯罪者受到了应得的惩罚和制裁。程序公正主要是指司法过程的公正，当事人在司法过程中受到公平公正的对待。司法活动的合法性、独立性、有效性，裁判人员的中立性，当事人地位的平等性，以及裁判结果的公正性，都是司法公正的必然要求和体现。司法公正是司法的生命和灵魂，是司法的本质要求和终极价值准则。追求司法公正是司法的永恒主题，也是民众对司法的期望。司法改革的最终目的是实现司法公正，并通过司法公正维护和促进社会公正。

10. 司法公正原则是指司法机关及其司法人员在司法活动中应坚持和体现公平和正义。司法公正是社会正义的重要组成部分，它包括实体公正和程序公正。其中实体公正主要是指司法裁判的结果公正，当事人的权益得到了充分的保障，违法犯罪者受到了应得的惩罚和制裁。程序公正主要是指司法过程的公正，当事人在司法过程中受到公平公正的对待。司法活动的合法性、独立性、有效性，裁判人员的中立性，当事人地位的平等性以及裁判结果的公正性，都是司法公正的必然要求和体现。

司法公正是司法的生命和灵魂，是司法的本质要求和终极价值准则。追求司法公正是司法的永恒主题，也是民众对司法的期望。当今中国正在进行司法改革，它包括制度、程序和体制的改革以及建立现代司法制度，其最终目的就是实现司法公正，并通过司法公正维护和促进社会公正。实现司法公正必须做到：完善确保依法独立行使审判权和检察权的制度；优化司法职权配置（让公安机关、检察机关、审判机关、司法行政机关各司其职）；推进严格司法（坚持以事实为根据、以法律为准绳）；保障人民群众参与司法；加强人权司法保障；加强对司法活动的监督。

11. 司法体制改革是指在宪法规定的司法体制基本框架内，国家司法机关和司法制度实现自我创新、自我完善和自我发展，建设中国特色社会主义现代化司法体系和司法制度。司法体制改革必须树立科学的司法改革观，在司法体制改革中坚持正确的方向和原则。一是坚持正确的政治方向。坚持党对政法工作的领导，坚持党管干部的原则，坚持走中国特色社会主义司法改革之路，努力创造更高水平的社会主义司法文明。二是坚持以宪法为根本遵循。我国宪法以根本法的形式确立了司法制度的基本框架和司法活动的基本规矩，是组织实施司法体制改革的根本遵循。三是坚持以提高司法公信力为根本尺度。深化司法体制改革，必须坚持以提高司法公信力为根本尺度，以矛盾纠纷得到公正的解决、合法权益得到有效的维护为目标，确保取得人民满意的改革实效。四是坚持依法有序推进改革。凡是同现行法律规定不一致的改革举措，必须先提请立法机关修改现行法律规定，然后再开展改革。修改现行法律规定的条件尚不成熟的，应及时提请立法机关进行授权，在授权范围内进行改革试点。

12. 一是完善人权司法保障要注重对法治原则的遵循。加强对人权的司法保障要以宪法和法律为依据，逐步健全人权司法保障的法律法规，完善制度设计、细化保障措施。在司法活动中，要切实遵守人权保障的相关法律规定，着力提升司法理念、加强保障力度、完善监督制约，做到尊重人权与防止侵权有机结合，充分发挥社会主义司法制度的优越性。

二是完善人权司法保障要体现对基本人权的尊重。国家尊重和保障人权是宪法的明确要求，司法活动直接涉及公民的人身、自由、人格尊严、财产权益等基本权利，要以完善人权司法保障改革为契机，不断提升人权司法保障的制度化、法治化水平。

三是完善人权司法保障要突出对司法权力的制约。在司法活动中，当事人及诉讼参与人的权利相对司法机关的公权力，处于弱势地位，容易受到侵犯。完善人权司法保障就要强化对司法权力的限制和制约，防止滥用权力侵犯人权。要完善外部监督制约，认真贯彻司法机关"分工负责、互相配合、互相制约"的基本原则，完善内部监督制约，改革人民陪审员制度，健全人民监督员制度，推进审判公开、检务公开，为公民维护自身权利提供坚实的制度保障。

四是完善人权司法保障要强化对诉讼权利的保障。树立理性、平和、文明、规范的执法理念，严禁刑讯逼供、体罚虐待。充分保障犯罪嫌疑人、被告人的辩护权、辩解权等诉讼权利。完善律师执业权利保障机制，发挥律师在依法维护公民和法人合法权益方面的重要作用。

五是完善人权司法保障要加强对公民权利的救济。完善人权司法保障，既要有效防止侵权行为的发生，又要切实保障公民权利在受到侵犯后，能及时得到有效救济。

13. 保证公正司法、提高司法公信力在当前有如下六个方面的改革要求：

一是完善确保依法独立公正行使审判权和检察权的制度。主要有建立领导干部干预司法活动、插手具体案件处理的记录、通报和责任追究制度等。

二是优化司法职权配置。主要有推动实行审判权和执行权相分离的体制改革试点，统一刑罚执行体制，探索实行法院、检察院司法行政事务管理权和审判权、检察权相分离等举措。

三是推进严格公正司法。主要有推进以审判为中心的诉讼制度改革，实行办案质量个人负责制和错案责任倒查问责制等举措。

四是保障人民群众参与司法。主要有完善人民陪审员制度，构建开放、动态、透明、便民的阳光司法机制等举措。

五是加强人权司法保障。主要有健全落实罪刑法定、疑罪从无、非法证据排除等法律原则的法律制度，完善对限制人身自由司法措施和侦查手段的司法监督等举措。

六是加强对司法活动的监督。主要有完善检察机关行使监督权的法律制度，完善人民监督员制度，建立终身禁止从事法律职业制度等举措。

深化司法体制改革，建设公正高效权威的社会主义司法制度，具有重要意义：一是全面推进依法治国，加快建设社会主义法治国家的关键举措。建设法治国家，必须建立现代司法制度，这既是推进全面依法治国的重要内容，也是建设社会主义法治国家的重要保障。只有深化司法体制改革，才能确保审判机关、检察机关依法独立行使职权，才能切实维护国家法治统一、尊严和权威。二是实现社会公平正义、维护社会和谐稳定的必然要求。通过深化司法体制改革，不断提高司法公信力，努力让人民群众在每一起案件中都能感受到公平正义，让司法成为维护社会公平正义的最后一道防线。三是满足人民群众日益增长的司法需求的迫切需要。深化司法公开，推进司法民主，完善保障人权的司法制度，切实满足人民群众的司法需求和对社会公平正义的期待。

14. 立法解释有广义和狭义之分。广义的立法解释，泛指有权制定法律、法规的国家机关或其授权的机关对自己制定的法律、法规所作的解释。狭义的立法解释，一种认为专指全国人大常委会对宪法和法律（狭义的法律）的解释，另一种认为立法解释还包括有关地方人大常委会对地方性法规的解释。立法解释一般采用狭义的立法解释，即将立法解释限定于最高国家立法机关——全国人大常委会对法律的解释，也就是说，在我国，立法解释权属于全国人大常委会。立法解释包括对宪法的解释和对法律的解释，这里所说的法律是指狭义的法律。凡法律条文本身需要明确界限或补充规定的，均由全国人大常委会进行解释或用法律加以补充规定。全国人大常委会的法律解释同法律具有同等效力。

在我国，立法解释的主要任务是：第一，阐明法律实施中产生的疑义。即对法律规定本身不十分清楚、明确的条文进行说明，或者规定本身虽然清楚、明确，但实施法律的人不了解立法者的立法精神，因此予以解释说明。第二，适应社会发展，赋予法律规定新含义。在对原法律进行修改、补充、废止之前，通过赋予法律规定新含义的方法补充法律。第三，解决法条冲突以及司法解释之间的冲突。立法解释的主要方式是通过决定、决议对法条以及司法解释之间的冲突条款进行有针对性的解释。

15. 该论断体现了法律推理的内涵。法律推理是指以法律与事实两个已知的判断为前提，运用科学的方法和规则，为法律适用提供正当理由的一种逻辑思维活动。法律推理的应用范围特别广泛，立法、执法、司法、法律监督乃至公民的法律意识中都有法律推理活动，尤其是在法律适用过程中，法律推理占有显著的地位。法律推理的特征主要表现在：第一，法律推理是法律运用中的一种思维活动。它不仅需要对抽象的法律规范进行理解和选择，还需要将这种抽象的法律规范应用于具体案件之中，因此，法律推理可能是一系列复杂的推理和论证活动的综合。第二，法律推理以法律与事实为两个已知的判断为推理的前提。在法律规范所作出的规定和已判明的法律事实之间建立合理的联系，并以此为前提，推理论证出适用结果，也就是"以事实为根据，以法律为准绳"。法律推理要受到现行法律的约束，现行法律是法律推理的前提和制约法律推理的条件。在缺乏明确的法律规定的情况下，有时法律原则、政策、法理等也会成为法律推理的前提。第三，法律推理运用多种科学的方法和规则进行。除了最基本的逻辑推理方法外，还需要运用一些非逻辑的分析和论证，比如价值分析判断等。第四，法律推理的目的是为法律适用提供正当理由，故推理过程实际上带有说明理由的成分。第五，法律推理的结果往往涉及当事人的利害关系。在许多情况下，法律推理的结论事关当事人是否拥有权利、是否应承担义务、是否应负法律责任等，而这些问题直接关系当事人的利益。

16. 司法过程中需要法律论证。这句话强调了法律论证及司法裁判过程中法律论证的内容融贯性标准。法律论证主要是指在司法过程中对判决理由的正当性、合法性或合理性进行论证，即在诉讼中，诉讼主体运用证据确定案件事实、得出结论的思维过程。法律论证的目的，是从多种合理甚至合法的法律主张中作出最佳选择，它属于演绎推理和归纳论证之外的似真论证。对司法过程中判决理由的正当性论证需要达到一定的标准，其中一项标准是内容的融贯性。所谓融贯性，是指法律体系本身的价值与事实、整体与部分、规则与原则、原理与精神的系统性、连贯性和一致性，以及法律体系与外部社会之间的内外融贯。融贯性标准不仅在寻求一种法律意义上的合法性，还在追求一种广泛意义上的正当性，即社会认同，包括道德评价和利益平衡以及消弭事实与价值之间的差异，等等。内容融贯性并不是法律论证的正当性的唯一标准，片面追求该标准，不会完全实现司法裁判的正当性论证，因此，在坚持内容融贯性的同时，将程序的合理性、依据的客观性和逻辑有效性、效果最优性结合起来，贯彻到正当性论证中去，才能真正实现裁判的正当性，并实现司法公正。

17. 法律对人们行为的调整主要是通过权利和义务的设定和运行来实现的，因而法律的内容主要表现为权利和义务。法律权利是国家通过法律赋予法律关系主体自主决定作出某种行为的能力或资格。法律义务是指国家通过法律对法律关系主体的行为作出的限制和约束。法律只要规定了权利，就必须规定或意味着相应的义务，法律具有权利和义务的一致性，权利义务是法的核心内容，二者同时产生、同时存在，相互依存、不可分割，权利和义务的一致性特征也是法律与其他社会规范的一个重要区别。法律权利和法律义务相辅相成，有权利即有义务，有义务即有权利，没有无义务的权利，也没有无权利的义务，不能只享有权利而不承担义务，二者互为目的，互为手段。从本质上看，权利表现为法律所保护的某种利益；从行为方式角度看，它表现为要求权利相对人怎样行为或不得怎样行为。权利的实现离不开义务的履行，它反映着主体在社会关系中独立自主和相互协作的关系的状态。人是社会生活的主体，也是社会发展的主体，同时又是社会发展所要保护和实现的目标。在社会生活中，每个人都有生存的需求，有满足自己基本利益和需求的愿望，人的生活需求既是一切社会活动的动机，也是权利概念存在的前提。但是，由于社会分工和利益资源的制约，每个人自身利益的实现和满足又离不开他人的协作和帮助，每个人必须为社会承担一定的责任，这就构成了义务概念存在的客观基础。

18. 法律责任的归责原则是判断、确认、追究以及免除法律责任时必须依照的准则，是特定法律制度价值取向的体现，它一方面指导着法律责任的立法，另一方面指导着法律实施中对责任的认定与归结。法律责任的归责原则有：

一是责任法定原则，是指法律责任作为一种否定的法律后果应当由法律规范预先规定，包括在法律规范的逻辑结构之中，当出现违法行为或法定事由的时候，按照事先规定的责任性质、责任范围、责任方式等追究行为人的责任。责任法定原则的内容包括：刑事法律是追究刑事责任的唯一法律依据，罪刑法定；由特定的国家机关或国家授权的机构归责；反对责任擅断；反对有害追溯；同时，允许人民法院行使一定的自由裁量权，准确认定和归结行为人的法律责任。

二是因果关系原则，是指在认定行为人违法责任之前，首先应当确认行为与危害或损害结果之间的因果关系；其次应当确认意志、思想等主观方面因素与外部行为之间的因果关系；最后，还应当区分这种因果关系是必然的还是偶然的，直接的还是间接的。

三是责任相称原则，是指法律责任的性质与违法行为的性质应当相适应，法律责任的轻重和种类应当与违法行为造成的危害或者损害相适应，还应当与行为人的主观恶性相适应。

四是责任自负原则，是指违法行为人应当对自己的违法行为负责，不能让没有违法行为的人承担法律责任，即反对株连或变相株连；要保证责任人受到法律追究，也要保证无责任者不受法律追究，做到不枉不纵。

19. 免责的条件是指法律责任全部或者部分减轻和免除的条件。免责的条件主要包括：一是时效免责，指违法者在其违法行为发生一定期限后不再承担强制性法律责任，如果没有法律的特别规定，违反法律的行为超过一定的期限将不再被追究法律责任，法律责任因时间流逝而消失。二是不诉免责，即所谓"告诉才处理""不告不理"。不仅大多数民事违法行为只有受害当事人或有关人员告诉才处理，有些刑事违法行为也采取不告不理的制度。不告不理意味着当事人不告，国家就不会把法律责任归结于违法者，亦即意味着违法者实际上被免除了法律责任。三是自首立功免责，指对那些违法之后有自首或立功表现的人，免除其部分或全部法律责任。四是有效补救免责，指对于那些实施违法行为，造成一定损害，但在国家机关归责之前采取及时补救措施的人，免除其部分或全部责任。五是自助免责，是指对于自助行为所引起的法律责任予以减轻或免除。自助行为是权利人为保护自己的权利，在情势紧迫而又不能及时请求国家机关提供救助的情况下，对他人的财产或自由施加扣押、拘束或其他相应措施，并为法律或公共道德所认可的行为。自助行为可以免除部分或全部法律责任。

20. 法治是一种治国方略，是将国家权力的行使和社会成员的活动纳入完备的规则系统，以保障公民权利和自由得以实现的国家治理方式。法制通常在两种意义上使用：一种是静态意义上的法制，即法律和制度；另一种是动态意义上的法制，即立法、执法、司法、守法和法律监督的活动和过程。法治与法制的区别表现在：

第一，法治不仅包括形式意义上的法律制度及其实施，更强调实质意义上的法律至上、权利保障的内涵；而法制则侧重于形式意义上的法律制度及其实施。

第二，法治关注法律制度的内容，讲究"良法"之治，强调法律的至高权威，强调法律的公正性、稳定性、普遍性、公开性和平等性，以及对权力的制约和人权的保障；而法制则关注法的规范性和有效性，要求严格依法办事，以实现立法者期望的法律秩序，对法律本身的内容和价值取向并无特殊的规定性。只要有法律和制度存在就有法制存在，但这不一定就是法治。

第三，法治与人治是相对立的，法治要求"法律的统治"，将法律置于统治者的权力之上，要求公共权力必须依法取得和行使；而法制与人治并不截然对立，历史上，专制君主和法西斯独裁统治者为了建立有利于他们的统治秩序，也可以在一定时期建立和推行法制。

第四，法治的政治基础是民主政治，其根本意义在于制约国家权力，以确认和保障公民的权利和自由，实现公民对国家和社会事务的管理。在没有民主政治的时代，不可能有真正的法治；法制的问世则先于法治，早在没有民主政治的时候，就已经存在法制。古代东方和西方都有倡导法制者，那时的法制与民主政治无关，而是专制和主权的统治工具。

21. 社会主义法治对社会主义民主具有保障作用。社会主义民主内在地需要社会主义法治，要求法治原则贯穿民主发展全过程。没有社会主义法治也就不会有真正的社会主义民主，应当通过法治来积极推进民主的进程。社会主义法治对社会主义民主的积极作用主要表现在：第一，社会主义法治确认人民群众当家作主的地位，确认国家的基本民主体制及其活动原则的合法性。第二，社会主义法治确认和保障广大人民群众享有广泛的民主权利和自由，为政治参与提供畅通的渠道。第三，社会主义法治确认和规范社会主义民主的范围以及实现社会主义民主的程序和方式。第四，社会主义法治是保卫社会主义民主的重要武器。

22.（1）法具有程序性特征，无论是立法、执法、司法，都应有相应的法律程序，法律程序是保证法律公正的重要手段。

（2）罗尔斯的名言体现了程序公正的重要意义，法治社会应贯彻正当程序原则。正当程序原则主要是针对国家公权力而言的，即国家机关在行使权力时，应当按照公正的程序采取公正的方法进行。它强调程序正义，如个人不能作自己的法官、法官应听取双方当事人的意见等。正当程序原则的理论根据主要是自然公正原则。自然公正原则要求，任何权力的行使都必须公正，对涉及当事人利益的事项作出裁判要听取当事人的意见，平等地对待各方当事人，不偏袒任何一方。在我国，随着全面依法治国基本方略的确立和实施，正当程序原则正在被广泛地应用到立法、行政、司法等社会生活领域。

（3）正当程序原则既是防止公权力滥用，遏制腐败，约束权力的机制，又是保障人权，保护公民、法人和其他组织的合法权益不受公权力滥用、恣意行为侵犯的机制。正当程序原则还是平等的前提，法律面前人人平等意味着无差别对待，权利义务相当，即不允许出现无义务的权利和无权利的义务。程序的平等参与就是保障接受程序法律结果的主体在相同条件下获得相关信息并有相同的机会陈述自己的看法，这既体现了对主体尊严的重视，又确保主体能够平等参与程序进程，因此，正当程序原则对于建设法治国家具有十分重要的意义。

23. 全面依法治国的工作布局，就是"坚持在法治轨道上推进国家治理体系和治理能力现代化""坚持建设中国特色社会主义法治体系""坚持依法治国、执法执政、依法行政共同推进，法治国家、法治政府、法治社会一体建设"，是全面依法治国的总目标和总抓手。

（1）"坚持在法治轨道上推进国家治理体系和治理能力现代化"。国家治理体系和治理能力现代化，是国家治理现代化的具体表现，其核心内涵主要是实现国家治理的制度化、程序化、法治化。法治是国家治理体系和治理能力的重要依托，坚持在法治轨道上推进国家治理体系和治理能力现代化，是实现良法善治的必由之路。

（2）"坚持建设中国特色社会主义法治体系"。中国特色社会主义法治体系是全面依法治国的总目标之一，为此要形成完备良善的法律规范体系，公正高效的法治实施体系，科学严密的法治监督体系，充分有力的法治保障体系，以及完善的党内法规体系。

（3）"坚持依法治国、依法执政、依法行政共同推进，坚持法治国家、法治政府、法治社会一体建设"。全面依法治国是党和人民治国理政的基本方略，是以法律权威至上为核心、以权力制约为机制、以人权保障为治理目标的模式。依法执政是中国共产党的执政方式在新时期的重要转变，是指党依据宪法和法律以及党内法规体系治国理政和管党治党，实现党和国家政治生活的法律化、制度化、规范化。依法行政是指各级政府在党的领导下，依法行使行政管理权和依法执行法律。依法治国、依法执政、依法行政是相互联系、相辅相成的关系，具有价值取向的一致性、基本要求的统一性、运行机制的关联性。依法治国是全局、依法执政是核心、依法行政是关键，三者缺一不可、不可偏废。法治国家是全面依法治国的根本目标。法治国家是指依法赋予、运行和制约国家权力、通过公正司法和严格执法来维护法律权威并实现人民权利的国家存在形式。法治政府是政府依据宪法法律设立、政府权力法定、政府决策和行为严格依据法律程序进行并对其后果承担相应责任的政府。法治社会是社会依法治理、社会成员人人崇尚和信仰法治、社会组织依法自治、社会秩序在法治下稳定和谐的社会。法治国家、法治政府和法治社会三者内在统一、相互融合、相互促进。

24.（1）坚持中国共产党的领导。党的领导是社会主义法治最根本的保证。把党的领导贯彻到全面依法治国全过程和各方面，必须坚持党领导立法、保证执法、支持司法、带头守法，把全面依法治国基本方略同依法执政基本方式统一起来，把党总揽全局、协调各方同人大、政府、监察机关、审判机关、检察机关依法依章程履行职能、开展工作统一起来，把党领导人民制定和实施宪法法律同党坚持在宪法法律范围内活动统一起来。

（2）坚持人民主体地位。人民是依法治国的主体和力量源泉，人民代表大会制度是保证人民当家作主的根本政治制度。必须坚持法治建设为了人民、依靠人民、造福人民、保护人民，以保障人民根本权益为出发点和落脚点，保证人民依法享有广泛的权利和自由、承担应尽的义务，维护社会公平正义，促进共同富裕。

（3）坚持法律面前人人平等。平等是社会主义法律的基本属性。任何组织和个人都必须尊重宪法法律权威，都必须在宪法法律范围内活动，都必须依照宪法法律行使权力或权利、履行职责或义务，都不得有超越宪法法律的特权。

（4）坚持依法治国和以德治国相结合。必须坚持一手抓法治、一手抓德治，既重视发挥法律的规范作用，又重视发挥道德的教化作用，以法治体现道德理念、强化法律对道德建设的促进作用，以道德滋养法治精神、强化道德对法治文化的支撑作用，实现法律和道德相辅相成、法治和德治相得益彰。

（5）坚持从中国实际出发。必须从我国基本国情出发，同改革开放不断深化相适应，总结和运用党领导人民实行法治的成功经验，围绕社会主义法治建设重大理论和实践问题，推进法治理论创新。汲取中华法律文化精华，借鉴国外法治有益经验，但决不照搬外国法治理念和模式。

25.（1）立法科学性原则要求立法从实际出发，尊重客观规律，维护和保障立法的科学性，立法活动应当科学合理地规定权利与义务、权力与责任，法律规范明确、具体，具有针对性和可执行性。

（2）科学立法是法治的前提。要实现科学立法，一要尊重客观规律，不仅要按照客观经济规律尤其是市场经济的价值规律、市场和自由关系的内在规定性等及时进行法律的废、改、立，而且要充分反映社会规律，将社会文化以及民主政治建设和生态文明发展规律及时以法律的形式加以固定和强化。二要体现民意。立法应当回应人民群众的真实关切和心愿，而不是部门利益至上、利用立法搞地方保护主义。人民性是法律的最根本特征，也是衡量法律质量的根本标准。凡是人民群众呼声高、要求强的，就应当及时进行立法；凡是与人民利益和意志不尽相符或根本背离的，必须及时进行废、改。三要切合实际。立法必须立足现实，以解决现实问题和现实利益诉求为导向，既要有预见性和超前性，又要增强针对性和务实性。四要完善程序。民主立法是科学立法的保障，科学民主的立法程序是良法产生的基本途径，拓宽立法渠道、加强开门立法，为科学立法奠定基础。五要符合科学。立法应当按照科学的法治原理和原则加以完善，既要将人类法治发展史上凝聚的宝贵法治遗产，如罪刑法定、无罪推定和非法证据排除等及时吸纳到立法之中，又要增强可操作性和逻辑性，明确具体的适用条件、行为模式和法律后果，克服权利义务关系不明、责任抽象的局限性。

26.（1）坚持依法治国、依法执政、依法行政共同推进。全面依法治国是党和人民治国理政的基本方略，是以法律权威至上为核心、以权力制约为机制、以人权保障为目标的治理模式。依法执政是指党依据宪法和法律以及党内法规体系治国理政和管党治党，实现党和国家政治生活的法律化、制度化、规范化。推进全面依法治国、建设社会主义法治国家，关键在于执政党依法民主科学执政。依法执政的基本内容：一是党领导立法，保证党的主张和意志通过法定程序上升为国家意志；二是依照宪法和法律，党领导国家政权，运用国家政权，实现党的宗旨、目标和任务；三是保证和支持行政机关依法严格执法、司法机关公正司法，确保民主的法律化、制度化；四是带头遵守宪法法律，自觉维护宪法法律权威；五是通过依法执政的体制机制改革，提高自觉运用法治思维和法治方式执政的意识和能力；六是依法保障和规范党的机关和党员干部执掌和运用权力的行为，反对以言代法、以权废法、徇私枉法。依法行政是指各级政府在党的领导下依法行使行政管理权和依法执行法律。无论是哪一层级的政府及其部门，其权力的设定、取得、运行和监督都必须依法进行，确保始终不偏离法治的轨道。其基本要求是，以合法性原则为基本指导，坚持法定职责必须为、法无授权不可为、违法行为必追究。为此，应当改革行政执法体制，推进综合执法、严格执法责任，构建权责统一、权威高效、程序严谨的依法行政体制，切实防止选择性执法、多头执法、违法执法，牢固树立权力来源于人民、权力依据法律授权、权力为了人民并受人民监督的法治观念。依法治国、依法执政、依法行政是相互联系、相辅相成的关系，具有价值取向的一致性、基本要求的统一性、运行机制的关联性。依法治国是全局、依法执政是核心、依法行政是关键，三者缺一不可、不可偏废，应当通盘谋划、共同推进。

（2）坚持法治国家、法治政府、法治社会一体建设。法治国家是推进全面依法治国的根本目标。法治国家是指依法赋予、运行和制约国家权力，通过公正司法和严格执法来维护法律权威并实现人民权利的国家存在形式。其含义包括：其一，法律之治。其二，权力制约。其三，注重程序。其四，法律权威。其五，人权保障。其六，良法善治。法治政府是政府依据宪法法律设立、政府权力法定、政府决策和行为严格依据法律程序进行并对其后果要承担相应责任的政府。其一，政府依法行政和严格执法，是法治的重心。其二，法治政府是有限政府，其权力受到法律的界分和限定，不能超越法律的界限运行。其三，法治政府是责任政府，有权必有责，有责必承担；法治政府是人民政府，以人的基本自由和权利为依归。其四，法治政府是程序政府，一切重大决策和行为的活动都必须通过公正参与、专家论证、风险评估、合法性审查和集体讨论决定；法治政府是阳光政府，实行信息公开，赋予社会大众广泛的知情权和参与权，以民主决策和民主监督实现公开公正，保障政府的法治本色。其五，法治政府是诚信政府，应当自觉维护法律权威，自觉履行职责，为政令畅通、政民和谐奠定基础。法治社会是社会依法治理、社会成员人人崇尚法治和信仰法治、社会组织依法自治、社会秩序在法治下和谐稳定的社会。法治社会建设应遵循以下原则：坚持党的集中统一领导；坚持以中国特色社会主义法治理论为指导；坚持以人民为中心；坚持尊重和维护宪法法律权威；坚持法律面前人人平等；坚持权利和义务相统一；坚持法治、德治、自治相结合；坚持社会治理共治共建共享。法治社会建设具体包括：第一，全社会树立法治意识。第二，社会组织多层次多领域依法治理。第三，党和国家依据宪法法律治理社会。法治社会建设还要求建设完备的法律服务体系。总之，法治国家、法治政府和法治社会三者内在统一、相互融合、相互促进。

27. 法治政府是指政府依据宪法法律设立、政府权力法定、政府决策和行为严格依据法律程序进行并对其后果承担相应责任的政府。其一，政府依法行政和严格执法是法治的重心。政府的决策与执法活动是否符合法治精神和法治原则，不仅关系到法治国家能否建成，更关系到社会的稳定和人民的幸福。因此，必须牢牢抓住这个关键，在规范政府权力的行使、防止权力滥用、明确权力价值取向上作出全面的制度安排，并确保在法治实践中得到有效落实。其二，法治政府是有限政府，其权力受到法律的界分和限定，不能超越法律的界限运行。其三，法治政府是责任政府，有权必有责，有责必承担；法治政府是人民政府，以人的基本自由和权利为依归。其四，法治政府是程序政府，一切重大决策和行动都必须通过公众参与、专家论证、风险评估、合法性审查和集体讨论决定；法治政府是阳光政府，实行信息公开，赋予社会大众广泛的知情权和参与权，以民主决策和民主监督来实现公开公正、保障政府的法治本色。其五，法治政府是诚信政府，应当自觉维护法律权威、自觉履行职责，为政令畅通、政民和谐奠定基础。

28. 法治社会是社会依法治理、社会成员人人崇尚法治和信仰法治、社会组织依法自治、社会秩序在法治下和谐稳定的社会。推进多层次依法治理，就是坚持系统治理、依法治理、综合治理、源头治理；推进多领域的依法治理，就是各行业的协调治理，提高社会治理法治化水平。推进多层次多领域的依法治理，对于建立多元有序的和谐社会和社会秩序，有效解决社会矛盾，化解社会风险，实现社会的安全与稳定，具有重要意义。

推进多层次多领域依法治理，首先要依靠政府对社会的法治化管理。政府依法行政和严格执法，是政府对社会实现法治化管理的关键环节，但是建设多层次多领域依法治理的法治社会，单靠政府法治化管理是不够的，真正的社会治理需要社会自身的成长，实现社会自治的法治化发展，包括基层治理、行业组织治理、职业协会治理和公益事业治理等法治社会化治理。

其次，要建立社会治理规则及冲突解决机制，如推进市域治理创新，开展市域社会治理现代化试点；深化城乡社区依法治理，在党组织领导下实现政府治理和社会调节、居民自治良性互动；区县职能部门、乡镇政府（街道办事处）制定和落实在社区治理方面的权责清单，加强基层群众性自治组织规范化建设；全面推进基层单位依法治理，广泛开展行业依法治理，依法妥善处置涉及民族、宗教等因素的社会问题等；加强公民自治，推动公民道德体系建设，完善征信机制，建设诚信体制，增强全民守法意识等。

最后，要深入开展多层次多形式法治创建活动，深化基层组织和部门、行业依法治理，支持各类社会主体自我约束、自我管理。发挥市民公约、乡规民约、行业规章、团体章程等社会规范在社会治理中的积极作用。

29. 中国式现代化是中国共产党领导的社会主义现代化，既有各国现代化的共同特征，更有基于自己国情的中国特色。中国式现代化必须走中国特色社会主义法治道路，全面依法治国是中国式现代化的重要保障。

（1）全面依法治国是全面建设社会主义现代化国家的必然要求。建设中国特色社会主义法治体系，建设社会主义法治国家是全面依法治国的总目标，实现全面依法治国的总目标必须坚持党的领导，坚持在党的领导下谋划推进法治建设，中国式现代化是中国共产党领导的社会主义现代化。

（2）紧扣全面建设社会主义现代化国家，围绕保障和促进社会公平正义谋划推进法治建设，必须紧紧围绕保障和促进社会公平正义这一核心价值，坚持以系统观念谋划推进法治建设。

（3）坚定不移深化法治领域改革。要处理好改革和法治的关系，认真落实全面依法治国战略部署，把完善以宪法为核心的社会主义法律体系、扎实推进依法行政、严格公正司法、加快建设法治社会等各项重点任务落到实处。

（4）在推进中国式现代化进程中，应当坚定地走好中国特色社会主义法治道路，把握好中国法治现代化的基本方向，坚持依法治国、依法执政、依法行政共同推进，法治国家、法治政府、法治社会一体建设，全面推进国家各方面工作法治化。谋划和推进全面建设社会主义现代化国家，要把法治摆在更加突出的位置，以国家各项工作法治化水平的不断提高推动经济社会持续健康发展。

30. 第一，从经济和社会发展的角度看，社会主义法是解决社会复杂矛盾、维护社会稳定的利器。经济不断发展，会导致贫富差距加大等一系列社会问题，导致各种利益关系矛盾凸显，要化解这些矛盾，最好的解决方式就是将这些问题纳入法治轨道。

第二，从政治运行角度看，社会主义法是政治权力认可并制定的行为规则。社会主法治要求党通过领导国家的立法、司法、行政机关，制定、贯彻、落实良法，将人民的意志集合为国家意志，并运用国家的强制力加以实施。党的领导是社会主义法治的一个突出特点。

第三，从社会治理和法治本质看，以人民为中心是社会主义法治的本质要求。社会主义法以维护广大人民群众根本利益为目标。法治作为一种社会治理形式，其最根本的目的就是使公民的权利得到实现。

第四，从价值追求看，社会主义法坚定不移地追求社会公平正义。公平正义是社会主义法治的价值追求。实现公平正义，首先要从程序正义来实现，也就是司法过程的公正，它是从立法公正通往现实公正的路径。

第五，从公众参与看，社会主义法广泛引导社会参与。要适应全面深化改革的新形势、新任务、新要求，规范政府的社会管理权力，提升社会组织、社区居民参与社会治理的地位、权利，完善其法定程序，实现政府社会治理权责体系的明晰化、科学化和法治化。

总之，依法治国作为治国理政的基本方式，在推进国家治理体系和治理能力现代化中具有基础性地位和作用。在社会治理过程中，通过推进国家与社会治理法治化，让发展成果更多更公平地惠及全体人民，使法治现代化成为建设富强民主文明和谐美丽的社会主义现代化强国的根本保障。

31. 依法治理网络空间，是指社会治理依法向网络空间覆盖，建立健全网络综合治理体系，加强依法管网、依法办网、依法上网，全面推进网络空间法治化。依法治理网络空间主要包括以下内容：

（1）完善网络法律制度。通过立改废释并举等方式，推动现有法律法规延伸适用到网络空间。完善网络信息服务方面的法律法规，修订互联网信息服务管理办法，研究制定互联网信息服务严重失信主体信用信息管理办法。完善网络安全法配套规定和标准体系，建立健全关键信息基础设施安全保护、数据安全管理和网络安全审查等网络安全管理制度。修订预防未成年人犯罪法，制定未成年人网络保护条例。

（2）培育良好的网络法治意识。坚持依法治网和以德润网相结合，弘扬时代主旋律和社会正能量。加强和创新互联网内容建设，实施社会主义核心价值观、中华文化新媒体传播等工程。加强全社会网络法治和网络素养教育，制定网络素养教育指南，引导网民文明上网、理性表达。

（3）保障公民依法安全用网。牢固树立正确的网络安全观，依法防范网络安全风险。落实网络安全责任制，明确管理部门和网信企业的网络安全责任。同时，加强对网络空间通信秘密、商业秘密、个人隐私以及名誉权、财产权等合法权益的保护。建立健全信息共享机制，积极参与国际打击互联网违法犯罪活动。

32. 通过法律实现"共建共治共享"的社会治理新理念，核心是推进社会治理法治化，全面提升社会治理法治化水平，依法维护社会秩序、解决社会问题、协调利益关系、推动社会事业发展，培育全社会办事依法、遇事找法、解决问题用法、化解矛盾靠法的法治环境，促进社会充满活力又和谐有序。它主要包括以下几个方面的内容：

（1）完善社会治理体制机制。完善党委领导、政府负责、民主协商、社会协同、公众参与、法治保障、科技支撑的社会治理体系，打造共建共治共享的社会治理格局。健全地方党委在本地区发挥总揽全局、协调各方领导作用的机制，完善政府社会治理考核问责机制。引领和推动社会力量参与社会治理，建设人人有责、人人尽责、人人享有的社会治理共同体，确保社会治理过程人民参与、成效人民评判、成果人民共享。加强社会治理制度建设，推进社会治理制度化、规范化、程序化。

（2）推进多层次多领域依法治理。推进市域治理创新，依法加快市级层面实名登记、社会信用管理、产权保护等配套制度建设，开展市域社会治理现代化试点，使法治成为市域经济社会发展的核心竞争力。深化城乡社区依法治理，在党组织领导下实现政府治理和社会调节、居民自治良性互动。区县职能部门、乡镇政府（街道办事处）按照减负赋能原则，制定和落实在社区治理方面的权责清单。加强基层群众性自治组织规范化建设。全面推进基层单位依法治理，企业、学校等基层单位普遍完善业务和管理活动各项规章制度。广泛开展行业依法治理，推进法治化治理方式。依法妥善处置涉及民族、宗教等因素的社会问题，促进民族关系、宗教关系和谐。

（3）发挥人民团体和社会组织在法治社会建设中的作用。人民团体要在党的领导下，通过各种途径和形式依法参与管理国家事务，管理经济文化事业，管理社会事务。促进社会组织健康有序发展，推进社会组织明确权责、依法自治、发挥作用。加大培育社会组织力度，重点培育、优先发展行业协会商会类、科技类、公益慈善类、城乡社区服务类社会组织。推动和支持志愿服务组织发展，开展志愿服务标准化建设。完善政府购买公共服务机制，促进社会组织在提供公共服务中发挥更大作用，等等。

（4）增强社会安全感。加快对社会安全体系整体设计和战略规划，贯彻落实加快推进社会治理现代化开创平安中国建设新局面的意见。完善平安中国建设协调机制、责任分担机制，健全平安建设指标体系和考核标准。

（5）依法有效化解社会矛盾纠纷。坚持和发展新时代"枫桥经验"，完善社会矛盾纠纷多元预防调处化解综合机制，努力将矛盾纠纷化解在基层。全面落实诉讼与信访分离制度，深入推进依法分类处理信访诉求。充分发挥人民调解的第一道防线作用，完善人民调解、行政调解、司法调解联动工作体系。充分发挥律师在调解中的作用，建立健全律师调解经费保障机制。

33. 法治社会是社会依法治理、社会成员人人崇尚法治和信仰法治、社会组织依法自治、社会秩序在法治下和谐稳定的社会。推进社会组织多层次多领域依法治理是法治社会建设的应有内容。坚持系统治理、依法治理、综合治理、源头治理，提高社会治理法治化水平，支持各类社会主体自我约束、自我管理。

推进社会组织多层次多领域依法治理包括：推进市域治理创新，依法加快市级层面实名登记、社会信用管理、产权保护登记等配套制度建设，开展市域社会治理现代化试点，使法治成为市域经济社会发展的核心竞争力。深化城乡社区依法治理，在党组织领导下实现政府治理和社会调节、居民自治良性互动。区县职能部门、乡镇政府按照减负赋能原则，制定和落实在社区治理方面的权责清单。加强基层群众自治性组织规范化建设。全面推进基层单位依法治理，企业、学校等基层单位普遍完善业务和管理活动各项规章制度。全面推进基层单位依法治理，推进法治化治理方式。依法妥善处置涉及民族、宗教等因素的社会问题，促进民族关系、宗教关系和谐。

推进多层次多领域依法治理是创新社会治理、推进国家治理体系和治理能力现代化的必然要求。深入推进多层次多领域依法治理，在法治轨道上维护社会正常秩序、解决各种社会问题、协调各种社会利益关系、推动各项社会事业发展，对于推进国家治理体系和治理能力现代化，具有重要意义。

34. 法律是上层建筑的组成部分，它与经济基础之间的关系是形式与内容的关系。一方面，法律只能在经济基础所蕴含的可能性范围内选择，而不能任意地选择；法律的性质、内容和发展趋势等，主要由其已建立的经济基础的状况和要求决定。另一方面，法律虽然根源于经济基础，但作为一种超经济的力量，对经济基础既具有依赖性，又具有一定的反作用和相对独立性。

法律与经济基础的关系主要表现为经济基础对法律的决定作用，主要体现为三个方面：首先，经济基础决定法律的性质；其次，经济基础决定法律的基本内容；最后，经济基础的发展变化决定法律的发展变化。但在法律与经济基础的关系中，法律也并不是消极地被决定的。法律在决定于一定的经济基础的同时，又服务于该经济基础，对经济基础具有能动的反作用。法律对经济基础的反作用包括下列四个方面：第一，法律对经济基础具有选择和确认作用；第二，法律对经济基础具有加速或延缓其发展的作用；第三，法律对经济基础具有保障和促进作用；第四，法律对生产关系的某些方面具有否定、阻碍或限制作用。

35. 法治社会是社会依法治理、社会成员人人崇尚法治和信仰法治、社会组织依法自治、社会秩序在法治下和谐稳定的社会。法治社会建设应遵循如下原则：

（1）坚持党的集中统一领导。党的领导是法治社会建设最根本的保证，把党的领导贯彻到法治社会建设的全过程和各方面，必须坚持党领导立法、保证执法、支持司法、带头守法，充分发挥党总揽全局、协调各方的领导核心作用，确保法治中国建设的正确方向。

（2）坚持以中国特色社会主义法治理论为指导。深入贯彻习近平法治思想，系统总结运用新时代中国特色社会主义法治建设的经验，不断推进理论和实践创新发展。

（3）坚持以人民为中心。坚持法治社会建设为了人民、依靠人民、造福人民、保护人民，以保障人民利益为根本出发点和落脚点，保证人民依法享有广泛的权利和自由、承担应尽的义务，促进人的全面发展，努力让人民群众在每一项法律制度、每一个执法决定、每一宗司法案件中都感受到公平正义，加强人权法治保障。

（4）坚持尊重和维护宪法法律权威。任何组织和个人都必须尊重宪法法律权威，都必须在宪法法律范围内活动，都必须依照宪法法律行使权力或权利、履行职责或义务，都不得有超越宪法法律的特权。

（5）坚持法律面前人人平等。平等是社会主义法律的基本属性。对一切公民的权利和自由都予以平等保护，对违法行为平等地追究法律责任，消除歧视与偏见，不承认任何法外特权。

（6）坚持权利与义务相统一。主体的权利义务要相一致，没有无权利的义务，也没有无义务的权利，在行使权利时必须尊重他人和社会相应的权利，不能只享有权利而不承担义务。

（7）坚持法治、德治、自治相结合。完善立法，加强法律实施，通过法律维护社会公平正义；弘扬社会主义核心价值观，强化道德建设，通过道德促进社会友善；完善村规民约，加强基层自治，通过自治实现基层治理规范有序，三方面有机结合、相辅相成。

（8）坚持社会治理共建共治共享。推进社会治理法治化，全面提升社会治理法治化水平，依法维护社会秩序、解决社会问题、协调利益关系、推动社会事业发展，培育全社会办事依法、遇事找法、解决问题用法、化解矛盾靠法的法治环境，促进社会充满活力又和谐有序。

36.（1）科技对法的影响：首先，科学技术影响法的内容，成为法律规定的重要依据。科学技术进步所形成的新的科学知识，不断被运用到法律领域，成为法律规定的重要科学依据。其次，科学技术的发展扩展了法律调整的领域，在科学技术的研究发明和推广应用的实践活动中出现的大量新的社会关系需要法律规范的调整。再次，科学技术的发展引起了有关传统法律概念和原则的变化。随着科学技术的发展，科学技术知识内容的立法所占的比重不断增加，而这类专业性、技术性比较强的立法任务要求立法者具备一定的专门性的科学文化知识，需要将这类立法工作委托给专门的机关或人员，这导致"委托立法"范围的不断扩大。最后，科学技术的发展完善了法律调整机制，为立法和执法提供了新的技术和手段，对法的制定和实施产生了重大影响。此外，科学技术的发展也促进了法学教育、法治宣传和法学研究的方式和内容的更新和发展。

（2）法对科技的作用：首先，法保证科学技术的顺利发展有良好的社会环境。其次，法为组织科学技术提供必要的准则。法确认和保证科学技术发展在国家社会生活中的优先地位，确定国家科技发展战略，确立科技管理体制和科技运行机制。法在推动国际科学技术合作，促进科学技术成果的全球共享和高效能运用方面也有重要作用。最后，法是鼓励科学技术发展的有效手段。法通过规定对公民的创造性劳动的保护和鼓励措施，激发人们为科技发展作出贡献的热情。

37.（1）全民守法是法治建设的基础工程，法治根系于社会大众对法律的信守和遵从。全民守法是指全体社会成员和一切国家机关、政党、社会团体、企事业组织，都必须尊重宪法法律权威，都必须在宪法法律范围内活动，都必须依照宪法法律行使权力或权利、履行职责或义务，都不得有超越宪法法律的特权。必须维护国家法制统一、尊严、权威，切实保证宪法法律有效实施，绝不允许任何人以任何借口任何形式以言代法、以权压法、徇私枉法。为此，必须深入开展法治宣传教育，大力弘扬社会主义法治精神，努力建设社会主义法治文化，增强全社会厉行法治的积极性和主动性；必须依法抑恶扬善、严格执法司法，形成守法光荣、违法可耻的社会氛围；必须发挥法治建设的强大效能，引导人民群众按照法律的规定和程序，依法表达利益诉求、依法维护自身利益；必须完善国家工作人员学法用法制度，坚持把领导干部带头学法、模范守法作为树立法治意识的关键，充分发挥领导干部率先垂范的带动效应，使全体人民成为社会主义法治的忠实崇尚者、自觉遵守者、坚定捍卫者。

（2）全面推进依法治国，科学立法是前提、严格执法是保障、公正司法是生命线，法治建设的成效如何则要看全民守法的情况如何。弘扬社会主义法治精神，建设社会主义法治文化，增强全社会厉行法治的积极性和主动性，形成守法光荣、违法可耻的社会氛围，使全体人民都成为社会主义法治的忠实崇尚者、自觉遵守者、坚定捍卫者，这表明守法意识、法治精神在法治中国建设中的重要性。历史发展表明，只有法律成为人们自觉遵守的规则，内化于心、外化于行，法的意义、法的精神和法治文化才具有特殊重要的意义。

（3）要达到"全民守法"的目标，必须以法治政府的建立促进法治社会的发育，以司法的严谨、执法的严格来培育公民守法的自觉性。这就要求我们，一方面要加快建设职能科学、权责法定、执法严明、公开公正、廉洁高效、守法诚信的法治政府；另一方面要充分发挥司法公正对于社会公正的引领作用，并在此基础上，推进覆盖城乡居民的公共法律服务体系建设，健全依法维权和化解纠纷机制、利益表达机制、协商沟通机制、救济救助机制、畅通群众利益协调、权益保障法律渠道。只有让人民群众在每一件具体的司法案件中建立对法治的信心、在日常工作中感受到法律的权威，他们对法律的态度才能由认识到遵守，由信任到信仰。此外，推动社会主义法治文化和法治精神建设，离不开类型多样的宣传与教育。通过普法教育，对于推进全面依法治国、建设社会主义法治国家具有重要意义。

38."法律是显露的道德，道德是隐藏的法律"这一观点体现了法律与道德的联系。法律是立法机关制定或认可的具有强制约束力的社会规范，道德是长期社会生活中形成的关于善恶美丑的判断标准和行为规范，二者相互影响、相互渗透、相互作用。

道德是法的基础和评价标准，主要表现在：第一，道德是法的理论基础，道德理论、理念、观点、学说是法律理论、理念、观点、学说产生、形成和发展的前提，没有道德理念、思想的更新和发展，没有道德理念、原则、信条不断地转化为法律的理念、原则、规定和规范，就没有法律理论、法律规定、法律制度的更新和发展，就不可能形成法律大厦的坚实地基；第二，道德是法的价值基础，道德是衡量善法与恶法的标准，是引导人们进行法律制度、法律秩序建设和改革的指针。没有道德及价值观念体系作为基础，法就缺乏内在支柱，它的合法性将最终失去。第三，道德是法运作的社会基础，法的权威、力量、合法性的发挥和实现是建立在道德这一基石之上的，法治的形成和实现离不开道德信念的支持，人们的道德水平越高，守法的程度也越高，选择法所认可的合法行为的程度也越高。第四，道德是弥补法律漏洞的基础，通过道德这种社会控制方式，通过建立良好的道德秩序，协调、引导、调整和评价人们的行为，可以弥补法的漏洞。

法是传播道德、保障道德实施的有效手段，主要表现在：第一，通过立法，将社会中的道德理念、信念、基本原则和基本要求法律化、制度化、规范化，赋予社会的道德价值观念以法的强制力，进一步强化、维护、实现道德规范。法能够有效地促使人们自觉地遵守道德的信念、原则和要求，从而在更大、更广的范围内维护社会秩序，促进、保障和维护人们的正当生活。通过道德法律化的形式和方式，社会规范真正实现了自律与他律的结合。第二，法是道德的承载者，它弘扬、发展一定社会的道德理念、信条和原则，促进社会道德的更新和变革。法律通过把道德理念、原则、信条和要求具体化，把社会中的道德准则、义务和要求确定为法的准则、义务和要求，促使人们更明确自己的道德义务，更为积极地认同和接受道德的制约。第三，法是形成新的道德风貌、新的精神文明的强大力量。一个社会通过法律形式，把适合社会生活需要的道德法律化、制度化、规范化，使之成为法律规范，这实际上确立和形成了一个法定的基本道德体系和标准，促进和改善了社会的精神风貌。法通过自身特殊的制度性机制，推动道德的更新与进步，促进精神文明的发展，从而改造人和人性，改造社会，这是其积极的社会使命和功能。

39. "道德和法律无法妥协"体现了法与道德的冲突。法与道德时常处于冲突之中，法与道德在日常法律适用中的冲突主要表现为情理与法理上的冲突，主要表现为"合法不合理"与"合理不合法"两种情况。第一种情况是道德上不许可，但法律上许可。例如，根据法律关于民事权利诉讼时效的规定，债权超过法定诉讼时效后，债权人就丧失了诉讼上的胜诉权，法律不再支持和保护其债权。但在道德上，"欠债还钱"是天经地义的道德义务。这就出现了"合法不合理"的冲突。第二种情况是道德上许可，但法律上不许可。比如，关于安乐死的问题。从安乐死本身来说，它是符合人道主义的。但因为安乐死操作难等原因，我国法律对它仍持禁止态度。此外，还有见义勇为却触犯法律问题、大义灭亲反而获罪等都存在着道德与法律的碰撞。道德与法律的冲突往往出现两种结果：一是没有坚实社会基础的法律在道德面前必须修改或崩溃，适应道德的新法律产生；二是在法律的影响下，一些旧道德退出历史舞台，形成与法律相适应的新道德。解决法律与道德在日常法律适用领域冲突的措施主要有：提高立法质量，尽量避免出现法律的漏洞，最大限度地减少法律与道德进行不必要碰撞的概率。同时，在宣传法律过程中，对旧道德进行批判，使道德与法律尽量吻合。

40. 作为上层建筑重要组成部分的社会主义法与社会主义道德之间具有密切的联系，二者相互渗透、相互作用、相互促进。

社会主义道德对社会主义法的作用主要表现在：第一，社会主义道德是社会主义法的价值指导，社会主义法的创制以道德为指导，体现了法的合理性、正义性。第二，社会主义道德对法的实施具有促进作用。社会主义法的实施需要国家强制力的保证，也需要社会主义道德的驱动。良好的道德状况有助于法的更有效实现。第三，社会主义道德可以弥补社会主义法在调整社会关系方面的不足。由于法本身存在一定的局限性，对法律不宜调整的社会关系，可以由社会主义道德加以调整。

社会主义法对社会主义道德建设的作用主要表现在：社会主义法以法律规范的形式把社会主义道德的某些原则和要求加以确认，使之具有法的属性。第二，社会主义法是进行社会主义道德教育的重要方式。法律教育和法律实施活动，可以促进社会主义道德，提高人民的道德素质。对违法犯罪行为的处理，不仅使人们看到什么行为是法律禁止的，也使人们认识到什么行为是道德谴责的。对合法行为的保护和奖励，表扬先进树立榜样，有助于培养人们的道德观念。

第四章 中国宪法学

第一节 分析题

一、历年真题考查内容

具体命题情况见表4-1：

表4-1 中国宪法学分析题2004—2024年真题考查内容

出题年份	考查内容
2004年	选举制度（乡人大代表的选举）。
2005年	公民的基本人权、平等权和政治权利。
2006年	地方政府的行政管理职权、政治权利（集会、游行、示威自由）、监督权。
2007年	言论自由、监督权、人身自由权。
2008年	平等权、法治原则、监督权、人民检察院的领导体制。
2009年	村民委员会换届选举。
2010年	人格尊严、人权、国家机构的组织和活动原则。
2011年	人民法院依法独立审判原则、人民代表大会常务委员会对人民法院的监督方式。
2012年	合宪性审查、人民主权原则。
2013年	人身自由、财产权、法治原则（法律保留原则）。
2014年	人身自由、人格尊严，司法机关的地位、司法机关依法独立行使职权原则，公安机关、人民检察院和人民法院的关系。
2015年	平等权、受教育权、备案与审查机制（地方政府规章的备案）、合宪性审查。
2016年	人民代表大会代表的言论免责权、人民代表大会代表的罢免、贿选。
2017年	宪法修改的提案权主体、修宪程序、宪法修改的方式（部分修改）。
2018年	村民委员会。
2019年	备案与审查机制（地方性法规的备案）、合宪性审查。
2020年	地方人民代表大会的职权、法律保留原则、合宪性审查。
2021年	第七次修订《选举法》适当增加县、乡两级人大代表数量的原因和意义。
2022年	公民的通信自由和通信秘密受法律保护；设区的市的人民政府制定的地方政府规章及其报备。
2023年	备案审查的范围和完善备案审查机制的举措、意义。
2024年	质询案主体、质询程序、对质询的处理。

二、专项突破习题

1. 我国"五四宪法"和"七五宪法"都没有对宪法解释权的归属作出规定，"七八宪法"首次确认了我国宪法解释体制，"八二宪法"以根本法的形式确认了我国宪法解释机关，这与我国宪法体制是相吻合的。1985年，全国人大常委会曾就关于民族自治地方人大常委会是否有权制定单行条例作出答复：《宪法》第116条、《民族区域自治法》第19条规定，民族区域自治地方的人民代表大会有权制定自治条例和单行条例。根据这一规定，制定单行条例的职权应属于自治区人民代表大会，不是人大常委会。但是，我国宪法解释权实际上并非常态行使的权力，这不利于我国宪法的有效实施。特别是全国人大常委会之外的国家机关在行使职权，或者在宪法实施过程中，对宪法的解释会彼此发生冲突，也有可能对宪法条文的含义存在疑义，这些都需要有权威的机关进行宪法解释。

请结合上述材料，运用宪法学知识和规定回答下列问题：

（1）我国实行的宪法解释体制和专门的宪法解释机关是什么？

（2）我国现行宪法解释体制存在的理由是什么？

（3）我国现行宪法解释体制存在哪些问题？

（4）全国人大常委会就关于民族自治地方人大常委会是否有权制定单行条例所作的解释属于何种解释方式？这种解释方式的作用有哪些？

2. 自2004年《宪法》修改以来，党和国家的事业又有了许多重要发展变化。特别是党的十八大以来，以习近平同志为核心的党中央形成了一系列治国理政新理念新思想新战略，推动党和国家事业取得历史性成就。为了将党和人民在实践中取得的重大理论创新、实践创新、制度创新成果通过国家根本法确认下来，使之成为全国各族人民共同遵循的国家各项事业、各方面工作的活动准则，2018年3月11日，第十三届全国人民代表大会第一次会议通过了21条宪法修正案，主要涉及宪法序言、贯彻党的领导、国家机构等方面的内容。

结合上述材料并利用宪法学理论和知识回答下列问题：

（1）试述我国的修宪机关、提案主体和修改通过程序。

（2）2018年宪法修正案在国家机构方面做了哪些修改？

（3）试述2018年宪法修正案的意义。

3. A省人民代表大会制定了《A省排污管理条例》。公民甲认为，依据宪法和法律关于宪法监督的规定，该条例的部分条款的规定与我国现行宪法相抵触，于是向全国人大常委会提出了书面合宪性审查建议，甲的行为引起了社会的关注。

请结合上述材料，根据我国宪法和法律，回答下列问题：

（1）《A省排污管理条例》属于何种性质的规范性文件？应当报哪些机关备案？

（2）甲对《A省排污管理条例》提出审查建议的宪法和立法法依据是什么？

（3）针对甲提出的审查建议，全国人大常委会审查后如何处理？

4. 某经济特区所在地的A市的人大常委会根据全国人大授权制定《A市供水用水条例》，该条例有关规定对国务院制定的《城市供水条例》的有关规定进行了变通规定。

请结合上述材料，根据我国宪法和法律，回答下列问题：

（1）A市对《城市供水条例》作出变通规定的法律依据是什么？

（2）《城市供水条例》和《A市供水用水条例》属于何种性质的规范性文件？应当报哪些机关备案？

（3）全国人大作出授权决定的法律依据和应遵循的授权规则是什么？

5. 甲公路建设工程公司承接了某县境内高速公路路段建设施工工程。施工期间，该公司从当地收购了20万立方米的河沙、鹅卵石作为路基建设材料。据此，A市地税局依照省人大常委会制定的《资源税征收条例》的规定，核定该公司缴纳资源税50万元，并责令限期缴纳。该公司接到A市地税局下达的税务处理决定后，认为河沙、鹅卵石不属于应税矿产品，且征税适用法律错误，于是向上级税务机关申请行政复议，上级税务机关作出维持原税务处理的复议决定，甲公司遂向法院提起行政诉讼。法院经审理后撤销了税务局征税的决定。

请根据宪法知识和规定分析下列问题：

（1）《资源税征收条例》在性质上属于何种性质的规范性文件？应当报哪些机关备案？

（2）A市地税局是否有权向甲公司征税？为什么？

（3）法院是否有权宣布《资源税征收条例》无效？如何处理？为什么？

6. 材料一：十四届全国人大及其常委会严格落实宪法法律的规定和党中央指导性文件的要求，坚持宪法规定、宪法原则、宪法精神全面贯彻，坚持宪法实施、宪法解释、宪法监督系统推进，完善合宪性审查制度，推进合宪性审查工作，实现了审查对象全覆盖、审查主体全链条、审查程序全过程。

——《2023年全国人大及其常委会加强和创新宪法实施情况报告》

材料二：全国人大常委会听取和审议关于2023年备案审查工作情况的报告，这是法工委连续第七年向常委会进行专题报告，备案审查工作已实现显性化、制度化、常态化。

——《2023年全国人大及其常委会加强和创新宪法实施情况报告》

根据我国宪法和法律，结合材料，回答下列问题：

（1）全国人大常委会应对哪些规范性文件进行备案审查？

（2）实现备案审查工作显性化、制度化、常态化有何意义？

7. 在审理郭某危害珍贵、濒危野生动物刑事案件中，A市中级人民法院依据最高人民法院、最高人民检察院《关于办理破坏野生动物资源刑事案件适用法律若干问题的解释》第 2 条关于"情节特别严重"认定的规定，作出了郭某构成犯罪的终审判决。当事人郭某认为，该司法解释第 2 条规定同《刑法》规定相抵触，向全国人大常委会书面提出了审查建议。

请结合上述材料，根据我国宪法和法律，回答下列问题：

（1）最高人民法院作出的司法解释的权限范围和原则是什么？

（2）郭某向全国人大常委会提出书面审查建议的依据是什么？

（3）全国人大常委会收到郭某的审查建议后，应如何处理？

8.《中华人民共和国宪法》第 33 条第 3 款规定："国家尊重和保障人权。"

请分析：

（1）国家尊重和保障人权条款体现的是何种宪法原则？何时入宪？

（2）为了贯彻国家尊重和保障人权条款，我国宪法还有哪些规定？

9.《中华人民共和国宪法》第 27 条第 3 款规定："国家工作人员就职时应当依照法律规定公开进行宪法宣誓。"

请分析：

（1）应当公开进行宪法宣誓的主体有哪些？

（2）宪法宣誓制度体现了哪些宪法基本原则？

（3）建立宪法宣誓制度的意义是什么？

10. 某县选举县人民代表大会代表，采取了直接选举的方式。在划分选区时，城镇选区完全按照选民的居住状况划分；农村选区由几个村联合划为一个选区，对于人口较多的村或者人口较少的乡，则单独划为一个选区。城镇选区完全是差额选举，农村选区由于代表候选人较少，既有差额选举，也有等额选举。代表候选人中，有些是各政党、各人民团体单独或联合推荐提出的，有些是选民 10 人以上联名推荐提出的，有些是乡镇人大单独或联合推荐提出的。在投票时，由县人大常委会主持投票选举。凡各选区选举时所投的票数等于投票人数的，选举有效；所投的票数多于或少于投票人数的，选举无效。

根据我国《宪法》和《选举法》的规定，请分析该县人民代表大会代表的选举存在哪些问题？为什么？

11. 某乡进行人大代表的选举。该乡选举委员会根据各方面提名、推荐，最后以代表候选人名额多于应选举代表名额的 2 倍比例，确定了代表候选人名单，并于选举日的 5 日前予以公布。为便于选民了解候选人，选举委员会大张旗鼓地向选民介绍代表候选人，直至投票的当天。投票当日，该乡选民王某因公出差不能参加选举，他口头委托该乡选民刘某代他投票，刘某还接受了外地打工的张某、李某、赵某的委托代为投票，并得到乡选举委员会同意。最终，按候选人得票多少的顺序，选出了该乡新一届人大代表。

请用《宪法》和《选举法》的有关知识，分析材料中是否存在不合法问题，并说明理由。

12. 某地进行县人大代表选举，一选区应选代表名额为 5 人。在本选区选民 9 人联合提名基础上，选举委员会在选举日的 5 日以前公布正式代表候选人名单，最后确定的正式代表候选人为 5 人。经过投票选举，只有 4 人获得参加投票选民过半数选票。选举委员会对不足的名额进行第二轮选举，并以得票最多的候选人作为正式代表候选人。

请分析：在整个选举过程中，选举委员会的做法违反了《选举法》的哪些规定？

13. A 市（直辖市）B 区人大换届选举时，某著名大饭店员工王某等 16 人，在大饭店登记为合法选民，但该大饭店以王某等人没有本市户口或暂住证为由未发给他们选民证，选民名单也没有列入王某作为选民，也没有通知其参加选举。为此，王某向选举委员会提出申诉，但选举委员会到第 4 日仍未作出处理决定，王某被迫向人民法院起诉，要求大饭店承担法律责任。

请结合我国《宪法》和《选举法》规定，分析上述材料并回答下列问题：

（1）大饭店的做法是否侵害了王某的选举权利？

（2）王某在何处可以行使选举权利？依据何在？

（3）选举委员会对王某的申诉没有作出处理决定是否正确？

（4）王某是否有权向人民法院起诉？

14. 某地进行县人民代表大会代表的选举，一选区应选举 3 名代表。经过选民联名推荐，共产党、各民主党派以及妇联、工会、共青团等单独或联合提名，一共提出了 20 多个代表候选人。选举委员会将汇总结果在选举日前 18 日公布并将其交给各选民小组讨论、协商，离选举日只剩下 3 天时间的时候，对正式代表候选人仍然没有达成一致意见，选民们认为应该有 8 人被确定为正式候选人。选举委员会主任觉得马上要进行正式选举，不能再往后拖了，就从这 8 人里面指定武某、李某和马某作为正式候选人，并张榜公布。

请问：在该选区代表候选人的提出过程中，选举委员会违反了《选举法》的哪些规定？

15. 某村进行村民委员会换届选举，林某和王某是村民委员会主任候选人，其中，林某由乡政府推荐。选举结果公布，王某获得多数选票，当选为该村村民委员会主任。林某不服选举结果，于是告至乡政府。乡政府经讨论研究后，认为该选举结果存在问题，因此宣布此次选举结果无效，并决定于数日后在乡政府主持下重新选举。

请分析：

（1）乡政府在选举过程中的做法是否符合《宪法》规定？

（2）如何认识村民委员会的性质？乡、民族乡、镇的人民政府和村民委员会是什么关系？

16. 某镇政府通知所辖某村村民委员会向每户村民收取 1 000 元用于兴建该村公路，以利于该村农产品的输出；要求村民委员会将一块村集体用地租赁给在该村开办的乡镇企业。村民认为兴建村公路没有经过他们讨论同意，不愿意交款，而且反对将村集体土地租给乡镇企业。村民委员会告知村民，如不按期交款，就不执行村民会议讨论决定的征地补偿费的使用、分配方案。村民对此强烈不满，欲召集村民会议讨论兴建村公路和租赁土地问题，并欲罢免村民委员会成员。

请结合上述材料，根据我国宪法和法律，回答下列问题：

（1）镇政府要求村民委员会向村民收费的做法是否合法？为什么？

（2）兴建公路和将集体土地租赁给乡镇企业的事项，应由谁决定办理？如何决定？

（3）村民会议的组成、召集有何法律要求？

（4）村民欲罢免村民委员会成员，需经过何种程序？

17. 某村村民委员会进行换届选举，选举村民委员会主任1名、副主任3名、委员5人。其中，除了主任由县人民政府指派的人担任外，副主任和委员都由村民直接选举产生。此次换届选举由村民会议主持。在换届选举过程中，村民甲对选民名单有意见，认为乙（女）已经嫁到外村，并参加了外村的村民委员会的选举，选民名单不应将乙列入。此外，甲还认为在选举过程中存在贿选问题，于是向人民法院起诉，要求人民法院对选民名单的不同意见及有关贿选问题依法判决。

请分析：在整个村民委员会选举过程中有哪些不符合《村民委员会组织法》的违法行为？

18. 乙村村民赵某与户籍在甲村的村民钱某登记结婚后，与甲村村民委员会签订了"不享受本村村民待遇"的"入户协议"。此后，赵某将户籍迁入甲村，但与钱某长期在外务工。甲村村民委员会任期届满进行换届选举，赵某与钱某要求参加选举，遭到拒绝。甲村村民委员会还制定了土地承包经营方案，侵害了甲村村民的合法权益，引发了村民的强烈不满。

请结合上述材料，根据我国宪法和法律，回答下列问题：

（1）赵某和钱某是否有权参加甲村村民委员会的选举？为什么？

（2）甲村村民委员会制定土地承包经营方案是否违反法律规定？为什么？

（3）就土地承包经营方案，甲村村民如何维护自己的合法权益？

（4）就土地承包经营方案，村民如何依法罢免村民委员会成员？

19. 某市A区B村村民黄某四次发邮件到市长电子信箱反映：黄某是已婚妇女，由于其丈夫是集体户口，故黄某没有将户口迁出本村。在分配村集体经济所得收益时，在村民会议上，除了黄某的家人等极少数人以外，绝大部分村民由于涉及自身的经济利益，都拒绝给其分红。村民会议是处理村务的最高机关，可对村内集体所有的财产和收益进行处理。这样，黄某等"外嫁女"不得分红的制度就以"村规民约"的方式被确定下来。据调查，在该市部分地区的农村，"外嫁女"未将户口迁出的，常常受到不公平的对待，像本案中"外嫁女"权益受到侵害的情况大量存在，已成为该市一个较为突出的问题。

请结合上述材料，运用宪法学知识和规定回答下列问题：

（1）黄某是否有权取得集体经济组织所得的收益？

（2）村民会议是否有权制定村规民约？村民会议制定的村规民约中有关"外嫁女不得分红"的规定是否合法？

（3）如何发展和完善村民自治制度？

20. 铁路运输部门依据原铁道部规定，在寒、暑假期间对在异地求学的大、中学生实行半价的优惠票价，并提前售票和专设售票窗口。就铁路部门的做法是否正当的问题，社会上曾经存在过非议，但实行了多年后，该做法在社会上得到了广泛认可。

请结合上述材料，运用宪法学知识和规定回答下列问题：

（1）铁路运输部门对大、中学生实行优惠票价是否构成"合理差别"？

（2）判断政府的措施是合理差别还是违反平等保护的歧视性做法的标准有哪些？

21. 材料一：《中华人民共和国宪法》第33条第2款规定："中华人民共和国公民在法律面前一律平等。"

材料二：《中华人民共和国宪法》第45条第3款规定："国家和社会帮助安排盲、聋、哑和其他有残疾的公民的劳动、生活和教育。"

请分析：

（1）如何理解材料一规定的内涵？

（2）国家如何落实材料二中的宪法规定？

（3）材料一和材料二的规定之间是否存在冲突？

22. 甲、乙二人到丙快餐店就餐。丙店门口的灯箱广告中宣称：每位28元，国家公务员每位26元；1.3米以下儿童每位19元；当天生日者，凭身份证免费就餐一次。甲、乙二人每人交纳了28元进店就餐后，认为丙店的灯箱广告声称的"每位28元，国家公务员每位26元"的规定是对甲、乙的歧视，遂向法院起诉，要求丙店退还多收的4元钱，并赔礼道歉。

请根据宪法学知识和理论对上述材料进行分析并回答下列问题：

（1）丙店的做法是否构成"区别对待与歧视"？为什么？

（2）判断政府的措施是合理差别还是区别对待的条件和标准是什么？

23. 某女大学生甲去乙超市购物。当甲离开时，因该店门口报警器鸣响，甲被滞留检查近两个小时，其间，甲还被保安强行带入该店办公室内，被迫解开裤扣接受检查。然而，该店并未检查出甲身上藏有带磁信号的商品。不久，甲以店方的行为侵害了宪法权利和名誉权、人身权等民法权利并使其精神受到极大伤害为由，向法院起诉，要求乙超市公开登报赔礼道歉并赔偿精神损失费2万元。法院根据宪法精神，依据《民法典》的规定判决甲胜诉。

请结合上述材料回答下列问题：

（1）甲的宪法权利是否受到侵害？为什么？

（2）法官是否可以直接适用宪法基本权利条款对该案进行判决？为什么？

（3）根据法官依据宪法精神断案这一事实说明宪法规范的特点。

24. A省甲市（设区的市）人大会议期间，讨论并通过了《关于加快发展甲市私营经济整合的暂行条例》。该条例规定，为了壮大甲市国有经济队伍，推动兼并和重组改革，将甲市私营经济予以合并重组，改为国字号企业。该条例施行后，甲市实施了一系列重组措施，并对拒绝重组的企业以公共利益为由予以征收。

请结合上述材料，运用宪法学知识和规定分析下列问题：

（1）《关于加快发展甲市私营经济整合的暂行条例》是何种性质的规范性文件？如何批准生效和备案？

（2）甲市可否就私营经济问题作出规定？

（3）甲市重组私营企业和征收的做法是否符合《宪法》规定？

25. A市公安分局在无任何证据证明在其辖区内存在"M省籍敲诈勒索团伙"的前提下，在辖区的某市场附近的大街上悬挂"坚决打击M省籍敲诈勒索团伙"和"凡举报M省籍团伙敲诈勒索犯罪、破获案件的，奖励1 000元"的横幅。这一明显带有地域歧视性质的横幅一挂出，就招致不少市民的非议。M省籍公民李某和任某以A市公安分局的行为侵害了二人的名誉权为由，向法院起诉。此案引起了各地传媒的广泛关注，被称为"首例地域歧视案"。经法院调解，双方当事人达成和解，李某和任某自愿放弃诉讼请求。

请结合上述材料，根据我国宪法和法律，回答下列问题：

（1）A市公安分局的做法是否构成地域歧视？为什么？

（2）A市公安分局的做法违反了何种宪法原则？为什么？

（3）判断政府的措施是合理差别还是违反平等保护的歧视性做法的标准有哪些？

26. A自治县教委借调干部秦某填写了一阕《沁园春·彭水》，暗喻传言已被逮捕的A县原县委书记马某和现任县委书记、县长，两件轰动一时的官民纠纷，以及三个政府公共工程。随后，秦某通过手机短信把他的得意之作"发给了10～15个朋友"；又通过QQ"传给了4~6名网友"。秦某因此被警察带走并关押，在关押期间，公安机关检查了秦某发送的短信，没收了秦某的通信工具。公安机关认为，秦某捏造了一首引起群众公愤、严重破坏社会秩序和县领导名誉的词，认为"肯定会影响社会稳定和政治稳定"。经过一天的审讯后，县公安机关以涉嫌诽谤罪将秦某刑事拘留，并关进看守所。县检察院批准逮捕秦某，如果罪名成立，秦某将获3年以下有期徒刑。这起案件经媒体报道后，在社会上引起了极大反响。后县公安局承认诽谤案属于错案，将被非法关押29日的秦某释放，并向秦某道歉，并让其领取2 125元的国家赔偿金。

请结合上述材料，根据我国宪法和法律，回答下列问题：

（1）秦某的哪些宪法权利受到侵犯？其依据有哪些？

（2）公民可否对行使公权力的机关"评头品足"？依据是什么？

27. 甲自治区 A 市 B 区公安分局民警赴乙省以涉嫌诽谤罪将在乙省图书馆工作的图书助理馆员王某刑拘。王某此前多次发帖举报大学同学马某在公务员招考中作弊（查证属实），马某父亲系甲自治区扶贫办副主任，母亲系甲自治区 A 市委常委、政协主席，与人力资源厅厅长是同僚。后 A 市市委、市政府责成 A 市有关部门对 B 区公安分局刑事拘留王某一案依法进行了审查。审查结果认为，B 区公安分局在办理王某一案中存在过错，将本应属于自诉法律程序的案件按照公诉案件办理，属于错案。一周后，B 区公安分局对王某解除刑事拘留。

请结合上述材料，根据我国宪法和法律，回答下列问题：

（1）公务员考试作弊侵犯了公民的何种宪法权利？为什么？

（2）王某哪些宪法权利受到侵犯？为什么？

（3）公民行使检举权有哪些意义？

28. 某县公安局的四名民警，以群众举报有人看"黄碟"为由，到居民张某家检查。他们没有戴警帽，没有佩戴警号、警徽，并在检查中与张某发生冲突。之后，两名自称是县公安局治安大队的警察以"调查案子"为由将张某带走。

请运用宪法学的有关知识和规定对材料加以分析。

29. 公民甲某应聘到乙公司工作，并签订了劳动合同。根据乙公司规章制度，员工应当在每周一至周五每天加班 5 小时，以加紧完成公司所委派的任务；在受雇期间，员工不得擅自外出，另行住宿。某日，甲某加班完后到亲戚家居住。乙公司以甲某严重违反用人单位规章制度为由将其开除，并扣发工资。

请分析公民甲某的哪些宪法权利受到侵犯。

30. 甲市乙区丙路有一原营业用房，周围都已拆迁，该房四周被挖下十多米的坑，导致该房成了"孤岛"，也成了网上所说的"史上最牛拆迁房"。丙路片区地处商业核心地段，紧邻步行街和商业区。最后，房屋所有人杨某、吴某夫妇与开发商达成和解，杨某、吴某夫妇接受了异地安置和补偿差价的方案，并签署了拆迁安置协议。

请结合上述材料，根据我国宪法和法律，回答下列问题：

（1）杨某、吴某夫妇对营业用房是否享有财产权？宪法依据是什么？

（2）国家对公民财产进行征收、征用应当满足哪些条件？

（3）公共利益与私人利益发生冲突时，宪法如何保护私人利益？

31. 学生刘某患上乙肝，休学治疗一年后，医院开具证明建议复学。但他到学校报到时，却遭遇校方的拒绝。随后，学校又要求他到县教育局盖章同意。刘某与父亲赶到县教育局，县教育局工作人员在证明书上签了"按医院意见复学"。但当他们将证明书拿到学校后，校方负责人还是不愿意让刘某复学。

请结合宪法学有关规定和知识分析校方的做法是否正确。

32. 某市商贸城是一个以商业用房为主的房地产开发项目。市政府在未进行规划审核的情况下，为开发商发放《建设用地规划许可证》；在开发商未缴纳土地出让金的情况下，为其发放《国有土地使用证》。在项目实施过程中，市政府强制房屋拆迁，对拒不拆迁的公职人员予以政务处分；对拒不拆迁的其他房主则采取拘留、逮捕等措施。

请结合上述材料回答下列问题：

（1）市政府的做法违反了哪些行政执法原则？为什么？

（2）市政府强制拆迁行为侵犯了公民哪些宪法权利？依据是什么？

33. 某名牌大学高考录取工作已结束，新生正陆续前往学校报到。在高考中取得高分的考生张某（女）没有如愿进入该校，而比她低两分的男同学却被录取了。该学校招生办负责人称，这样做是因为录取的女生太多了，想适当照顾男生，借以平衡男女比例。

请运用宪法学的有关知识和规定，对上述材料进行分析。

34. 某市公安交通管理部门为了整顿交通秩序，减少行人交通违章，决定对外地打工者不走人行横道或私闯红灯的行为，除按交通法规进行处罚外，还吊销本人《外地人员务工证》，取消其在本市的务工资格。

请根据宪法学知识和规定，分析市公安交通管理部门做法的错误之处。

35. 某市税务局到各高等院校发布招聘通知，招聘应届大学本科毕业生到该局工作，所需专业为计算机、法学、会计。其中该局法制处需要法学毕业生两名，只要男生，不要女生，且要求在校期间成绩优秀，英语通过六级。A 大学法律系本科生刘某看到通知后，认为自己符合除招聘通知中第一条以外的所有要求，而且她非常渴望到税务机关工作，于是前去报考。但是税务局人事处工作人员告诉她法制处不要女生，刘某认为税务局的行为违反了我国《宪法》规定，要求税务局纠正自己的错误行为。

请结合材料并运用宪法学知识分析回答下列问题：

（1）该市税务局的招聘要求是否违反《宪法》的规定？为什么？

（2）该市税务局的行为是否侵犯了刘某的宪法权利？为什么？

36. 某市公安局通过官方微博发布消息证实，某市人大代表、著名影星李某因涉嫌组织卖淫、吸毒和嫖娼被逮捕。某市广播电视局依据相关规定，对李某的吸毒、嫖娼行为进行点名，除电视剧作品外，由"劣迹艺人"参与制作的电影、电视节目、网络剧、微电影等也都被要求暂停播出。

请结合上述材料，根据我国宪法和法律，回答下列问题：

（1）市公安局逮捕李某，应履行何种法定程序？

（2）李某的何种宪法权利遭受侵害？为什么？

（3）题目中的相关规定是否符合宪法法治原则？为什么？

37. A县政府根据省人大常委会制定的《拆迁补偿办法》的规定，以低于该《拆迁补偿办法》规定的补偿标准进行征地拆迁。甲因不满意该补偿标准，拒不同意拆迁自己的房屋。为此，县政府责令甲的儿子乙所在中学不为其办理新学期注册手续，并通知财政局解除甲的女婿丙（财政局工勤人员）与该局的劳动合同。甲最终被迫签署了拆迁协议。

请结合上述材料，根据我国宪法和法律，回答下列问题：

（1）《拆迁补偿办法》是何种性质的规范性文件？应当报哪些机关备案？

（2）如果甲认为《拆迁补偿办法》不符合宪法和法律，应如何提起审查？

（3）甲的住宅权是否受到侵害？为什么？

（4）甲、乙、丙的哪些宪法权利遭到侵害？为什么？

38. A省S市警方召开广场大会，对于专项行动中抓获的100名涉嫌操纵、容留、强迫妇女卖淫，路边招嫖、卖淫、嫖娼，以及派发色情卡片等违法犯罪人员进行了公开处理。据报道，涉嫌卖淫嫖娼等违法犯罪活动的人员被全副武装的民警押解到现场，当事人全部身着黄衣，面戴口罩，面部除双眼外全被遮住，现场有逾千人围观。现场警察分别读出他们的姓名、出生日期和籍贯，依据《治安管理处罚法》、A省人民代表大会常务委员会制定的《A省收容教育条例》，宣布主犯收容教育1年，其他人行政拘留15日。每读出一人的资料，警察便押身边的"犯人"上前一步确认身份。

请结合上述材料，运用宪法学知识和规定分析下列问题：

（1）材料中被示众人员的何种宪法权利受到侵犯？

（2）《A省收容教育条例》是何种性质的规范性文件？应报请哪些机关备案？

（3）《A省收容教育条例》是否有权对"人格尊严"作出限制性规定？

（4）若公民认为《A省收容教育条例》不符合宪法规定，可向谁提出审查建议？

39. 全国人民代表大会制定的《行政处罚法》第9条规定："行政处罚的种类：（一）警告、通报批评；（二）罚款、没收违法所得、没收非法财物；（三）暂扣许可证件、降低资质等级、吊销许可证件；（四）限制开展生产经营活动、责令停产停业、责令关闭、限制从业；（五）行政拘留；（六）法律、行政法规规定的其他行政处罚。"

请结合材料分析下列问题：

（1）行政处罚行为可能限制公民行使哪些宪法权利？宪法对这些权利是如何规定的？

（2）为什么行政处罚的种类由全国人民代表大会以法律形式加以规范？

40. A省人大常委会制定《私营企业兼并重组条例》。依据该条例，A省数百家私营企业被挂上国字号企业。对于执行兼并重组的私营企业，在子女入学教育方面予以照顾。私营企业主张某认为《私营企业兼并重组条例》不符合宪法规定的精神，遂向全国人大常委会书面提出合宪性审查的建议。

请结合上述材料，运用宪法和法律的知识和规定分析下列问题：

（1）《私营企业兼并重组条例》属于何种性质的规范性文件？应报哪些机关备案？

（2）《私营企业兼并重组条例》是否符合宪法规定的精神？

（3）针对审查建议，全国人大常委会审查后如何处理？

41. 某台资企业在 B 市投资设立的有限公司拟在 B 市兴建年产 80 万吨对二甲苯（PX）的化工厂。为抵制 PX 项目落户 B 市，部分 B 市市民以"散步"的形式，集体在 B 市政府门前抗议。

请分析：

（1）部分 B 市居民以"散步"形式表达意见，其行使的是何种宪法权利？

（2）我国对以"散步"形式表达意见采取限制的方式是什么？我国法律是如何进行限制的？

42. 甲是某地方报社时政评论专栏特聘记者兼责任编辑，曾因采访诸多社会热点问题而受到当地新闻主管部门的警告。某日，甲又将当地某些干部的贪腐行为公诸报端。当地新闻主管部门以影响社会稳定且屡教不改为由，吊销了甲的记者证。甲不服，向上级新闻主管部门提出申诉，上级新闻主管部门作出了维持原处分的决定。

请结合上述材料，运用宪法学知识和规定分析下列问题：

（1）甲行使了哪些宪法权利？

（2）公民行使言论自由受到限制的具体表现有哪些？

43. 某省政府为保护当地酒类生产，决定限制外地酒类进入本市，于是制定了《关于外地运输车辆管理决定》。该规定要求，为加强生态文明建设，一切运输外地酒类的车辆在进入省城前，必须向市交通局设在各路口的检查站缴纳运输管理费 500 元，不交者将不准进城。许多外地货车司机认为这项规定属于乱收费，不少市民也认为限制外地车辆影响了他们的日常生活。根据群众的反映，该省人大常委会通过决议，认为让外地货车司机缴纳运输管理费 500 元有些偏高，决定将运输管理费改为 300 元。该省人大常委会的决议公布后，许多外地货车司机仍感到不满。该省省委书记在接到上访后，决定将此事交由省委常务会议讨论，省委常务会议认为省政府的做法是错误的。于是，该省省委发布通知，决定暂时停止执行省政府的规定和省人大常委会的决议。

请结合上述材料，根据我国宪法和法律，回答下列问题：

（1）《关于外地运输车辆管理决定》属于何种性质的规范性文件？应当报哪些机关备案？

（2）省政府收取运输管理费的做法是否正确？为什么？

（3）省人大常委会、省委的做法是否正确？为什么？

44. 某省省会城市 A 市政府为保护当地烟草行业的生产，决定限制外地烟草产品进入本市，于是制定了《关于加强外地烟草产品管理的规定》。该规定要求，一切外地烟草产品在进城前，必须向市烟草专卖局报备，并按照 A 市政府制定的《关于进一步提高烟草税和烟草价格的规定》，在原国家烟草税率的基础上加征 20% 的烟草增值税和消费税，并每年缴纳管理费 1 000 元，否则不得在 A 市销售。A 市人民代表大会常务委员会认为加征的税率过高，将 20% 税率修改为 10%，并以决议的形式予以公布。

根据我国宪法和法律，结合材料，回答下列问题：

（1）《关于加强外地烟草产品管理的规定》属于何种性质的规范性文件？应当报哪些机关备案？

（2）A 市政府是否有权制定有关烟草产品管理的规章？为什么？

（3）A 市政府制定《关于进一步提高烟草税和烟草价格的规定》是否合法？为什么？

（4）A 市人民代表大会常务委员会调整税率的做法是否妥当？为什么？

（5）A 市政府根据其制定的规章要求缴纳 1 000 元管理费的做法是否正确？为什么？

（6）有权撤销改变（或者撤销）A 市政府制定的《关于加强外地烟草产品管理的规定》《关于进一步提高烟草税和烟草价格的规定》的机构有哪些？

45. M 市市政园林和林业局、M 市城市管理行政执法局联合发布《关于在 M 市范围内禁止设置各类横幅标语和影响环境卫生行为的通告》（以下简称通告）。通告称，为了督促推动全民清洁行动狠抓落实，进一步提升 M 市市容和环境卫生整体水平，根据《M 市经济特区市容和环境卫生管理条例》的规定，决定在全市范围内禁止设置各类条幅标语和影响环境卫生的行为。市、区、镇（街道）城市监督管理部门将组织专项检查执法行动，严查违法设置横幅标语行为。对违反规定的，依法采取强制措施，并对违法单位和个人按照规定进行处罚。市民发现有违法悬挂和张贴横幅标语的情况，可直接向城市监管部门投诉。根据报道，通告发布后，效果立竿见影。M 市市政园林和林业局相关负责人介绍，禁止的不仅仅是横幅广告，党政机关的横幅标语也在禁止之列。

根据我国宪法和法律，结合材料，回答下列问题：

（1）通告是否侵犯了宪法规定的公民的基本权利？为什么？

（2）对基本权利进行限制的形式有哪些？材料中限制基本权利采取的形式是什么？通告是否有权限制基本权利？

（3）通告对基本权利的限制是否符合限制基本权利的原则？为什么？

（4）M 市市政园林和林业局、M 市城市管理行政执法局是否有变通法律的权力？为什么？

46. 董小姐听说（直辖）市政府相关部门要将单双号限行常态化，她有点不开心："私家车是合法收入买的，符合安全、环保等上路要求，也按照各种要求缴纳了税费保险；自己有驾照，凭什么说不让开就不让开啊？"

请结合上述材料，运用宪法学知识和规定回答下列问题：

（1）市政府相关部门是否有权制定实行单双号限行措施？为什么？

（2）单双号限行措施是否侵犯了宪法规定的公民的基本权利？为什么？

（3）结合材料从合宪性审查角度分析如何处理市政府相关部门制定的限制措施？

47. 公民陈某驾驶的小客车被 A 省公路管理局以 "欠公路养路费" 为由予以扣押。陈某提起诉讼，认为 A 省公路管理局所采取的扣车行政强制措施没有法律依据，请求法院依法判决公路管理局违法执法，并解除强制措施。法院依照 A 省人民代表大会制定的《A 省公路费用征收管理条例》的规定，认定公路管理局扣车行为合法、正当。但修订后的《公路法》取消了养路费代之以养护资金，为此，陈某不服一审判决，提起上诉，上诉法院维持原判。

请结合上述材料，运用宪法学知识和规定分析下列问题：

（1）陈某的何种宪法权利受到侵犯？

（2）法院应当适用何种规范性文件作为审理案件的依据？

（3）《A 省公路费用征收管理条例》与《公路法》的规定相抵触，应如何处理？

48. A 市为保障世界大型运动会期间的社会治安，于年初开始对其认定的 "治安管理高危人员" 进行行政清除，并于 4 月 25 日以新闻发布会的形式公告其战果。在 "百日清除活动" 中，共有 8 万余 "治安高危人员" 被清理出 A 市。行动期间，警方还加大了对团伙和系列案件的破案力度。"治安高危人员" 包括有前科、长期滞留 A 市、没有正当职业人员，有现实危险者，涉嫌吸毒贩毒者，以假身份证入住酒店、租房者，涉嫌卖淫等明显靠非法收入生活者，有极端行为者，对群众安居乐业有潜在危险者等。通过清理，不少人员离开了 A 市。

请结合上述材料，运用宪法和法律的知识和规定分析下列问题：

（1）"治安管理高危人员" 的哪些宪法权利受到侵犯？依据何在？

（2）A 市为顺利举办世界大型运动会对公民权利进行限制，应遵循哪些原则？

49. 某财政局人事科科长温某，在上级主管部门审批的用人指标中，利用职权私自安排亲友 5 人。对此，本单位工作人员杨某向上级纪检监察部门写信进行检举揭发，使温某受到批评，其私自安排的 5 人也被除名。之后，温某借调整工作之机，捏造、散布杨某嫖娼的事实，致使杨某未予提职，还为此受到罚款 5 000 元，行政拘留 15 日的处罚。杨某向纪检监察部门提出控告，经查证属实，给予温某撤职的行政处分。

请根据上述材料，分析杨某的哪些宪法权利受到了侵犯，并回答这些宪法权利在我国现行宪法中是如何规定的。

50. 监督公车私用的魏某，被 A 市警方以嫖娼名义抓获并处以行政拘留 5 日，同时警方将魏某手机没收，对魏某手机中的私密信息和聊天记录进行检查，并将魏某的代步车非法扣押。巧合的是，就在魏某被抓当天，魏某在新浪微博发布了最后一条信息，称到A市两天监督到公车私用事件两起，并已举报，正等待调查处理回复。没想到的是，魏某没有等来处理回复，却等来了因嫖娼被行政拘留5日的处罚决定。魏某遭到陷害后接受了媒体采访，表示将继续监督公车私用。

请结合上述材料，运用宪法学知识和规定分析下列问题：

（1）魏某的哪些宪法权利受到侵犯？

（2）魏某如何获得权利救济？

51. A市文明企业家、全国人大代表钟某，在全国人大小组争论会上论及政府有关民营经济的一些政策和治理措施时，对其所在市的某领导的做法大加批判，言辞颇为激烈；该市领导获悉后极为不满，指使其秘书收集钟某的各种往来信息、电子邮箱信息、健康信息、生物识别信息和行踪信息并予以泄露，刻意对钟某进行侮辱、诽谤，甚至对钟某的往来信件等也进行严密监控。一个月后，A市公安机关以涉嫌诽谤罪逮捕钟某。

请分析：钟某的哪些宪法权利受到侵犯？依据何在？

52. A市（直辖市）政府制定的《A市网络预约出租汽车经营服务管理条例》规定，在本市申请《网络预约出租汽车驾驶员证》的驾驶员，应当符合下列条件：（一）本市户籍；（二）取得本市核发的相应准驾车型机动车驾驶证并具有3年以上驾驶经历；（三）取得本市车牌号；……这三项规定被戏称为"A人A车"。

请结合上述材料，运用宪法和法律的知识和规定分析下列问题：

（1）《A市网络预约出租汽车经营服务管理条例》是何种性质的规范性文件？应报哪些机关备案？

（2）《A市网络预约出租汽车经营服务管理条例》是否符合宪法规定？

（3）若《A市网络预约出租汽车经营服务管理条例》不适当，有权机关应如何处理？

53. S省会城市的A市政府为了整顿城市道路交通秩序的混乱状况，在多方的建议下，欲出台关于摩托车禁行的规定。公民甲在得知这一消息后，认为出台这样的规定不合理、不合法。于是联合了近百人到市政府门前游行示威，要求市政府不要出台摩托车禁行的规定。不久，A市政府制定了《摩托车管理规定》，禁止摩托车在市内行驶，被称为"禁摩令"。

请结合上述材料，运用宪法和法律的知识和规定分析下列问题：

（1）《摩托车管理规定》是何种性质的规范性文件？应报哪些机关备案？

（2）《摩托车管理规定》的施行侵犯了公民哪些基本权利？

（3）甲的行为是否合法？

54. 谢某被A省B市警方以涉嫌非法经营罪从家中带走，并将谢某刑事拘留。称谢某"非法经营"是因为谢某自费在某杂志社出版了增刊1万本的纪实文学《大迁徙》，其中记录了一些三门峡移民的历史遗留问题，反映了民众的疾苦，揭露某些公务人员在移民中的腐败问题。最终，B市检察机关对谢某作出不予批准逮捕的决定，谢某被取保候审。

请结合上述材料，运用宪法和法律的知识和规定分析下列问题：

（1）B市警方的做法违反了何种宪法基本原则？

（2）谢某的哪些宪法权利受到侵犯？

（3）警方在行使职权、履行职责时应遵循哪些组织和活动的原则？

55. 材料一：《中华人民共和国宪法》第55条规定："保卫祖国、抵抗侵略是中华人民共和国每一个公民的神圣职责。

依照法律服兵役和参加民兵组织是中华人民共和国公民的光荣义务。"

材料二：《中华人民共和国兵役法》第5条规定："中华人民共和国公民，不分民族、种族、职业、家庭出身、宗教信仰和教育程度，都有义务依照本法的规定服兵役。

有严重生理缺陷或者严重残疾不适合服兵役的公民，免服兵役。

依照法律被剥夺政治权利的公民，不得服兵役。"

请分析：

（1）服兵役是否属于法律保留事项？

（2）我国实行的是何种兵役制度？

（3）我国公民依法履行服兵役义务的条件有哪些？

56.《中华人民共和国宪法》第3条规定："中华人民共和国的国家机构实行民主集中制的原则。

全国人民代表大会和地方各级人民代表大会都由民主选举产生，对人民负责，受人民监督。

国家行政机关、监察机关、审判机关、检察机关都由人民代表大会产生，对它负责，受它监督。

中央和地方的国家机构职权的划分，遵循在中央的统一领导下，充分发挥地方的主动性、积极性的原则。"

根据我国宪法和法律，结合材料，回答下列问题：

（1）何为民主集中制？其基本内容有哪些？

（2）我国国家机关贯彻民主集中制原则的主要表现有哪些？

57. A县人大代表张某在B市涉嫌醉驾被警方查获，但警方并没有将张某的醉驾事实报告A县人大常委会。张某被刑事拘留后，在警方讯问时，张某痛骂办案人员，并说："我是人大代表，骂你也是白骂！"并对警方进行无端指责，警方对张某的行为予以制止。后因张某一向不依法履行人大代表职责，被选民罢免。

请分析：

（1）警方没有将张某的醉驾事实报告A县人大常委会的做法是否正确？

（2）张某言论免责权的主张是否成立？

（3）罢免张某县人大代表资格的程序是什么？

58. A市B区人大代表潘某酒后在街头无故捣砸停在路边的轿车，这一幕恰好被附近的行人看现并报了警。接警后，民警到达现场予以制止，潘某大声叫喊："我是人大代表，你们警察很强大啊！"潘某还拒不配合民警现场询问并谩骂、推搡民警，并声称："我是人大代表，骂你们白骂，我有言论免责权。"民警依法对其口头传唤，此时潘某意欲逃跑。逃跑过程中，潘某将民警推倒在地，致其膝盖等部位受伤，之后用拳头多次击打民警头部，最终被民警现场制服。潘某因妨碍公务被警方依法刑拘。

请结合上述材料，根据宪法和法律，回答下列问题：

（1）潘某是否享有言论免责权？为什么？

（2）如果公安机关刑事拘留潘某，应遵循何种宪法规定的程序？

（3）潘某作为人大代表应当承担哪些特殊义务？

59.《中华人民共和国监察法》第3条规定："各级监察委员会是行使国家监察职能的专责机关，依照本法对所有行使公权力的公职人员（以下称公职人员）进行监察，调查职务违法和职务犯罪，开展廉政建设和反腐败工作，维护宪法和法律的尊严。"

请结合上述规定回答下列问题：

（1）如何理解监察委员会的性质和地位？

（2）如何理解监察委员会的领导体制？

（3）如何理解监察委员会和人民法院、人民检察院、执法部门的关系？

（4）宪法规定监察委员会的意义是什么？

60.《××晚报》曾以《省内首家开发区法院在××市组建》为题报道："最高人民法院近日正式批复，同意组建××经济技术开发区人民法院。"此外，最高人民法院还批复了二十多个城市的开发区人民法院。一些地方还在开发区设立人大常委会的派出机构，负责联系监督开发区人民法院的工作。

请结合上述材料，根据我国宪法和法律，回答下列问题：

（1）开发区是否属于我国一级行政单位？为什么？

（2）最高人民法院是否有权批准设立开发区人民法院？为什么？

（3）开发区人民法院的设置是否符合我国国家机构体制？为什么？

（4）一些地方在开发区设立人大常委会的派出机构的做法是否正确？为什么？

61. 中华人民共和国国务院775号令：《碳排放权交易管理暂行条例》已经2024年1月5日国务院第23次常务会议通过，现予公布，自2024年5月1日起施行。本条例第1条规定，为了规范碳排放权交易及相关活动，加强对温室气体排放的控制，积极稳妥推进碳达峰碳中和，促进经济社会绿色低碳发展，推进生态文明建设，制定本条例。

请分析：

（1）《碳排放权交易管理暂行条例》属于何种性质的规范性文件？应向哪些机关备案？

（2）国务院的性质是什么？其与全国人大及其常委会的关系是什么？

（3）《碳排放权交易管理暂行条例》对于生态文明建设的意义是什么？

62. 2001 年 11 月 6 日，最高人民法院颁发了《地方各级人民法院及专门人民法院院长、副院长引咎辞职规定（试行）》（以下简称《引咎辞职规定》），并专门发出通知要求各级人民法院贯彻这一规定。其中，第 3 条指出，引咎辞职是指在其直接管辖的范围内，因不履行或者不正确履行职责，导致工作发生重大失误或者造成严重后果，负有直接领导责任的院长、副院长，主动辞去现任职务的行为。第 4 条规定，院长、副院长在其直接管辖范围内，具有下列情形之一的，应当主动提出辞职：（1）本院发生严重枉法裁判案件，致使国家利益、公共利益和人民群众生命财产遭受重大损失或造成恶劣影响的；（2）本院发生其他重大违纪违法案件隐瞒不报或拒不查处，造成严重后果或恶劣影响的；（3）本院在装备、行政管理工作中疏于监管，发生重大事故或造成重大经济损失的；（4）不宜继续担任院长、副院长职务的其他情形。

请结合上述材料，运用宪法学知识和规定回答下列问题：

（1）《引咎辞职规定》体现何种国家机构的组织和活动原则？为什么？

（2）《引咎辞职规定》是否符合宪法和法律规定？为什么？

（3）公民如果发现《引咎辞职规定》存在不符合宪法或法律的问题，可否提出审查建议？

63. 材料一：《中华人民共和国宪法》第 131 条规定："人民法院依照法律规定独立行使审判权，不受行政机关、社会团体和个人的干涉。"

材料二：某省会城市的人民代表大会常务委员会根据人民投诉的内容，要求该市中级人民法院就某一重大案件的审判结果向其报告案情，并说明理由。

材料三：某县人民检察院认为该县人民法院的判决确有错误，向上一级人民法院提出抗诉。

请分析：

（1）材料一体现的是人民法院的何种工作原则？该原则的要求和意义是什么？

（2）结合材料二、三说明对依法独立行使审判权的监督。

64. 《中华人民共和国宪法》第 130 条规定："人民法院审理案件，除法律规定的特别情况外，一律公开进行。被告人有权获得辩护。"

请结合规定回答下列问题：

（1）材料规定的是哪些工作原则和基本制度？规定该原则和制度的意义是什么？

（2）人民法院的其他工作原则和基本制度有哪些？

65. 材料一：《中华人民共和国宪法》第 136 条规定："人民检察院依照法律规定独立行使检察权，不受行政机关、社会团体和个人的干涉。"

材料二：《中华人民共和国人民检察院组织法》第 4 条规定："人民检察院依照法律规定独立行使检察权，不受行政机关、社会团体和个人的干涉。"

请分析：

（1）材料体现的人民检察院的何种工作原则？实行该原则有何意义？

（2）人民检察院的其他工作原则有哪些？

66. A 市下辖甲、乙、丙三个县。其中，甲县为了大力发展科技，请 A 市政府选派一名博士来挂职担任科技副县长。有人提出，副县长应通过人大选举。市长答复：县长需要通过选举产生，而副县长可以由上级委派。乙县刚被确定为民族自治县，为了体现民族特色，市长指示：根据《民族区域自治法》的规定，县人民法院的院长和县人民检察院的检察长应当更换为自治民族的公民。丙县地域宽广，为了便于经济建设和行政管理，县政府请示市政府：拟设立五个区公所，分别管辖所属的 30 余个乡镇。市长答复：此事经县人大通过即可。此外，为了提高村民委员会整体素质，市长指示：市里抽调一批应届高校毕业生担任村民委员会主任和副主任。

请结合上述材料，运用宪法学知识和规定分析下列问题：

（1）市长对甲县的处理意见是否正确？

（2）市长对乙县的处理意见是否正确？

（3）市长对丙县的答复是否正确？

（4）市长抽调应届高校毕业生担任村民委员会主任或副主任的做法是否正确？

67. 某自治州人民代表大会召开人大会议，由常委会主任主持会议。在人大会议上，该自治州制定并通过了两项自治条例和一项地方性法规，并由常委会副主任宣布生效。此次人大会议审查和批准了本州内的国民经济和社会发展计划，还选举出本州人民法院院长和人民检察院检察长。会议结束后，新当选的自治州人民检察院检察长本着为人民群众负责的精神，即行上任。

根据宪法和法律知识和规定，分析材料中人大会议的做法不符合宪法和法律之处。

68. A 县县委向县人大常委会党组发出免去张某科技局局长职务和任命吴某担任该职务的通知，县政府发出了任命张某为县监察委员会副主任的通知，在县委的催促下，张某和吴某三日内走马上任。县人大常委会不同意县委、县政府的人事任命，向县委、县政府提出不同意见。县委专门召开了会议，随后，县委与县政府分别撤销原来的任命，并就任命官员是否存在违规问题组织了关于特定问题的调查委员会。

请结合上述材料，运用宪法学知识和规定分析下列问题：

（1）分析材料中的做法不符合法律规定之处。

（2）县人大常委会组成特定问题的调查委员会需要经过何种程序？

69. 某年3月，A县举行第×届人民代表大会第一次会议，共有代表300人，出席会议人数为180人，第一次会议由县人大常委会主持。在会议中，有9名代表书面联名提出本级人民政府县长的候选人甲，另有9名代表联名书面提出对县监察委员会的质询案。第一次会议结束后，同年6月，50名代表提议临时召集县人民代表大会会议。在会议上，代表乙联合一些代表提出关于小学校园扩建的议案，被列入会议议程。代表丙说："县党员干部乱作为、不作为现象严重，群众大为不满，应当改进工作作风，消除党员干部的腐败。"

请结合上述材料，运用宪法和法律的知识和规定分析下列问题：

（1）乙联合代表提出扩建小学的议案，提出议案的法定人数应是多少？

（2）丙在会议上的发言可否免责？

（3）材料中哪些做法不符合宪法或法律规定？

70. A县在某年3月1日召开了县人民代表大会第×届第一次会议，共有代表250名。在选举该县人民法院院长时得到的有效票数是240张，赵某得到123张赞成票；在选举该县副县长时，钱某、孙某、李某、周某分别获赞成票200张、150张、150张、140张。在两年后的三次会议上，部分代表提出了对本县县长吴某的罢免案，部分代表向财政局提出质询案。在会议闭幕期间，县人民检察院检察长郑某又提出辞职。该县人大常委会副委员长王某又因酒后驾车肇事致人死亡，被当场抓获，被乙县公安机关拘留。

请结合上述材料，运用宪法和法律的知识和规定分析下列问题：

（1）赵某能否当选该县人民法院院长？谁应当选为副县长？

（2）提出对县长吴某罢免案的代表需满足的法定人数是多少？

（3）提出对财政局质询案的代表需满足的法定人数是多少？

（4）乙县公安机关拘留王某需要办理的手续是什么？

三、参考答案

1.（1）我国实行立法机关解释体制，根据我国《宪法》规定，全国人大常委会是我国专门宪法解释机关，其他机关、组织和个人都无权对宪法进行具有法律效力的解释。

（2）立法机关解释体制存在的理由是：全国人大作为最高的国家权力机关既有制宪权，也有立法权，而全国人大常委会是全国人大的组成部分，拥有解释宪法的权力，使得宪法解释具有立法性质和普遍的约束力，并使宪法解释工作成为一种经常性的行为。从一定的意义上讲，全国人大常委会比其他国家机关更了解宪法的原意和精神，因而，这种解释体制具有一定的合理性。

（3）我国宪法解释体制在实际生活中还存在着一定的问题，最突出的表现就是宪法解释缺乏具体的规范化程序，因此，我国目前应当建立和完善一些具体的解释程序，用法律使宪法解释进一步规范化。

（4）从解释方法上看，全国人大常委会的解释属于文义解释。全国人大常委会进行文义解释的作用是：符合宪法的立法原意和精神；能够消除对宪法理解存在的歧义；能够更好地进行宪法适用和有效地实施宪法（其他表述符合题意者，亦可）。

2.（1）全国人民代表大会行使修改宪法的职权。宪法的修改，由全国人民代表大会常务委员会或者1/5以上的全国人民代表大会代表提议，由全国人民代表大会以全体代表的2/3以上的多数通过。

（2）为推进国家治理体系和治理能力现代化，在国家机构方面进行了以下修改：将全国人大法律委员会修改为宪法和法律委员会；修改国家主席、副主席的任期；增加设区的市制定地方性法规的规定；在国家机构中设立监察委员会。

（3）此次宪法修改，为在国家政治和社会生活中贯彻习近平新时代中国特色社会主义思想提供了宪法保障；为全面贯彻实施宪法确立的国家根本任务、发展道路、奋斗目标、提供了宪法保障；为确保党的长期执政和国家长治久安提供了宪法保障；为进一步推进全面依法治国提供了宪法保障；为支持和健全人民当家作主提供了宪法保障。

3.（1）《A省排污管理条例》在性质上属于地方性法规，应当报全国人大常委会和国务院备案。

（2）根据我国《宪法》规定，中华人民共和国公民对于任何国家机关和国家工作人员有提出批评和建议的权利。根据《立法法》规定，公民认为地方性法规同宪法或者法律相抵触的，可以向全国人大常委会书面提出审查建议。

（3）对于甲提出的审查建议，经审查后，认为《A省供水管理条例》同宪法或者法律相抵触，或者存在合宪性、合法性问题需要修改或者废止，制定机关按照所提意见进行修改或者废止的，审查终止。制定机关不予修改或者废止的，由全国人大常委会决定撤销。

4.（1）根据《立法法》规定，经济特区法规根据授权对法律、行政法规、地方性法规作变通规定的，在本经济特区适用经济特区法规的规定。据此，A市可以对国务院制定的《城市供水条例》进行变通规定，并在A市优先适用。

（2）《城市供水条例》在性质上属于行政法规，应当报全国人大常委会备案。《A市供水用水条例》属于经济特区法规，经济特区法规根据全国人大授权决定制定，因此应当报全国人大决定规定的机关备案。

（3）全国人大可以根据改革发展的需要，决定就特定事项授权在规定期限和范围内暂时调整或者暂时停止适用法律的部分规定。授权决定应当明确授权的目的、事项、范围、期限以及被授权机关实施授权决定应当遵循的原则等。

5.（1）《资源税征收条例》在性质上属于省人大常委会制定的地方性法规，对于该法规，应当报全国人民代表大会常务委员会和国务院备案。

（2）A市地税局无权向甲公司征税。因为税种的设立、税率的确定和税收征收管理等税收基本制度只能由法律规定，省人大常委会无权就税收事项制定地方性法规。A市地税局不能依据省人大常委会制定的地方性法规征税。

（3）法院无权宣布《资源税征收条例》无效。因为法院无权对规范性法律文件的合宪性或合法性进行审查，但法院可以依法作出撤销征税处理的决定。

6.（1）根据宪法和有关法律的规定，国务院制定的行政法规，国家监察委员会制定的监察法规，最高人民法院、最高人民检察院制定的司法解释，有关地方人大及其常委会制定的各类地方性法规、自治条例和单行条例，香港、澳门两个特别行政区制定的本地法律，都应当报全国人大常委会备案。

（2）实现备案审查工作显性化、制度化、常态化，是我国宪法监督制度的重大发展与完善，可以充分发挥各级人大及其常委会在保证宪法法律实施中的重要作用，确保每一部法律、每一项制度、每一条规定都符合宪法规定、宪法原则、宪法精神，并能够及时督促纠正与宪法相抵触或者存在合宪性问题的规范性文件。

7.（1）最高人民法院有权就审判工作中具体应用法律的问题作出解释；解释应当主要针对具体的法律条文，并符合立法的目的、原则和原意。

（2）根据《各级人民代表大会常务委员会监督法》，公民认为最高人民法院、最高人民检察院作出的具体应用法律的解释同法律规定相抵触的，可以向全国人大常委会书面提出审查建议（注：回答根据《法规、司法解释备案审查工作办法》亦可，但《立法法》并没有对司法解释的审查要求或者建议作出规定）。

（3）全国人民代表大会常务委员会收到郭某的审查建议后，由常务委员会工作机构进行审查；必要时，送有关的专门委员会进行审查、提出意见。全国人民代表大会宪法和法律委员会和有关专门委员会经审查认为最高人民法院作出的具体应用法律的解释同法律规定相抵触，而最高人民法院不予修改或者废止的，可以提出要求最高人民法院予以修改、废止的议案，或者提出由全国人民代表大会常务委员会作出法律解释的议案，由委员长会议决定提请常务委员会审议。

8.（1）国家尊重和保障人权条款体现的是基本人权原则。2004年宪法修正案将国家尊重和保障人权条款正式写入宪法。

（2）我国宪法中体现基本人权原则的有：八二宪法调整了宪法章节的结构安排，将"公民的基本权利和义务"一章规定在总纲之后、国家机构的前面，突出了公民基本权利作为国家权力来源的宪法价值。我国宪法规定了公民享有的各项基本权利，这些基本权利是人权的具体化和法律化。

9.（1）全国人民代表大会及其常务委员会、国务院、中央军事委员会、国家监察委员会、最高人民法院、最高人民检察院等中央国家机构和县级以上人民代表大会及其常务委员会、人民政府、监察委员会、人民法院、人民检察院等县级以上地方国家机构选出或任命的国家工作人员在就任时应当公开对宪法宣誓。

（2）宪法宣誓制度体现了法治原则和权力制约与监督原则。国家工作人员就职时依法进行宪法宣誓，通过宪法和法律限制国家工作人员的权力，体现了法治精神。国家工作人员在就职时向宪法宣誓，意味着对宪法及其赋予权力的敬畏和敬仰，从而对国家工作人员权力的行使构成制约，体现了权力制约与监督原则。

（3）宪法宣誓制度的建立有利于维护宪法的最高法律地位、法律权威和法律效力，有利于激励和教育国家工作人员忠于宪法、遵守宪法、维护宪法，是我国宪法实施制度的完善和最新发展。

10. 根据我国《宪法》和《选举法》，该县人民代表大会代表的选举存在下列问题：

（1）在划分选区时，不应只按居住状况划分，应该既可以按居住状况划分，也可以按生产单位、事业单位、工作单位划分。该县人民代表大会代表的选举，完全按照选民的居住状况划分选区的做法是错误的。

（2）无论是城镇选区还是农村选区，都应当实行差额选举。该县人民代表大会代表的选举，城镇选区采取差额选举，而农村选区既有差额选举，又有等额选举的做法是错误的。

（3）在提出代表候选人时，可以由各政党、各人民团体单独或联合推荐提出，也可以由选民10人以上联名推荐提出，但乡镇人大不能提出代表候选人。县人民代表大会代表候选人，有些是乡镇人大单独或联合推荐提出的做法是错误的。

（4）在投票时，应由县选举委员会主持投票选举。该县人大代表的选举中，在投票时，由县人大常委会主持投票选举的做法是错误的。

（5）凡各选区选举时所投的票数等于或少于投票人数的，选举有效；所投的票数多于投票人数的，选举无效。而在该县人大代表的选举中，各选区选举时所投的票数等于投票人数的，选举有效，而多于或少于投票人数的，选举无效，这种做法也是错误的。

11. 材料中主要存在以下四个方面的不合法问题：

（1）推荐代表候选人的差额比例不合法。根据《选举法》的规定，正式代表候选人的人数，应当多于应选代表名额的1/3至1倍。但该乡选举委员会根据各方面提名、推荐，最后以代表候选人名额多于应选举代表名额的2倍，确定了代表候选人名单，这不符合《选举法》规定的差额比例，因此不合法。

（2）确定代表候选人名单不合法。根据《选举法》的规定，正式代表候选人名单及代表候选人的基本情况应当在选举日的7日以前公布。而乡选举委员会在选举日第5日前予以公布，违反了《选举法》的规定，因而是错误的。

（3）介绍代表候选人不合法。根据《选举法》的规定，选举委员会根据选民的要求，应当在选举日前通过召开见面会或者其他形式，组织代表候选人与选民见面，由代表候选人介绍本人情况，回答选民的问题，选举日必须停止。但是，该乡由选举委员会大张旗鼓地向选民介绍代表候选人，直至投票的当天仍然向选民介绍代表候选人，明显违反了《选举法》的规定。

（4）委托投票不合法。根据《选举法》的规定，选民在选举期间外出的，经过选举委员会同意，可以书面委托其他公民代为投票。该乡同意刘某口头委托王某代为进行投票，不符合法律规定。根据《选举法》规定，刘某接受委托投票的人数不能超过3人，而刘某接受了4个人的委托代为投票，不符合《选举法》的规定。

12.（1）选民9人联合提名不符合《选举法》规定。根据《选举法》规定，各政党、各人民团体，可以联合或者单独推荐代表候选人。选民或者代表，10人以上联名，也可以推荐代表候选人。据此，选民联合提名推荐代表候选人的最低人数是10人，而材料中只有选民9人联合提名，这不符合《选举法》规定。

（2）选举委员会在选举日的5日以前公布正式代表候选人名单违反《选举法》规定。依据《选举法》规定，正式代表候选人名单及代表候选人的基本情况应当在选举日的7日以前公布。

（3）选举委员会最后确立的代表候选人为5人违反《选举法》规定。依据《选举法》规定，我国对人大代表的选举实行差额选举，而材料中，应选代表名额与选举委员会最后确定正式代表候选人人数相等，这是等额选举，违反了差额选举原则，不符合《选举法》规定。

（4）选举委员会对不足的名额进行第二轮选举，并以得票最多的候选人作为正式代表候选人的做法违反《选举法》规定。因为根据《选举法》规定，选举委员会对不足的名额（1名）应当另行选举，由于候选人只有1人，选举委员会应当根据在第一次投票时得票多少的顺序，根据差额比例的规定，再行增加1名候选人，确定候选人名单。代表候选人以得票多的当选，但是得票数不得少于选票的1/3。

13.（1）大饭店的做法侵犯了王某的选举权利。根据《宪法》和《选举法》规定，凡年满18周岁的中国公民，不分民族、种族、性别、职业、家庭出身、宗教信仰、教育程度、财产状况和居住年限，都有选举权和被选举权。据此，城市中的外来打工者，年满18周岁，只要没有被依法剥夺政治权利，都享有选举权和被选举权，不能以其在城市中没有户口或者没有暂住证为由剥夺其选举权利。

（2）王某可在其打工的工作单位大饭店参加选举，也可以回原籍地参加选举，如果回原籍地不便的，可以委托他人代为投票选举。依据是：根据《选举法》的有关规定，选区可以按照居住状况划分，也可以按照生产单位、事业单位、工作单位划分。

（3）选举委员会对王某的申诉没有作出处理决定是不正确的。根据《选举法》规定，对于公布的选民名单有不同意见的，可以在选民名单公布之日起5日内向选举委员会提出申诉。选举委员会对申诉意见，应在3日内作出处理决定。本题中，选举委员会在3日内对王某的申诉仍未作出处理决定，违反了《选举法》的规定。

（4）王某有权向人民法院起诉。根据《选举法》规定，申诉人如果对选举委员会处理决定不服，可以在选举日的5日前向人民法院起诉，人民法院应当在选举日以前作出判决，人民法院的判决为最后决定。本题中，选举委员会在3日内没有作出处理决定，王某有权向人民法院起诉。

14. （1）根据《选举法》规定，如果所提候选人超过了《选举法》规定的最高差额比例，由选举委员会交各该选区的选民小组讨论、协商，根据多数选民的意见，进行预选。根据预选时得票多少的顺序，确定正式代表候选人名单，而该选区在不能确定正式代表候选人的情况下，由选举委员会指定3人为正式代表候选人的做法，违反了上述规定。

（2）根据《选举法》规定，正式代表候选人名单应当在选举日的7日以前公布。在该选区，指定的正式代表候选人名单是在选举日3日前公布的，违反了《选举法》的规定。

（3）根据《选举法》规定，各级人民代表大会代表的选举，均实行差额选举，所提出的正式代表候选人的名额应当多于应选代表的名额。由选民直接选举的代表候选人的名额，应多于应选代表名额的1/3至1倍。据此，该选区正式代表候选人至少应该是4人，而公布的代表候选人名单上只有3人，等于要实行等额选举，从而违反了《选举法》规定的差额选举原则。

15. （1）乡政府在村民委员会换届选举中的如下做法不符合《宪法》规定：一是乡政府推荐林某为村民委员会主任候选人的做法不合宪。根据我国宪法和法律，村民委员会主任应由村民直接选举产生，乡政府无权推举村民委员会主任候选人，乡政府推举村民委员会主任候选人的做法干涉了村民的自治权。二是乡政府宣布选举结果无效的行为不符合《宪法》规定。根据我国宪法和法律，选举村民委员会是村民享有选举权和村民自治权的基本内容，乡政府不得干涉，也无权宣布选举结果无效。乡政府宣布选举结果无效的行为侵犯了村民的选举权，因而不符合《宪法》规定的精神。

（2）村民委员会是自我管理、自我教育、自我服务的基层群众性自治组织。村民委员会不是一级政权机关，也不是政府的派出机构。乡、民族乡、镇的人民政府对村民委员会的工作给予指导、支持和帮助，但是不得干预依法属于村民自治范围内的事项。村民委员会协助乡、民族乡、镇的人民政府开展工作。

16. （1）镇政府要求村民委员会向村民收费的做法不合法。村民委员会是基层群众性自治组织，镇政府对村民委员会的工作给予指导、支持和帮助，但是不得干预村民自治范围内的事项。本题中，修建村公路属于村公益事业的兴办事项，属于自治范围内的事项，镇政府无权要求村民委员会执行其要求。

（2）兴建公路和将村集体土地租赁给乡镇企业，属于涉及村民利益的事项，应经村民会议讨论决定后方可办理。村民会议所作决定应当经到会人员的过半数通过。

（3）村民会议由本村18周岁以上的村民组成。村民会议由村民委员会召集。有1/10以上的村民或者1/3以上的村民代表提议，应当召集村民会议。召开村民会议，应当有本村18周岁以上村民的过半数，或者本村2/3以上的户的代表参加。

（4）本村1/5以上有选举权的村民或者1/3以上的村民代表联名，可以提出罢免村民委员会成员的要求，并说明要求罢免的理由。罢免村民委员会成员，须有登记参加选举的村民过半数投票，并须经投票的村民过半数通过。

17.（1）选举村民委员会的成员人数不符合《村民委员会组织法》规定。根据《村民委员会组织法》规定，村民委员会由主任、副主任和委员共3至7人组成，而此次换届选举的村民委员会成员为9人，超出了法定人数，因此不符合法律规定。

（2）村民委员会主任由县人民政府指派不符合《村民委员会组织法》规定。依据《村民委员会组织法》规定，村民委员会是村民自我管理、自我教育、自我服务的基层群众性自治组织，实行民主选举、民主决策、民主管理、民主监督。村民委员会主任、副主任和委员，由村民直接选举产生。任何组织或者个人不得指定、委派或者撤换村民委员会成员。据此，村民委员会是基层群众性自治组织，不是政府的下属部门，村民委员会主任应由村民直接选举产生，县人民政府指派村民委员会主任的做法违反法律规定。

（3）村民委员会的换届选举由村民会议主持不符合《村民委员会组织法》规定。依据《村民委员会组织法》规定，村民委员会的选举，由村民选举委员会主持。

（4）甲直接向人民法院起诉的做法违反《村民委员会组织法》的规定。依据《村民委员会组织法》规定，对于选民名单有异议的，应当向村民选举委员会提出申诉，而不能直接向人民法院起诉。对于存在的贿选问题，甲可以向乡、民族乡、镇的人民代表大会和人民政府或者县级人民代表大会常务委员会和人民政府及其有关主管部门举报，由乡级或者县级人民政府负责调查并依法处理。

18.（1）赵某和钱某有权参加村民委员会的选举。根据《村民委员会组织法》的规定，户籍在本村，不在本村居住，本人表示参加选举的村民，应当列入参加选举的村民名单。赵某、钱某是甲村村民，不在甲村居住，但赵某、钱某表示参加选举的，应当列入选民名单。

（2）甲村村民委员会制定土地承包经营方案违反了法律规定。根据《村民委员会组织法》的规定，土地承包经营方案属于须经村民会议讨论决定方可办理的事项，村民委员会作出该方案违反了法律规定。村民会议有权撤销或者变更村民委员会制定的该土地承包经营方案。

（3）受到侵害的公民可以申请人民法院撤销该土地承包经营方案，责任人应当依法承担法律责任。

（4）本村1/5以上有选举权的村民或者1/3以上的村民代表联名，可以提出罢免村民委员会成员的要求。

19.（1）黄某有权取得集体经济组织所得收益。根据我国《宪法》规定，公民在法律上一律平等，妇女在政治的、经济的、文化的、社会的和家庭的生活等方面享有同男子平等的权利。因此，任何组织和个人都不能以妇女外嫁为由，侵害妇女在农村集体经济组织的各项权益。

（2）村民会议有权制定村规民约，有关"外嫁女不得分红"的规定不合法。根据《村民委员会组织法》规定，村民会议可以制定和修改村民自治章程、村规民约，并报乡、民族乡、镇的人民政府备案。据此，村民会议作为村民自治组织的最高机关，有权制定村规民约。但村规民约中有关"外嫁女不得分红"的规定不合法。因为据《村民委员会组织法》的规定，村规民约不得与宪法、法律、法规和国家的政策相抵触，不得侵犯村民的人身权利和合法的财产权利。据此，如果妇女的户口并没有从村集体经济组织中迁出，其仍然享有与同村男性相同的权利。

（3）尊重宪法和法律关于村民自治权和村民自治的法律地位，避免将村民自治组织作为政府的派出机关，提高自治组织干部的素质，帮助村民自治组织增加经济来源，搞好村民自治组织的制度建设，规范村民自治组织的行为，拓宽村民自治组织的途径和形式。

20.（1）铁路运输部门的做法构成宪法上的"合理差别"，因为铁路运输部门依据原铁道部的规定对学生实行半价的优惠票价，目的在于保护和照顾无收入来源的学生这一特殊群体，具有正当性。

（2）判断政府的措施是合理差别还是违反平等保护的歧视性做法的标准有：首先，政府进行差别对待必须是为了实现正当且重大的利益；其次，这种差别对待必须是实现其所宣称的正当目标的合理的乃至必不可少的手段；最后，政府负举证责任。

21.（1）公民在法律面前一律平等的内涵有：首先，平等权的主体是全体公民，它意味着全体公民法律地位平等。其次，平等权是公民的基本权利，维护公民平等权是国家的基本义务。再次，平等权意味着公民平等地享有权利履行义务。最后，平等权是贯穿于公民其他权利的一项权利，它通过其他权利而具体化。

（2）为了落实材料二中的宪法规定，全国人大常委会制定了《残疾人保障法》，详细规定了残疾人在康复、教育、就业、文化生活、福利等方面享有的各项权利，为落实残疾人权益保障提供法律依据。

（3）平等权的规定和对残疾人权利的保障并不存在冲突。对残疾人的特殊保障是我国《宪法》依据人的生理差异所采取的合理差别对待，这种差别对待是平等权允许的合理差别，因此，平等权的规定和对残疾人权利保障并不存在冲突。

22.（1）丙店的做法并未构成"区别对待和歧视"。因为法律规定的"区别对待和歧视"针对的是政府的行为，而不是其他组织或者个人的行为。如果甲、乙二人认为丙店的做法构成区别对待和歧视，只能通过民法规范或者保护特殊群体的法律予以规制，而不能依据宪法条款解决。

（2）判断构成宪法中的合理差别或区别对待的标准是：一是政府进行区别对待的目的必须是实现正当且重大的利益。二是这种区别对待必须是实现其所宣称的正当目标的合理的乃至必不可少的手段。三是政府对采取区别对待负举证责任。

23.（1）甲的人格尊严受到侵犯。依据《宪法》规定，中华人民共和国公民的人格尊严不受侵犯。禁止用任何方法对公民进行侮辱、诽谤和诬告陷害。据此，甲到超市购物，后超市方怀疑甲偷东西，对甲进行人身搜查，侵犯了甲的人格尊严。

（2）法官不能直接适用宪法关于人格尊严的条款进行判决，因为宪法规范只提供调整社会关系的宏观性原则，宪法规范不可能直接地一次性调整具体的权利义务关系。因此，法官应当将宪法有关人格尊严的规定作为原则性规定，具体引用《民法典》有关侵犯人格尊严的条款作出判决。

（3）法官依据宪法精神断案而不直接引用宪法条款说明宪法规范的原则性；宪法不能一次性完成对社会关系的调整，体现了宪法实施的多层次性特征。

24.（1）《关于加快发展甲市私营经济整合的暂行条例》在性质上属于地方性法规，该地方性法规须报A省人民代表大会常务委员会批准后施行，并由A省人民代表大会常务委员会报全国人民代表大会常务委员会和国务院备案。

（2）甲市无权就私营经济问题作出规定。根据《立法法》规定，私营经济属于基本经济制度，属于法律保留事项。甲市作为设区的市，可以对城乡建设与管理、生态文明建设、历史文化保护、基层治理等方面的事项制定地方性法规，而不能对基本经济制度作出规定，因此甲市无权就私营经济问题作出规定。

（3）甲市的做法不符合《宪法》规定。根据我国《宪法》规定，在法律规定范围内的个体经济、私营经济等非公有制经济，是社会主义市场经济的重要组成部分。国家保护个体经济、私营经济等非公有制经济的合法的权利和利益。国家鼓励、支持和引导非公有制经济的发展。据此，非公有制经济受到《宪法》的保护，甲市无权将私营企业重组为国有企业。根据我国《宪法》规定，公民的合法的私有财产不受侵犯。国家依照法律规定保护公民的私有财产权和继承权。国家为了公共利益的需要，可以依照法律规定对公民的私有财产实行征收或者征用并给予补偿。据此，征收私有财产必须满足公共利益、合法性和充分补偿三个条件，不能任意征收私营经济的财产，更不能借公共利益之名征收私有财产，甲市征收私营企业财产的做法是错误的。

25.（1）A市公安分局的做法构成地域歧视。根据我国《宪法》规定，中华人民共和国公民在法律面前一律平等。对于所有公民应当采取无差别的待遇，除非存在进行差别对待的合理理由。尤其是不得把种族、性别、家庭出身、宗教信仰作为法律上不同对待的理由。A市公安分局以身份和籍贯界定违法犯罪行为，并依此打击犯罪分子，构成地域歧视。

（2）A市公安分局的做法违反了"法律面前人人平等"的宪法原则。我国《宪法》规定，"中华人民共和国公民在法律面前一律平等""国家尊重和保护人权"。A市公安分局的横幅中将出身作为一个犯罪特征来强调，明显造成一种对犯罪分子籍贯的歧视，这是不符合我国宪法精神的，违反了平等原则。

（3）判断政府的措施是合理差别还是违反平等保护的歧视性做法的标准有：首先，政府进行差别对待必须是为了实现正当且重大的利益；其次，这种差别对待必须是实现其所宣称的正当目标的合理的乃至是必不可少的手段；最后，政府负举证责任。

26. （1）秦某的言论自由、人身自由和通信自由与通信秘密受到侵犯。根据我国《宪法》规定，公民有言论自由。公民的人身自由不受侵犯。秦某通过手机短信将其作品发给多位朋友，以此来表达自己的观点，这并非捏造并散布虚构的事实，不是诽谤，而是行使言论自由的行为。秦某遭到逮捕并被关进看守所，这是以关押的方式恐吓秦某，公安机关将秦某非法关押29日，侵犯了秦某人身自由权。我国《宪法》规定，"中华人民共和国公民的通信自由和通信秘密受法律的保护"。在秦某没有犯罪事实的情况下，公安机关检查了秦某发送的短信，没收了秦某的通信工具，这些都是公安机关严重侵犯公民通信自由和通信秘密的行为。

（2）公民可以对行使公权力的机关"评头品足"。根据我国《宪法》规定，公民有言论自由。言论自由作为基本人权应当得到国家的尊重和保护，国家、政府对公民的不当言论应适当宽容，当公权力与私权利发生冲突时，要保障公民的基本权利。根据我国《宪法》规定，公民对于任何国家机关和国家工作人员，有提出批评和建议的权利；对于任何国家机关和国家工作人员的违法失职行为，有向有关国家机关提出申诉、控告或者检举的权利。据此，公民对行使公权力的机关"评头品足"是行使监督权的表现。

27. （1）公务员考试作弊侵犯了公民的平等权。根据我国《宪法》规定，我国公民在法律面前一律平等。这意味着在公务员考试上所有公民应当受到无差别的平等对待，不能存在不合理的差别和歧视。马某在公务员考试中作弊，侵犯了其他公民平等被相关机构录用的权利。

（2）王某的检举权和人身自由权受到侵犯。根据我国《宪法》规定，公民有对于任何国家机关和国家工作人员的违法失职行为，有向有关国家机关提出检举的权利。B区公安分局仅因王某向有关机关检举马某在公务员招考中作弊便对其以涉嫌诽谤罪刑事拘留，将本应属于自诉法律程序的案件按照公诉案件办理，存在明显的过错，侵犯了王某的检举权。根据我国《宪法》规定，公民的人身自由不受侵犯。王某被刑事拘留，侵犯了王某的人身自由权。

（3）检举权的行使有利于克服腐败现象；有利于克服官僚主义，有利于国家机关和国家工作人员改进工作；有利于维护国家利益和公民的合法权益；也有利于激发公民关心国家政治发展的公民精神。

28. 县公安局的民警侵犯了张某享有的《宪法》规定的基本权利。根据我国《宪法》规定，公民的住宅不受侵犯。禁止非法搜查或者非法侵入公民的住宅。民警未依法定程序或经户主许可便闯入居民张某家检查，侵犯了张某的住宅不受侵犯的权利。根据我国《宪法》规定，公民的人身自由不受侵犯。任何公民，非经人民检察院批准或者决定或者人民法院决定，并由公安机关执行，不受逮捕。禁止非法拘禁和以其他方法非法剥夺或者限制公民的人身自由，禁止非法搜查公民的身体。本题中，自称县公安局治安大队的警察以"调查案子"为由将张某带走，非法剥夺或者限制了张某的人身自由，对张某的人身自由权构成侵害。

29. （1）甲某的休息权受到侵犯。根据我国《宪法》规定，中华人民共和国劳动者有休息的权利。我国《劳动法》也规定，要充分保障劳动者的休息权。材料中，乙公司违反《宪法》和《劳动法》规定，擅自延长劳动者工作时限，侵犯了甲某的休息权。

（2）甲某的人身自由受到侵犯。根据我国《宪法》规定，公民的人身自由不受侵犯。材料中，乙公司不允许员工在外留宿，侵犯了甲某的人身自由，违背了我国宪法精神。

（3）甲某的劳动权受到侵犯。根据我国《宪法》规定，公民有劳动的权利和义务。材料中，乙公司将甲某开除并扣发工资，侵犯了甲某的劳动权和从劳动中获取报酬的权利。

30. （1）杨某、吴某对营业用房拥有财产权。根据我国《宪法》规定，公民的合法的私有财产不受侵犯。

（2）国家征收或者征用公民私有财产只有满足公共利益、正当程序和公平补偿三个条件，才符合合宪性要求。

（3）在处理公共利益与私人利益的冲突时，应该在公共利益与私人利益之间找到一个平衡点，在为公共利益而限制公民基本权利的时候，必须在手段和目的之间进行利益衡量，即采取比例原则。为了在公共利益和私人利益之间实现平衡，我国宪法规定了征收和征用的条件和程序，对公共利益划定了严格的范围，使限制公民基本权利的目的具有宪法正当性。

31. 校方的做法是错误的，学生刘某乙肝治愈后，应当让其复学。根据我国《宪法》规定，公民有受教育的权利。校方拒绝刘某复学，侵犯了刘某受教育的权利。根据我国《宪法》规定，公民在法律面前一律平等。平等权是公民享有的宪法基本权利，平等受教育权也是平等权的主要内容之一。校方拒绝刘某复学，侵犯了刘某的平等权。学校没有按照医院和县教育局的建议让刘某复学，实际上剥夺了刘某上学的机会；同时，校方也将刘某和其他学生进行区别对待，造成了刘某与其他学生事实上的不平等。

32. （1）市政府的做法违反了依法行政原则、正当程序原则和比例原则。依法行政原则要求执法的内容要合法，而市政府滥发《建设用地规划许可证》的行为属于越权行为，违反了依法行政原则。正当程序原则要求执法机关在执法过程中，必须遵循法定的步骤、方式、形式、顺序和时限，而市政府违反法定程序滥发《建设用地规划许可证》，并违反法定程序进行拆迁，违反了正当程序原则。比例原则要求行政行为对于实现行政目的、目标是适当的，而市政府实施拆迁行为，给行政相对人权利造成损害，违反了比例原则中的妥当性原则。

（2）市政府的强制拆迁行为侵犯了公民的人身权和私有财产权。根据我国《宪法》规定，公民的合法的私有财产不受侵犯。据此，市政府强制实行房屋拆迁，侵犯了公民合法的财产权。根据我国《宪法》规定，公民的人身自由不受侵犯。任何公民，非经人民检察院批准或者决定或者人民法院决定，并由公安机关执行，不受逮捕。禁止非法拘禁和以其他方法非法剥夺或者限制公民的人身自由。据此，对拒不拆迁的其他房主采取拘留、逮捕等措施，侵犯了公民的人身自由。

33.（1）学校的做法侵犯了张某的平等权。根据我国《宪法》规定，中华人民共和国公民在法律面前一律平等。这里的"平等"包括男女平等。根据我国《宪法》规定，中华人民共和国妇女在政治的、经济的、文化的、社会的和家庭的生活等各方面享有同男子平等的权利。据此，学校采取差别对待的做法，实际上造成了男女考生在招生中的不平等现象，构成性别歧视，侵犯了张某的平等权。

（2）学校的做法侵犯了张某的受教育权。根据我国《宪法》规定，公民有受教育的权利。学校的做法剥夺了张某受教育的机会，侵犯了张某的受教育权。

34.市公安交通管理部门侵犯了外地打工者的平等权和劳动权。根据我国《宪法》规定，公民在法律面前一律平等。市公安交通管理部门将外地打工者与本市居民区别对待，使他们承担不平等的责任，侵犯了外地打工者的平等权。根据我国《宪法》规定，公民有劳动的权利和义务。市公安交通管理部门取消外地打工者在本市的务工资格，侵犯了外地打工者享有的劳动权。

35.（1）该市税务局的招聘要求违反了我国《宪法》中关于平等权的规定。根据我国《宪法》规定，中华人民共和国公民在法律面前一律平等。中华人民共和国妇女在政治的、经济的、文化的、社会的和家庭的生活等各方面享有同男子平等的权利。国家保护妇女的权利和利益，实行男女同工同酬，培养和选拔妇女干部。该市税务局只招男生，不构成合理差别，是对妇女的就业歧视，侵犯了刘某的平等就业权。

（2）该市税务局的行为侵犯了刘某的劳动权。根据我国《宪法》和有关法律规定，中华人民共和国公民有劳动的权利和义务；国家保障妇女享有与男子平等的劳动权利；除不适合妇女的工种或者岗位外，不得以性别为由拒绝录用妇女或者提高对妇女的录用标准。该市税务局在录用人员时，不录用女生，违反了我国《宪法》关于劳动权的规定。

36.（1）李某是市人大代表，市公安局逮捕李某，须经市人民代表大会常务委员会许可。

（2）李某的文学艺术创作自由受到侵犯。根据我国《宪法》规定，公民有进行科学研究、文学艺术创作和其他文化活动的自由。李某参与制作电影、电视节目、网络剧、微电影等，属于行使从事文学艺术创作自由，这是《宪法》规定的李某应当享有的基本权利。李某参与制作的电影、电视节目、网络剧、微电影等都被暂停播出，侵犯了李某的文学艺术创作自由。

（3）题目中的相关规定不符合宪法法治原则。依据法治原则，关于公民基本权利的限制等专属立法事项，应当由立法机关通过法律来规定，行政机关不得代为规定，行政机关实施的行政行为必须有法律的授权，不得与法律相抵触。从事文学艺术创作属于公民的基本权利，对于该项权利的限制，行政机关不得代为规定。若有必要对公民基本权利进行限制，也要遵循法律保留原则，并符合明确性原则和比例原则的要求。

37. （1）《拆迁补偿办法》在性质上属于省人大常委会制定的地方性法规，应当报全国人民代表大会常务委员会和国务院备案。

（2）如果甲认为《拆迁补偿办法》不符合宪法和法律规定，可以向全国人大常委会提起书面审查建议，由常委会工作机构进行审查；必要时，送有关的专门委员会进行审查、提出意见。

（3）甲的住宅权没有受到侵犯。侵犯住宅权表现为非法"搜查"和"侵入"，题干中的县政府并没有这类行为，不构成对甲的住宅权的侵犯。

（4）甲的财产权受到侵犯。根据我国《宪法》规定，公民的合法的私有财产不受侵犯。国家依照法律规定保护公民的私有财产权和继承权。国家为了公共利益的需要，可以依照法律规定对公民的私有财产实行征收或者征用并给予补偿。本题中县政府"以低于该《拆迁补偿办法》规定的补偿标准"进行补偿拆迁，变相强迫甲拆迁，侵犯了甲的财产权。

乙的受教育权受到侵犯。根据我国《宪法》规定，我国公民有受教育的权利和义务。甲的儿子乙与拆迁没有关系，县政府却责令其所在的学校不为乙办理新学期注册手续，侵犯了乙的受教育权。

丙的劳动权受到侵犯。根据我国《宪法》规定，我国公民有劳动的权利和义务。丙与拆迁没有关系，但县政府责令财政局解除其与丙的劳动合同，侵犯了丙的劳动权。

38. （1）被示众人员的人格尊严受到侵犯。根据我国《宪法》规定，公民的人格尊严不受侵犯。禁止用任何方法对公民进行侮辱、诽谤和诬告陷害。本题中，S市警方对从事卖淫嫖娼活动的公民予以公开游街示众，侵犯了被示众人员的人格尊严。

（2）《A省收容教育条例》在性质上是地方性法规，该地方性法规应报全国人民代表大会常务委员会和国务院备案。

（3）《A省收容教育条例》无权对"人格尊严"作出限制性规定。"人格尊严"属于宪法保留事项，法律、行政法规和地方性法规都无权对人格尊严作出限制性规定。

（4）若公民认为《A省收容教育条例》不符合宪法规定，可以向全国人民代表大会常务委员会书面提出审查建议。

39.（1）行政处罚行为可能限制公民的人身自由、财产权和劳动权三种宪法权利。根据我国《宪法》规定，公民的人身自由不受侵犯。任何公民，非经人民检察院批准或者决定或者人民法院决定，并由公安机关执行，不受逮捕。禁止非法拘禁和以其他方法非法剥夺或者限制公民的人身自由，禁止非法搜查公民的身体。根据我国《宪法》规定，公民的合法的私有财产不受侵犯。国家依照法律规定保护公民的私有财产权和继承权。根据我国《宪法》规定，公民有劳动的权利和义务。国家通过各种途径，创造劳动就业条件，加强劳动保护，改善劳动条件，并在发展生产的基础上，提高劳动报酬和福利待遇。

（2）根据法律保留原则，限制人身自由的行政处罚，只能由法律设定。根据我国《宪法》规定，只有全国人大及其常委会才有权制定法律，因此，由全国人大及其常委会制定法律来规范行政处罚的种类符合宪法要求。

40.（1）《私营企业兼并重组条例》在性质上属于地方性法规。该法规应报全国人民代表大会常委会和国务院备案。

（2）《私营企业兼并重组条例》不符合宪法规定的精神。根据我国《宪法》规定，在法律规定范围内的个体经济、私营经济等非公有制经济，是社会主义市场经济的重要组成部分。国家保护个体经济、私营经济等非公有制经济的合法的权利和利益。国家鼓励、支持和引导非公有制经济的发展，并对非公有制经济依法实行监督和管理。据此规定，私营经济与公有制经济同样受到宪法的保护，将私营企业兼并重组有违宪法规定的精神。根据我国《宪法》规定，公民的合法的私有财产不受侵犯。国家为了公共利益的需要，可以依照法律规定对公民的私有财产实行征收或者征用并给予补偿。据此，征收或征用公民私有财产时，只有满足公共利益、正当程序和公平补偿三个要件，才能满足合宪性要求，而兼并重组不符合对私有财产征收条件，因此也不符合宪法规定的精神。

（3）对于张某提出的审查建议，经全国人民代表大会专门委员会、常务委员会工作机构审查后，认为《私营企业兼并重组条例》同宪法或者法律相抵触，或者存在合宪性、合法性问题需要修改或者废止的，A省人大常委会按照所提意见进行修改或者废止的，审查终止。A省人大常委会不予修改或者废止的，由全国人大常委会决定撤销。

41.（1）B市部分居民行使的是集会、游行、示威自由的宪法权利。根据我国《宪法》规定，公民有言论、出版、集会、结社、游行、示威的自由。B市市民以"散步"的形式表达反对PX项目的意见，是行使集会、游行、示威自由的体现。

（2）我国对"散步"形式表达意见即对集会、游行、示威采取限制的方式是许可制，即集会、游行、示威须向有关机关（公安机关）申请并获得批准方能举行。根据我国法律规定，公民在行使集会、游行、示威自由的时候，必须遵守宪法和法律，不得反对宪法所确定的基本原则，不得损害国家的、社会的、集体的利益和其他公民的合法的自由和权利。

42.（1）甲行使的是言论自由和申诉权。根据我国《宪法》规定，公民有言论自由。甲客观地采访报道当地的诸多社会热点问题，行使的是新闻自由，而新闻自由属于宪法规定的言论自由，是公民享有的一项基本权利。根据我国《宪法》规定，公民对于任何国家机关和国家工作人员的违法失职行为，有向有关国家机关提出申诉、控告或者检举的权利。甲向上级新闻主管部门提出申诉，是甲行使宪法规定的申诉权的表现。

（2）对言论自由的限制的具体表现有：一是公民在行使言论自由时不得侵害他人隐私权和名誉权，否则可能构成民事侵权。二是淫秽言论受到限制或者禁止。三是煽动仇恨和挑衅言论受到约束或者限制。

43.（1）《关于外地运输车辆管理决定》属于省人民政府制定的地方政府规章。该规章应当报国务院备案，同时报该省人民代表大会常务委员会备案。

（2）省政府收取运输管理费的做法不正确。依据《立法法》规定，没有法律、行政法规、地方性法规的依据，地方政府规章不得设定减损公民、法人和其他组织权利或者增加其义务的规范。本案中，省政府收取运输管理费于法无据，属于乱收费，该做法增加了公民、法人和其他组织的义务，因而是不正确的。

（3）省人大常委会、省委的做法不正确。首先，根据我国《宪法》和《地方各级人民代表大会和地方各级人民政府组织法》的规定，县级以上的地方各级人大常委会监督本级人民政府的工作，撤销本级人民政府的不适当的决定和命令。省政府受省人大及其常委会监督，若省政府制定的《关于外地运输车辆管理决定》不适当，可以撤销，但不能改变，省人大常委会将运输管理费 500 元改为 300 元的做法不正确。其次，省委的领导应体现在政治领导上，以省委的名义通知停止执行省政府的规定和省人大常委会的决议，是以党代政，省委的做法也是错误的。

44.（1）《关于加强外地烟草产品管理的规定》在性质上属于设区的市政府制定的地方政府规章。该规章应当报国务院备案，同时报市人民代表大会常务委员会、省人民代表大会常务委员会和省人民政府备案。

（2）A 市政府无权制定有关烟草产品管理的规章。根据《立法法》规定，设区的市制定地方政府规章，限于城乡建设与管理、生态文明建设、历史文化保护、基层治理等，而有关烟草产品管理的事项，不属于设区的市政府享有的制定权限。

（3）不合法。A 市政府无权制定《关于进一步提高烟草税和烟草价格的规定》，因为税收属于专属立法事项，该规章的制定违反了法律保留原则。

（4）A 市人民代表大会常务委员会调整税率的做法不妥，因为税收属于全国人民代表大会及其常务委员会的专属立法事项，A 市无权调整税率。

（5）不正确。A 市政府制定的规章违反上位法（《烟草专卖法》），且违反法律保留原则，因而收取 1 000 元管理费于法无据。根据《立法法》规定，没有法律、行政法规、地方性法规的依据，地方政府规章不得设定减损公民、法人和其他组织权利或者增加其义务的规范。A 市政府收取 1 000 元管理费，增加了外地烟草产品制造商进入 A 市的义务，因此不正确。

（6）A 市人民代表大会常务委员会有权撤销 A 市政府制定的《关于加强外地烟草产品管理的规定》《关于进一步提高烟草税和烟草价格的规定》；省人民政府也有权改变或者撤销 A 市政府制定的《关于加强外地烟草产品管理的规定》《关于进一步提高烟草税和烟草价格的规定》。

45.（1）通告侵犯了公民的言论自由。根据我国《宪法》规定，公民有言论自由。言论自由是指公民通过口头等各种语言形式表达其意见和观点的自由。M 市通告中涉及的横幅标语符合言论自由的内涵和表达方式，为宪法所保护。因此，通告侵犯了宪法规定的公民的言论自由，是不符合宪法规定的。

（2）基本权利限制的形式有基本权利的宪法限制和基本权利的法律限制。我国对言论自由的限制采取的是宪法限制，即公民行使言论自由不得损害国家、社会的利益和他人的合法权益。通告并非宪法和法律，无权对公民对言论自由进行限制。

（3）通告违反了比例原则。比例原则要求在为公共利益限制公民基本权利的时候，必须在手段和目的之间进行利益衡量。限制基本权利的目的必须具有宪法正当性，符合妥当性原则、必要性原则、狭义比例原则。通告禁设横幅标语有助于市容市貌的美化，并且效果立竿见影，符合妥当性原则，但并不符合必要性原则和狭义比例原则（没有做到均衡），因为这种一刀切的方式对公民的基本权利造成了实质性损害。

（4）M 市市政园林和林业局、M 市城市管理行政执法局没有变通法律的权力。根据《立法法》的规定，经济特区所在地的省、市的人大及其常委会制定的经济特区法规根据授权对法律、行政法规、地方性法规作变通规定的，在本经济特区适用经济特区法规的规定，而 M 市市政园林和林业局、M 市城市管理行政执法局没有变通的权力。（作为经济特区所在地的市，M 市的人大及其常委会才有变通法律、行政法规和地方性法规之权）。

46.（1）市政府相关部门无权制定实行单双号限新措施。根据我国《宪法》规定，公民的合法的私有财产不受侵犯。单双号限行措施实际上对公民合法的财产权的行使构成限制，而对宪法规定的公民基本权利的限制方式包括宪法限制和法律限制，上述两种限制方式，市政府相关部门都无权采取。另据《立法法》规定，部门规章不得设定减损公民、法人和其他组织权利或者增加其义务的规范，不得增加本部门的权力或者减少本部门的法定职责。本题中，市政府相关部门采取单双号限行措施增加了主体义务，是不正确的。

（2）单双号限行措施侵犯了宪法规定的公民的私有财产权。根据我国《宪法》规定，公民合法的私有财产不受侵犯。单双号限行措施的实施，意味着汽车有一半的时间不能行驶，其使用价值难以实现，而车辆的折旧、维护费用还按全年缴纳，这对公民财产权益构成实质性损害。

（3）对于规范性文件，根据我国《立法法》规定，地方人民代表大会常务委员会有权撤销本级人民政府制定的不适当的规章。董小姐可以向本级人大常委会书面提出审查申请，人大常委会有关的专门委员会或者常委会工作机构应当将相关审查结果反馈给董小姐。

47.（1）陈某的财产权受到侵犯。根据我国《宪法》规定，公民的合法的私有财产不受侵犯。A省公路管理局以征收养路费为由对陈某采取扣车行为，侵犯了陈某的财产权。

（2）法院应当适用《公路法》作为审理案件的依据。因为《公路法》是全国人大常委会制定的法律，《A省公路费用征收管理条例》是A省人民代表大会制定的地方性法规，根据上位法优于下位法的原则，应当将上位法《公路法》作为审理案件的依据。

（3）《A省公路费用征收管理条例》与《公路法》的规定相抵触的，全国人大常委会有权撤销。

48.（1）A市清理"治安管理高危人员"的行为侵犯了相关人员的人身自由和劳动权。根据我国《宪法》规定，中华人民共和国公民的人身自由不受侵犯。A市警方的清理活动剥夺了相关人员在A市居住、工作、学习、生活等与人身自由相关的权利，构成对公民人身自由的侵犯。根据我国《宪法》规定，中华人民共和国公民有劳动的权利和义务。A市警方的清理活动使许多公民无法通过劳动获取收入，其劳动权受到侵犯。

（2）A市为了顺利举行世界大型运动会而采取清理活动，是为了公共利益的需要而采取的措施。为了公共利益需要可以对公民的基本权利进行限制，但应当遵循比例原则。比例原则要求手段适当性，即所采用手段必须适合目的之达成；要求限制最小化，即立法所采取的是对基本权利影响、限制最小的手段；要遵循狭义比例原则，即要求手段达成的公共目的与造成的损害之间具有适当的比例关系。

49.杨某被罚款5 000元，侵犯了其财产权；杨某被行政拘留15日，侵犯了其人身自由；杨某对温某进行控告、检举权，遭到温某的打击报复，侵犯了杨某控告、检举等监督权；杨某宪法基本权利受到侵害，并被错罚、错拘，有获得权利救济的权利。根据我国《宪法》规定，公民的合法的私有财产不受侵犯。国家依照法律规定保护公民的私有财产权和继承权。国家为了公共利益的需要，可以依照法律规定对公民的私有财产实行征收或者征用并给予补偿。公民的人身自由不受侵犯。禁止非法拘禁和以其他方法非法剥夺或者限制公民的人身自由，禁止非法搜查公民的身体。公民对于任何国家机关和国家工作人员，有提出批评和建议的权利；对于任何国家机关和国家工作人员的违法失职行为，有向有关国家机关提出申诉、控告或者检举的权利。由于国家机关和国家工作人员侵犯公民权利而受到损失的人，有依照法律规定取得赔偿的权利。

50.（1）魏某的监督权、财产权、人身自由和通信自由、通信秘密受到侵犯。根据我国《宪法》规定，公民对于任何国家机关和国家工作人员，有提出批评和建议的权利；对于任何国家机关和国家工作人员的违法失职行为，有向有关国家机关提出申诉、控告或者检举的权利，但是不得捏造或者歪曲事实进行诬告陷害。魏某监督公车私用的行为属于行使宪法监督权的行为，但遭到陷害，魏某的监督权被侵犯。根据我国《宪法》规定，公民的合法的私有财产不受侵犯。A市警方将魏某的手机没收，将代步车非法扣押，侵犯了魏某的财产权。根据我国《宪法》规定，公民的人身自由不受侵犯。任何公民，非经人民检察院批准或者决定或者人民法院决定，并由公安机关执行，不受逮捕。A市警方以嫖娼名义对魏某作出行政拘留5日的处罚决定，侵犯了魏某的人身自由。根据我国《宪法》规定，公民通信自由和通信秘密受法律的保护。除因国家安全或者追查刑事犯罪的需要，由公安机关或者检察机关依照法律规定的程序对通信进行检查外，任何组织或者个人不得以任何理由侵犯公民的通信自由和通信秘密。魏某遭到陷害，且案件与国家安全和刑事犯罪无关，A市警方无权对魏某手机中的私密信息和聊天记录进行检查，A市警方侵犯了魏某的通信自由和通信秘密权。

（2）魏某可以申请赔偿。根据我国《宪法》规定，由于国家机关和国家工作人员侵犯公民权利而受到损失的人，有依照法律规定取得赔偿的权利。因魏某的宪法权利遭受侵害，其可以依法请求赔偿。

51.（1）钟某的言论免责权受到侵犯。人大代表享有宪法规定的言论免责权。根据我国《宪法》规定，全国人民代表大会代表在全国人民代表大会各种会议上的发言和表决，不受法律追究。钟某对其所在市的某领导的做法大加批判，言辞颇为激烈，并因此以诽谤罪被逮捕，言论免责权被侵犯。

（2）钟某的通信自由和通信秘密、人格尊严受到侵犯。根据我国《宪法》规定，公民的通信自由和通信秘密受法律保护。除因国家安全或者追查刑事犯罪的需要，由公安机关或者检察机关依照法律规定的程序对通信进行检查外，任何组织或者个人不得以任何理由侵犯公民的通信自由和通信秘密。公民的人格尊严不受侵犯。禁止用任何方法对公民进行侮辱、诽谤和诬告陷害。钟某作为公民享有通信自由和通信秘密受法律保护的权利，但钟某的通信往来信件受到严密监控，个人信息也被非法获取，有些个人信息涉及隐私，非法获取这些个人信息后进行侮辱、诽谤，侵犯了钟某的人格尊严。

（3）钟某的人身自由受到侵犯。根据我国《宪法》规定，公民的人身自由不受侵犯。任何公民，非经人民检察院批准或者决定或者人民法院决定，并由公安机关执行，不受逮捕。禁止非法拘禁和以其他方法非法剥夺或者限制公民的人身自由，禁止非法搜查公民的身体。钟某因涉嫌诽谤罪被逮捕，其人身自由受到侵犯。

52.（1）《A市网络预约出租汽车经营服务管理条例》在性质上属于地方政府规章。该地方政府规章应报国务院备案，同时报A市人民代表大会常务委员会备案。

（2）《A市网络预约出租汽车经营服务管理条例》不符合宪法规定。根据我国《宪法》规定，公民在法律面前一律平等。平等权是公民享有的一项基本宪法权利。《A市网络预约出租汽车经营服务管理条例》根据是否为A市户籍和车牌号是否归属于A市来决定是否授权相关主体从事出租业务，是将不同主体进行了差别对待；限制非A市车牌汽车从事网约车业务构成对不同主体的权利限制，违反了宪法有关平等保护的条款，因而不符合宪法规定。

（3）国务院有权改变或者撤销《A市网络预约出租汽车经营服务管理条例》，A市人民代表大会常务委员会也有权撤销《A市网络预约出租汽车经营服务管理条例》。

53.（1）《摩托车管理规定》属于地方政府规章。该地方政府规章应报国务院备案，同时报A市人民代表大会常务委员会、S省人民代表大会常务委员会和S省人民政府备案。

（2）《摩托车管理规定》的施行侵犯了公民的平等权和财产权。根据我国《宪法》规定，公民在法律面前一律平等。经济条件好的公民买汽车作为日常交通工具，经济条件差的公民买摩托车作为日常交通工具，而禁摩令仅针对经济条件差的公民作出限制性规定，构成区别对待，违反了宪法上的平等权要求，侵犯了公民的平等权。根据我国《宪法》规定，公民的合法的私有财产不受侵犯。禁摩的做法对公民私有财产权的行使构成限制，造成公民财产价值的实质性减损，构成管制性征收，从而侵犯了公民的财产权。

（3）甲的行为不合法。根据我国《宪法》规定，公民有集会游行示威的权利。但是，我国对集会游行示威实行许可制，公民集会游行示威须向当地公安机关提出申请，经公安机关许可后才可以游行示威。甲在没有取得许可的情况下在市政府门前游行示威，是不合法的。

54.（1）B市警方的做法违反了基本人权原则。根据我国《宪法》规定，国家尊重和保障人权。B市警方将谢某超期羁押，非法限制其人身自由，违反了宪法上的基本人权原则。

（2）谢某的出版自由、人身自由和批评、建议权等监督权受到侵犯。根据我国《宪法》规定，公民有出版自由。B市警方因谢某在作品中揭露了真实的情况和腐败的问题，就以涉嫌非法经营罪对其进行追捕和拘留，侵犯了谢某的出版自由。根据我国《宪法》规定，中华人民共和国公民对于任何国家机关和国家工作人员，有提出批评和建议的权利。谢某在作品中反映了民众的疾苦，揭露某些公务人员在移民中的腐败问题，这些都是事实，并没有违法犯罪，B市警方因此将谢某拘留，对谢某进行打击报复，侵犯了谢某的批评、建议权等监督权。根据我国《宪法》规定，公民的人身自由不受侵犯。B市警方没有遵守《刑事诉讼法》的有关规定，对谢某进行超期羁押，侵犯了谢某的人身自由。

（3）警方在行使职权应遵循责任制原则、法治原则。警方应当对其决定、行使职权、履行职责所产生的结果承担责任。警方要依法办事，在行使职权、履行职责时要贯彻法治精神，尊重和保障人权。

55.（1）服兵役属于法律保留事项，只能由法律作出规定。《宪法》第55条规定的服兵役义务是基本义务，但宪法仅作了原则性规定。为落实宪法规定的服兵役义务，《宪法》第55条强调了"依照法律服兵役和参加民兵组织"，这说明宪法委托立法机关制定法律，以落实宪法规定的服兵役义务。这表明，对于服兵役义务只能制定法律，属于法律保留事项，行政法规、军事法规、地方性法规等均不得作出规定。

（2）我国实行以志愿兵役为主体的志愿兵役与义务兵役相结合的兵役制度。

（3）我国公民依法履行服兵役义务的条件有：一是须年满18周岁但有严重生理缺陷或者严重残疾不适合服兵役的除外；二是未被依照法律剥夺政治权利。

56.（1）民主集中制是一种民主与集中相结合的制度，作为国家机构的组织和活动的主要原则，是在民主基础上的集中和在法治规范下的民主的结合。其基本要求有，我国的国家权力必须由代表人民意志的、由民主选举产生的人大统一行使；各个国家机关之间不是分权关系，而是为实现国家管理任务进行的合作分工关系；各个国家机关依据宪法的具体规定，在人大及其常委会的统一领导和监督下，行使各自职责范围内的权力。

（2）我国国家机关贯彻民主集中制原则的主要表现有：在意志代表方面，人大由民主选举产生，对人民负责，受人民监督；在权限划分方面，国家行政机关、监察机关、审判机关、检察机关都由人民代表大会产生，对它负责，受它监督；在中央和地方的权力关系方面，遵循在中央的统一领导下，充分发挥地方的主动性、积极性的原则；在国家机关内部关系方面，人大及其常委会实行集体领导体制，而行政机关和军事机关实行个人首长负责制；在具体工作方面，任何一个国家机关具体决策过程都必须遵循民主集中制原则。

57.（1）警方没有将张某的醉驾事实报告A县人大常委会的做法不正确。根据我国《宪法》和《全国人民代表大会和地方各级人民代表大会代表法》的规定，人大代表是现行犯被拘留的，执行拘留的机关应当立即向该级人民代表大会主席团或者人民代表大会常务委员会报告。本题中警方刑事拘留张某，应当将张某的醉驾事实报告给A县人大常委会，并提出醉驾拘留张某的申请，警方没有将张某的醉驾事实报告A县人大常委会的做法是不正确的。

（2）张某言论免责权的主张不成立。言论免责权的目的是保障人大代表正确履行代表职责。人大代表享有的言论免责权限于在人大各种会议上的发言和表决。张某在被警方讯问时无端指责谩骂，不属于言论免责的范围，警方也没有侵犯张某的言论免责权。

（3）根据《选举法》规定，原选区选民50人以上联名，可以向A县人民代表大会常务委员会书面提出罢免要求。表决罢免要求，由A县人民代表大会常务委员会派有关负责人员主持，并经原选区过半数的选民通过。

58.（1）潘某不享有言论免责权。根据《全国人民代表大会和地方各级人民代表大会代表法》规定，代表在人民代表大会各种会议上的发言和表决，不受法律追究。据此，人大代表享有的言论免责权限于人大代表在人大各种会议上的发言与表决。本题中，潘某的发言系在酒后闹事，且伴有辱骂，不仅不能免责，还要承担法律责任。

（2）根据《全国人民代表大会和地方各级人民代表大会代表法》规定，在本级人民代表大会闭会期间，非经本级人民代表大会常务委员会许可，人大代表不受逮捕或者刑事审判。如果因为是现行犯被拘留，执行拘留的机关应当立即向该级人民代表大会主席团或者人民代表大会常务委员会报告。据此，如果公安机关刑事拘留潘某，应当立即向区人民代表大会常务委员会报告。

（3）潘某应当模范地遵守宪法和法律，在自己参加的生产、工作和社会活动中，协助宪法和法律的贯彻实施；和人民保持密切联系，听取和反映人民的意见和要求；保守国家秘密；出席人大代表会议，认真参与对本辖区内事务的讨论和决定等。

59.（1）各级监察委员会是国家的监察机关，是行使国家监察职能的专责机关。国家监察委员会由全国人大产生，对全国人大及其常委会负责，并接受其监督。地方各级监察委员会由本级人大产生，对本级人大及其常委会和上一级监察委员会负责，并接受其监督。

（2）国家监察委员会是最高监察机关。国家监察委员会领导地方各级监察委员会的工作，上级监察委员会领导下级监察委员会的工作。

（3）监察委员会依照法律规定独立行使监察权，不受行政机关、社会团体和个人的干涉。监察机关办理职务违法和职务犯罪案件，应当与审判机关、检察机关、执法部门互相配合，互相制约。

（4）宪法规定监察委员会，对于深化国家监察体制改革，加强对所有行使公权力的公职人员的监督，实现国家监察全面覆盖，深入开展反腐败工作，推进国家治理体系和治理能力现代化具有十分重要的意义。

60.（1）开发区不属于我国一级行政单位。根据我国《宪法》规定，我国的行政区划不包括开发区。

（2）最高人民法院无权设立开发区人民法院。人民法院应当依照宪法、法律和全国人民代表大会常务委员会的决定设置。

（3）开发区人民法院不符合我国国家机构体制。因为根据我国《宪法》和法律规定，地方各级人民法院应在地方行政区划内设立，基层人民法院和专门法院中也不包括开发区人民法院，因此开发区人民法院不属于我国人民法院组织体系的一部分。开发区人民法院也没有与之对应的监督行使其职权的人民代表大会及其常务委员会，在人民代表大会不能设置的情况下，不能设置开发区人民法院。

（4）一些地方在开发区设立人大常委会的派出机构的做法违反了法律保留原则，因此是不正确的。因为在一级政权体制外设立派出机构是涉及国家机构的组织和职权的重大问题，属于全国人大及其常委会的专属立法权限，必须有法律的明确规定方可为之，在一些地方的开发区设立人大常委会派出机构的做法违反了法律保留原则。

61.（1）《碳排放权交易管理暂行条例》在性质上属于行政法规，行政法规应报全国人大常委会备案。

（2）中华人民共和国国务院，即中央人民政府，是最高国家权力机关的执行机关，是最高国家行政机关。国务院是由最高国家权力机关产生的，必须对全国人大及其常委会负责并报告工作。

（3）保护生态环境需要依靠制度、依靠法治，《碳排放权交易管理暂行条例》将宪法规定的生态文明建设纳入制度化、法治化轨道，从而促进了生态文明建设，为五个文明建设的协调发展打下了基础。

62.（1）《引咎辞职规定》体现了责任制原则。理由：人民法院实行集体领导、集体负责的责任制度，根据《引咎辞职规定》，在直接管辖的范围内，因不履行或者不正确履行职责，导致工作发生重大失误或者造成严重后果的，负有直接领导责任的院长、副院长应主动辞去现任职务。并具体规定了引咎辞职的适用情形，这正是责任制原则的体现。

（2）《引咎辞职规定》不符合宪法和法律规定。首先，最高人民法院无权对地方各级人民法院的法官职务问题作出规定。根据《宪法》和《人民法院组织法》规定，地方各级人民法院院长均由地方各级人民代表大会选举并罢免，副院长以及其他法官均由地方各级人民代表大会常务委员会任免。其次，《引咎辞职规定》与宪法规定的法院职权范围不符。《宪法》以及《人民法院组织法》规定，最高人民法院监督地方各级人民法院和专门人民法院的审判工作；下级人民法院的审判工作受上级人民法院监督。根据上述规定，上下级人民法院之间仅仅是监督关系，而且仅仅限于监督审判工作，不能超越宪法规定的权限。

（3）根据《法规、司法解释备案审查工作办法》的规定，如果公民认为《引咎辞职规定》存在不符合宪法的问题，可以向全国人大常委会书面提出进行审查的建议，由常务委员会工作机构进行审查；必要时，送有关的专门委员会进行审查、提出意见。（回答《立法法》亦可。）

63.（1）材料一体现的是依法独立行使审判权原则。该原则要求人民法院在审判工作中以事实为根据、以法律为准绳，独立进行审判，实事求是地对案件作出公正判决和裁定，不受行政机关、社会团体和个人的干涉。审判工作中贯彻依法独立行使审判权原则，有利于保证国家审判权的统一行使，保证国家法律统一执行，保证审判工作正常进行，保证案件正确判决。

（2）人民法院依法独立行使审判权，并不是不受任何监督。但人民法院是由人民代表大会产生的，必须对人民代表大会负责并报告工作，受人民代表大会监督。因此，某省会城市的人民代表大会常务委员会对该市中级人民法院已经审结的某重大案件进行监督是合法的。人民检察院是法律监督机关，人民法院的审判活动要接受人民检察院依法监督。因此，某县人民检察院认为该县人民法院的判决确有错误，向上一级人民法院提出抗诉，是合法的。

64.（1）材料规定的是被告人有权获得辩护原则和公开审判制度。实行辩护制度，有助于人民法院全面客观地认定案件事实，正确适用法律，公正判决或裁定案件以及避免冤假错案的发生。实行公开审判，可以把人民法院的审判活动直接置于当事人及人民群众的监督之下，有助于增强审判人员的责任感，改进审判作风，严格依法办事，从而保证审判质量，防止冤假错案的发生。公开审判还可以使旁听群众受到深刻的法治教育，对犯罪分子起到威慑作用，达到减少犯罪的效果。

（2）其他工作原则和基本制度有依法独立行使审判权原则、审判案件在适用法律上一律平等原则、被告人有权获得辩护原则、使用本民族语言文字进行诉讼原则、合议制度、回避制度、公开审判制、两审终审制、审判监督制度、审判委员会制度、司法责任制。

65.（1）材料体现的是依法独立行使检察权原则。依法独立行使检察权原则是检察机关进行法律监督、实现检察职能的重要保证。人民检察院独立行使检察权，有利于维护社会主义法制的统一实施，保证案件得到公正处理。

（2）其他工作原则有行使检察权在适用法律上一律平等原则、司法公正原则、司法公开原则、司法责任制原则、公民使用本民族语言文字进行诉讼原则。

66.（1）市长对甲县的处理意见是错误的。根据《地方各级人民代表大会和地方各级人民政府组织法》的规定，县人民代表大会享有选举县长和副县长的权力，因此，市长委派副县长的做法是错误的。

（2）市长对乙县的处理意见是错误的。根据《宪法》和《民族区域自治法》的规定，民族区域自治地方的自治机关是自治地方的人大和政府。自治县的县长由实行民族区域自治的公民担任。但是，《宪法》和《民族区域自治法》并没有要求县人民法院的院长和县人民检察院的检察长应当由自治民族的公民担任，而且人民法院和人民检察院也并非民族自治地方的自治机关。

（3）市长对丙县的答复是错误的。根据《地方各级人民代表大会和地方各级人民政府组织法》的规定，县、自治县的人民政府设立区公所这样的派出机构时，应经省、自治区、直辖市的人民政府批准，而不应由县人民代表大会通过。

（4）市长抽调应届高校毕业生担任村民委员会主任或副主任的做法是错误的。根据《村民委员会组织法》的规定，村民委员会是村民自我管理、自我教育、自我服务的基层群众性自治组织，乡、民族乡、镇的人民政府对村民委员会的工作给予指导、支持和帮助，但是不得干预依法属于村民自治范围内的事项。村民委员会主任、副主任和委员，由村民直接选举产生。任何组织或者个人不得指定、委派或者撤换村民委员会成员。据此，市长无权抽调应届高校毕业生担任村委会主任或者副主任。

67.（1）由常委会主任主持人大会议的做法不正确。根据我国《宪法》规定，自治州人民代表大会会议应由选举的主席团主持会议。

（2）自治条例由常委会副主任宣布生效的做法不正确。根据《宪法》和《立法法》规定，自治州、自治县的自治条例和单行条例，报省或者自治区的人民代表大会批准后生效，并报全国人大常委会和国务院备案。据此，自治州制定的自治条例应批准后生效，而不能由常委会副主任宣布生效。

（3）地方性法规直接由常委会副主任宣布生效不正确。根据《宪法》、《立法法》和《地方各级人民代表大会和地方各级人民政府组织法》的规定，自治州制定的地方性法规须报省、自治区的人民代表大会常务委员会批准后施行，并由省、自治区的人民代表大会常务委员会报全国人民代表大会常务委员会和国务院备案。

（4）新当选的自治州人民检察院检察长即行上任的做法不正确。人民检察院在领导体制上实行双重从属制，根据《宪法》和《人民检察院组织法》规定，选出的人民检察院检察长，须报经上一级人民检察院检察长提请该级人大常委会批准。因此，新当选的人民检察院检察长不能直接走马上任。

68.（1）材料中做法不符合法律之处有：一是县委向县人大常委会党组发出免去张某科技局局长和任命吴某担任该职务的做法不正确。根据《地方各级人民代表大会和地方各级人民政府组织法》规定，科技局局长应由A县人大常委会根据县长的提名，决定任免，并报上一级人民政府备案。二是县政府发出了任命张某为县监察委员会副主任的做法不正确。根据《地方各级人民代表大会和地方各级人民政府组织法》规定，监察委员会副主任根据监察委员会主任的提名，由县人大常委会任免。三是县委与县政府分别撤销原来的任命的做法不正确。根据《地方各级人民代表大会和地方各级人民政府组织法》规定，在本级人民代表大会闭会期间，监察委员会副主任和新任命的科技局局长的罢免，应分别由A县监察委员会主任和县长的提名罢免，而不能由县委与县政府分别撤销原来的任命。

（2）常委会主任会议可以向人大常委会提议组织特定问题的调查委员会，提请常委会审议。1/5以上人大常委会组成人员书面联名，可以向人大常委会提议组织特定问题的调查委员会，由主任会议提请常委会审议。

69.（1）乙须联合其他9名县人大代表，才能提出扩建小学的议案。根据《地方各级人民代表大会和地方各级人民政府组织法》规定，县级以上的地方各级人民代表大会代表10人以上联名，可以向本级人民代表大会提出属于本级人民代表大会职权范围内的议案。

（2）丙在会议上的发言免责，丙享有言论免责权。根据《地方各级人民代表大会和地方各级人民政府组织法》规定，地方各级人民代表大会代表在人民代表大会和常务委员会会议上的发言和表决，不受法律追究。

（3）不符合宪法和法律规定的做法有：一是出席会议人数不符合法定人数。根据《地方各级人民代表大会和地方各级人民政府组织法》规定，地方各级人民代表大会会议有2/3以上的代表出席，始得举行。据此，A县共有代表300人，出席会议人数为180人，未到2/3以上的代表出席的法定人数，因此，出席会议人数不合法。二是9名代表书面联名提出本级人民政府县长的候选人甲的做法不正确。根据《地方各级人民代表大会和地方各级人民政府组织法》规定，县级的人民代表大会代表10人以上书面联名，可以提出人民政府领导人员的候选人。据此，9名代表书面联名提出代表候选人，未到10人的法定人数，提案主体人数不符合法律规定。三是提出质询案的代表人数不符合法律规定。根据《地方各级人民代表大会和地方各级人民政府组织法》规定，地方各级人民代表大会举行会议的时候，代表10人以上联名可以书面提出对本级人民政府和它所属各工作部门以及监察委员会、人民法院、人民检察院的质询案。据此，9名代表联名书面提出对县监察委员会的质询案，不符合法定人数。四是代表50人提议临时召集县人民代表大会会议，代表人数不符合法定要求。根据《地方各级人民代表大会和地方各级人民政府组织法》规定，经过1/5以上代表提议，可以临时召集本级人民代表大会会议。材料中，代表50人（占代表总人数1/6）提议临时召集县人民代表大会会议，不符合法定人数。

70.（1）赵某能当选该县人民法院院长，钱某当选为副县长。根据《地方各级人民代表大会和地方各级人民政府组织法》规定，地方各级人民代表大会选举本级国家机关领导人员，获得过半数选票的候选人人数超过应选名额时，以得票多的当选。遇票数相等不能确定当选人时，应当就票数相等的人再次投票，以得票多的当选。本题中，赵某一人获得选票过半数（123/240），赵某能当选为该县人民法院院长。在选举该县副县长时，钱某、孙某、李某、周某分别获赞成票200张、150张、150张、140张，都获得过半数选票，因钱某得票数最多，钱某应当选。

（2）25人以上。根据《地方各级人民代表大会和地方各级人民政府组织法》规定，县级以上的地方各级人民代表大会举行会议的时候，主席团、常务委员会或者1/10以上代表联名，可以提出对本级人民政府组成人员的罢免案。本题中，A县人大共有代表250人，须25名以上代表联名，才能提出对本县县长吴某的罢免案。

（3）10人以上。根据《地方各级人民代表大会和地方各级人民政府组织法》规定，地方各级人民代表大会举行会议的时候，代表10人以上联名可以书面提出对本级人民政府和它所属各工作部门以及监察委员会、人民法院、人民检察院的质询案。

（4）乙县公安机关应当立即向A县人民代表大会常务委员会报告。人大代表王某享有人身特别保护权，根据《地方各级人民代表大会和地方各级人民政府组织法》规定，县级以上的地方各级人民代表大会代表，在大会闭会期间，如果因为现行犯被拘留，执行拘留的公安机关应当立即向该级人大常委会报告。

第二节 论述题

（法理学与中国宪法学结合）

一、历年真题考查内容

具体命题情况见表4-2：

表4-2 中国宪法学论述题2019—2024年真题考查内容

出题年份	考查内容
2019年	人权的内涵及人权保障在我国宪法中的体现。
2020年	宪法宣誓制度对推进依法治国的意义。
2021年	我国《监察法》制定的法治意义。
2022年	我国宪法上特定群体的权利保障。
2024年	加强生态环境领域立法对完善以宪法为核心的中国特色社会主义法律体系的意义。

二、专项突破习题

1. 结合全面依法治国的重点任务阐述宪法和依宪治国的关系。

2. 结合2018年宪法修正案关于国家机构的修改论述推进国家治理体系和治理能力现代化及其意义。

3. 结合法理学和宪法学知识，论述2018年宪法修正案关于加强党的领导对立法工作和全面依法治国的意义。

4. 结合法理学和宪法学知识，论述2018年宪法修正案对地方立法体制的完善。

5. 结合法理学法律至上原则，论述我国宪法效力的最高性和宪法优位的法治原则。

6. 结合法理学和宪法学知识和理论，论述权力制约与监督原则在我国宪法中的体现及对贯彻权力制约的法治原则的作用。

7. 结合立法科学原则，论述立法机关对公民基本权利的限制。

8. 结合法理学和宪法学知识，论述修改后的《立法法》对我国宪法监督制度的完善及其法治意义。

9. 结合法理学和宪法学知识，论述设立监察委员会对中国法律监督体系的健全及意义。

10. 结合法理学和宪法学知识，论述以宪法为根本遵循深入推进司法改革及意义。

11. 结合法理学和宪法学知识，论述推动生态文明建设、加强生态文明领域立法及意义。

12. 结合法理学和宪法学知识，论述我国监察体系和制度构建对建设中国特色社会主义法治监督体系的意义。

13. 结合法理学和宪法学知识，论述我国宪法关于宗教信仰的规定及在处理宗教问题上的作用。

14. 结合法理学和宪法学中的权力制约与监督原则，论述法治政府是有限政府、责任政府。

15. 结合宪法关于社会保障权的规定，论述对加强社会保障立法的重要意义。

三、参考答案

1. （1）全面贯彻实施宪法是全面依法治国的首要任务，要坚持依宪治国、依宪执政，更好地展现国家根本法的力量、更好发挥国家根本法的作用。坚持依法治国首先要坚持依宪治国，坚持依法治国首先要坚持依宪执政。我国现行宪法确立的一系列制度、原则和规则，制定的一系列大政方针，都充分反映了我国各族人民的共同意志和根本利益。维护宪法尊严和权威，是维护国家法制统一、尊严、权威的前提，也是维护最广大人民根本利益，确保国家长治久安的重要保障。全国各族人民、一切国家机关和武装力量、各政党和各社会团体、各企业事业组织，都必须以宪法为根本的活动准则，并且负有维护宪法尊严、保证宪法实施的职责。任何组织或者个人，都不得有超越宪法和法律的特权。一切违反宪法和法律的行为，都必须予以追究。维护宪法尊严和权威，是维护国家和法制统一、尊严、权威的前提，也是维护最广大人民根本利益，确保国家长治久安的重要保障。全面贯彻实施宪法，对于坚持全面推进科学立法、严格执法、公正司法、全民守法，继续推进法治领域改革，解决好立法、执法、司法、守法等领域的突出矛盾和问题等具有重要的意义。

（2）宪法与依宪治国互为基础和前提，是形式与内容的关系，两者是辩证统一的。宪法是国家的根本法，具有最高的法律效力。宪法的生命在于实施，宪法的权威也在于实施。唯有依宪治国，方能使宪法真正成为现实力量，保证任何组织和个人都不得有超越宪法和法律的特权，实现"一切违反宪法的行为都必须予以追究"。只有坚持全面依法治国基本方略和依法执政基本方式，使执政党在宪法和法律范围内活动，真正做到党领导立法、保证执法、带头守法，才能使宪法成为所有国家机关及其工作人员的最高行为准则。依宪治国，必须坚持中国特色社会主义道路，坚持党的领导、坚持人民当家作主。保证宪法实施，就是保证人民根本利益的实现。依宪治国是宪法规范与宪法实施的政治实践相结合的产物。宪法是静态意义上的法律文本；依宪治国是动态性质的实践过程，也是宪法实现的最终结果。

2. （1）国家治理体系和治理能力现代化，是国家治理现代化的具体表现，其核心主要是实现国家治理的制度化、程序化、法治化。为推进国家治理体系和治理能力现代化，2018年宪法修正案对国家机构进行了修改，将法律委员会改名为宪法和法律委员会，推进合宪性审查，在法治轨道上加强了宪法监督，实现宪法监督的良法善治。将"国家主席任期、副主席任期同全国人大每届任期相同，连续任职不得超过两届"修改为"国家主席、副主席任期同全国人大每届任期相同"，这有利于强化领导意识，保障国家治理体系和治理能力现代化的的协调性、稳定性和连续性。增加设区的市制定地方性法规的规定："设区的市的人民代表大会和它们的常务委员会，在不同宪法、法律、行政法规和本省、自治区的地方性法规相抵触的前提下，可以依照法律规定制定地方性法规，报本省、自治区人民代表大会常务委员会批准后施行。"地方立法作为地方治理的重要手段，通过行使地方立法权，可以修改和废止不合时宜或者有缺陷的制度，补充和完善尚有不足或者需要改善的制度，从而推进地方治理的法治化。因此，增加设区的市制定地方性法规的规定，不仅是完善立法体制的重大举措，也是推进国家治理体系和治理能力现代化的重大举措。为实现反腐败对公职人员的全覆盖，在国家机构中设立"监察委员会"。在2018年通过的21条宪法修正案中，有11条和监察委员会有关。监察委员会的设立不仅拓宽了人民监督权力的途径，而且是深化国家监察体制改革，健全党和国家监督体系、推进国家治理体系和治理能力现代化的有力举措。

（2）从当前中国特色社会主义法治的理论与实践的要求来看，法治是国家治理体系和治理能力的重要依托，坚持在法治轨道上推进国家治理体系和治理能力现代化，是实现良法善治的必由之路。我国宪法是国家的根本法，是国家制度和法律法规的总依据。因此，必须在宪法范围内和法治轨道上推进国家治理体系和治理能力现代化。通过宪法法律确认和巩固国家根本制度、基本制度、重要制度，并运用国家强制力保证实施，保障了国家治理体系的系统性、规范性、协调性、稳定性，这有利于充分实现国家和社会治理的有法可依、有法必依、执法必严、违法必究，最终实现国家治理现代化。

3.（1）2018年宪法修正案充实和加强了中国共产党全面领导的内容，在《宪法》中增加"中国共产党领导是中国特色社会主义最本质的特征"的规定。宪法从社会主义制度的本质属性角度对坚持和加强党的全面领导进行规定，有利于在全国人民中强化党的领导意识，有效地把党的领导落实到国家工作全过程和各方面，确保党和国家事业始终沿着正确方向前进。

（2）2018年宪法修正案对于加强党对立法工作的领导具有重要意义。加强党对立法工作的领导与人大主导立法是我国立法工作的根本原则，也是我国立法实践经验的科学总结。党领导立法强调坚持党的政治领导原则，党通过确定立法工作方针、批准立法规划、提出立法工作建议、明确立法工作的重大问题、加强立法队伍建设等，把握正确的政治方向。

（3）2018年宪法修正案为全面依法治国确立了政治方向，即"坚持中国特色社会主义法治道路，最根本的是坚持中国共产党的领导"，自觉地把党的领导贯彻到依法治国全过程和各方面，更好地落实全面依法治国基本方略。全面依法治国的总目标是建设中国特色社会主义法治体系，建设中国特色社会主义法治国家。要实现这个总目标，必须坚持中国共产党的领导。2018 年宪法修正案确立了"中国共产党领导是中国特色社会主义最本质的特征"，也是社会主义法治最根本的保证。把党的领导贯彻到依法治国的全过程和各方面，是我国社会主义法治建设的一条基本经验。必须坚持党领导立法、保证执法、支持司法、带头守法，把全面依法治国基本方略同依法履行职责统一起来，把党总揽全局、协调各方同人大、政府、监察机关、审判机关、检察机关依法履行职责统一起来，把党领导人民制定和实施宪法法律同党坚持在宪法法律范围内活动统一起来。

4.（1）2018 年宪法修正案增加设区的市制定地方性法规的规定："设区的市的人民代表大会和它们的常务委员会，在不同宪法、法律、行政法规和本省、自治区的地方性法规相抵触的前提下，可以依照法律规定制定地方性法规，报本省、自治区人民代表大会常务委员会批准后施行。"地方立法作为地方治理的重要手段，通过行使地方立法权，可以修改和废止不合时宜或者有缺陷的制度，补充和完善尚有不足或者需要改善的制度，从而推进地方治理的法治化。因此，增加设区的市制定地方性法规的规定是完善立法体制的重大举措。

（2）立法体制是关于立法权的配置方面的组织制度，其核心是立法权限的划分问题，既包括中央国家机关和地方国家机关关于立法权限的划分制度，也包括中央国家机关及地方国家机关之间关于立法权限划分的制度。2018 年宪法修正案赋予设区的市和自治州制定地方性法规的立法权限，从国家根本法的层面扩大了地方立法的主体和权限范围，是完善社会主义立法体制的重大举措，是对我国地方立法实践的宪法确认。地方性法规是以宪法为核心的中国特色社会主义法律体系的重要组成部分。改革开放以来特别是党的十八大以来，地方立法发挥着越来越重要的作用，为地方经济社会发展提供了各具特色、极富针对性的制度保障。把设区的市立法权进一步提升到国家根本法的高度予以权威确认，必将极大推动地方因地制宜运用立法手段解决本地具体问题，让社会主义法治的触角更加灵敏，使地方经济社会发展的活力和创造力充分迸发，加快建设社会主义现代化国家的步伐。

5. 法律至上是法治的首要条件。法律至上原则是指法律具有至高无上的地位与权威的法律原则，它是法治中最基本的重要原则。不确立法律至上原则，即使法律完全建立在民主基础上，也仅是"纸上的法律"，人权保障、法律面前人人平等、政府权力受制约等原则均无法实现。法律至上原则意在强调法律在整个社会规范体系中具有至高无上的地位，其他任何社会规范都不能否定法的效力或与法相冲突。

宪法至上是法律至上原则的核心。宪法至上是指与其他法律相比，宪法居于母法和最高法的地位。宪法至上表明我国宪法在整个法律体系中具有最高效力。宪法作为根本法，构成国家制定法的基础和核心，在国家整个法律体系中的层次、地位和效力最高，其他法律的制定都必须以宪法为依据，不能与其规定相抵触。宪法最高效力还表现为，一切国家机关和武装力量、各政党和各社会团体、各企业事业组织都必须遵守宪法和法律。一切违反宪法和法律的行为，必须予以追究。任何组织或者个人都不得有超越宪法和法律的特权。

宪法具有最高法律效力，法律必须受宪法拘束。也就是说，全国人大及其常委会制定的法律，必须受宪法的拘束，而不能与宪法相抵触，否则无效，这就是宪法优位原则，宪法优位原则是宪法至上原则在宪法基本原则中的体现。为了确保一个国家法制的统一，宪法优位还进一步要求在行政机关和立法机关之间的关系上要遵循法律优位原则，也就是说行政机关的一切行政行为或其他活动都不得与法律相抵触。作为抽象行政行为的行政法规和行政规章必须在法律规定的范围之内作出。

6.（1）权力制约与监督原则是指国家权力机关的各部分之间相互监督、相互制约，以保障公民权利的原则，既包括公民权利对于国家权力的制约，也包括国家权力对于国家权力的制约。

（2）我国实行人民代表大会制度，在国家权力统一行使的基础上，国家机关分工负责，相互制约。我国宪法在以下三个方面体现了权力制约与监督原则：① 人民对国家权力的制约监督。我国《宪法》规定，国家的一切权力属于人民。全国人民代表大会和地方各级人民代表大会都由民主选举产生，对人民负责，受人民监督。一切国家机关和国家工作人员必须依靠人民的支持，经常保持同人民的密切联系，倾听人民的意见和建议，接受人民的监督，努力为人民服务。② 公民权利对国家权力的制约监督。我国宪法规定了公民的基本权利，这些基本权利意味着国家不得干预这些基本权利的行使，并对其行使负有保护的义务。此外，我国宪法还明确了公民对于任何国家机关和国家工作人员，有提出批评和建议的权利。③ 国家机关内部的制约监督。我国宪法规定了不同国家机关之间、国家机关内部不同的监督方式。我国《宪法》规定，国家行政机关、监察机关、审判机关、检察机关都由全国人民代表大会产生，对它负责，受它监督。监察委员会依照法律规定独立行使监察权，不受行政机关、社会团体和个人的干涉。监察机关办理职务违法和职务犯罪案件，应当与审判机关、检察机关、执法部门互相配合，互相制约。我国《宪法》还规定，人民法院、人民检察院和公安机关办理刑事案件，应当分工负责，互相配合，互相制约，以保证准确有效地执行法律。

（3）法治内在地要求对国家权力进行合理分工和有效制约。权力如何分配和制约是法治国家权力结构的基本问题。能否实现法治，也取决于国家权力结构中是否实行分工和制约。之所以强调权力的分工和制约，是因为法治的目的在于运用法律防止国家权力的专横、恣意和腐败，保障公民的权利和自由。法治所强调的对国家权力进行制约，是权力之间的相互制约。让权力之间互相监督，是维护法的权威、保证国家权力的执行者不违背法律的有力措施。法治原则特别强调对国家行政权力的制约，要求严格依法行政。因为行政机关执掌着大量日常公共生活的组织指挥权能，代表公权力，能够通过各种抽象和具体行政行为直接干预公民和社会组织的活动，行政权力行使的广泛性、主动性和强制性、单方面性等都使得对行政权的约束成为法治的重点。

7. 立法科学原则是指立法活动应坚持从实际出发，尊重客观规律，维护和保障立法的科学性的原则。立法科学原则要求坚持权利本位，把保障权利作为权利义务设定的出发点；要考虑权利义务的平衡；还要考虑特殊群体的实际承受能力。宪法规定的公民基本权利条款中，有时不仅具有权利保障的内容，也有对权利行使的限制性规定，这是权利义务平衡在公民基本权利条款中的体现，但在限制公民基本权利时，要以权利本位为依托，在为公共利益而限制公民基本权利的时候，必须在手段和目的之间进行利益衡量，遵循比例原则。对于妇女、老人、儿童、残疾人等特殊群体，要考虑他们的实际承受能力，要给特殊群体予宪法上的特殊保障。立法科学原则要求法律制定过程中注意法律规范的明确、具体，具有针对性与可执行性。这就要求立法不仅要在语言上具有明确性和严谨性，而且要在内容上具有针对性和可执行性。宪法规定的公民基本权利条款，对公民基本权利进行限制也要遵循明确性原则，即法律对基本权利进行限制，必须内容明确，可以成为公民行动的合理预期。如果法律条文过于宽泛、笼统和模糊，在接受合宪性审查的时候，此类法律往往因违宪而被宣告无效。

8.（1）修改后的《立法法》坚持对立法活动进行事前、事中、事后全过程合宪性审查。不仅明确法律案起草和审议过程中的合宪性审查要求，还明确备案审查工作中的合宪性审查要求，对存在合宪性、合法性问题的，还规定了处理的主体和程序。

（2）备案审查是维护国家法制统一的一项重要制度。修改后的《立法法》将备案审查工作的创新经验和有益做法以法律形式固定下来，完善主动审查制度、明确专项审查制度、备案审查衔接联动机制，规定："备案审查机关应当建立健全备案审查衔接联动机制，对应当由其他机关处理的审查要求或者审查建议，及时移送有关机关处理。"备案审查制度的完善有利于推动备案审查工作更加规范化、制度化。

（3）修改后的《立法法》完善了立法的指导思想和原则，健全了宪法实施监督制度，体现了全过程人民民主的重大理念，贯彻了科学立法、民主立法、依法立法的精神；明确了备案审查工作中的合宪性审查要求，确保《立法法》的规定符合宪法的规定、原则和精神。《立法法》的修改和贯彻实施，对于加强党对立法工作的全面领导，坚持和发展全过程人民民主，推进全面依法治国、依宪治国，不断完善以宪法为核心的中国特色社会主义法律体系，保障在法治轨道上全面建设社会主义现代化国家、以中国式现代化全面推进中华民族伟大复兴，具有重大意义。

9. 2018年宪法修正案在"国家机构"中设立了"监察委员会"，对监察委员会的性质、组成、职权等作出规定，将监察委员会纳入国家机构体系，使"一府两院"变成"一府一委两院"。2018年宪法修正案增加关于监察委员会的规定，为监察委员会的设立及依法行使职权开展工作提供了宪法依据。监察委员会的设立整合了党和国家反腐败的资源力量，建立了集中统一、权威高效的监察体系，对同级国家权力机关负责，依照法律规定独立行使监察权，不受行政机关、团体和个人的干涉。监察委员会的设立有利于我国形成更加严密的法律监督体系，从而顺利实现全面依法治国基本方略。

（1）设立监察委员会是健全国家监督体系的重要内容。当代中国国家监督体系包括国家权力机关的监督、国家监察机关的监督、国家司法机关的监督和国家行政机关的监督，其中，国家监察机关的监督是由国家监察机关作为主体进行的监督。监察监督的确立实现了党内监督和国家监察的有机统一，将党内监督同国家机关监督、民主监督、司法监督、群众监督、舆论监督贯通起来，不断提高党和国家的监督效能，补齐了行政监察范围过窄的"空白"，解决反腐败力量分散问题，真正把权力关进制度笼子，确保党和人民赋予的权力用来为人民谋利益。

（2）监察委员会是实现国家自我监督的专责机关。2018年宪法修正案规定"中华人民共和国各级监察委员会是国家的监察机关"，明确了监察委员会的性质和地位。在国家权力结构中设置监察机关，专责对履行公权力的公职人员进行监督，实现党性和人民性的高度统一。监察委员会是实现国家自我监督的机关，不是行政机关、司法机关，而是代表国家对所有行使公权力的公职人员进行监督，既调查职务违法行为，又调查职务犯罪行为。同时，监察委员会在履行职责过程中，既要加强日常监督、查清职务违法犯罪事实，进行相应处置，还要开展严肃的思想政治工作，进行理想信念宗旨教育，做到惩前毖后、治病救人，努力取得良好的政治效果、法纪效果和社会效果。

（3）监察委员会拓宽了"让人民监督权力"的渠道。2018年宪法修正案规定："中华人民共和国设立国家监察委员会和地方各级监察委员会。监察委员会由下列人员组成：主任，副主任若干人，委员若干人。监察委员会主任每届任期同本级人民代表大会每届任期相同。国家监察委员会主任连续任职不得超过两届。监察委员会的组织和职权由法律规定。"这明确了监察委员会的基本构成要素。监察机关的主要职能是调查职务违法和职务犯罪，开展廉政建设和反腐败工作，维护宪法和法律的尊严；主要职责是监督、调查、处置。各级监察机关通过行使监督职权，推动监督监察常规化、常态化，强化了人大作为国家权力机关的监督职能，拓宽了"让人民监督权力"的渠道，使国家监督体系更加完备、科学、有效，这是对人民代表大会制度的丰富和完善。

（4）监察委员会既要接受党的领导，也要接受人大监督，与其他机关和部门相互配合、相互制约。2018年宪法修正案规定："中华人民共和国国家监察委员会是最高监察机关。国家监察委员会领导地方各级监察委员会的工作，上级监察委员会领导下级监察委员会的工作。""国家监察委员会对全国人民代表大会和全国人民代表大会常务委员会负责。地方各级监察委员会对产生它的国家权力机关和上一级监察委员会负责。"监察委员会首先必须始终接受党的领导和监督；其次，监察委员会要对人大及其常委会负责，并接受其监督。2018年宪法修正案规定："监察委员会依照法律规定独立行使监察权，不受行政机关、社会团体和个人的干涉。监察机关办理职务违法和职务犯罪案件，应当与审判机关、检察机关、执法部门互相配合，互相制约。"监察机关履行监督、调查、处置职责，行使调查权限，是依据法律授权，行政机关、社会团体和个人无权干涉。同时，有关单位和个人应当积极协助配合监察委员会行使监察权。在宪法中对这种关系作出明确规定，是将客观存在的工作关系制度化、法律化，可确保监察权依法正确行使，并受到严格监督。

监察委员会的设立，进一步完善了权力制约与监督机制，有利于形成严密的法律监督体系，把权力关进笼子里。监察委员会的设立对于贯彻全面依法治国基本方略，推进国家治理体系和治理能力现代化具有重要意义。

10. 司法体制改革是在宪法规定的司法体制基本框架内，国家司法机关和国家司法制度实现自我创新、自我完善和自我发展，建设中国特色社会主义现代司法体系和司法制度。深入推进司法体制改革，必须坚持以宪法为根本遵循。我国宪法以根本法的形式确立了司法制度的基本框架和司法活动的基本规矩，是组织实施司法体制改革的根本遵循。完善人权司法保障是我国司法体制改革的重要组成部分，也是建设公正高效权威的社会主义司法制度的重要内容。加强对人权的司法保障要以宪法和法律为依据，逐步健全人权司法保障的法律法规，完善制度设计，细化保障措施。国家尊重和保障人权是宪法的明确要求，司法活动直接涉及公民的人身、自由、人格尊严、财产权益等基本权利，要以完善人权司法保障改革为契机，不断提升人权司法保障的制度化、法治化水平。要坚持司法体制改革的正确方向，将宪法确立的依法独立行使审判权和检察权的制度落到实处，在此基础上优化司法职权配置，推进严格公正司法。以宪法为根本遵循深入推进司法改革，可以保证司法体制改革在宪法范围内进行，改革不能脱离宪法的框架，这对于贯彻落实司法机关独立行使职权原则，加强人权的司法保障，推进严格公正司法，突出对司法权力的制约等，具有十分重要的意义。

11. 生态文明是人类遵循人、自然、社会和谐发展这一客观规律而取得的物质与精神成果的总和。我国明确把生态环境保护摆在突出的位置，将生态文明建设写入宪法，强调推动物质文明、政治文明、精神文明、社会文明、生态文明协调发展，把我国建设成为富强民主文明和谐美丽的社会主义现代化强国，实现中华民族伟大复兴。要落实宪法推动生态文明建设的精神，应高度重视生态文明领域的立法，适应资源节约型、环境友好型社会建设的要求，完善节约能源资源、保护生态环境等方面的法律制度，从制度上积极促进经济发展方式转变，努力解决经济社会发展与环境资源保护的矛盾，实现人与自然的和谐相处。推动生态文明建设，要做到循环经济形成较大规模，可再生能源比重显著上升；主要污染物排放得到有效控制，生态环境质量明显改善；生态文明观念在全社会牢固树立；不断完善生态环境保护法律制度体系，把制度建设作为生态文明建设的重中之重，将保护生态环境纳入制度化、法治化轨道，为守护绿水青山构筑法治屏障。

12. 宪法是国家的根本法，是治国安邦的总章程。2018年宪法修正案增加有关监察委员会的各项规定，对国家机构作出了重要调整和完善。监察委员会的设立改变了国家权力结构，使我国国家机构体系变为立法机关加"一府一委两院"的国家权力结构。宪法规定了不同国家机关之间的监督方式，监察委员会依照法律规定独立行使监察权，不受行政机关、社会团体和个人的干涉。监察机关办理职务违法和职务犯罪案件，应当与审判机关、检察机关、执法部门互相配合，互相制约。为了深化国家监察体制改革，加强对所有行使公权力的公职人员的监督，实现国家监察全面覆盖，深入开展反腐败工作，推进国家治理体系和治理能力现代化，制定监察法。监察法的制定，使权力监督与制约原则制度化、规范化和法律化，是实现对所有行使公权力的公职人员的监督的重大举措，是构建集中统一、权威高效的国家监察体制的必然要求。我国监察体系的构建和监察法的制定对建设中国特色社会主义法治监督体系意义重大，应强化对行政权力的制约和监督，加强监察监督，努力形成科学有效的权力运行制约和监督体系，增强监督合力和实效。完善政府内部监察监督机制，建立常态化监督制度。完善纠错问责机制，健全责令公开道歉、停职检查、引咎辞职、责令辞职、罢免等问责方式和程序。逐步完善监察体制机制，完善监督主体、范围、程序与责任，有效发挥监察机关对权力运行的监督作用。

13. （1）我国《宪法》规定，中华人民共和国公民有宗教信仰自由。任何国家机关、社会团体和个人不得强制公民信仰宗教或者不信仰宗教，不得歧视信仰宗教的公民和不信仰宗教的公民。国家保护正常的宗教活动。任何人不得利用宗教进行破坏社会秩序、损害公民身体健康、妨碍国家教育制度的活动。宗教团体和宗教事务不受外国势力的支配。

（2）在对待宗教的态度上，我国贯彻宗教信仰自由原则。宗教信仰自由原则的内容包括：每个公民既有信仰宗教的自由，也有不信仰宗教的自由；有信仰这种宗教的自由，也有信仰那种宗教的自由；有过去不信教现在信教的自由，也有过去信教现在不信教的自由；在同一宗教内，有信仰这个教派的自由，也有信仰那个教派的自由。在坚持宗教信仰自由原则的同时，还要坚决反对邪教。

（3）贯彻宗教信仰自由，依法加强对宗教事务的管理，目的在于引导宗教与社会主义社会相适应。宗教是一种历史现象，在社会主义社会中将长期存在。这种适应并不要求放弃宗教信仰，而要求他们在政治上热爱祖国，拥护社会主义制度和共产党的领导，遵纪守法。同时，以法律手段改革不适应社会主义的宗教制度和教条，利用宗教教义、教规和宗教道德中的某些积极因素为社会主义服务。

14. 权力制约与监督原则是指国家权力机关的各部分之间相互监督、相互制约，以保障公民权利的原则。此处的"制约"既包括公民权利对国家权力的制约，也包括国家权力对国家权力的制约，其核心在于通过权力监督与制约防范权力的滥用。权力制约与监督的内涵包括：国家的立法权、行政权、司法权、监察权分别由不同的国家机关行使，并在各部门之间建立监督与制约的关系。法治政府是政府依据宪法法律设立、政府权力法定、政府决策和行为严格依据法律程序进行并对其后果承担相应责任的政府。法治政府是有限政府，其权力受到法律的界分和限定，不能超越法律的界限运行。政府必须严格遵循法律规定，依法行使人民授予的权力。在职能上，政府职能是有限的，法治政府的职能也是有限的。在行政权力上，政府及其职能部门享有的行政权是从属于法律、执行法律的权力，政府只能按照法律的界分行使行政权力，越权无效。在政府的地位上，政府要对权力机关负责，要对权力机关负责并报告工作。因此，法治政府应当是有限政府。法治政府也是责任政府，有权必有责，有责必承担。政府如有违法或不当行为，应当承担相应的法律责任。法治政府是人民政府，以人的基本自由和权利为依归。宪法上的权力制约与监督原则，要求法治政府必须是有限政府、责任政府。

15. 社会保障权是一项基本人权，是指社会成员为了维护人的有尊严的生活而向国家要求给付的权利。我国《宪法》规定"国家建立健全同经济发展水平相适应的社会保障制度"，社会保障制度的建立与健全对于公民的获得物质帮助权等社会经济权利的实现具有重大意义。我国宪法将退休人员的生活保障权和物质帮助权作为社会保障权的基本内容。我国《宪法》明确规定，国家依照法律规定实行企业事业组织的职工和国家机关工作人员的退休制度。退休人员的生活受到国家和社会的保障。中华人民共和国公民在年老、疾病或者丧失劳动能力的情况下，有从国家和社会获得物质帮助的权利。国家发展为公民享受这些权利所需要的社会保险、社会救济和医疗卫生事业。为落实宪法规定的社会保障制度，我国突出加强了社会保障的立法，坚持以人为本，围绕保障和改善民生，在健全社会保障等方面，进一步完善社会保险、社会救助、社会福利、收入分配、医疗、住房等法律制度，深入推进社会保障事业发展。宪法关于社会保障制度的规定，为加强社会保障立法提供了宪法依据，是建立健全社会保障法律体系、完善社会保障制度的根本依托，而完善的社会保障立法体系是维护公民人权和劳动者合法权益的根本保证。

第五章　中国法制史

第一节　分析题

一、历年真题考查内容

具体命题情况见表 5-1：

表 5-1　中国法制史分析题 2004—2024 年真题考查内容

出题年份	朝代或政权	考查内容
2004 年	唐朝	断罪具引律、令、格、式。
2005 年	明朝	极端专制的法制特色、廷杖制、厂卫干预司法。
2006 年	唐朝	同居相为隐。
2007 年	汉朝、三国两晋南北朝、隋朝、唐朝	《九章律》、《晋律》至《唐律》在法典篇章体例上的演变。
2008 年	唐朝	财产继承。
2009 年	清朝	秋审、存留养亲。
2010 年	唐朝	类推（举重以明轻、举轻以明重）。
2011 年	唐朝	官司出入人罪。
2012 年	明朝	"轻其所轻，重其所重"的刑罚特点。
2013 年	唐朝	疑罪各依所犯以赎论。
2014 年	汉朝、唐朝	亲亲得相首匿、同居相为隐。
2015 年	唐朝	借贷契约。
2016 年	宋朝	翻异别推制。
2017 年	明朝	申明亭。
2018 年	唐朝	死刑复奏制度。
2019 年	元朝	诉讼代理。
2020 年	唐朝	立法指导思想（"德本刑用"）、录囚、纵囚事件。
2021 年	唐朝	刑法制度（缉捕及刑罚处置）。
2022 年	宋朝	宋朝监察制度的主要内容。
2023 年	明朝	明朝的申明亭制度。
2024 年	古代法律史综合	古代律典"系统相录"的特点、传统法律"制度变更"和"历久而不易"的协调、古代立法中的优秀传统。

二、专项突破习题

1. 五过之疵：惟官、惟反、惟内、惟货、惟来，其罪惟均，其审克之。五刑之疑有赦，五罚之疑有赦，其审克之。……墨辟疑赦，其罚百锾（huán），阅实其罪。劓辟疑赦，其罚惟倍，阅实其罪。剕辟疑赦，其罚倍差，阅实其罪。宫辟疑赦，其罚六百锾，阅实其罪。大辟疑赦，其罚千锾，阅实其罪。

——《尚书·吕刑》

请运用中国法制史的知识和理论，分析上述材料并回答下列问题：

（1）对处五刑刑罚但存疑的案件，应如何处罚？

（2）对"五刑之疑有赦，五罚之疑有赦"的罪犯，应如何处理？

（3）如何评价材料记载的内容？

2. 材料一："听称责（借贷）以傅别""听买卖以质剂"。

——《周礼·天官·小宰》

材料二：大市以质，小市以剂。

——《周礼·地官·质人》

材料三："质剂为两书一札，同而别之，长曰质，短曰剂""称责谓贷予，傅别为券书（契约文书）也。听讼责者，以券书决之。傅，傅著约束于文书；别，别为两，两家各得一也""傅别、质剂皆今之券书也。事异，异其名耳"。

"大市，人民马牛之属，用长券；小市，兵器珍异之物，用短券"。

——郑玄（东汉）

请运用中国法制史的知识和理论，分析上述材料并回答下列问题：

（1）材料一中"质剂"和"傅别"指的是何种契约？

（2）如何区分材料三中"大市"和"小市"？

（3）如何评价材料记载的内容？

3. 昏礼者，将合二姓之好，上以事宗庙，而下以继后世也，故君子重之。是以昏礼，纳采、问名、纳吉、纳征、请期，皆主人筵几于庙，而拜迎于门外，入揖让而升，听命于庙，所以敬慎重正昏礼也。

——《礼记·昏义》

妇有七去：不顺父母去，无子去，淫去，妒去，有恶疾去，多言去，窃盗去。不顺父母去，为其逆德也；无子，为其绝世也；淫，为其乱族也；妒，为其乱家也；有恶疾，为其不可与共粢盛也；口多言，为其离亲也，窃盗，为其反义也。

妇有三不去：有所取无所归不去；与更三年丧不去；前贫贱后富贵不去。

——《大戴礼记·本命》

请结合上述材料，运用中国法制史的相关知识和理论，分析上述材料并回答以下问题：

（1）概括西周婚姻成立和解除的条件。

（2）西周时期的婚姻制度是如何体现家族本位和宗法伦理的？

（3）西周婚姻制度对后世婚姻立法有什么影响？

4. 甲告乙盗牛若贼伤人，今乙不盗牛，不伤人。问甲何论？端为，为诬人；不端，为告不审。

——秦简《法律答问》

请运用中国法制史的知识和理论，分析上述材料并回答下列问题：

（1）对甲应如何处罚？

（2）如何评价材料所体现的定罪量刑原则？

5. 材料一：司寇（伺察贼寇的劳役刑）盗百一十钱，先自告，何论？当耐为隶臣，或曰赀（zī）二甲。

——秦简《法律答问》

材料二：隶臣妾系城旦春，去亡，已奔，未论而自出，当笞五十，备系日（押到期满）。

——秦简《法律答问》

请运用中国法制史的知识和理论，分析上述材料并回答下列问题：

（1）材料一中，被判处司寇的人犯罪是否自首，在量刑上有何不同？说明了什么？

（2）材料二中，对罪犯是如何量刑的？

（3）对材料进行评价。

6. 材料一：甲盗牛，盗牛时高六尺，系一岁，复丈，高六尺七寸，问甲何论？当完城旦。

——《秦简·法律答问》

材料二：甲谋遣乙盗，一日，乙且往盗，未到，得，皆赎黥。

——《秦简·法律答问》

材料三：甲谋遣乙盗杀人，受分十钱，问乙高未盈六尺，甲何论？当磔。

——《秦简·法律答问》

请运用中国法制史的知识和理论，分析上述材料并回答下列问题：

（1）材料一中，分析甲盗牛承担刑事责任的原因。

（2）材料二中，甲、乙是否承担刑事责任？为什么？

（3）材料三中，甲、乙是否承担刑事责任？为什么？

（4）结合上述材料，试析秦代法律中教唆他人犯罪加重处罚的条件。

7. 公室告何也？非公室告何也？贼杀伤、盗他人为公室；子盗父母，父母擅杀、刑、髡子及奴妾不为公室告。子告父母，臣妾告主，非公室告，勿听。

——《秦简·法律答问》

请运用中国法制史的知识和理论，分析上述材料并回答下列问题：

（1）公室告和非公室告的主要内容是什么？

（2）秦代实行公室告和非公室告说明了哪些问题？

8. 诸当完（注：完刑为耻辱刑，实际上应为髡刑）者，完为城旦舂；当黥者，髡钳为城旦舂；当劓者，笞三百；当斩左止者，笞五百；当斩右止，及杀人先自告，及吏坐受赇枉法，守县官财物而即盗之，已论命复有笞罪者，皆弃市。……是后，外有轻刑之名，内实杀人。斩右止者又当死。斩左止者笞五百，当劓者笞三百，率多死。

——《汉书·刑法志（三）》（卷二十三）

请运用中国法制史的知识和理论，分析上述材料并回答下列问题：

（1）结合材料说明汉文帝肉刑和劳役刑制改革的具体内容。

（2）如何评价汉文、景帝制改革的历史意义和刑制改革存在的问题？

9. 有人盗高庙坐（座）前玉环，得，文帝怒，下廷尉治。释之案（按）盗宗庙服御物者为奏，当弃市。上大怒曰："人亡道，乃盗先帝器！吾属廷尉者，欲致之族，而君以法奏之，非吾所以共（恭）承宗庙之意也。"释之免冠顿首谢曰："法如是足也。且罪等，然以逆顺为差。今盗宗庙器而族之，有如万分之一，假令愚民取长陵一抔土，陛下何以加其法乎？"文帝与太后言之，乃许廷尉当。

——《史记·张释之冯唐列传》（第四十二）

请运用中国法制史的知识和理论，分析上述材料并回答下列问题：

（1）廷尉张释之维持盗环案犯罪人弃市的理由是什么？

（2）汉文帝最终准许张释之的原判决说明了什么问题。

（3）结合现代刑法理论说明上述材料历史借鉴意义。

10. 材料一：齐孝王孙刘泽交结郡国豪杰谋反，欲先杀青州刺史。不疑发觉，收捕，皆伏其辜。擢（zhuó）为京兆尹，赐钱百万。京师吏民敬其威信。每行县录囚徒还，其母辄问不疑："有所平反，活几何人？"即不疑多有所平反，母喜笑，为饮食语言异于他时；或亡（无）所出，母怒，为之不食。故不疑为吏，严而不残。

——《汉书·隽（jùn）不疑传》

材料二：省录之，知其情状有冤滞与不也。今云虑囚，本录声之去者耳。

——颜师古注

材料三：冬十月丁巳，房玄龄起复本职。十一月己卯，有事于南郊。壬午，赐天下酺三日。以凉州获瑞石，曲赦凉州，并录京城及诸州系囚，多所原宥。

——《旧唐书》（卷三）

请运用中国法制史的知识和理论，分析上述材料并回答下列问题：

（1）材料体现的是何种法律制度？该制度的历史渊源如何？

（2）汉代该制度的主要内容是什么？唐朝对该制度有何发展？

（3）试对该制度进行评价。

11. 材料一：春秋之听狱也，必本其事而原其志。志邪者不待成，首恶者罪特重，本直者其论轻。

——《春秋繁露·精华》

材料二：春秋之治狱，论心定罪，志善而违于法者，免；志恶而合于法者，诛，时有出于律之外者。

——《盐铁论·刑德》

请运用中国法制史的知识和理论，分析上述材料并回答下列问题：

（1）该段文字反映了汉朝的什么司法原则？该司法原则含义是什么？历史渊源是什么？

（2）该段文字的基本含义是什么？

（3）该司法原则在当时有何积极意义？

（4）汉朝适用该司法原则的宗旨是什么？有何影响？

12. 甲父乙与丙争言相斗，丙以佩刀刺乙，甲即以杖击丙，误伤乙，甲当何论？或曰："殴父也，当枭首。"（董仲舒）论曰："臣愚以为父子至亲也，闻其斗，莫不有怵（chù）怅之心，扶杖而救之，非所以欲诟（gòu）父也。《春秋》之义，许止父病，进药于其父而卒，君子原心，赦而不诛。甲非律所谓殴父，不当坐。"

——《太平御览·刑法部·决狱》

请运用中国法制史的知识和理论，分析上述材料并回答下列问题：

（1）本案争议的焦点是什么？

（2）董仲舒是如何解释甲"不当坐"的原因的？

（3）请从正反两方面对春秋断狱进行评价。

13. 时有疑狱曰：甲无子，拾道旁弃儿乙，养之以为子。及乙长，有罪杀人，以状语甲，甲藏乙。甲当何论？仲舒断曰："甲无子，振活养乙，虽非所生，谁与易之！诗云'螟蛉（míng líng）有子，蜾蠃（guǒ luǒ）负之。'春秋之义，'父为子隐'，甲宜匿乙。诏不当坐"。

——《通典》（卷六十九）；《太平御览》（卷六百四十）

请运用中国法制史的知识和理论，分析上述材料并回答下列问题：

（1）材料反映的刑法原则和司法原则是什么？

（2）甲"不当坐"的原因和根据是什么？

（3）经义断狱对法律适用有哪些影响？

（4）材料体现的汉朝的礼律关系如何？

14. （1）旧律所难知者，由于六篇篇少故也。篇少则文荒，文荒则事寡，事寡则罪漏。

是以后人稍增，更与本体相离。今制新律，宜都总事类，多其篇条。旧律因秦《法经》，就增三篇，而《具律》不移，因在第六。罪条例既不在始，又不在终，非篇章之义。故集罪例以为《刑名》，冠于律首。

（2）就汉九章增十一篇，仍其族类，正其体号，改旧律为《刑名》、《法例》……合二十篇，六百二十条，二万七千六百五十七言。

（3）其后，明法掾张斐又注律，表上之，其要曰：律始于《刑名》者，所以定罪制也。

（4）《刑名》所以经略罪法之轻重，正加减之等差，明发众篇之多义，补其章条之不足，较举上下纲领。

——《晋书·刑法志》

请结合上述材料回答下列问题：

（1）试述从战国至晋代关于封建成文法典总则体例的演变。

（2）试述《晋律》完善封建成文法典总则体例对后世的影响。

（3）结合材料概括说明《刑名律》《法例律》的作用和晋代的立法成就。

15. 时司州表："河东郡民李怜生行毒药，案以死坐。其母诉称：'一身年老，更无期亲，例合上请。'检籍不谬，未及判申，怜母身丧。州断三年服终后乃行决。"司徒法曹参军许琰（yǎn）谓州判为允。主簿李场（chàng）驳曰："案《法例律》：'诸犯死罪，若祖父母、父母年七十已上，无成人子孙，旁无期亲者，具状上请。流者鞭笞，留养其亲，终则从流。不在原赦之例。'检上请之言，非应府州所决。毒杀人者斩，妻子流，计其所犯，实重余宪。准之情律，所亏不浅。且怜既怀鸩（zhèn）毒之心，谓不可参邻人任。计其母在，犹宜阖门投畀，况今死也，引以三年之礼乎？且给假殡葬，足示仁宽，今已卒哭，不合更延。可依法处斩，流其妻子。实足诚彼氓庶，肃是刑章。"尚书萧宝夤（yín）奏从场执，诏从之。

——《魏书·刑罚志》

请运用中国法制史的知识和理论，分析上述材料并回答下列问题：

（1）北魏时期适用"存留养亲"应当符合哪些条件？

（2）对于李怜生投毒杀人案，司法机关最终应如何处理？

（3）对李怜生没有依据"存留养亲"制度处理的原因是什么？

（4）如何评价上述材料？

16.《陈律》规定，五岁四岁刑，若有官，准当二年，余并居作（强制服劳役）。其三岁刑，若有官，准当二年，余一年赎。若公坐过误，罚金。其二岁刑，有官者，赎论。一岁刑，无官亦赎论。

——《隋书·刑法志》

请运用中国法制史的知识和理论，分析上述材料并回答下列问题：

（1）何为"官当"？其历史沿革如何？

（2）《陈律》对"官当"是如何规定的？

（3）明清在官当适用上有何变化？

（4）如何评价《陈律》的规定？

17. 诸称律、令、式，不便于事者，皆须申尚书省议定奏闻。若不申议，辄奏改行者，徒二年。即诣阙上表者，不坐。

——《唐律疏议·职制》（卷第十一）

请运用中国法制史的知识和理论，分析上述材料并回答下列问题：

（1）试述唐朝规定的法律修改程序。

（2）试述唐律规定的违法修改法律应当承担的责任。

（3）如何评价上述材料？

18. 材料一：贞观十年，太宗谓侍臣曰："国家法令，惟须简约，不可一罪作数种条。格式既多，官人不能尽记，更生奸诈，若欲出罪即引轻条，若欲入罪即引重条。数变法者，实不益道理，宜令审细，毋使互文。"

——《贞观政要·卷八·赦令》（第三十二）

材料二：上曰："法令不可数变，数变则烦，官长不能尽记，又前后差违，吏得以为奸。"

——《治治通鉴·唐纪十》

请运用中国法制史的知识和理论，分析上述材料并回答下列问题：

（1）上述材料体现了何种立法思想？该立法思想的基本内容是什么？

（2）唐太宗是如何阐述这种立法思想的？

（3）唐朝是如何践行上述立法思想的？

（4）如何评价上述材料？

19. 诸犯私罪，以官当徒者，（私罪，谓私自犯及对制诈不以实、受请枉法之类。）五品以上，一官当徒二年；九品以上，一官当徒一年。若犯公罪者，（公罪，谓缘公事致罪而无私、曲者。）各加一年当。以官当流者，三流同比徒四年。其有二官，（谓职事官、散官、卫官同为一官，勋官为一官。）先以高者当，（若去官未叙，亦准此。）本犯应合官当者，追毁告身。次以勋官当。行、守者，各以本品当，仍各解见任。若有余罪及更犯者，听以历任之官当。（历任，谓降所不至者。）其流内官而任流外职，犯罪以流内官当及赎徒年者，各解流外任。

——《唐律疏议·名例》（卷二）

请运用中国法制史的知识和理论，分析上述材料并回答下列问题：

（1）区分公罪和私罪原则和官当制度的历史沿革如何？

（2）唐代官品如何折抵刑罚？

（3）如何评价上述规定？

20. 诸共犯罪者，以造意为首，随从者减一等。若家人共犯，止坐尊长；（于法不坐者，归罪于其次尊长。尊长，谓男夫。）侵损于人者，以凡人首从论。即共监临主守为犯，虽造意，仍以监主为首，凡人以常从论。

诸共犯罪而本罪别者，虽相因为首从，其罪各依本律首从论。若本条言"皆"者，罪无首从；不言"皆"者，依首从法。即强盗及奸，略人为奴婢，犯阑入，若逃亡及私度、越度关栈垣篱者，亦无首从。

——《唐律疏议·名例》（卷五）

请运用中国法制史的知识和理论，分析上述材料并回答下列问题：

（1）概括说明唐律中有关共犯区分首从的具体适用情形。

（2）概括说明唐律中有关共犯不区分首从的具体适用情形。

（3）如何评价上述规定？

21. 诸共盗者，并赃论。造意及从，行而不受分，即受分而不行，各依本首从法。从者不行，又不受分，笞四十；强盗，杖八十。若本不同谋，相遇共盗，以临时专进止者为首，余为从坐。（共强盗者，罪无首从。）主遣部曲、奴婢盗者，虽不取物，仍为首；若行盗之后，知情受财，强盗、窃盗，并为窃盗从。

——《唐律疏议·贼盗》（卷二十）

请运用中国法制史的知识和理论，分析上述材料并回答下列问题：

（1）这段文字体现了唐朝的何种刑法适用原则？该原则的基本处理原则是什么？

（2）根据上述材料概括分析参与共盗者的处罚。

（3）如何评价唐律的上述规定？

22. 诸二罪以上俱发，以重者论；等者，从一。若一罪先发，已经论决，余罪后发，其轻若等，勿论；重者更论之，通计前罪，以充后数。即以赃致罪，频犯者并累科；若罪法不等者，即以重赃并满轻赃，各倍论。其一事分为二罪，罪法若等，则累论；罪法不等者，则以重法并满轻法。累并不加重者，止从重。其应除、免、倍、没、备偿、罪止者，各尽本法。

——《唐律疏议·名例律》（卷六）

请运用中国法制史的知识和理论，分析上述材料并回答下列问题：

（1）材料体现了唐朝何种定罪量刑原则？该原则具体适用规则如何？

（2）根据材料简要概括唐朝不适用合并论罪的情形。

（3）如何评价上述规定？

23. 兴平县人上官兴，因醉杀人亡窜，吏执其父下狱，兴自首请罪，以出其父。京兆尹杜悰（cóng）、御史中丞宇文鼎，以其首罪免父，有光孝义，请减死配流。彦威与谏官上言曰："杀人者死，百王共守。若许杀人不死，是教杀人。兴虽免父，不合减死。"诏竟许决流。

——《旧唐书·王彦威传》

请运用中国法制史的知识和理论，分析上述材料并回答下列问题：

（1）请根据唐律规定并结合材料分析上官兴的杀人行为是否适用自首减免刑罚。

（2）分析唐律规定自首的意义。

（3）请结合材料分析礼对法的影响。

24. 诸八议者，犯死罪，皆条所坐及应议之状，先奏请议，议定奏裁；流罪以下，减一等。其犯十恶者，不用此律。

——《唐律疏议·名例》（卷二）

请运用中国法制史的知识和理论，分析上述材料并回答下列问题：

（1）"八议"制度的历史沿革如何？

（2）享受八议特权的人犯罪的，应如何处理？

（3）不适用八议的情形是什么？

（4）如何评价上述材料？

25. 诸皇太子妃大功以上亲、应议者期以上亲及孙、若官爵五品以上，犯死罪者，上请，流罪以下，减一等。其犯十恶，反逆缘坐，杀人，监守内奸、盗、略人、受财枉法者，不用此律。

——《唐律疏议·名例》（卷二）

请结合上述材料，运用中国法制史的相关知识，回答以下问题：

（1）适用上请的人员有哪些？

（2）适用上请的程序和处罚如何？

（3）哪些情形不适用上请？

（4）分析材料反映的问题。

26. 诸应议、请、减及九品以上之官，若官品得减者之祖父母、父母、妻、子孙，犯流罪以下，听赎；若应以官当者，自从官当法。其加役流、反逆缘坐流、子孙犯过失流、不孝流及会赦犹流者，各不得减赎，除名、配流如法。（除名者，免居作。即本罪不应流配而特配者，虽无官品，亦免居作）。

——《唐律疏议·名例》（卷二）

请运用中国法制史的知识和理论，分析上述材料并回答下列问题：

（1）分析唐律规定的赎刑的适用对象和不适用赎刑的情形。

（2）分析免居作（劳役）的适用对象。

（3）如何评价上述材料？

27. 诸五品以上妾，犯非十恶者，流罪以下，听以赎论。【疏】议曰：五品以上之官，是为‘通贵’。妾之犯罪，不可配决。若犯非十恶，流罪以下，听用赎论；其赎条内不合赎者，亦不在赎限。若妾自有子孙及取余亲荫者，假非十恶，听依赎例。

——《唐律疏议·名例》

请运用中国法制史的知识和理论，分析上述材料并回答下列问题：

（1）结合材料说明唐朝关于赎刑规定的主要内容。

（2）请结合上述材料，说明"疏议"与律文之间的关系。

（3）如何评价唐律的上述规定？

28. 诸犯罪已发及已配而更为罪者，各重其事。即重犯流者，依留住法决杖，于配所役三年。若已至配所而更犯者，亦准此。……其应加杖者，亦如之。

——《唐律疏议·名例》（卷四）

请结合上述材料回答下列问题：

（1）请解释材料中"更为罪"和"各重其事"的含义。

（2）唐朝对于更为罪者如何论处？

（3）如何评价上述规定？

29. 诸部曲殴伤良人者，加凡人一等。奴婢，又加一等。若奴婢殴良人折跌支体及瞎其一目者，绞；死者，各斩。其良人殴伤杀他人部曲者，减凡人一等；奴婢，又减一等。若故杀部曲者，绞；奴婢，流三千里。……相侵财物者，不用此律。

——《唐律疏议·斗讼》（卷二十二）

请运用中国法制史的知识和理论，分析上述材料并回答下列问题：

（1）上述材料反映了唐代哪一种刑法适用原则？该原则的基本内容是什么？

（2）请根据材料分析奴婢和良人相犯论处情形。

（3）如何评价上述材料？

30. 凡应减者，下就轻次焉，二死、三流，俱从一减。凡应加者，上就重次焉；五刑皆累加，虽数盈，不得至于死。凡律法之外有殊旨、别敕，则有死、流、徒、杖、除、免之差（……皆刑部奉而行之）。凡决死刑皆于中书门下详覆。

——《唐六典·卷六·尚书刑部》

请运用中国法制史的知识和理论，分析上述材料并回答下列问题：

（1）唐朝五刑加、减的具体量刑规则是什么？

（2）何为"除""免"？二者有何区别？

（3）律外殊旨、别敕和判处死刑的，应如何处理？

（4）如何评价材料中记载的规定？

31. 诸称"加"者，就重次；称"减"者，就轻次。【疏】议曰：假有人犯杖一百，合加一等，处徒一年；或应徒一年，合加一等，处徒一年半之类，是名"就重次"。又有犯徒一年，应减一等，处杖一百；或犯杖一百，应减一等，决杖九十，是名"就轻次"。惟二死、三流，各同为一减。【疏】议曰：假有犯罪合斩，从者减一等，即至流三千里。或有犯流三千里，合例减一等，即处徒三年。故云"二死、三流，各同为一减"。其加役流应减者，亦同三流之法。加者，数满乃坐，又不得加至于死；本条加入死者，依本条。（加入绞者，不加至斩。）【疏】议曰：加者数满乃坐者，假令凡盗，少一寸不满十匹，为少一寸，止徒一年。

——《唐律疏议·名例》（卷六）

请运用中国法制史的知识和理论，分析上述材料并回答下列问题：

（1）请分析本条"疏议"和"律文"的关系。

（2）请根据律文和疏议各举一例说明何谓"就重次""就轻次"和"加者，数满乃坐"。

（3）判处加役流的，如何加、减量刑？

32. 十恶尤切，亏损名教，毁裂冠冕，特标篇首，以为明诫。其数甚恶者，事类有十，故称"十恶"。然汉制九章，虽并湮没，其"不道"、"不敬"之目见存，原夫厥初，盖起诸汉。案梁陈已往，略有其条。周齐虽具十条之名，而无"十恶"之目。开皇创制，始备此科，酌于旧章，数存于十。大业有造，复更刊除，十条之内，唯存其八。自武德以来，仍遵开皇，无所损益。

——《唐律疏议·名例》（卷第一）

请运用中国法制史知识和理论，分析上述材料并回答下列问题：

（1）"十恶"有哪些？其是如何发展成系统罪名的？

（2）对犯"十恶"者，在处刑上有哪些特点？

（3）如何评价唐律规定"十恶"的立法宗旨？

33. 诸谋反及大逆者，皆斩；父子年十六以上皆绞，十五以下及母女、妻妾、祖孙、兄弟、姊妹若部曲、资财、田宅并没官，……伯叔父、兄弟之子皆流三千里，不限籍之同异。男夫年八十及笃疾，妇人年六十及废疾，并免缘坐。即虽谋反，词理不能动众，威力不足率人者，亦皆斩；父子、母女、妻妾并流三千里，资财不在没限。其谋大逆者，绞。

诸口陈欲反之言，心无真实之计，而无状可寻者，流二千里。

诸谋叛者，绞。已上道者皆斩，妻、子流二千里。

——《唐律疏议·贼盗》（卷十七）

请运用中国法制史的知识和理论，分析上述材料并回答下列问题：

（1）犯谋反、谋大逆和谋叛的罪犯，应如何定罪处罚？

（2）对于犯谋反、谋大逆、谋叛三罪的处刑有哪些特点？

（3）如何评价上述材料？

34. 诸闻父母若夫之丧，匿不举哀者，流二千里；丧制未终，释服从吉，若忘哀作乐，（自作、遣人等。）徒三年；杂戏，徒一年；即遇乐而听及参预吉席者，各杖一百……大功以下尊长，各递减二等。卑幼，各减一等。

——《唐律疏议·职制》（卷十）

请根据上述材料回答下列问题：

（1）材料中涉及唐朝哪些罪名？

（2）唐朝对于材料中涉及的罪名如何处罚？

（3）如何评价上述材料？

35. 诸过失杀伤人者，各依其状，以赎论。（谓耳目所不及，思虑所不到；共举重物，力所不制；若乘高履危足跌及因击禽兽，以致杀伤之属，皆是。）

【疏】议曰：过失之事，注文论之备矣。杀伤人者，各准杀伤本状，依收赎之法。注云"谓耳目所不及"，假有投砖瓦及弹射，耳不闻人声，目不见人出，而致杀伤；其思虑所不到者，谓本是幽僻之所，其处不应有人，投瓦及石，误有杀伤；或共举重物，而力所不制；或共升高险，而足蹉跌；或因击禽兽，而误杀伤人者。

——《唐律疏议·斗讼》（卷二十三）

请运用中国法制史的知识和理论，分析上述材料并回答下列问题：

（1）属于过失杀的情形有哪些？对过失杀应如何定罪处罚？

（2）请结合上述材料，说明"疏议"与律文之间的关系。

（3）如何评价上述规定？

36. 诸有事以财行求，得枉法者，坐赃论；不枉法者，减二等。即同事共与者，首则并赃论，从者各依己分法。【疏】议曰：有事之人，用财行求而得枉法者，坐赃论。"不枉法者"，谓虽以财行求，官人不为曲判者，减坐赃二等。"即同事共与者"，谓数人同犯一事，敛财共与，元谋敛者，并赃为首，仍倍论；其从而出财者，各依己分为从。

——《唐律疏议·职制》

请运用中国法制史的知识和理论，分析上述材料并回答下列问题：

（1）何谓"不枉法者"？何谓"同事共与者"？

（2）请根据这两段文字分析官员接受贿赂论罪的情形。

（3）请分析这两段反映的立法宗旨和意义。

37. 手足殴伤人限十日，以他物殴伤人限二十日，以刃及汤火伤人者三十日，折跌肢体及破骨者五十日。限内死者，各依杀人论；其在限外及虽在限内，以他故死者，各依本殴伤法。

——《唐律疏议·斗讼》（卷二十一）

请运用中国法制史的知识和理论，分析上述材料并回答下列问题：

（1）唐律对于伤害他人的保辜期限是如何规定的？

（2）如何评价上述材料？

38. 有前率府仓曹曲元衡者，杖杀百姓柏公成母。法官以公成母死在辜外，元衡父任军使，使以父荫征铜。柏公成私受元衡资货，母死不闻公府，法寺以经恩免罪。潾议曰："典刑者，公柄也。在官者得施于部属之内；若非在官，又非部属，虽有私罪，必告于官。官为之理，以明不得擅行鞭捶于齐人也。且元衡身非在官，公成母非部属，而擅凭威力，横此残虐，岂合拘于常典？柏公成取货于雠（chóu），利母之死，悖逆天性，犯则必诛。"奏下，元衡杖六十配流，公成以法论至死，公议称之。

——《旧唐书·裴潾传》

请运用中国法制史的知识和理论，分析上述材料并回答下列问题：

（1）曲元衡以伤害罪论处并被判处杖六十配流的依据何在？为什么？

（2）柏公成论死的依据何在？为什么？

（3）如何评价该案？

39. 诸山野之物，已加功力刈（yì）伐积聚，而辄取者，各以盗论。【疏】议曰："山野之物"，谓草、木、药石之类。有人已加功力，或刈伐，或积聚，而辄取者，"各以盗论"，谓各准积聚之处时价，计赃，依盗法科罪。

——《唐律疏议·贼盗》（卷二十）

请运用中国法制史的知识和理论，分析上述材料并回答下列问题：

（1）如何理解唐律规定的"山野无主物"？山野无主物如何转化为私有财产？

（2）唐律对于山野无主物的所有权及其保护是如何规定的？

（3）请对材料进行评价。

40. 材料一：收质者，非对物主不得辄卖；若计利过本不赎，听告市司对卖，有剩还之。

——《唐令·杂令》

材料二：诸家长在，而子孙弟侄等，不得辄以奴婢、六畜、田宅及余财物私自质举及卖田宅。其有质举、卖者，皆得本司文牒，然后听之。若不相本问，违而辄与及买者，物即还主，钱没不追。

——《唐令·杂令》

材料三：诸妄以良人为奴婢，用质债者，各减自相卖罪三等；知情而取者，又减一等。仍计庸以当债直。

——《唐律疏议·杂律》（卷二十六）

根据上述材料回答下列问题：

（1）唐律关于质押借贷的主要内容有哪些？

（2）上述规定有何意义和作用？

41. "诸许嫁女,已报婚书及有私约,而辄悔者,杖六十;诸为婚而女家妄冒者,徒一年。男家妄冒,加一等;诸有妻更娶妻者,徒一年;诸以妻为妾,以婢为妻者,徒二年;以妾及客女为妻,以婢为妾者,徒一年半,各还正之。诸同姓为婚者,各徒二年。缌麻以上,以奸论;诸娶逃亡妇女为妻妾,知情者与同罪,至死者减一等。离之。"又:"诸监临之官,娶所监临之女为妾者,杖一百,即枉法娶人妻妾及女者,以奸论加二等。"又:"诸杂户不得与良人为婚,违者杖一百。官户娶良人女者,亦如之。良人娶官户女者,加二等。"

——《唐律疏议·杂律》

请运用中国法制史的知识和理论,分析上述文字并回答下列问题:

(1)根据该段文字总结唐朝结婚制度的内容。

(2)该段文字说明了什么问题?

42. 材料一:诸妻无七出及义绝之状,而出之者,徒一年半;虽犯七出,有三不去,而出之者,杖一百。追还合。若犯恶疾及奸者,不用此律。【疏】议之"妻无七出而出之"条:义绝,谓"殴妻之祖父母、父母及杀妻外祖父母、伯叔父母、兄弟、姑、姊妹,若夫妻祖父母、父母、外祖父母、伯叔父母、兄弟、姑、姊妹自相杀及妻殴詈夫之祖父母、父母,杀伤夫外祖父母、伯叔父母、兄弟、姑、姊妹及与夫之缌麻以上亲、若妻母奸及欲害夫者,虽会赦,皆为义绝"。

——《唐律疏议·户婚》(卷十四)

材料二:"义绝之状,谓如身在远方,妻父母将妻改嫁,或赶逐出外,重别招婿,及容止外人通奸。又如本身殴妻至折伤,抑妻通奸,有妻诈称无妻,欺妄更娶妻,以妻为妾,受财将妻妾典雇,妄作姊妹嫁人之类"。

——《大明律·户律》"出妻"条

请运用中国法制史的知识和理论,分析上述材料并回答下列问题:

(1)根据材料一分析义绝的含义及其适用情形。

(2)根据材料一分析唐代对于婚姻解除及违反解除制度的处罚。

(3)对比材料一、二,分析明代在义绝制度上的变化。

(4)如何评价上述材料?

43. 诸被囚禁,不得告举他事。其为狱官酷己者,听之。即明知谋叛以上,听告;余准律不得告举。即年八十以上,十岁以下及笃疾者,听告谋反、逆、叛、子孙不孝及同居之内为人侵犯者,余并不得告。官司受而为理者,各减所理罪三等。

——《唐律疏议·斗讼》(卷二十四)

请运用中国法制史的知识和理论,分析上述材料并回答下列问题:

(1)根据材料分析唐朝告诉的适用及其限制情形。

（2）对于违法受理告诉的，应如何处理？

（3）如何评价上述材料？

44. 诸妇人犯死罪，怀孕，当决者，听产后一百日乃行刑。若未产而决者，徒二年；产讫，限未满而决者，徒一年。失者，各减二等。其过限不决者，依奏报不决法。

——《唐律疏议·断狱》（卷第三十）

请运用中国法制史知识和理论，分析上述材料并回答下列问题：

（1）唐律对于妇女犯死罪是如何处理的？执行法官错误执行如何承担法律责任？

（2）如何评价唐律的规定？

45. 诸拷囚不得过三度，数总不得过二百，杖罪以下不得过所犯之数。拷满不承，取保放之。若拷过三度及杖外以他法拷掠者，杖一百；杖数过者，反坐所剩；以故致死者，徒二年。即有疮病，不待差而拷者，亦杖一百；若决杖笞者，笞五十；以故致死者，徒一年半。若依法拷决，而邂逅致死者，勿论；仍令长官等勘验，违者杖六十。

——《唐律疏议·断狱》（卷第二十八）

请运用中国法制史知识和理论，分析上述材料并回答下列问题：

（1）唐律对拷讯程序、要求和执行官吏的法律责任是如何规定的？

（2）请对唐朝的刑讯制度作出评价。

（3）唐朝拷讯制度的规定对当代司法有何警示？

46. 诸告言人罪，非谋叛以上者，皆令三审。应受辞牒官司，并具晓示并得叛坐之情，每审皆别日受辞。官人于审后判记，审讫然后付司。若事有切害者，不在此例。

——《唐令·狱官令》

请运用中国法制史的知识和理论，分析上述材料并回答下列问题：

（1）如何理解材料中的"三审""辞牒""反坐""别日受辞"？

（2）根据材料概括说明官府立案并移交案件审理的条件。

（3）如何评价上述规定？

47. 材料一：律法断罪，皆当以法律令正文，若无正文，依附名例断之，其正文名例所不及，皆勿论。

——《晋律》（晋）刘颂

材料二：诸制敕断罪，临时处分，不为永格者，不得引为后比，若辄引，致罪有出入者，以故失论。

诸断罪皆须具引律、令、格、式正文，违者笞三十。若数事共条，止引所犯罪者，听。

——《唐律疏议·断狱》

请运用中国法制史的知识和理论，分析上述材料并回答下列问题：

（1）根据材料一分析晋代对司法官审理案件的要求。

（2）根据材料二分析唐代对司法官违规断案应当承担的法律责任。

（3）如何评价上述材料？

48. 凡断狱之官皆举律、令、格、式正条以结之。若正条不见者，其可出者，则举重以明轻；其可入者，则举轻以明重。凡狱因应入议、请者，皆申刑部，集诸司七品已上于都座议之。

——《唐六典·卷六·尚书刑部》

请运用中国法制史的知识和理论，分析上述材料并回答下列问题：

（1）唐朝司法官断案的法律适用规则是什么？

（2）对于适用"八议"的狱因，唐律在程序上规定了哪些特殊待遇？

（3）如何评价材料中体现的制度？

49. 凡鞫狱官与被鞫人有亲属、仇嫌者；皆听更之。（亲谓五服内亲及大功已上婚姻之家，并授业经师为本部都督、刺史、县令，及府佐与府主，皆同换推。）凡有罪未发及已发未断而逢格改者，若格重则依旧条，轻从轻法。凡天下诸州断罪应申覆者，每年正月与吏部择使，取历任清勤、明识法理者；仍过中书门下定讫以闻，乃令分道巡覆。

——《唐六典·卷六·尚书刑部》

请运用中国法制史的知识和理论，分析上述材料并回答下列问题：

（1）唐朝关于审判回避制度是如何规定的？

（2）唐朝关于法律溯及力是如何规定的？

（3）请对材料进行评价。

50. 诸断罪皆须具引律、令、格、式正文，违者笞三十。若数事共条，止引所犯罪者，听。【疏】议曰：犯罪之人，皆有条制。断狱之法，须凭正文。若不具引，或致乖谬。违而不具引者，笞三十。"若数事共条"，谓依名例律："二罪以上俱发，以重者论。即以赃致罪，频犯者并累科。"假有人虽犯二罪，并不因赃，而断事官人止引"二罪俱发以重者论"，不引"以赃致罪"之类者，听。

——《唐律疏议·断狱》（卷三十）

请运用中国法制史的知识和理论，分析上述材料并回答下列问题：

（1）结合材料说明唐朝对司法官断罪的具体要求。

（2）结合材料说明"疏议"对律文的解释。

（3）如何评价唐律的上述规定？

51. 诸同职犯公坐者，长官为一等，通判官为一等，判官为一等，主典为一等，各以所由为首；（若通判官以上异判有失者，止坐异判以上之官。）……若同职有私，连坐之官不知情者，以失论。即余官及上官案省不觉者，各递减一等；下官不觉者，又递减一等。亦各以所由为首。（减，谓首减首，从减从。）检、勾之官，同下从之罪。应奏之事，有失勘读及省审之官不驳正者，减下从一等。若辞状隐伏，无以验知者，勿论。

——《唐律疏议·名例》（卷第五）

请运用中国法制史的知识和理论，分析上述材料并回答下列问题：

（1）材料体现的是唐朝何种制度？其含义是什么？

（2）根据材料分析官员论罪的情形。

（3）如何评价上述材料？

52. 徒、流折杖之法，禁纲加密，良民偶有抵冒，致伤肌体，为终身之辱；愚顽之徒，虽一时创痛，而终无愧耻。若使情理轻者复古居作之法，遇赦第减月日，使良善者知改过自新，凶顽者有所拘系。

——《宋史·刑法志三》

请运用中国法制史的知识和理论，分析上述材料并回答下列问题：

（1）折杖法规定的内容有哪些？

（2）折杖法在适用上存在的主要弊端是什么？当时有识之士提出解决这种弊端的主张是什么？

（3）实行折杖法的意义是什么？

53. 配法既多，犯者日众，黥配之人，所至充斥。（宋孝宗）淳熙十一年（1184年），校书郎罗点言其太重，乃诏刑、寺集议奏闻。至十四年，未有定论。其后臣僚议，以为：若止居役，不离乡井，则几惠奸，不足以惩恶；若尽用配法，不恤黥刺，则面目一坏，谁复顾藉？强民适长威力，有过无由自新。

——《宋史·刑法志三》

请运用中国法制史的知识和理论，分析上述材料并回答下列问题：

（1）该段文字反映的是宋朝何种刑罚制度？该制度的含义是什么？

（2）宋朝设立这种刑罚的原因是什么？

（3）大理寺和刑部官员集议的原因是什么？

（4）根据该段文字分析适用该刑罚的弊端。

54. 凡劫盗罪当死者，籍其家赀以赏告人，妻子编置千里；……罪当徒、流者，配岭表；……凡囊橐之家，劫盗死罪，情重者斩，余皆配远恶地，籍其家赀之半为赏。盗罪当徒、流者，配五百里，籍其家赀三之一为赏。窃盗三犯，配杖五百里或邻州。虽非重法之地，而囊橐重法之人，以重法论。其知县、捕盗官皆用举者，或武臣为尉。盗发十人以上，限内捕半不获，劾罪取旨。若复杀官吏，及累杀三人，焚舍屋百间，或群行州县之内，劫掠江海船栰（fá）之中，非重地，亦以重论。

——《宋史·刑法志一》

请运用中国法制史的知识和理论，分析上述材料并回答下列问题：

（1）该段文字反映了宋朝何种制度？宋朝为什么制定该制度？

（2）宋朝对于触犯该制度的人是如何处理的？

（3）如何评价该制度？

55. 元丰元年（注：1078年），宣州民叶元有同居兄乱其妻，缢杀之，又杀兄子，强其父与嫂为约契不讼。邻里发其事，州为上请，帝曰："罪人以死，奸乱之事特出叶元之口，不足以定罪。且下民虽无知，固宜哀矜，然以妻子之爱，既戕其父，又杀其兄，戕其侄，逆理败伦，宜以殴兄至死律论。

——《宋史·刑法志二》

请结合材料分析：

（1）根据宋朝法律，叶元兄奸叶元妻和叶元杀其兄构成何罪？

（2）叶元为什么最终没有免死？为什么？

（3）结合材料分析古代是如何解决儒家伦理与法律条文之间的冲突的。

56. 材料一：诸家长在……而子孙弟侄等不得辄以奴婢、六畜、田宅及余财物私自质举，及卖田宅……其有质举卖者，皆得本司文牒，然后听之。若不相本问，违而辄与及买者，物即还主，钱没不追。

——《宋刑统·户婚律·典卖指当论竞物业》

材料二：应典卖、倚当物业，先问房亲，房亲不要，次问四邻，四邻不要，他人并得交易。

——《宋刑统·户婚律·典卖指当论竞物业》

请运用中国法制史的知识和理论，分析上述材料并回答下列问题：

（1）根据材料一分析宋代关于质举是如何规定的。

（2）根据材料二分析宋代典卖契约的成立条件。

（3）如何评价材料一、二之规定？

57. 淳化初（注：990年），始置诸路提点刑狱司，凡管内州府，十日一报囚帐。有疑狱未决，即驰传往视之。州县稽留不决、按谳不实，长吏则劾奏，佐史、小吏许便宜按劾从事。

——《宋史·刑法志一》

请运用中国法制史的知识和理论，分析上述材料并回答下列问题：

（1）宋初设置提点刑狱司的性质和职责是什么？

（2）如何认识宋初设置提点刑狱司的宗旨？

（3）提点刑狱司的设置对后世有何影响？

58. （宋神宗元丰）五年（1075年），分命少卿左断刑、右治狱。断刑则评事、检法详断，丞议，正审；治狱则丞专推劾，主簿掌按劾，少卿分领其事，而卿总焉。六年，刑部言："旧详断官分公按讫，主判官论议改正，发详议官覆议。有差失问难，则书于检尾，送断官改正，主判官审定，然后判成。自详断官归大理为评事、司直，议官为丞，所断按草，不由长贰，类多差忒（tè）"。

——《宋史·刑法志三》

请运用中国法制史的知识和理论，分析上述材料并回答下列问题：

（1）上述材料主要反映的是宋朝何种法律制度？该制度的基本内容是什么？

（2）请根据材料简要说明大理寺不同官员在检法量刑上的不同职责。

（3）请对材料作出评价。

59. 臣等参详，所有论竞田宅、婚姻、债负之类，（债负谓法许征理者）取十月一日以后，许官司受理，至正月三十日住接词状，三月三十日以前断遣须毕。如未毕，具停滞刑狱事由闻奏。如是交相侵夺及诸般词讼，但不干田农人户者，所在官司随时受理断遣，不拘上件月日之限。

——《宋刑统·户婚律·婚田入务》"起请"条（卷十三）

请运用中国法制史的知识和理论，分析上述材料并回答下列问题：

（1）本条规定的是宋朝的何种法律制度？

（2）宋朝对于受理民事诉讼的时限是如何规定的？涉及这类争讼的案件有哪些？

（3）对于原已受理的民事诉讼尚未结案的，应如何处理？

（4）评价上述材料规定的内容。

60. 强、窃盗不该死，窃盗除断本罪外，初犯者于右臂上刺"强、窃盗一度"字号。强盗再犯，处死；窃盗再犯者，断罪外（虽会赦，亦刺字），皆司县籍记，充警迹人，令村坊常切检察，遇有出处经宿或移他处，报邻佑知。若经五年不犯者，听主首与邻人保申除籍。如能告及捕获强盗一名，减二年；二名，除籍。窃盗一名，减一年。其附籍后，若有再犯，终身拘籍。应据警迹人除辑捕外，官司不得追逐出入，妨碍营生。

——《元典章》卷四十九《刑部十一·诸盗·警迹人·盗贼刺断充警迹人》

请运用中国法制史的知识和理论，分析上述材料并回答下列问题：

（1）何为"警迹人"？其适用对象有哪些？如何适用"警迹人"制度？

（2）在加强对"警迹人"控制的同时，元律对"警迹人"规定了哪些鼓励性措施？

（3）请对材料进行评价。

61. 犯强窃盗贼、伪造宝钞、略卖人口、发冢、放火、犯奸及诸死罪，并从有司归问。其斗讼、婚田、良贱、钱债、财产、宗从继绝及科差不公自相告言者，从本管理问。若事关民户者，从有司约会归问，并从有司追逮。

——《元史·刑法志》

请运用中国法制史的知识和理论，分析上述材料并回答下列问题：

（1）材料体现的是元朝的何种法律制度？该制度的基本内容是什么？

（2）根据材料分析制度的适用和不适用情形。

（3）请对材料进行评价。

62. 自汉以来，刑法沿革不一。隋更五刑之条，设三奏之令。唐撰律令，一准乎礼，以为出入。宋采用之，而所重者敕。律所不载者，则听之于敕。故时轻时重，无一是之归。元制，取所行一时之例为条格而已。明初，丞相李善长等言："历代之律，皆以汉《九章》为宗，至唐始集其成。今制宜遵唐旧"。

——《明史·刑法志一》

请运用中国法制史的知识和理论，分析上述文字并回答下列问题：

（1）根据本段文字说明唐、宋、元主要的法律表现形式。

（2）请说明本段文字中"五刑""三奏""一准乎礼"的含义。

（3）根据本段文字说明明朝采用唐朝旧律的原因。

（4）请对比分析唐明律的异同。

63. 洪武十九年三月二十九日，嘉定县民郭玄二等二名，手执《大诰》赴京，首告本县首领弓兵杨凤春等害民。经过淳化镇，其巡检何添观刁蹬留难，致使马德旺被枭首马德旺索要钱贯，声言差人送赴京来。如此沮坏，除将各人押赴本处，弓兵马德旺依前《大诰》行诛，枭令示众，巡检何添观刖足枷号。令后敢有如此者，罪亦如之。

——《御制大诰续编·阻当者民赴京第六十七》

请运用中国法制史的知识和理论，分析上述材料并回答下列问题：

（1）《大诰》的内容有哪些？

（2）淳化镇官员所受酷刑有哪些？为什么会受酷刑？

（3）请对材料进行评价。

64. 材料一：诸断罪而无正条，其应出罪者，则举重以明轻；其应入罪者，则举轻以明重。

——《唐律疏议·名例》（卷六）

材料二：凡律令该载不尽事理，若断罪而无正条者，引律比附。应加应减，定拟罪名，转达刑部，议定奏闻。若辄断决，致罪有出入者，以故失论。

——《大明律·吏律》"断罪无正条（第四十六条）"

请运用中国法制史的知识和理论，分析上述材料并回答下列问题：

（1）唐朝对类推原则是如何规定的？

（2）明朝对类推原则是如何规定的？

（3）明律关于比附立法的意义何在？

65. 材料一：凡诸衙门官吏，若与内官及近侍人员互相交结，漏泄事情，夤缘作弊，而扶同奏启者，皆斩。妻子流二千里安置。

——《大明律·吏律》

材料二：凡诸衙门官吏及士庶人等，若有上言宰执大臣美政才德者，即是奸党。务要鞫问，穷究来历明白，犯人处斩，连名上言，止坐为首者，妻子为奴，财产入官。若宰执大臣知情，与同罪。不知者，不坐。

——《大明律·吏律》

请运用中国法制史的知识和理论，分析上述材料并回答下列问题：

（1）材料一和材料二分别规定的是什么罪名？其具体内容是什么？

（2）《大明律》规定奸党罪的原因是什么？

（3）请对材料进行评价。

66. 材料一：诸监临主守自盗及盗所监临财物者，（若亲王财物而监守自盗，亦同。）加凡盗二等，三十匹绞。（本条已有加者，亦累加之。）

——《唐律疏议·贼盗》（卷十九）

材料二：凡监督主守、自盗仓库钱粮等物，不分首从，并赃论罪。……一贯以下杖八十……四十贯，斩。

——《大明律·刑律一》

请运用中国法制史的知识和理论，分析上述材料并回答下列问题：

（1）对比唐朝和明朝法律在处理监守自盗案件上的差异。

（2）根据材料分析明朝定罪量刑的基本原则。

（3）试说明明律较唐律在定罪量刑上发生变化的原因。

67. 会官审录之例，定于洪武三十年。……继令五军都督府、六部、都察院、六科、通政司、詹事府，间及驸马杂听之，录冤者以状闻，无冤者实犯死罪以下悉论如律，诸杂犯准赎。……天顺三年，令每岁霜降后，三法司同公、侯、伯会审重囚，谓之朝审。历朝遂遵行之。成化十七年，命司礼太监一员会同三法司堂上官，于大理寺审录，谓之大审。南京则命内守备行之。自此定例，每五年辄大审。初，成祖定热审之例，英宗特行朝审，至是复有大审，所矜疑放遣，尝倍于热审时。……热审始永乐二年，止决遣轻罪，命出狱听候而已。……成化时，热审始有重罪矜疑、轻罪减等、枷号疏放诸例。

——《明史·刑法志二》

请运用中国法制史的知识和理论，分析上述材料并回答下列问题：

（1）材料中体现了哪些类型的会审制度？

（2）哪些情形适用热审？

（3）明朝会审制度有何意义和弊端？

68. 凡子孙告祖父母、父母，妻妾告夫及夫之祖父母、父母者，杖一百，徒三年，但诬告者绞。若告期亲尊长、外祖父母，虽得实，杖一百；大功，杖九十；小功，杖八十；缌麻杖七十；其被告期亲、大功尊长及外祖父母，若妻之父母，并同，自首免罪。小功、缌麻尊长，得减本罪三等。若诬告重者，各加所诬罪三等。……及嫡母、继母、慈母、所生母，杀其父，若所养父母杀其所生父母，及被期亲以下尊长侵夺财产，或殴伤其身，应自理诉者，并听告。不在干名犯义之限。

——《大明律集解附例》（卷之二十二"干名犯义"条）

请运用中国法制史的知识和理论，分析上述材料并回答下列问题：

（1）何为"干名犯义"？不在干名犯义之限的情形有哪些？

（2）干名犯义与服制定罪有何关系？对亲属相隐有何作用？

（3）干名犯义的目的和作用是什么？其对明代社会治理有何意义？

（4）清末礼法之争后废除干名犯义条款的原因是什么？

69. 明（孝宗）弘治十年（1498年）奏定真犯死罪决不待时者，凌迟十二条，斩三十七条，绞十二条；真犯死罪秋后处决者，斩一百条，绞八十六条。顺治初定律，乃于各条内分晰注明，凡律不注监候者，皆立决也；凡例不言立决者，皆监候也。自此京、外死罪多决于秋，朝审遂为一代之大典。

——《清史稿·刑法志二》

请运用中国法制史的知识和理论，分析上述材料并回答下列问题：

（1）根据该段文字分析清朝执行死刑的主要内容。

（2）根据文字的内容说明清朝的死刑制度对清朝秋审制度实行的意义。

70. 凡犯死罪非常赦不原者，而祖父母（高曾同）、父母老（七十以上）、疾（笃废）应侍（或老或疾），家无以次成丁（十六以上）者（即与独子无异，有司推问明白），开具所犯罪名（并应侍缘由）奏闻，取自上裁。若犯徒流（而祖父母父母老疾无人侍养）者，止杖一百，余罪收赎（遣罪人犯准满流收赎）。

——《大清律例·名例·犯罪存留养亲》

请运用中国法制史的知识和理论，分析上述材料并回答下列问题：

（1）分析清朝存留养亲制度的具体内容。

（2）分析清朝对存留养亲制度发展的表现。

（3）分析清朝存留养亲的适用条件。

（4）如何评价存留养亲制度？

三、参考答案

1. （1）对于处五刑刑罚但存疑的案件，应适用赎刑并减免刑罚，即：判墨刑有疑，则处以墨罚，受罚者交铜百锾以赎罪；劓罚，交铜二百锾；剕罚，交铜五百锾；宫罚，交铜六百锾；大辟，交铜千锾。

（2）对"五刑之疑有赦，五罚之疑有赦"的罪犯，可减为五罚处理，五罚仍存疑，则赦免其罪。

（3）对于适用五刑但存疑案件的处理，强调适用罪疑从轻、罪疑从赦的原则。罪疑从轻、罪疑从赦原则要求对适用五刑有疑义的案件从轻处罚或赦免，以赎代刑，是慎刑思想的体现，有利于防止或减少无罪处刑或轻罪重刑的现象。奴隶制五刑以肉刑和死刑为主，以赎代罚，可以减少适用五刑的情形，尽量减少残酷的肉刑和死刑的适用。

2.（1）质剂是西周时期的买卖契约；傅别是西周时期的借贷契约。

（2）质，用于"大市"，也就是在买卖奴隶、牛马时使用的较长的契券；剂，用于"小市"，也就是买卖兵器珍异之物时使用的较短的契券。

（3）西周时期已经存在了简单的商品交易，质剂和傅别的出现表明西周时期相应的契约纠纷不断增多。质剂还是买卖关系成立的凭证，傅别也是借贷关系成立的凭证，如果发生纠纷，可以作为诉讼的证据。质剂和傅别的出现，促进了西周时期司法制度中证据的运用和发展，特别财产关系纠纷，就是以质剂、傅别、券书、契券等契约文书为裁判依据的，而不是以人证为依据，从而影响了古代契约纠纷的证据运用方式，这对证据运用制度和司法审判制度的完善起到了促进作用。

3.（1）材料反映出西周婚姻成立的条件有：父母之命，媒妁之言；符合"六礼"；同姓不婚。

材料反映的婚姻解除的条件有：一是"七去"（七出），即：不顺父母，无子，淫，妒，有恶疾，多言，窃盗。二是"三不去"，即：有所取无所归；与更三年丧；前贫贱后富贵。

（2）西周婚姻关系的成立体现了家族本位，结婚的男女不论有无成年，毫无自由，必须听从于父母，否则将遭致刑罚制裁。婚姻本身是两个家庭而非两个人的事，包办婚姻体现了宗法关系、男尊女卑思想，父母之命也是传统社会家长制和父家长权力的显示，有助于维护家族血脉正常延续及维持生计。西周婚姻关系的解除遵循"七去"原则，其内容的设置和权利的行使都以保护男方家族利益为中心，旨在保障家族的稳定和延续，也体现出明显的男尊女卑观念。"三不去"对男方单意休妻有一定的限制，但其实质并非维护女子权益，其出发点仍然是维护礼治和倡导宗法伦理道德。

（3）西周婚姻制度对后世的婚姻立法产生了深远影响。汉唐乃至明清，各朝法律中关于婚姻成立和解除的规定，大体没有超出西周婚姻制度的内容。

4.（1）甲控告乙偷牛并打伤他人，经查，乙未曾偷牛和伤人。若甲出于故意，则是诬告；若甲出于过失，则是控告不审慎。诬告罪须从重处罚，而控告不审慎则从轻处罚。

（2）秦朝已经区分故意和过失，故意犯罪从重处罚；过失犯罪从轻处罚。秦朝区分了诬告和控告不实，对于诬告者，实行诬告反坐，并从重处罚；但是对于控告不实的，则应从轻处罚。

5. （1）被判处司寇的人未自首的，当处耐为隶臣；自首的，处以耐为隶臣或者赀二甲。量刑的差别表明存在自首情节一般可减轻处罚。

（2）隶臣妾（为官府服役的官奴婢）在服役（城旦春）期间逃亡后又自首的，仅笞五十并补足服役期限；如果犯罪以后消除犯罪后果的，可减轻处罚。

（3）秦律对自首者可以减轻处罚；犯罪以后消除犯罪后果的，也可减轻处罚。自首制度起到了缓和阶级矛盾的作用。秦朝关于自首制度的规定表明秦朝的自首制度已经定型化，为后世沿用并有所发展。

6. （1）甲因盗牛被处以完城旦的刑罚，秦代以身高为承担刑事责任的标准，甲身高六尺七寸，超过了六尺五寸的刑事责任能力标准，因此，甲应当承担刑事责任。

（2）甲、乙都应承担刑事责任。依秦律，教唆他人犯罪，教唆犯和现行犯都应承担刑事责任并处以同等刑罚，因此，甲教唆乙盗窃，都应当承担刑事责任，并都处以赎黥的刑罚。

（3）甲承担刑事责任，乙不承担刑事责任，因为秦代以身高作为承担刑事责任的依据，乙因未达到承担刑事责任的身高标准（男子六尺五寸、女子六尺二寸）。对于教唆犯，与现行犯同罪，但教唆未成年人犯罪的，加重处罚。甲唆使乙抢劫杀人，并从乙所获赃值中分得十钱，甲属于教唆未成年人抢劫杀人的教唆犯，因此甲应当承担刑事责任并处以磔刑。

（4）秦律规定教唆他人犯罪加重处罚的条件是：教唆人实施了教唆行为，至于被教唆人是否实施所犯之罪或者是否得财，在所不问；被教唆人是未成年人，如果教唆人已经成年，则同等处罚，而不必加重处罚。

7. （1）杀伤或者盗窃他人的，是公室告。对于公室告，官府应予受理。子盗窃父母、父母或主人擅自杀死、刑伤、髡剃其子及奴妾，以及子告父母，臣妾告发主人的，是非公室告。对于非公室告，官府不得受理，如果仍然坚持控告，告者有罪。

（2）秦代在严格限制诉权的诉讼程序方面较为规范，但反映了当事人的诉权和诉讼制度上的不平等特点。秦代把法律的矛头集中在直接危害封建统治的贼盗大案上，以维护统治秩序。秦代在诉讼制度上实行公室告和非公室告，目的是维护家庭内部的尊卑关系和主奴关系，体现了封建法律维护封建伦理和尊卑等级关系的本质。

8. （1）将黥刑改为城旦春，将黥刑改为髡钳城旦春，将劓刑改为笞三百，将斩左趾改为笞五百，将适用斩右趾的、杀了人先自首的、官吏接受贿赂而枉法的、看守自盗的、已被判罪而又犯笞罪的，改为弃市。

（2）文景时期的刑制改革，顺应了历史发展的趋向，使以肉刑为主的奴隶制五刑趋于瓦解，拉开了由奴隶制五刑向封建制五刑过渡的序幕，拉开了由肉刑向劳役刑转变的序幕，为封建刑罚体系的形成奠定了基础。这次改革无疑是古代刑制由野蛮走向文明的里程碑，在中国法制发展史上具有重要的意义。但改革也存在问题。首先，笞数过多，出现了变相死刑。其次，将斩右趾改为弃市，这是由轻改重，扩大了死刑的范围。

9. （1）依据汉律，对盗环案的行为人判处弃市属于最重刑罚，不能违背法律再行加重，实行族诛。弃市和族诛同是死罪，对于犯同样罪行的行为人，应当以罪状的轻重为依据（就是材料中提到的"然以逆顺为基"）。对行为人判处刑罚应当有一个最高界限，如果仅就某个案将行为人判处法律规定的最高刑罚，则在以后出现更重的罪行时，法律将无所适从。

（2）历史的教训以及黄老学说"明法"思想，使得汉初的统治者比较注意明法守身，不以个人意志破坏法律的一致性。汉文帝作为"明法守身"的代表，表现了一位帝王很可贵的"法信于民"的法律意识。汉文帝通过盗环案认识到，公正的法律只有得到公正的执行，才能够取信于民。

（3）定罪量刑应以法律规定为准绳，不能以主观好恶为定罪量刑的标准。刑罚的轻重应与犯罪人的主观恶性和客观危害行为相适应，做到罚当其罪。

10. （1）体现的是录囚制度。录囚始于汉代，被后世封建王朝沿用，明代发展成为会官审录、朝审、大审等会审制度。

（2）录囚是皇帝或上级司法机关通过对囚徒的复核审录，对下级司法机关审判的案件进行监督和检查，以平反冤案，疏理滞狱的审判监督制度。录囚的目的在于防止刑狱冤滞，或因为自然灾害而录囚，内容仅限于审录囚徒，以平反冤狱。唐朝录囚制度的适用范围扩大，不仅适用于发生自然灾害之后进行的赦宥，而且适用于理清冤狱，宽宥罪犯。

（3）录囚活动使一些冤假错案得到了平反，有利于提高地方司法官明法慎刑的自觉性，从而使司法状况得到一定程度的改良，并对后世司法实践产生了积极的影响。录囚制度对改善狱政、监督司法及统一法律适用也具有积极作用。录囚制度将儒家天人合一思想用于司法实践，体现了儒家的仁政、爱民的慎刑思想。

11. （1）上述材料反映的是汉朝特有的审判原则——"春秋决狱"。"春秋决狱"就是以儒家的经典，特别是《春秋》一书的"微言大义"为司法审判特别是审理疑难案件的依据。"春秋决狱"源于儒家经典——《春秋》"重志"的做法。

（2）断狱必先根据犯罪事实，判断犯罪者的心理状态或目的动机。动机违背《春秋》精神的，即使犯罪未遂也应当论罪，尤其对首犯要处以重刑；目的、动机纯正，即使违法，也可以从轻发落。断狱按照主观心理动机来定罪，动机纯正，即便违法，也要免除处罚，动机不纯正，也要杀。依此断案，常会导致律外定罪。

（3）"春秋决狱"在当时法律不健全的情况下起到了补充法律规定不足的作用。在"经义"断狱的过程中，形成了一些具体的儒家法律观点，对决狱断案贯彻儒家思想起到了指导作用，也为后世封建法律进一步体现儒家法律观点创造了前提。

（4）"春秋决狱"是汉朝司法审判制度逐渐儒家化的重要标志之一，是礼法并用在司法领域的反映，是特定历史条件下形成的一种特殊审判方式。春秋决狱推动了律学的兴起和发展，并修正了审判原则，也促进了法律儒家化的进程，开辟了引礼入法的通道。

12.（1）本案争论的焦点是，甲以杖击丙，原为救父，不想竟误伤自己的父亲，这是否构成汉律之"殴父罪"而处以枭首之刑？

（2）董仲舒综合整个案情，灵活地引用律条，并考察行为人的主观动机和行为后果，援引春秋之义，认定甲为救父而误伤自己的父亲，并非法律上所谓殴父，其"志"是善的，动机是为"救父"，是纯正的；"殴父"并非出于本意，因此不当坐。

（3）以《春秋》经义断狱为司法原则，对传统对司法和审判是一种积极的补充。专依主观动机"心""志"的"善恶"判断有罪无罪或罪行轻重，有其合理之处，但也往往会成为司法官吏主观擅断和陷害无辜的口实，在某种程度上为司法擅断提供了依据。

13.（1）材料反映的是"亲亲得相首匿"的刑法原则和春秋决狱（经义断狱）的司法原则。

（2）乙杀人，其养父甲为其隐罪。按照汉律规定和当时的道德标准，如果甲是生父，则不必连坐。但对于养父是否可以为养子隐罪，汉律并无规定。董仲舒认为，甲虽然是养父，但对儿子乙有养育之恩，已经有父子的名分，因此，甲具有和生父相同的法律地位，根据春秋决狱所倡导的"父为子隐"思想，甲可以为儿子乙隐罪且不必连坐。

（3）经义断狱注重考察犯罪者的主观动机，同时兼顾犯罪事实。甲虽有隐匿、窝藏罪犯的行为，且甲并非罪犯生父，但甲的主观动机符合《春秋》所倡导的"志善"精神，因此甲"不当坐"。经义断狱具有弥补法律规定不足的作用，适用法律必须符合儒家经典所倡导的义礼精神。虽然甲不为罪犯生父，但法律也并没有规定养父是否可以为养子隐罪，此时引用儒家经典的精神断案，就可以弥补法律规定的不足。

（4）在刑法适用原则上开始引礼入律，礼的精神开始渗透到刑法原则。经义断狱对审案原则予以修正并影响法律实践，促进了引礼入律的进程。

14.（1）自战国时《法经》起，《具律》作为封建成文法典总则居于第六篇，《秦律》《九章律》均采用这一体例。但作为总则性质的篇目不在全篇律首，显然不符合律典篇章体例结构的正常顺序。《魏律》将《具律》的位置放至第一，并改称《刑名》，改变了"罪条例既不在始，又不在终，非篇章之义"的弊端，突出了律典总则的性质、内容和地位，使之名副其实。《晋律》在此基础上在《刑名》后新增《法例》一篇，作为法典第二篇，扩大了律典总则的内容与范围，进一步完善了律典总则。

（2）《晋律》对律典总则的完善为后来《北齐律》合《刑名》《法例》两篇为《名例律》一篇奠定了基础，从而使中国古代律典的篇章体例结构进一步规范化。

（3）《刑名》《法例》规定了刑罚制度、刑法原则和分则各篇目的宗旨，是《晋律》的总纲，对律典分篇起着指导作用。材料中体现的近代立法成就有：完善律典总则；增加篇目为20篇；律学家张斐对其作注，促进了律学解释和律学的发展。

15.（1）应当符合下列条件：犯死罪，已成定狱；死刑犯的祖父母、父母七十以上，无成人子孙，也没有其他成年期亲（齐衰以上亲属）；上请并被皇帝批准。

（2）司法机关最终判决李怜生给其母殡葬，为母亲发丧完毕后执行死刑，其妻被牵连处以流刑。

（3）李怜生投毒杀人，这是一种非人道的犯罪方式，与儒家思想背道而驰，情节恶劣，社会危害性极大，判其死刑，也可以震慑为非作歹的人，同时整肃朝廷法律。因此，即使李怜生符合"存留养亲"的条件，也应判处死刑。

（4）"存留养亲"制度是古代法律家族化、伦常化的具体体现，也是服制影响法律的显著标志。"存留养亲"制度强调忠孝的价值观，该制度的实行有利于缓和社会矛盾，反映了北魏法律儒家化特质。"存留养亲"制度不适用于严重破坏社会秩序的非人道的杀人犯罪，这体现出统治阶级思想的矛盾，也体现出女性法律地位的低下。

16.（1）"官当"是指官员犯罪后，允许以官爵抵罪的制度。西晋最早规定了以官职抵罪，但尚未入律。北魏正式"官当"入律，南朝《陈律》对官当规定得较为完备。该制度为隋唐宋沿用。

（2）每位官员的官职可以折当二年劳役刑；如官吏犯罪应判四年至五年徒刑，准许当徒二年，余刑或者采取赎刑，或者服劳役；如果判三年徒刑，亦许以官当徒二年，剩余一年可以赎免；若属因公过失犯罪或无意误犯，则可缴纳罚金折抵刑罚；而普通人只限于一年刑方可赎免。

（3）明、清在官当方面比唐宋明显收敛，官当适用式微，官吏免刑的范围以笞杖轻罪为主，方式主要是罚俸、降级和除名。

（4）官当是儒家思想影响法律的直接产物。官当制度充分体现了古代的官本位思想，国家对于官员的照顾可谓无微不至，这也是封建专制制度本身的等级制所决定的。官当制度的形成和发展，表明封建特权法的逐步发展。

17.（1）依据该条文规定，对于不符合社会生活实际情况的律、令、式等法律，确须修改的，应当向尚书省申报，并说明不便适用的理由，经讨论后决定是否修改。

（2）对于法律未经申报而擅自修改的，徒2年。但因适用问题而越级申冤上表朝廷的，不承担刑事责任。

（3）唐律这一规定表明：立法注重稳定，不能因事宜的变化而擅自修改法律，对于确须修改的，也必须严格按照法律程序进行。未经申议而擅自修改法律的，要承担法律责任，通过刑罚手段维持法律的稳定，有利于严格依法办事，公正执法。法律的相对稳定有利于维护法律的尊严与权威。

18.（1）上述材料体现的是立法须宽简、稳定、划一的思想。所谓"宽"，是指立法在内容上要做到轻刑省罚；所谓"简"，是指立法在形式上要做到条文简明。所谓"划一"，就是法律各条款之间不能相互牵连，严禁一罪有数种规定或时常变更法令。

（2）国家的法令，一定要简约，不可以一个罪名定很多种处罚。条款太烦琐，执法官员不能全记住，反而会孳生奸诈。如果要开脱犯人罪责，就会援引从轻的处罚；如果要把罪名强加到他人头上，就会用从重的处罚。这对国家的治安非常不利。应该仔细审定条款，不要使各条款之间互相牵连。若法律不稳定，律文多变，将使人心多惑，无所适从，所以立法者要审慎而行，不可轻立，既立之后，必须审定，以为永式。

（3）唐朝为了贯彻宽简、稳定、划一的立法思想，贞观修律时，删除旧律中死罪90多条，删去"兄弟连坐俱死"的规定，改重为轻的条款"不可胜纪"，使《贞观律》比《开皇律》大为简约。

（4）唐朝贯彻立法宽简、稳定、划一的思想，不仅使法律简约易知，又周详严密，从而避免执法者因缘舞弊。唐朝贯彻立法宽简、稳定、划一的思想，在指出法的可变性的同时，也注意到保持法的相对稳定性，使法律的变化要与进步的社会潮流相适应，这对促进经济发展，维持安定的政治局面和法律的权威是非常重要的。

19.（1）区分公罪和私罪原则最早见于隋朝《开皇律》，唐朝发展并完善，宋朝沿用。

官当制度源于《北魏律》和《陈律》，隋唐律典皆有规定，宋、明、清沿用，但明清已经严格限制其适用。

（2）官吏犯私罪，五品以上者，一官折抵徒刑2年；九品以上者，一官折抵徒刑1年。若犯公罪，则可多折算1年，即五品以上，一官折抵徒刑3年；九品以上，一官折抵徒刑2年。如果以官品折抵流刑，原则上"三流同比徒4年"，即流刑三等，官当时都比作徒4年。以官品折抵徒刑仍有余刑不尽的，可再以铜赎刑。因官而失掉官职之人，一年后可以比原官职降一等任用。

（3）区分公罪和私罪和官当制度的规定，对于官吏因公执法和调动官吏的积极性起到了一定的作用。官当制度使得封建特权制度化、法律化，从而限制了贵族官僚的肆意妄为，并有助于皇帝行使最高司法权。官当仅适用于折抵徒罪和流罪，而不适用于死罪本身也表明，官当的实施不能影响封建统治秩序。

20.（1）首犯即造意者，是倡首先言的主谋，一般要加重处罚，从犯则比照首犯减一等处刑；家人共犯，不论何人造意，以尊长为首，卑幼不坐；外人与主管官员共同犯罪，即使由外人造意，仍以主管官员为首犯，其余人为从犯。

（2）凡是本条文表述"皆"者，罪无首从；凡是本条文没有表述"皆"者，应当区分首从；但犯有强盗罪、奸罪、将劫掠之人卖为奴婢、阑入罪、罪发逃亡、私度或越度关卡、垣篱的，不区分首从。

（3）共犯区分首从表明唐朝对犯罪人主观心态和量刑情节的深刻认识。家人共犯以尊长为首体现了封建家长制以及家族主义对刑法的影响，浸透着礼教和宗法观念。外人与主管官员共犯以主管官员为首，可防止官员和外人内外勾结，上下一气，因缘为奸，以维护国家统治。对于强盗、奸罪、劫掠贩卖人口等罪行不区分首从，表明唐朝统治者对社会秩序稳定的严重关切。

21.（1）这段文字体现的是共同犯罪以造意为首的适用原则。该原则基本处理原则是：共同犯罪以造意犯为首犯，随从者减一等处刑。

（2）凡是二人以上共同盗窃财物的，以赃额总数定罪量刑。造意犯及从犯，参与犯罪而没有分赃，或者分赃而没有参与犯罪，犯罪行为的性质和参与者的角色，分别按照首犯和从犯的不同法律责任进行处理。如果从犯没有参与共盗，且没有分得赃物，答四十；若从犯是强盗，杖八十。临时相遇的共盗，在实施盗罪中发挥决定作用的人为首犯，其余为从犯，但强盗罪不分首从。主人指使部曲、奴婢盗窃的，即便没有窃得财物，仍以主人为首犯；如果主人对部曲、奴婢盗窃的事实事后才得知并分赃的，不论分赃数额多少，都以窃盗从犯论处。

（3）唐律对共同犯罪人的分类以犯罪分子在共犯中的作用为标准，这一分类标准至今仍影响现代刑法的共犯分类。对于造意犯及从犯，参与犯罪而没有分赃，分赃而没有参与犯罪，若具有其中任何一个方面的，都以首犯论处。如果两个方面都不具备的，才以从犯论处。该区分主犯和从犯的规定有助于确保法律的公正实施，同时也体现了对犯罪行为的严重程度和参与者的具体作用的考量。唐代共犯处理原则体现了家族主义对刑法的影响，浸透了礼教及宗法观念。共犯不分首从的处理原则体现了统治阶级对危害社会秩序和统治秩序大罪的关切。

22.（1）材料体现的是唐朝合并论罪从一重的定罪量刑原则。具体适用是：凡一人所犯数罪均案发或被告发，采取重罪吸收轻罪，按其中最重的一种罪处刑；若所犯各罪轻重相等，按其中的一罪处刑；若判决先发之罪后，又得知判前还有其他罪的，若后发之罪轻或等于已判之罪，则不再论处；若后发之罪重于已判决之罪，则按照后发之罪论处，已判决之罪折入后发之罪中。

（2）合并论罪从一重原则不适用于赃罪，对于屡犯贪赃之类的犯罪，则累计其多次赃物数额定罪。

（3）合并论罪从一重原则区分了犯罪的不同情形，明确了重罪的处理办法，为数罪量刑提供了切实可行的判断标准，这对保证犯数罪的法律适用具有重要意义。合并论罪从一重原则规定得较为宽缓适中，有利于稳定统治秩序。赃罪不适用于合并论罪从一重，表明唐朝以严刑峻法惩治官吏的贪赃枉法行为，有利于督促官吏奉公守法、廉洁自律。

23.（1）上官兴杀人不适用自首。构成自首的基本要求是"犯罪未发"，上官兴杀人案已经案发并抓获其父，不符合自首的要求。上官兴案发后逃亡，不适用自首，不得减刑和免刑，当论死。

（2）自首规定有利于促使犯罪分子改过自新和稳定社会秩序；对于不适用自首及自

首法定条件的规定体现了刑法适用原则的重大发展和唐朝统治者对统治阶级根本利益的维护。

（3）上官兴杀人虽然不适用自首，但其最终被减刑，适用了流刑，这体现了礼对法的如下影响：礼法结合是唐律的典型特征，唐律体现了礼法之间的互补关系。礼法结合的一个重要方面是对"孝"的维护和弘扬。上官兴投案的本意是救父，符合"孝道"，因此，皇帝最终免其死罪，适用流刑。适用自首应以礼作为定罪量刑的标准，所以，礼是唐律的灵魂。上官兴的行为属于违于法但合于礼的行为，对此，唐代统治者出于弘扬孝义的原则，对上官兴作出了悖于法律规定的处罚，说明了唐代礼对法的重大影响。

24.（1）"八议"源于西周"八辟"之法，在汉朝始称"八议"，三国《曹魏律》首次规定"八议"制度，隋朝完善了"八议"制度，唐朝承袭"八议"制度，并被后世沿用，但明清时期"八议"适用范围缩小。清末修律，实行罪刑法定，"八议"制度被废除。

（2）对于享受"八议"特权的八种人犯罪，如果是死罪，则由司法机关将其本应处死的犯罪事实及其应议的理由先奏名皇帝，并请求交付大臣集议，决议之后，交皇帝裁处。依据通例，一般死罪可以降为处流刑的罪，判处流刑以下的犯罪减刑一等处理。

（3）犯有"十恶"的，不享有"八议"特权。

（4）"八议"制度作为封建特权法的重要内容，反映了封建特权法在唐朝的进一步发展。"八议"制度是中国古代法律伦理化、儒家化进程的体现，其目的是维护封建专制制度和等级制度。"八议"由皇帝最终裁处，有利于皇帝控制裁判权的行使，加强司法控制。在封建君主专制条件下，任何官僚贵族的特权只具有相对意义，不能触犯皇权及地主阶级根本利益，如犯"十恶"重罪，同样严惩不贷。

25.（1）适用上请的人员包括：皇太子妃大功以上的亲属；适用八议人员的期以上亲属；官爵五品以上犯死罪的人。

（2）对于适用上请的人员，司法机关不能直接审判，只能将其罪状、适用请的条件、依律应当判处绞刑或者判处斩刑的情况直接奏报皇帝，由皇帝裁决。应请的人员如果犯流罪以下，减一等处刑。

（3）犯"十恶"重罪、反逆缘坐、杀人、坚守内奸、盗、贩卖人口、受财枉法的赃罪的，不在上请之例。

（4）上请是为了保护贵族、官僚利益而规定的法律制度，反映了封建特权法的本质。将上请的人员限定在一定范围内，并依照特殊程序进行审理，说明封建统治者以维护其统治阶级利益为根本任务，有利于皇帝控制司法，加强皇帝的司法集权。

26.（1）赎刑的对象包括诸应议、请、减及九品以上官员，官品得减者之祖父母、父母、妻、子孙，犯流罪以下。判处加役流、反逆缘坐流、子孙犯过失流、不孝流及会赦犹流者，不适用赎刑，按照正条配流。

（2）对于除名的官员，以及本罪不应流配但依据法律规定而特别流配的人，虽然无官品，但也免居作。

（3）应议、请、减及九品以上官员适用赎刑表明唐朝封建特权法的制度化、规范化。官品得减者之祖父母、父母、妻、子孙，犯流罪以下适用赎刑，表明唐律对封建家族等级秩序的维护。将加役流等重刑者排除在赎刑适用范围之外表明唐律对封建统治阶级根本利益的维护。

27.（1）五品以上官员的妾，如果所犯之罪不属于"十恶"大罪，且判处的刑罚为流刑以下，适用赎刑。不符合赎刑律条规定的适用条件的，不能适用赎刑。五品以上官员的妾在一定条件下也可以享有一部分适用赎刑的特权，即如果五品以上官员的妾有子孙或者有其他亲属荫及己身，也可以获得与适用赎刑者相等的法律特权。

（2）"疏议"是对律文的解释，与律文具有同等的法律效力。"疏议"具体解释了五品以上官员属于因贵族官员犯罪的范畴而适用赎刑专条，又明确了赎刑的总体适用范围，这对于其他涉及适用赎刑的律文具有指导意义。该条疏议的目的在于阐明律意，以便准确地适用律文。

（3）唐朝赎刑日益完备，已经制度化、规范化。将犯有"十恶"大罪之人排除在赎刑适用范围之外，表明了唐律对封建统治阶级根本利益的维护。五品以上官员之妾在一定条件下享有赎刑部分特权的规定，体现了家族观念对刑罚适用的渗透。

28.（1）更为罪是指再次犯罪，唐朝将此情形称为"更犯"；"各重其事"是指对后犯各罪刑罚累科并加重处罚。

（2）对于更犯，唐律采取加重处罚的办法处理，即犯罪已经案发或者在刑罚执行期间又重新犯罪的，加重处罚，重犯流罪的，依据留住地法律决杖，并于配役地服劳役3年。已经到达配所而重新犯罪的，或者应附加杖刑的，都按照配役地法律加重处罚。

（3）评价：因更犯属于重新犯罪，其社会危害性较初次犯罪要大，因此，唐律采取更犯加重处罚的原则，这在一定程度上可以起到预防犯罪的作用。

29.（1）材料反映的是唐代良贱相犯依身份论处的刑法适用原则。根据该原则，以良犯贱依法可减轻处刑；以贱犯良则较常人加重处刑。

（2）奴婢和良人相犯的论处情形为：奴婢殴伤良人的，比照凡人殴伤加二等处刑；奴婢殴打良人致其肢体损害或瞎一目的，处绞刑；致使良人死亡的，处斩刑。良人殴伤奴婢的，比照凡人殴伤减二等处刑；故意杀死奴婢的，处流三千里。

（3）良贱相犯同罪异罚，体现了儒家思想强调的良贱、尊卑身份的差别，说明唐律身份地位的不平等性，体现了唐律的身份法性质。严格划分良贱并依身份论处，说明唐律以维护封建等级秩序为己任。

30.（1）凡是加刑的，就是加至较重的等次；五刑都在各刑种范围内累加（注：最高刑除外，如杖刑中的最高刑是杖一百，杖一百加一等是徒一年），但累计不得加至死刑。凡是减刑的，就是减至较轻的等次。减刑对笞、杖、徒三刑而言是依等次递减，但是对流、死二刑而言，则不是按等次递减，而是按刑种递减。

（2）除即除名，即免除官爵，贬为庶民；免即免去官职。对于除名者，永不得恢复官员身份；对于免官者，仍有为官的可能，但要降级叙用。

（3）律外因特旨、别敕而减刑的，都由刑部奉旨或依法办理，但对于决断死刑的案件，应报送中书门下审议。

（4）唐朝的刑之加、减制度，体现了轻刑主义，量刑制度也趋于完善。律外奉旨、别敕减刑的事项，体现了唐朝统治阶级标榜的"仁政"和"爱民"思想。死刑案件报送中书门下审议，表明对死刑案件的重视，是慎刑思想的体现。

31.（1）"疏议"是对律文的解释，与律文具有同等的法律效力。唐律的本条"疏议"具体解释了"加、减"的量刑标准，明确了"加、减"的具体适用情形，其目的在于阐明律意，以便准确地适用律文。

（2）"就重次"是指加至较重的等次，如杖一百加一等，是徒一年。"就轻次"就是减至较轻的等次，如徒一年减一等是杖一百。"数满乃坐"是指对于加等处刑的数额犯，满数才能加等处刑，如犯强盗罪，盗窃五匹处刑，再盗五匹加一等，但差一寸未满五匹的，也不能加等处刑，同时"数满乃坐"不得加至于死刑。

（3）对于判处加役流加、减量刑的，应适用三流之法，即加役流加一等处刑应判处绞刑；加役流减一等处刑应判处徒三年。

32.（1）"十恶"为谋反、谋大逆、谋叛、恶逆、不道、大不敬、不孝、不睦、不义、内乱。"十恶"的部分罪名，秦汉时期已经出现，《北齐律》首先成立了"重罪十条"，隋朝《开皇律》正式使用"十恶"之名，唐律沿袭之。

（2）对犯"十恶"者处刑的特点是：大多处以死刑或其他重刑，谋反、谋大逆、谋叛一般要实施连坐；对谋反、谋大逆、谋叛罪处刑没有首从之分，一律重惩；贯彻纲常伦理原则，以违礼为刑事责任的依据，并依尊卑而同罪异罚；对于享有议、请、减、赎、当特权者，若犯"十恶"，也取消一切优免。

（3）"十恶"被立法规定为重罪，主要是因为其违反了君权、父权、夫权等原则，违反了宗法伦理道德观念，因此为"常赦所不原"；有关"十恶"重罪的规定也体现了罪名与礼教的融合，定刑因身份而异，同一犯罪事实因等级贵贱而科处不同的刑罚的立法宗旨。

33.（1）犯谋反及谋大逆的罪犯，处斩刑；父子年十六以上的皆处绞刑，年十五岁以下及母女、妻妾、祖孙、兄弟姐妹及奴婢、财产、田宅皆没收为官府。伯叔父、兄弟的儿子皆处流三千里，且不限户籍是否相同。但男子年八十以上及重病残者，妇女年六十以上及轻病残者，不受株连。即使言语道理不能煽动群众，威信、力量不能统率人们，也一律处斩；父子、母女、妻妾一并处流三千里，但不没收财产。甚至对于口说造反之言，但没有造反意图且找不到真造反证据的人，也要处流二千里。犯谋大逆之罪的，处绞刑。犯谋叛之罪的，预谋叛变者，处绞刑，已经着手实行犯罪的处斩刑，妻、子处流二千里。

（2）犯谋反、谋大逆、谋叛三罪一般要实施连坐；对谋反、谋大逆、谋叛三罪处刑没有首从之分，一律重惩，其中，对谋反、谋大逆尤重；贯彻纲常伦理原则，以违礼为刑事责任的依据，并依尊卑而同罪异罚；犯谋反、谋大逆、谋叛罪的，取消"八议""上请"等特权。

（3）谋反、谋大逆、谋叛严重危害封建统治秩序，因此被列于"十恶"的前列，表现了对三罪的高度重视，体现了唐律以维护封建君主专制统治为其根本任务。

34．（1）材料中涉及的罪名包括"十恶"重罪中的不孝罪和不义罪。闻父母丧匿不举哀、释服从吉、作乐等的，构成不孝罪；闻夫丧匿不举哀、释服从吉、作乐、参与吉宴等的，构成不义罪。

（2）父母和夫亡而匿不举哀的，流二千里；丧期未过而脱下丧服，改着吉服，忘记悲痛而寻欢作乐的，徒三年；参与赌博、玩耍、下棋等杂戏活动的，徒一年；逢奏乐而听者或者参与吉宴的，杖一百；大功以下尊长亡而匿不举哀，减二等处刑，卑幼则减一等处刑。

（3）唐律将不孝罪和不义罪规定为"十恶"重罪，表明唐律特别注重维护父权、夫权和家庭伦常关系，体现了唐朝对封建伦理纲常的维护和封建法制的基本精神。

35．（1）下列情形属于过失杀：在耳目、思想不能予以充分注意的情况下杀伤他人；因共举重物力所不制而杀伤他人；因乘高履危足跌而杀伤他人；因猎射鸟兽而杀伤他人。对于过失杀，以杀人罪论处，但因出于过失，允许以铜赎罪。

（2）"疏议"是对律文的解释，与律文具有同等的法律效力。唐律的本条"疏议"明确了过失杀的适用情形，具体解释了"耳目所不及""思虑所不到""共举重物，而力所不制"等过失杀的表现形式，目的在于阐明律意，以便准确地适用律文。

（3）明确区分故意和过失两种犯罪主观心态，反映了唐代刑法的完备和高超的立法技术，但某些适用情形将过失与无罪过事件混淆，表明对罪过的认识不够深刻。犯过失杀者，处刑较轻，允许以铜赎罪，体现了唐律对过失犯罪依法从宽的态度，使罪刑相适应。

36．（1）所谓"不枉法者"，是指虽然行贿人为谋取利益而给予官员财物，但官员并未曲法妄断的情形。所谓"同事共与者"，是指数人敛财共同犯罪的情形。

（2）行贿人为谋取私利而以财物行贿官员，官员为此而枉法裁断（受财枉法）的，以坐赃论处；没有枉法裁断（受财不枉法）的，以坐赃论减二等论处。官员共同参与敛财的，对于首谋者以坐赃首犯论处，赃值合并计算；不是首谋者则各依据自己所分赃值的数额论罪。

（3）唐律将请求官员曲法缘情的情形规定为坐赃犯罪，对于避免缘情枉法、减少贪污受贿行为的发生、净化官僚队伍具有重要意义，而疏议对本条的解释还有利于填补贪污受贿在法律适用上的漏洞。

37.（1）用手足斗殴伤人，辜限期为10日；用别的物体殴打导致伤害，辜限期为20日；因刀伤或者烫伤、烧伤致死的，辜限期为30日；导致骨折以及肢体破损的，辜限期为50日。受害人在辜限期内死亡的，各依杀人罪论处；在辜限期外或者虽然在限内，但由于其他原因而死亡的，则各依殴伤法中的伤害罪论处。

（2）保辜制度力求准确认定加害人的法律责任，使之罪刑相应；同时要求行为人在法定的期限内积极对被害人施救，以减轻自身的法律责任，这对减轻犯罪后果，缓和社会矛盾起到了良好的作用；保辜制度有利于节约司法资源，实现有效的社会治理。

38.（1）依据唐律保辜制度，殴人致伤后，规定一定的期限，视期限届满时的伤情，再定罪量刑。如果被害人在受伤后保辜期限届满后死亡，即认为殴伤与死亡没有直接因果关系，对加害人应以殴人致伤论。曲元衡以杖殴打柏公成的母亲，虽然柏公成的母亲死亡，但是其死亡结果发生在保辜期限之外，即曲元衡以杖殴伤柏公成的母亲二十日之后死亡，所以，依据唐律应以殴斗伤人罪论处。曲元衡既不是官吏，柏公成的母亲又不是其管辖之民，但曲元衡擅行暴力威逼，手段蛮横残虐，与情理和常理不符，应当论罪。

（2）柏公成收受杀母仇人的财货，居然借母亲之死而获利，不仅违背天理人伦，也违背了"以孝为先"的礼律精神，犯此恶行者应当论死。

（3）保辜制度体现了儒家非讼思想，同时贯穿着古代的公平意识。其强调了伤害行为与伤害结果之间的因果关系，有科学成分。保辜制度责令加害人对被害人负有积极救治的义务，并据此来减轻加害人的罪责，一方面减轻了被害人的损失，突出了公平救济的思想，节约了司法资源，同时强调了法律实施的社会效果，在当时的家族社会中，有利于社会的稳定发展。保辜制度要求行为人在法定的期限内积极对被害人施救，以减轻自身的法律责任，这对减轻犯罪后果，缓和社会矛盾起到了良好作用。儒家伦理主张孝道，违背孝道不仅悖逆人伦，更是于法所不容，而借父母之死而获利，更是严重违背孝道的行为。材料体现了儒家思想对刑罚适用的影响，表明了礼的精神成为审理案件应当遵循的基本法律原则。

39.（1）山野无主物是指山野之中无主的草木药石之类的物。山野无主物可通过采摘、砍伐、收集、积聚等方法转为私人所有。

（2）对于山野无主物，可以通过先占取得所有权，即由首先对其实施收集性劳动者所有。山野无主物已被他人"加功所有"的，不可以取得，否则以盗窃论处，盗窃数额按照积聚之处当时的价格计算。

（3）唐朝允许对山野无主物通过先占取得所有权，并对该所有权给予保护，说明唐朝私有观念有一定的发展。疏议对律文进行解释，有利于准确适用法律。

40.（1）唐代质押借贷的主要内容有：在质物的处理上，须由债权人、债务人双方当面出卖质押物，市场管理人员监督，超过本利的价值必须归还债务人。在质物的范围上，奴婢、六畜、田宅及余财物可作为出质范围，但必须由当事人约定，没有约定的，不能出质。虽然奴婢可以出质，但良人不能成为质押担保的标的，以良人为奴婢设质的，要承担刑事责任。

（2）唐律上述规定的意义和作用在于：质押担保在唐朝债务担保中占据着举足轻重的地位，因此，唐朝以律、令等多种法律形式予以规范，且质押担保较其他担保物权规定更为详细，体现出统治者对质押担保的重视。质押担保的规定体现出民事法律体系较前代更为完备。唐朝法律以维护封建等级特权和尊卑制度为己任，奴婢可以作为出质财产鲜明体现出这一特点。

41.（1）女家在订婚后不得悔婚，否则杖六十。不得妄冒为婚，违者处徒刑。有妻者不得重娶妻，违者徒一年。不得乱妻妾位，违者处徒刑。同姓不得为婚，违者各徒二年。五服内的亲属不得为婚，违者以奸论。不得与逃亡妇女为婚，知情而娶者与逃亡妇女同罪。监临之官不得与其所监临之女为婚，违者杖一百。监临之官枉法娶人妻、妾及女者，以奸论加二等。良贱不得为婚，违者处杖刑或徒刑。

（2）唐律有关结婚制度的规定，集中体现了尊卑、男女不平等的法律地位，体现了封建统治者对统治秩序和伦理纲常的维护。

42.（1）义绝是指夫妻情义已绝，是唐律规定的强制离婚的条件。义绝的适用情形包括：丈夫殴打妻子的祖父母、父母及杀死妻子的外祖父母、伯叔父母、兄弟姊妹、姑母；妻子殴打或辱骂丈夫的祖父母、父母及杀伤丈夫的外祖父母、伯叔父母、兄弟姊妹、姑母；夫妻之间的上述范围的亲属互相杀害；妻子同丈夫缌麻以上的亲属通奸或丈夫同妻子的母亲通奸；妻子企图害死丈夫。

（2）唐代以"七出""三不去"和义绝作为婚姻解除的条件。对于没有"七出"或义绝情形而解除婚姻的，徒一年半；虽有"七出"，但有"三不去"情形而解除婚姻的，杖一百，且继续维持婚姻关系；但妻子犯恶疾及奸者，虽有"三不去"，仍可休妻。

（3）明朝在义绝制度上的变化主要体现在，在认定义绝情形时侧重于婚姻关系本身的状况，而非注重夫对妻或妻对夫的殴伤、奸非，以及妻对夫的谋害行为。

（4）唐代的义绝制度体现了尊卑、男女不平等的法律地位。义绝体现了夫权主义和儒家思想对婚姻关系的渗透。明代在义绝上注重婚姻关系本身状况的认定体现了明代在婚姻关系的处罚上"轻其所轻"的特点。

43.（1）在押犯只准告谋叛以上之罪和狱官非法残害自己之事，其他罪不得告诉；八十岁以上、十岁以下以及笃病残者只准告谋反、谋大逆、谋叛以及子孙不孝或者同居之内受人侵害之事，其他罪不得告诉。

（2）违法受理限制告诉案件的，审案官员应依据所受理案件涉及的罪名论处并减该罪三等处理。

（3）某些案件限制控告有利于维护封建伦理关系和社会的稳定。唐律限制在押囚犯行使告诉权是出于稳定社会秩序的需要；唐朝限制八十岁以上、十岁以下以及轻病残者行使告诉权是出于维护封建伦理关系和当事人生理条件的考量。唐律对于危害封建政权和皇权的严重犯罪，强制知情者告发，有利于维护封建君主专制和皇权。唐律对于违法受理限制告诉案件，确立了严格的法官责任制，并规定了明确的法律责任，对于加强行政官吏对属官的督察及维护社会秩序的责任感，防止官员滥用职权伤及无辜等，都有积极意义。

44.（1）凡怀孕的妇女犯死罪，须待其生产满一百天后执行死刑。妇女未生产而执行死刑的，执行法官处徒刑二年。妇女生产未满一百天而执行死刑的，执行法官处徒刑一年。即使出于过失对孕妇执行了死刑，也要受法律制裁，但刑罚减轻二等处罚（杖八十）。超过执行期限而不执行死刑的，依照奏报不决法处理。

（2）对怀孕的妇女犯死罪依法推迟执行，体现了死刑执行的亲情仁爱和人道主义精神，是尊重天理人情的表现，传承了仁政特别是"恤刑慎杀"的价值理念。执行法官错误执行要承担法律责任的规定，是司法责任制的体现，有利于保证执行的公正、合法。

45.（1）拷讯次数不得超过三次，拷讯总数不得超过二百，若仅犯笞杖罪，拷讯数不得超过其可能获笞杖刑的最高限额。拷囚限满后如果被告人仍不承认有罪，应取保释放。若拷讯超过三次以及在法律规定的杖刑外以其他方法拷讯囚犯的，则执行官吏处杖一百；拷讯超过杖数的，则对超过的杖数实行反坐，超过多少，主管官吏就杖多少，如本犯杖一百，则执行法官就杖二百；故意杖死犯人的，执行官吏处徒刑二年。对有疮病的囚犯不待瘥愈期限而拷讯，执行官吏处杖一百，故意致死的，执行官吏处徒刑一年半；不期（过失）而致死的，不予追究；但执行长官仍要勘验，否则处杖六十。

（2）在中国古代，刑讯是合法的诉讼方式，是中国古代诉讼制度的传统，是刑讯逼供在司法领域普遍存在的制度依据。唐律有关刑讯的规定说明了刑讯逼供的合法性，是审案者使诉讼当事人辞服的主要手段。唐律通过对审案者运用刑讯手段予以限制，体现了对刑讯运用的慎重，是慎刑思想的体现，同时通过有关拷讯的规定防止滥告，并体现司法权威。有关拷讯制度的规定还表明，立法者为了宽缓刑罚，通过加重司法官员刑事责任，以求减少刑讯致死的情况发生。

（3）当代司法特别是刑事诉讼活动中，要重证据、不轻信口供，严禁刑讯逼供和滥施刑罚，要充分尊重和保障人权，加强人权司法保障，做到程序公正和实体公正，确保人民群众有尊严地参加诉讼。

46.（1）三审即三次审查案件；辞牒即自诉者呈交的诉状；虚得反坐即诉状陈述不真实以诬告反坐论处；别日受辞即改日决定是否受理。

（2）条件有：案件性质不属于谋反、谋大逆和谋叛案件，也不属于情势紧急必须及时处理的案件；案件须经过三次审查；官府须反复三次告诉告状人申明诬告反坐的责任。

（3）唐朝通过增加诉讼成本以加重诉讼者负担的方法来控制案件数量，以达到息事宁人的目的，这是古代民间厌诉的法律心理在唐朝诉讼制度上的反映。谋叛以上重罪不得息事宁人，必须快速处理，与材料规定相比，谋叛以上重罪适用特殊程序；案件情势紧迫也必须及时受理，表明唐朝对危害封建统治秩序案件的关切。为了防止诬告，唐律实行诬告反坐，避免社会混乱和司法紊乱。

47.（1）根据援法断罪原则，司法官审理判决案件首先应以律典法令明确规定为依据；律典法令和名例原则均无相应规定者，则不应定罪量刑。

（2）对于皇帝针对一时一事所发布的敕令，如果没有经过立法程序上升为"永格"，不得引用以为"后比"。任意引用而致断罪有出入者，属于故意的，以故意出入人罪论处；属于过失的，以过失出入人罪论处。司法官必须严格按照律、令、格、式的正文定罪，违者笞三十。

（3）材料表明：晋代出现的援法断罪思想和援法断罪制度，近于现代罪刑法定原则，为中国古代律学理论和法律思想的一大进步。唐代要求司法官依法断案，并严格规定了司法官责任制度，这有利于保证司法审判的公正、合法。援法断罪可以在一定程度上防止司法官比附断罪和律外治罪，但不能从根本上杜绝比附断罪和广泛地适用类推。

48.（1）司法官必须严格依据律、令、格、式正文定罪。如果正文没有明确规定，凡应减轻处刑的，应列举重罚条款的类似规定，比照从轻处断；凡应加重处刑的，则应列举轻罚条款的类似规定，比照从重处断。

（2）对于适用"八议"的狱囚，都应向刑部申报，并召集各部门七品以上的官员在都堂集议。

（3）唐朝明确规定了司法官断案的责任，以保证司法审判的公正、合法。明确规定了断案中司法官适用类推的严格要求，反映了唐朝立法对类推适用的基本价值取向：既予以承认，以发挥其对现行律典的灵活补充作用；又予以规范和限制，以防止其破坏法制。"八议"适用特殊的优待程序，体现了唐朝法律对封建特权阶层利益的维护。

49.（1）凡主审官员与当事人系五服内的亲属或者姻亲，系师生关系，曾为本部都督、刺史、县令者以及此前有仇嫌关系的，都应当回避，改由其他承审官审理。同职连判的官员如果属于大功以上亲属，也应当回避。

（2）凡犯罪尚未案发或已经案发但法律规定（颁布了新格）发生变化的，如果新法的规定为重，则按照犯罪时法律规定处理；如果新法规定为轻，则依照新法处理。

（3）审判官回避制度对于保证司法公正，防止司法官徇私舞弊和防止可能对当事人的偏袒或报复而出现的审判不公等有一定的作用。唐律采取类似于现代刑法的"从旧兼从轻"原则，有利于维护法律的尊严和保证罪犯的权益。对于申诉案件，每年正月，刑部与吏部会同选任知理懂法的官员，经中书省作出最后决定后，到各地办理。对申诉案件的处理是慎刑思想的体现，对于平反冤假错案有一定作用。

50.（1）法官必须严格依照律、令、格、式正文定罪，违反者笞三十。对于数罪触犯数个法条规定的，应具引合并论罪从重的条文，数罪所犯赃罪的，应具引累科以赃致罪条文。

（2）唐律的本条"疏议"既具体解释了断罪具引律令格式的原因，又进一步明确了"数事共条"也符合断罪具引的要求，目的在于阐明律意，以便准确地适用律文。

（3）唐律的这一规定体现了统治者实现封建法制的愿望和对司法官依法断罪的具体要求，有利于限制类推原则和比附制度在法律上的适用，也有利于统一法律解释的适用以及保障司法官作出公正的判决，但不能从根本上杜绝援法断罪和类推比附断罪，也不能从根本上避免司法擅断。

51.（1）材料体现的是同职连署制。同职连署制即要求有关的官员共同审理、判决，共同承担错判的法官责任制度。

（2）同职连署官员论罪的情形包括：长官（大理寺卿）、通判官（少卿）、判官（丞）、主典（府）等四级官员在同职连署的范围内，一旦因公错判案件，承办人承担主要责任，其他人则逐级降等处罚。但通判官以上官员因公错判的，只处罚通判官和检、勾官（检验官和勾决官）。同职官员因私错判，不知情的官员也有失察之责，对不知情的官员也应逐级降等处罚，具体而言：上级或其他不相隶属的官员犯失察之罪的，可递减一等；如果下级失察就可以再递减一等；如果检官、勾官犯失察之罪，则按照最低一级官员所犯失察之罪的从犯论处；所奏之事存在瑕疵而失察的，可以根据最低一级官员所犯失察之罪的从犯再减一等处理。对于存在辞状无法验知的情形，有关官员存在失察之责的，予以免罪且不论处。

（3）该段文字表明：同职连署制有利于司法审判中互相监督，保证办案质量，避免错判。在适用上区分了因公错断、因私错判的诸多情形，并依据官员级别的不同承担不同的失察罪责，这有利于强化司法官员的问责机制，督促司法官员在审判案件时奉公守法。对于存在辞状无法验知的情形，有关官员予以免罪且不论处的规定，体现了唐律某些规定的一些人性化特征。

52.（1）折杖法的内容有：笞刑、杖刑折成臀杖，杖后释放；将徒刑、流刑折成脊杖，徒刑折为脊杖后，杖后释放；将流刑折成脊杖后，于本地配役1年；加役流折成脊杖后，就地配役3年。但死刑及反逆、强盗等重罪不适用此法。

（2）折杖法的弊端是刑种和刑等设置不合理，轻重悬殊，对轻刑犯造成的危害比较严重。当时的有识之士提出以居作之法代替折杖法，若遇到赦免，通过减少服刑期限促使良善之人改过自新，使凶顽之人受到处罚。

（3）折杖法的实行纠正了刑罚越来越严酷的趋势，体现了宋初的轻刑省罚思想，是慎刑思想的体现。折杖法的实行对缓和社会矛盾、稳定社会秩序，有一定的积极作用。

53.（1）该段文字反映的是宋朝的刺配刑。刺配刑就是将杖刑、配役、刺面三种刑罚施加于一人的复合刑罚。

（2）宋朝设立刺配刑的目的是宽待死刑，消除因施行折杖法而造成的死刑与配役刑差太大的弊端。

（3）刺配刑原本适用范围有限，但逐渐被滥用，而且刑罚苛重，并成为常刑，到淳熙年间，刺配之法应用非常广泛，成为滥刑之刑，引起了一系列的恶果，因此，校书郎罗点召集大理寺和刑部官员集议。

（4）由于刺配刑毁人面目，使怙恶不悛的人更加嚣张；偶有罪过者则因受刺配刑而断绝了其改过自新的机会，进而导致盗贼问题十分突出，社会治安较为混乱的局面。

54.（1）该制度是宋神宗时期制定的《重法地法》。《重法地法》就是对某些特定地区的特定犯罪判处重刑的法律制度，该特定区域就是"重法地"。面对"盗贼"横行，社会治安混乱的局面，宋朝制定该法，是为了从重打击劫盗、窃盗、谋反、杀人等犯罪行为。

（2）依据《盗贼重法》，凡是犯有劫盗罪当判处死刑的，没收其家财用于奖赏告发人，并将其妻、子流放千里之外安置；凡犯有劫盗罪当判处徒刑、流刑的，发配到五百里之外，并没收其家财三分之一用于奖赏告发人。三犯窃盗之罪，决杖后发配到五百里之外或邻州。即使在非重法之地隐藏重法之人，亦以重法论处。县境内发生十人以上的盗案，县官在规定的期限内捕获不足一半的，按旨定罪。杀害官吏，以及累计杀害三人，焚毁房屋百间，或结伙在州县内行盗，在江海船舶中劫掠，虽非发生在重法之地，亦以重法论处。

（3）《盗贼重法》的设立，体现了重典治盗贼犯罪的刑事政策，反映了宋朝社会矛盾的加剧和统治者对人民镇压的加强。《重法地法》的推行，不仅加重了对贼盗犯罪的处罚力度，而且打破了正常的法律秩序，对封建社会后期的刑法制度产生了消极影响。

55.（1）叶元兄奸叶元妻子构成"十恶"中的"内乱"罪；叶元杀兄构成"十恶"中的"恶逆"罪。

（2）虽然叶元杀兄情有可原，但强行逼迫其父与嫂写下契约不得告诉，且杀兄杀侄，其行为悖逆人伦，因此不应免死，应以殴兄至死的法律规定论罪。

（3）在儒家伦理与法律条文发生冲突时，应当在坚持儒家伦理和原则基础上，准确适用律文。伦理认同对罪犯予以严惩的，则应依律严惩；伦理不认同对罪犯予以严惩的，则应以儒家倡导的伦理为断案依据。

56.（1）宋代关于质举的规定是：若家长在，其子孙、弟侄不得以奴婢、牲畜、田宅及其他财产设定质举担保，或者变卖田宅。有设定质举担保或者买卖行为的，须有官府的书面文书，然后才能从事交易活动。违反规定的，物归原主，并没收交易银钱。

（2）宋代成立典卖契约的条件先问亲邻：凡买卖不动产，其房亲、邻人有优先购买权；输钱印契：凡典卖不动产，必须向官府交纳一定数量的钱，由官府在契约上加盖红印；过割赋税：凡典卖不动产，须向官府交纳租税、契税等税收；原主离业：原主须将不动产所有权转移给新主人。

（3）质举担保的规定较前代更为详细，典卖契约更为发达，交易活动更为频繁，民事关系进一步发展，政府鼓励交易的律条有所增多。典卖契约的出现表明宋代私有观念的进一步深化，人们的财产观念也在悄然改变，重利轻义的现象明显增多。但典卖契约不能抑制土地兼并，反倒在一定程度上成为封建地主阶级合法兼并农民土地的手段。

57.（1）宋初设置的提点刑狱司，不是一级审判机构，而是中央派出的、代表中央监督所辖州县司法审判活动的机构，负责复查审断案件的地方司法机构。提点刑狱司负责本路司法审判，即负责审讯囚徒，详覆案牍，监督州、县司法，弹劾失职的州县长官，制裁失职的司法佐吏。

（2）宋初设置提点刑狱司，是为了加强中央对于地方司法权的控制以及一般审判活动的监督，是慎刑思想在司法领域的体现。提点刑狱司的设置有助于及时清理地方刑狱，维护统治稳定，防范地方割据以及加强对州县官吏的监管、考核。

（3）提点刑狱司的设置对后世影响深远。元初曾设置提刑按察司，后改为肃政廉访司，主要职能为审理冤假错案，纠察地方官员的违法行为。明初设置的提刑按察司是省一级司法机构，职掌省司法审判和监察官吏事务，明清的按察使有权处理徒罪以下案件。明清司法改革，将提刑按察司改为提法使司，职掌地方司法行政事务和司法监察。

58.（1）材料主要反映了宋朝大理寺的鞫谳分司制。鞫谳分司制即宋朝从州到大理寺，实行鞫谳分司、审判分离的制度。在这种制度下，检法断刑的官员无权过问审判，负责审判的官员无权检法量刑，两司独立活动。

（2）大理寺设少卿二人，左卿即断刑少卿，右卿即治狱少卿，左卿和右卿分领其事；大理寺正为详断官（断司），负责审讯，元丰年间大理寺职责改革后，由大理寺评事、司直共同执掌案件审判；大理寺丞为详议官（议词），负责检法用律量刑。案件经审讯、检法量刑之后，由大理寺卿审定断案。

（3）鞫谳分司制是宋朝审判制度的特色，强调两司独立活动，不得互通信息、协商办案，在一定程度上有利于互相制约，防止司法官因缘为奸，保证司法审判的公正。宋朝设置专职的详议官检法用刑，有利于正确适用法律，保证办案质量。宋朝实行鞫谳分司制有利于皇帝控制司法权。鞫谳分司制在皇权专制的大前提下，不能从根本上杜绝司法腐败，而审、判分立也不符合司法原则。

59.（1）本条规定的是宋朝的务限法，即在农务繁忙季节停止民事诉讼审判的法律制度。

（2）每年农历二月初一"入务"，即开始进入农忙季节，直到九月三十日为止。在此期限内，州县官府停止受理有关民事诉讼，限满之日即十月初一方可受理民事纠纷案件，直到次年入务日为止。涉及这类争讼的案件有田宅、婚姻、债负、地租等民事纠纷。

（3）原已受理的民事诉讼尚未结案的，可以延长至三月底结案。但是三月底以后不仅不能结案，也不能审案。

（4）务限法旨在保证农业社会的村民不陷于在官府看来无关紧要的纠纷中，防止耽误农业生产。将这类案件限制在农闲季节，是宋代审判制度的一个重大发展，也是一个以农业生产为主的国家法律制度的特色所在。务限法体现了以农为本的传统立法的价值取向。

60.（1）警迹人就是被警惕督察其行迹的人。警迹人的适用对象是犯有强盗罪但罪不至死或者犯窃盗罪，被判处笞、杖、徒刑的人，但遇皇帝大赦，则不限于上述三种刑罚，对于适用"警迹人"的犯人，须附加刺字刑。

（2）对于适用"警迹人"的犯人，如能告发或捕获强盗1名，警迹期限5年中减去2年；告发或捕获2名强盗，解除警迹期限。告发或捕获窃盗犯1名，警迹期限减去1年。扣减或者解除警迹期限的，官司不得翻旧账，妨碍其营生。

（3）推行"警迹人"制度，能够增加警迹犯人的羞耻感，督促其及早改过自新，也方便官府对警迹犯人进行控制。对"警迹人"推行鼓励措施，既可以迫使地方官吏认真缉拿强盗、窃盗，又可保证警迹人正常生活，以使二者在社会治安方面互相合作，有利于社会综合治理。推行"警迹人"制度，通过昭示盗窃犯罪的劣迹，以彰其过，可达到"自警亦警人"目的。

61.（1）材料体现的是元朝的约会制度。约会是元朝的一种诉讼管辖制度，即当遇到不同户籍、不同民族及僧侣之间发生刑名诉讼时，政府要出面将相关户籍的直属上司请来共同审理。

（2）凡犯强盗、窃盗、伪造宝钞、贩卖人口、发掘坟墓、放火、犯奸及死罪等重大刑事案件，不适用约会制度，均由地方行政机构管辖。凡斗讼、婚田、良贱、钱债、财产等不同民族的户与民户之间发生的所有民事案件，以及不同民族之间的户与民户之间发生的一般刑事案件，由地方行政机构通知其他户的管理机构约定共同管理。

（3）元朝的约会管辖由地方行政机关主导，有利于控制诉讼管辖范围，体现了统一的多民族国家的多重治理。各民族官员及各职业团体的官员共同参与，有利于调和不同民族的法律原则和习俗，维护各自群体的利益，防止徇情枉法。但约会制度会导致诉讼拖延，而且多重机构或者各类团体参与诉讼，损害了司法权威，破坏了法制的统一。

62.（1）唐朝的主要法律形式表现为律、令；宋朝的法律形式除了律、令之外，最重要的表现形式是敕；元朝主要的法律形式是条、格。

（2）"五刑"即笞、杖、徒、流、死封建制五刑；"三奏"指的是死刑三复奏；"一准乎礼"指的是唐朝继承并发展以往礼法并用的统治方法和立法经验,使法律内容真正实现了礼与法的统一。

(3)明朝之所以采用唐朝旧律制定《大明律》,是因为唐律是封建法律的集大成者,唐律不仅科条简要、繁简适中、用刑持平,而且唐律的篇章结构井然有序,法律形式相得益彰,概念精炼明确,用语准确简练,逻辑演进缜密,疏议得当精深,显示了立法技术的高度成熟与发达。

(4)虽然明律主要沿袭唐律,但有所变通,尤其在定罪量刑的基本原则上,采取"轻其所轻,重其所重"原则,即在有违伦常教化犯罪处刑上明显偏轻;而对于直接危害封建统治、封建君主的盗贼、贪污等犯罪,处刑都普遍加重,这说明封建社会晚期专制主义的恶性发展。

63. (1)《明大诰》内容包括朱元璋亲自审理的案例、朱元璋对臣民的训导以及新颁布的重刑法令。

(2)淳化镇巡检何添观被刖足并枷号,马德旺被枭首。受酷刑的原因是:《明大诰》的原则是"重典治吏",因此对官员犯罪必处重刑;何添观、马德旺作为地方官吏,对手持《大诰》上京控告的百姓刁难敲诈,漠视了《大诰》的权威,必须重惩。

(3)明初以强行手段甚至不惜动用重刑推行《大诰》,体现了明朝重典惩治贪官污吏的宗旨。《明大诰》在内容上以案例的形式出现,起到了宣传法制的作用。重典峻法仅仅是明初特定历史条件下的权宜之计,从长远看,并不利于缓和社会矛盾和维持封建统治秩序的稳定。

64. (1)凡应"出罪"的,采用"举重以明轻"的办法,即法律没有明文规定的犯罪,凡是应当减轻处罚的,则按法律所列举的从重处罚的规定,比照从轻处断。凡应"入罪"的,采用"举轻以明重"的办法,即凡是应当加重处罚的,则按法律所列举的从轻处罚的规定,比照从重处断。

(2)若律文没有明确规定,比照类似律文的规定比附断罪。凡加重或减轻处罚的,拟定罪名后转达刑部,刑部议定后,上奏皇帝决定。司法官员违反比附规定,随意裁判,导致"出罪"(重罪轻判或有罪判作无罪)或"入罪"(轻罪重判或无罪判作有罪)的,区分故意或过失,分别追究法律责任。

(3)比附作为一种法律适用方法或技术,是中国古代法律传统之一。《大明律》于"断罪无正条"下确立比附制度,有利于缓和因律条抽象程度不足而导致的律文僵化之弊,增强律文的适应性;立法严格限定比附的适用条件,旨在防止司法官员擅断,也适应了皇帝控制司法权之需。

65. (1)材料一规定的是奸党罪的交接近侍官员行为,即各衙门官吏与皇帝身边的官员互相勾结,泄露机密,共同作弊,以谋求私利的,处斩刑,妻子流二千里。材料二规定的是奸党罪的上言大臣德政行为,即各衙门官吏或百姓上书吹捧当政大臣的美政、才德的，构成奸党，并需审问其来历，查清大臣是幕后主使还是知情，犯人处斩刑，妻子没官为奴，并没收财产。若当政被吹捧的大臣知情，同罪，不知情则不构成犯罪。

（2）鉴于历代臣下结党造成皇权削弱，统治集团内部矛盾，导致国亡民乱的教训，明朝严禁臣下结党和内外官交结。

（3）朱元璋设奸党罪，体现了明朝重典治吏的思想，但其根本目的在于加强皇权，铲除威胁皇权的各种势力。但"重典治吏"分化了统治阶级的力量，且株连广泛，人人自危，不利于封建统治。奸党罪的创设，体现了封建社会晚期专制主义皇权的恶性膨胀。

66.（1）在处理监守自盗案件上，明律规定显然重于唐律：对于监守自盗，明律规定不分首从，并赃论罪，一贯以下杖八十，四十贯就处斩刑；而唐朝规定监守自盗三十匹才处绞刑。

（2）明朝在定罪量刑上采取"轻其所轻""重其所重"的原则：明律对一些轻微触犯礼教、典礼等有违伦常礼教犯罪的罪名，比唐律处罚有所减轻，即"轻其所轻"；明律对政治性犯罪、侵害财产以及官吏贪赃受贿等犯罪的处罚，比唐律明显加重，即"重其所重"。

（3）君权的加强和社会矛盾的日益加剧，盗窃和贪墨大案直接冲击着封建专制统治的基础，加大对此类犯罪的打击力度，是"重典治国"的体现。商品经济成分的增长等因素使贪墨犯罪成为打击重点，事关典礼及风俗教化犯罪的社会危害性相应有所降低，儒家所倡导的伦理纲常对人们的法外约束力增大，因此对其从轻处罚，能够集中刑法的打击目标，使刑事镇压具有更强的针对性，并能够缓和社会的反抗情绪。

67.（1）该段材料反映了明朝的朝审、大审和热审等会审制度。

（2）热审是在每年暑天小满后十余天，由宦官和三法司会审囚犯，一般轻罪决罚后立即释放，徒流罪减等发落，重罪可疑以及枷号者则请旨定夺。热审的目的是在炎热天气里疏通监狱以宽待罪犯。

（3）明朝的会审是慎刑思想的反映，有利于皇帝控制和监督司法活动，纠正冤假错案，因此是统治者实行"仁政"的招牌。但会审官员众多，导致多方干预司法；宦官参与会审，导致冤假错案，从而加速明朝司法整体的冤滥。

68.（1）干名犯义是指子孙控告祖父母、父母等卑幼告发尊长、奴婢告发主人行为入罪的情形。对于嫡母、继母、慈母、所生母杀父，养父母杀生父母，以及被期亲以下尊长侵犯财产，或者殴伤身体，不在干名犯义之限。

（2）"干名犯义"在服制定罪原则的基础上发展而来，并且将服制定罪原则作为定罪处罚的基本依据。《大明律》关于"干名犯义"的规定，是根据服制的不同进行定罪处罚，并依服制确定犯罪的主体。干名犯义是亲亲相隐的制度保障，能够确保当事人履行亲属之间的容忍义务，显示了对封建伦理道德的维护。

（3）干名犯义是在儒家纲常伦理思想影响下的一种维护父权夫权以维护皇权和极权

统治的制度，其目的在于维护国家稳定和封建伦理道德和尊卑关系。干名犯义在一定程度上剥夺了告发亲属犯罪的权利，消除了卑幼借助国家权力挑战尊长权威的可能性，促进了乡规、族约、家法等非国家法在解决纠纷时的优先适用性，有利于提升社会治理水平，在社会治理中发挥着稳定封建统治秩序的作用。

（4）由于《大清新刑律》对诬告亲属罪作出了相应规定，且依据所引进的西方法理，干名犯义条款与近代法制精神相悖，因不符合法律近代化要求而被废除。

69.（1）清朝的立决分为斩立决和绞立决，即宣判后立即执行斩、绞，以示对社会危害性极大的犯罪的惩罚决不待时。监候分为斩监候和绞监候，是对那些构成死罪，但并非罪大恶极，可以现行拘押，待秋审、朝审复核之后再决定是否执行死刑。在顺治年间初定律文时规定，凡是律文没有注明监候的，都是立决；后修改为凡是例文没有规定立决的，都是监候。

（2）清朝秋审的对象是各省上报的斩、绞监候案，而朝审的对象是刑部所判案件和京师地区的斩、绞监候案。清朝死刑制度的实施使得清朝的秋审被奉为国家大典。

70.（1）清朝规定的存留养亲的内容是："祖父母、父母老，疾应侍，家无以次成丁。"老是指七十岁以上，疾兼指笃、废两种情况，成丁是指十六岁以上。经朝廷核准留养的犯人，免服原判之刑，但仍要受杖责和枷号的惩罚。具体而言，死刑犯存留养亲，对犯人处以杖一百、枷号六十日的刑罚；充军或流犯存留养亲，则对犯人处以稍轻的杖刑和枷号刑。

（2）清代秋审对存留养亲制度进一步发展，确立了对死刑犯的留养承祀制度。清律中规定承祀制度，更多地考虑到了家族血脉的延续，而不是为了赡养无人照顾的老人，体现了存留养亲制度在清朝的拓展。

（3）留养承祀须满足以下几个条件：父母已故；只有弟殴胞兄致死、夫殴妻致死两种情况下才可承祀；家无承祀之人；承祀须经皇帝批准。

（4）存留养亲制度能够适应封建王朝的需要，有利于维护封建统治。孝为儒家思想核心内容之一，要求尊老、敬老、养老、爱老，留养制度即孝影响法律制度的一个体现。统治者宣扬孝道，是为了让万民"尽忠"。历代封建统治者均标榜自己的"仁慈""宽厚"，把犯罪存留养亲说成"法外施仁"的"宽政"，它同时又能解决犯人亲属生活无着引起社会矛盾和危害封建统治稳定的问题，缓解了国家的财政负担。

第二节 论述题

（法理学与中国法制史结合）

一、历年真题考查内容

具体命题情况见表5-2：

表 5-2　中国法制史论述题历年真题考查内容

出题年份	考查内容
2004 年	结合我国现行宪法和古代法律制度的有关规定,论述当代中国在法律适用上一律平等原则。
2018 年	清末修律处理外来法与本国固有法之间关系的原则,对于当代中国的法律移植的启示。
2023 年	我国古代民本思想对全面依法治国必须坚持"以人民为中心"的启示。

二、专项突破习题

1. 我国在先秦时期,诸子百家在释法时就常以度量衡为比喻,强调法的公平。请结合法理学和中国法制史知识,论述我国古代"法尚公平,执法原情"的理念对当代中国公正司法、维护社会公平正义的启示。

2. 礼法结合是中国古代法律最主要的传统。请结合法理学和中国法制史知识,论述社会主义法与社会主义道德的关系。

3. 中国古代"德主刑辅""德本刑用""明刑弼教"思想孕育了法治和德治结合的治国理念。请结合法理学和中国法制史知识,论述法治和德治结合对全面依法治国的启示。

4. 在漫长的历史进程中,中华民族创造了灿烂的法文化。结合法理学和中国法制史知识,论述中华法文化的创造性转化。

5. 洪武五年(1372年),明朝在各州县乡间设有申明亭,亭内树立榜板,定期张贴榜文,公布本地有过错的人的姓名和过错行为,以"申明教化""明刑弼教"。结合法理学和中国法制史知识,论述如何推进基层社会治理法治化。

三、参考答案

1. 先秦诸子百家在释法时就常以度量衡为比喻,强调法的公平,意在说明法律也如度量衡器之计量长短轻重一样,公平地、客观地、准确地衡量某种行为,检验其是否违法、犯罪。中国法自诞生之日起就将公平作为法律的基本价值追求。法尚公平不仅体现在的立法的内容上,也体现在执法的实践中,也就是讲求执法原情,达至天理、国法、人情的允协。只有公平法律化和执法公平化,法律才具有权威,才可以激励人们从外在强制地被动守法,转变为内心自觉地奉法尊法。古代"法尚公平,执法原情"的理念对当代中国公正司法,维护社会公平正义有重要的启示。公正司法是对"法尚公平,执法原情"理念的具体贯彻落实。司法公正是司法的生命和灵魂,是司法的本质要求和终极价值准则。在法治轨道上全面建设社会主义现代化国家,更要注重司法公正,坚持以维护社会公平正义为生命线,努力让人民群众在每一项法律制度、每一个执法决定、每一宗司法案件中都感受到公平正义。执法原情还要求司法机关在执法办案过程中不仅要考虑案件事实,还要考虑社会人情,做到合法、合理,实现社会效果和法律效果的统一。

2. 礼法结合是中国古代法律最主要的传统；礼法相互为用，实现社会综合治理是中华法系最鲜明的特征。礼法互补，以礼为主导，以法为准绳；以礼为内涵，以法为形式；以礼行法促进法律的实施，以法明礼增添礼的权威；以礼入法，使法律道德化，法由止恶而兼劝善；以法附礼，使道德法律化，出礼而入于刑。法与道德的关系是"礼"与"法"的关系，礼法结合体现了法与道德的相互并举并重，相互配合，相互协调，二者相互共生。在社会主义法治建设的同时，要加强社会主义道德建设。社会主义法与社会主义道德之间具有极为密切的联系，二者相互渗透，相互作用，相互促进。社会主义道德是法律的评价标准和推动力量，社会主义法是传播社会主义道德、保障道德要求实现的有效手段。社会主义道德是社会主义法律制定的价值指导，对社会主义法的实施具有促进作用，社会主义道德还可以弥补社会主义法在调整社会关系方面的不足。社会主义法以法律规范的形式把社会主义道德的某些原则和要求加以确认，使之具有法的属性。社会主义法是传播社会主义道德和进行社会主义道德教育的重要方式。

3. 中国古代法文化主张"礼法合治、德主刑辅、德本刑用、明刑弼教"等，贯彻以德教为主，以刑罚为辅的治国方针，推行爱民、利民之政，认为道德教化可以防患于未然，刑罚事后惩罚犯罪。汉代以后，德治和法治融合成中国治国理政的主线。无讼、慎刑、以民为本、为政以德、正己修身等，已成为中国法文化的优秀传统。法治与德治相结合，既是历史经验的总结，也是对新时代中国现实需要的回应，对全面依法治国具有重要启示。全面依法治国，必须坚持依法治国和以德治国相结合，使法治和德治在国家治理中相互补充、相互促进、相得益彰，推进国家治理体系和治理能力现代化。要正确处理好依法治国和以德治国的关系，坚持依法治国和以德治国相结合，就要重视发挥道德的教化作用，提高全社会文明程度，为全面依法治国创造良好人文环境。要在道德体系中体现法治要求，发挥道德对法治的滋养作用，努力使道德体系同社会主义法律规范相衔接、相协调、相促进。要把道德要求贯彻到法治建设中，以法治承载道德理念，道德才有可靠制度支撑。法律法规要树立鲜明道德导向，弘扬美德，立法、执法、司法都要体现社会主义道德要求，都要把社会主义核心价值观贯穿其中，使社会主义法治成为良法善治。在社会治理中要坚持法治、德治、自治相结合，通过法律维护社会公平正义，通过道德促进社会友善和谐，通过自治实现基层治理规范有序，三方面有机结合，相辅相成。

4. 中华法文化底蕴深厚、特点鲜明、影响深远，具有深厚的历史根基，蕴含丰富的法制理念。中国古代主张"民惟邦本、政得其民""礼法合治、德主刑辅""为政之要莫先于用人""治国先治吏""为政以德、正己修身""居安思危、改易更化"等，都给人们重要启示。中华民族所创造的法文化资源，是标志其文明高度的丰碑，中华法文化的创造性转化和创新性发展，赋予中华法文化新的时代内涵，对于全面依法治国和增强文化自信都具有重要意义。坚持和发展马克思主义，必须同中华优秀传统文化相结合，把马克思主义基本原理同中国具体实际、同中华优秀传统文化相结合是必由之路。在法治领域，应当"弘扬社会主义法治精神，传承中华优秀传统法律文化。中华法文化倡导"民惟邦本"的民本主义思想，从以民为本这一中华传统法律文化精华中汲取养分，坚持以人民为中心，坚持人民主体地位。全面依法治国最广泛、最深厚的基础是人民，必须坚持为了人民、依靠人民；坚持以保障人民权益为根本目的，依法保障公民享有广泛的权利。中国法文化倡导"法德合治"，全面依法治国，必须坚持依法治国和以德治国相结合，使法治和德治在国家治理中相互补充、相互促进、相得益彰，推进国家治理体系和治理能力现代化。中华法文化倡导"法信于民"，坚持法治诚信政府建设，自觉维护法律权威，为政令畅通、政民和谐奠定基础；坚持诚信社会法治建设，提高社会治理法治化水平。中华法文化倡导"法尚公平"，要注重司法公正，坚持以维护社会公平正义为生命线，努力让人民群众在每一项法律制度、每一个执法决定、每一宗司法案件中都感受到公平正义。但是，历史和阶级的局限，使得我国传统法文化中难免菁芜并存。我们的任务就是去芜存菁，激活传统法文化的优秀部分，使之创造性转化和创新性发展，为建设新时代中国特色社会主义法治体系服务。

5. 朱元璋创建申明亭，对百姓施行教化，并调处纠纷。洪武五年，明朝在各州县乡间设有申明亭，亭内树立榜板，定期张贴榜文，公布本地有过错的人的姓名和过错行为，并受理和调处有关婚姻、田土、斗殴等民事纠纷和轻微刑事案件。申明亭制度对于劝民向善、使民和睦、尊上爱幼、敬老服德、和息无讼、互助互爱有积极意义。中国传统法律文化中有关劝谕教民的内容都直接体现于里老人理讼的各个环节。因此，申明亭制度不仅是一个基层司法裁判权制度的创见，更是融礼义法则为一体、道德说教与刑罚制裁相结合、国家司法权与乡里司法自治互为表里的基层治理制度的具体运用。申明亭具有地方司法组织的性质，既分担了州县司法的压力，又形成了多元纠纷的解决机制，有利于提升基层社会治理水平。申明亭制度因受礼法教化的制约，具有一定局限性，但在提高基本社会治理水平，促进完善构建多元化纠纷解决机制方面具有极其重要的现实意义。推进基层社会治理法治化水平，要完善基层社会治理体制机制，推进基层社会治理制度化、规范化、程序化；深化城乡社区依法治理，在党组织领导下实现政府治理和社会调节、居民自治良性互动。区县职能部门、乡镇政府（街道办事处）按照减负赋能原则，制定和落实在基层社区治理方面的权责清单。加强基层群众性自治组织规范化建设。全面推进基层单位依法治理，企业、学校等基层单位普遍完善业务和管理活动各项规章制度。广泛开展行业依法治理，推进法治化治理方式。推进基层社会治理法治化，还要依法有效化解社会矛盾纠纷，坚持和发展新时代"枫桥经验"，完善社会矛盾纠纷多元化预防调处化解综合机制，努力将矛盾纠纷化解在基层。全面落实诉讼与信访分离制度，深入推进依法分类处理信访诉求。充分发挥人民调解的第一道防线作用，完善人民调解、行政调解、司法调解联动工作体系。充分发挥律师在调解中的作用，建立健全律师调解经费保障机制。

附录 法学方向专项突破论述题 30 题

（刑法学 / 民法学 / 中国宪法学论述 30 题）

综观历年考题，刑法学、民法学论述题为法学方向独有题型，中国宪法学论述题一般不与法理学、中国法制史结合出题。针对法学方向而言，刑法学、民法学和中国宪法学有单独另行设计试题的必要。本书拟定 30 道论述题，供法学方向考生专用。

一、刑法学专项突破论述题及参考答案

（一）刑法学论述题

1. 试述我国刑法关于未成年人保护的规定。

2. 试论刑法中的事实认识错误。

3. 试论刑法中的避险过当。

4. 试论从犯的认定及处罚。

5. 试论罪数的判定。

6. 试论刑罚的目的。

7. 试论我国刑法规定的终身监禁。

8. 试论自首的成立条件及处罚原则。

9. 试述我国刑法分则保护虚拟财产的罪名体系。

10. 试述高空抛物的刑事规制及入刑的意义。

（二）参考答案

1. 为贯彻"教育为主，惩罚为辅"的原则，我国刑法建立了完整的未成年人保护的规范体系：

（1）考虑到未成年人辨认和控制能力的不足，我国刑法规定，已满 16 周岁的人犯罪，应当负刑事责任。已满 14 周岁不满 16 周岁的人，犯故意杀人、故意伤害致人重伤或者死亡、强奸、抢劫、贩卖毒品、放火、爆炸、投放危险物质罪的，应当负刑事责任。已满 12 周岁不满 14 周岁的人，犯故意杀人、故意伤害罪，致人死亡或者以特别残忍手段致人重伤造成严重残疾，情节恶劣，经最高人民检察院核准追诉的，应当负刑事责任。对追究刑事责任的不满 18 周岁的人，应当从轻或者减轻处罚。因不满 16 周岁不予刑事处罚的，责令其父母或者其他监护人加以管教；在必要的时候，依法进行专门矫治教育。由于未成年人的生理和心理发育尚未成熟，社会阅历、社会经验也有限，从保护未成年人和刑事责任能力的角度考虑，我国刑法规定，犯罪的时候不满 18 周岁的人，不适用死刑。不满 18 周岁的人犯罪不构成累犯。对于被判处拘役、3 年以下有期徒刑的犯罪分子，符合宣告缓刑条件的，对其中不满 18 周岁的人应当宣告缓刑。该规定体现了对未成年人的关照。

（2）我国刑法分则完善了保护未成年人的罪名体系：奸淫不满 14 周岁幼女的，以强奸罪从重处罚；奸淫幼女情节恶劣，奸淫幼女多人，在公共场所当众奸淫幼女；二人以上轮奸幼女，奸淫不满 10 周岁的幼女或者造成幼女伤害，致使被害幼女重伤、死亡或者造成其他严重后果的，都以强奸罪加重处罚。已满 14 周岁不满 16 周岁的女性未成年人尚处于生长发育过程中，其生活经验、社会阅历尚浅，对性的认知能力存在缺陷，在面对一些特定关系人利用特殊职责等便利条件侵扰时，尚不具备完全的自我保护能力，为了进一步保护未成年人的身心健康，我国刑法规定，对已满 14 周岁不满 16 周岁的未成年女性负有监护、收养、看护、教育、医疗等特殊职责的人员，与该未成年女性发生性关系的，构成负有照护职责人员性侵罪。为了保护儿童的身心健康，猥亵儿童的，构成猥亵儿童罪。由于婴幼儿缺乏辨认是非的能力，对于以勒索财物为目的偷盗婴幼儿的，以绑架罪定罪处罚。拐卖儿童的行为是严重侵犯儿童人身权利的犯罪，对儿童的身心健康损害巨大，拐卖儿童的行为构成拐卖儿童罪。此外，我国刑法分则规定的相关罪名也体现了对未成年人的保护：对违反劳动管理法规，雇用未满 16 周岁的未成年人从事超强度体力劳动的，或者从事高空、井下作业的，或者在爆炸性、易燃性、放射性、毒害性等危险环境下从事劳动，情节严重的，构成雇用童工从事危重劳动罪；虐待未成年家庭成员的，构成虐待罪；对未成年人负有监护职责的人虐待被监护人的，构成虐待被监护人罪；对于年幼的人，负有扶养义务而拒绝扶养，情节恶劣的，构成遗弃罪；拐骗不满 14 周岁的未成年人，脱离家庭或者监护人的，构成拐骗儿童罪；利用、教唆未成年人走私、贩卖、运输、制造毒品，或者向未成年人出售毒品的，以走私、贩卖、运输、制造毒品罪从重处罚；引诱、教唆、欺骗或者强迫未成年人吸食、注射毒品的，以引诱、教唆、欺骗他人吸毒罪；强迫他人吸毒罪从重处罚；引诱不满 14 周岁的幼女卖淫的，构成引诱幼女卖淫罪。刑法分则关于保护未成年人的罪名体系的规定，完善了未成年人的刑法保护，构建了保护未成年人的严密刑网。

2.（1）事实认识错误是指行为人对与自己行为有关的事实情况有不正确的理解。对于事实认识错误，通常采取法定符合说认定行为人的罪责，即行为人预想事实与实际发生的事实法律性质相同的，不能阻却行为人对因错误而发生的危害结果承担故意的责任；法律性质不同的，则阻却行为人对因错误而发生的危害结果承担故意的责任。

（2）事实认识错误主要有五种情形：① 客体错误。这是指行为人预想侵犯的对象与实际侵犯的对象在法律性质上不同，分属不同的犯罪构成。客体错误阻却行为人对错误的事实承担故意罪责，仅对行为人意图侵犯的客体定罪。② 对象错误。这是指行为人预想侵犯的对象与实际侵犯的对象在法律性质上相同，属于同一犯罪构成。对象错误对行为的性质没有影响。③ 手段错误。这是指行为人对犯罪手段发生误用。手段错误不影响罪过性质。④ 行为偏差。这是指行为人预想打击的目标与实际打击的目标不一致。假如预想打击的目标与实际打击的目标在法律规定的范围内一致，不妨害行为人对误击的目标承担故意罪责；假如在法律规定的范围内不一致，则阻却对误击的目标承担故意罪责。⑤ 因果关系错误。这是指行为人对自己的行为和所造成的结果之间因果关系的实际情况发生误认。因果关系错误对罪责的认定不发生影响。

3. （1）避险过当是指避险行为超过必要限度造成不应有的危害的行为。紧急避险的意义在于在不得已的情况下损害较小的利益保全较大的利益。如果避险行为造成的损害大于或等于所保全的利益，就失去了正当的依据。因此，刑法规定，避险过当应负刑事责任。

（2）避险过当的基本特征有：① 在客观上造成了不应有的损害，即避险行为造成的损害大于或等于所保全利益。② 在主观上对造成的不应有损害存在过失，应受到责备。但是鉴于行为人是在紧急情况下、在具备避险的前提条件下造成的不适当损害，只有在造成较为严重的不应有损害时，才有必要认定为避险过当，追究刑事责任。

（3）紧急避险超过必要限度造成不应有的损害的，应当负刑事责任，但是应当减轻或者免除处罚。避险过当不是独立的罪名，避险过当意味着不能排除行为人对造成的不应有损害的非法性，在追究刑事责任时应当根据具体情况确定触犯的罪名，依法减轻或免除处罚。

4. （1）从犯是指在共同犯罪中起次要或辅助作用的犯罪分子。

（2）从犯分为两种：① 在共同犯罪中起次要作用的实行犯。所谓在共同犯罪中起次要作用，是指虽然参与实行了某一犯罪构成客观要件的行为，但在共同犯罪中所起的作用比主犯小，主要表现为：在犯罪集团的首要分子领导下从事犯罪活动，罪恶不够重大或情节不够严重，或者在一般共同犯罪中虽然直接参加实行犯罪，但所起作用不大，行为没有造成严重危害后果等。这种情况就是次要的实行犯。因此，不能笼统地认为从犯就是帮助犯，也不能把实行犯一律认定为主犯。② 在共同犯罪中辅助他人实行犯罪的帮助犯。辅助作用也是次要作用，之所以特别提出辅助作用，因为按照分工对共同犯罪的分类中存在着帮助犯，如果说上述次要作用是次要的实行犯，那么辅助作用就是指帮助犯。所谓辅助作用，是指为共同犯罪人实行犯罪创造方便条件，帮助实行犯罪，而不直接参加实行犯罪客观构成要件的行为。如提供犯罪工具，排除实施犯罪的障碍，事前答应窝藏赃物、隐匿罪犯，指点犯罪的动机或对象，协助拟订犯罪计划等。但是，传授犯罪方法和刑法分则将帮助行为独立规定为犯罪的，对帮助犯不能再作从犯处理。

（3）对从犯的处罚。《刑法》规定，对于从犯，应当从轻、减轻处罚或者免除处罚。据此，我国刑法对从犯的刑事责任采取必减说。具体而言：① 刑法不仅规定了对从犯应当从宽处罚，而且规定从宽的幅度较大。② 对于从犯，既可以从轻、减轻处罚，也可以免除处罚。至于在什么情况下从轻、减轻或者免除处罚，应当考虑他所参加实施犯罪的性质、情节轻重、参与实施犯罪的程度以及他在犯罪中所起的作用的程度等情况来确定。

5. （1）关于罪数的判断标准，在理论上主要有如下四种学说：① 行为标准说。该说认为行为是犯罪的核心要素，主张按照自然观察的行为个数判断犯罪的个数，即行为人实施一个行为的，构成一罪；实施数个行为的，构成数罪。因此当一个行为造成数个结果，触犯数个罪名的，也应认为是一罪。② 法益标准说（结果说）。该说认为犯罪的本质是对法益的侵害，主张以犯罪行为的法益个数为判断罪数的标准。③ 犯意标准说（意思说）。该说认为犯罪是行为人主观犯罪意思的外部表现，行为只是行为人犯罪意思或主观恶性的表征，因此应当以行为人犯罪意思的个数为判断犯罪个数的标准。只要出于单一的意思，不管造成什么样的结果，都是一罪。④ 构成要件标准说。该说以构成要件为标准，主张符合一次（一个）构成要件的事实就是一罪，符合数次（数个）构成要件的事实就是数罪。

（2）采用不同的标准判断罪数，往往得出不同的结论。对于想象竞合犯，按照行为说是实质的一罪、想象的数罪；按照法益说、结果说或构成要件说，则认为是实质的数罪、处断的一罪。对于连续犯、牵连犯，按照意思说通常认为是一罪，而按照行为说或构成要件说，则认为是实质的数罪、处断的一罪。

（3）我国通说上确定罪数的标准采取犯罪构成说，即凡行为人以一个犯意，实施一个行为，符合一个犯罪构成的，就是一罪；凡以数个犯意，实施数个犯罪行为，符合数个犯罪构成的，就是数罪。这里的犯罪构成，主要是指刑法分则条文对各种具体犯罪规定的具体的犯罪构成。采取犯罪构成说，贯彻了罪刑法定原则、主客观相统一原则和犯罪构成理论，因而是科学的。但贯彻犯罪构成说还要考虑刑法有无特别规定，如果刑法有特别规定，必须按照刑法的规定处理。

6.（1）刑罚的目的是国家据以确定刑事政策、制定刑事法律，特别是设计刑罚制度的基本出发点，也是国家适用刑罚同犯罪作斗争的最终归宿。刑罚目的从根本上制约着刑罚的性质、内容、体系和方向，左右着刑罚的裁量、执行及其功效。刑罚的目的是预防犯罪，由于预防的对象不同，刑罚的目的有特殊预防与一般预防之分。

（2）特殊预防就是通过刑罚适用，预防犯罪人重新犯罪，把绝大多数犯罪人改造成守法的公民。特殊预防的对象只能是因实施犯罪而受到刑罚处罚的犯罪人。特殊预防通过发挥刑罚的剥夺、惩罚和教育改造功能，限制或剥夺犯罪分子的再犯能力，使其认罪服法，悔过自新，重新做人。因此，教育改造犯罪人成为守法公民，是我国刑罚特殊预防的主要内容。

（3）一般预防就是通过对犯罪人适用刑罚，预防尚未犯罪的人实施犯罪。我国刑罚一般预防的对象仅限于潜在的犯罪人。国家通过颁布刑法，适用刑罚，不仅直接惩罚了犯罪人，预防其重新犯罪，而且对社会上不稳定分子也起到了警戒和抑制作用，使其不敢轻举妄动，以身试法。这就是用刑罚的威力震慑有可能犯罪的人，促使其及早醒悟，消除犯罪意念，不要重蹈犯罪人的覆辙，从而预防犯罪的发生。

（4）特殊预防与一般预防是紧密结合、相辅相成的。对任何一个犯罪人适用刑罚，都包含着特殊预防和一般预防的目的。法律在对犯罪分子判处刑罚时，既要考虑特殊预防的需要，使裁量的刑罚符合惩罚和教育改造罪犯的要求，又要考虑一般预防的需要，使裁量的刑罚足以威慑意图实施犯罪的人。法院判决要符合这两方面的要求，不能强调一方面而忽视另一方面，否则，就会影响特殊预防和一般预防目的的实现。

7.（1）我国刑法规定，犯贪污罪、受贿罪，数额特别巨大，并使国家和人民利益遭受特别重大损失，被判处死刑缓期执行的，人民法院根据犯罪情节等情况可以同时决定在其死刑缓期执行2年期满依法减为无期徒刑后，终身监禁，不得减刑、假释。这里的"终身监禁"不是一种独立的刑种，也不是新增加的刑种，而是无期徒刑的执行方式之一，是死刑的替代措施，是对犯贪污罪、受贿罪而被判处死刑缓期执行的犯罪分子的一种刑罚执行方式。

（2）人民法院作出的终身监禁的判决应当在宣判死刑缓期执行的同时作出，而不是在死缓减刑时作出。同时，并不是所有的贪污受贿犯罪被判处死刑缓期2年执行的都要终身监禁，应由人民法院根据其所实施犯罪的具体情节等情况综合考虑。只有在死缓不能充分评价行为人的刑事责任时，才能另外附加裁判终身监禁。换言之，终身监禁的严厉性要求其适用需要受到严格控制。

（3）根据我国刑法的规定，死缓减刑的后果分为两种：或者减为无期徒刑，或者减为25年有期徒刑。终身监禁仅仅针对死刑缓期2年执行期满依法减为无期徒刑的情形。判处死刑缓期2年执行同时附加判处终身监禁的罪犯，基于死缓执行期间的重大立功事实而在死缓执行2年期满之后，减为25年有期徒刑的，可以减刑、假释。这样处理鼓励罪犯通过重大立功换取减刑、假释。

8.（1）一般自首的构成条件：① 自动投案。自动投案即在犯罪事实或者犯罪嫌疑人未被司法机关发觉，犯罪嫌疑人尚未受到讯问、未被采取强制措施时，主动、直接向公安机关、人民检察院或者人民法院投案，接受审查与裁判的行为。② 如实供述自己罪行。如实供述自己的罪行是指犯罪嫌疑人自动投案后，如实供述自己实施并应由本人承担刑事责任的罪行。

（2）特别（余罪）自首的构成条件：① 成立特别自首的主体必须是被采取强制措施的犯罪嫌疑人、被告人和正在服刑的罪犯。上述三种人以外的犯罪分子，不能成立特别自首。② 必须如实供述司法机关还未掌握的本人其他罪行。这是成立余罪自首的关键条件。

（3）对自首犯的处罚原则：对于自首的犯罪分子，可以从轻或者减轻处罚。其中，犯罪较轻的，可以免除处罚。对于自首犯，应当根据犯罪轻重，并考虑自首的具体情节予以处罚。据此，对于自首犯应分别不同情况予以从宽处罚：对于自首的犯罪分子，无论罪行轻重，均可以从轻处罚或者减轻处罚。但对于极少数罪行极其严重的犯罪分子，也可以不从轻处罚或者减轻处罚。对于罪行较轻的自首的犯罪分子，不仅可以从轻处罚或者减轻处罚，而且可以免除处罚。至于罪行的轻重，应当根据犯罪的事实、性质、情节和对社会的危害程度予以综合评判。而自首的具体情节，则应综合考虑投案时间、投案动机、投案的客观条件、交代罪行的程度等多种因素，得出判定结论。

9. 虚拟财产是指存在于网络虚拟空间的包括电子邮箱、网络账户、虚拟货币、网络游戏中的游戏账号等级、游戏人物、虚拟物品及装备等。虚拟财产是随着网络的发展而产生的一种新的合法权益，具有财产价值，能够成为刑法保护的客体。随着网络游戏的盛行和网络虚拟财产交易的扩大，对于虚拟财产的保护，成为引起普遍关注的一个特殊社会现象。我国刑法逐步完善了保护虚拟财产的罪名体系。对于违反国家规定，通过非法获得并输入他人游戏账号密码、破解计算机系统保护措施，或利用计算机系统漏洞等方式，侵入国家事务、国防建设、尖端科学技术领域的计算机信息系统的，构成非法侵入计算机信息系统罪。具有其他特定的犯罪目的而实施非法侵入计算机信息系统的，则存在方法行为与结果行为或者的行为与手段行为的牵连关系，应当从一重罪论处，即以其目的行为所构成的具体犯罪追究刑事责任。对于违反国家规定，对计算机信息系统功能进行删除、修改、增加、干扰，造成计算机信息系统不能正常运行，后果严重的，构成破坏计算机系统罪。虚拟财产作为财产性利益，可以成为财产犯罪的对象。行为人以非法占有为目的，故意以移转虚拟财产的方式，破坏原持有人对该虚拟财产的持有，建立新的持有支配关系的，构成窃盗罪。如果行为人不具有非法占有的目的，而具有毁坏财物的故意，在没有取得合法使用权限主体的授权或批准的情况下，非法进入在线游戏的计算机网络系统，将系统中的相关电磁记录内容予以删除的，因该删除行为以利用侵犯他人计算机系统内部数据的形式毁坏虚拟财产，没有直接影响系统的正常运行，因此不构成破坏计算机信息系统罪，但故意毁坏虚拟财产数额较大或者有其他严重情节的，构成故意毁坏财物罪。同样，根据行为性质，侵犯虚拟财产的，可以适用诈骗罪、金融诈骗罪、贪污罪、挪用公款罪、非法获取国家秘密罪等罪名进行规制。

10. 高空抛物罪是指从建筑物或者其他高空抛掷物品，情节严重的行为。高空抛物引发的公共安全事件频发，在某些地方成为顽疾，成为社会各界都非常关心的问题。刑法修正案（十一）实施后，高空抛物罪作为新罪名单独入刑，标志着国家从法律上遏制高空抛物这一行为的约束力愈加强硬。此前对于高空抛物行为，未造成严重后果，但足以危害公共安全的，一般依照以危险方法危害公共安全罪定罪处罚。但该罪名设置的刑罚"起刑点高"，不能涵盖所有高空抛物行为，一定程度上存在罪刑不相适问题。刑法修正案（十一）规定，从建筑物或者其他高空抛掷物品，情节严重的，处一年以下有期徒刑、拘役或者管制，并处或者单处罚金。有前款行为，同时构成其他犯罪的，依照处罚较重的规定定罪处罚。刑法修正案（十一）将高空抛物行为规定在妨害社会管理秩序下的扰乱公共秩序罪中，高空抛物行为原则上不再具有危害公共安全的性质，属于最高刑为1年有期徒刑的轻罪，降低了入罪门槛，实现了罪责罚相适应，法律惩治更加精准完备。

对于高空抛物行为，应当根据行为人的动机、抛物场所、抛掷物的情况以及造成的后果等因素，全面考量行为的社会危害程度，准确判断行为性质，正确适用罪名，准确裁量刑罚。高空抛物行为造成死伤的，根据具体情形分别认定为故意杀人、过失致人死亡、故意伤害、过失致人重伤、重大责任事故、故意毁坏财物等罪。将高空抛物行为规定为犯罪，有助于维护公共秩序、公民的生命安全和身体健康。

二、民法学专项突破论述题及参考答案

（一）民法学论述题

1. 试论我国民法典体系及创新。

2. 试论我国民法典的地位、意义和特色。

3. 试论我国民法典的立法目的。

4. 试论我国民法典确立的民事权利及其特色和意义。

5. 试论我国民法典规定的土地经营权制度。

6. 试论债权的权能。

7. 试从我国民法典体例和规定的角度论述债与合同的关系。

8. 试论民法典合同编"合同通则"对合同立法的主要发展与创新。

9. 试论民法典合同编"典型合同分编"对合同立法的主要发展与创新。

10. 试论民法典人格权编对我国人格权立法的发展与完善。

（二）参考答案

1. （1）我国民法典采取了七编制体例，即由总则、物权、合同、人格权、婚姻家庭、继承和侵权责任七编构成。总则编作为民法典的奠基部分，由基本规定、自然人、法人、非法人组织、民事权利、民事法律行为、代理、民事责任、诉讼时效、期间计算等普遍适用于民商法各个部分的基本规则构成，统领整个民商立法，构成民法典最基础、最通用的部分。物权编是调整有关物的归属和利用而产生的民事关系的规范，包括通则、所有权、用益物权、担保物权和占有等规则。合同编是调整有关合同的订立、履行、保全等法律关系的规范，其内容分为通则、典型合同和准合同。人格权编是调整人格权关系的法律规范的总称，由一般规定，生命权、身体权和健康权，姓名权和名称权，肖像权，名誉权和荣誉权，隐私权和个人信息保护等规则组成，人格权编通过总分结构的设计安排，构建了人格权制度的完整体系。婚姻家庭编是调整婚姻家庭关系和收养关系的法律规范的总和，包括一般规定、结婚、家庭关系、离婚、收养等内容。婚姻家庭编注重调整优良家风，弘扬家庭美德，重视家庭文明建设。该编既注重保护家庭成员的权利，也注重家庭义务的履行和保障。继承编主要调整因为财产继承而产生达到民事关系，包括一般规定、法定继承、

遗嘱继承、遗赠和遗产的处理。继承编全面强化了对私有财产的保护，全面保障继承权。侵权责任编调整因侵害民事权益产生的民事关系，包括一般规定、损害赔偿、责任主体的特殊规定以及各类侵权责任的规定。

（2）我国民法典七编制的模式既借鉴了大陆法系国家民法典的经验，又回应了当代中国的实践需要和时代需要，进行了体例上的创新，主要表现在：一是以民事权利为中心而构建，即由物权、合同债权、人格权、婚姻家庭中的权利（亲属权）、继承权以及对权利进行保护的侵权责任构成。这表明我国民法典本质上是一部权利法，民法典各编通过保护民事权利全面体现和贯彻法治的价值。七编制的权利结构体系完整，既全面囊括了物权、债权、婚姻家庭中的权利（亲属权）和继承权，还对人格权进行了体系化的规范。二是体系的重大创新。这些创新体现在人格权独立成编、侵权责任独立成编以及合同编通则发挥债法总则的功能。三是民法典的体系以从权利到救济展开。民法典在各编分别规定各项权利制度之后，又规定了侵权责任制度，始终以权利为中心来构建民法体系。四是民法典各编自成体系，主要按照总分结构构建。这些创新成分体现了我国民法典的中国特色、实践特色和时代特色。

2.（1）2020年5月28日，十三届全国人大三次会议表决通过了《中华人民共和国民法典》。该部民法典是新中国第一部以法典命名的法律，在法律体系中居于基础性地位，民法作为调整平等主体的自然人、法人和非法人组织之间的人身关系和财产关系的基本法，也是市场经济的基本法。

（2）民法典在中国特色社会主义法律体系中具有重要地位，是一部固根本、稳预期、利长远的基础性法律，对推进全面依法治国、加快建设社会主义法治国家，对发展社会主义市场经济、巩固社会主义基本经济制度，对坚持以人民为中心的发展思想、依法维护人民权益、推动我国人权事业发展，对推进国家治理体系和治理能力现代化，都具有重大意义。

（3）民法典整合了新中国成立70多年来长期实践形成的民事法律规范，汲取了中华民族5000多年优秀法律文化，借鉴了人类法治文明建设有益成果，是一部体现我国社会主义性质、符合人民利益和愿望、顺应时代发展要求的民法典，是一部体现对生命健康、财产安全、交易便利、生活幸福、人格尊严等各方面权利平等保护的民法典，是一部具有鲜明中国特色、实践特色、时代特色的民法典。

3. 民法典的立法目的是制定民法典的根本目标和宗旨。民法典的立法目的有：

（1）保护民事主体的合法权益。民事主体的合法权益包括人身权利、财产权利、兼具人身权利和财产性质的知识产权等权利，以及其他合法权益。保护民事主体的合法权益是民法典的首要目的，也是落实和体现宪法精神的表现。可以说，民法典的很多制度设计都是围绕保护民事主体的合法权益而展开的。

（2）调整民事关系。民事权益存在于特定社会关系之中，民法典保护民事权利，是通过调整各种民事关系来实现的。民法典调整的仅仅是民事关系，民事关系就是平等主体之间的权利和义务关系。民事关系根据权利义务性质的不同，可以分为人身关系、财产关系等，民法典通过各种具体制度、规则调整民事主体之间的相互关系，最终的目的就是促进和实现民事主体之间生活秩序的和谐。

（3）维护社会经济秩序。民法典保护主体的民事权利，调整民事主体之间的关系，从而确立并维护整个社会的民事生活秩序。民法典确立、维护婚姻、家庭等社会秩序，使民事主体之间的社会关系处于稳定有序的状态。同样，民法典通过调整民事主体之间的财产权关系、交易关系，实现对经济秩序的维护，使得民事主体享有合法的财产权，进而与他人开展交易，从而确保整个社会的经济有条不紊地运行。从这个意义上说，民法典是国家治理体系的有机组成部分。

（4）适应中国特色社会主义发展要求。编纂民法典就是为了满足人民群众的新法治需求，适应我国社会主要矛盾的变化。社会主义市场经济本质上是法治经济，通过编纂民法典不断完善社会主义法律体系，健全市场秩序，维护交易安全，促进社会主义市场经济持续健康发展。

（5）弘扬社会主义核心价值观。用社会主义核心价值观塑造《民法典》的精神灵魂，不仅要在立法技术上通盘考虑，还要在立法宗旨上宣示、在基本原则上恪守、在一般规范上体现、在具体规范中融入，使社会主义核心价值观成为鲜明的精神轴线，贯穿《民法典》的始终，为民事主体参与民事活动提供基本规则和价值遵循。《民法典》是对社会生活规则的总结，在社会主义市场经济运转过程之中，竞争压力不可避免地会带来人际关系的紧张，各种社会矛盾凸现，培育和践行社会主义核心价值观，无疑能为缓解社会矛盾、维护社会良好秩序、促进社会和谐提供坚实的价值基础。《民法典》的编纂是在整合既有的民事立法的基础上展开的，除了价值同源，很大程度上也在具体制度上表现出对社会主义核心价值观的表达。需要注意的是，在司法实践中，法律人不能简单地认为很多传统民法既有的具体规则已经表达出社会主义核心价值观的独特精神内涵，还需要结合社会主义的本质去解释和适用这些规则。

4.（1）民法典总则编专设民事权利一章，集中确认和宣示自然人、法人所享有的各项民事权利，充分地彰显了民法对私权保障的功能。我国民法典确立了人身权、物权、债权、知识产权、继承权、股权和其他投资性权利、数据和网络虚拟财产权以及其他合法权益。人身权包括人格权和身份权。人格权是指民事主体依法享有的为维护其独立法律人格所必备的基本民事权利，包括人身自由和人格尊严等一般人格权，以及生命权、身体权、健康权、姓名权、名称权、肖像权、名誉权、荣誉权、隐私权和个人信息权益等具体人格权。我国民法典专编系统全面地规定了各类人格权，适应了时代的发展和我国公民对人格尊严的强烈需求。身份权是指民事主体基于在特定社会关系中的地位和资格而依法享有的民事权利。我国民法典规定，自然人因婚姻家庭关系等产生的人身权利受法律保护。民法典婚姻家庭编全面确认了自然人因婚姻、家庭关系等产生的人身权利。物权是指权利人依法对特定的物享有的直接支配和排他的权利，包括所有权、用益物权和担保物权。我国民法典将物权作为独立的一编加以规定。所有权是指所有人依法享有的对其财产进行占有、使用、收益和处分的权利，所有权制度是物权的核心内容。用益物权是指权利人对他人所有的不动产或者动产依法享有的占有、使用和收益的权利，包括土地承包经营权、建设用地使用权、宅基地使用权、居住权、地役权和特许用益物权等。担保物权是指以担保债务清偿为目的，而在债务人或者第三人的特定物或者权利上设定的定限物权，包括抵押权、质权和留置权。债权是指债权人享有的以请求债务人为一定给付为内容的权利。我国民法典规定，民事主体依法享有债权。债权是重要的民事权利，在市场经济中占有十分重要的地位。债包括合同之债、侵权之债、无因管理之债和不当得利之债，以及因其他事实所产生的债。其中，合同债权是最重要的债，我国民法典专编规定了合同，并将合同通则作为债权通则加以适用，同时还规定了十九类典型合同及其适用规则。合同编在民法典中占有十分重要的地位。侵权之债也是比较重要的债，我国民法典规定，民事权益受到侵害的，被侵权人有权请求侵权人承担侵权责任。我国民法典还在合同编的准合同分编中确立了无因管理之债和不当得利之债。知识产权是指民事主体对创造性智力成果依法享有的权利的总称。我国民法典规定，民事主体依法享有知识产权，宣示了知识产权作为一种民事权利受到法律保护。继承权是指自然人根据法律的规定或者有效遗嘱的指定取得被继承人遗产的权利。我国民法典规定，自然人依法享有继承权，自然人合法的私有财产，可以依法继承。我国民法典还将股权和其他投资性权利、数据和网络虚拟财产纳入民事权利保护的范围，并作出了宣示性规定，彰显了民法典的时代性和前瞻性。

（2）民法典在全面保障民事权利方面具有时代特色和意义：第一，民法典关于民事权利的确认具有时代性，即体现了当代中国的时代特征，回应了当今社会的现实需求。民法典首次正式确认了隐私权，有利于强化对隐私的保护。针对互联网和大数据等技术发展带来的侵害个人信息现象，民法典规定了个人信息的保护规则，维护了个人的人格尊严，并将有力遏制各种"人肉搜索"、非法侵入他人账户、贩卖个人信息、网络电信诈骗等现象。第二，民法典对民事权利的确认具有全面性，即民法典广泛确认公民享有的各项人格权、物权、债权、知识产权、亲属权、继承权等权利。从保护公民财产权利的角度来看，民法典首次在法律上使用了"平等"保护民事主体物权的表述，确认了对数据、网络虚拟财产的保护。民法典还对知识产权的客体进行了详尽的列举，扩大了知识产权的保护范围，进一步强化了对知识产权的保护，有助于弘扬公共道德，维护良好的社会风尚。第三，民法典关于民事权利的规定具有开放性。民法典规定，民事主体享有法律规定的其他民事权利和利益。据此，无论是权利还是利益，都受到法律保护。这不仅与保护民事权益的基本原则相对应，还为将来对新型民事权益的保护预留了空间，保持了对私权保护的开放性。

5.（1）土地经营权是从土地承包经营权中分离出的一项权能。土地承包经营权权利人将承包土地流转出去，由其他组织或者个人经营，其他组织或者个人便取得土地经营权。为保持现有农村土地承包关系稳定并长久不变，落实集体所有权，稳定农户承包权，放活土地经营权，实行"三权分置"，将土地承包经营权分为承包权和经营权，实行所有权、承包权和经营权分置并行。

（2）土地经营权的主体既可以是本集体经济组织成员，也可以是非本集体经济组织的成员；既可以是自然人，也可以是法人或非法人组织。无论是自然人还是组织，都应具备农业经营能力或资质。通过家庭承包方式取得了土地承包经营权的承包户可以自己经营即享有土地承包经营权，也可以保留土地承包权而通过出租、入股或者其他方式向他人流转土地经营权，从而实现土地承包经营权中的承包权与经营权的分离。通过招标、拍卖、公开协商等方式承包农村土地，经依法登记取得权属证书的，可以依法采取出租、入股、抵押或者其他方式流转土地经营权。流转期限为5年以上的土地经营权，自流转合同生效时设立。当事人可以向登记机构申请土地经营权登记；未经登记，不得对抗善意第三人。

（3）土地经营权人有权对农村土地进行占有、使用和收益，从事种植业、林业、畜牧业等农业生产。土地经营权人在得到承包方书面同意，并向本集体经济组织备案后，可以再流转土地经营权。土地经营权人经承包方书面同意并向发包方备案，可以向金融机构融资担保。

6. 债权具有如下权能：

（1）请求权能。债权人利益的实现并非基于其直接支配他人的人身、给付行为及给付标的物，而要通过债务人实现给付的行为才能达到目的。因此请求权能是债权的第一权能。从效力角度着眼，为债权的请求力。债权作为一种请求权，债权人可以直接请求债务人履行债务，也可以通过诉讼方式以国家强制力来实现其请求。

（2）保持受领权能。债权的存在是债权人受领债务人给付的合法原因。债务人履行债务或受强制执行提出给付时，债权人有权接受给付并保持因此获得的利益。有效地受领给付，是债权的本质所在，也是债权人追求的最终结果。给付受领体现在债的效力上，构成保持力。

（3）保全权能。当债务人的某些行为对债权人造成损害时，债权人可以向人民法院请求以自己的名义代位行使债务人的债权，或者请求人民法院撤销债务人的行为。债权人享有的债权保全权能是对债的相对性的突破。保全权能构成债的效力上的保全力。

（4）处分权能。债权人可以通过抵销、免除、让与债权和设定债权质权等方式对享有的债权予以处分。所处分的债权在效力上应当是齐备的债权，是具有处分效力的债权。

上述权能齐备的债权为完全债权，如不具备上述某些效力，则该债权为不完全债权，但是欠缺保持受领权能的债权不再是债权。完全债权和不完全债权在受法律保护的强弱上、带给债权人的利益的多寡上是不同的。

7. （1）民法上的债是指特定的当事人之间请求对方为或者不为特定行为的民事法律关系。债是债权和债务的统一体，是基于合同、侵权行为、无因管理、不当得利以及法律的其他规定而产生的债权债务关系。合同是民事主体之间设立、变更、终止民事法律关系的协议。合同之债是债的一种具体类型，也是债的一种最重要的类型。

（2）我国民法典总则编规定，民事主体依法享有债权。债权是基于合同、侵权行为、无因管理、不当得利以及法律的其他规定，权利人请求特定义务人为或者不为一定行为的权利。但是，我国民法典并没有规定债的通则或者债权总则，而在合同编中通过规定合同"通则"以代替债的通则。这不仅是对以往民事立法成果的延续，保持了民事立法的连续性和合同规则的完整性，而且能够更好地规范各类债权债务关系。

（3）债的通则旨在为合同、无因管理、不当得利和侵权责任等债的发生原因提供共同适用规则。债的通则主要涉及债的履行、债的担保、债的移转、债的消灭以及多数人的债权债务关系等，这些内容不仅对无因管理、不当得利和侵权责任具有可适性，也与合同内容密切相关，因此能在合同中形成完整统一的整体，使法律条文简约，避免不必要的重复。

（4）对于非因合同产生的债权债务关系，适用有关该债权债务关系的法律规定。没有规定的，适用本编通则的有关规定，但是根据其性质不能适用的除外。比如，基于侵权行为产生的债权债务，在"侵权责任"没有规定时可以参考"合同编"中"通则"的有关规定，如关于债权转让的规定、关于债务承担的规定。对于无因管理和不当得利之债，则适用合同编有关"准合同"的相关规定等。这些体现了合同行为、侵权行为、无因管理和不当得利的独立性特征。此外，在适用各类债的关系时，还要考虑债务的关系是不是有一些特殊性，如果有特殊性就不能直接适用民法典"合同编"中"通则"的相关规定。

8. （1）合同是进行市场交易的主要形式。合同编在民法典中具有十分重要的地位，它是民事主体实现意思自治的重要工具，是优化营商环境的重要方式，是促进社会主义市场经济健康有序发展的重要保障，更是推进国家治理体系和治理能力现代化的重要手段。民法典·合同编·合同通则的编纂立足我国国情，系统总结改革开放以来我国的合同立法、司法经验和理论研究成果，同时充分借鉴国际经验，对我国的合同法律制度进行了全面系统的修改和完善。合同编在体例结构上的一个创新是以合同编第一分编"通则"代行债法总则的功能。在合同法规定的基础上进一步补充完善债的一般规则，让合同编的通则具有巨大的包容性，实质上发挥着债法总则的体系整合功能。

（2）在合同通则部分，合同自愿原则是合同法律制度的核心原则，合同自愿原则一直被作为一条主线贯穿合同编始终，合同编中不少条款遵循合同主体"约定优先"，更加突出意思自治。同时，民法典兼顾公平、诚信、生态环境保护等多元价值，合同编在规定要约和承诺之外，增加规定了以其他方式缔约。合同编加强对弱势当事人的保护，增加强制缔约制度，完善格式条款制度，防范霸王条款。民法典合同编强调诚信原则，落实"绿色原则"，体现生态环保理念。信息技术和网络技术飞速发展，催生了电子商务合同等新的交易方式，为此，合同编增加关于电子合同的特殊规则；增加预约合同制度。民法典合同编强调交易安全，鼓励合同交易制度，进一步限制合同无效或者不生效的情形，明确了未履行批准手续的合同效力，删除了关于无权处分合同的规定，明确超越经营范围签订的合同原则有效。民法典合同编首次对选择之债和多数人之债加以规定，填补了民事立法的空白。第三人介入合同，包括向第三人履行合同、第三人清偿和债务加入，是对合同相对性的突破，合同编对此进行了补充完善。合同编确立情事变更规则，协调了情事变更规则和不可抗力在适用上的矛盾。合同编进一步完善防范违约、保障债权的规定，合同保全制度独立成章，完善了代位权制度。合同编将债权人行使代位权的权利由到期债权扩展至"债权"（不强调是否已到期）及"有关的从权利"，如担保物权、主张保证人承担保证责任等；将债权人行使撤销权的前提条件之一由"对债权人造成损害"这一模糊的表述更为明确地表达为"影响债权人的到期债权的实现"。扩大了债权人撤销权的适用范围，增加了放弃债权担保、恶意延长到期债权的履行期限、以明显不合理的高价受让他人财产，以及为他人的债务提供担保等情形。合同编在原关于债权转让规则的基础上，作出"受让人取得从权利不因该从权利未办理转移登记手续或者未转移占有而受到影响"的规定，明确了担保权利作为从权利随债权转让而转让的规则，弥补了法律漏洞。合同编对合同解除制度进行了完善，对于法定解除权的事由，增加了"以持续履行的债务为内容的不定期合同，当事人可以随时解除合同，但是应当在合理期限之前通知对方"的规定；合同编规定了解除权行使期限，在当事人没有约定的情况下，适用1年除斥期间，并赋予非金钱债务违约方合同解除权；增加了解除权的消灭期限，完善了通知解除规则。关于合同权利义务的终止，合同编增设了债的清偿抵充规则，明确了主债务及利息和有关费用的履行顺序；增加了债务人行使抵销权的另一种情形：债务人的债权与转让的债权基于同一合同产生。在双务合同中，实际就是即使转让人转让了债权，债务人也可以向受让人主张转让人对其存在双务合同相关义务以进行抵销。合同编对于违约责任制度的修改主要以"缝补"为主，认可替代履行作为违约责任的救济措施；新增了债权人受领迟延的规定；吸纳与有过失规则，将其提升为违约责任认定的一般规则。

9.（1）民法典合同编在民法典中具有十分重要的地位，它是民事主体实现意思自治的重要工具，是优化营商环境的重要方式，是促进社会主义市场经济健康有序发展的重要保障，更是推进国家治理体系和治理能力现代化的重要手段。民法典合同编在体例结构上的另一个重大变动是典型合同类型的充实。应当作为典型合同加以规定的合同类型，须满足合同的典型性、问题的特殊性、规则的可抽象性、规则的缺失性。结合我国实际，民法典合同编最终增加了保证合同、保理合同、物业服务合同和合伙合同。

（2）在典型合同部分，在原有15类合同基础上增加了保证合同、保理合同、物业服务合同和合伙合同。合同编建立了合同性担保权利的登记制度，如在买卖合同一章中规定："出卖人对标的物保留的所有权，未经登记，不得对抗善意第三人"；在融资租赁合同一章中规定："出租人对租赁物享有的所有权，未经登记，不得对抗善意第三人"；在保理合同一章中规定："应收账款债权人就同一应收账款订立多个保理合同，致使多个保理人主张权利的，已经登记的先于未登记的取得应收账款"。在买卖合同中增加了无权处分情况下合同效力的规定；完善了检验期间、检验内容、检验标准的相关规定；增加规定试用买卖中风险负担、同意购买及费用负担等相关内容；增加了所有权保留的登记对抗效力和担保效力物权化、出卖人取回权、买受人回赎权等相关规定。合同编规范民间借贷，禁止高利放贷，借款的利率不得违反国家有关规定。修订保证方式的适用：一般保证是原则，连带保证只是例外。为促进保理业务健康有序发展，解决中小企业融资难、融资贵的问题，进而推动我国实体经济发展，合同编设专章规定了保理合同，对保理合同的概念、内容和形式、虚构应收账款的保理、保理人发出转让通知、有追索权保理、无追索权保理和多重保理等内容作了规定。合同编完善了租赁合同，赋予承租人优先承租权。为维护正常的运输秩序，保护乘客在运输过程中的人身财产安全，合同编运输合同部分作出了有针对性的规定：旅客应当按照有效客票记载的时间、班次和座位号乘坐；实名制客运合同的旅客丢失客票的，可以要求承运人挂失补办，承运人不得再次收取票款和其他不合理费用；承运人应当严格履行安全运输义务，及时告知旅客安全运输应当注意的事项。旅客对承运人为安全运输所作的合理安排应当积极协助和配合。承运人迟延运输的，应当履行告知和提醒义务，并采取必要的安置措施。为更好地处理这些纠纷，更好地规范物业秩序，合同编积极总结既有的立法、司法经验，明确了物业服务合同中的业主和物业服务公司双方当事人的权利义务，特别是对物业服务合同中的业主单方解除权、前期物业合同、物业交接等突出问题作出了有针对性的规定。民法典还明确了物业服务人不得采取停止供电、供水、供热、供燃气等方式催交物业费的法律规定，为该类纠纷的解决提供了新的法律依据。完善中介合同规则，为了有效规制"跳单"行为，制止委托人的不诚信行为，合同编典型合同部分明确规定，在该种情形下，委托人仍应当向中介人支付中介报酬。

10.（1）人格权是民事主体依法享有的为维护其独立法律人格所必备的基本民事权利。经过改革开放40多年的发展，人们在物质生活水平得到极大提高的同时，对精神权利的追求日益明显，已经成为对美好生活向往的重要方面和内容。这些精神性权利，在民法上集中体现为人格权。民法典将人格权制度独立设为一编，强调人格权保护，这既是民法典的一大亮点，也是一个重大的制度创新。人格权编规定了人格权的一般规则，并对生命权、身体权和健康权，姓名权和名称权，肖像权，名誉权和荣誉权，隐私权和个人信息保护等作了明确规定。

（2）人格权编的"一般规定"一章确认了请求权，并细化规定了人格权受侵害后的救济方式，为人格权提供了严密的事前预防和事后救济的保护措施。例如，人格权编明确规定，人格权人的停止侵害、排除妨碍、消除危险、消除影响、恢复名誉、赔礼道歉请求权不受诉讼时效限制。人格权编明确规定，民事主体有证据证明行为人正在实施或者即将实施侵害其人格权的违法行为，不及时制止将使其合法权益受到难以弥补的损害的，有权依法向人民法院申请采取责令行为人停止有关行为的措施。人格权编明确规定了出现违约责任与侵权责任竞合情况时，精神损害赔偿不受影响等制度。

（3）针对在人格权保护领域出现的人体基因编辑、性骚扰、深度伪造他人肖像、网络暴力等新情况新问题，人格权编作了有针对性的规定。例如，为规范人体基因编辑活动，人格权编明确规定，从事与人体基因、人体胚胎等有关的医学和科研活动的，应当遵守法律、行政法规和国家有关规定，不得危害人体健康，不得违背伦理道德，不得损害公共利益。该新增条款从立法的角度对医学和科研活动作出规制，划出了基因研究的道德底线，也体现了不得侵犯生命权、身体权和健康权的原则性要求。人格权编对利用深度伪造技术带来的"换脸"问题予以积极回应，明确禁止任何组织或者个人利用信息技术手段伪造等方式侵害他人的肖像权。同时明确对自然人声音的保护参照适用上述规定。民法典针对隐私权和个人信息保护领域存在的突出问题，在现行法律规定的基础上，在个人信息保护方面作了一些规定，进一步强化对隐私权和个人信息的保护。

（4）人格权编充分平衡各方利益，为民事主体提供了明确的行为规范，为司法机关提供了明确的裁判依据。例如，人格权编明确规定，任何组织或者个人不得以丑化、污损、利用信息技术手段伪造等方式侵害他人的肖像权。同时，为了平衡保护肖像权和保护公共利益之间的关系，还规定了为个人学习、艺术欣赏等可以合理使用他人肖像权。人格权编对名誉权加大了保护力度，也为正当的新闻舆论监督留出了空间。人格权编对个人信息的保护，充分考虑了个人信息保护和信息自由流通之间的平衡等。

三、中国宪法学专项突破论述题及参考答案

（一）中国宪法学论述题

1. 试论宪法与依宪治国的关系。

2. 联系 2018 年宪法修正案的相关内容，论述 2018 年宪法修改的意义。

3. 结合我国宪法效力的最高性，论述宪法优位的法治原则。

4. 论述修改后的《立法法》对我国宪法监督制度的完善及其意义。

5. 试论我国宪法关于非公有制经济的规定及意义。

6. 试论"五个文明"的含义及我国宪法关于"五个文明"协调发展的规定。

7. 试述我国宪法关于生态文明制度的规定。

8. 试论公民基本权利的限制。

9. 试论我国宪法上的通信自由和通信秘密。

10. 试述宪法关于监察机关独立行使监察权及与审判机关、检察机关、执法部门互相配合、互相制约的规定。

（二）参考答案

1. （1）坚持依法治国首先要坚持依宪治国，坚持依法执政首先要坚持依宪执政。我国现行宪法确立的一系列制度、原则和规则，制定的一系列大政方针，都充分反映了我国各族人民的共同意志和根本利益。维护宪法尊严和权威，是维护国家法制统一、尊严、权威的前提，也是维护最广大人民根本利益，确保国家长治久安的重要保障。全国各族人民、一切国家机关和武装力量、各政党和各社会团体、各企业事业组织，都必须以宪法为根本的活动准则，并且负有维护宪法尊严、保证宪法实施的职责。任何组织或者个人，都不得有超越宪法和法律的特权。一切违反宪法和法律的行为，都必须予以追究。

（2）宪法与依宪治国互为基础和前提，是形式与内容的关系，两者是辩证统一的。宪法是国家的根本法，具有最高的法律效力。宪法的生命在于实施，宪法的权威也在于实施。唯有依宪治国，方能使宪法真正成为现实力量，保证任何组织和个人都不得有超越宪法和法律的特权，实现"一切违反宪法的行为都必须予以追究"。只有坚持全面依法治国基本方略和依法执政基本方式，使执政党在宪法和法律范围内活动，真正做到党领导立法、保证执法、带头守法，才能使宪法成为所有国家机关及其工作人员的最高行为准则。依宪治国，必须坚持中国特色社会主义道路，坚持党的领导、坚持人民当家作主。保证宪法实施，就是保证人民根本利益的实现。依宪治国是宪法规范与宪法实施的政治实践相结合的产物。宪法是静态意义上的法律文本；依宪治国是动态性质的实践过程，也是宪法实现的最终结果。

2. （1）宪法是国家的根本法，2018年全国人大对现行宪法进行了第五次修改，通过了21条修正案。此次修改主要涉及宪法序言、贯彻党的领导、国家机构等方面。

（2）宪法确立了"科学发展观，习近平新时代中国特色社会主义思想"在国家政治和社会生活中的指导地位，反映了全国各族人民的愿望，体现了党的主张和人民意志的统一，具有重大的现实意义和深远的历史意义；宪法所确立的贯彻新发展理念，是党中央推动我国经济发展实践的理论结晶。宪法充实和加强中国共产党的全面领导的内容，规定中国共产党是中国特色社会主义最本质的特征。这是从社会主义制度的本质属性角度对坚持和加强党的全面领导进行规定，有利于在全国人民中强化党的领导意识，有效地把党的领导落实到国家工作全过程和各方面，确保党和国家事业始终沿着正确方向前进。充实"五个文明"协调发展的内容，实现社会全面发展的宪法总体布局。为推动国家治理体系和治理能力现代化,在国家机构方面进行了修改,推动了合宪性审查工作,完善了任期限任制,确认了设区的市制定地方性法规的立法权限,设立监察委员会,实现了反腐败对公职人员的全覆盖。

（3）此次宪法修改,为在国家政治和社会生活中贯彻习近平新时代中国特色社会主义思想提供了宪法保障;为全面贯彻实施宪法确立的国家根本任务、发展道路、奋斗目标提供了宪法保障;为确保党的长期执政和国家长治久安提供了宪法保障;为进一步全面推进依法治国提供了宪法保障;为支持和健全人民当家作主提供了宪法保障。

3. 宪法在整个法律体系中具有最高效力,具体表现为对法的最高效力和对人的最高效力。一方面,宪法的最高效力表现为与其他法律相比具有最高法律效力。宪法作为根本法构成国家制定法的基础和核心,在同家整个法律体系中的层次、地位和效力最高,其他法律的制定都必须以宪法为依据,不能与其规定相抵触。我国宪法明确规定,"一切法律、行政法规和地方性法规都不得与宪法相抵触",否则,该法律即为无效。另一方面,宪法最高效力表现为,一切国家机关和武装力量、各政党和各社会团体、各企业事业组织都必须遵守宪法和法律。一切违反宪法和法律的行为,必须予以追究。任何组织或者个人都不得有超越宪法和法律的特权。

宪法具有最高法律效力,法律必须受宪法拘束。也就是说,全国人大及其常委会制定的法律,必须受宪法的拘束,而不能与宪法相抵触,否则无效,这就是宪法优位,宪法优位是法律至上原则的核心即宪法至上原则在宪法基本原则中的体现。为了确保一个国家法制的统一,宪法优位还进一步要求在行政和立法机关之间的关系上要遵循法律优位原则,也就是说行政机关的一切行政行为或其他活动都不得与法律相抵触。作为抽象行政行为的行政法规和行政规章必须在法律规定的范围之内作出。

4. （1）修改后的《立法法》坚持对立法活动进行事前、事中、事后全过程合宪性审查。不仅明确法律案起草和审议过程中的合宪性审查要求,还明确备案审查工作中的合宪性审查要求,对存在合宪性、合法性问题的情形,还规定了处理的主体和程序。

（2）备案审查是维护国家法制统一的一项重要制度。修改后的《立法法》将备案审查工作的创新经验和有益做法以法律形式固定下来,完善主动审查制度,明确专项审查制度、备案审查衔接联动机制,规定:"备案审查机关应当建立健全备案审查衔接联动机制,对应当由其他机关处理的审查要求或者审查建议,及时移送有关机关处理。"备案审查制度的完善有利于推动备案审查工作更加规范化、制度化。

（3）修改后的《立法法》完善了立法的指导思想和原则,健全了宪法实施监督制度,体现了全过程人民民主的重大理念,贯彻了科学立法、民主立法、依法立法的精神;明确了备案审查工作中的合宪性审查要求,确保《立法法》的规定符合宪法的规定、原则和精神。《立法法》的修改和贯彻实施,对于加强党对立法工作的全面领导,坚持和发展全过程人民民主，推进全面依法治国、依宪治国，不断完善以宪法为核心的中国特色社会主义法律体系，保障在法治轨道上全面建设社会主义现代化国家、以中国式现代化全面推进中华民族伟大复兴，具有重大意义。

5. 在以公有制经济为主体、多种所有制经济共存的格局中，非公有制经济在市场经济中扮演着重要角色，是我国市场经济的重要组成部分。我国的非公有制经济包括个体经济、私营经济以及外商投资经济。个体经济是城乡个体劳动者占有少量的生产资料，以自己从事生产劳动为基础的一种经济形式。私营经济是生产资料归私人所有，存在着雇佣劳动关系的一种经济形式。外商投资经济是指外国的企业、经济组织和个人依据我国的法律规定，在我国投资或与我国的企业、经济组织进行经济合作而形成的涉外经济形式。我国宪法规定，在法律规定范围内的个体经济、私营经济等非公有制经济，是社会主义市场经济的重要组成部分。国家保护个体经济、私营经济等非公有制经济的合法的权利和利益。国家鼓励、支持和引导非公有制经济的发展，并对非公有制经济依法实行监督和管理。我国宪法关于非公有制经济的规定，对于增加就业机会、维护社会稳定，解决资金不足，优化产业结构，推动生产力发展，增强我国国际竞争力具有重要意义，因此，必须毫不动摇地鼓励、引导非公有制经济的发展。

6. "五个文明"即物质文明、政治文明、精神文明、社会文明、生态文明。物质文明是人类改造自然界的物质成果，表现为物质生产的进步和人们物质生活的改善及不断丰富。政治文明是人类政治实践活动中形成的文明成果。精神文明是社会生产实践中的精神产品。社会文明是社会领域的进步程度和社会建设的积极成果。生态文明是人类遵循人、自然、社会和谐发展这一客观规律而取得的物质与精神成果的总和。我国宪法序言明确规定，推动物质文明、政治文明、精神文明、社会文明、生态文明协调发展，把我国建设成为富强民主文明和谐美丽的社会主义现代化强国，实现中华民族伟大复兴。我国宪法规定的"五个文明"协调发展，是中国共产党统筹推进经济建设、政治建设、文化建设、社会建设、生态建设的"五位一体"总体布局的宪法化表达。社会主义社会应该是物质文明、政治文明、精神文明、社会文明和生态文明全面发展的社会，实现现代化的过程包括经济、政治、文化、社会和生态发展在内的全面进步的过程。在这个过程中，生态文明是"五个文明"系统中的前提，物质文明是"五个文明"系统中的基础，政治文明是"五个文明"系统中的保障，精神文明是"五个文明"系统中的灵魂，社会文明是"五个文明"系统中的目的。强调"五个文明"共同发展、协调发展，是对人类社会发展趋势的正确回应，"五个文明"共同构成文明系统整体，协调发展，相互影响，相互制约，最终实现宪法确立的国家根本任务。

7. 生态文明制度是指宪法确认和调整的，保护和改善生态环境，提升国家的环境竞争力以及人民的环境指数的一系列制度的总和。2018年《宪法修正案》正式写入生态文明，明确规定，推动物质文明、政治文明、精神文明、社会文明、生态文明协调发展，把我国建设成为富强民主文明和谐美丽的社会主义现代化强国，实现中华民族伟大复兴。我国宪法规定的生态文明制度是特定的中国宪法观的有机组成部分。

我国宪法文本有关生态文明的规定，表明我国已经形成有关生态与环境保护的较为完整的规范与制度体系。为了贯彻生态文明、绿色发展与社会主义生态文明观，我国宪法将生态文明与物质文明、政治文明、精神文明、社会文明一起作为国家文明体系的重要组成部分确定下来，是宪法文明的重要组成部分，体现了具有生态意义的宪法理念。为了促进自然资源的合理利用，我国宪法明确规定，国家保障自然资源的合理利用，保护珍贵的动物和植物。禁止任何组织或者个人用任何手段侵占或者破坏自然资源。合理利用可以最大限度地促进社会经济的发展，最大限度地减少对生态环境的不利影响，最终达到可持续发展的目标。而禁止任何组织或者个人用任何手段侵占或者破坏自然资源，会促进公民树立正确的生态文明观，规范自己的环境行为。为了保护和改善生态环境和生活环境，我国宪法明确规定，国家保护和改善生活环境和生态环境，防治污染和其他公害。国家组织和鼓励植树造林，保护林木。我国宪法关于生态文明制度的规定，有利于促进生态文明立法，使环境得到进一步的保护和改善，从而推动生态治理。

8．（1）基本权利的限制是指确定基本权利的范围，使之不得超过一定的限度，超过限度则构成权利的滥用。合理地限制基本权利是为了有效地保障基本权利，而为了有效地保障基本权利，必须对不符合社会公共利益的基本权利进行必要的限制，换言之，对基本权利予以限制，或者源于不同权利之间的冲突，或者因为公共利益的保护。宪法作为一国法律秩序的基石，必然要求对权利冲突或者公共利益保护进行相应的安排，对基本权利的行使进行相应的规制。

（2）基本权利限制的形式有基本权利的宪法限制和基本权利的法律限制。宪法的基本权利条款中，有时不仅具有权利保障的内容，也有权利行使的限制规定，被称为基本权利的宪法限制。为了维护国家和社会公共利益，在必要时可以对公民的基本权利进行限制，以取得权利主体之间的利益平衡。基本权利的法律限制一方面是对公民基本权利的限缩，公民基本权利被法律所限定；另一方面又具有对公民基本权利保护的意涵，唯有立法机关的法律才可以限缩基本权利，防止公民基本权利受到来自行政机关的非法限制。

（3）对基本权利进行一般性的限制，除了在立法上要符合法律保留原则外，还要受到下列原则的进一步约束：1）明确性原则。法律对公民权利所作的限制，必须内容明确，可以成为公民行动的合理预期。如果法律条文过于宽泛、笼统和模糊，在接受宪法审查的时候，此类法律往往会因违宪而被宣告无效。2）比例原则。比例原则要求为公共利益而限制公民基本权利的时候，必须在手段和目的之间进行利益衡量。限制基本权利的目的必须具有宪法正当性。它包括三个方面的内容：① 手段合适性，即所采用手段必须适合目的之达成；② 限制最小化，即立法所采取的是对基本权利影响、限制最小的手段；③ 狭义比例原则，即手段达成的公共目的与造成损害之间具有适当的比例关系，即均衡法。

9.（1）通信自由是指公民享有的根据自己的意愿自由进行通信不受他人干涉的自由。通信秘密是指公民通信的内容受国家法律保护，任何人不得非法私拆、毁弃、偷阅他人的信件。公民的通信包括书信、电话、电报等进行通信的各种手段，涉及公民的个人生活、思想活动、社会交流等切身利益。因此，保障公民通信自由和通信秘密不受非法侵犯，是公民一项不可缺少的基本自由。我国历部宪法均肯定了公民的这一自由权利。我国的刑法、刑事诉讼法、邮政法等都对此也作了相应的规定，使宪法规定的通信自由和通信秘密受法律保护得到了具体化。

（2）我国宪法规定，中华人民共和国公民的通信自由和通信秘密受法律的保护。除因国家安全或者追查刑事犯罪的需要，由公安机关或者检察机关依照法律规定的程序对通信进行检查外，任何组织或者个人不得以任何理由侵犯公民的通信自由和通信秘密。为了保障通信自由和通信秘密，扣押和拆检公民的信件必须遵守以下规定：① 只有公安机关和检察机关才有权决定扣押或者拆检公民的有关信件。② 扣押或者拆检公民的信件只有两种原因：一是国家安全的需要，二是追查刑事犯罪的需要。③ 对于扣押的邮件、电报等，经查明不影响国家安全或与犯罪无关的，应立即退还原主或交还邮电机关。④ 需扣押的邮件、电报等，应由人民检察院或公安机关通知邮电部门。⑤ 对公民个人保存的邮件、电报等，如公安机关或检察机关认为需要检查，公民有义务交出，如公民拒绝交出，可以强行搜查，但必须出示搜查证件。紧急情况下可以不出示搜查证，但必须记录搜查情况。

（3）宪法所保护的通信自由是一种合法的、正当的通信自由，危害宪法秩序与侵害他人权益的行为不属于通信自由的范畴。为了国家安全与公共利益的需要，可以对通信自由进行适当的限制，当然，这种限制必须基于合理的理由与正当的法律程序。

10.（1）我国宪法明确规定，监察委员会依照法律规定独立行使监察权，不受行政机关、社会团体和个人的干涉。首先要"依法"。监察委员会作为行使国家监察职能的专责机关，必须遵循法治原则，严格依照法定权限和程序进行活动，不得滥用或超越职权，也不能不作为，更不允许徇私枉法。其次，在我国的宪法体制中，各级监察委员会是人民代表大会下与人民政府、人民法院和人民检察院并列的国家机构，与行政、审判、检察机关彼此分工负责、互不隶属；监察委员会独立行使监察权，排除行政机关、社会团体和个人利用职权、地位，或采取其他不正当手段进行干扰或影响。

（2）我国宪法明确规定，监察机关办理职务违法和职务犯罪案件，应当与审判机关、检察机关、执法部门互相配合，互相制约。"互相配合"，主要是指监察机关与审判机关、检察机关、执法部门在办理职务违法犯罪案件方面，要按照法律规定，在正确履行各自职责的基础上互相支持，不能违反法律规定，各行其是，互不通气，甚至互相扯皮。

"互相制约"，主要是指监察机关与审判机关、检察机关、执法部门在追究职务违法犯罪过程中，通过程序上的制约，防止和及时纠正错误，以保证案件质量，正确应用法律惩罚违法犯罪。监察机关与司法机关、执法部门互相配合、互相制约，在具体程序上有所体现。监察机关决定通缉的，由公安机关发布通缉令，追捕归案。对于监察机关移送的案件，检察机关经审查后，认为需要补充核实的，应当退回监察机关补充调查，必要时可以自行补充侦查等。

读者意见反馈

为收集对本书的意见建议，进一步完善本书编写并做好服务工作，读者可将对本书的意见建议通过如下渠道反馈至我社。

咨询电话　　400-810-0598

反馈邮箱　gjdzfwb@pub.hep.cn

通信地址　　北京市朝阳区惠新东街4号富盛大厦1座

　　　　　　高等教育出版社总编辑办公室

邮政编码　　100029

防伪查询说明

用户购书后刮开封底防伪涂层，使用手机微信等软件扫描二维码，会跳转至防伪查询网页，获得所购图书详细信息。

防伪客服电话

（010）58582300